異端カタリ派の研究

異端カタリ派の研究

——中世南フランスの歴史と信仰——

渡邊昌美著

岩波書店

目　次

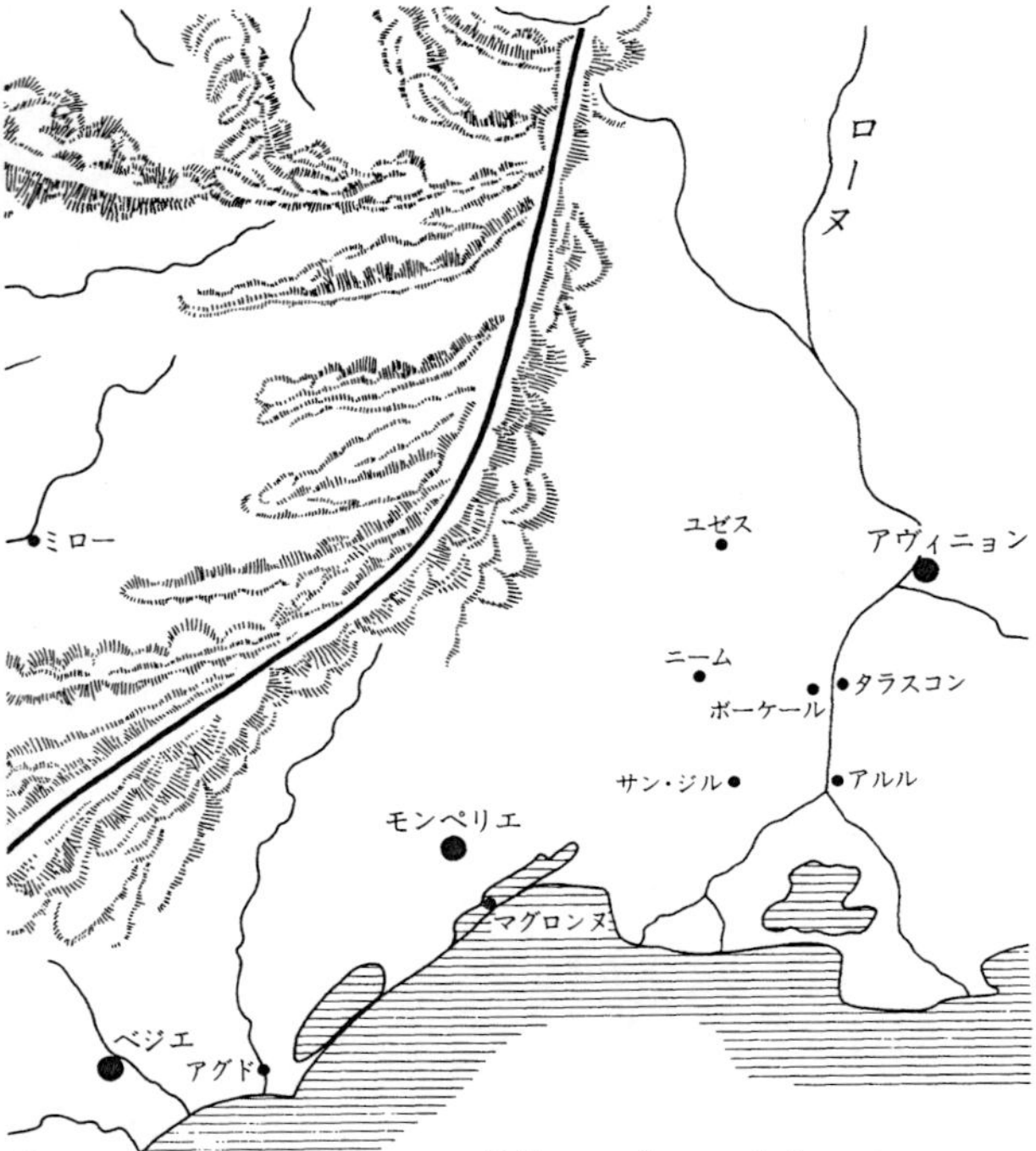

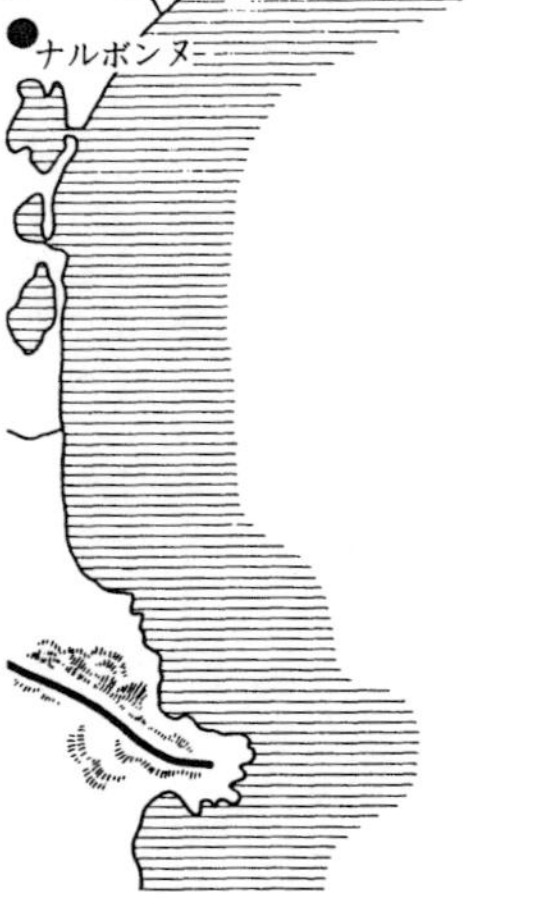

アヴィニョネ	Avignonet
アヴィニョン	Avignon
アグド	Agde
アジャン	Agen
アラゴン	Aragón
アリエージェ	Ariège
アルビ	Albi
アルル	Arles
ヴァルダラン	Val d' Aran
ヴェルダン	Verdun
ヴェルフェイユ	Verfeil
オーシュ	Auch
オード	Aude
オープール	Hautpoul
カオール	Cahors
ガスコーニュ	Gascogne
カステルノーダリ	Castelnaudary
カストル	Castres
カタロニア	Cataluña
カバレ	Cabaret
カラマン	Caraman
ガロンヌ	Garonne
カンビアック	Cambiac
ケリビュス	Quéribus
ケルシイ	Quercy
コマンジュ	Comminges
コルド	Cordes
サヴェルダン	Saverdun
サン・ゴーダンス	Saint-Gaudens
サン・ジル	Saint-Gilles
サン・フェリクス	Saint-Félix
サン・ポンス	Saint-Pons
セオ・デ・ウルヘル	Seo de Urgel
セサック	Saissac
タラスコン	Tarascon
タルン	Tarn
ダン	Dun
テルム	Termes
トゥールーズ	Toulouse
ナルボンヌ	Narbonne
ニーム	Nîmes
ニオール	Niort
パミエ	Pamiers
ピウス	Pieusse
ピュイローランス	Puylaurens
ピレネー	Pyrénées
ファンジョー	Fanjeaux
フォア	Foix
ベジエ	Béziers
ペルピニャン	Perpignan
ボーケール	Beaucaire
マグロンヌ	Maguelonne
ミネルヴ	Minerve
ミュレ	Muret
ミルポワ	Mirepoix
ミロー	Millau
モワサック	Moissac
モンセギュール	Montségur
モンターニュ・ノワール	Montagne Noire
モンタイユー	Montaillou
モントーバン	Montauban
モンペリエ	Montpellier
モンモール	Montmaur
モンレアル	Montréal
ユゼス	Uzès
ラガルド	Lagarde
ラヴォール	Lavaur
ラゼス	Razès
ランタ	Lanta
リムー	Limoux
レ・カッセ	Les Cassés
ローヌ	Rhône
ローラゲェ	Lauragais
ローラック	Laurac
ロカマドゥール	Rocamadour
ロックフォール	Roquefort
ロデーズ	Rodez
ロンベルス	Lombers

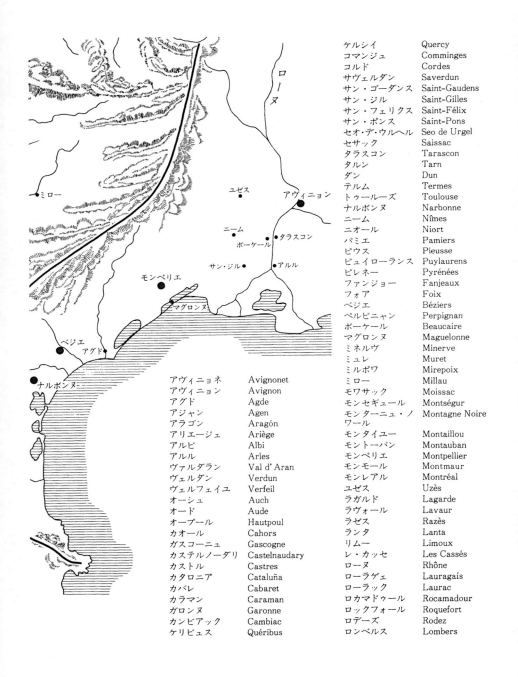

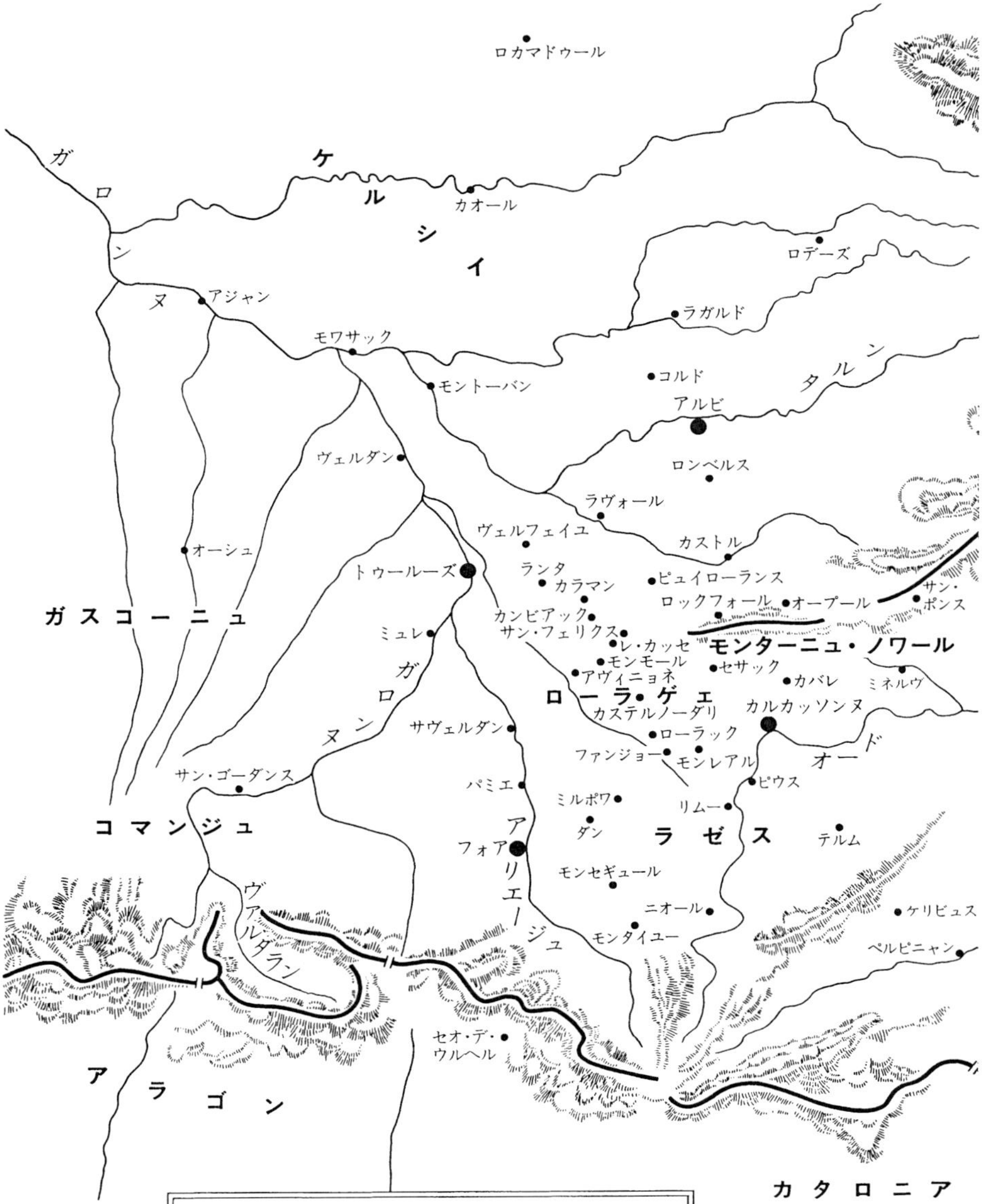

南フランス要図（ラングドック中心）

序　論

1　オルレアンの火刑台からアルビジョア十字軍まで

一〇二二年、オルレアンで異端が発覚した。騎士アレファストなる者の密告によったのである。異端らは密かに集会している所を急襲され捕縛されたが、高位の聖職者も含まれていたために問題が重大化する。オルレアン司教座附属学校が異端の淵叢と化していることは明らかで、指導的人物はフランス王ロベール敬虔とも面識のある二人の僧、エティエンヌおよびリゾワだが、中でも前者は先に王妃コンスタンスの懺悔聴聞僧をも務めた経歴の持主であった。王は現地に司教と貴族の参集を求める。ランスおよびブールジュの大司教、ボーヴェーおよびパリの司教が出席したから、この事件はオルレアン周辺の、そして国王の影響下にある教会関係者の注意を引いたのである。ただし手続的には、教会会議なのか王の諮問会議なのか、後代のようには厳格でない。

司教座サント・クロワ聖堂の会議場に引出された異端たちは、ほぼ終日にわたる「鉄よりも厳しい」訊問に曝されたが自説を、つまり異端の信仰を堅持して譲らなかった。列座の司教たちは彼らを「教会から放棄する」むね宣告する。聖堂から連去られる時、玄関のほとりにいた王妃コンスタンスは、曾ての懺悔聴聞僧エティエンヌを見つけるや「怒りと信仰のあまり」、躍りかかって打擲し、指で片方の眼球を抉《えぐ》り抜いた。王は市門の外に巨大な薪の堆《やま》を築かせる。威嚇をもって翻意と帰正を促すのが本意だったというが、死刑囚一四名のうち助命を乞うたのはわずか一名。他は全員進んで火中に入り、中にはまことの信仰のゆえに焰の中にあっても火熱を感じないと呼号する者すらあったという。(1)

オルレアンの一〇二二年は、中世異端史上一つの劃期である。もとより、ここで異端発生が始まるという意味ではない。異端は、ある意味では、キリスト教とともに古いのである。ただ、中世に入って以来それまでは異端出現件数の比較的少い時期が続き、発生してもほとんどが神学次元のものであったこともあって教会内部で処理され、「世俗の腕」bras séculier を借りて処刑する例は見られなかった。オルレアンの事件は、異端特有の刑罰として火刑を用いる先例を開いた点で、まず注目に値する。それも、その苛酷さよりも、世俗権力の強力な介入、つまり異端の社会化ないし政治問題化という点で注目に値する。第二に、これは一連の異端続発の開始を告げる事件であった。十世紀極末から十一世紀半ばまでの異端発見に関する記録は、フランドルからイタリアにわたる範囲で一七件に達する。(2)

火刑という非常の措置がとられたことと関係するかも知れないが、事件当時すでに、新しい動きに対する一種の予感ないし危機感は、少くとも一部の関係者の間では意識されていたように見える。自身も会議に出席したブールジュ大司教ゴーズランは「将来を憂うるあまり、来るべき世代のため信仰告白の準則を起草し、修道僧らの集会で声高く読み聞かせた」。(3) この準則はかなり広く流布したらしく、他の年代記や書簡に再出する。フルリ僧院の修道僧ジャンも、カタロニアのビック司教オリバにあてて事件を報じた。「聖幼児の祭日、オルレアンの町にて露顕せる邪説について御承知ありたいと願う。卿が何らかの噂を聞いたとすれば、それはことごとく事実である。王ロベールは、高名の聖職者と俗人貴顕あわせておよそ一四名を生きながら焼いた。これら神に憎まれ天地に疎まれた者どもは、聖なる洗礼の効も主の肉と血の秘蹟も否定したのみか、悪業を犯しながら赦しを受けようともしなかった。

加えて、婚姻の絆を棄て、神の造りたまいし食物、獣脂獣肉を不浄として避けた。何ぴともかかる偽りの信仰によって過ちに堕することなきよう、卿の司教区と諸僧院にあまねく事の次第を伝えられんことを乞う」。(4)

オルレアンを含めて十一世紀前半期の異端の教説内容については、記録が断片的で詳細は不明である。オルレアンの場合だけについても、諸記録の報告はかならずしも一致しない。(5) 中でもアデマール・ド・シャバンヌ『年代記』には、「ひそかにキリストを排斥する」、「悪魔を拝礼する」等の項目があって、民衆の流言に依拠したことが窺われ、そのこと自体この種史料の信頼度の低さを示している。さし当り諸史料に繰返し出現する度合の高い項目を手掛りとする他ないが、それらはミサ聖祭の否定、悔悛の秘蹟と贖罪の効果の否認、洗礼の排斥、婚姻の非難、聖者崇敬の否定、聖職叙任の否定等で、通観すれば秘蹟体系と職階、つまり制度としての教会そのものを否定しようとしているように見える。これらの項目は、やがて十二世紀半ばにほぼ全容を現す二元論異端、カタリ派の教義体系の中に配置してみても矛盾を来すことはない。事実、アデマール・ド・シャバンヌは一〇一八年ごろアキテーヌに横行した異端とともにオルレアンのそれをも「マニ派」と呼んでいるし、十一世紀四〇年代ライン地方の異端も「マニ派」の名のもとにリエージュ司教ワゾンあてに報告されている。(6) しかし同時に、これらの項目は単純な教会改革運動、清貧(使徒的生活)運動の場合にも過激にわたれば十分発現し得るテーマでもある。「マニ派」の呼称にしても、もっとも悪質な異端という意味でこの名を用いる傾きも絶無ではなかったし、何よりもアウグスティヌスの反マニ派著作が当時なお大きな規定力をもっていたから、一度マニ派と断定されるやこの大教父の作品によって観察が歪められる場合も十分あり得た。それに、我々には散発的にしか知られていない諸異端が水面下で共通の水脈に連なっていたという保証はないので、諸事件の史料を安易に結合することには問題がある。学説史的には、この段階に初発的な二元論を想定する説が比較的有力と見受けられる。そして、後のカタリ派異端の起源や系譜を考える際にも、どの段階から二元論異端と見るかによって諸説が分れることはいうまでもない。ただし、オルレアンに限らず、十一世紀前半期諸異端の諸項目の背後にある原理を知り得ない現状では、ここに二元論の影響ないし形成の端緒があったかも知れないという以上のことはできない。

　年表上の異端発覚件数は、大まかに言って、十一世紀後半に比較的まばらとなり、十二世紀に入って再び急増する。その中には性格規定の困難な、余りにも情動的、あるいは暴発的としか言いようのないものも見出される。一一一五年に殺害されたタンケルムのごときはその好例で、はじめアントワープで説き、一時はフランドル、ゼーラント、ブラバントからライン下流一帯に影響を拡げた。教会の秘蹟と諸慣行、わけても十分の一税を攻撃し、追随者をひきいて教会を襲撃した。果てはみずから神と号するに至り、「群衆のただ中に聖マリア像を持出させ、歩寄ってこれに手を掛け、マリアとの婚姻のしるしとした。瀆聖をも省みず婚礼の式辞を口にし、群衆に向って公言したのである。私は今、聖処女と結婚した。ついては婚礼の費《つい》えの寄進を受けたい。聖像の両手に一つずつ袋を掛け、続けて言った。男はこちら側の袋に、女はあちら側の袋に、それぞれ施物を入れるがよい。さすれば、私と私の妻に対し男女いずれの気前がよいか判るであろう」。追随者の中に三千の武装兵がいたので、官憲も手を下しかねる。彼のいで立ちはと言えば、「金色の衣をまとい、髪に絡ませた黄金の飾りで、光り輝いて見えた」。「信者たちは彼が体を洗った湯を飲み、あるいは聖遺物として保存すべく持帰った」(7)。

　一一四八年ランス教会会議で断罪された「星のユード」(あるいは「星のエオン」)の事件も、理解の難しい点ではこれに劣らない。彼はブルターニュ地方サン・マロ司教区で活動した。みずから世を裁くべく来臨したと称し、「来るべきかの人《エウム》を」と聖書に誌されているのに因んでエウムと改名し、弟子たちを天使と呼んだ。森林に秘密の集会を催し、教会を襲って掠奪品を分配した。審理のために引出された時、「上が二股に分れた奇怪な形の杖を手にしていた。問に対し、これこそ世にも得がたき品である。今の私のように持てば上の二つの角は天を指す。神は世界の三分の二を保ち、残る三分の一を私に委ねたまうのである。逆さに持つ時は、私が世界の三分の二を領し、残りを神に委ねる。これを聞いて満座失笑し、明らかに精神を冒された男を嘲らぬ者とてなかった」(8)。史料に誤伝や誇張が混入している可能性を考えても、かなり荒唐である。外来の思想的影響を想定したり、ただの精神異常と規定したり、諸説の分れるゆえんである。

しかし、十二世紀を通じて続発する諸異端は、次第にいくつかの大きな傾向に整理することが可能となって来る。第一は二元論異端で、本稿が直接対象とするカタリ派である。第二は、清貧運動ないし使徒的生活運動の過激化した場合で、ワルドー派やその分派たるいくつかの貧者団に代表される。第三は極度に強い終末観を抱く者たち、いわゆる千年王国の信者たちで、十三世紀になってもフランチェスコ会内の急進派に根強く影響を残した。このうち清貧ないし使徒的生活の運動は、それ自体では決して異端ではない。福音書の使徒たちと同じ生活をしようという内心の衝動を抑え兼ねて、日常の生産労働や所有を放棄する者たちで、事後の成行によって新修道会をも異端をもともに産出しうる巨大な星雲であったと言ってよい。

終末観に彩られた異端の系列は、思想においても発現の形態においても、清貧運動とはやや異っている。ただ、しばしば千年王国説の始祖と目されるヨアヒム・デ・フローラの場合でも、それが思弁的な歴史哲学に留まっている限り異端ではなかった。ドルチノ派のように民衆を捲込んで激しい衝動的な動きを見せて異端と断定されるのである。それに終末の予感ないし待望は、本来キリスト教に無縁のものではない。それどころか、これこそ原始キリスト教団を結集させる紐帯でもあった。中世に入って教会が最終審判を無限の未来に押しやっていわば単なる現世教化の具としたのに対し、この種異端は原始教団の感覚を取りもどした点で清貧運動と交響するものをもっている。

これに対してカタリ派は外来の影響の下にあり、同時代諸異端の中でも特別な位置を占める。しかし同派の中には最終審判はすでに完了し人類は現に罰せられて地獄にいる、現世こそ地獄にほかならないと考える者たちがいた。終末の接近を一歩進め、徹底化したものと言って言えないことはない。

十二、十三世紀の大小の異端を考えるに当っては、その多様性と同時に共通の精神的地盤のあることを念頭に置くべきであろう。タンケルムや星のユードのように、まず特異性が目につく場合にしても同様である。教祖自身は時人が感じた通り常軌を逸していた可能性が強いものの、それでもなお同調者を集めることができた以上、共通の地盤をある程度分有していた可能性もあるので、単なるマス・ヒステリ現象と片づけてはならないのかも知れない。

ところで、異端は教会側の規定、つまり外部からの判定によって異端とされるのであって、異端をもって自任する異端は存在しない。むしろ真の正統信仰を把握したと信じ、他に救済の方途はないと考えたからこそ苛酷な迫害をも甘受したので、正統意識は異端においてかえって強烈である。これは、はじめ法王庁に認可を願い出たワルドー派その他、教会内の改革派として出発し後に教会から排斥された者たちに限った現象ではない。善悪二神の地上への投影として善悪二つの教会を想定し、当初から鋭い攻撃的性格を具えていたカタリ派にあっても同じである。このことは我々の接近の態度にも関係する。すなわち、何が異端であるかを論ずる場合、中世において教会が異端と断定したものを異端として扱うほかないということである。その教説が正統教義からどれだけ疎隔しているか、あるいはまったく疎隔していないかの限定、そして後者であれば、にもかかわらず何故異端とされたかの考察は、その次に来るべき問題である。この順序を誤るために生ずる混乱は、かならずしも皆無でないように思われる。特にワルドー派とカタリ派の場合にこの混乱が生じやすい。前者については、これをプロテスタンティズムの先蹤と見る立場があるが、そのような場合に同派は異端でないと断定されることがある。後者にあっては問題の性格がやや異るが、これを異端でなく異教とする見方が一部に執拗に残っている。

おそらくカタリ派、少くともその影響を受けている異端は十二世紀四〇年代から発現する。それも初めはフランドル、フランス、ライン中下流地方に散発し、次第に南フランス(ラングドック)と北中イタリアにおいて濃密となる。「カタリ」という名辞が明確な形で初出するのは、一一六三年に発覚した異端を論じたエクベルトの『説教』だが、(9) 確実にカタリ派と判断される最初の例はこれに先立つ一一四三年頃、エヴェルヴィンによって「昨今我らのもと、ケルン近傍において異端が発見された」とシトー会の聖ベルナールに報告された者たちである。この時の異端には少くとも二種類あったと考えられるが、その一つがカタリ派であることには先ず間違いがない。いくつかの信条や戒律が後代の史料から知られるところに合致するだけでなく、「食餌において獣乳およびそれから作られる一切のもの、またいかなるものにてもあれ交尾によって生じたものを摂らない」とある理由づけが、まさしくカタリ派独特のものだからである。(10)

南フランスは、特にカタリ派の大展開を見た地帯である。一一四五年、聖ベルナールが足を運んで対抗伝道を試みているが、この時アンリ派とも、また誤ってアリウス派とも呼ばれた異端はカタリ派の直接の前身と見てよい。十二世紀末には、ラングドックを中心に異端は完全な地歩を築いている。教会側の対策は、大法王インノケンティウス三世の登位とともに一段と強化されるが、一二〇八年、法王特使ピエール・ド・カステルノーがローヌ河畔に殺害され、下手人がトゥールーズ伯の家臣と信じられるに及んで、局面に急転回が生じる。インノケンティウス三世はフランス王フィリップ尊厳《オーギュスト》の抗議を排してトゥールーズ伯以下異端幇助者の領地切取り勝手を宣した。これが、いわゆるアルビジョア十字軍の宣布である。主として北フランスの騎士からなる十字軍は、一二〇九年七月、ベジエに空前の大虐殺を現出した後、八月にはカルカッソンヌを開城させた。ここで十字軍の俗人統轄者としてシモン・ド・モンフォールが選任される。以後、カルカッソンヌが彼らの拠点で、ここから叛服常なき周辺地帯に放射状の出撃を繰返し、それでも次第に制圧圏を拡げて行った。南フランスに常駐するのはシモン以下ごく少数で、季節ごとに来援する兵力によって十字軍が構成されていたからである。ミュレの合戦(一二一三年)で、アラゴン王ペドロ二世とトゥールーズ伯レモン六世の連合軍を粉砕し、不動の地歩を築いたかと見えたシモンも、トゥールーズ包囲戦のさ中に戦死する(一二一八年)。法王庁が維持し切れなくなった十字軍はフランス王に受継がれ、この騒乱は結局王権の進出に終った。すなわち、モーないしパリの和約(一二二九年)である。

同年トゥールーズ教会会議は異端審問 Inquisitio の設立を定めた。これは旧来の司教権限に属した教会裁判とはまったく別種の手続による、法王直属の特設法廷である。ほぼ独占的にこれを管掌するのはドメニコ会士。聖ベルナールこの方、教会の異端対策を領導して来たシトー会に代って、以後はドメニコ会が異端狩りの尖兵となる。同会そのものが、カタリ派跋扈の危機感に触発されて成立した新型大僧団であった。異端審問はアルビジョア十字軍が後世に残した、おそらく最悪の遺産である。しかし、考えて見れば奇妙でないこともない。南フランスが平定され、トゥルーバドゥールたちに代表される独自の文化が潰滅した後になって、敢えて異端審問が設置されねばならなかったということは、長期にわたる十字軍にもかかわらず異端は健在だったことを意味する。十字軍は異端討伐戦である以上に、対現地領主戦だった。一二四四年、カタリ派最後の拠点たるモンセギュールの山砦が攻略され、山麓に稀代の火刑台が煙を挙げた。カタリ派は十四世紀前葉まで発見されるが、もはや教会をも王権をも震撼させることはない。

(1)『オルレアン会議記事』Gesta synodi Aurelianensis. RHGF. X, p. 537 sqq.; ラウール・グラベル『同時代誌』Glabri Rodulphi Historiarum sui temporis Libri quinque. ibidem, p. 35 sqq.

(2) M. D. Lambert, Medieval heresy. Popular movement from Bogomil to Hus. London, 1977. pp. 24, 357-365.

(3) 『フルリ院長ゴーズラン伝』Vita Gauzlini abbatis Floriacensis monasterii. R.-H. Bautier et G. Labory (éd.), Paris, 1969. pp. 98-102.

(4) ibidem, pp. 180, 182.

(5) M. D. Lambert, op. cit., pp. 344, 345 にオルレアンの異端をめぐる史料七件の所報の対照表がある。また，J. Musy, Mouvements populaires et hérésies au XIe siècle en France. RH. CCLIII, 1975. pp. 40, 41 に十一世紀諸異端の教説対照表がある。——なお H. Taviani, Naissance d'une hérésie en Italie du Nord au XIe siècle. AESC. 1974. p. 1224 sqq.; id., Le mariage dans l'hérésie de l'An Mil. ibidem, 1977. p. 1074 sqq.; id., Du refus au défi. Essai sur la psychologie hérétique au début du XIe siècle en Occident. Actes du 102e congrès national des sociétés savantes. Paris, 1979. II, p. 175 sqq. 参照。

(6) アデマール・ド・シャバンヌ『年代記』Ademari Cabannensis Historiarum Libri III. MGH. IV. pp. 138, 143 ;『ワゾン伝』Vita Vasonis. MPL. CXLII, cc. 750, 751.

(7) 『ユトレヒト聖堂参事会員書簡』，『聖ノルベール伝』cit. in R. I. Moore, The birth of popular heresy. London, 1975. pp. 29, 31.

(8) ウィリアム・オヴ・ニューバラ『イギリス史』cit. ibidem, p. 65.

(9) エクベルト・フォン・シェーナウ『説教』のケルン大司教あて献辞に次の語が見える。「猊下の司教区において，近時その謬説のゆえに知られるに至ったある種の異端が，しばしば捕えられる。これこそ，俗にカタリと呼ばれる者たちである」〈In vestra diocesi frequenter contigit deprehendi quosdam haereticos, qui diebus istis plurimum notabiles sunt in erroribus suis. Hi sunt quos vulgo Catharos vocant〉. Eckbertus Schonaugensis, Sermones. MPL. CXCV. c. 11.——カンブレー司教ニコラの書簡(一一五二—五六年)に「カッティの邪説」云々とある。カッティ Catti がカタリの異綴であるとすれば，これが初出である。C. Thouzellier, Hérésie et hérétiques. Vaudois, Cathares, Patarins, Albigeois. Rome, 1969, p. 26, n. 41 ; P. Bonenfant, Un clerc cathare en Lotharingie au milieu du XIIe siècle. MA. LXIX, 1963. pp. 270-280.

(10) エヴェルヴィン・フォン・シュタインフェルト『書簡』〈In cibis suis vetant omne genus lactis, et quod inde conficitur, et quidquid ex coitu procreatur〉. Evervini Steinfeldensis praepositi epistola ad sanctum Bernardum de haereticis sui temporis. MPL. CLXXX. c. 678.

2 二元論異端とその名称

カタリ派の基本教義は二元論である。善悪二神の対立を想定し、それぞれの属性と創造の系列を考える。善神の属性は不変不朽、不可視の霊性でその領域は霊界である。悪神(悪魔)のそれは変転常なき物質、形而下の世界、つまりは現実世界である。現世の創造者たる旧約の神、モーセの神は悪神にほかならず、もちろん旧約聖書は排撃せねばならない。善神の創造にかかる霊(天使)が肉体の獄舎に捕えられ、現世に繋がれているのが、とりもなおさず人間である。キリストは人間の聖なる起源と救済を啓示すべく来臨した天使であって、降誕、奇蹟、受難等の事件はいずれもそのように見えたにすぎない(仮現論)。完全な天使が物質にかかわることはあり得ぬからである。ここでは贖罪の教理、まして三位一体論は成立たない。救済に到達するには、キリストの樹てた教会(カタリ教団)に参入してその戒律を保たねばならぬ。持戒の要諦は悪神の所産たる物質界と能う限り没交渉に生きるにあり、信者個人の次元ではまず肉欲と肉食を徹底的に憎悪した。教会次元では、カトリック教会とその秘蹟、職階、諸制度をはじめ、十字聖号、会堂、聖遺物、墓地等々、当時一般の信仰生活を全面的に否定した。ローマ教会は悪神の教会だからである。社会次元では、権力、家族、所有、生産等一切に価値を認めない。現世そのものが悪の世界だからである。欣求浄土、現世厭離の極、彼らはただちに肉体の呪縛を脱せんとして自殺を儀典化し、耐忍礼《エンドゥラ》と称したとの説がある。その事実関係は検証が必要だが、論理的には教義の帰着するところで、矛盾はない。戒律や慣行は全カタリを通じて変らないが、教義の基本部分の理解には同派内部でも若干の出入がある。一方には善悪二神をともに永遠と見て、いわば対等に置く者たちがあり、絶対派と呼ばれる。現在の歴史的時間は両世界が部分的一時的に混合した状態にあり、究極的には原初の分離併立に帰ると見るのである。他方には、悪は善より派生したもので終局においては滅亡すべきもの、つまり善に対して劣位に立つと考える者たちがあり、穏和派ないし究極一元派と呼ばれる。ただし、歴史的時間における二神の相関の捉え方は絶対派に変らない。さらに教義の細部に至ると、両派内部にも見解の分れる場合があった。

このような教説のゆえにカタリ派は、同時代にあっては特別に危険視されたし、後世にはまず「悲観主義《ペシミズム》」、「虚無思想《ニヒリズム》」として興味を引いたのである。そして西欧的、つまりキリスト教とは無縁の教説であるとか、ひいては、全カタリ派共通の信念であったと誤解された輪廻転生説を手掛りに、仏教思想の影響があるなど、特異性に着目した解釈が行われた。

この種のある程度猟奇的な関心が先行する理解は別にしても、それでも、奇異な点がないわけではない。このような教説がどこで成立したか。南フランスに十字軍導入という非常手段を必要とするまでに展開し得たのは何故か。アルビジョア十字軍前後における、現地、フランス、ひいては西欧の状況変化にはかなり大きなものがある。むろん、それらすべてが異端問題の結果であるわけではないにしても、異端が契機となっている部分はある。とすれば、この教説はその過程でどのような機能を果したのか。そもそも、このような教説がなぜ社会に受容されたのか。

今日、この二元論異端をカタリ派と総称するが、中世では地域と時期によってさまざまの呼名が行われた。誤ってアリウス派と呼ばれることがあったことは先に述べたが、マニ派、新マニ派 neo-manichaei と呼ばれることも多い。アウグスティヌスの宿敵であった古代二元論マニ教との類同の結果で、正確な認識ではないにしてもごく自然な誤りである。ブルガリ bulgari あるいはプブリカニ publicani と呼ばれることも多く、伝来の径路を暗示している。イタリアではパテリニ paterini（パタリアとは別）の呼称が有力で、稀にはガザリ gazari と呼ぶこともあった。これらの変異綴や訛音に加えて同派内の分派名で呼ばれる場合があり、呼称は多様を極める。パッサギ passagii ないしパッサギニ passagini はカタリ派の別名とするには問題があるものの、カタリ派をこの名で呼ぶ例もあったのではないかと考えられている。[1] カタリ派は本来、ライン地方での呼称であった。前述の通り初出は十二世紀六〇年代で、エクベルトが「わがドイツにてはカタリ、フランドルにてはピフレス、フランスにては彼らが織布の慣習を有するによりテクセラントと呼ぶ」と書き誌している。一一七九年ラテラノ会議決議第二七章、次いでこれを受けた一一八四年ヴェロナ勅令に採用されるに及んでこの語は俄かに普及し、特にイタリアに浸透した。[2]

　カタリの語源は一般に、ギリシア語のカタロイ（清浄者）で、彼らが極端な禁欲主義だったところから清浄派の意味で用いられたとされる。[3] 厳密に言えば、この解釈を証明するような材料はどこにもない。十二世紀末、神学者、というより文人であったアラン・ド・リールが語源説を三つ並べている。「彼らは婚姻を非難するが、実はここよりして放埒が生ずる。聞くところによれば、彼らは集会においてこの上なく汚らわしい行為に耽る。されば彼らをカタリ、すなわち諸悪を流す者と呼ぶ。カタとは流出の意である。これが当らぬとすれば、彼らが身を持するに当って貞潔清廉なるがゆえに、貞潔者《カスティ》という意味でカタリと呼ぶのである。そうでないとすれば、猫《カトウス》に因んでカタリと呼ぶのである。聞くところによれば、ルキフェルは猫の姿で現れ、彼らは猫の尻に接吻するからである」[4]。言うところは道聴塗説に依拠して混乱しているが、要するに同時代人にとっても語義はすでに不明だったのである。アラン・ド・リールが流言を採録したというのは、カタリ派は善悪二神の存在を確信したが、信仰するのはあくまでも一神のみであって、悪神崇拝、いわんや猫礼拝の習俗などとは無縁だったからである。

　トゥーゼリエは、厳格派の意味でカタリの語を用いた例が古代教父にあることを指摘した。一旦迫害に屈したキリスト教徒の再入信を拒否するノヴァティアヌス一派を指したもので、用例は東方のエウセビオスに始まり、西方ではアウグスティヌスやイシオドールスに受継がれたというのである。もちろん、トゥーゼリエもこれを中世のカタリ派の前身というのではないが、これとは別のカタリ用例を今一つ示した。ラオディケで発見された僧エウゲニオスなる者の墓碑銘に、「カタリたちの神の聖なる教会」という句があり、さらに神の第一および第二の天使に関する言及があるというのである。トゥーゼリエは極めて慎重で断定を避けているものの、暗示するところは大体察せられる。すなわち、第一に、厳格派ないし清浄派という意味でこの語は古くから用いられていたということ。第二に、ラオディケ墓碑銘の二柱の天使の強調は、神の二天使ないし二子がそれぞれ悪神およびキリストになったとするカタリ派内部の一派（いわゆる穏和派）の教説と関係があるのではないか、したがってカタリ派という呼名は、本来は同派全体でなく、その中の穏和派だけを指したのではないか、ということである。(5)

これに対してデュヴェルノワは、余りにも飛躍があって関連に乏しいと批判し、むしろ「猫派」ではないかと見た。彼はエクベルトを根拠に、学識者でなく俗間に生成した語であるとするのである。中世、南欧では悪魔は山羊の蹄をしていると考えられたのに対し、北欧では猫、特に黒猫が典型的な地獄獣だったので、異端を忌み恐れた民衆がこの名を与えたものと推測し、同派をカッティと誌した文書を引いている。(6)決定的な論証の不可能な問題なので、両説とも示唆的であると言い得るに留まるが、いずれにせよ、カタリ派とは外部からの命名で、異端自身がカタリと称した例の見当らないことは留意しておかねばならない。南フランスの場合、自称および支持者からの尊称は善信者 boni homines ないし善教徒 boni christiani であった。ドイツ語のケッツェル（異端）とカタリとの関係については、後者から前者が派生したのであって、その逆でないことがはっきりしている。

アルビジョア派 albigeois というのは、カタリ派の南フランスにおける呼称である。ラングドック地方、トゥールーズの北西にアルビという町があって、アルビジョア（アルビゲンセス）とはもと同所住民の意であった。これが異端の同義語と化して後、アルビ人を指すためには別にアルビエンセスが造語される。この町が異端に名を貸したのは、もちろん同地が異端発祥の地と信じられたからで、この語源説話は十三世紀エティエンヌ・ド・ブルボンやマシュウ・パリス等の年代記の段階には完全に確立している。(7) 実際は、カタリ派教団成立は南フランスの範囲内では同地が比較的早かったものの、発生地でなかったのはもちろん、近隣諸都市に比べて格段に有力だったわけでもない。

アルビジョアのこの意味における用法は、現地南フランス人でなく外来者、つまり十字軍士たちによって始められた形跡がある。ピエール・ド・ヴォーセルネイの『アルビジョア史』は、「本書の多くの箇所にてアルビジョアとあるは、トゥールーズの者、その他都府城邑の異端とその庇護者らの謂なることを、読者は知るべきである。これ、他国の者たちが当国の異端をアルビジョアと呼び慣わせしによる」と誌していて、まだこの語が熟していなかったことを思わせる。(8) 北方で書かれたギョーム・ド・ナンジ『年代記』その他も、十字軍発進の条からこの語を用い始めている。(9) しからば、なぜ外来者がアルビ人を異端の意に用いたか。これについては、もともと南フランス人全体をアルビ人と呼ぶ慣習があって、それが容易に南フランス異端の意に転じたのであろうとした古い考証があるが、断定に至るには引用例が必ずしも十分とは言えない。(10) ただし、呼称は必然的な理由があって成立するとは限らないから、アルビジョアについても、もとはただの誤解であったかも知れない。

(1) ガザリの用例は少ないが、エティエンヌ・ド・ブルボンの『逸事集』に、「ロンバルディア人によってはガザリあるいはパタリとも呼ばれる」とある。〈Dicuntur etiam a Lombardis Gazari vel Pathari〉. Lecoy de la Marche (éd.), Anecdotes historiques. Paris, 1877. p. 300.

パッサギ派の名はヴェロナ勅令以後、法王や会議が布告する諸派の名の中に繰返し現れるが、零細異端のためその実体に関する報告は極度に少く、基本的にはボナクルスス『異端実情』(十二世紀末)中の数行のみと言っても過言ではない。「まず何よりも、モーセの律法は字義通りに遵守すべきであるという」。「また、神の子キリストは父と等位にあらず、父と子と聖霊の三位格は一体の神でも同じ実質でもないという」。〈In primis enim dicunt, quod Mosaica lex sit ad litteram observanda〉. 〈Dicunt etiam quod Christus Dei Filius non sit aequalis Patri, et quod Pater et Filius et Spiritus sanctus, istae tres personae non sint unus Deus et una substantia〉. Bonacursus, Vita haereticorum seu Manifestatio haeresis catharorum. MPL. CCIV, c. 784. すでにシュミットは、カタリ派の一分派とする説を排してユダヤ教の影響を受けた別の異端と考えた。これに対し、モリニエは旧約重視はカタリ派内穏和派とは必ずしも矛盾しないとして、ユダヤ教に接近したカタリ派の特殊な分派と解した。さらにアルファンデリは、聖書への密着傾向が極端にわたったものとしてワルドー派との親縁を想定している。所詮、材料不足で最終的な規定に至らないが、『異端実情』その他に見られる限りの教説は明らかにカタリ派と異るにもかかわらず、古来カタリ派と類同されることが多かったのは、彼らも厳しい禁欲の戒律を奉じて行動が酷似していたためではないかと思われる。C. Schmidt, Histoire et doctrine de la secte des cathares ou Albigeois. Genève, 1848-49. t. I, pp. 294, 295 ; C. Molinier, Les Passagiens. Etude sur une secte contemporaine des cathares et des vaudois. MASIBT. 8e série, 10, 1888. pp. 443, 457 ; P. Alphandéry, Sur les Passagiens. REJ. LXXXII, 1926. p. 361.

(2) 〈Hos nostra Germania, Catharos ; Flandria, Piphles ; Gallia, Texerant, ab usu texendi appellat〉. Eckbertus. MPL. CXCV, c. 13. 第三回ラテラノ会議の決議第二七章では、南フランスにおける「ある者たちがカタリと呼び、他の者たちはパトリニあるいはプブリカニと呼び、さらに他の者たちは別の名で呼ぶ異端の」勢力について警告している。〈haereticorum, quos alii Catharos, alii Patrinos, alii Publicanos, alii aliis nominibus vocant〉. MSCC. XXII, c. 232.

(3) 例えば十三世紀エティエンヌ・ド・ブルボンの解釈もそれである。「彼らのうちの選ばれた者はカタリスタ、すなわち清浄なる者と呼ばれる」〈electi eorum Kathariste dicuntur, id est puragatores〉. Etienne de Bourbon, op. cit., p. 301.

クレモナのモネタの大著『カタリ・ワルドー派詳論』を校訂したリッキーニは、同書に付した論説の中でカタリ派の語源を考察し、諸説を紹介した上でノヴァティアヌス派の例を引いて清浄派と自称したとする説を支持している。おそらく十八世紀においてもこれが通説であったと考えられる。T. A. Ricchini (éd.), Moneta Cremonensis, Adversus Catharos et Valdenses. Roma, 1743. p. XIII.

(4) アラン・ド・リール『正統信仰論』〈Et ideo nuptias damnant, quae fluxum luxuriae coarctant. Unde, ut fertur, in

conciliabulis suis immundissima agunt. Hi dicunt Cathari, id est diffluentes per vitia, a catha, quod est fluxus ; vel Cathari, quasi casti, quia se castos et justos faciunt ; vel Cathari dicuntur a cato, quia, ut dicitur, osculantur posteriora catti, in cujus specie, ut dicunt, apparet eis Lucifer〉. Alanus de Insulis, De fide catholica. MPL. CCX, c. 366.

(5) C. Thouzellier, Le vocable "cathare" et la théorie des deux fils. PERROY. pp. 650-660.

(6) J. Duvernoy, Une controverse sur l'origine du mot "cathare". AM. LXXXVII, 1975. p. 341 sqq. なお id., L'acception : 'Haereticus'(Iretage) ='Parfait Cathare' en Languedoc au XIIIe siècle. LOUV. p. 198 sqq. 些細なことのようにも見えるが、諸セクト名辞の語義確定は基礎手続の一つとして研究の焦点の一つでもある。C. Thouzellier, Histoire des sectes dans l'Occident médiéval. EPHE. pp. 239-241.

(7) 例えばマシュウ・パリス『大年代記』一二一三年の条。「けだし、この邪説の生ぜし地と言われるアルビの町に因んで、アルビジョアと呼ばれる」。〈Dicuntur autem albigenses ab Alba civitate, ubi error ille dicitur sumpsisse exordium〉. H. R. Luard(éd.). Matheus Parisiensis, Chronica majora. London, 1874. II, p. 554(RBMS. LVII).

(8) 〈Unum autem sciant qui lecturi sunt librum, quod in pluribus hujus operis locis Tolosani et aliarum civitatum et castrorum heretici et defensores eorum generaliter ALBIGENSES vocantur, eo quod alie nationes hereticos Provinciales ALBIGENSES consueverint appellare〉. PVC. I, pp. 3, 4.

(9) ギヨーム・ド・ナンジ『年代記』一二〇七年の条には、「この頃、あらゆる謬説のうちでも害毒の極みたる、呪うべきブルガリの異端が諸所に忍び寄った。これは秘やかであるだけに、それだけ有害である。さりながら、彼らがもっとも侵したのはトゥールーズ伯とその近隣君侯の地であった」とある。これに対し翌一二〇八年の条には、「ブールジュ大司教ギヨームは、アルビジョア討伐軍発進の準備中に没した」とあって、呼名が変っている。MCCVII.〈Per idem tempus Bulgarorum haeresis execranda, errorum omnium fex extrema, multis serpebat in locis tanto nocentius quanto latentius. Sed invaluerat maxime in terra comitis Tholosani et principum vicinorum〉; MCCVIII. 〈Guillermus quoque Bituricensis archiepiscopus, parans iter contra Albigenses, in Christo dormivit〉. H. Géraud(éd). Chronique latine de Guillaume de Nangis. Paris, 1843. t. I, pp. 127, 131.

(10) HGL.VII. note originale 13. p. 35.

3　系譜をめぐる諸説

カタリ派の起源と系譜は、古来喧しく論議されて来た。同派の本質規定にかかわるからにほかならない。中世、同時代にはマニ派と見るのが一般であった。特に十二世紀の初発カタリ派に関してこの傾向がいちじるしい。例えばエクベルトの『説教』は、「彼らはこれ(復活祭)の代りに開祖マニ殺害の祭日をまもる。疑いもなく彼らはマニの邪説に従う輩である。この祭は、聖アウグスティヌスが彼らを論難する書の中でベイナと呼ばれるむね記した祭にほかならない」と誌している。(1) これがアウグスティヌスに強く規定されていることは、前述の通り明らかである。実は、カタリ派が始祖マニの記憶を保存していること、いわんやその祝祭を行うことに関する言及は、十三世紀の異端審問官たちの精細な観察報告の中にも絶無であって、エクベルト以外には見出されない。ともあれ、この種の単純なマニ派との同一視はボシュエの時代まで、カタリ観の主流をなした。(2) むろん、この間にも別様の起源説が試みられなかったわけではなく、前述のように同派をアリウス派と呼んだ例もある。十三世紀、クレモナのモネタは、カタリ派の一部に見られた輪廻転生説を手掛りに源流をピタゴラスに求め、後にマニ派その他の影響が混入したものと述べている。これに類して、ピタゴラスとグノーシスの二つの起源を考える例はデュラン・ド・ユエスカにも見出される。(3) 要するにマニ派説は、中世にあっては一つの建て前、公式見解だったのであろう。現に十三世紀の異端審問官たちは、マニ派とは必ずしも一致しない彼らの言説を正確に記録しているのである。

近代の知識社会や学界でも系譜論はカタリ派論の主要テーマである。一応、便宜的に分類して諸説を摘記すると、まず西欧内部発生説としてオットー・ラーンの古代ゲルマン起源説が目につく。もちろん、特異のゲルマニストの発想で何の論証もない。もしこの部類で傾聴すべきものがあるとすれば、古くはプフィステル、近くはモルゲンであろうか。前者は十世紀末から十一世紀初の異端簇生の気運の中での主として神学者レヴェルにおける形成を考え、後者は十一世紀異端諸派には東方からする古代宗教の再来は考えられず、十二世紀になって初めて西欧カタリ派と東欧ボゴミリとの関係が成立したので、教説は類似するが、類似は必ずしも派生や従属を意味しないと主張する。彼によれば、カタリ派は細民の間に生じた使徒的生活への希求の気運の中での、福音書の断片的な知識の恣意的解釈に立脚しているにすぎず、体系的な教義に対する関心よりも倫理的要請が先行したというのである。またシェリーニに新説があって、一〇〇〇年前後に突如二元論異端が登場する理由を、終末観と関連させて解釈している。当時、千年の永きにわたって繋がれた悪魔の縛めが解け、今やことごとに神と対立するのが感じられたというのである。いうまでもなく、この場合十一世紀初期の異端がごく自然にカタリ派に連続すると見られている。今日では千年の恐怖が当時一般に瀰漫していたとは考えられていないが、一つの解釈として意表をつくものがないでもない。さらにまた、ブリュは古代二元論は農耕社会と遊牧社会の対立を、中世カタリ派は農業社会と商業手工業社会の対立を基盤として成立したと論じた。直接源流の問題には触れていないものの、その論法を推して行けば内部形成説に傾くであろう。ところで、カタリ派最大の地盤であった南フランスに関する限り、彼のいうような社会的状況を見出すことはできない(4)。

古代宗教に源流をもつとする見解は今日に至るまで跡を断たないが、その中にも大摑みに見て二つの立場がある。すなわち、西欧で二元論との関係が推定される異端は六世紀末から十一世紀初頭まで発覚していないが、この間にも二元論信仰は西欧内部に伏流として持続し、その伝統がやがてカタリ派として再発現したと考えるものと、新たに外部から持込まれたと見るものの二つである。内部潜在説ないし休眠説をとる者に、例えばデュフルク、アニチコフ、アルファンデリ、ヴァルガ等を数えることができる。デュフルクやアニチコフにあってはこの潜在二元論はマニ派であるが、アルファンデリの場合はグノーシス派の強力な持続が考えられている。ただし、彼もその不変の延長がただちにカタリ派であるとまでいうのではない。ヴァルガは、グノーシス系異端の中でも四世紀末からイベリア半島に生じたプリスキリアヌス派を特定した。スペイン、カタロニア、フランスという伝播径路が文化地理的に自然であること、および占卜要素が両派において類似していることを根拠としている。そして絶対派から穏和派への傾斜もこの伝播の過程で生じたと考えている。[5]

外部伝来説という場合、東欧の異端、主としてボゴミル派、さらにはこれに先行する小パオロ派（パウリキアニ派）、ひいてはこれらを介して古代二元論からの影響を考えるのが普通である。しかし、中には、古代マニ派の純粋かつ直接の西欧貫入を考える者もないではない。前世紀末のデリンガー、今世紀のロシェなどがその例である。特にロシェは、中世史料から得られる断片的な教説項目を古代マニ派の教義体系の中に配置してカタリ派の再構成を試みるのであるから、直接連続は論証以前に、むしろ大前提として措定されているというべきである。奇妙なことに、ロシェをも含めて、南フランス現地での郷土研究家《レジォナリスト》の中に、直接連続への固執が散見される。ニールがそうで、ネリも時としてこれに近い。憶測するに、かつてこの地に開花した一つの文明の強烈な個性と、今なお彼らの研究の原動力となっているその追憶あるいは愛着と無関係ではあるまい。トゥルーバドゥールとカタリ派は、中世南フランス世界の象徴だったからである。彼らにとっては当然、カタリ派とは一個独立した宗教である。フランスに拘束され得ない南フランス。キリスト教とは対等のカタリ派。一種独特の二重映しのように思えてならない。中世のマニ教視とは価値観こそ逆転しているが、枠組は同じである。[6]

右に見たのは多少とも特異な説であった。より一般的な東欧伝来説の中にも、古代マニ派ないしグノーシス派まで段階的に遡れるとする者とそうでない者との開きがあるし、西欧流入の時期を十一世紀あるいは十二世紀とする差がある。ドゥエーはドナウ河畔に残存していたマニ派から小パオロ派、ボゴミリ派を経てカタリ派に到達する継受伝承を想定した。いわば中世以来の伝統的カタリ観に依拠した説である。この型の見解は一層精密化した形でリー、ランシマン、オボレンスキー等にも見出される。(7) これに対し十九世紀における学問的なカタリ派研究の出発点を築いたシュミットはいちはやく、古代二元論とは無関係にスラヴ系民族の間に発生した絶対二元論が東西両欧に伝播し、その過程で、おそらく十一世紀、穏和化の傾向を生んだと考えた。(8) ボゴミリ派に源流を求めつつも、それ以前のマニ派との系譜関係について留保する点では、あるいはそれ以後の伝承過程での変容を推定する点では、近年の諸家の立場はむしろシュミットに近い。ラチュキ、ソロヴィエフ、ドンデーヌ、アンゲロフ、ボルスト、トゥーゼリエ、ダンドー、デュヴェルノワ、ランバート等、いずれもそうである。ただ、ボゴミリ派以前の接続関係は論者によって捉え方が異なる。例えばアンゲロフは先行二元論の影響を比較的軽く、ブルガリア土俗性を重く見て、農民レヴェルでの形成を考えるのに対し、ダンドーは学識社会での形成と、グノーシス派の影響のみならずギリシア教父、なかんずくオリゲネスの諸説の強い影響と歪曲逸脱を考えている。(9)

もちろん、折衷的な立場、つまり西欧内部に保存された伝統と外来の影響が複合してカタリ派を形成したとする見解も少くない。中でもブレックスやゼーデルベルクはボゴミリ派の波及時期を十一世紀と考え、さらに後者はその淵源としてグノーシス派を想定している。ターバーヴィルは同時代におけるマニ派の影響を主張し、ウォーナーは小パオロ派の進出を推定した。これらとはやや角度を異にしながらも、マンセリもまた多元的な起源を考えるが、東方からの影響発現の時期をサン・フェリクスの事件(後述)に限定した。(10)

右は極めて便宜的に諸説を瞥見したもので、論争展開の順序を追ってはいない。中には、現在到達された知識の水準から見て、すでに立論の基礎を失っているものもある。にもかかわらず、カタリ派の場合に限って、中世から現在に至るまで、系譜をめぐる論議が際限もなく繰返されるのは、前述の通りそれが同派の本質規定と表裏一体をなし、中世異端一般に対する問題意識が進展する度に起源論が揺り直されて来たからにほかならない。いうまでもなくその背後には、カタリ派を西欧のキリスト教的伝統の中で極めて特異な、あるいは異質なものと見る考えが根を張っている。そして問題を複雑にしているのは、第一に東欧の二元論異端、小パオロ派ならびにボゴミリ派と古代二元論との関連がいまだに不確かなことである。この面では教説中の類似点の比較、ラッセルのいう「内的論証」が先行して、「外的論証」つまり連続あるいは断絶の歴史事実の検証はなされていない、のみならず不可能な現状にある。(11) 第二に、十一世紀初から西欧に発現する諸異端の中のどの段階からをカタリ派と見るか、およびカタリ派内部の絶対派と穏和派との前後派生関係をどう捉えるかが論者によって異るからである。(12)

さて、現在我々の知識となっている史料の状況から問題を整理するならば、西欧内部保存説はまず問題にならない。もとより、潜伏した伝承が絶無であったと断言することはできないが、東欧先行異端からの圧倒的な影響の中では、重要性においておよそ問題にならないと思われる。十二世紀末から十三世紀前葉において、西欧カタリ諸教団はバルカン半島からイタリア、南フランスまで、つまり地中海北岸に展開する教団群の一環をなしている。カタリ派は単に心情的共感をもってあい集うた群衆ではなく、独自の秘蹟を中心とする教団、彼らのいう「教会」参入を救済の要件としていたので、この意味での真正カタリ派が成立するのは早くとも十二世紀四〇年代より以前ではない。東方からの決定的影響はおそらくこの時期に及んだのである。ただし、それ以前に散発した諸異端に、東欧から教説の破片が漂着している可能性はある。

東欧異端の最大のものはボゴミリ派で、これがいわばカタリ派の母胎教団であったが、これよりもさらに先発しかつ併在した小パオロ派との関連はどうであったか。両者ともに二元論を奉ずるとはいえ、その在り方はかなり異る。ガーソイアンは両者の関係を最も小さく考える者の代表だが、もし影響があったとすれば、殉教をも辞さぬ偶像破壊の熱意のみであろうとまで言っている。(13) こうして、小パオロ派の延長がそのままボゴミリ派となったわけでは決してない。にもかかわらず、両者の年代的地理的関係から見ても、何らかの影響はあったと考えるのが自然である。当時、十字軍士たちは小パオロ派と接触しているので、その影響が一部は直接に西欧に到達した可能性もないではない。

要するにカタリ派に及んだ系譜を遡る場合、まず太い線でボゴミリ派に到達し、次にある程度の関連を小パオロ派まで辿れると言い得るに留まる。それ以前、例えばマニ派、あるいはグノーシス系諸派との連続については、まったく不明というほかない。事実関係の歴史的連続は何びとにも論証不可能だし、教説の比較にしても二元論という一点を除けば差はかなり大きいように見受けられる。ドンデーヌも幾度か意見を変えた後、結局はマニ派からボゴミリ・カタリ両派への系譜連続は証しがたいと断言するに至った。古代二元論から中世のそれまで、教説内容の克明な比較はゼーデルベルクの行ったところだが、彼も一方におけるカタリ派の一部(穏和派)とボゴミリ派の酷似、他方における両派の古代宗教との差異を指摘した。古代宗教史家のうちでは、ピュエックの説がおそらく最も重要であろう。彼は極めて慎重に、カタリ派の源流をマニ派に求める試みは成功の見込が少いと結論した。(14)

このことはボゴミリ・カタリ派の性格規定にとって、かなり重要な意味を有する。かつて、マニ派との連続を主張しつつも教説や行動の部分的差違を認める論者によって、キリスト教の浸潤による変質、あるいはキリスト教的擬装が考えられた。しかし、古代二元論との関連に拘泥するのを止めて、正統キリスト教からの逸脱、ないし独自の発展、あるいはキリスト教への二元論の影響の混入を考えた方が、遥かに自然な理解が得られると思われる。カタリ派の一部ではバルカンから導入された偽書『ヨハネ問答録』や『イザヤ見神記』が行われたとはいえ、基本的かつ最終的な典拠とされたのは福音書であった。(15) 彼らの入信儀礼たる救慰礼 consolamentum の式次第を分析したギローは、そこに何ら異教的要素を認めないとし、むしろ原始キリスト教時代の極めて古風な手続の保存を見ている。(16)

宗教現象における主観と客観の関係は厄介な問題だが、彼ら自身に古代宗教の記憶がまったくなく、それどころか他の異端諸派同様、真のキリスト教徒、それも正統中の正統という強烈な自覚をもっていたことも留意しておく必要があろう。それは、およそ、擬装を疑う余地を残さない。エヴェルヴィン『書簡』の報ずるカタリ派は「この教説は殉教者たちの時代より今に至るまでギリシアその他の地に隠れて伝わった」と信じ、「我らのみがキリストの衣鉢を継ぐ」と号して「キリストの貧者たる我ら」と称している。エクベルト『説教』に登場する者たちも「我らの集いを措きて他に真のキリストの信仰、真のキリストの礼拝はない」という。『星の彼方の書』でも同様で、彼らの教団は「キリストより代々受継がれた」と信じている。(17) 少くとも主観的には、確固不動のキリスト教徒だったのである。秘蹟を含めて教会の全制度、全慣行を論難したのも、福音書に記載されていない事項はことごとく人為の虚構にすぎないとする発想であった。今日からは全秘蹟の排撃といえば過激極りない態度と見えるが、実はカトリック教会の秘蹟の体系化、つまりは教会の社会化が完成したのは十一、十二世紀であって、当時としては新しい制度だったのである。原始教会復帰の志向という点では、カタリ派の場合も、他の異端諸派ないし清貧運動の場合も共通している。ただ、原始教会の理解が異るにすぎない。

こうして、ボゴミリ・カタリ派の系譜問題では、マニ派の変質退化を考えるよりも自発形成を考える方が遥かに無理が少ないとして、第四福音書の感覚的二元論が存在論的二元論へ滑って行ったのではないかというデュヴェルノワの見解に共感を誘われるのである。それと関連してカタリ派の本質規定では、ドラリュエルのいう化石化、硬化したキリスト教という説が妥当かと思われる(18)。

しかし、残る問題がないわけではない。ボゴミリ派と教説上ほぼ一致するのはカタリ派内でも穏和派のみであって、絶対派は必ずしもそうではない。とすれば、絶対派はどこから来たのか、あるいはどこで形成されたのか、という疑問がそれである。

（1） 〈Celebrant pro eo aliud quoddam festum, in quo occisus est haeresiarcha eorum Manichaeus, cujus procul dubio haeresim sectantur, quod beatus Augustinus contra Manichaeos Beina appellari dixit〉. MPL. CXCV, c. 16.――ベイナ Beina とあるのはおそらく写本の誤りで、アウグスティヌスの『マニ教徒書簡反駁』に出るのはベーマ Bema である。「汝らのベーマ、すなわちマニの殺されたる日を……」〈vestrum bema, id est, diem quo Manichaeus occisus est...〉. Contra epistulum Manichaei quam vocant Fundamenti. Œuvres de saint Augustin. t. XVII. Paris, 1961. p. 410.

（2） ボシュエ『プロテスタント教会の諸形態の歴史』Histoire des variations des églises protestantes. 1688.

（3） モネタ『カタリ・ワルドー派詳論』op. cit., p. 411.――デュラン・ド・ユエスカ『異端反駁の書』Durand de Huesca, Liber antihaeresis. A. Dondaine, Aux origines du valdéisme. appendice A. AFP. XVI, 1946. p. 234.

（4） O. Rahn, Croisade contre le graal. traduction française. Paris, 1934 ; C. Pfister, Etudes sur le règne de Robert le Pieux. Paris, 1885. p. 327 ; R. Morghen, Problèmes sur l'origine de l'hérésie au moyen âge. RH. CCXXXVI, 1966. pp. 3-14 ; J. Chélini, Histoire religieuse de l'Occident médiéval. Paris, 1968. pp. 191, 192 ; C. Bru, Eléments pour une interprétation sociologique du catharisme occitan. SH. p. 23 sqq.

（5） A. Dufourcq, Etude sur les *Gesta Martyrum* romains. t. IV. Le néo-manichéisme et la légende chrétienne. Paris, 1910. pp. 76, 90 ; E. Anitchkof, Les survivances manichéennes en pays slave et en Occident. RES. VIII, 1928. pp. 203-225 ; id., Le saint graal et les aspirations religieuses du XIIe siècle. ROM. LVIII, 1932. pp. 274-286 ; P. Alphandéry, Le gnosticisme dans les sectes médiévales latines. RHPR. VII, 1927. pp. 395-411 ; id., Traces de manichéisme dans le moyen âge latin. ibidem, IX, 1929. pp. 451-467 ; L. Varga, Peire Cardinal était-il hérétique? RHR. 1938. pp. 205-231 ; id., Les cathares sont-ils des néo-manichéens ou des néo-gnostiques? ibidem, 1939. pp. 175-193.

(6) I. Döllinger, Beiträge zur Sektengeschichte des Mittelalters. I. München, 1980 ; D. Roché, Etudes manichéennes et cathares. Paris-Toulouse, 1952 ; id., La cosmologie de Manès à Rudolf Steiner. Appendice : Extrait de Kephalaïa de Manès. CEC. IIe série, no. 45, 1970. pp. 3-19 ; F. Niel, Albigeois et cathares. Paris, 1955 ; R. Nelli, Le phénomène cathare. Perspectives philosophiques, morales et iconographiques. Paris-Toulouse, 1964 ; id., Réflexions sur le dualisme cathare. CS. LIII, 1966. pp. 181-195 ; id., La vie quotidienne des cathares du Languedoc au XIIIe siècle. Paris, 1969.

(7) C. Douais, Les albigeois. Leurs origines. Action de l'Eglise au XIIe siècle. Paris, 1879. pp. ii, iii, 165, 198, 199, 200-209 ; H. C. Lea, A history of the Inquisition of middle ages. New York, 1888. I, pp. 89, 90 ; S. Runciman, Le manichéisme médiéval. L'hérésie dualiste dans le christianisme. traduction française. Paris, 1949. passim ; D. Obolensky, The Bogomils. A study in Balkan Neo-Manichaeism. Cambridge, 1948. p. 43 sqq.

(8) C. Schmidt, op. cit., I, p. v sqq., pp. 2-8.

(9) Raczki についてはほぼ翻訳に近い紹介がある。 L. Léger, L'hérésie des Bogomiles en Bosnie et en Bulgarie au moyen âge. RQH. VIII, 1870. p. 483 sqq.

A. Soloviev, Autour de Bogmiles. BYZ. XXII, 1952. pp. 91-94 ; A. Dondaine, L'origine de l'hérésie médiévale. RSCI. VI, 1952. pp. 47, 48 ; D. Angelov, Aperçu sur la nature et l'histoire du bogomilisme en Bulgarie. HS. pp. 76, 77 ; id., L'influence du bogomilisme sur les cathares d'Italie et de France. ABS. EH. IV. p. 175 sqq.（再録 D. Angelov, Les Balkans au Moyen Âge : La Bulgarie des Bogomiles aux Turcs. London, 1978）; A. Borst, Die Katharer. Stuttgart, 1953. S. 59 sqq. ; C. Thouzellier, Tradition et résurgence dans l'hérésie médiévale. p. 110 ; M. Dando, Les origines du catharisme. CCR. no. 56. 1967. pp. 1-40 ; J. Duvernoy, Le catharisme : l'histoire des cathares. Toulouse, 1979. p. 27 sqq. ; M. D. Lambert, op. cit., pp. 32, 53, 54.

(10) E. Broeckx, Le catharisme. Etude sur les doctrines, la vie religieuse et morale, l'activité littéraire et les vicissitudes de la secte cathare avant la croisade. Hoogstraten, 1916. pp. 16, 19 ; H. Söderberg, La religion des cathares. Etude sur le gnosticisme de la basse antiquité et du moyen âge. Uppsala, 1949. p. 34 sqq. ; A. S. Turberville, Mediaeval heresy and the Inquisition. London, 1920. pp. 10, 22 ; H. J. Warner, The Albigensian heresy. London, 1922. I. pp. 9-18 ; R. Manselli, Il manicheismo medievale. RR. XIX, 1948 cit. in J. B. Russell, Interpretations of the origins of medieval heresy. MS. XXV, 1963. p. 48.

(11) J. B. Russell, op. cit., p. 37.

(12) 研究史の諸段階で学説の整理は常に試みられて来たが，前引ラッセル論文のほか次のものが特に参考になる。D. Walther, A survey of research on the Albigensian Cathari. CHS. XXXIV, 1965. pp. 146-177 ; E. Delaruelle, L'état actuel des études sur le catharisme. CF. III, 1968. pp. 19-41 ; J. Musy, op. cit. RH. CCLIII, 1975.

(13) N. G. Garsoïan, The Paulician heresy. A study of the origin and development of paulicianism in Armenia and the eastern provinces of the Byzantine Empire. Paris-The Hague, 1967. pp. 118-126.

(14) A. Dondaine, Nouvelles sources de l'histoire doctrinale du néo-manichéisme au moyen âge. RSPT. XXVIII, 1939. p. 466 ; H. Söderberg, op. cit., p. 97 ; H-C. Puech, Catharisme médiéval et bogomilisme. ANL. XII, 1957. pp. 84.

(15) マルセイユ司教ブノワ・ダリニャン Benoît d'Alignan（一二二九—六六年）の著作に帰される断簡の中に，異端審問官が容疑者に対して訊問すべき事項を列挙した一覧表がある。その第一〇項は，「異端たちの書物を所持する，あるいは所持したか否か」となっていて，さらにその書物を「なかんずくロマン語訳の福音書，書簡，あるいはワルドー派の習俗たる俗語訳の讃歌あるいはその他の祈禱書」と特定している。〈Si habet vel habuerat libros hereticorum, et specialiter si evangelia vel epistolas in romano, vel psalmos, vel orationes alias in vulgari, secundum morem Valdentium〉. C. Douais, Les hérétiques du Midi au XIIIᵉ siècle. Cinq pièces inédites. AM. 1891, p. 376. ここで福音書への執着は異端発見の徴標にまでなっている。これはワルドー派関係の言及だが，後述する通りカタリ派でも事情は変らない。

(16) GI. I. pp. 127, 142.

(17) 〈dixerunt nobis in defensione sua, hanc haeresim usque ad haec tempora occultatam fuisse a temporibus martyrum, et permansisse in Graecia, et quibus aliis terris〉. 〈ipsi soli vestigiis Christi inhaereant〉. 〈Nos pauperes Christi〉. Evervinus. MPL. CLXXXII, cc. 677, 679 ; 〈veram fidem Christi, et verum cultum Christi, non alibi esse, nisi in conventiculis〉. Eckbertus. MPL. CXCV, c. 13 ; 〈dicunt quod descenderunt de Christo de gradu in gradum〉. Liber supra stella. DÖLL. II, S. 74.

(18) DUV. R. pp. 359, 360 ; E. Delaruelle, Le catharisme en Languedoc vers 1200. AM. LXXII, 1960. pp. 149-167.

4 史料状況

カタリ派に関する史料は、同派内部から出たものと、同派の外部で成立したものに分けられる。前者は信念に根差し、後者は多少とも敵意なり危機感なりを作成の動機としているから、我々の直面するのは常に問題的な史料である。もとより、およそ史料なるものに問題的でないもののあるはずがないと言ってしまえばそれまでだが、この場合は特にその性格が顕著だということを念頭に置く必要がある。

カタリ派側史料について言えば、同派は社会の底辺に達する拡がりをもちながら同時にかなりの知的分子を擁していて、文献を作成した。当時の教会側駁論家たちは常時この種の文献を目にしていたらしく、例えばモネタは絶えず「彼らの言辞あるいは彼らの文書を通じて識った」、「彼らに同調する一人物が著者に返答し、また一カタリ派異端がそう書き誌している通り」等々の言葉を挿入している。(1) 異端文献をめぐっては、エティエンヌ・ド・ブルボン『逸事集』の伝える、今ではほとんど伝説化した逸話がある。オーヴェルニュのモンフェラン侯ロベール(一二三四年没)は稀代の好事家で、あらゆる異端の書物を収集し一大コレクションを作ったというのである。しかし自身異端との関係を疑われるのを怖れて、臨終の床で次のように告白したという。「信仰のゆえに異端に対して抱く軽蔑を示すため木箱を作らせ(て文書を納め)、後架に置かせて座するに際して足下に踏んだ。卑しい用を足す時に踏む以上に異端を卑しめる方法はないからである」。そして「問題の場所から異端の書物を引出し、目の前で焼払わせた」。あらゆる異端の本を集めたという収集の中でカタリ派文献が大部分を占めたことは、彼自身「我が領地はアルビジョアの異端に近い」と言っているので、推測に難くない。(2) 研究者は灰燼に帰した幻の文庫を惜しむのが常となっている。散逸、それに故意の湮滅はこの種史料の宿命と考えられがちだからである。しかし、もともと木箱に納めて踏みつけられる程度のものでしかなかったという、やや負け惜しみめいた解釈もある。(3) 異端審問の供述に、読書したり書物に言及したりする異端の姿がしばしば登場する。例えば、「いつかお前に書物を送ってやろう。それには善き言葉が誌されていて、正しい信仰を知ることができる」と異端が約したという供述がある。また異端が「古びた革表紙のついた、俗語で書かれた紙の本」を持っていて、読んで見ると「マニの異端とカトリック双方の言説や行為や意見に関する立論と反論を俗語で記したものであった」というのもある。(4) しかし、「受取って読んだところ、初めに言葉ありきとあってラテン語とロマン語両方で書いた福音書であることが知れた」ということもあって、いわゆる「異端の本」のすべてが異端神学書であったとは限らない。(5) むしろ、彼らの携行していたものの大半は福音書だったのではないかと思われる。

散逸したものがあるのは確かだが、審問官たちが盲目的な憎悪から異端図書を焼いたというのは俗論である。現に、今日、若干の異端側文献が残っているのは、審問官の収集保存の努力の結果である。散逸はしたものの、審問官の記述から書名や著者の判っているものが若干ある。(6) 彼らの探索能力と活動規模を考えるなら、異端文献の基本部分は今日残っているか、少くとも存在したことが知られているかであって、膨大な異端文献の存在を想定しての喪失を惜しむには当らないと思われる。(7)

こうして、史料の大部分は異端追及側、少くともカトリック側から出たものに依存せざるを得ない。法令、書簡、年代記を別にすれば、(8) 直接カタリ派を対象とする文献は、異端反駁書および異端審問法廷記録の二系列である。もちろん後者は審問がいまだ設置されていない十二世紀については求むべくもない。審問開設後は、反駁書も審問官に情報を与えるために、主として審問官によって執筆されたので、この二系列は深く絡合っている。反駁書、特に初期のそれには、先述の通り教父作品の規定力による先入観が混入している可能性があるし、時代が下って学問的労作の性格を帯びるに従い、先行する反駁書が参照されて全部が必ずしも新しい情況の観察報告とは言いがたい場合が生ずるので、作品の相関関係の確定が必要となる。(9) 彼らの記事内容が憎悪によって歪められてはいないかという懸念を完全に払拭することは不可能だが、十三世紀審問官の職をほとんど独占したドメニコ会士の手になるものは概して正確だと思われる。彼らがもっとも戦闘的な、いわば狂信的な型の人間だったことは容易に想像されるところだし、現に例えば一二三五年アルビで活動した審問官ギヨーム・ペリッソンの書き残したものなどは、住民の敵意だけでなく現地教会や領主との軋轢の中で初期の審問官たちが味わった危機感、孤立感、そして攻撃的姿勢を如実に伝えている。(10) にもかかわらず、全体として、彼らは当時の聖職者の中で知的水準が高く、格段に実務的感覚と能力を備える人々の部類に属したらしい。ドメニコ会士から出た審問官には文筆家が多い。『審問官提要』の著者ベルナール・ギイなどは、他の分野でも当時有数の作者の一人であった。彼らの反駁書に異端に対する感情的な罵言を見ることは極めて稀である。それのみか、異端を放埒乱倫の徒とする流言を信じては彼らを発見できないと戒める者もあって、その種の安易な行文はかえって学者文人の手になる年代記に多い。異端に対する熾烈な敵意と冷静な観察の同居、一見奇妙な現象だが、察するに、異端対策の最前線にいた審問官の多くは、事実を客観的に把握せぬ限り当面の危機に対処できぬという認識をもっていたのであろう。ともあれ、反駁書は常に第一級の史料である。

現存する法廷関係史料は、南フランスに関しては一二三四年のものがもっとも古い。(11) 異端の実際の行動や信念を知る手がかりとして法廷記録、中でも供述書が有用なことはいうまでもないが、この場合にも供述内容の信憑性が問題となる。果して真実が語られたかという疑念である。事実、同一供述人が最初の訊問には何も知らぬと答えながら、回を重ねるにつれて詳細を想起する経過を辿れる場合や、抽象的、多義的な返答で韜晦している場合もあって、秘匿が試みられたのは確かである。しかし見失ってならないのは、この特殊な法廷での発言が通常の意味での犯罪の自白でなく、最終的には信仰の表明だという一事である。その意味で、ある側面においては、これは極めて信憑性の高い史料と言える。加えて、想起する例が示すように、訊問者の技術と熱意を忘れてはならない。ベルナール・ギイは、「看破されて秘匿できなくなれば、彼らは審問官の前に公然と(信条を)擁護し、確認し、宣言する」と誌している。[12] 史料的限界は、むしろ記録作成時に起りうるずれである。発言は当然要約されて筆記されるが、この時書式化による多様性の脱落、さらに異端独自の観念がカトリック側の用語で表現されることによる歪曲が考えられるからである。

異端審問の法廷記録は、特殊な来歴を背負っている。審問が活動していた当時、この種の記録は尖鋭な現実効果をもっていたために、異端や支持者だけでなく住民一般からの襲撃や焼却の危険にさらされて、多くが散逸した。当然ながら審問側でもその保護に腐心し、あるいはカルカッソンヌの城塔の奥深く秘匿し、あるいは異端を知らない遠隔の地に移送した。時代が移って異端が過去のものとなると、秘蔵のまま忘れ去られ、時に人目に触れては廃棄される運命に遭遇した。トゥールーズ市庁舎の帳簿の表紙になっていた羊皮紙が供述書の一部であったり、書籍商が包装に用いていた紙が判決書の断片だった話など、[13] とかく発見綺譚が多いのもこの間の消息を物語っている。中には写本を通じて残存するものがないではない。もとより記録の性質上、同時代に写本が作られることは極めて稀だったので、ここでいうのはドア文書 Collection Doat のことである。[14] 審問記録の刊行は、近世初頭に思想信条の自由の観点からリンボルクが『トゥールーズ判決書』を顧みたのを別にすれば、[15] 近代の異端研究あるいは裁判制度研究の関心から史料として刊行されるまで待つほかなく、それも決して多いとはいえない。[16]

近代におけるカタリ派研究の出発点をなすのはシュミットの労作だが、(17) すでに彼の段階で史料は博捜されて、今日、我々の知っているものの基本部分は利用されている。史料利用に関する限りカタリ研究は高い水準から出発したと言ってよいが、その後に発見されたものがいくつかある。実はクレダ、モリニエ、ドゥエー、ドンデーヌ、ヴェンクレール、トゥーゼリエ等に代表されるこの面での文献学的作業が、研究史を確実に推進する槓桿となって来た。(18) 本稿ではそれら先学の業績を再確認しながらカタリ派の問題点を整理してみたい。と言うのも、カタリ派の理解には絶えず通俗次元の関心が混入して、ややもすれば一度到達された解決が定着せず、いわば問題が循環する傾きなしとしないからである。(19)

(1)　〈vel ex ore eorum, vel ex scripturis suis illa habui〉. 〈sicut quidam eis adhaerens mihi respondet, et sicut quidam Catharus scripsit illud〉. Moneta Cremonensis, pp. 2, 42.

(2)　〈Et in signum hujus vilipensionis quam habebam ad alias sectas a fide, feci fieri scrinium ligneum, quod feci poni sub pedibus meis quando sedebam in sede camere mee private, quasi non possem ipsas sectas magis vilipendere, nisi pedibus meis subessent quando sedeo vile nature officium expleturus: evangelia autem Domini mei in multo honore servavi. Ideo autem legi libros sectarum diversarum, quia terre mee affines sunt heretici Albigenses, ut mihi ab eorum versuciis scirem cavere, et eos, si mecum de suis loquerentur erroribus, scirem de suis jaculis repercutere et eos confutare per suas posiciones et asserciones. Fecit autem dictos hereticos libros extrahi de loco dicto, et in oculis suis comburi〉. Etienne de Bourbon, op. cit., pp. 276, 277.

(3)　A. Dondaine, Nouvelles sources. RSPT. XXVIII, 1939. p, 470.

(4)　『ジョフロワ・ダブリ審問録』〈Dixit quod mitteret mihi in brevi quendam librum, in quo erant bona verba, et ibi cognoscerem rectam fidem〉. Registre de Geoffroy d'Ablis. ms. lat. 4269. BN. f. 52 cit. in C. Molinier, op. infra cit. p. 233, n. 5;『ジャック・フルニエ審問録』〈invenit inter dictos libros quendam librum scriptum in vulgari in papiro et coopertum pargameno veteri, in quo legit, ut dixit, per aliquod spacium temporis, et dixit se ibi invenisse et legisse rationes et contrarationes in vulgari scriptas de factis, dictis et opinionibus hereticorum manicheorum, et catholicorum〉. JF. II, pp.

196, 197. ここに出る「革表紙本」はデュラン・ド・ユエスカの『マニ派反論』(後述)であろうと、デュヴェルノワは推定している。

(5) 『ジャック・フルニエ審問録』〈accepit dictum librum et legit in eo, et invenit ibi, In principio erat verbum, quod evangelium erat mixtum de latino et romano〉. JF. I, p. 285.

(6) かつて存在したことが知られている主な異端側作品には、Liber Stellae『星の書』、Perpendiculum Scientiarum『知識の測鉛』、それにテトリクス Tetricus の作品、デシデリウス Desiderius の作品、ヨハネス・デ・ルギオの作品などがある。『星の書』は、まさにこれ在るがゆえに前出『星の彼方の書』が書かれたことから知られるし、『知識の測鉛』はリュック・ド・テュイが聖書の章句に異端哲学を混交した書物として挙げている。その著者か否かは不明だが、別の所ではアルナルドゥスなるプロヴァンス出身の異端は「世に稀なる速筆で多くの本を著した」むね誌している。Lucas Tudensis, De altera vita fideique controversiis adversus Albigensium errores. cit. in C. Schmidt, op. cit., II, p. 2. テトリクスおよびデシデリウスについてはモネタの『カタリ・ワルドー派詳論』に言及がある。Moneta Cremonensis, pp. 71, 79, 248, 347, 357.

(7) 現在残存している主要なカタリ側文献としては、『マニ教要義』、ラテン語およびプロヴァンサル語二種類の『典礼書』とその断簡、『両原理論』、問題の残る『宗会要録』を数え得るにすぎない。これらは西欧で成立したものだが、西欧に伝来してカタリ派が用いたものに、『ヨハネ問答録』および『イザヤ見神記』(『イザヤ昇天記』の一部)がある(いずれも後述)。

このほか『バルラームとジョザファ』を、ネリやロシェなどのようにカタリ側文献に数える場合がある。R. Nelli, Dictionnaire des hérésies méridionales. Toulouse, 1968. pp. 61, 62 ; id., Les troubadours. Paris, 1960. II, p. 13 ; D. Roché, Etudes man. et cath., p. 32 ; C. Camproux, Histoire de la littérature occitane. Paris, 1953. p. 73.

この発心求道譚はよく知られている通り、仏伝がキリスト教の聖者伝に転化したもので、それ自体興味を引く作品である。カタリ派に好んでエキゾティックな要素を見る論者がこれをカタリ派文献と考える事情は理解できるし、さまざまな異本の中のプロヴァンス本を彼らが読まなかったと断定することはできないにしても、内容には特にカタリ的要素はない。また彼らが愛好したという証跡もない。この点は、「十字の樹」(後述)説話にしても同様である。『バルラームとジョザファ』に関連しては、上田敏『菩薩物語由来』以後、本邦でもいくつかの論考がある。海老澤有道『切支丹文学としての釈迦物語』「立教大学史学同好会会報」三―一、昭和八年。村岡典嗣『二鼠譬喩談と平田篤胤』「文化」一―二、昭和九年。松原秀一『「一角獣の話」の西漸と東遷』「慶応義塾大学言語文化研究所紀要」四、昭和四七年。小堀桂一郎『日月の鼠』「比較文化研究」一五、昭和五二年。

(8) 通例アルビジョア十字軍の三大史料とされるのは、ギヨーム・ド・ピュイローランス『年代記』、ピエール・ド・ヴォーセルネイ『アルビジョア史』、およびプロヴァンサル語の歌物語『アルビジョア十字軍の歌』である。

(9) この点に関しては、特に A. Dondaine, Nouvelles sources...; C. Molinier, Un traité inédit du XIIIe siècle contre les hérétiques cathares. AFLB. V, 1883. pp. 226-255; W. L. Wakefield, Notes on some antiheretical writings of the XIIIth century. FS. XXVII, 1967. pp. 285-321 に参考記事があるほか、後引 C. Thouzellier の諸論考が不可欠。

(10) J. Duvernoy (trad. et comm.), Chronique de Guillaume Pelhisson. Toulouse, 1958.

(11) ナルボンヌ大司教による審理。DD. I, pp. lxi-lxiii.

(12) 『審問官提要』〈postquam detecti sunt et celare non possunt, coram inquisitoribus manifeste defendunt, asserunt et fatentur〉. GUI. I, p. 16.

異端審問が組織されると同時に、そのための参考書が書かれ始める。右に見た反駁書も大半はこの種参考書である。その中には、いち早く北方でフランチェスコ会士ダヴィッド・フォン・アウグスブルクの手になる手引書 Tractatus de haeresi. (TNA. V. cc. 1778-1794 および DÖLL. II, SS. 315-319) をはじめ、特に実務面に力点を置いた、まさしく教科書と呼ぶにふさわしい一群の作品がある。実際的な利用に密着しているだけに、時代とともに異端の種類や制度慣行が変化するのに対応して次々と新しい作品が書かれたからである。そのうち、比較的長く基準的な位置を占めたのが、十四世紀初期の作品ではこのベルナール・ギイ、十四世紀末のものではニコラウ・エイメリックの『審問官の指針』であった。ニコラウはスペインの審問官でドメニコ会士。この段階になると標的はもはやカタリ派ではない。『指針』は広範囲に利用され、転写の度に利用者が自分の経験を書き加えたため『指針』そのものが成長を続けた。最後にスペインの教会法学者フランシスコ・ペーニャが決定的な増補と改訂を加える。作業の終ったのが一五〇三年。ここで最終最大の教科書が成立した。ただし、この増補は実地の必要からなされたというよりも、スペインの異端狩りが無軌道に激化するのを危惧した法王庁が特に彼に命じて定本を作らせたのである。成立事情を反映して、実務の手引きたるにとどまらず、法典としての性格をもあわせ備えている。現在から見て審問官を鼓舞しているとしか思えないのだが、これにすら規制の効果が期待されたとすれば、当時スペイン審問の過熱が察せられる。L. Sala-Molins (trad.), Le manuel des inquisiteurs de Nicolau Eymeric et de Francisco Peña. Paris, 1973.

今問題のベルナール・ギイはドメニコ会士。一三〇七年からトゥールーズで異端審問官として活動し、後テュイ(ガリシア)司教、ロデーヴ司教を歴任した。『審問官提要』の執筆は一三二一年以後と推察されている。彼の観察したのは南フランスの末期カタリ派で、明確に絶対派として記述されている。全五部のうち、モラの刊行したのは第五部に当る。全文は C. Douais (éd.), Practica inquisitionis heretice pravitatis auctore Bernardo Guidonis. Paris, 1882. 類書全体については A. Dondaine, Le manuel de l'Inquisiteur (1230-1330). AFP. XVII, 1940. pp. 85-194.

(13) 現在、パリ国立図書館所蔵の ms. lat. 9992 やオート・ガロンヌ県立文書館の ms. 124 や ms. 202 はこの種の来歴を持っている。

(14) 一六六三年から七〇年にかけて、コルベールの命によって、国王顧問官ジャン・ド・ドアの指揮下に一団の写字生が南フランスに派遣され、現地の古文書を組織的に調査筆写した。その成果が全二五八巻に及ぶドア文書で、ラングドック文書およびパコット文書とともに南フランス関係三大写本集成をなしている。当初コルベール家所蔵であったが、一七三二年王室に献納され、現在パリ国立図書館に架蔵されている。まだ刊本はない。筆写の後に失われた原本もあって、この写本を通じてのみ伝わる文書記録も多い。ドア文書については L. Delisle, Notice sur des collections manuscrites de la Bibliothèque Nationale. BEC. XXXII, 1871. p. 252 sqq.; H. Omont, La Collection Doat à la Bibliothèque Nationale. Documents sur les recherches de Doat dans les archives du Sud-Ouest de la France. ibidem LXXVIII, 1916. pp. 286-336.

作成の動機は現地における国王の権益を確認することにあったが、作業が網羅的だったために異端審問の記録が取込まれ、計一七巻がおよそ五〇〇件の史料を収めている。該当巻とその構成については C. Molinier, L'Inquisition dans le Midi de la France au XIIIe et au XIVe siècle. Etude sur les sources de son histoire. Paris, 1880. p. 34.

(15) Philippe a Limborch, Historia Inquisitionis cui sequitur Liber Sententiarum Inquisitionis Tholosanae ab anno Christi MCCCVII ad annum MCCCXXIII. Amsterdam, 1692.

(16) 南フランスの異端審問記録の原本と写本に関する最も基本的な研究は、前引 C. Molinier, L'Inquisition dans le Midi で、精査至らざる所がない。C. Douais, Documents pour servir à l'histoire de l'Inquisition dans le Languedoc. Paris, 1900. 2 vols. は上巻に研究、下巻に史料を収める。さらに Y. Dossat, Les crises de l'Inquisition Toulousaine au XIIIe siècle, 1233-1273. Bordeaux, 1959 も逸することができない。

刊本、特に断片的に HGL や史料集、さらに諸研究書に収録印刷されたものと原本ないし写本との対応関係を把握するのは容易でなく、実際利用に混乱を来している。この点でデュヴェルノワの作った対照表は網羅的ではないが指針として不可欠。Concordances des copies et des éditions des sources judiciaires. DUV. H. appendice III.

以下、代表的なものについて摘記する。当然のことながら、法廷記録といえどもそれぞれ個性がある。ベルナール・ド・カスタネ指揮下のアルビ審問供述書 G. W. Davis (ed.), The Inquisition at Albi, 1299-1300. Text of register and analysis. New York, 1948 は、書類としての整理要約のおそらく最も進んだ部類に属する。関心はもっぱら人間関係に集中して、言説にはさしたる興味を示していない。これと反対に、行状と言説の細部を執拗に聞出しているのがベルナール・ド・コーならびにジャン・ド・サンピエール両審問官の関与した記録、およびパミエ司教ジャック・フルニエが指揮した審問の記録である。

ベルナール・ド・コーたちの活動はトゥールーズ周辺に限られているが、供述書（一二四五―四七年）の一部と判決（一二四四―四八年）がDD. II. に印刷されているほか、最も大部な供述書（一二四五―五三年）はトゥールーズ市立図書館手稿本六〇九号として保存されている（先きにモリニエが一五五号として言及したもの。同館により番号変更）。ごく一部（RAMF. II, 1968. pp. 1–12）を除いて未刊だが、C. Douais, Les hérétiques du comté de Toulouse dans la première moitié du XIIIe siècle d'après l'enquête de 1245. BICT. III, 1907. pp. 161-173 が詳細に説明しているほか、GI. I の脚注に実に豊富に引用されていて大概を察することができる。

ジャック・フルニエ（後の法王ベネディクトゥス十二世）指揮下の法廷が残した供述書（一三一八―二五年。ヴァティカン図書館 ms. Vat. lat. 4030）は、分量と内容の豊富さの点で他に類を見ない史料である。口述は縮約整理した上で筆記すべきである、さもなければ照合利用ができなくなるとした『審問官提要』GUI. I, p. 32 の基準に照らせば、これは実務書類としておそらくもっとも不出来な記録であるが、歴史の観点からは、貴重な宝庫である。ほとんど速記録に近いことは、容疑と無関係な私生活の陳述が大半を占めているばかりでなく、多数の日常語彙がラテン語化されずにそのまま残されていることからも、十分察せられる。探索の及んだ地理的範囲はパミエ司教区南端、ピレネー北斜面アリエージュ上流の山岳地帯に当る。いうまでもなく、村落も人口もはなはだ稀薄である。供述書件数にして八九、言及された個人の名は概数にして一二〇〇名。住民の大半が、何らかの形で影をとどめていると見てよいであろう。当然、探索には地区による疎密の差があるから、村落によっては全住民の言動が記録されている。しかもこの『審問録』は他史料との相関関係の中で独特の位置を占めている。先行する審問官ジョフロワ・ダブリの記録（一三〇八―一九年。BN. ms. lat. 4269）、時期的に重りあう『トゥールーズ判決集』（一三〇八―二三年。LIMB）、およびその判決に関係したベルナール・ギイの『審問官提要』をたがいに結びつける環の位置に当っていて、特定の人物や事実については、二つ以上の史料にまたがって出現するものがあり追跡が可能となる。この恵まれた状況は、不足しがちな異端関係史料の中では稀有のものということができる。その重要性は早くから着目され、DÖLL. II. にも一部抄出収録されているが、全文はデュヴェルノワによって刊行された。JF. 3 vols. さらに同じ校訂者による全文現代語訳が同題で刊行されている（3 vols. Paris-La Haye, 1978）し、抄出現代語訳に解説を加えたものもの（id., Inquisition à Pamiers. Toulouse, 1966）もあって利用に大きな便利を提供している。

ジャック・フルニエが追求したのは、ペトルス・アウテリ（ピエール・オーティエ）が再建した教団だから、ここで知り得るのは、カタリ派史最末期の状況である。総じて、中世の信仰の形態などという場合、そこには時代による変遷があったばかりではない。社会範疇により、また指導者レヴェルと民衆レヴェルにより色調の相違があって、いわば層序的な異質性を示し、相互間に緊張と交響があったはずである。異端集団の場合は、一般に小規模な上に、まさしく異端たることによって比較的強い内部均質性を示しはするものの、カタリ派のように長期にわたって社会に深く根を下した異端にあっては、内部の均質性が次第に崩れたことも十分考えられる。もしこの面の解明が可能となれば、異端の展開の機構を把握する上で手掛りとなるであろう。供述人のあり方から見て、『ジャック・フルニエ審問録』が特に注目される理由の一つはここにある。それにも増して看過できないのは、庶民の具体的な生活の姿がこの種史料に内蔵されていることである。中世にあって、貴人や高僧の一代記や逸話が伝えられることはあっても、庶民の生涯や生活が記録にとどめられることはまず絶無に近い。この点で異端審問の記録は唯一の例外をなす。信仰に疑問があれば貧富卑尊の差を問わず、網羅的に捕捉して全経歴、しかも日常の瑣末事を仮借なく糾明したからである。『ジャック・フルニエ審問録』は小領主から末端の農民や流民に至るまで、もともと他人の注目を受けるはずもなかった人々の、ライフ・ヒストリーの膨大な集積にほかならない。周知の通り、これを用いて山村の生活を再構成したのが、E. Le Roy Ladurie, Montaillou. Village occitan de 1294 à 1324. Paris, 1975 である。

このほか刊本として利用できる主な審問関係史料には、DD. II, pp. 115-301 に収められたカルカッソンヌ審問法廷の記録(一二五〇—五八年)、Belhomme, Documents inédits sur l'histoire des Albigeois. MSAM. VI, 1847-52. pp. 101-146 と H. Blaquière et Y. Dossat. Confessions inédites de cathares quercynois. CF. III, 1968. pp. 259-277 にそれぞれ部分的に収められた帰正異端者の告白(一二五四—五六年)がある。

(17) C. Schmidt, Histoire et doctrine de la secte des Cathares ou Albigeois. 2 vols. Paris-Genève, 1848-49.

(18) 文献目録としては次の三点がある。P. de Berne-Lagarde, Bibliographie du catharisme languedocien. Toulouse, 1957 ; H. Grundmann, Bibliographie des études récentes (après 1900) sur les hérésies médiévales. HS. pp. 407-479 ; C. T. Berkhout and J. B. Russell, Medieval heresies. A bibliography 1960-1979. Toronto, 1981.

W. L. Wakefield and E. P. Austin, Heresies of the high middle ages. Selected sources translated and annoted. New York-London, 1969 は副題の示す通り現代語訳史料集だが、史料文献解題の性格をも併せもっているし、その面ではおそらく最高の水準にある。原文史料集としては DÖLL. II が長く利用されて来た。縮約の仕方にやや恣意的なところがあって全体の文脈との関連を把握できない難点はあるが、これによってのみ見ることのできる史料もあって今なお有用である。

(19) カタリ派に関する総説は度々書かれて来た。比較的新しいもので基準としての地位を占めるのはボルストの労作である。

A. Borst, Die Katharer. Stuttgart, 1953. フランス語訳 Les Cathares. Paris, 1974. 邦訳、藤代幸一『中世の異端カタリ派』新泉社、一九七五年。南フランス・カタリの通観では近年デュヴェルノワの二冊本とグリフの四冊本を得た。特に後者は現在得られる最も精細な史的通観である。DUV. R, DUV. H ; GR. I. II, III, IV.

第一部　カタリ派の輪郭

第一章　諸教団の分布

1　一二五〇年の状況

カタリ派に関する史料は、十三世紀に入って俄かに豊富となる。中でも、一二五〇年の日付をもつレイネリウスの『報告』は、叙述のもっともよく整序されたものの一つである上に、作者自身かつてはカタリ派の一員で後に審問官に転じた経歴の持主だけに双方から精度の高い情報を集める便宜をもっていた。一二五〇年と言えば南フランスでは、すでにカタリ派は壊滅に瀕している頃だが、まず標準的な史料として、『報告』の伝えるところの検討から始める。(1)

『報告』の一節に、カタリ派教団の現有勢力(一二五〇年当時)を報じたくだりがある。「すべてで一六のカタリ教会が存する。教会と呼ぶことについては、読者は作者でなく異端どもを責めるがよい。彼ら自身かく呼ぶのだから」(2)とした後、教団名を列挙している。

すなわち、

㋑アルバネンセスまたはドンネザッコ教会

㋺コンコレッツォ教会

㋩バヨレンセスないしバヨロ教会

㊁ヴィチェンツァないしマルキア教会
㋭フィレンツェ教会
㋬スポレトの谷の教会
㋣フランス教会
㋠トゥールーズ教会
㋷カルカッソンヌ教会
㋦アルビ教会
㋸スクラヴォニア教会
㋾コンスタンティノープルにおけるラテン人の教会
㋻同地におけるギリシア人の教会
㋕ロマニアなるフィラデルフィア教会
㋵ブルガリア教会
㋟ドゥグンティア教会

がそれである。そして、「いずれも末尾の二つに始源を有した」と付言されている。(3) 末尾の二つ云々とあるのは、いうまでもなく、㋵ブルガリアおよび㋟ドゥグンティアの両教団が親教団であって、バルカン半島たると西欧たるとを問わず残余の全教団がこの二つから派生したとの意である。そして、別の所で、

㋹「ほとんど滅ぼされたるアジャン教会」

に言及しているから、(4)『報告』に挙名されている教団数は計一七となる。

右のうち最初の六教団、㋑から㋬までが、その名から見ても、また別の所に出るそれぞれに関係ある都市の名から見ても、イタリアにあることは確実である。㋣フランス教団については、「ヴェロナおよびロンバルディアに滞留する者ども」という句がある以上、フランス――もちろん北部フランス――から来た亡命教団であろう。南フランスの地名を冠した三教団、㋠トゥールーズ、㋷カルカッソンヌ、および㋦アルビは所在の明示がないから、この年代でなお南フランスの故地に余喘を保っていたのか、教団指導部はイタリアに亡命していたのか、少くとも『報告』だけからは断定できない。㋹アジャンもまた南フランス、ガロンヌ河に沿ってトゥールーズより下流に位置する町の名である。

㋾㋻コンスタンティノープル所在の二教団、㋕フィラデルフィア、㋵ブルガリア、㋟ドゥグンティアの五教団は、別の所に出る「海の彼方のカタリ諸教会」ecclesiae Catharorum de ultra mare に照応するもので、バルカン半島の東方教団である。その全部または大部分は曾てボゴミリ派 Bogomili と呼ばれた異端に重なるはずである。コンスタンティノープルに二教団あるうち、㋾ラテン人の教会というのは、同都に滞在する西ヨーロッパ人が組織した教団の意と解される(5)。

「彼ら自身しばしば勘定した」所によれば、「全世界にわたり、男女カタリ派合算して四〇〇〇を超えぬということができる」。その主たる内訳は次の通りである。㋑アルバネンセスは「ヴェロナ以下ロンバルディア諸都市にあって男女五〇〇」。㋺コンコレッツォ教団は「全ロンバルディアに展開し、その数一五〇〇以上」。㋩バヨレンセスは、「マントゥア、ブレッシア、ベルガモ、ミラノ伯領、ロマーニャに在って、数少く、二〇〇」。㋥ヴィチェンツァ教団は「一〇〇名で、ヴェロナには一名も存在せず」。㋭フィレンツェ、㋬スポレト両教団「合せて一〇〇」。㋣フランス教団は、「ヴェロナ、ロンバルディアにて一五〇」。㋠トゥールーズ、㋷カルカッソンヌ、㋦アルビの南フランス教団は、㋹アジャン教団の残党をも加えて、「合計二〇〇」。㋾コンスタンティノープル・ラテン人教団は、「その数五〇」。これに対し本来の東方教団たる、㋸スクラヴォニア、㋻コンスタンティノープル・ギリシア人、㋕フィラデルフィア、㋵ブルガリア、㋟ドゥグンティア、すべて合算して「およそ五〇〇」[6]。

後に詳述する通りカタリ派教団には、厳密な意味での信者たる完徳者 perfecti あるいは異端審問文書のいう狭義の異端 haeretici と、追随者ないし同調者たる帰依者 credentes すなわち審問文書がしばしば幇助者 fautores として挙げる者との、二群の別があった。社会的、歴史的には後者の大群が大きな役割を演じたのであって、前者はもともとさして多くはない。レイネリウス『報告』が挙げる右の数はもちろん狭義の異端、完徳者のそれである。一名の異端が多数の帰依者を司牧するのが通例であったから、五〇名程度の異端からなる教団があっても、その数字のみをもってしては必ずしも零細教団、没落教団ということはできない。いずれにせよ、一二五〇年の段階で、北フランス教団はすでに本来の地を追われており、南フランス教団の中には壊滅したものもあって著しく苦境に立っている。フランスでアルビジョア十字軍と異端審問の成立を経験した後の状況として、これは極めて自然である。

イタリア・カタリに限って見れば、㋺コンコレッツォと㋑アルバネンセスの二教団が抜群の勢力を有し、㋩バヨレンセスがこれに次ぐ。『報告』の冒頭に、「カタリ派は三つの主たる部分ないし分派に分たれる。その第一はアルバネンセス、第二はコンコレンセス、第三はバヨレンセスと呼ばれ、いずれもロンバルディアに蟠踞する」[7]とあり、またカタリ派教義を報告するに当ってもレイネリウスは、右の三教団の固有見解を特に取出して解説する形式をとっている。したがって、㋑アルバネンセス、㋺コンコレッツォ、㋩バヨレンセスの三教団が規模の点だけでなく、特に重要な教団であったことが察せられる。これに比べれば、残余のイタリア三教団は、一応群小教団と一括しておいて差支えないであろう。

（1） レイネリウス『報告』Summa fratris Reinerii de ordine Fratrum Praedicatorum de Catharis et Leonistis seu Pauperibus de Lugduno. TNA. V, cc. 1759-1776. このほか A. Dondaine, Un traité néo-manichéen du XIIIe siècle : Le *Liber de duobus principiis*, suivi d'un fragment de rituel cathare. Rome, 1939 にも併収。レイネリウスは、別にライネリウス Rainerius とも作る。

標題の通り前段でカタリ派の、後段でワルドー派の現状を記述している。『報告』の大部分を占める前段は、カタリ諸派、全カタリ共通見解、カタリ派の秘蹟、教団内の聖職序列、諸教団、アルバネンセス固有見解とその内部事情、コンコレッツォ固有見解、バヨレンセス固有見解の順で構成され、論争の姿勢を抑えて現状の整理に徹しようとした意図が看取される。カトリック側のカタリ関係文書には、レイネリウスを引用、少くとも参照した痕跡をもつものが若干あるが、この点で執筆年代を明示している本報告は諸史料編年の基準たりうる。巻末に、「本書は、主の第一二五〇年、上記会士レイネリウスにより誠実に編まれたものである」c. 1775 とある。作者は、みずから作中で語るところによれば、「一七年にわたって彼らと信仰をともに」c. 1767 し、「曾ては異端首魁 haeresiarcha なりしが今は説教僧団会士にして聖職者」c. 1775 という人物である。首魁とは言っても、どの史料のカタリ派教団司教やその継承予定者の人名表にも彼の名は出て来ないから、教団最高級の幹部でなかったことは確かである。他方、「曾て司教ナザリウスは私に向って説を述べ」c. 1773 とあるように、彼はコンコレッツォ教団の司教ナザリウスと面談したこともあるし、アルバネンセス教団のヨハネス・デ・ルギオのカタリ神学に関する著書の「一部を曾て所持し精読した」c. 1773 こともあるので、一介の平均的なカタリ派でなかったことも確実である。教団における彼の地位は、おそらく、彼自身が「カタリ派の品級序列は四つある」と言っているうちの第四に当る助祭 diaconus、つまり一般信者の直接司牧に任ずる職であったと思われる。彼の属した教団についても言及はないが、アルバネンセス教団について特に叙述が詳しいので大体のところは察せられよう。教団内部での経験、次いで追及者となって情報収集の機会に恵まれていたその立場、その簡潔でよく整序された筆致の点で、カタリ派関係史料の中でも基準たるを失わない。ただこの種の経歴の持主にありがちのこととして、異端の風俗や行動に関する部分ではことさらに烈しい敵意から誇張が入っている可能性はある。ドンデーヌの考証によれば、一二四五年ごろカトリックに復帰、一二五四年から五九年までロンバルディアにおける異端審問の責任者、一二六二年七月二一日付ウルバヌス四世書簡が彼に触れる最後の史料とある。A. Dondaine, op. cit., pp. 57, 58.

（2） 〈Sunt autem XVI omnes ecclesiae Catharorum ; nec imputes mihi lector quod eas nominavi ecclesias, sed potius eis, quia ita se vocatur〉. TNA. V, c. 1767.

（3） 〈Ecclesia Albanensium vel de Donnezacho, Ecclesia de Concorrezo, Ecclesia Bajolensium, sive de Bajolo, Ecclesia

Vincentina, sive de Marchia, Ecclesia Florentina, Ecclesia de Valle Spoletana, Ecclesia Franciae, Ecclesia Tolosana, Ecclesia Carcassonensis, Ecclesia Albigensis, Ecclesia Sclavoniae, Ecclesia Latinorum de Constantinopoli, Ecclesia Graecorum ibidem, Ecclesia Philadelphiae in Romania, Ecclesia Burgaliae, Ecclesia Dugunthiae, et omnes habuerunt originem de duabus ultimis〉. ibidem.

(4) 〈Agennensis ecclesia quae fere destructa est〉. ibidem, c. 1768.

(5) 諸教団のうち、アルバネンセスの呼称の由来については諸説あって定まらない。例えば、イタリアの都市アルバノに所在したことによるとするゼーデルベルク、東欧アルバニアからの法燈伝来によるとするドンデーヌ、同じアルバニアではあってもバルカンのそれでなくカフカズ山地の南、小アジアのアルバニアでなければならぬとするロシェ、この名の発生が一二一四年から一二三五年までの間であると確認した上で、由来はまったく不明ながら東欧アルバニアと無関係であることだけは確実と主張するボルスト、『星の彼方の書』に出る彼らの司教アルバヌスに由来と推定するトゥーゼリエ、さらにアルビゲンセスの転訛ではないかというドラリュエル等々、紛々たる状態というほかない。H. Söderberg, op. cit., p. 41, n. 2 ; A. Dondaine, op. cit., p. 17 ; D. Roché, Etudes manichéennes et cathares. Paris-Toulouse, 1952. p. 50 ; A. Borst, op. cit., SS. 244, 245 ; C. Thouzellier, Livre des deux principes. Paris, 1973. p. 36 ; E. Delaruelle, Catharisme en Languedoc. AM. LXXII, 1960. pp. 152, 165.

なお、この教団については Ilarino da Milano, Il *Liber supra stella* del Piacentino Salvo Burci contro i Catari e altre correnti ereticali. I. AEV. XVI, 1942. p. 303 sqq. および R. Nelli, Le phénomène cathare. Paris, 1964. p. 130, n. 1 参照。

(6) 〈Albigenses morantur Veronae et in pluribus civitatibus Lombardiae ; et sunt numero fere circiter quingenti utriusque sexus. Illi autem de Concorrezo diffusi sunt fere per totam Lombardiam et sunt utriusque sexus M et D et plures etiam. Bajolenses Mantuae, Brixiae, Bergami, et in comitatu Mediolani, sed perpauci et in Romaniola ; et sunt CC Ecclesia de Marchia nihil habent Veronae, et sunt circiter C. Illi de Tuscia et de Valle Spoletana fere C. Ecclesia Franciae morantur Veronae et in Lombardia ; et sunt circiter CL. Ecclesia Tolosana, et Albigensis, et Carcassonensis, cum quibusdam qui olim fuerunt Agennensis ecclesiae, quae fere destructa est, sunt fere CC. Ecclesia Latinorum in Constantinopoli sunt fere L. Item Ecclesia Sclavoniae, et Philadelphiae, et Graecorum, Burgariae, et Dugunthiae omnes simul fere D. O Lector, dicere potes secure, quod in toto mundo non sunt Cathari utriusque sexus numero quatuor millia, et dicta computatio pluries olim facta est inter eos〉. TNA. V, cc. 1767, 1768.

(7) 〈divisa est in tres partes sive sectas principales, quarum prima vocatur Albanenses, secunda Concorrenses, tertia

Bajolenses ; et hi omnes sunt in Lombardia〉. ibidem, c. 1761.

2　諸教団の分類

レイネリウスは諸教団を雑然と並列したかのごとくであるが、諸所に断片的に注記されている諸教団の相関関係や対応の仕方に触れる指摘を拾い集めるならば、諸教団の系統分類、少くとも相互の親縁関係による大まかな区分が可能となる。ということは、作者レイネリウスは諸教団の相互関係を知悉していたのである。まず、「実にいかなるカタリ派教会もあらゆる点でコンコレッツォ教会に合致することはない」[1]と、その独自性を強調された㋺コンコレッツォ教団ではあるが、他方では㋩バヨレンセス教団について「ほとんどすべての見解において前記コンコレッツォのカタリどもと一致する」[2]とあって、㋺コンコレッツォ教団と㋩バヨレンセス教団との緩やかな類縁を想定させる。さらに、㋺コンコレッツォ教団の司教ナザリウスなる者が、特にキリスト論の分野で、同教団の伝統的解釈とは異なる新説を唱道したが、それは㋩バヨレンセス教団の内部にも浸透してその一部の者どもは「前述ナザリウスと同じく信ずる」[3]有様となった。つまり、両教団に跨った形でナザリウスの新分派が形成されているわけで、これもまた㋺コンコレッツォおよび㋩バヨレンセス両教団に交渉があったこと、少くとも共通の地盤の上にたっていたことを暗示するのである。

こうして、まず、イタリア・カタリの三大教団は三者完全に鼎立していたのでなく、一方に㋑アルバネンセス教団が特立しているのに対し、他方では㋺コンコレッツォ教団と㋩バヨレンセス教団が相対的な独自性を保ちながらも極めて近い距離にあって一群をなしていた、つまり究極的にはイタリア三大教団は二つの大きな集団に分れていたと言ってよいであろう。

次に、これら三大イタリア教団に対する爾余の諸教団の関係を探って見ると、「トゥールーズ、アルビ、カルカッソンヌの諸教会のカタリどもはベレツマンサならびにアルバネンセスの故老の謬説を有する。さきに述べたる海の彼方のほとんどすべての教会も同様である(4)」、とある。後述する通りアルバネンセス教団には当時すでに分裂が生じており、ここにいう故老 antiqui とは守旧派、伝統派で、ベレツマンサはその首領の名である。南フランス教団のうち、アジャン教団の名が挙げられていないのは当時すでに壊滅した後だから当然として、その残党の数が他の三教団に含めて計算されていることから彼らの混在、したがって古来の類縁を推してよいとするならば、南フランスの四教団、㋠トゥールーズ教団、㋷カルカッソンヌ教団、㋦アルビ教団、㋹アジャン教団はいずれも㋑アルバネンセス教団と同系統である。

「海の彼方」、すなわちバルカン半島の諸教団は、今見た通り「ほとんどすべて」が㋑アルバネンセスと同一教義を奉じているむねレイネリウスは語っている。しかし、西ヨーロッパ諸教団が二派に分立し、しかも「すべては末尾の二つ㋵ブルガリア、㋟ドゥグンティア)に始源を有した」以上、東方教団がことごとく一色であったとは考えられない。㋺コンコレツォ教団の「司教にして最長老たるナザリウス、曾て私の前で説を述べ」、彼が導入したコンコレツォ教団内に対立を惹起する原因と成ったこの新説を「ブルガリアの司教ならびに大子 filius major より得たと語った(5)」とあるのを手掛りにするならば、コンコレツォを筆頭とする一群とブルガリアの親縁を想定でき、したがって二つの起源教団中の今一つ、ドゥグンティアはアルバネンセスのグループに関連させることができるであろう。この推測が材料不足で、他の史料との照合を俟たねばならぬことはいうまでもない。また、残余の東方四教団については、アルバネンセスと教義を共通にするものが優勢であったことは察せられたにしても、個々の区分は、少くともレイネリウスの所言だけからは不可能である。なお、引用中に大子 filius major とあるのは、カタリ派の用語で司教位継承予定第一順位にある者を指し、第二順位の者を指す小子 filius minor という語もある。[6]

他方、「フランスの教会はバョレンセスに一致する。実にマルキアの者ども、トスカナの者ども、スポレトの谷の者どもも、多くの点では、アルバネンセスでなくバョレンセスに合致する」と説明されている。[7] したがって、㋩バョレンセス、㋥ヴィチェンツァ、㋭フィレンツェ、㋬スポレトの谷、㋣フランスの五教団に、先に㋩バョレンセスとの類縁を推定した㋺コンコレツォを加えて、計六教団を一つの集団として一括することが可能である。

ところで、『宗会要録』には、コンスタンティノープルからカタリ派伝道に来たパパ・ニクィンタ Papa Niquinta なる者が、西ヨーロッパのカタリ派に答えて教団相互の在り方について基準を示した言葉が記されている。「汝ら我々に向い、原初諸教会の慣習の軽かりしや、はたまた重かりしやを告げよと求めた。されば、汝らに教えよう」で始まる一節で、原始キリスト教会と現時の東方教団の例を引いて、「ロマーナ、ドロゴメティア、メレンギア、ブルガリア、ならびにダルマティアの諸教会は区分され劃定されていて、たがいに紛議に至るべき何事をもなさない。されば汝らも同じくなすがよい[8]」とある。現にレイネリウスも、「カタリのすべての教会はたがいに分離され、相異なり相反する見解を持することが認められている」と述べている。各教団の地理的区分と不干渉は、少くとも一つの原則であった模様である。しかるに、「例外はアルバネンセスとコンコレツェンセスであって、彼ら相互に断罪してやまない」。「アルバネンセスのカタリはコンコレツェンセスを断罪し、また逆も同様」という始末で[9]、右に見た二つの教団群の先頭に立つアルバネンセスとコンコレツォの対立ははなはだ深刻である。両教団がいずれも「全ロンバルディアに展開」、「ヴェロナをはじめロンバルディアのあまたの町に」あって、地理的にたがいに重複しているので、複雑な事情の伏在が推測される。

(1) 〈Nulla vero ecclesia Catharorum concordat in omnibus ecclesiae de Concorrezo〉. TNA. V, c. 1774.
(2) 〈Isti conveniunt cum praedictis Catharis de Concorrezo fere in omnibus opinionibus〉. ibidem.
(3) 〈credunt cum praedicto Nazario〉. ibidem.
(4) 〈Cathari Ecclesiae Tholosanae, et Albigensis et Carcassonensis tenent errores Belezmansae et antiquorum Albanensium, et fere omnes ecclesiae Catharorum de ultra mare quas scripsi similiter〉. ibidem.
(5) 〈Nazarius vero quondam eorum episcopus et antiquissimus coram me et multis aliis dixit...quod habuit hunc errorem ab episcopo et filio majore Ecclesiae Bulgariae jam fere elapsis annis LX〉. ibidem, cc. 1773, 1774.
(6) 司教在世中、あらかじめ大子を司教に叙任しておく場合がある。ヨハネス・デ・ルギオが「司教にして大子」と呼ばれたのは、このような事情にもとづく。後述、第一三章。
(7) 〈Ecclesia Franciae concordat cum Bajolensi. Illi vero de Marchia Tervisina, et de Tuscia, et de Valle Spolitana concordant dictis Bajolensibus in pluribus quam cum Albanensibus〉. ibidem, c. 1774.
(8) 『宗会要録』。これは一一六七年、南フランスのサン・フェリクスで開催されたカタリ派宗教会議の記録と称する史料である。異端側から出た稀有の記録として貴重なことはいうまでもないが、真純性を含めて問題が多いので、後に詳論する。
(9) 〈omnes ecclesiae Catharorum se recipiunt ad invicem, licet habeant diversas et contrarias opiniones, praeter Albanenses et Concorrezenses, qui se damnant ad invicem〉. TNA. V, c. 1774. 〈Cathari Albinenses damnant Concorrezenses, et e converso〉. ibidem, c. 1773.

3 二大分派

両教団の教説の間に、キリスト論、人祖論、霊魂論、旧約観、族長観、預言者観、幼児洗礼論などの各分野にわたって微妙な出入のあることは『報告』によって知ることができる。これら末梢的な諸問題は教団ごとに、あるいは同一教団でも年代によって、差異のあるのがむしろ普通の現象であって、特に決定的な敵対の理由になるものとは考えられない。両教団の対立を招いた根本的な問題点は、実は、神の理解に関するものであった。双方とも二神論者なることに変りはないが、二神の相関の在り方を別様に考えている。すなわち、アルバネンセスはそれ自体二派に分れているが、「永劫より善悪二つの原理が存する」、あるいは「二つの原理、二つの神、二つの主にしてそれぞれ善と悪なるものが永劫より存する」という点で、いずれも対等の二神の対立拮抗を考えていることに変りはない。二神対等たる以上、現世も天界同様永遠であって「この世は終末をもたない」[1]。原理 principium とは他の原因によって存在する(被造物)のでなく、それ自体として最初から存在して他のものを存在せしめる(創造)ものの謂だとするなら、第一原因と訳した方がよいかも知れない。これに対しコンコレッツォ教団は、「唯一の原理につき正しく考える」者たちで、現世を悪神ないし悪魔の所産と見る点は同じでも、「悪魔は神の承認のもとに」現世を作ったのであって、「裁きの日に至るまで」と繰返し言っていることから判る通り、現世にはやがて終末が予想されている[2]。彼らにおいて、現世は有限である。つまり、コンコレッツォ教団は善神からする悪神の派生、善神に対する従属、したがって有限性、暫定性を考える者たちである。これは当然、アルバネンセスとの間に、救済観の開きを生ずるはずである。この相違が、すでにしばしば指摘されて来たカタリ派内の二潮流たる絶対二元論と穏和二元論、絶対派と穏和派、過激派と穏和派、二元論派と究極一元論派、あるいは二元論派と修正二元論派のそれであることはいうまでもない[3]。

先にも見た通り、「三大区分ないし三大分派あり。すなわち、その一はアルバネンセス、その二はコンコレンセス、その三はバヨレンスと呼ばれる」とは、レイネリウスの言であった。彼に先行する反駁書『星の彼方の書』も、しばしば、「おお、アルバネンセスよ。おお、コンコリキよ。おお、バヨレンセスよ」の呼掛けをもって、仮想論戦の章節を書き出している。[4] また、レイネリウスとほぼ同時期ないし少し後に書かれた異端反駁の手引書たる『駁謬簡要』は、カタリ六派、さらにその下級分派をも加えて都合九派を記述しながらも、特に三派についてのみ教義項目の対照表を付している。[5] こうして、カタリ派三大分派観は、十三世紀のカトリック側異端問題専門家たちにとって共通の認識となっていたと見てよい。しかし、さきに見た通り、コンコレンセスとバヨレンセスは極めて近接しているので、教義の基本点に関する絶対派と穏和派の二大区分が、やはり今後の行論のためにも実際的であろうと思われる。したがって、レイネリウス『報告』によって十三世紀半ばの西欧に展開したカタリ諸教団の系統整理を試みれば、おおよそ次の通りとなる。

一、絶対派――起源として東方の㋟ドゥグンティア――㋑アルバネンセス、㋠トゥールーズ、㋷カルカッソンヌ、㋦アルビ、㋹アジャン。

二、穏和派――起源は東方の㋵ブルガリア――㋺コンコレツォ、㋩バヨレンセス、㋥ヴィチェンツァ、㋭フィレンツェ、㋬スポレトの谷、㋣フランス。

そして、両派それぞれの西欧における筆頭教団たる㋑アルバネンセスと㋺コンコレツォは、いずれも内部に分裂を抱えている。

穏和派に属する㋣フランス教団は、レイネリウスのほかにも二、三これに触れる史料があり、遠く北方にあって相当の権威をもっていたことも察せられるものの、実は、その所在を確定することはできない、いわば幻の教団、謎の教団である。これに対し、北・中イタリアと並ぶカタリ派地帯であった南フランスでは、この段階ですでに崩壊していた㋹アジャンをも含めて全教団が絶対派であった。右に出た四教団のほかにも、他の史料によって知られるものがあるが、その消長や相互関係を明示的に伝える史料に乏しい。南フランスでの審問供述の中には明らかに穏和派に属する見解も散見されるし、有力なカタリ派指導者たちの行動の軌跡も特定地域に限定されておらず、「教会」がどこまで明確な宗教活動の単位として機能していたかに疑問がないでもない。しかし少くとも、教義問題をめぐる教団の深刻な分裂や抗争の痕跡は南フランスに関してはまったく見出されないのである。教義を軸とする教団の対立は特にイタリア的な現象なのであって、これに比して南フランスの場合には、いちはやくアルビジョア十字軍と異端審問によって教団が分断され、絶対派の支配的な影響が維持されたまま、教義問題を顕在化させることなしに終ったと解してよいであろう(6)。

（1）〈Sunt duo principia ab aeterno, videlicet boni et mali〉. TNA. V, c. 1768；〈duo sunt principia sive dii, vel domini ab aeterno, unum scilicet boni et alterum mali〉.〈mundus iste numquam habebit finem〉. c. 1769.

（2）〈Isti bene sentiunt de uno principio〉.〈diabolus de licentia Dei formavit omnia visibilia, sive hunc mundum〉. ibidem, c. 1773.〈...usque in die judicii〉. c. 1774.

（3）dualisme absolu et dualisme mitigé, absolus et mitigés, Radikalen und Gemässigten がシュミット以来の一般的な用語で、dualites et monarchiens はギローの、dualists and modified dualists はリーの特有の用語である。用語の相違は、稀に論者のカタリ観、特に両派中のいずれをカタリの原型と観るかの見解を反映している場合がある。

（4）『星の彼方の書』Liber supra Stella. 刊本は二種類ある。すなわち DÖLL. II, SS. 52-84 および P. Ilarino da Milano, Il *Liber supra stella* del Piacentino Salvo Burci contro i Catari e altre correnti ereticali. AEV. XIX, 1945. pp. 306-341. いずれも全文でなく抄出である。デリンガーは抄出箇所を指示せず、しかも抄出部分を無差別に連続させているので利用にははなはだ不便だが、イラリーノ・ダ・ミラーノが採らなかった部分をかなり含んでいるため俄かには捨てがたい。両者を丹念に照合することで、この書のほぼ全容を知ることができる。

冒頭の序文にいう。「ピアチェンツァの町の住人たる一貴族、サルヴォ（またはサルヴィオ）・ブルチにより、あらゆる異端に対して編まれたる、星の彼方と題する書の序文、ここに始まる。キリストの御名において、アーメン。一五周年期の第八年たる一二三五年五月六日、日曜日、カリオのモナクスの居室にて。ここに記録するは星の彼方と称せられる本書の編纂の日付、取りも直さず編纂の準備着手の日付である。……我らがこの書を星の彼方と呼ぶはゆえなしとしない。けだし、あたかも洋上に迷う者たちに路を示し港に導くのが星であるがごとく、本書はまことの信仰の道を教えて救いの港に至らしめるが故である。加えて、名を星と題する異端らの一書と区別せんためにも、星の彼方と呼ぶのである。それは黙示録に苦艾《にがよもぎ》と呼ばれた星に因む。この星は昇って万物の上に在ます、万物の造り主たる唯一の神を告げ知らせ、かの星は迷誤の陥穽に墜ちて冗舌を弄し、相抗う二つの造り主を語る。これは真理、かれは嘘偽を教える。これこそ、一人の在俗の貴族、しかも文字に熟達せざる者、ピアチェンツァに生れてサルヴォなる名の者、また救主イエス・キリストの業をなす者の努力になれる書物である」。〈Incipit libri Prologus, qui Supra Stella dicitur, facti et compositi contra Erreticos universos a quodam nobili viro nomine Salvo Burce Civitatis Placentiae. In Christi nomine amen. Millesimo Ducentesimo Trigesimo Quinto. Indictione VIII., die dominico, VI. mensis Madii, in domo Monachi de Cario. Quamvis hic scriptum sit Millesimum constitutionis huius libri, qui dicitur Supra Stella, scilicet principii constitutionis huius...Quem librum Supra Stella dicimus, nec immerito ; nam sicut stella errantibus in mari viam ostendit ad portum adducit, ita hic liber viam vere fidei ostendit et ad portum salutis perducit. Supra Stella autem dicitur ad differenciam cujusdam libri erreticorum, qui Stelle nomine pretitulatur, per stellam que asinthium dicitur in apoccalipsi figuratus. Et vere Supra Stella dicitur. Nam iste ascendens, unum Dominum omnium creatorem super omnia predicat. Ille vero descendens in foveam erroris, duos creatores contrarios gariens pronunciat. Iste veritatem, ille falsitatem docet. Qui editus ministerio a nobili quodam layco, tamen et litterarum inscio, Placencia oriundus, nomine Salvo, actore autem Salvatore Christo Ihesu〉. AEV. XIX, pp. 307, 308.

これを著者サルヴォ・ブルチの自序とすれば、本文は一二三五年以後に書かれたこととなる。また、ウエイクフィールドのいうように著者とは別人の編者の序文とすれば一二三五年以前の成立となる。HHMA. p. 732, n. 12. ウエイクフィールドには無理があると思われるが、いずれにせよ内容から見てレイネリウスの前に来る史料で、俗人の筆になる反駁書として珍しい書物である。

全二九章。各章とも異端と公教徒の問答ないし論争の形で構成されている。「あらゆる異端」を相手取るというものの、実際は大部分がカタリ派を仮想論敵としたもので、一部にリヨン貧者団およびロンバルディア貧者団等ワルドー系異端を扱っているにすぎない。カタリ派の中では、アルバネンセスについて最も詳しい。序文中書名の由来を述べたくだりから、今では散佚に帰した『星の書』という異端側の教義書の存在したことが知られる。「二つの造り主を語る」書だというから、確実にカタリ派の、そしておそらくはアルバネンセス分派の書物であろうが、明示的に引用されているわけではないので、『星の彼方の書』から『星の書』を分離抽出することは差当り不可能である。――『星の彼方の書』の含む諸問題を最も徹底的に追求したものとして、Ilarino da Milano 前掲論文参照。AEV. XVI, 1942. pp. 272-319. XVII, 1943. pp. 90-146. XIX, 1945. pp. 281-306.

(5)『駁謬簡要』Brevis summula contra herrores notatos haereticorum. いわゆるBN. ms. lat. 13151である。この写本の実体は、袖珍本の福音書にほかならない。ただ、その欄外余白に異端との対論や説教に際しての論法の要領を記入し、立論の根拠とすべき章句を指示した上、巻末の余白に異端に関する基礎知識を整理した書込みがある。この書込み部分だけを抽出したものが『駁謬簡要』で、まずドゥエーのSOM. によって紹介刊行された。次いでモリニエが刊行して、大いに史料価値を論じた。C. Molinier, Un texte de Muratori concernant les sectes cathares. Sa provenance réelle et sa valeur. AM. XXII, 1910. p. 181 sqq. 両人とも、現伝する写本は南フランスのものだが、原本成立はイタリアで一二五〇年ごろと見ている。トゥーゼリエはより遅く、十三世紀末に置いている。作者は不詳である。

構成は二部に分れ、前段では異端の概要、後段では反論の要旨が述べられている。前段はさらに、カタリ派の共通教理と諸派特徴に分けて記述され、諸派対照表が付されている。カタリ諸分派として説明されているのは、ブルグキア(ドゥルグキアの誤綴で、レイネリウスのいうドゥグンティアの訛音)の異端、「ある種の分派」、コンカレキウムの異端、バイオリウムの異端、ブルガリの異端、アルビゲンセスの六派である。情報源について、「彼らがこれらすべてを信じかつ弁えていることを聞知ったのは、ヨハネス・デ・ペルガモの語るところを通じてであった。この者は彼らの説教師、博士であって、カタリとなって以来当時までにすでに四〇年を閲していると私に語った。またヨハネス・デ・ククリオの語るところを通じてであった。この者も、当時私に語ったところでは、すでに二五年にわたって彼らの説教師、博士であった」とある。〈Hec omnia illos credere et intelligere comprehendi et intellexi ex verbis que dixit Johannes de Pergamo, eorum predicator et doctor, qui et michi dixit quod iam XL. annis catharus est, et ex verbis Johannes de Cucullio, qui similiter fuit predicator illorum et doctor, ut michi iam dixit, per annos XXV〉. SOM. p. 121. 二人の異端博士のうち、ヨハネス・デ・ペルガモは『報告』にアルバネンセス教団の大子で大冊の神学書を著して教団の分裂を惹起した人物として登場するベルガモのヨハネス・デ・ルギオ Johannes de Lugio Bergamensis. TNA. V, c. 1768 のことであろうが、今一人のヨハネスは他の史料に出現しない。バヨレンセス教団の司教にヨハネス・デ・カサロルト Johannes de Casalolto なる者のいたことが十三世紀末の異端審問供述書に見られるのをもって、これに比定する説もある。C. Molinier, op. cit., p. 188, n. 1. これにはさしたる確実性はなく、むしろ矛盾点も多いと思われる。ともあれ、この情報源をもって、諸家はイタリアで成立したとするのである。

常時携行できる福音書に、しかも項目によってはまさしく参照すべき章句のある箇所に、記入されていたことが示すように、これは実用的な性格の作品である。実は、類似の作品、というより類似の書込みを有する福音書はかなり多数流布していたらしい。ドゥエーの前掲書は『駁謬簡要』のほかに、パリ国立図書館所蔵写本から三件、トゥールーズ市立図書館から一件を抽出採録している。Summa contra haereticos et Manichaeos. BN. ms. lat. 174 ; Summa contra haereticos. BN. ms. lat. 13152 ; Compilatio auctoritatum de sacramentis Ecclesie. ibidem ; Summa contra haereticos. BT. ms. 379.

注記するなら、トゥールーズでは手稿本の再整理が行われたから、最後のものは後出の BT. ms. 301, 1ère série と同一である。しかも、このトゥールーズ写本はこのほかにも四件の類似ないし関連作品、Raymond de Peñafort のスンマ、作者不詳の婚姻に関するスンマ、Geoffroy de Trani のスンマ抜粋、Pierre Lombard の Sententiarum Libri IV を含むことが知られている。C. Molinier, Un traité inédit du XIIIe siècle contre les hérétiques cathares. AFLB. V, 1883. pp. 235, 236. ドゥエーは、いずれもドメニコ会より出た写本で、しかも十三世紀の中葉に集中していることから、当時の宗教的雰囲気が察せられるとしている。SOM. pp. 28, 33。

とすれば、推測しておそらく誤たないことが二つある。第一は、もっぱら福音書を根拠として反論しようとしている以上、相手方の典拠もまた福音書の章句であったに違いないということで、これは同派の性格を考える上でかなり重要である。第二は、現在の形の『駁謬簡要』および一連の類書が、あくまでも実用の具であった以上、これを聖書の余白に記入した者たちは必ずしも原本全文を忠実に転写したとは限らぬということである。実際上の必要事項を書留めるだけで足りたはずだからである。一歩すすめれば、『駁謬簡要』その他が、現在では失われてしまったものをも含めて諸種の材料を取捨して作られた一種の編輯物だという可能性が大いにあるということにもなろう。むしろ、そう考えることによって、これに誤綴はむろんのこと記述上のいちじるしい不整合があること、またドンデーヌが指摘したように『ロンバルディア・カタリ異端論』(後述)から借用した部分があることも納得が行く。類書について見ても、ドゥエーが『駁謬簡要』とともに採録した前述四書のうち Summa contra haereticos ms. lat. 13152 も、明らかに Summa contra haereticos et Manichaeos. ms. lat. 174 を主たる素材として作られているのである。A. Dondaine, La hiérarchie cathare en Italie. I. AFP. XIX. 1949. p. 294 sqq. ; C. Douais, op. cit., p. 11.

『駁謬簡要』の内部不整合といえば、前段の後半部が、カタリ六派それぞれの特有教義を略述するに当って、まず「ブルグキア(ドゥルグキア)の異端。すなわちブルグティアより邪説を得て、アルビゲンセスと呼ばれる者ども」〈Heretici de Brugucia, Heretici qui habent errorem suum de Brugutia qui et dicuntur Albigenses〉p. 121 について語りながら、後に再び「アルビゲンセス。アルビゲンセスの邪説あり」〈Albigenses. Item, est heresis Albigensium〉p. 125 と節を改めて再述しているし、「これらを説く異端は曾てはマニ派、現時においてはカタリ派とも呼ばれる」〈Heretici qui ista dicunt olim manichei, nunc et cathari dicuntur〉 p. 122 ところの「ある種の分派」〈divisio quorumdam haereticorum〉も記事内容は前二者と大差ないのである。いずれも述べられているのは絶対派の教義だが、上記第二項に当る「アルビゲンセスの邪説」には、「旧約は善き神によらず、悪しき神により与えられたという」〈dicunt quod vetus non est a bono Deo set a malo〉 p. 127 とある一方、他方では「旧約に誌されてあることは、モーセであれダヴィデであれ爾余の者であれ、はたまたキリストの系図であれ……別の所における出来事である」〈que in veteri scripta sunt, ut est de Moyse et David et aliis, et de generatione Christi...alibi facta esse〉 p. 129 とあって、『報告』でヨハネス・デ・ルギオのものと知られる新説が述べられている。要するにこのアルビゲンセスの項は、ヨハネス分派をも含めてアルバネンセスの教義を雑然と語っているにすぎない。さらに、前段前半部のいわばカタリ派総説に当る部分も、実質的には絶対派だけが紹介されているのみである。これに比し穏和派の記述はすこぶる簡単で、「ブルガリの異端」の項に至っては、大きな中断部分すら含んでいる。また、「バイオリウムの異端」の項では明らかに穏和派に属する教義項目を述べながら、附録の対照表の中では「バグノロの者ども」に絶対派の命題が帰せられている始末である。

　アルビゲンセスはもとより南フランス・カタリの総称である。レイネリウスによって見ても、南フランス・カタリは絶対派であった。そこで、南フランスで写本を作った者たちは、当面の必要から、主として諸種のイタリア資料の中の絶対派関係記事を抜粋して書き並べたと想像されるのである。とすれば、繰返し現れるアルビゲンセスは原本では、アルバネンセスであった可能性が強い。つまり記入者は両語を同義に用いた可能性が強い。こうして、あまり独創性を持たないとされる――記入者が観察者であったわけではないのだから――『駁謬簡要』は、イタリアに材を得ながらかえって南フランス・カタリの情況を強く反映している史料と言えるであろう。

　『駁謬簡要』前段に付せられた対照表は、「以下に異端三派の謬説が簡明に指示される。aはアルビゲンセス、bはバグノロの者ども、cはコンコレキオの者ども」〈Hic breviter notandum herrores heretiquorum trium sectarum. Et per a Albigenses, per b illi de Bagnolo, et per c illi de Concorecio〉 p. 130 と前置して、総計九八件にわたる教義項目の一つ一つにa、b、cの一つ、二つ、あるいは全部を付したものである。冒頭の項目若干を引いて例示すれば、次の如くである。

一は全き善にして他は全き悪なる、二つの原理のこと Quod duo principia, unum penitus bonum et alterum penitus malus.　a. b.

善神は現実の可視の物体を創らざりしこと Quod Deus bonus non creavit ista visibilia corpora.　a. b.

善神は万物の創造主にあらざること Quod bonus Deus non est creator omnium rerum.　a. b.

万物は一神のみに属するにあらざること Quod tantum uni Deo non subiiciuntur omnia.　a. b. c.

各派共通命題と独自命題が一目瞭然となっているが、他の史料から得られる知識と齟齬する点があり、一見して完全には正確でないとの印象を受ける。全九八命題のうち六九命題がa, b, c共通で、その上に二〇命題がa, bとなっていて、他の史料からすれば穏和派の一環でなければならぬbがこの表に関する限り絶対派のaに近接した位置を与えられているのも、その一つである。

この対照表に関連しては、一つの話題がある。曾てイタリアの大文献学者ルドヴィコ・アントニオ・ムラトリによって発見公表された、一つの教義対照表がある。AIM. V, cc. 93-96. 便宜上、『ムラトリ断片』と呼んで置く。これはただちに、リッキーニがモネタの大冊『カタリ・ワルドー派詳論』を校訂刊行した際、巻頭の論考の中に再録するところとなった。Moneta Cremonensis, op. cit., pp. xxi-xxiii. 『ムラトリ断片』には出所としてフェラーラの文人ペレグリーノ・プリスチアーノ Pellegrino Prisciano(一五一八年没)の名が挙げられていたため、同人の作と信じられ、しばしば論議されながらもカタリ派史料としてはさして重きを置かれなかった。C. Schmidt, op. cit., II, p. 44, n. 1 ; P. Alphandéry, Les idées morales chez les hétérodoxes latins au début du XIIIe siècle. Paris, 1903. pp. 93, 96. ところが、これの『駁謬簡要』附表と同源であることが指摘(モリニエ前掲二論文)されて、初めてカタリ派史料としての地位を得たのである。リッキーニ版によって両者を比較すると、項目類、内容、符号等ほぼ完全な一致を見る。これは曾て『ムラトリ断片』がそれだけで独立の文書として関係者の間に行われたこと、したがって『駁謬簡要』が編輯ものであることを示している。

(6) 南フランスに穏和派信奉者がいたことは紛れもない事実で、しかも年代が降るにつけて増加するような印象を受ける。すでに『アルビジョア史』が、「創造者は唯一であるが(二人の)子、キリストと悪魔を有したと述べる異端たちもいた」と誌している。このほか穏和派の徴標は供述に散見されるが、南部異端を知悉していたベルナール・ギイがもっぱら絶対派について語っているように大勢はあくまでも絶対派だったし、何よりも法燈継受において絶対派だったのである。⟨erant alii haeretici qui dicebant quod unus est creator, sed habuit filios Christum et Diabolum⟩. PVC. I, p. 12 ; C. Molinier, Un traité inédit. AFLB. V, 1883. p. 231, n. 1 ; C. Douais, Les hérétiques du comté de Toulouse. BICT. III, 1907. p. 165 ; Y. Dossat, L'évolution des rituels cathares. RS. LXIV, 1948. c. 27 sqq.

第二章　分裂と展開

1　伝来の第一および第二段階

カタリ諸教団が展開したのは法燈分裂が繰返された結果である。それには多くの契機が働いたに違いないが、その都度東方からの衝迫が加わったことを否定できない。すでに東方に存在した絶対派と穏和派それぞれの影響が西欧で交錯し、これに西欧内部における独自の変容が重複して、教団の複雑な配置状況を現出したのである。この経緯はすでにボルストによって見事に整理叙述されているが、今一度主としてドンデーヌが提出した史料に遡って再追跡してみる。(1)

直接関係する史料は三つある。すなわち、『ロンバルディア・カタリ異端論』(2)、『異端要覧』(3)、および『宗会要録』である。このうち『宗会要録』はやや性格が異るが、第一のものは十三世紀前葉、一二一四年以前の成立が推定され、第二は十三世紀後半、一二六〇年から一二八〇年までの間と推定されている。ともにイタリア史料で、年代的に『ロンバルディア・カタリ異端論』と『異端要覧』は、『報告』をはさんで前後それぞれ一世代のところに位置し、しかも記述が客観的なのでイタリア・カタリの三大史料と呼ぶにふさわしい。ただし、自明のことながら、十二世紀末の事件を考えるに際して『異端要覧』を利用するには注意を要する。『宗会要録』は一一六七年南フランスの異端会議を伝えるもので、記述は簡潔ながら重要な示唆を含み諸教団編成の年代もこれだけから得られる。ただ、これには贋作ではないかという疑念が執拗に付纏っているので、その点、後に詳しく考察することとし、差当っては吟味を加えぬまま用いておく。

『ロンバルディア・カタリ異端論』の冒頭に次の記事がある。「異端カタリ派のロンバルディアに繁茂し始めたる起源の頃、彼らはマルクスなる者を初代司教として有した。その管掌下に、ロンバルディアの者どもと言わず、トスカナの者どもと言わず、マルキアの者どもと言わず、ことごとく統轄されたのであった。かのマルクス、その叙階 ordo をブルガリアより受けた」[4]。つまり、最初イタリアに成立したのは単一のロンバルディア教団であって、ブルガリア教団の系統、したがって先に見た通り『報告』を基準とすれば穏和派であった。

『異端要覧』には、これに先立つ経緯が語られている。「次のことを承知し置くべきである。ペルシアにマネス(マニ)なる者があって、初めて、神在《いま》すとせばいずくより悪の来れるか、神在《いま》せずとせばいずくより善の来れるかと考え、ここよりして二つの原理を想い定めた。この者、ドゥルゴンティア Drugontia、ブルガリア、フィラデルフィア Filadelfia の諸国に説いて異端増殖し、三人の司教を置くに至った。すなわち、ドゥルゴンティアの司教、ブルガリアの司教、フィラデルフィアの司教、これである。後、三日の行程にてブルガリアに隣れるコンスタンティノープルのギリシア人ら商用にてかの地に赴き、故郷に帰って殖え、ここに司教を立てた。ギリシア人らの司教と呼ばれる者、これである。しかる後、フランス人コンスタンティノープルを奪わんとて来たり、異端と遭遇してこの地にて司教を立てた。ラテン人らの司教と呼ばれる者、これである。さらに後、スクラヴォニア Sclavonia すなわちボッサナ Bossana と呼ばれる地より若干の者ども、商いのためコンスタンティノープルに赴き、帰って故郷に説き、増加して司教を立てた。スクラヴォニアまたはボッサナの司教と呼ばれる者、これである。さらに降って、コンスタンティノープルに来れるフランス人ら故国に帰りて説き、増加してフランスの司教を立てた。フランス全土にて異端をブルガリ bulgarii というは、フランス人まずコンスタンティノープルにてブルガリアの者に惑わされたがゆえである。さて、フランスに隣れるプロヴィンキアの者ども Provinciales その説教を聞き、フランスの者どもに惑わされ、大いに増えて四司教を立てるに至った。すなわち、カルカッソンヌ、アルビ、トゥールーズ、アジャンの司教、これである。長き時が経ち、一公証人フランスよりロンバルディア、すなわちミラノ伯領なるコンコレツィオのほとりに来り、マルクスなる者に会って、これを惑わした。かのマルクスは二人の友、ヨハネス・ユーデウスならびにヨセフに説いた。特記する。マルクスは穴掘り人足、ヨハネスは織布工、ヨセフは大工であった。このうちの一人、ミラノに赴き、東の門なるポルタ・コンレンキにてアルドリクス・デ・バンドーと呼ばれる友に会い、これを惑わした。これらすべての惑わされたる者ども上述公証人と会合せしに、同人これらをクネオに近きロカヴィエンに遣わした。フランスより来れるカタリども、この地にとどまって住み居りしゆえである。しかるに異端の司教のいたのはここでなく、ナポリであった。されば彼ら、その地に赴いてこの者を見出し、とどまること一年であった。しかる後、按手 manus impositio を受け、マルクスは助祭とされた。かの司教、この者をコンコレトゥムなるかの地に遣わして説かしめた。これにより、ロンバルディアに、次いでマルキアに、さらにトスカナに、異端大いに増えたのである(5)」。

『異端要覧』がマニをもってカタリ派の直接の開祖としたのは伝統的な固定観念に短絡した文飾で、もとより問題にならない。始源の三教団中ドゥルゴンティアは、レイネリウスの挙げたドゥグンティアの異綴であろう。西欧への伝播径路として、ブルガリア↓コンスタンティノープル↓北フランス↓南フランス、および直接に北フランス↓イタリアという順序が語られていることは注目に値する。西欧におけるカタリ派の発現ないし発見の順序は、後に触れるように同時代史料によって見ても、まず北フランスやライン地方に始まり漸次南欧に及ぶのであって、この記事に符合するからである。『ロンバルディア・カタリ異端論』の述べるところと異り、ここでは未だマルクスはイタリア教団の司教となっておらず、北フランス教団に下属するイタリア人信者の長にすぎない。また、フランス人の教団は、その所在をも含めていちじるしく曖昧である。いずれにしても、マルクスの教団は北フランスを介してブルガリア系、したがって穏和派である点、前引史料と一致する。要するにまず西欧に流入展開したのは穏和カタリ派であった。ここまでが第一の局面である。

第二の局面は、絶対派の伝来である。『ロンバルディア・カタリ異端論』は、「パパス・ニケタ Papas Nicheta なる者、コンスタンティノープルの境域よりロンバルディアに来ってマルクスの有する品級 ordo を誹議し始むるに及び、司教マルクスならびにこれに従う者ども疑念を抱き、ブルガリアの品級を捨て、かのニケタその人よりドゥルゴンティアの叙階 ordo を受けた。しばらくの間、この者、一味の者どもすべてとともに、ドゥルゴンティアの宗門 ordo の内に算えられた」と伝える。(6)『異端要覧』の記事は次の如くである。「しかる後、パパス・ニケタなる者が渡来した。この者はコンスタンティノープルの者どもの司教であった。そして言った。汝らは司教を有するにふさわしきまでに多数である。かくて彼らは上述マルクスを司教に選び、上述すべてのロンバルディア、トスカナ、マルキアの者どももこれに服した。かのパパス・ニケタ、この者を認証したのである」。(7)

ニケタの身分所属について、『ロンバルディア・カタリ異端論』は単に「コンスタンティノープルの境域より来り」とするのみであるが、『異端要覧』はより明瞭にコンスタンティノープル教団の司教としている。イタリアでマルクスを司教に叙階している以上、彼自身司教であったと考えるのが自然である。『ロンバルディア・カタリ異端論』にある通りニケタが授けたのは「ドゥルゴンティアの叙階」であったし、後に引くように同史料の後段に「ドゥルゴンティアの司教シモン」に関する言及があり「ニケタの受けた品級の起源はこの者にあった」とあるから、ドゥルゴンティア教団の傘下にニケタの指導するコンスタンティノープル教団が位置したのである。『異端要覧』には明示的な説明はないものの、後にニケタに対する反動が生じた時の記事に、「マルクス、ブルガリアの司教より司教の叙階を受くべく海の彼方に赴かんと欲した」とあって、ニケタの系統がブルガリア教団と対立するそれであるとする点では同様である。ニケタの教団がコンスタンティノープルのギリシア人教団ではなかったかという点に検討の余地はあるかも知れないが、同地ラテン人教団ではあり得ない。北フランス教団の、ひいては第一段階のイタリア教団の母教団だったからである。

『宗会要録』はこの時の絶対派への転回の記録である。そこではニケタはニクィンタ Niquinta として現れるが、いずれにせよスラヴ系の個人名ニキータの転訛であって、一部に言われるような奇怪な名では決してない。ただし、舞台はイタリアを離れて南フランスの一隅である。「主の降誕の第一一六七年五月、これらの日々、トゥールーズ教会はパパ・ニクィンタをサン・フェリクスの城邑に招致した。トゥールーズ教会、ならびにその他近隣教会の男女の大衆、パパ・ニクィンタ猊下の授け始めた救慰礼 consolamentum を接受すべく、この地に参集した」[8]。この時集会したのは、現地南フランスのトゥールーズ、アルビ、カルカッソンヌ、ヴァル・ダランの他に、フランス(北フランス)とロンバルディア、計六教団ないし六信者集団の代表と随員たちであった。その中、到着時すでに司教の肩書を付せられているのは、つまりすでに教団として確立しているのは、フランスとアルビのみであるが、これは先に見た伝播径路と考合せてはなはだ自然である。いずれにせよ、この時ニクィンタによる司教叙階が行われて、六教団が正式に発足ないし再発足する。イタリア教団も例外ではない。「同じく、実にマルクス、ロンバルディア教会司教たるべく救慰礼と司教叙階を」受けた[9]。この記事を信じてよいとすれば、東方からする絶対派の介入は単にイタリアにとどまらず、全西欧のカタリ派を把握したので、第二の局面として全西欧にわたってカタリ派は絶対派に塗替えられたのである。なお、ニケタないしニクィンタに冠せられたパパをもって法王と解し、東西ヨーロッパを蔽うカタリ統一組織が存在したと想定する説があるが、これは当らない。(10)

(1) A. Borst, op. cit., S. 96 sqq.

(2) 『ロンバルディア・カタリ異端論』 De heresi catharorum in Lombardia.——A. Dondaine, La hiérarchie cathare en Italie, I. AFP. XIX, 1949. pp. 306-312 に収録。イタリア・カタリの動静に触れる一断片が古くニコラ・ヴィニエの『教会史集成』Nicolas Vignier, Recueil de l'histoire de l'Eglise. Leiden, 1601. p. 268 に引用されていて、すでにシュミットが着目している。C. Schmidt, op. cit., I, p. 145. その全文をドンデーヌがバーゼル大学図書館所蔵手稿本中から発見し公刊したのが右のテキストである。ドンデーヌの一連の業績の中でも、『異端要覧』の刊行と併せて、頂点をなすものと言ってよい。標題はドンデーヌの命名で、本来は無題の草稿である。作者未詳。北イタリアの地理関係が正確なので、この地方のカトリック側異端問題専門家の作とするドンデーヌの推定は正しいであろう。成立年代はドンデーヌにより一二一四年以前と推定されている。op. cit., pp. 287-290. 章節の区分は立てられていないが、構成上カタリ派の由来、教義の説明の二部分からなり、後者は「若干の異端」(ディセンツァーノ教団)、「他の異端」(マントゥア教団およびミラノ教団)、「すべてのカタリに共通する見解ないし信仰」、「スクラヴォニア派」(マントゥア教団)、「ブルガリア派」(ミラノ教団)の順で記述され、最後に附録の形で諸教団の指導者名が簡潔に列挙されている。ただし共通見解とされている部分の後段は、内容上明らかに穏和派のみの見解である。このように構成に乱れがあって、同一分派が繰返し、しかも名を変えて出現する。断定の限りではないが、「共通見解」の後段から後は別人の手になる断片が混入したものかも知れない。

「若干の異端」の大部分は、『駁謬簡要』の「ブルグキアより謬説を得たる異端ら」の説明と酷似しているが、両者の関係については、『ロンバルディア・カタリ異端論』に本源性を認めるドンデーヌの考証に従っておく。op. cit., pp. 294-305.

(3) 『異端要覧』Tractatus de hereticis.——Dondaine, La hiérarchie cathare en Italie, II. AFP. XX, 1950. pp. 308-324 に収録。これもドンデーヌが、ブダペスト国立博物館附属図書館の手稿本から刊行したところで、カタリ史料としてはおそらく今世紀最大の発見である。ドンデーヌが整理した区分について見れば、全一九章。第一〇、一二、一五章がワルドー派に、第一四、一六、一七章が審問の手続その他に、第一八章が異端全四七派の一覧表にあてられているのを除いて、さらに第一一章がレイネリウス『報告』の全文そのものであるのを別として、他はことごとく北イタリアのカタリ派に関する情報である。ドンデーヌは、構成から見て製作意図は明らかに審問官の必備図書を作るにあったとし、著者を北イタリアの審問官であったと推測した。成立年代は、『報告』を含んでいるところから当然一二五〇年以後、またベルナール・ギイの『審問官提要』に引用された部分があるところから一三一七年ないし一八年以前と大枠を設定した上で、内容の検討から一二六〇年から八〇年までの間に限定できるとしている。この史料は普通にアレクサンドリアのアンセルムスの作品とされているが、これもドンデーヌが写本に頭文字Aの記入があることと、右の如き成立事情とを考え合せて、当時北イタリアで活動した異端審問官アンセルムスに帰した結果であって、写本に作者の明示はない。op. cit., pp. 254-261.

　ところでドンデーヌは、この史料を同一人の手になる首尾一貫した作品と見なし、第一一章(『報告』)を取除けばカタリ派の起源、展開と分裂、教義と慣行、そしてワルドー派という構成の秩序が現れるとしている。ibidem, p. 238. しかし一読してわかる通り、不統一は、しかく単純なものではない。細部は措くとしても、第一一章を跨いで続いている第一〇章の後半部(と言うのは、第一〇章の真只中に『報告』が挿入されているので)の末尾に、「ここにて完。これは私、会士なるAが誌したところで、長くワルドー派の間にとどまり、そのアルプス以北の一派に属しながら後に帰正してアルバの僧房にて贖罪を果せる両名の者より聴き知ったところである」とあるのはいささか気掛りである。〈Explicit. Hoc notavi ego frater A. et scivi ab illis duabus que steterunt longo tempore inter valdenses et fuerunt de secta ultramontanorum ; et post converse fuerunt et faciebant penitenciam in reclusorio apud Albam.〉 p. 318.

　また、異端名の異綴が多いのはこの史料に限ったことではないが、本史料の場合、第一〇章以前と第一二章以後とにおいてそれぞれ綴字法に或る程度の規則性が看取されるのである。さらに、登場する異端指導者の扱い方に開きがあるので、一例を示せば第二章にはセンツァーノ(アルバネンセス教団)の司教に関して「現在彼らの有するボナヴェントゥラ・デ・ゴナ」〈Bonaventuram de Gona quem nunc habent.〉 p. 310 とあるのに対し、第一九章では「アルバネンセス派の司教、ボナヴェントゥラ・デ・ヴェロナ。同人はすでに故人である。大子ベルトルス・デ・ヴェロナ。この者は今では帰正している。小子ヘンリクス・デ・アルシオ。現在の司教である」〈episcopus secte albanensium Bonaventura de Verona. Hic mortuus est. Filius maior Bertholus de Verona. Hic conversus est modo. Filius minor Henricus de Arusio. Nunc est episcopus〉. p. 324 とある。明らかに第一〇章以前と第一二章以後とでは、成立年代が異るのである。アレクサンドリアのアンセルムス、少くとも会士Aが後に第一二章以下を追記したと見るよりは、会士Aの作品は第一〇章までで完結していると見る方が自然である。想像を逞しくするならば、おそらく、レイネリウス『報告』を含めて三つの独立した作品がブダペスト写本成立の折に結合されたのであろう。今見た通り、アルバネンセス教団の司教について見れば、この史料の前半部は『報告』記載のそれより二代後まで、後半部は四代後まで述べている。彼らの在職年数を知る手がかりがないので計算は不可能だが、ここではドンデーヌの推定した一二六〇年から八〇年までという枠の中で、第一〇章までが先に、第一二章以後が後に成立したものと見て置きたい。

前半部、つまり本来の会士Aの作品を一読して気付くのは、異端の名に敬称の付せられた箇所があることである。第一章では「マルクス師につき汝らは如何に考えるか」、「ヨハネス・ユデウスはマルクス師の悪しき最期をとげたるを述べ」云々とあり、第二章に「コンコレトの者どもはマンデンヌス師を有する」とあるのがそれである。〈Quid creditis de domino Marcho?〉p. 309.〈Johannes Judeus dicit quod dominus Marchus fecit malum finem〉. ibidem.〈Illi de Concoreto habent dominum Mandennum〉. p. 310. 第二例は直接話法に置かれた異端フィリップスなる者の発言中の句であるが、最後のは明らかに地の文である。会士Aの情報源であったとされている二人の元ワルドー派異端の言を筆記したとする推測は当らない。カタリ派と相容れることなく、しばしば論争を繰返したワルドー派の者が、敵党の首領に敬称を、それも最大級の敬称を付する理由がないからである。全くの臆測ではあるが、会士Aはカタリ側の何らかの記録を所持していて、その一部がそのまま混入したのであろう。この史料が後代のものであるにもかかわらず、詳細でしかも他史料に照して正確であるのも、こう考えれば頷かれるのである。

(4) 〈In primis temporibus cum heresis Catharorum in Lombardia multiplicari cepit, primum habuerunt quemdam episcopum marcum nomine, sub cujus regimine omnes lombardi et tusci et marchisiani regebantur. Et iste marcus habebat ordinem suum de bulgaria〉. AFP. XIX, p. 306.

(5) 〈Notandum quod in Persia fuit quidam qui vocabatur Manes, qui ait primo intra se : Si deus est, unde sunt mala ; et si deus non est, unde bona? Ex hoc posuit duo principia. Et docuit in partibus Drugontie et Bulgarie et Filadelfie ; et multiplicata est ibi heresis ita quod fecerent tres episcopos : Drugontie, alius Bulgarie, alius Filadelfie. Postmodum greci de Constantinopolim, qui sunt confines Bulgarie per tres dietas, iverunt causa merecacionis illuc, et reversi ad terram suam cum multiplicarentur, ibi fecerunt episcopum, qui dicitur episcopus grecorum. Postea francigene iverunt Constantinopolim ut subiugarent terram et invenerunt istam secta, et multiplicati fecerunt episcopum, qui dicitur episcopus latinorum. Postea quidam de Sclavonia, scilicet de terra qui dicitur Bossana, iverunt Constantinopolim causa mercacionis ; reversi ad terram suam predicaverunt, et multiplicati, constituerunt episcopum qui dicitur episcopus Sclavonie sive Bossane. Postea francigene, qui iverunt Constantinopolim, redierunt ad propria et predicaverunt, et multiplicati constituerunt episcopum Francie. Et quia francigene seducti fuerunt primo in Constantinopoli a bulgaris, vocant per totam Franciam hereticos bulgaros. Item provinciales, qui sunt confines illis de Francia, audientes predicacionem eorum et seducti ab illis de Francia, tantum multiplicati sunt quod fecerunt iiij^{or} episcopos, scilicet episcopum de Carcasona, et albigensem, et tholosanensem

et angenensium. Post longum tempus quidam notarius de Francia venit in Lombardiam, scilicet in commitatu Mediolanensi, in partibus de Concorezio ; et invenit unum qui dicebatur Marchus, qui erat de loco ibi propre qui dicitur Cologina, et seduxit eum. Et ille Marchus locutus est duobus amicis suis, scilicet Iohanni Iudeo et Ioseph. Et nota quod Marchus ligonizator fuit, Iohannes fuit textor, Ioseph faber. Et unus istorum ivit Mediolanum, ad portam orientalem sive Conrenciam, et invenit quemdam amicum suum, qui vocabatur Aldricus de Bando, et seduxit eum. Et isti omnes seducti habuerunt consilium cum notario dicto, qui misit eos ad Rocavien — et est locus apud Cuneum — ubi stabant cathari qui venerant de Francia ad habitandum ibi. Et episcopus hereticorum non erat ibi, sed erat Neapoli. Et iverunt illuc et invenerunt eum ; et ibi morati sunt per annum. Et post, recepta manus imposicione, factus est Marchus diaconus ; et misit eum predictus episcopus ad terram suam apud Concoretum, et sic predicavit per se ; et per suas predicaciones in Lombardia, et postea in Marchia, et postea in Tuscia multiplicati sunt nimis〉. AFP. XX, pp. 308, 309.

（6）〈Adveniens quidam, papasnicheta nomine, de constantinopolitanis partibus in lombardiam, cepit causari ordinem bulgarie, quem marcus habebat. Unde marcus cum suis subditis hesitare incipiens, relicto ordine bulgarie, suscepit ab ipso Nicheta ordinem drugonthie. Et in illo ordine drugonthie aliquibus temporibus cum suis omnibus complicibus commemoratus est〉. AFP. XIX, p. 306.

（7）〈Postea venit quidam qui vocatur Papas Nicheta, qui episcopus erat illorum de Constantinopolim, et dixit : Vos estis tot quod bene expedit quod habeatis episcopum. Et sic elegerunt predictum Marchum in episcopum, cui obediebant omnes supradicti lombardi, tusci et illi de Marchia. Et iste Papas Nicheta confirmavit eum〉. AFP. XX, p. 309.

（8）後述。RHGF. XIV. pp. 448, 449.

（9）ibidem.

（10）『宗会要録』の標題にある「異端の法王」papa haereticorum は校訂者が付したもので本来は無題の記録である。この断片を初めて紹介したギヨーム・ベスは「アルビジョア異端の反法王」Antipape des hérétiques Albigeois と題したが、いわばそれ以来の踏襲である。いうまでもなく彼はパパを全異端の王と解したのである。

近時の専門家で、カタリに法王がいた、つまり全カタリを包括する統一組織があったと主張したのがデリンガーで、これを正面から否定したのがブレックスである。この点ではブレックスが正しい。DÖLL. I, S. 200 sqq. ; E. Broeckx, op. cit., p. 141 sqq.

異端法王への言及が時として史料に見えるのは事実である。例えば、老ランドルフ『ミラノ年代記』によれば、古く十一世紀初頭イタリアのモンテフォルテに共同生活を始めた異端は、「我らは法王を有するが、それはローマ法王とは別である。彼は日ごと大地にあまねく拡がれる我らの同胞を訪れる。神が我らのもとに彼を遣したまう時、献身とともに我らの罪の究極の赦しが与えられる。……我らの法王を措いてほかに法王はない」と述べたという。Landulphi Senioris Mediolanensis Historiae libri quattuor. 〈Pontificem habemus non illum Romanum, sed alium, qui cottidie per orbem terrarum fratres nostros visitat dispersos ; et quando Deus illum nobis ministrat, tunc peccatorum nostrorum venia summa cum devotione donatur.... Praeter nostrum pontificem non est alius pontifex〉. RIS. IV. pars II. p. 68. エヴェルヴィン『書簡』には「彼らはみずから使徒と称する、かの異端にほかならず、独自の法王を有する。別の者どもは我らの法王を認めず、しかもそれに代る別の法王を認めることもない」とある。〈Et hi sunt illi haeretici, qui se dicunt apostolos, et suum papam habent. Alii papam nostrum annihilant, nec tamen alium praeter illum habere fatentur〉. MPL. CLXXXII, c. 679. エクベルト『説教』は「けだし、この者どもは、達識者に属する一二名の者を有しこれを上座と呼び、このほかに一人教主を有する。上座の任ずる司教七二名と、司教の任ずる長老と助祭を有し、これらは彼らの内にて達識者と呼ばれる」と記している。〈quia ex electis suis habent duodecim quos appellant magistros, et tercium decimum principem ipsorum, episcopos autem septuaginta duos qui ordinantur a magistris, et presbyteros et diaconos qui ab episcopis ordinantur, et hi electi inter eos vocantur〉. MPL. CXCV, c. 17. 一三二三年、パミエの審問では次の供述がなされた。探せば他にも類似の記事は多いであろう。「同人(証言者)は、上記異端(ピエール・オーティエ)が次の如く語るのを聞きたるむね申述べた。すなわち、キリストはその有せし権を使徒ペテロに伝え、聖ペテロはこれをその継承者たる使徒たちに伝えた。言うところによれば、異端らは法王を有せるによって、これら法王が相次いでこの権を保持し来ったのである。この権とは、彼らの地にて繋ぐところは天にても繋がれ、地にて解くところは天にても解かれる、かの権である」。〈Item dixit quod audivit a dicto heretico quod Christus illam potestatem quam habebat dimisit sancto Petro apostolo et sanctus Petrus dimisit successoribus suis apostolicis, quam potestatem, ut dixit, quando ipsi heretici habebant papas, dicti pape habuerunt successive. Et illa potestas erat quod illud quod ligabant in terris esset ligatum in celis, et quod solverent super terram esset solutum etiam in celis〉. JF. II, p. 496.

さて、これらの中、モンテフォルテの「カタリ」は未だ真正カタリ派であったか否か大いに疑わしいが、その「法王」は文面から見ても極めて象徴的で、現実の首長というよりキリストその人を指しているのではないかというブレックスの解釈に、人を首肯させるものがある。エヴェルヴィンとエクベルト、特に後者にはアウグスティヌスの影響が強く、カタリ派を古代マニ教の直接の延長として捉えており、引用中の異端司教の数を見ても到底実態とは考えられない。それに、当時未だ散発的な集団に過ぎぬ段階にあったカタリ派自身が遠いどこかに法王の存在を信じた、あるいは願望したのが写されている可能性があるので、実情とは限らない。パミエの供述についても、自己の正統性の主張と関連して法王に言及しているので、願望ないし信念の性格が強い。パミエの異端審問はほぼ掃討されたカタリ派が局地的な再燃を見た事件に対応するもので、カタリ派の歴史としては最末期に属する。このように、カタリ派法王に関する言及は、主として極初期、比較的初期、および極末期の史料に現れて、しかも所在や人名等の具体性を欠いている。カタリ派に関する情報が出揃う十二世紀末および十三世紀の史料、中でも精度の高い『報告』その他には挙示を見ない。大体、今点検しつつあるように、諸教団分立対抗という状況から見て全カタリの統一首長、統一権威の存在は想定し難いのである。

　しかし、時期的にも看過し難い重要な史料で法王を示唆したものが一つある。ローマ法王特使コンラッドの南フランス異端に関する『緊急回状』(一二二三年)はルーアン大司教テオバルドゥス書簡を通じて知り得るが、その中に「かの悪魔はその邪説に従う一人の男、バルトロメウス・カルカッセンシスなる者をアジャン司教区に派遣した。カルカッソンヌの出身であったがゆえである。同人をその代理として活動せしめ」云々とある。Litterae Theobaldi archiepicopi Rotomagensis. 〈Iste satanas quemdam suae perversitatis hominem usque in Agennum dioecesim diffamavit, nomine Bartholomeum Carcassensem. Est enim de Carcasona oriundus, vices illius agentem...〉. TNA. V, c. 902.

　これは十字軍後の南フランス・カタリが再建補強の努力を怠っていないことを報じているのである。同書簡は回状だけあって転写や引用が多かったらしく、破損がはなはだしい。右のテキストもひどく意味が取りにくいが、右の箇所に先立つ部分に、「ハンガリーの民に隣接し、ブルガリア人、クロアティア、ダルマティアの境に住み、アルビゲンセスの異端らが法王と呼ぶ異端の巨魁」と明瞭に「かの悪魔」を説明した異本もある。C. L. Hugo, Sacra antiquitatis monumenta historica. No. CXXIX. 〈haeresiarcha, quem haeretici Albigenses papam suum vocant, habitantem in finibus Burgarorum, Croaciae et Dalmatiae justa Hungarorum nationem〉. partim cit. in Thouzellier, Un traité cathare inédit du début du XIIIe siècle. Louvain, 1961. pp. 33, 34. 史料の重要性から見ても、これは単なる信者の願望ではない。しかし、先に述べたと同じ理由で、ただちに法王の存在と結合することもできぬであろう。また、東方における盟友教団司教の南フランスへの梃子入れと見るにしても、ここに示されたアドリア海西岸地帯は穏和派のスクラヴォニア教団の地盤であって、これ以後も絶対派であり続ける南フランスとの提携は不自然であるという別の問題が残る。いずれにせよ、この史料の内容はさらに検討されねばなるまい。

　アルベリック・ド・トロワフォンテーヌ『年代記』一二一九年の条には、「実にこの冬、アルビゲンセスらの使徒と呼ばれしギレルムスなる有害の者、捕えられ火刑に付された」という記事がある。Chronica Albrici monachi Trium Fontium. 〈Iam vero in ista hyeme captus fuerat et igni traditus ille pestifer, qui dicebatur apostolicus Albigensium, Guilelmus nomine〉. MGH. XXIII, S. 923. 他にも「法王グレゴリウス」Gregorius Papa「法王ヨアネス」Papa Joannes など呼ばれる異端の存在が知られている。C. Schmidt, op. cit., II, p. 147, n. 2. これらが全カタリに推戴されていた形跡のないところを見ると、パパないしその類似の語は、地位を示す称号というより、単なる尊称、「師父」に過ぎなかったと見る方がよい。問題のパパ・ニケタも師父ニケタであろう。

カタリ法王の論議はしばしば再燃した。前引デリンガーのほかにもソロヴィエフは『報告』におけるバラシナンサを法王に擬したし、オボレンスキーは法王存在を否定した。しかし、この問題はシュミットがいち早くフィクションに過ぎないと断定したのが、おそらくもっとも当を得ているのである。A. Soloviev, op. cit., BYZ. XXII ; D. Obolensky, op. cit., p. 246 ; C. Schmidt, op. cit., I, p. 290.

2　第三段階

第三の局面は穏和派の再度の捲返し、およびこれに伴うカタリ派の分裂である。ただし、これはすぐれてイタリア教団の現象であった、これ以後、他地方のカタリ派史料に、穏和派の教義の残存ないし混入の形跡が見られないわけではないが、教団としての分裂や転回を明示的に伝える史料は皆無で、少くとも表面的には第二の局面以後の変動はなかったと見受けられる。

問題の発端は、ニケタの授けた叙階の有効性に関する疑惑の発生であった。『ロンバルディア・カタリ異端論』には、「しかるに他の時、海の彼方の国よりペトラキウスなる者その供の者とともに来り、ドゥルゴンティアの司教シモンなる者につき若干の報知をもたらした。ニケタの授けたる叙階の発端はこの者より出でたのである。かのシモンは婦女とともに一室に在りしこと発覚し、その他教理にもとることをなしたと、ペトラキウスみずから語った」とある。(1)『異端要覧』では簡単に、「しばらくの後マルクスは、パパス・ニケタがその生を悪しく終えたることを知った」となっている。(2)

いずれにせよ、このためイタリア・カタリの間に動揺と混乱が生ずる。『ロンバルディア・カタリ異端論』について見れば、「さて、ペトラキウス到達の時、マルクスはすでに死し、マルクスより叙階を受けたるヨハネス・ユデウスが司教位を継承していた。ペトラキウスの語るところによってある者どもはシモンに由来する叙階に疑念を抱き、また他の者どもは動かなかった。かくて彼らのうちに紛議を生じた。彼らは二派に分れ、その果てに一派はヨハネス・ユデウスに服し、他派はペトルス・デ・フロレンキアを司教に選んだ。かくて両派は数年にわたって対峙した」のである。(3) 次に、『異端要覧』を見る。マルクスは、「ブルガリアの司教より司教叙階を受くべく海の彼方におもむかんと欲した」ものの、カラブリアまで来て渡航の手だてなきを知り、しかも投獄の憂目を見、あまつさえ病に罹った。そこで、「ロンバルディアなるヨハネス・ユデウスおよび爾余のカタリらのもとへ、おのれは病みて死なんばかりなれば汝ら宜しく司教を選べと言送った」。マルクスは釈放されたが、「ロンバルディアに至る途上、ヨハネス・ユデウスのもとに達せぬうちに死んだ。ヨハネス・ユデウス以下、ロンバルディアのカタリはことごとく、パパス・ニケタが悪しき最期を遂げたるがゆえに疑念に駆られた。前述ヨハネスを認証せる司教マルクスは、この者に由来したが故である。みずから司教たらんと欲したニコラ・デ・マルキアなる者、これを聞き、争いを生ぜしめんと努めてカタリらに、マルクス師につき汝らは如何に思うか、かの者は善き最期を遂げたと信ずるや否や、と言った。すべての者、かの人善き最期を遂げたと信ずる、と述べた。かの者みずから答えて、マルクス師の悪しき最期を遂げたるを論じ、さればこそ海の彼方におもむいて再び救慰されんと望む、と述べた。かくて異端らの間に、五つの地に従って五つの分派が生じたのである[4]」。

右によって見れば、『異端要覧』の記事の方が詳細なるが如くである。確かに、報知到達時のマルクスの挙動と死に関する報告はここにだけ見られるのだが、後に引用するように『ロンバルディア・カタリ異端論』には「さきに二つに分たれたる人々、次いで六つに区分された」として、二段階にわたる分裂経過の詳述がある。これを『異端要覧』は一挙に五分裂したと略述しているにほかならない[5]。事件に近い史料として、大きな文脈に関するかぎり当然、『ロンバルディア・カタリ異端論』に聴くべきであろう。報知到達の実年代については知るすべもないが、『ロンバルディア・カタリ異端論』では第二代司教ヨハネスの時、『異端要覧』では初代司教マルクスの死の直前となっているが、分裂の表面化が第二世代の問題であった点で本質的に大きな相違はない。報知者ペトラキウスの所属や身分についても手がかりはないが、ドゥルゴンティア系の叙階を誹謗した以上、穏和派のブルガリア、少くともその傘下教団から派遣されたものでなければなるまい。

イタリア・カタリに衝撃を与えた不吉な報知の内容は、『ロンバルディア・カタリ異端論』ではニケタに直接あるいは数代、先行する司教シモンなる者の破戒無慙の発覚であり、『異端要覧』ではニケタの「悪しき最期」、さらに同史料の別の所のニコラの言辞ではマルクスの「悪しき最期」となっていて一見出入がはなはだしいが、これも本質的に矛盾するものではない。ベルナール・ギイの『審問官提要』は、「悪しき死なる語をもって異端らはローマ教会の信仰のうちに死ぬことを指す」と解説している[6]。これと反対にカタリ派の用語において「善き死」ないし「善き最期」とは、救慰礼を接受し教団の正メンバーとして死を迎えることを意味し、彼らにとってこれは救済のために不可欠な要件であった。この不可欠の秘蹟たる救慰礼が有効であるためには、それが正当な権能を有する者の手から、つまりキリストから使徒を経て順次中断されることなく機能を継承し来った者の手から受礼することが必要であった。カタリ派指導者がより古い歴史をもつ東方教団からの叙階を求めたのは、この機能に対する関心に発している。むろん、継受の連鎖のどこかに欠格の環が一つでもあれば、それ以後の秘蹟はことごとく失効する。一般信徒は司教から受礼するのが通例であるから、そのような場合、影響するところははなはだ深刻たらざるを得ない。過去の事件に関する一片の伝聞によって、分裂を招来するほどの混乱が教団内に生じたゆえんである。秘蹟を失効させた責任者がシモンであれば、ニケタ、次いでマルクスの授礼も当然無効となるから、事故を起したのは誰であっても、教団の現実問題としては事情はまったく同一である。二史料が三件を挙げるのが大局において矛盾しないと述べたのは、この理由による。

このように、シモンの私行上の問題が騒動の端緒であった。また、すぐ後に見るようにイタリア・カタリ再統一の努力が失敗するのも、新しい統一司教に擬せられたガラットゥスの品行をめぐる非難が現れたからである。『報告』も、「按手(救慰礼)を授ける者がその時何らかの大罪のうちに在るあるならば、按手によっていかなる罪の赦しも生ぜぬとするのが、全カタリ共通の見解である」としている。(7) 当事者の個人的資質によって秘蹟の効果が左右されると見ているわけで、この段階におけるカタリ教団の組織原則がいわゆる人効論ないし主観主義であったことを明瞭に示している。カトリック教会が原則とした事効論、客観主義に対する不満から異端が発生するのはドナートゥス派以来のことで、人効論と異端の結合は或る意味ではごく自然な現象である。(8)

ただ、一般の異端は人効論をかかげてカトリック教会内部の改革を要求しあるいは腐敗を攻撃する、少くともそこから出発するのに対し、カタリ派は自身の内部にも人効論を奉じているのである。このことは当然、彼らが独自の秘蹟に救済の機縁を見出した異端であり、したがってまた教団、彼らの観念では「教会」を形成せざるを得ないことを意味する。この点でカタリ派は、爾余の異端諸派のように単に特定教義への同意や価値ある実践、さらには内心の信仰の充実をもって足れりとする情動的、直感的な群衆とは全く性格が異るのである。すでに十一世紀の半ば、ケルンの近傍で初期のカタリ派を観察したエヴェルヴィンは、「彼らは、おのれらのみがキリストの衣鉢を継ぐが故に、おのれらのもとにのみ教会は存すと言う」、また「焼かれたる者どもは、この教えは殉教者らの時代より今に至るまで隠されてあり、ギリシアその他若干の国々にとどまったと、抗弁において我らに語った」と報告している。異端は妥協を許さぬ強烈な正統意識を抱いているのが普通で、そのゆえにこそ異端となるのだが、カタリ派の場合にはその正統意識は教義への確信のほかに、秘蹟の権能の正統伝授の信念によって支えられている。いうまでもなく、カトリック教会は継受の連鎖の外にあると見たのである。そして、連鎖を中断したのは法王シルヴェステルであったとする考えがあったらしい。ボナクルススの『異端実情』に、「聖福のシルヴェステルこそ、書簡(テサロニケ後書)にすべての者の上に挙げられて神と呼ばるる滅びの子と誌されし、かのアンティ・キリストにして、かの時このかた、教会は失われた、と彼らはいう」とある。(9) シルヴェステルとはコンスタンティヌス大帝の時の法王シルヴェステル一世と解するのが順当だが、同名の二世(九九九―一〇〇三年、俗名ジェルベール・ドーリヤック)の記憶と混交した節がないでもない。これはこれで、妖術師であったとする伝承が執拗に付纏った法王である。(10) むろん正統性の断絶者を誰と見たところで、カタリ派教義と本質的な関係があるわけではないので、ここではカタリ派が秘蹟を軸として教団を形成する異端であったこと、および二つの史料を見るかぎり秘蹟の効果、正統性に対する関心が卓越していて、意外なことに教義問題が後景に埋没していることに注目しておけばよいであろう。

(1) 〈Praeterea, alio tempore, venit quidam de ultramarinis partibus, petracius nomine, cum sociis suis, et quedam retulit nova de quodam symone episcopo drugonthie, a quo origo suscepti ordinis a nicheta processerat. Et dicebat ipse petracius, quod ille simon fuit inventus in conclavi cum quadam, et quia alia contra rationem fecerat〉. AFP. XIX, p. 306.

(2)　〈Post aliquantulum temporis, Marchus intellexit quod Papas Nicheta male finierat vitam suam〉. AFP. XX, p. 309.

(3)　〈Set et in adventu istius petracii marcus iam mortuus erat et ei alius in episcopum successerat, Johannes iudeus nomine, et ab eodem marco ordinem episcopi acceperat. Et causa verborum istius petracii, quidam dubitaverunt de ordine accepto ab illo simone, quidam non ; et de hac causa seditio orta est inter eos et ita in duas partes divisi sunt. Ad hoc tandem devenerunt quod una pars obediebat Johanni iudeo, et altera pars elegerunt in episcopum Petrum de florencia. Et ita utraque pars in hoc statu per aliquos annos exstitit〉. AFP. XIX, p. 306.

(4)　〈Post aliquantulum temporis, Marchus intellexit quod Papas Nicheta male finierat vitam suam, et ideo voluit ire ultra mare ut reciperet ordinem episcopalem ab episcopo de Bulgaria. Et quando fuit in Calabria, invenit quemdam diaconum catharorum qui dicebatur Illarius, qui dixit ei quod nullo modo posset ire ultra mare ; unde cepit reverti. Et quando fuit in terra que dicitur Argentea, captus fuit et incarceratus. Et infirmatus ad mortem, misit in Lombardiam Iohanni Judeo et aliis catharis quod eligerent episcopum, quia ipse infirmus erat ad mortem. Et omnes cathari in Lombardia elegerunt Iohannem Iudeum de Concorezo. Et Iohannes Iudeus ivit Argenteam, et fecit se confirmari in episcopum a dicto Marcho. Et reversus est Iohannes Iudeus in Lombardiam. Et post paucos dies Marchus liberatus est de carcere ; et veniens in Lombardiam, mortuus est antequam perveniret ad Iohannem Iudeum. Et omnes cathari de Lombardia, tam Iohannes Iudeus quam alii, dubitaverunt quia Papas Nicheta fecerat malum finem, a quo descenderat episcopus Marchus, qui predictum Iohannem confirmaverat. Et hoc audivit quidam Nicola de Marchia, qui volebat et ipse esse episcopus ; laboravit ponere dissensionem, dicendo catharis : “Quid creditis de domino Marcho ? Creditis quod fecerit bonum finem vel non ?” Omnes dicebant : “Hoc credimus, quod fecit bonum finem”. Ipse respondebat : “Iohannes Iudeus dicit quod dominus Marchus fecit malum finem, et propter hoc vult ire ultra mare ut reconsoletur”. Et sic divisio facta est inter hereticos in V partibus, secundum quod erant V locis〉. AFP. XX, p. 309.

(5)　最終分裂後のイタリア教団のうち、『ロンバルディア・カタリ異端論』に見えて『異端要覧』に出現しないのは、「トスカナのその他の者ども」、つまりトスカナに存在した二つの教団のうちの一つである。これは『報告』の段階ではなお存続しているが、その司教の名に触れた史料はない。おそらく零細教団で、『異端要覧』の成立までに消滅したのであろう。また、『異端要覧』における分裂の唱道者ニコラの名は『ロンバルディア・カタリ異端論』では最終分裂後のヴィンケンティナ(ヴィチェンツァ)教団司教として見出される。

(6) GUI. I, p. 20.

(7) 〈Est etiam communis opinio omnium Catharorum, quod per illam impositionem manus non fit aliqua remissio peccatorum, si illi qui manum imponunt sunt tunc in aliquo peccato mortali〉. TNA. V, c. 1762.

(8) 人効論と事効論、およびグレゴリウス改革期のカトリック内部における両論の微妙な緊張と、その結果生ずる教会の危機については、堀米庸三『正統と異端』中央公論社、一九六四年。

(9) ボナクルス『異端実情』〈Beatum Sylvestrum dicunt Antichristum fuisse, de quo legitur in Epistolis : Filius perditionis est qui extollitur supra omne quod dicitur Deus. A tempore illo dicunt Ecclesiam esse perditam〉. MPL. CCIV, c. 777.
「シルヴェステルの時に至るまではミサの挙げられることもなく、その時まで教会も財貨をもたなかった」〈missa nunquam celebrata fuit usque ad tempus Silvestri, nec Ecclesia habuerat possessiones usque ad illud tempus〉. DD. I, p. 94 というのも同じ発想である。ワルドー派についても「キリストの教会はシルヴェステルにおいて消失した」というむねの指摘がある。『報告』TNA. V, c. 1775.

(10) ジェルベール・ドーリヤック（シルヴェステル二世）の魔法使伝説については、P. Wolff, L'éveil intellectuel de l'Europe. Paris, 1971.

3　分裂の決定化

次に、二派分裂から最終六派分裂に至る経過を見る。これは『ロンバルディア・カタリ異端論』に拠るほかない。「彼らのうち、若干の思慮ある者どもはかかる分裂を歎いて彼らを一体に戻さんと望み、両派より使者を選ぶべきこと、これをあいともに山の彼方なる一司教のもとに遣わすべきこと、同司教の裁定の如何を問わず異論なくこれに服すべきことを提唱した。さて、かの司教、双方の言を聴き仔細に調べた上、ロンバルディアの両名の司教はおのおの従う者どもとともに一に帰すべきこと、司教両名すなわち一方におけるヨハネス・ユデウスならびに他方におけるペトルス・デ・フロレンキアの間に骰子の投ぜらるべきこと、いずれに骰子の落ちんも他はこれに従い、両分されたる大衆とともにこれに服すべきこと、骰子によって司教に選ばれたる者は司教叙任を受くべくブルガリアに赴き、帰国の上按手によってすべての従う者どもを再救慰すべきこと、を命じた」(1)。

裁定はそのまま受容れられた。ただ一人異を唱えたペトルス・デ・フロレンキアは、その指導下の信者たちによって放逐された。したがって骰子を用いるまでもなく統一司教の地位はヨハネス・ユデウスに帰したが、内紛の記憶を避けようとの配慮から同人も辞退した。その結果、「あらかじめ定め置きたる期日、モシウムなる地に参集すべきこと、一派は他派のうちより誰にてもあれ好ましき者一名を選び、逆にも同じくなすべきことと定められた。経過は次の如くである。ガラットゥスなる者、ヨハネス・ユデウス派のうちより他派によって指名され、これに対するペトルス・デ・フロレンキア派のうちよりはヨハネス・デ・ユーディケなる今一人の者が指名された。全会衆、両名のうち司教の骰子の定むる者に異議なく服することとなり、かくて骰子によりガラットゥス、司教と宣せられ、すべての者が和解するのを得た」(2)。統一新司教のブルガリア渡航のため随行者と路銀の分担を決めて、一同は散会した。「これ、山の彼方の司教の裁定の定むるところに拠ったのである」(3)。ここでも教義問題の論ぜられた形跡はない。「山の彼方の司教」については後に若干の推測を試みる。ともあれ、問題は解決したかに見えた。

結局、事態は収拾されなかった。人効論の立場からする秘蹟の有効性の問題が、新しい形で再燃したからである。「証人二名の出頭により、かのガラットゥスは一婦女の廉によって罪ありとされた。この理由に基づき彼らの多くの者どもから権威に相応しからずと信ぜられ、したがって彼になしたる服従の約に拘束されずと見なされた。ここよりして、先に二つに分たれたる大衆は、次いで六つに細分された」(4)。

この度の分裂は決定的で、分裂集団ごとに独自の司教候補を立て、それぞれに好むところの東方教団へ送って叙階を受けさせ、各個に救済の保証を得ようとしたのである。すなわち、「ディセンツァーノより来れる者ども集りをなし、ヨハネス・ベルスを司教に選ぶや、海を越えてドゥルゴンティアへ遣わした」。「マントゥアの者どもはその従う者どもとともに司教カロイアネスを選び、この者はスクラヴェニアに送られた」。「ニコラなる者、ヴィチェンツァの会合によって立てられ、叙階を受くべくスクラヴァニアに送られた」(5)。ミラノ教団がブルガリアを本山と仰いだのは、次に見る通りである。

トスカナの二つの教団については、「同様に両名の司教が叙任された」とあるのみで、『ロンバルディア・カタリ異端論』は本山となった教団の名を挙げていない。ただ、先に見た通りレイネリウスがこの二教団の後身に当るフィレンツェ教団とスポレトの谷の教団の教説がマントゥア教団の後身たる「バヨレンセスに多くの点で一致する」としていたところから推せば、直接スクラヴォニアに叙階を求めたか、あるいはマントゥア教団ないしヴィンケンティナ教団を介して間接にスクラヴォニアの系列下に入ったかのいずれかであろう。ここで一つ判ることがある。『報告』だけを用いて諸教団の系統分類を試みた際、東方六教団中ブルガリアを穏和派、ドゥグンティアを絶対派に分類することに問題はなかったが、残り四教団の帰属については、「海の彼方のほとんどすべての教会」はアルバネンセスに同調するとあったものの、例外を許容できる表現なので俄かに分類を行い得なかった。今見た『ロンバルディア・カタリ異端論』の記事をもって補えば、この中の一つは明確化できる。穏和派のマントゥア教団に叙階したスクラヴォニアも、当然穏和派でなければならぬからである。

ガラットゥス(ミラノ教団)は「他のいずれの司教をも否認した。例外はひとりカロイアネス(マントゥア教団)で、昨今この者を恕し、和解をなした」とあるばかりでなく(6)、『ロンバルディア・カタリ異端論』は両教団の教義を一括して記述している。年代的に『ロンバルディア・カタリ異端論』と『報告』の中間に位置する『星の彼方の書』は、教団ごとに信仰内容に深刻な相違があることを述べた上で、「アルバネンセスとコンコリティはしばしば一所に合同して談合し、如何にして唯一の信仰に合体し得るかを議した。両者ともに、先に論じたところから離れんとしたのである。アルバネンセスたるとコンコリティたるとを問わず、彼らの帰依者が教説について困惑したがゆえである。かくて彼らは唯一の信仰に回帰すべく、ここかしこと大地をさまよい歩いた」と語っている。(7)

特定教団相互間に親縁関係が存在したこと、さらに接近工作が試みられたことは事実であるが、全カタリの再統合はついに実現しなかった。こうして、絶対派一教団と穏和派五教団がイタリアに分立展開するに至ったのである。なお、『星の彼方の書』の記事にのみ、わずかながら教義問題と異端信者の動向の関連が記録されていることも、記憶に留めて置きたい。

『ロンバルディア・カタリ異端論』は、今一つの挿話を伝えている。分裂が決定的となった時、当然ミラノ教団の司教となるはずであったガラットゥスが分裂の責を引いて固辞し、先に引退したヨハネス・ユデウスを推し、しかもこの者もまた辞退した事件である。そこで、「同派の者どもは再び山の彼方へ使者を送った。先に裁定を下したるかの司教に、なされたることを報じ、意を仰がんためであった。かの司教、分裂の生ぜるを聞くや、なされたる事をいたく歎き、ヨハネス・ユデウスに書き送って、ブルガリアにおもむいて裁定に述べられたる事を果せと命じた。すなわち、彼がロンバルディアにて服従を望むすべての者どもの首長たらんがためである。彼は命の如くになした」(8)。同教団の司教職は、ヨハネス以後、ヨセフ、ガラットゥスと継承されて行く。

イタリア・カタリの最終分裂の年代については、正確には知るを得ない。ボルストは一一八〇年頃、少くとも一一九〇年以前としたが(9)、これとて推定であって明示的な史料はないのである。彼の依拠したものの一つ、十二世紀末のボナクルス『異端実情』の記述ははなはだ概括的で、カタリ派内部で教説必ずしも一致を見ぬことを指摘しているにすぎず、対立教団の存在について触れるところがない。(10) 極論すれば『宗会要録』原本成立の一一六七年以後、『ロンバルディア・カタリ異端論』成立推定年代最下限の一二一四年以前と、かなり大きな幅を設定し得るにすぎない。しかも、『宗会要録』の信頼性には問題が残っている。『ロンバルディア・カタリ異端論』に、その執筆当時存命のものとして挙げられている諸教団の司教は、分裂自立後初代の者二名、第二代の者一名、第三代の者同じく一名となっている。これはボルストの判断と矛盾するものではないにしても、同時に一一九〇年以前でなければならないとする理由にもならぬであろう。要するに、教団分裂、言いかえれば絶対派の巻返しによる第三の局面の開始は、漠然と十二世紀の末期と見るほかない。この点に関する我々の知識は、所詮この範囲にとどまっている。

(1) 〈Quidam vero de eius sapientibus, de hac divisione dolentes et ad unitatem eos reducere cupientes, ad hoc devenerunt quod ex utraque parte legati electi sunt et eos communiter ad quemdam episcopum ultra montes miserunt tali pacto quod quicquid ille episcopus de divisione illorum censuisset, sine contradictione obedirent sententie illius episcopi. Set ille episcopus, rationibus utriusque partis auditis et diligenter inspectis, talem protulit sententiam, ut illi duo episcopi lombardie cum suis sequacibus convenirent in unum et sortes proicerentur inter illos duos episcopos, scilicet Johannem iudeum ex una parte et petrum de florencia ex alia, et super quem istorum sors episcopatus caderet, alius ei subesset et omnis multitudo subditorum in duas partes prius divisa communiter ei obtemperaret ; et ut ille episcopus sorte electus iret in bulgariam ordinem episcopatus suscipere, et ut repatriatus, suscepto ordine bulgarie, totam multitudinem illorum reconsolaretur per impositionem manuum〉. AFP. XIX, pp. 306, 307.

(2) 〈Factum est autem ut, secundum prius terminum quem constituerant, congregarentur in loco qui dicitur mosium, et ibi taliter decreverunt ut una pars eligeret unum ex alia parte quemcumque vellet, et e converso. Et ita factum est ut ex parte Johannis iudei quidam nomine garattus electus est ab alia parte, et ex adversa parte petri de florencia alius nomine Johannes de iudice, et omnis multitudo illi ex hiis duobus quem sortes episcopum declarent sine repugnantia obediret. Et

ita garattus sorte episcopus declaratus est〉. ibidem, p. 307.

（3）〈secundum quod in sententia ab episcopo ultramontano sancitum fuerat〉. ibidem.

（4）〈Set iste garattus, ante terminum constitutum, duabus testibus astantibus, reprehensibilis, causa unius mulieris, habitus est. Qua de causa a compluribus illorum illius dignitatis indignus creditus est, et propter hoc non crediderunt se teneri promissione obedientie quam sibi fecerant. Unde multitudo prius in duas partes divisa, tunc in sex partes dispertita est〉. ibidem, pp. 307, 308.

（5）〈quidam de diszennzano, facta congregatione, elegerunt quendam sibi episcopum nomine Johannem bellum, et eum miserunt ultra mare in drugonthiam...quidam de mantua cum suis sequacibus elegerunt quemdam nomine Caloiannem sibi in episcopum et, eo in sclavenia misso,...quidam alius, Nicola nomine, a congregatione vicentinorum electus et in sclavania ad ordinem recipiendum missus,...〉. ibidem, p. 308.

（6）〈aliquem illorum episcoporum non vult...suscipere nisi caloiannem, quem nuper absolvit et cum eo pacem fecit〉. ibidem.

（7）Liber supra stella. 〈Manifestum est quod Albanenses et Concoritii pluries convenerunt in unum et conscilia plurima fecerunt, tractando quomodo possent in unam fidem convenire, volentes tam Albanenses quam Concoritii obmittere de eo quod predicabant, propter credentes eorum tam Albigensium quam Concorrentium, qui inter se scandalizabantur ex eorum predicatione. Et propter hoc ni reducerentur ad unum fidem, multum de temporalibus rebus consumpserunt in diversis et multis itineribus, euntes huc atque illuc, vagantes per orbem terrarum〉. AEV. XIX, p. 309.

（8）〈pars ista iterum misit legatos ultra montes ut super hoc facto consulerent episcopum illum qui sententiam dederat. Ipse episcopus, audiens de divisione facta, multum detestabatur quod factum erat, et misit Johanni iudeo ut iret in bulgariam et compleret qui continebantur in sententia, ut esset prelatus in lombardia omnibus subesse volentibus. Et ita fecit〉. AFP. XIX, p. 308.

（9）A. Borst, op. cit., SS. 101, 236-239.——ドンデーヌは一一七五年頃としたが，これとてサン・フェリクス会議を基準に割出した年数にすぎず，別に論拠があるわけではない。Dondaine, La hiérarchie. II. AFP. XX, p. 308. しかも，彼はサン・フェリクス会議の年代算出を修正しているから，この分裂年代も流動的たらざるを得ない。

（10）『異端実情』Vita Haereticorum quam patefecit Bonacursus, quondam haereticus, nunc autem catholicus. 別題，

Manifestatio haeresis catharorum, quam fecit Bonacursus, qui quondam fuit magister illorum, Mediolani, coram populo. テキストは MPL. CCIV, cc. 775-792 に収録。部分的には，異本が Ilarino da Milano, La *Manifestatio heresis catarorum quam fecit Bonacursus* secundo il cod. Ottob. Lat. 136 della Biblioteca Vaticana. AEV. XII, 1938. pp. 310-324 および R. Manselli, Alle origine della *Manifestatio heresis catarorum quam fecit Bonacursus*. Per la storia dell'eresia nel secolo XII. BISI. LXVII, 1955. pp. 189-211 に印刷されている。MPL に収められている形では，カタリ派，パサギ派，アルナルディストの三部分から構成され，カタリ派に関する部分は一〇章からなる反駁部とその前に序文の形で付せられた実情報告 manifestatio からなっている。

成立をめぐって諸家の間に議論の絶えない史料の一つであるが，供述者がイタリア人，ミラノの住民であることに異論は見られない。成立年代については，イラリーノ・ダ・ミラーノが一一七六年から一一九〇年までの間としたのが一般に受容れられている。Ilarino da Milano, op. cit., p. 324 sqq. トゥーゼリエはさらに上限を繰上げて一一六〇年以後とした。C. Thouzellier, Catharisme et valdéisme en Languedoc. Paris, 1966. pp. 33, 107. 曾て異端であったボナクルススの告白書に後人が加筆し，解説や反駁を附加した，いわば編輯された作品であるとする点では諸家が一致している。したがって，この作品の第一部たるカタリ派に関する部分の序文の形を取っている「実情」manifestatio が本作品成立上の核であったことになる。ところで，この「実情」の原型は，別に『ヤコブス・ミカスムス告白』の名で知られている帰正異端の告白だったのではないかとの推論を提出したのが，最も複雑な編集過程を考えるマンセリの上記論文である。これに対し，ドンデーヌは，想定される作者名の綴り Buonaccursus de Mediolano と Jacobus et Micasmus とは如何に転記誤字を繰返しても相互に変通することは古文書学的にあり得ないと，その論拠の一つを批判している。A. Dondaine, Durand de Huesca et la polémique anti-cathare. AFP. XXIX, 1959. pp. 264, 265. 両者の内容は一読してひどく異るので，ドンデーヌに従って置きたい。

『ヤコブス・ミカスムス告白』De confessione hereticorum et fide eorum も異本の多い作品であるらしい。その一つ BN. ms. lat. 14927 は，右のドンデーヌ論文に附録として収録されている。冒頭に，「パテリニ派に属せしヤコブスならびにミカスムスがこの告白をなした」〈Hanc confessionem fecit Iacobus et Micasmus de paterini〉とありながら，本文には「私，ミリソナは真実にもとづいて次の如く述べる」〈Ego Mirisona dico in veritate quod...〉とあり，末尾には「これらすべては，ミリソナならびにヤコブスがフィレンツェの町の司教と執政官の面前にて聖なる神の福音書にかけて誓言したところである」〈Et hec omnia Mirisona et Jacsbus iuraverunt ad sancta Dei evangelia ante episcopum et consules Florentine civitatis〉とあって，不整合がはなはだしい。これ自体，紆余曲折を経た史料たること一目瞭然である。

さて、『異端実情』中、本文との関係において問題の箇所は次の通りである。「彼らのうち若干の者どもは神がすべての要素を創ったのであると言い、他の者どもは悪魔が要素を創ったのであるという。しかし、悪魔がこれらの要素を分離したとするのはすべての者の見解である」〈Nam quidam illorum dicunt Deum creasse omnia elementa, alii dicunt illa elementa diabolum creasse ; sententia tamen omnium est, illa elementa diabolum divisisse〉. MPL. CCIV, c. 775. つまり、現世の森羅万象の原材料たる地水火風の四大は神の創造にかかるけれど、混沌状態にあった四大を区分し結合して形而下の万物を形成したのは悪魔だとする見解と、創造も形成もともに悪魔だとする見解があることを述べている。これは一一九〇年以前の段階ですでに、穏和派と絶対派の二つの考え方が存在したことを知る手がかりとはなるものの、教団の対立について明示的な言及ではない。

第三章　穏和派と絶対派

1　教団と教説の連続

それぞれ十三世紀初期、半ば、後半期に成立した『ロンバルディア・カタリ異端論』、『報告』および『異端要覧』の三史料にはイタリア・カタリ諸教団の名が、分裂以前の統一ロンバルディア教団と外国人の亡命教団を除いて、通計一七挙げられている。

すなわち、『ロンバルディア・カタリ異端論』の六教団。ⓐディセンツァーノの者ども(illi de Discenzano)、ⓑマントゥアの者ども(quidam de Mantua)、ⓒヴィチェンツァの者どもの集い(congregatio Vicentinorum)、ⓓⓔトスカナにおける二人の司教(仮りにトスカナ第一および第二としておく)、ⓕミラノの者ども(Mediolanenses)。既述ながら『報告』の六教団。㋑アルバネンセスまたはドンネザッコの者ども、㋺コンコレッツォの者ども、㋩バヨレンセス、㊁ヴィチェンツァまたはマルキアの者ども、㋭フィレンツェ、㋬スポレト。および、『異端要覧』の五教団。㊀コンコレトの者ども(illi de Concoreto)、㊁センツァーノの者ども、またはアルバネンセス(illi de Seenzano, Albanenses)、㊂バゴロの者ども、ないしバグノレンセス、あるいはマントゥアの者ども(illi de Bagolo, Bagnolenses, illi de Mantua)、㊃フィレンツェの者ども(illi de Florencia)、㊄マルキアの者ども(illi de Marchia)がそれである。

ただし、『異端要覧』の㊃フィレンツェと㊄マルキアの二教団は、同史料の前半をなす歴史記述部分に見えるのみで、後半をなす現況報告部分に「ロンバルディアにてカタリは四司教を有する」として列挙されたものの中に見当らないので、それまでに滅亡したと考えられる。四司教の一人は「フランスより来れる者ども」の司教だから、十三世紀後半まで残存したイタリア・カタリは結局、㊀コンコレト、㊁アルバネンセス、㊂バグノレンセスの三教団だけとなる。(1)

三史料を縦断して出現する諸教団の相互比定ないし連続関係は、教団名や所在地を手掛りに大体推測できる。すなわち、

ⓐディセンツァーノ＝㋑アルバネンセス＝㊁センツァーノ
ⓑマントゥア＝㋩バヨレンセス＝㊂バゴロ
ⓒヴィチェンツァ＝㊁ヴィチェンツァ＝㊄マルキア
ⓓトスカナ第一＝㋭フィレンツェ＝㊃フィレンツェ
ⓔトスカナ第二＝㋬スポレト
ⓕミラノ＝㋺コンコレツォ＝㊀コンコレト

がそれぞれ異る時期に捕捉された同一教団の姿なのであろう。これをさらに確証する方法は二つ考えられる。第一は各史料の挙げる教団指導者の名の中に継承関係の整合が見られるかどうか、逆に言えば食違って別の教団と推定されるところに現れないか、の検証である。第二は、同一と推定した教団ごとに諸時期を通じて教説の一貫性ないし連続性が認められるか否かの確認である。

ドンデーヌは諸教団の司教、大子、小子の名を検出することによってイタリア・カタリの職階を解明し、ボルス

イタリア主要教団対照表

史料	ロンバルディア・カタリ異端論	レイネリウス報告	異端要覧	ロンバルディア・カタリ異端論	レイネリウス報告	異端要覧	ロンバルディア・カタリ異端論	レイネリウス報告	異端要覧	ロンバルディア・カタリ異端論	レイネリウス報告	異端要覧
教団	ⓐディセンツァーノ	㋑アルバネンセス	㊃センツァーノまたはアルバネンセス	ⓑマントゥア	㋩バヨレンセス	㊂バゴロまたはバグノロ	ⓒヴィチェンツァ	㊁ヴィチェンツァまたはマルキア	㊄マルキア	ⓕミラノ	㋺コンコレツォ	㊀コンコレト
指導者名	Johannes Bellus ↓ Marchisius de Soiano ↓ (Amizo)	Balasinansa Veronensis ↓ (Johannes de Lugio Bergamensis)	Philippus ⇣ Belesmanza ↓ Johannes de Luzano ↓ Bonaventura de Gona de Verona ↓ Bertholus de Verona ↓ Henricus de Arusio	Caloiannes ↓ (Orto de Bagnolo) ↓ (Aldricus de Gilinguellis)		Caloianus ↓ Octo de Bagnolo | Andrea ↓ Hamundus de Casalialto	Nicola de Vincentina ↓ (Petrus Gallus) ↓ (Prandus)		Nichola	Johannes Judeus ↓ Joseph ↓ Garattus ↓ (Nazarius) ↓ (Giroldus de Brixia)	Nazarius	Johannes Judeus ↓ Garratus ↓ Nazarius [Nezonius] ↓ (Desiderius) ⇣ Giraldus de Cambiate ↓ Mandennus [Ubertus Manderius] ↓ (Petrus de Limadi) ↓ Lanfrancus de Brixia
本山教団	ドゥルゴンティア[ドゥグンティア]			スクラヴォニア(ボスニア)						ブルガリア		

丸括弧は継承予定者として記述してあることを，角括弧は異綴を示す。実線矢印は直接の継承ないし継承予定を，点線矢印は直接継承か介在する者があるか不明の場合を示す。

トはこれを整理拡大して西欧カタリの教団と司教の一覧表を作った。(2) ドンデーヌの作業を再追跡し、改めて三史料所出人名を照合したのが前頁の表である。(3) その結果、教団によって精粗の差は免れないものの、合致ないし酷似によって⒜ディセンツァーノ＝㋑アルバネンセス＝㈡センツァーノ、⒝マントゥア＝㈧バョレンセス＝㈢バゴロ、⒞ヴィチェンツァ＝㈡ヴィチェンツァ＝㈤マルキア、⒡ミラノ＝㋺コンコレツォ＝㈠コンコレトの四教団については、その同一性を確認できる。トスカナの二教団については、対照すべき人名を得ない。少くとも『報告』で最も重要な存在たることを知った、アルバネンセス、コンコレツォ、バョレンセスの三大教団については、まず問題はない。

次に、三史料が指摘する信仰内容の諸命題を比較対照して、右に同定された各教団の教義に、むろん時代とともに生じたと思われる変容は別として、基本的な一貫性が認められるならば、右の同定の正確さはさらに補強されるであろうし、同時にその過程で各教団の特徴が明らかとなるであろう。このような、大部分がいわば研究史上すでに確認された知識に属する問題を敢えて再追跡し、それも教団同定作業から始めようとするのは、雑多な史料の中に散乱する断片的な指示からカタリ派教義体系を再構成する場合、異なる流派に関する材料を誤って結合しないためにも、諸流派の基本特徴と教団分属関係をできる限り明確化しておきたいと考えるからである。史料状況のより複雑で劣悪な南フランス・カタリの様態を整理する上での基準もこうして得られるであろう。以下、史料引用に当って、煩雑にわたるのを惧れながらも、引用言句が各史料のどの項目に属するかを示そうと努めるのも、右の趣意より出でたものにほかならない。

まず、三史料の記述のあり方を一瞥する。『ロンバルディア・カタリ異端論』においては、「スクラヴァニアより叙階を得たる異端一派の司教カロイアネス、ならびにブルガリアより叙階を得たる他の一派のキリストの教えの改変者らの司教ガラットゥスは、信じ、かつ説く」(4) と、⒝マントゥアおよび⒡ミラノ両教団の教義が一括解説されていて、両者の相違が対比されるのは一箇所のみである。さきに引いた通り両司教の和解に関する記事があるのも、両教団が類似した教説を奉じたことを示唆している。『報告』は、㋩バョレンセスが「ほとんどすべての点で㋺コンコレツォのカタリどもに一致する」[5]として、㋩バョレンセスについて省筆し、二命題についてのみ特に両教団を一括記述している。さらに、レイネリウスは、㋺コンコレツォ教団内部にナザリウス派再分派の形成を報告しているが、その影響は㋩バョレンセスにも及んでいて、バョレンセスの「若干の者ども、ナザリウスと等しく語る」ところの命題を一件、ナザリウスの名は明示されていないものの内容上彼の見解に等しい命題を三件指摘し、㋺コンコレツォと㋩バョレンセスの親縁関係を示唆している。『異端要覧』の段階では、㊀コンコレト教団は、「ナザリウスとともに旧来の見解を保つ」旧派と「デシデリウスとともに新しき見解を有する」新派とに分裂していて、[6]両派の見解が対比略述されている。㊂バゴロの者どもについては、「若干の者どもはコンコレトの者どもと同じく考え、若干の者どもはアルバネンセスの奉ずるところを奉じ、若干の者どもは中道を保つ」と三分裂したことを述べた上で、[7]「中道」派、おそらく伝統派の所信だけを摘記しているが、彼らは「創造と形成についてコンコレツォの者たちのごとくに言い」、また霊魂の救済について「コンコレツォの者どもと等しく信じている」[8]。こうして、ⓑマントゥア＝㋩バョレンセス＝㊂バゴロおよびⓕミラノ＝㋺コンコレツォ＝㊀コンコレトの二教団は、それぞれバルカン半島の母教団を異にして、教団としての自立性を持続したものの、教義の基本部分に関する限り三史料のどの段階においてもほとんど共通していたことが察せられる。このような史料の書き方からは、教義命題を検証してこれら二教団の同定を決定することはやや困難で、まず二教団を一括して眺め、次いで両者の差異を示す手掛りを探るよりほかにない。

　これに対し、ⓐディセンツァーノ＝㋑アルバネンセス＝㊁センツァーノ教団には、共通ないし類似の教義を有する教団の存在を示す言句は、南フランスとバルカンを除けば、どこにも見出すことができない。これが終始一貫して、強烈な独自性と自立性をもち続けた教団であったことが推測されるのである。

(1) 〈Notandum quod cathari quatuor habent episcopos in Lombardia〉. AFP. XX, p. 310.

(2) A. Dondaine, La hiérarchie. II. AFP. XX, pp. 281-304 ; A. Borst, op. cit., SS. 231-239.

(3) 附表は三史料に現れる人名のみをもって継承関係を構成したものである。ただし、表の四教団以外にも人名の記載がないわけではないが、比較の意味がないので省略した。また、その他の史料を援用すれば、より多くの人名を挿入し得るが、教団の同一性比定のためには必ずしも必要とは考えないので、これも省略した。三史料における指導者名の出現状況は次の通りである。まず、『ロンバルディア・カタリ異端論』から見ると、「ディセンツァーノより来れる者ども集りをなし、おのれらの司教としてヨハネス・ベルスなる者を選んだ。……これは今日のアメゾの一派である」〈quidam de diszennzano, facta congregatione, elegerunt quendam sibi episcopum nomine Iohannem bellum..., et hec est modo pars amezonis〉. AFP. XIX, p. 308.「ディセンツァーノの者どもの司教たるマルキシウス・デ・ソイアノ、ならびにその大子たるアメゾは……」〈Marchisius de Soiano episcopus illorum de descenzano et amezo eius filius maior...〉. ibidem.「マルキシウス・デ・ソイアノはドゥルゴンティアに由来する司教で、その大子はアミゾ」〈Marchisius de Soiano episcopus de drugonthia ; filius eius maior amizo〉. p. 312.「かくなした(ミラノの者どもヨハネス・ユデウスを司教とした)。この者の死後替ってヨセフなる別の者が立てられた。ヨセフ死するやガラットゥスが継承した」〈Et ita fecit. Post decessum vero eius alius Joseph nomine substitutus est. Et Joseph isto mortuo, successit Garattus〉. p. 308.「スクラヴァニアに由来する司教ニコラ・デ・ヴィケンキア。その大子はペトルス・ガルス。小子はプランドゥスと呼ばれる」〈Nicola de vicencia episcopus de Sclavania ; filius eius major petrus gallus ; minor vocatus prandus〉. p. 312.「ガラットゥスはブルガリアより叙任されたる司教にして、コンコレッツォに留まる。その大子はナザリウス、その小子はギロルドゥス・デ・ブリクシア」〈Garattus episcopus ordinatus de bulgaria manet concorretii ; filius eius major Nazarius et filius eius minor Giroldus de Brixia〉. ibidem.「カロイアネスはマントゥアの司教にして、スクラヴァニアより叙任を得、オルト・デ・バグノロはその大子で、現在の司教である。小子はミラノのアルドリクス・デ・ギリンゲリス」〈Caloiannes episcopus de mantua, et habet ordinem de sclavania. Filius eius maior Orto de bagnolo, set modo est episcopus ; filius eius minor Aldricus de gilinguellis de mediolane〉. ibidem.

『報告』では人名は少なく、重要人物に限られている。登場人物は『異端要覧』が最も多い。「センツァーノの者ども、ブレシアの司教区にあってフィリプスなるものを司教とした」〈illi de Seenzano, qui est locus in diocesi brisciensi, fecerunt episcopum quemdam Philippum〉. AFP. XX, pp. 309-310. 「アルバネンセスは、はじめフィリプスを、その後およそ四〇年にわたりベレスマンツァを有した。その後ヨハネス・デ・ルツァーノを、そして同人の後、今やボナヴェントゥラ・デ・ゴナを有する」〈Albanenses primo habuerunt Philippum postea Belesmanzam forte annis xl ; postea Iohannem de Luzano ; post hunc Bonaventuram de Gona, quem nunc habent〉. p. 310. 「アルバネンセスの司教ボナヴェントゥラ・デ・ヴェロナ。同人はすでに故人である。大子ベルトルス・デ・ヴェロナ。この者は今では帰正している。小子ヘンリクス・デ・アルシオ。現在司教である」〈episcopus secte albanensium Bonaventura de Verona. Hic mortuus est. Filius maior Bertholus de Verona. Hic conversus est modo. Filius minor Henricus de Arusio, nunc est episcopus〉. p. 324. 「バゴロの者どもは、初めカロイアヌスを有した。この者により彼らはカロイアニと呼ばれる。しかる後、オクト・デ・バグノロ。この者の故に彼らはバグノレンセスと言われる。しかる後、アンドレア。さらにその後、現在彼らの有するハムンドゥス・デ・カサリアルト」〈illi de Bagolo primo habuerunt Caloianum, a quo caloiani sunt vocati ; postea Octonem de Bagnolo, a quo dicti sunt bagnolenses. Postea Andream ; postea Hamundus de Casalialto, quem nunc habent〉. p. 310. 「コンコレトの者どもはマンデンヌス師を有するが、彼らの初代司教はヨハネス・ユデウスであった。その後にガラットゥス。この者に因んで彼らはガラテンセスと呼ばれる。この者の後にほぼ四〇年、ネゾニウスを有した。その後、ギラルドゥス・デ・カンビアーテ。しかる後、現に彼らの有するマンデンヌス」〈Illi de Concoreto habent dominum Mandennum, sed primus eorum episcopus specialis fuit Iohannes Iudeus ; post eum Garrattus a quo dicti sunt garratenses. Post hunc habuerunt Nezonium forte annis xl ; post illum habuerunt Girardum de Cambiate, et post Mandennum, quem nunc habent〉. ibidem. コンコレトの「一部は彼らの古き司教たるナザリウスと同じく旧来の見解を保つ。また一部は彼らの派の大子たりしデシデリウスとともに新しき見解を有する。かくて彼らの司教と大子は疎隔している」〈Quidam enim tenent opiniones antiquas cum Nazario eorum antiquo episcopo. Quidam vero opiniones novas cum Desiderio condam filio maiore illius secte. Et sic episcopus eorum et filius maior discordant〉. ibidem. 「コンコレツォの者どもの徒党の司教は、ウベルトゥス・マンデリウス。大子はペトルス・デ・リマディ。小子はランフランクス・デ・ブリクシア」〈episcopus secte illorum de Concorrezo Ubertuo Manderius ; filius maior Petrus de Limadi ; filius minor Lanfrancus de Brixia〉. p. 324.

(4) 〈Caloiannes episcopus unius partis hereticorum, qui habent ordinem suum de sclavania, et Garattus episcopus alterius partis adulteratorum doctrine christi, qui habent ordinem suum de bulgaria, credunt et predicant...〉. AFP. XIX, p. 310.

（5）〈Isti conveniunt cum praedictis Catharis de Concorrezo fere in omnibus opinionibus supradictis〉. TNA. V, c. 1774.

（6）〈Quidam enim tenent opiniones antiquas cum Nazario, eorum antiquo episcopo. Quidam vero opiniones novas cum Desiderio, condam filio maiore illius secte. Et sic episcopus eorum et filius major discordant〉. AFP. XX, p. 310.

（7）〈Nam aliqui tenent cum illis de Concorezo ; aliqui tenent quod tenent albanenses ; aliqui tenent mediam viam〉. ibidem, p. 313.

（8）〈Et dicunt de creatione et de formacione sicut illi de Concorezo〉. 〈Item isti bagnolenses omnes penas credunt equales et renumeraciones bonorum sicut illi de Concorezo〉. ibidem.

2　穏和派二教団の教説、および相違点

ⓕミラノ＝㋺コンコレッツォ＝㊀コンコレトとⓑマントゥア＝㊇バョレンセス＝㊂バゴロの二教団の教義を一括検討する。神の理解に関して、『ロンバルディア・カタリ異端論』では彼らは「唯一の善き神は全能にして始源を有せず、天使と四大を創造した」と信じ、[1]『報告』では「唯一の原理に関するかぎり正しく考える。ただし彼らの多くは三位一体について過つ」との評価を与えられ、同様に「神は無から天使ならびに四大を創造した」と考えている。[2]『異端要覧』においては、㊂バゴロ中道派について、ただ、「唯一の原理を信奉する」とのみ見える。[3]唯一の、むろん善なる神だけが、他の原因に依存しない、それ自体において第一原因であり、したがって霊的たると物的たるとを問わず万物の究極における創造者であるという見解にほかならない。したがって、悪神の起源は、神の一創造物、つまり一天使の叛逆ないし堕落に求められる。「ルキフェルとその共犯の者どもは天界にて罪を犯した」。「その時

に至るまで善なるものたりしルキフェル、地に降り……」。「ここ（天界）にて他の者を惑わし、いずれも天より投ぜられた」（『ロンバルディア・カタリ異端論』ⓑⓕの項）と述べている。[4]『報告』と『異端要覧』には明示的な言及はないが、現世成立に関する言句から見て明らかにこれと共通の考えを前提としている。穹窿や天体までを含めてあらゆる形而下の存在の形成者は悪神であるとするのは全カタリ共通の考えであって、二教団も例外ではない。「ルキフェルこそ、天地を創り六日にて業をなしたと創世記に述べられてある神である」（『ロンバルディア・カタリ異端論』ⓑⓕの項）。[5]しかし、この二教団に特徴的なのは、悪神ルキフェルの創造が神の創造物たる四大を素材とする、あくまでも二次的な創造、厳密には加工形成にすぎず、しかもそこに善神の意図が干与していることである。悪神とその霊は、「四大を分離せんとして能わず、神に請い求めて善き天使を共働者となし、神の認可と善き天使の助力、その霊力と智慧によって四大を分離した」（『ロンバルディア・カタリ異端論』ⓑⓕの項）。[6]「神が無より天使ならびに四大を創ったと彼らは言う。さりながら、悪魔が神の許可のもとに目に見ゆるすべてのもの、すなわちこの世界を形造ったと信ずる点において、彼らは過つ」（『報告』㋺の項）。[7]「悪魔は神の同意にもとづいて本来その権能を有した。あるいはまた、寛くしたまえと悪魔が神に懇願した時、神は万物形成の権能を悪魔に授けたのである」（『異端要覧』㊀の項）。[8]さらに『異端要覧』はこの流派のカタリを発見捕縛するため訊問要領を書き添えている。「コンコレッツォのすべての者に対し、次の如く問い糾すべきである。すなわち、神はアダムの肉体を作りしや。また、肋骨をもってエヴァを形作りしや。あるいは、神みずから他を介せずして、現実かつ直接に、汝の手や肉体を形作りしや、と。然りと答える場合は重ねて問い糾すべきである。父なる神は自らの言葉をもって、他の者を介することなくこれを為せるや、はたまた、悪魔なにがしかの権能あるいは職務を神より受け、この権能ないし職務にもとづきこれを為せるや、と。かく詰問される時、カタリもその謬説をかくし得ぬであろう」（『異端要覧』㊀の項）。[9]

善神が悪神ないし悪魔をして天地創造をなさしめた、あるいはそれを容認したことの意味づけは、ルキフェルが「神の許可を得てこれらすべてをなしたるは、これらすべての上に永遠に支配せんとの意図に出たものである。そして神は、これとは別の意図、すなわち悔悛によって救わるべき果実をこの世より引出さんとしてこれを許したのであった」(『ロンバルディア・カタリ異端論』ⓑⓕの項)ことに求められる。(10) こうして、悪神も唯一の至高神から派生してこれに従属するもので、その叛逆すら善神の高次元の摂理のうちに包摂されると考えるⓕミラノ＝㋺コンコレツォ＝㊀コンコレトならびにⓑマントゥア＝㊇バヨレンセス＝㊂バゴロ二教団には、紛れもなく穏和派の特徴が現れている。

ところで、二元論の強味、少くともその論理整合性は、いうまでもなく、地上における善悪の存在をそれぞれ別の起源から説明する点にあったはずである。現世の全存在、全歴史過程を悪神の所産と見る点では、右の二教団も決して例外ではない。『ロンバルディア・カタリ異端論』の段階で、「以下は全カタリ共通の見解である。創世記に誌されてあるすべて、すなわち洪水、ノアの救い、アブラハムへの神の言葉、ソドムとゴモラの破壊について述べられてあることは悪魔の為せるところであって、そこで悪魔は神と呼ばれている。同じくかくの如き神がエジプトより民を導き出し、荒野にて律法を授け、約束の地に伴い、預言者を与え、その預言をもって獣畜の血を捧げしめた。神として崇められんがためである」とある。(11) しかるに、究極の起源において悪神が善神に属し、その創造も摂理の枠を出ないとするのは、明らかに二元論としては破綻している。人智をもってしては摂理を量り得ないと言うにしても、それならば二元論を用いるまでもなくそれだけで現世の善悪混在を説明できるからである。問題の二教団の中にも右の論法を理解できぬ者がいたのは、ある意味で極めて自然である。「しかし、彼らのうちの若干は、何処より罪の由来せしかを疑う。実に、若干の者は密かに言う。四面、すなわち人、次に鳥、第三に魚、第四に獣の顔を有し、始源なき悪しき霊なるものが存し、この混沌の中に創造する力なく横たわっていた。その時まで善たりしルキフェル、降ってこの悪しき霊の姿に魅了され、その言葉と教唆に惑わされた」(『ロンバルディア・カタリ異端論』ⓑⓕの項)[12]。唯一神の創造圏の外側に、始源のない、つまり他によって創造されず独自に存在する悪の起源を導入するのは、新しい形における二元論の再建作業にほかならない。この考えは、『星の彼方の書』の段階に至ると、全コンコレキ派の定説と化したらしい。「実に、コンコリキは次の如くに言う。……ルキフェルすなわちサタンは、この混沌の中へ降って四面を有する一つの霊を見、これに近づき、相ともに語り、両人して善き神の四大を分離せんと望んだ[13]」。このほか、人間の霊魂の在り方、および救済の可能性に関しても、絶対派に類似する少数意見がこの教団の中にあったらしい。ただし、いずれも絶対派そのものの見解に比して混乱しているし、比較的早い史料にのみ見えて『報告』や『異端要覧』に見えないところから、これは絶対派の影響が穏和派に貫入した結果と見るよりも、教団分裂直後の教義未整理の状況が反映していると見た方がよいであろう。

これら基本教義のほかにも、ⓐディセンツァーノ＝㋑アルバネンセス＝㋥センツァーノ教団との対比で、ⓑマントゥア＝㋩バヨレンセス＝㋥バゴロおよびⓕミラノ＝㋺コンコレツォ＝㋑コンコレトの二教団に特徴的な命題が見出される。その第一は、人間における霊魂の在り方の理解である。悪神ないし悪魔の造る肉体に天使が封入されて人祖が生じた、したがって人間を肉体という悪魔の獄舎に神のものたる天使すなわち霊魂が監禁されている状態と見る点では、彼らも全カタリ派の枠を超えてはいない。例えば、「ルキフェルは地の泥をもってアダムを形作り、力をもってかの善き天使を中に封じた。彼のためにエヴァを造り、これをもって罪を犯さしめた。禁ぜられたる樹を食せしとは姦淫の謂である」(『ロンバルディア・カタリ異端論』ⓑⓕの項)、あるいは「悪魔は人祖の肉体を造り、すでにいささかの罪を犯せる天使を封じた」(『報告』㋺の項)、さらに「アダムとエヴァの霊魂は悪魔の造れる肉体の中に在った」(『異端要覧』㊂の項)と一貫している。[14] しかし、人祖とそれ以後の人間との関係においては、「肉の肉より生ずるごとく、霊魂は霊魂より生ずる」(『ロンバルディア・カタリ異端論』ⓑⓕ若干の者どもの項)、「すべての霊魂はかの天使より枝葉となりて由来する」(『報告』㊁の項)、「アダムとエヴァの霊魂よりその他の霊魂が引出された」、「霊魂の抽出は自然のことであって、あたかも悪魔の業によって肉体より肉体の、植物より植物の発するがごとくである」(『異端要覧』㊂の項)とあるように、霊魂は派生増殖するのであって、現在の霊魂と人祖のそれは厳密には同一物でない。[15]

第二は、最終審判に関する彼らの考え方である。「世の消滅に至るまで……」、「審判の日にこそ……」(『ロンバルディア・カタリ異端論』ⓑⓕの項)、「審判の後には……」(『報告』㊁の項)、「審判の日に至るまで……」(『異端要覧』㊀新派の項)とあるように、[16] 明らかに彼らは最終審判を来るべきものと想定している。

第三の命題はこれに関係する。審判、取りも直さず善き霊魂と罪ある霊魂の選別がなされる以上、当然、霊魂はことごとくが救われるとは限らない。「この世全体は、邪悪なる霊魂すなわち断罪さるべき霊魂と救わるべき霊魂とからなる」。「善き教えと悪しき教えがあるであろう。善きものはその所を得、悪しきものは実に永劫の罰を受けるであろう」。「堕ちたる者どものうち、意志によらず威迫の如きものによって罪を犯したものは救わるべきであり、意図をもって罪を犯したる者は断罪さるべきである」(『ロンバルディア・カタリ異端論』ⓑⓕの項)。次いで「天界にて罪を犯せる天使らについて、彼らは言う。彼らのうち若干はみずから望んで竜に従い、罪を犯した。これらは断じて帰ることも救われることもないであろう。悪霊とは彼らのことにほかならない。他の者どもは竜により力をもって拉致された。罪ある者のうち、この者たちだけが救われる」(『異端要覧』㊂の項)。[17] ただ、『報告』が彼らの信仰を伝えて、「すべての者は栄光と罪障において等しい。ユダも神の独り子より重く罪ありとされぬ」(㊁㊅の項)[18] というのは理解し難いが、一般的に人間の罪の重さを強調したのでないとすれば、「すべての者の劫罰は等しく、善き者どもの報賞もまたそうである」(『異端要覧』㊂の項)と考合せて、[19]善悪それぞれに応じて最大の賞または最大の罰が与えられるとの意に解してよいであろう。審判にせよ救済にせよ、霊魂にのみかかわるので、肉体の復活を信じない点は全カタリに共通している。「肉の復活なるものなし」(『報告』共通見解の項)。[20]

今までⓑマントゥア＝㊇バヨレンセス＝㊂バゴロ、およびⓕミラノ＝㊁コンコレッツォ＝㊀コンコレトの二教団を一括して考察した。しからば、この二教団を相互に区別する教義上の標識は何であろうか。史料の言及が少いので断定は難しいが、おそらくそれはキリストをめぐる理解の相違である。「マリアは真に女人。神の子はこれより真の肉を得、真に食し、肉身をもって十字架につけられた。しかし肉をもって昇天せず、これを捨てた」(『ロンバルディア・カタリ異端論』ⓕの項)。「ほとんどすべての者が、彼は聖処女より肉を受けたと信ずる」。「昇天の日、肉を青天にとどめ、裁きの日に再びこれを帯びる。しかる後これは原初の物質に解消する」(『報告』㊁の項)。「キリストは真に物的なる奇蹟をなした」。「真にアダムの材質に由来する肉体を有した。聖処女は真にアダムの材質に発する肉体を有し、真の女人であった」。「キリストは真にその肉体によって死し、真に復活した。昇天に際してはこれを聖処女の在す楽園に残した。処女は死せず、そこには福音記者ヨハネが生きており、またすべての義しき死者の霊魂がいる」。「審判の日に至るまでそこにとどまるであろう。審判において、キリストは再びかの肉体を帯び、善き者と悪しき者を裁くであろう。それは措かれるや否や、獣の死骸と同じく原初の物質に帰るであろう」(『異端要覧』㊀新派の項)。[21]これによって見れば、ⓕミラノ＝㊁コンコレッツォ＝㊀コンコレト教団は、むろんカトリック教義のそれとは異なるにしても、一貫してキリストの人性を認めている。

これに対し、ⓑマントゥア＝㊇バヨレンセス＝㊂バゴロ教団に関する言及はさらに乏しいが、それらはいずれもキリストの人性を否定して、仮現論 docétisme の立場を示している。「神の子すなわちイエス・キリスト、福音記者ヨハネならびにマリアは、肉に現れた三柱の天使であった」。「キリストは真に肉を帯びたるにあらず、食したるにあらず、飲みたるにあらず、十字架に付けられたるにあらず、死したるにあらず、葬られたるにあらず、人の常の如く為したることはことごとく真実ではなく仮現であった。そう見えたにすぎぬのである」(『ロンバルディア・カタリ異端論』ⓑの項)。「この者どもは、キリストが真実の人間であったとも、真実の身体を有したとも信ぜず、天界より体軀を持来ったと信ずる。キリストが真に受難し、真に死し、痛苦を嘗め、復活したことを信じない。さ有りしがごとくに見えたのであると言う」(『異端要覧』㊂の項)[22]。後に取り上げる、ⓕミラノ＝㋺コンコレッツォ＝㊀コンコレト教団内のナザリウス分派の問題点も、ここにあった。

(1) ⟨Credunt et predicant tantum unum bonum deum omnipotentem sine principio, qui creavit angelos et IIIIor elementa⟩. AFP. XIX, p. 310.

(2) ⟨Isti bene sentiunt de uno principio tantum, sed multi ex eis errant in Trinitate et Unitate. Item, confitentur quod Deus ex nihilo creavit angelos et quatuor elementa⟩. TNA. V, c. 1773.

(3) ⟨credunt unum principium⟩. AFP. XX, p. 313.

(4) ⟨Et dicnnt quod lucifer et complices sui peccaverunt in celo⟩. ⟨Et dicunt quod lucifer adhuc bonus descendit...⟩. ⟨ibi seduxit alios, et proiecti sunt de celo⟩. AFP. XIX, p. 310.

(5) ⟨Et dicunt quod iste lucifer est ille deus qui dicitur in genesi creasse celum et terram et illa opera per VI dies fecisse⟩. ibidem.

(6) ⟨Et dicunt quod lucifer et ille alius nequam spiritus volebant distinguere elementa nec poterant. Set inpetraverunt a deo bonum angelum coadiutorem, et ita, concessione dei et auxilio illius boni angeli ac virtute et sapientia sua, distinxerunt elementa⟩. ibidem.

(7) ⟨Item, confitentur quod Deus ex nihilo creavit angelos, et quatuor elementa, sed errant credendo quod diabolus de

licentia Dei formavit omnia visibilia, sive hunc mundum⟩. TNA. V, c. 1773.

(8) ⟨diabolus habuit potentiam quam habuit naturaliter a prima condicione a Deo, vel quando diabolus, secundum eos, dixit Deo : Pacientiam habe in me etc., tunc Deus dedit diabolo potentiam formandi omnia⟩. AFP. XX, p. 312.

(9) ⟨Item queratur ab omnibus de Concorezo si Deus fecit corpus Ade et si Evam formavit de costa, vel si formavit manum vel corpus tuum per se et sine medio, actualiter et immediate. Si dicat quod sic queritur si proprio verbo Deus Pater hoc fecit, vel si diabolus accepit unquam aliquam potentiam vel aliquod ministerium a Deo, qua potestate vel quo ministerio hoc feceret, etc. Non poterit catharus cooperire errorem suum⟩. ibidem.

(10) ⟨omnia hec fecit concessione dei hac intentione, ut sine fine super hoc dominaretur, deo vero alia intentione permittente, ut fructum salvandorum per penitentiam ex hoc mundo extraheret⟩. AFP. XIX, p. 311.

(11) ⟨Communis omnium catharorum opinio est, quod omnia que dicuntur in genesi, scilicet de diluvio, de liberatione Noe et de locutione dei ad habraham, de destructione sodome et gomorre sunt a diabolo, qui ibi deus nominatur. Et similiter ille talis deus eduxit populum de egypto et in deserto dedit eis legem, et induxit eos in terram promissionis, et misit ad eos prophetas et per prophetias istorum faciebat sibi offerri sanguinem animalium ut coleretur tanquam deus⟩. ibidem.

(12) ⟨Set unde processit peccatum illorum, quidam illorum dubitant. Quidam vero dicunt —set archanum est—, quod fuit quidam nequam spiritus habens IIIIor facies, unam hominis, aliam volucris, terciam piscis, quartam animalis, et fuit sine principio et manebat in hoc chaos, nullam habens potestatem creandi. Et dicunt quod lucifer adhuc bonus descendit et videns speciem istius maligni spiritus, admiratus est. Et collocutione et suggestione istius maligni spiritus seductus est⟩. ibidem, p. 310.

(13) Liber supra stella. ⟨Concorricii vero dicunt...quod Lucifer, idest Sathanas descendit in istud chaos et vidit unum spiritum habentem IIII. facies et descendit et appropinquavit sibi et unus locutus fuit cum altero, et voluerunt dividere elementa⟩. AEV. XIX, p. 314.

(14) ⟨lucifer ille formavit de limo terre formam ade et in illa forma vi suffocavit illum bonum angelum.... Et fecit sibi evam, ut per eam faceret eum peccare. Et dicunt quod comestio ligni prohibiti fuit fornicatio⟩. AFP. XIX, p. 310 ; ⟨Item, credunt quod diabolus formavit corpus primi hominis et in illud effudit unum angelum, qui in modico jam peccaverat⟩. TNA. V, c. 1773 ; ⟨fuerunt in corporibus a diabolo, spiritus scilicet Ade et Eve⟩. AFP. XX, p. 313.

(15) ⟨sicut caro a carne, ita spiritus a spiritu propagatur⟩. AFP. XIX, p. 310 ; ⟨omnes animae sunt extraduce ab illo angelo⟩. TNA. V, c. 1773 ; ⟨de spiritibus Ade et Eve traducuntur alii spiritus⟩. ⟨Et illa traducio spiritus ex spiritu est ex natura, sicut corpus ex corpore, et planta ex planta⟩. AFP. XX, p. 313.

(16) ⟨usque ad consummationem seculi⟩. ⟨Et in iudicio...⟩. AFP. XIX, p. 311 ; ⟨et post judicium...⟩. TNA. V, c. 1774 ; ⟨usque ad diem iudicii...⟩. AFP. XX, p. 311.

(17) ⟨totus iste mundus constet ex illis spiritibus malignis, idest spiritus illi qui sunt dampnandi, et qui salvandi⟩. ⟨...erunt eiusdem numeri boni et mali ; boni supplebunt locum illorum, mali vero habebunt penam eternam⟩. ⟨pars illorum qui ceciderunt salvandi sunt, qui non voluntate set quasi coactione peccaverunt, et qui cum deliberatione peccaverunt, dampnandi sunt⟩. AFP. XIX, p. 311 ; ⟨Sed de angelis qui peccaverunt in celo, dicunt quod alii peccaverunt consenciendo voluntarie droconi, et isti numquam redibunt neque unquam salvabuntur, et non sunt demones nisi isti. Alii fuerunt extracti per draconem violenter, et isti soli salvabuntur de illis qui peccaverunt⟩. ibidem, XX, p. 313.

(18) ⟨Non enim gravius punietur Judas proditor quam infans dei unius, sed omnes erunt aequales tam in gloria quam in poena⟩. TNA. V, c. 1763.

(19) ⟨omnes penas credunt equales et renumeraciones bonorum⟩. AFP. XX, p. 313.

(20) ⟨omnes Cathari negant carnis resurrectionem futurum⟩. TNA. V, c. 1761.

(21) ⟨credunt mariam veram feminam fuisse et filium dei veram carnem assumpsisse ex ea, et vere comedisse et crucifixum fuisse in carne, set non cum eadem carne ascendisse, set in ascensione deposuisse⟩. AFP. XIX, p. 311 ; ⟨fere omnes credunt eum assumsisse carnem de B. Virgine⟩. ⟨Christus in die Ascensionis suae deposuit illud in coelo aereo, et iterum resumet illud in die judicii, et post judicium resolvetur in praejacentem materiam⟩. TNA. V, cc. 1773, 1774 — ⟨vere materialia miracula fecit⟩. ⟨vere corpus habuit de massa Ade, et beata Virgo habuit vere corpus de massa Ade, et vere mulier fuit⟩. ⟨Christus vere mortuus sit in illo corpore et vere surrexit, sed quando ascendit in celum deposuit illud in paradiso terrestri, ubi beata Virgo est, que nunquam mortua fuit secundum eum. Et ibidem credit Iohannem Evangelistam esse vivum ; et ibi credit esse omnes animas iustorum mortuorum⟩. ⟨erunt ibi usque ad diem iudicii ; et in iudicio Christus resumet illud corpus et iudicabit in corpore illo omnes bonos et malos, et post deponet illud et redibit in pristinam materiam sicut etiam corpora brutorum⟩. AFP. XX, p. 311.

(22) ⟨filius dei, scilicet ihesus christus, et Johannes ewangelista et maria fuerunt tres angeli apparentes in carne⟩. ⟨christus non in veritate carnem suscepit, nec comedit, nec bibit, nec crucifixus, nec mortuus, nec sepultus est, et omnia que secundum humanitatem fecit, non erant in veritate set in apparencia, quia sic videbatur⟩. AFP. XIX, p. 311 ; ⟨Isti non credunt Christum verum hominem, neque corpus verum habuisse, sed credunt quod portaverit illud de celo ; neque credunt eum vere passum, neque vere mortuum, neque dolorem aliquem sensisse, neque eum surrexisse ; sed dicunt quod sic videbatur⟩. AFP. XX, p. 313.

3　絶対派の輪廻転生説と終末観

ⓐディセンツァーノ＝㋑アルバネンセス＝㊁センツァーノ教団の教説内容に関する記事は『報告』において特に詳しく、そこでは伝統派たるバラシナンサ派と改革派たるヨハネス・デ・ルギオ派とが対比されている。『異端要覧』では、「彼らの博士ランフランクス」の言説と他教団への同調者の二項目が語られているに過ぎない。結局、『ロンバルディア・カタリ異端論』ⓐディセンツァーノの項と、『報告』㋑アルバネンセスの項の照合だけが可能である。

ⓐディセンツァーノ＝㋑アルバネンセス＝㊁センツァーノの流派は、基本教義において明快この上ない絶対派である。「始源なく、終末なき二神、二主を、彼らは信じかつ語る。一は至善にして、他は極悪」(『ロンバルディア・カタリ異端論』ⓐの項)。「永劫にわたり善悪二つの原理が存する」(『報告』㋑のうち、バラシナンサ派の項)。「二原理、二神、二主は永劫にわたって存し、それぞれ善と悪である」(同上㋑のうち、ヨハネス派)[1]。創造や支配も、同様

に両分されている。二つの神は「おのおの天使、眷属を創った。善き者は善き者どもを、悪しき者は悪しき者どもを」(『ロンバルディア・カタリ異端論』ⓐの項)。「二神それぞれの天使眷属ならびに世界を創った」(『報告』㋑のうちバラシナンサ派の項)(2)。善神の世界が霊性の天界であるのに対し、悪神のそれは形而下の現実世界にほかならない。「善神は天の国に在って全能、悪神は現世の全機構を治める。またルキフェルは暗黒の神の子なりと言う」(『ロンバルディア・カタリ異端論』ⓐの項)。「この世は悪神によって創られ、為され、形を与えられたところ。この世に在る悉皆も同断」(『報告』㋑のうちバラシナンサ派の項)(3)。二つの世界はそれぞれ内部自律的で、並立拮抗し、しかもこの関係は永遠である。「この世は終末を有せず」(『報告』㋑のうちバラシナンサ派の項)。「この世は悪魔、より正しく言えば悪魔の父に属し、始源も終末も有せずと言う」(同上、㋑のうちヨハネス派の項)。「永劫にわたり一神は他神を攻撃する。悪の原因たる悪神は、真の神、神の子、ならびにその一切の業に対し永劫にわたって攻撃する」(同上)(4)。

霊魂の在り方については、「肉体において悔悛を果し、一つの肉体にて救われぬ時は今一つの肉体に入って悔悛を行う」(『ロンバルディア・カタリ異端論』ⓐの項)。あるいは、悪神はその拉致した天使すなわち霊魂を「日ごと、人体または獣体に封入し、実に一つの肉体より他の肉体に移し送っている」(『報告』㋑のうちバラシナンサ派の項)。「神のものたる霊魂は肉体より肉体へと送られる」(同上、ヨハネス派の項)等と見える(5)。いうまでもなく、同一の霊魂、すなわち堕落ないし拉致された天使があまたの肉体を遍歴巡回すると考えているわけで、先に見た穏和派二教団の霊魂派生増殖説とは異る見解である。しばしば輪廻転生説がカタリ派の特徴とされるけれど、今までに見来った限りではこれは全カタリ共通の信仰ではなく、絶対二元論を奉ずるⓐディセンツァーノ＝㋑アルバネンセス＝㊁センツァーノの流派に特有のものである。

最終審判については、「宣告はすでになされたと彼らは言う。この世の君すでに裁かれたり(ヨハネ伝一六章)と記されてあるが故である」(『ロンバルディア・カタリ異端論』ⓐの項)。「来るべき審判はすでになされた。これ以上行われることはない。地獄すなわち永劫の罰はほかならぬ現世にこそあれ、他処にはない」(『報告』㋑のうちバラシナンサ派の項)(6)。彼らにとって天使堕落がそのまま審判であったので、その現世彷徨は刑罰、したがって現実世界はそのまま地獄であることを意味したのである。カトリック教会の公式見解が、最終審判をほとんど無限の未来へと押しやり、むしろそれへの道程としての現実生活を宗教的に意味づけ、いわば現世を聖化することに力を注いだのに対し、異端の一派、例えばヨアキム・デ・フローラの亜流のように、審判を身近に引寄せようとし、その恐怖と待望の緊迫を信仰の実質と感じる者たちがあった。さらに進んで、カタリのうちこの流派の者たちは、すでに審判は終り現在の自分を地獄に堕されてあるものと考えたのである。ある意味では罪障感、ないし厭離穢土の希求のもっとも徹底したものと見ることもできる。ところが、その強烈な悲観にかかわらず、救済の可能性について、彼らは予想外に楽観的である、「究極においてすべての天使は天に帰する」(『報告』㋑のうちバラシナンサ派の項)(7)。「ついには悉皆のものが罪と罰より解き放たれるであろう」(同上、ヨハネス派の項)。遅速はあれ、全霊魂に救済が保証されている。善悪二つの世界の再分離、純粋な対立関係への復帰が想定されているからである。

彼らのキリスト観について明示的な記事は、『報告』に見られるのみである。「神の子は真に人性を有したのではない。天使にほかならぬと彼らの言う聖処女よりそれのごとくに見ゆるものを受けた。真に食せず、真に飲まず、真に苦しみを受けず、真に死せず葬られず、またその復活も真実にあらず、これらはすべて幻であった。ルカ伝にヨセフの子と見なされ云々とあるがごとくである。キリストのなせしあらゆる奇蹟につきても同じである、と彼らは言う」(『報告』㋑のうちバラシナンサ派の項)(8)。ヨハネス派関係の記事にはキリストの人性を思わせるような表現がないでもないが、その場合にも現世のものならぬ肉体が前提とされているので、字義通りには解釈できない。同教団は仮現論で一貫していたと見てよいであろう。

以上、三つの史料にもとづいて主要三教団の教義命題を点検照合した。その結果、穏和派の特徴はⓑマントゥア＝㋩バヨレンセス＝㊂バゴロ教団およびⓕミラノ＝㋺コンコレッツォ＝㊀コンコレト教団の二つに、絶対派のそれはⓐディセンツァーノ＝㋑アルバネンセス＝㊁センツァーノ教団に見出され、さらにキリスト観をめぐる相違がⓑマントゥア＝㋩バヨレンセス＝㊂バゴロとⓕミラノ＝㋺コンコレッツォ＝㊀コンコレトの間、つまり穏和派内部に看取された。これらの特徴ないし相違はそれぞれに一貫していて、相互に交錯することがないので、先に教団指導者によって一つの確認を得た諸教団の連続ないし同一の比定は、さらに補強されたと言えるであろう。同時に、これは他の断片的史料の所属教団、少なくとも親縁流派をその内容によって判定する上で一応の基準となり得るであろう。

(1)　⟨credunt et predicant duos deos sive dominos sine principio et sine fine, unum bonum et alterum malum penitus⟩. AFP. XIX, p. 309 ; ⟨sunt duo principia ab aeterno, videlicet boni et mali⟩. TNA. V, c. 1768 ; ⟨duo sunt principia, sive dii, vel domini ab aeterno ; unum scilicet boni, et alterum mali⟩. ibidem, c. 1769.

(2)　⟨unusquisque creavit angelos, bonus bonos et malus malos⟩. AFP. XIX, p. 309 ; ⟨utrumque principium, sive uterque Deus creavit suos angelos, et suum mundum⟩. TNA. V, c. 1768.

(3)　⟨bonus deus omnipotens est in celesti patria et malus dominatur in tota hac mundiali machina. Et dicunt quod lucifer est filius dei tenebrarum⟩. AFP. XIX, p. 309 ; ⟨iste mundus est creatus, factus et formatus a malo Deo, et omnia quae in eo sunt⟩. TNA. V, c. 1768.

(4)　⟨mundus iste numquam habebit finem⟩. TNA. V, c. 1769 ; ⟨dicit quod iste mundus est a diabolo vel potius a patre diaboli, et quod numquam habuit principium, nec finem habebit⟩. ibidem, cc. 1770, 1771 ; ⟨Item quod alteruter agit in alterutrum ab aeterno, et quod causa mala, id est Deus malus agit in Deum verum et in ejus filium atque in cuncta ejus opera ab aeterno⟩. ibidem, c. 1771.

(5) 〈Et in istis corporibus agunt ille anime penitentiam et si in uno corpore non salvantur, anima intrat aliud corpus et agit penitentiam〉. AFP. XIX, p. 310 ; 〈infundit eas quotidie in humanis corporibus, et in brutis, et etiam de uno corpore eas transmittit in aliud〉. TNA. V, c. 1768 ; 〈animae Dei transmittantur de corpore in corpus〉. ibidem, c. 1772.

しばしば引用される、「聖パオロの霊魂ですら三二の人体を輪廻した。……いわんや汝の霊魂は一〇〇体以上を経ている」という言説は、カルカッソンヌ審問の供述に出るので、これも南フランス絶対派である。〈Anima sancti Pauli fuerat in triginta duobus corporibus....anima tua fuit in centum corporibus et amplius〉. DÖLL. II, S. 32.

(6) 〈Et dicunt quod sententia iudicii iam data est, pro eo quod dicitur : Princeps mundi huius iam iudicatus est〉. AFP. XIX, p. 309 ; 〈judicium futurum jam factum est, nec amplius fiet...infernus sive poenae aeternae sunt in isto mundo tantum et non alibi〉. TNA. V, c. 1769.

(7) 〈omnes reducentur in coelum〉. TNA. V, c. 1768 ; 〈omnes in fine liberabuntur a poena et a culpa〉. ibidem, c. 1772.

(8) 〈Dei Filius non assumpsit humanam naturam in veritate, sed ejus similem ex beata Virgine, quam dicunt esse angelum ; nec vere comedit, nec vere bibit, nec vere passus est, nec vere mortuus et sepultus, nec ejus resurrectio fuit vera, sed fuerunt haec omnia putative, sicut de eo legitur in Luca, ut putabatur filius Joseph. Similiter dicunt de omnibus miraculis quae Christus fecit〉. TNA. V, c. 1769.

第四章　絶対派の内部分派

1　ヨハネス・デ・ルギオと『両原理論』

ヨハネス・デ・ルギオ派は、絶対派に属するⓐディセンツァーノ＝㋑アルバネンセス＝㊁センツァーノ教団内部に生じた再分派である。『報告』の段階で、「アルバネンセスそのものが相対立し相異る見解によって二つの部分に分たれ、一方の頭目は司教バラシナンサ・ヴェロネンシス。これに従うは教団の古参者多数と僅少の若年の者どもで、古来の見解を保つ」のに対し[1]、「今一つの部分の首魁は、その大子にしてすでに司教に叙階されたるヨハネス・デ・ルギオ・ベルガメンシス。従うは、上と異り、若年の者どもに加えて少数の古参者」。しかも彼は、「旧時は上述(＝バラシナンサ)の見解を有したるに、その若干をまったく転じてさらに悪しき見解となし、あまたの謬見をみずから創唱した」とあるから[2]、ヨハネス派は明らかに革新派として発生したのである。また、レイネリウスは「異端の首魁ヨハネス・デ・ルギオがしばしば説いた上述のごとき瀆聖や謬妄、その他多くのことは、いたずらに冗長で煩雑と思われるが、実に彼はこれらをもって四葉折返し本一〇帖におよぶ長大な書物を編んだのである。私は、その一本を所持し読破したことがあり、上記の謬説はそこから引用したのである」と述べている[3]。ドンデーヌが発見した『両原理論』[4]が、このヨハネスの著書、少なくとも彼の影響下に成立した書物の一部と推定されている。また、このヨハネスらしきものは『駁謬簡要』に再現しているし[5]、挙名はないにしても彼の教説の部分的な影響は『星の彼方の書』や『マニ教要義』にも看取される。

レイネリウスの『報告』によって見るかぎり、ヨハネス派の特徴の第一は、おそらく創造論の深化である。「かくのごとく彼は言う。永劫よりすべての被造物、善き被造物は善き神と同時に、悪しき被造物は悪しき神と同時に存する。永劫の時の中で、創造者は被造物に先在せず、理由において先行する。神に由来する被造物が永劫より存するのは、あたかも太陽における光輝ないし光線のごとくである。太陽は時間において光線に先行することなく、まさしくその原因ないし本体にほかならない」。一切の被造物が初めから存在していて時間の上での特定の出発点をもたないのであるから、当然、意図的な創造の意味も再吟味されざるを得なかった。ある日、何か思うところあって何かが創り出されるというわけには行かないのである。そこで、創造とは創出ではなく加工にすぎないとされる。「彼によれば、創造とは先在する何らかの原質を用いて何物かを形成することであって、かく解される限り、無からのそれではない。そして彼は、創造を三種に区分した」。三種の創造とは、「善なるものをより善なるものへ」、「悪しきものを善なるものへ」、「悪しきものをさらに悪しきものへ」と形成することであった。[6]『両原理論』には、ほぼこれに対応する考えがより詳細に展開されている。[7] また『駁謬簡要』の絶対派教説の項に「四大すなわち地水火風の実質は始源も終末もなく存する」[8]と、一見、絶対派教説と矛盾する見解が見られるのは、史料の混乱でないとすれば、おそらく、この種の創造論の残響であろう。ただしその場合も、後に見るごとくヨハネス派には両世界の完全平行という考えがあるので、この四大もコンコレッツォ派の考える四大とは次元を異にしたそれである。

第二点は、二元論の当然の帰結ながら、初めて善神の権能に明確な限界のあることを明言したことである。ここでもレイネリウスについて見る。「さて善神はまったく悪を混ずることなくその浄き被造物を創ったか否かについて述べねばならぬ。この点に関し、他ならぬヨハネスの論じたるあまたの瀆聖の語の中でも、神は全能ならずと語ったことが特筆さるべきである。一方において神は、おのれの中にある限りにおいて、またおのれに従わざるを得ぬその被造物に対する限りにおいて、あらゆる善を望みかつ能うのであるが、しかしかかる神の能力と意志は敵によって妨げられると語ったのである」[9]。また、「神は、望んだとしても、おのれの被造物を完全に創ることはできなかった。永劫の初めからその業といわば悪意をもたらす悪神の妨げのゆえに、神とその被造物にかかる事態が生じたのである。被造物が罪を犯すを得たのもこの悪意のゆえである」[10]。さらにまた、「至聖の神といえども、自由意志はまったくもっていない。神はまた、その敵のゆえにおのれの意図を成就するを得ない」[11]。このテーマについても、『両原理論』にほぼ対応する言説がある[12]。

第三点は神の世界と現実世界とを、その構造、現象、歴史において厳密に対応平行するものと見、そこから旧約聖書を正典として受容れたことである。無論、善悪両世界併在観はヨハネス派に限らない。むしろ、二元論と常に不離の考え方であったが、両世界を厳密に平行関係にあるものと置いたのは、やはり一つの徹底化であろう。しかもこれに関係づけて、悪しき現実世界の造物主の経典たるがゆえに悪神の書として旧約を排除し、あるいは少くとも妥協的に特定書巻を例外として認容してもモーセ五書は絶対に忌避するのが常であったカタリ派の中で、旧約全巻を積極的に採用したのは大きな転回である。「また次のごとく説く。善神は今一つの世界を有し、そこには人間をはじめ可視にして腐朽すべき現世の被造物に似たるあらゆるものが存する。そこにても婚姻、姦淫、密通が行なわれ、そこから子らが産まれる。さらに忌むべきことながら、そこで善き神の民は神の掟を犯して異族の娘ら、すなわち異なる神、むしろ悪しき神々の娘らを妻とし、破廉恥なる禁断の交合より巨人その他さまざまのものが、さまざまの時に生じたのである」[13]。「また、被造物の罪のゆえに洪水をもたらし五都を毀《こぼ》ちイェルサレムを覆したのは真の神であると言う。要するに、ヨハネスの語るところによれば、ユデアすなわち約束の地にてイェルサレムの民が蒙ったこれら一切の災厄は、彼らがみずから犯した罪のゆえに真の神が敵に動かされてなしたところである。また彼は、これすべて真の神の今一つの世なる所にて生じたと考えている[14]」。「また、かのヨハネスは聖書全巻を受容れる。ただし、これは今一つの世にて書き誌されたもので、アダムとエヴァもその世で作られたと考える。また信ずる。ノア、アブラハム、イサク、ヤコブその他の族長たち、モーセ、ヨシュア以下すべての預言者たち、ならびに聖福の洗者ヨハネは神意にかなう者たちであって、今一つの世の人間であった。キリストはこれら古き父祖より肉によりて産まれ、真に聖処女より肉を得、真に痛苦を受け、死して葬られ、三日にして蘇った。これらすべては現世でなく、高きに在る今一つの世にて生じた[15]」。「また、かの世にてキリストは、誌されし如くに真に奇蹟を行い、死者を歩ましめ、盲者の眼を開き、大麦のパン五つをもって婦女子を算せずとも五千に及ぶ男たちの食を満たした[16]」。「何事にてもあれ、全聖書を通じて、現世にて在りしと読まるるところを逐一、今一つの世なる所にて生じたものであると彼は強弁したのである[17]」。

こうしてヨハネス派は、現世と相似的な天界が存在すると考え、旧新約の諸事件はいずれも天界で生じ、同じく天界で聖書に記録されたと見ているわけである。したがって、同派がキリストの肉体であれ奇蹟であれ形而下的な実体や現象を容認すると言っても、それは語の通常の意味での形而下事象ではない。あくまでも、遥かな神の国での霊性の次元における具体的な現象なのである。このような両世界平行説がどこから出発しているかは、次の命題で大体推察することができる。「さきに述べたるかの世において、全人類は罪に屈したため死と相会したのである。そしてしばしば述べた通り、この罪こそ上記ヨハネスがあらゆる悪の始源かつ原因と呼ぶところである。かの所にて死せる人類の体軀より離れた霊魂は必然的に地獄、すなわち現世に堕ちた。そして、キリストは彼らを救うべくこの地獄に降った。また信ずる。かの所にて死者の復活がなされる。すなわち神の霊魂はそれぞれ本来の体軀を得るのである」[18]。つまり、現世を地獄と見ているにほかならない。福音書に誌されたキリストの降誕は天界での出来事で、磔刑の後に降って獄舎にある霊たちに宣べ伝えたという事件(ペテロ前書三章)が現世におけるキリストの降臨となる。現世と地獄の関係が、一段格上げされているにほかならない。これは一方で二元論を整序しかつ具体化しようとした結果であるとともに、カタリ派の基本的動因であったとも言える現世厭離の衝迫に説明を与えようとしたものであったと思われる。

『駁謬簡要』に、「この世の可視の四大を超えて今一つの不可視の四大が存する、という」[19]とあるのは、明らかにヨハネス派の両世界平行論の反響である。『両原理論』も善悪二つの世界を想定して現世を悪の世界とする点に変りはなく、例えば「されば聡き者に以下のことは自明である。すなわち、聖書に見える全体、世界、総体等の普遍的諸概念は、善と悪、浄と穢、不滅と一過の諸存在をことごとく含む全部を意味しない。何にもまして、これらは完璧に対立対抗し、また単一の原因に由来し得るものでないからである」[20]とあるように、概念上の二つのすべてを問題とするまでに立至っている。しかし、神の世界に旧新約の世界を重ね、これを具体的な事象、いわば霊の罪のドラマで色濃く染め上げようとする意図は、そこにはまったく見出されない。それどころか、「旧約に見るという悪業のかずかずは、上述の神ないし創造主(悪神)が移り行く時間、すなわち現世にて目に見える形、肉ある人の上になしたるところである」、あるいは「この世の可視の物を創り成したる創造主は真の創造主ではない、と主張したい。そのことは、旧約に記された業と言葉が現世の時間の中にてこの創造主により目に見ゆる形、物の形でなされたとすれば、その業の邪悪さ、その言の信じがたさによって明らかであろう」[21]と、旧約の神を悪神とする伝統的なカタリ派の考えを示してさえいる。ただ、強いてヨハネス派の両世界対応説の反映を探すならば、『両原理論』が典拠として引用する章句の出所が五書や預言書をも含めて旧約の全巻に及んでいることぐらいである。[22]このことは、

『両原理論』が決してレイネリウスの手にしたヨハネスの著書そのものの一部でなく、その周辺で成立した書物であるにすぎないことを示唆するものでもある。

ヨハネス・デ・ルギオの教説のうちまず目につくのは右の三点であるが、これは絶対派教説が、おそらくカトリックや穏和派カタリとの論戦の中で徹底化されスコラ化された、つまりある程度自律的に発達した結果であって、圧倒的な外部影響に起因するナザリウス派の成立とは事情を異にすると思われる。特に両世界対応説のごときは新約記事との関係で二元論を合理化し体系化しようとした結果、旧約を肯定したり、善神の霊性の世界にも現世と変らぬ罪のドラマを想定するなど、末端の諸命題において伝統的な絶対派の教説から逸脱し、新たな論理不整合と神秘的傾向に陥ったのである。この意味で、ヨハネス派の教説は、西欧カタリ二元論の到達点を示すものと見なしてよいであろう。

（1）〈isti Albanenses divisi sunt in duas partes, in opinionibus contrariis et diversis. Hujus partis caput est Balasinansa Veronensis eorum episcopus. Et eum sequuntur plurimi antiquiores et pauci juvenes ejus sectae〉.〈Prima pars tenet opiniones antiquas〉. TNA. V, c. 1768.

（2）〈Alterius vero partis est Johannes de Lugio Bergamensis, eorum filius major et ordinatus episcopus. Et hunc sequuntur e contrario juniores et pauci antiquiores〉.〈dictus Johannes adhuc tenet aliquas praedictarum opinionum, et quasdam penitus mutavit in pejus. Errores aliquos plurimos a se finxit〉. ibidem, cc. 1768, 1769.

（3）〈Siquidem blasphemias et errores praedictos, et multos alios, quos longum esset et mihi taedium enarrare, finxit saepe dictus Johannes de Lugio haeresiarcha, et ex eis compilavit volumen magnum decem quaternorum, cujus exemplarium habeo, et perlegi, et ex illo errores supradictos extraxi〉. ibidem, c. 1773.

（4）『両原理論』Liber de duobus principiis.――ドンデーヌが国立フィレンツェ図書館、廃絶僧院文書 I, II, 44 から発見し、研究を付して刊行した。A. Dondaine, Un traité néo-manichéen du XIIIe siècle : Le *Liber de duobus principiis* suivi d'un fragment de rituel cathare. Rome, 1939. 六帖、通計五四葉。中に『ラテン典礼書』を含んでいる。フィレンツェのドミニコ会

サン・マルコ僧院から出たことが確認されている。A. Dondaine, Nouvelles sources de l'histoire doctrinale du néo-manichéisme au moyen âge. RSPT. XXVIII, 1939. p. 473. それ以来異端側の稀有の神学書としてしばしば問題にされて来たが、なかでもボルストおよびトゥーゼリエの研究が注目される。A. Borst, op. cit., Anhang III. Der katharische *Liber de duobus principiis*. SS. 254-318. フランス語訳 pp. 214-232 ; C. Thouzellier, Livre des deux principes. Paris, 1973. トゥーゼリエのものは原文とフランス語訳を併載し、文献と内容に関する詳細な注解を付していて、現在ではもっとも信頼でき、しかももっとも便利なテキストとなっている。現代語訳としては、このほかに英語訳 HHMA. pp. 515-591 およびトゥーゼリエからは高い評価を与えられなかったがネリによるフランス語訳がある。R. Nelli, Ecritures cathares. Paris, 1959. pp. 83-201.

これを「独立断片の無秩序な堆積」としたドンデーヌの指摘 Un traité. p. 9 は、そのまま一般に受容されているが、中には全体を一貫する「完璧な教義的統一」を透視しようとするネリの如き立場もあり op. cit., pp. 69, 70 諸断片相互間の関係の理解、つまりこの書の内部区分ないし原本再構成には諸家によって若干の相違がある。

写本から『典礼書』と聖書引用章句集を除いた独立断片は、①自由意志、②創造、③万有の意味、④初心者のための簡約、⑤ガラットゥス派反駁、⑥自由意志(再論)、⑦殉教の七部分である。ドンデーヌはこれを、第1部(狭義の「両原理論」。①②③)、第二部(初心者のための簡約、④)、第三部(ガラットゥス派反駁、⑤)の三大部分から成るものと解し、残余は補論と考えた Un traité. p. 154. これに対しボルストは、②と④が最も早く成立した部分と判断して、④簡約、②③創造と万有の意味、①自由意志、⑥自由意志(再論)、ガラットゥス派反駁、⑦殉教の順序で理解しようとした。op. cit., SS. 265-267. トゥーゼリエはボルストの再編成を排し、原順序を重んずるものの、②創造と③万有とを一連のものと解している。op. cit., p. 39. いずれにせよ、①②③が本書の基幹部分と見られていることに変りはない。

行論は設問・提題・応答ないし提題・反論・解決の手順を踏んで展開され、相応の教育を受けた者の筆になることを想わせるが、正直なところ、文意晦渋で要約も容易でない。冒頭に「至聖の父の崇められんため、ほとんどすべての宗教家を敵に廻そうともまず唯一原理の説を論破し、二つの原理について論じようと欲した」〈De duobus autem principiis ad honorem patris sanctissimi volui inchoare, sententiam unius principii reprobando, quamvis hoc sit fere contra omnes religiosos〉. Thouzellier, op. cit., p. 160 とある通り、いちじるしく論争的な姿勢をもって二神論の論証に力を注いでいる。絶対派カタリの古典的公理であったとも言える良樹良実、悪種悪果の比喩(マタイ伝七章)が自明の前提とされている。「究極の原理(創造者、起源)は唯一」、しからずんば一つ以上のいずれかである。さて、原理は唯一であって、蒙昧の徒のいうごとく多数でないとすれば、当然それは善、悪のいずれかでなければならぬ。実に、それは悪たり得ない。悪なりとせば、それより諸悪のみ由来し善は存し得ぬがゆえである」〈Aut unum tantum est principium principale aut plura uno. Si aut unum fuerit et non plura, ut aiunt imperiti, tunc bonum erit necessario sive malum. Malum vero non, quia ab ipso iam procederent tantum mala et non bona〉. p. 162. 唯一の原理、つまり神は、カトリック側論者の言によっても至聖至善である。しかるに現世には諸悪が存し、神の天使らは堕落して悪をなした。「されば、間然するところなき推論に則り、彼らも自説の結論として以下のことを認めねばならぬ。すなわち、神は太初より十分な認識と洞察をもって、不完全に天使らを創造かつ形成したのであって、したがって天使らは悪を避け得なかったのである。かくて、先に示せるごとくあらゆる讃美を絶して善、聖、義、明、正なりとされたる神が、そのまますべての悪の原因にして始源たらざるを得なくなる。これこそ、実に認むべからざるところである。されば、二つの原因が存して、一は善、他は悪にして天使の不完全その他諸悪悉皆の起源かつ原因たることを認めねばならないのである」〈Coguntur ergo confiteri secundum illorum sententiam per verissimam rationem quod deus ab initio scienter et cognoscendo creavit suos angelos atque fecit de tali imperfectione quod evictare malum nullo modo potuerunt. Et sic ipse deus, de quo supra dictum est esse bonum et sanctum et iustum, sapientem atque rectum, qui maior est omni laude, sicut superius ostensum est, esset penitus causa et principium omnis mali, quod apertissime est negandum. Quapropter duo oportet confiteri principia : unum scilicet boni, reliquum vero mali, quod caput et causa est imperfectionis angelorum et etiam omnis mali〉. ibidem, pp. 172, 174.

この種の論法が繰返されて、悪の原理の導入が世界の説明にとって不可欠なることが執拗に主張される。pp. 190, 202, 210, 312, 320, 322, 332, etc. 論法は、いちじるしく精密ないし煩瑣になっているとは言え、要するにそれ以前にも繰返されて来た絶対二元論のそれである。一方でカトリック、他方で穏和二元論のガラットゥス派（コンコレッツォ教団）が論敵とされていて、アルバネンセス教団の伝統派は、少くとも明示的には相手取られていない。ただ天使堕落の問題が行論の軸とされている点に、一つの特徴がある。天使はもっぱら外部からの圧力に動かされて堕ちたのであって、内発的な理由や選択の結果堕ちたのではない。ここから、自由意志の否定、ひいては万事の必然という大きなテーマが引出される。「神の民に悪ありとしても、それは真の神に由来したのでも、真の神によって存するのでもない」〈Malum autem, si inveniatur in populo dei, ab ipso deo vero non est, nec per ipsum〉. ibidem, p. 200.「自由意志より離れていかなる天使も罪を犯す能わずといえども、神はまったく自由意志を天使に賦与しなかった。もっぱらこれを機として神の国の堕落せんことを知っていたがゆえである」〈Verum etsi absque libero arbitrio nullus angelorum peccare potuisset, deus non dedisset illud ullo modo, cum sciret quod ea sola occasione ipsius regnum corrumperetur〉. ibidem, p. 208.「されば論者は言う。かつて存したる、今存する、やがて存せんとする事物悉皆のうちに、かの二つの必然すなわち存在の必然と不在の不可能があらかじめ存した」〈Dico enim quod in omnibus que fuerunt et sunt et erunt, ista duo fuerunt necessaria antequam essent, scilicet necessitas essendi et impossibilitas non essendi〉. ibidem, p. 396.「されば、我らは言う。我らは神の援けを得て神の意を行うことによって神に仕えるのであって、自由意志によって何事であれ善き事をなすことができるのではない」〈Et sic dicimus servire deo quando perficimus voluntatem eius cum adiutorio illius, non quod valeamus facere per liberum arbitrium aliquid boni〉. ibidem, p. 194.

問題の写本がロンバルディアで二名の筆耕によって作成されたこと、およびその筆写の順序は、主としてボルストによって解明されている。A. Borst, op. cit., S. 254 sqq. 写本成立年代を十三世紀末より以前、おそらくは一二八〇年頃と推定したのがドンデーヌ Un traité. p. 10 ; Nouvelles sources. p. 472 で、ボルストとトゥーゼリエがさらに検討を加えた結果、前者は一二五四年から一二七六年までの間、後者は一二五〇年頃から一二七六年ないし八〇年までの間とした。Borst. S. 255, Anm. 3 ; Thouzellier. p. 29. 文字置換による三行の暗号文 cryptogramme を用いて写本中にサギムベームスなる者が入信した年月日や年齢が記入されており、これと北イタリア・カタリの拠点シルミオーネ壊滅(一二七六年)が年代推測の鍵となっている。

未発見のままの『両原理論』原本の成立年代と著者については、まずドンデーヌが十三世紀第2四半期、ヨハネス・デ・ルギオその人、少くともその弟子の作品、ただレイネリウスの要約したヨハネスの『著書』との細部における相違に着目すれば『著書』に先存するヨハネスの下書き、または要約であろうとした。Nouvelles sources. p. 472 ; Un traité. p. 19.『両原理論』とヨハネス・デ・ルギオを密着させる考えは、ネリやデュヴェルノワに受継がれており、特にネリは『両原理論』をレイネリウスの伝えるヨハネスの『著書』とほとんど同一視している。Nelli, op. cit., p. 70 sqq. ; DUV. R. p. 33, etc.『著書』は「四葉折返し本一〇帖」で計八〇葉あったはずだから、仮りに『両原理論』がこれと同一であったとしてもその全部であり得ぬことはいうまでもない。ボルストによれば、一二四〇年から一二五〇年までに成立。ヨハネス・デ・ルギオの影響があるのは確実としても、作者はヨハネス当人ではあり得ず、さらにその弟子と限定することも不可能と判断した。A. Borst, op. cit., S. 261.

この問題に一層詳しい検討を加えたトゥーゼリエは、行論の手法が疎密のむらはあっても一貫している点から、各独立断片とも同一人の作であると断じ、ボルストの再構成に反対した。ヨハネス・デ・ルギオの『著書』との親縁は否定できぬにしても、ヨハネスの教義体系との相違があるので彼の作品の一部ではあり得ぬとした。そして、作者はおそらくヨハネス・デ・ルギオの『著書』を研究して、一連の順序不同の要約を作り、『典礼書』を加えて一本に纏めたもので、成立年代の上限は一二三五年、下限は一二四〇年ないし四一年、ヨハネス派分派出現期の雰囲気を伝えるものと見たのである。Thouzellier, op. cit., p. 33-42. また、聖書語句の引用の仕方に『両原理論』とモネタの『カタリ・ワルドー派詳論』とでいちじるしい類似があることを発見し、『両原理論』作者もモネタもともに『著書』を識っていたものと推測した。ibidem, p. 62.

『両原理論』をめぐる論点の概要は右の通りである。ともあれ、カタリ派が作製した神学書で今日伝わっているのは、後述する『マニ教要義』を除けば、『両原理論』が唯一のものなので、今後とも論議されることが予想される。

（5） 前引『駁謬簡要』に、情報源として二人の異端博士、ヨハネス・デ・ペルガモおよびヨハネス・デ・ククリオの名があった。第一章第三節注5参照。前の方のヨハネス・デ・ペルガモは、ヨハネス・デ・ルギオ・ベルガメンシスに同定されている。当該項「異端らの信仰」に記述されている信仰内容には、後述する通りヨハネス派を思わせる箇所が一部に見られるものの、全体としては『報告』のバラシナンサ派の項に述べられている本来の絶対派諸命題の詳述に過ぎず、また若干の部分を除いて「旧約の諸書はすべて、かの悪しき今一つの神によって樹てられたという」〈dicunt totam scripturam veteris Testamenti,...ab ipso malo et alieno deo conditam fore〉. SOM. p. 116 とあるのは、明らかにヨハネス派所説と背馳する。ヨハネスの同定を含めて、この史料の性格決定に問題が残っていないわけではない。なおドゥエーはこの「異端者」の項を全カタリ派共通信仰と解している SOM. p. 26 が、これはおそらく誤りで、今までにイタリア三史料から得られた結果と照合して絶対派のみの教説と見てよい。

（6） 〈Dicit itaque quod omnes creaturae sunt ab aeterno bonae creaturae cum Deo bono, et malae cum malo Deo, et quod creatores non praecedunt creaturas aeternitate, sed causa ; et quod creaturae ex Deo sunt aeterno, sicut splendor vel radii in sole qui non praecedit radios suos tempore, sed tantum causa vel natura〉. TNA. V, c. 1770 ; 〈Creare secundum eum est ex aliqua praejacenti materia aliquid facere, et sic sumitur, et non ex nihilo ; et distinguit creare triplex, primo de bono in melius.... Secundo, dicitur creare de malo in bono.... Tertio, dicitur creare ex malo in peius facere〉. ibidem.

（7） 『両原理論』C. Thouzellier, op. cit., pp. 229-272.

（8） 〈Item, dicunt et credunt substantiam IIIIor elementorum visibilium, scilicet ignis, aeris, aque et terre, sine initio et fine esse〉. SOM. pp. 115, 116.

（9） 〈Nunc dicendum est si Deus bonus creavit creaturas suas puras sine malitia aliqua. Ad hoc autem praetermittendae sunt multae blasphemiae, quas ipse Johannes dicit videlicet, quod Deus non est omnipotens. Dicit tamen quod Deus vult et potest omnia bona quantum in ipso est, et in suis creaturis quae sibi neccessario obtemperant ; sed impeditur haec Dei voluntas et potentia ab hoste suo〉. TNA. V, c. 1771.

（10） 〈bonus Deus non potuit perfectas facere creaturas suas, quamvis hoc voluerit ; et hoc sibi et creaturis suis accidit propter resistentiam mali Dei, qui actum suum sive quamdam malitiam ab aeterno inferuit in eas, ex qua malitia creaturae habuerunt posse peccare〉. ibidem.

(11)　⟨nihil est quod habeat liberum arbitrium etiam Deus summus, qui etiam non potuit perficere suam voluntatem propter resistentiam hostis sui⟩. ibidem.

(12)　『両原理論』C. Thouzellier, op. cit., pp. 302-313. 例えば，「神は全能なりと言うを，神はあらゆる悪をもなし得，またなすとの意に解してはならぬ。真の神の能わざる，またなす能わぬであろうあまたの悪が存するがゆえである」⟨minime est credendum quod dicatur omnipotens ideo quia possit facere et faciat cuncta mala, cum sint mala multa que verus deus facere non potest, nec poterit unquam⟩. p. 304.「端的に神は，その望まざるところはこれをなし得ぬのである。また端的に，なし得ぬところはこれを望まぬのである」⟨illud quod deus sinpliciter non vult non potest, et illud quod sinpliciter non potest non vult⟩. pp. 304, 306.

(13)　⟨Item, intelligit quod bonus Deus habeat alterum mundum, in quo sunt homines et alia, et omnia similia istis visibilibus et corruptibilibus creaturis ; et ibidem fiunt conjugia, et fornicationes, et adulteria, ex quibus procreantur infantes, et quod etiam turpius est, quod populus boni Dei duxerunt contra praeceptum ipsius ibidem filias alienigenas in uxores, id est filias alieni Dei, sive malorum Deorum, et ex tali coitu inhonesto et prohibito nati sunt gigantes et multi alii diversis temporibus⟩. TNA. V, c. 1771.

(14)　⟨Item credit quod verus Deus propter peccata creaturarum ejus induxit diluvium, et destruxit Pentapolim, et subvertit Jerusalem ; et ut breviter dicam, omnia mala praedicta quae passus est populus Jerusalem in Judaea sive in terra promissionis, intulit eis verus Deus motus ab adversario propter peccata quae ipsi fecerent, sicut dictus Johannes ait, et etiam putat praedicta omnia fuisse facta in quodam altero mundo Dei veri⟩. ibidem, c. 1772.

(15)　⟨Item iste Johannes recipit totam bibliam, set putat eam scriptam fuisse in altero mundo, et ibidem esse formatos Adam et Evam. Item credit quod Noe, Abraham, Isaac et Jacob, et ceteri Patriarchae, et Moyses, et Josue, et omnes Prophetae, et B. Johannes Baptista placuerunt Deo, et quod fuerunt homines in alio mundo, et quod Christus natus est ex patribus secundum carnem antiquis supra nominatis, et quod vere assumpsit carnem ex B. Virgine, et vere passus est, crucifixus, mortuus, et sepultus, et resurrexit tertia die, sed putat quod omnia praedicta fiunt in alio superiori mundo, et non in isto⟩. ibidem.

(16)　⟨Item, in eodem loco Christus ad litteram fecit vera miracula suscitando mortuos et illuminando coecos, et pascendo de quinque panis hordeaceis quinque millia virorum exceptis mulieribus et parvulis⟩. ibidem, c. 1773.

(17) ⟨quidquid in tota biblia legitur fuisse in hoc mundo, ipse in quodam alio mundo ad litteram fuisse convertit⟩. ibidem.

(18) ⟨Item quod in praedicto mundo totum humanum genus incurrit mortem propter peccatum cui obedivit, quod peccatum appellatur a praedicto Johanne principium et causa omnium malorum, sicut saepa dictum est supra ; et corporibus eorum defunctis ibidem animae descenderunt neccessario in infernum, id est in hunc mundum, et ad hunc infernum descendit Christus, ut auxiliaretur eis. Item credit quod ibidem fiet resurrectio mortuorum, scilicet quod unaquaeque anima Dei recipiet proprium corpus⟩. TNA. V, c. 1772.

(19) ⟨Item, dicunt IIIIor esse elementa alia invisibilia super ista visibilia elemeta⟩. SOM. p. 116.

(20) ⟨Quare apud sapientes manifestum est quod per hec signa universalia, scilicet omnia et universa et cuncta et alia signa que in divinis scripturis reperiuntur non comprehenduntur bona et mala, munda et poluta, transitoria et permanentia ; et maxime cum sint adversa penitus et contraria, nec ab una causa simpliciter esse possint⟩. C. Thouzellier, op. cit., p. 294.

(21) ⟨Hec igitur omnia opera supradicta nefanda a supra dicto deo vel creatore temporaliter in mundo hoc visibiliter et carnaliter sunt facta, secundum intemptionem illam quam nostri adversarii in veteribus scripturis habent⟩. ibidem, p. 336 ; ⟨Sed dico creatorem illum non esse verum qui creavit et fecit visibilia istius mundi. Quod probare volo ex operibus ejus malis et ex instabilibus verbis suis, si verum est quod opera et verba que continentur in veteribus scripturis per eum temporaliter in hoc mundo visibiliter et carnaliter sunt facta⟩. ibidem, p. 334.

(22) ibidem, pp. 78, 475–485.

2　二元論神学の発達——デュラン・ド・ユエスカの周辺

レイネリウスはバラシナンサ派の教説に触れて、「主の第一二〇〇年頃より第一二三〇年頃に至るまで全カタリならびに全アルバネンセスの奉じたところである」と説明している。[1] 全カタリが統一教義を奉じた時期があるとすれば、それはイタリア諸教団分立以前である。レイネリウスは諸教団分立と同時にアルバネンセス教団内部にも分派が生じたと言わんとするもののごとくであるが、それはバラシナンサに至るまでに数代の先行司教がいたことから見ても年代的に極めて不自然である。「全カタリ」は誤って記入されたものと解し、「全アルバネンセス」のみを取るべきで、したがってヨハネス分派の顕在化を一二三〇年頃と見るべきであろう。『駁謬簡要』が「すでに四〇年間カタリであった博士ヨハネス」と面識のあったむね称しているが、同書の最終成立は一二五〇年頃あるいはその後とされているから、同書の史料的性格に若干の疑念はあるものの、これはレイネリウスの言う一二三〇年頃ヨハネス派表面化と適合している。ヨハネスの人物像について推測がないわけではないが、確定的なことを言うには余りにも史料が不足している(2)。

それよりも、右の一二三〇年頃とほぼ同時期、あるいはこれよりも先行する材料にヨハネス派の翳らしきものが感じられることに触れねばなるまい。『星の彼方の書』はいまだヨハネス派とバラシナンサ派とを識別するに至っていないが、「おお、アルバネンセスよ。現世ならびに目に見ゆるものは悪神のもの、悪神の領域であって、かの善き神の世界もこれに似ているはずであると、汝らはいう。汝らが万事は二重 duplicia であると説くのは矛盾している。二つの創造主、二つの神が存し、したがってかの善き神の世界にも妻や子や馬や武具や蛇、その他のものが存すると説くだけであれば、汝らの説に矛盾はない。しかるに汝らは、これに反すること、すなわちかの世は霊的でありこの世は肉的であると説くのである。これは、汝らのうちの一人であると言われる医師アンドレアスが説いたところを聞いた結果である」という記事がある(3)。これは、ヨハネス派の両世界対応説が天界に具体相を与え過ぎたことを、素朴な論法ながら、衝いたものと見てよいであろう。『星の彼方の書』の成立は一二三五年前後であるから、極めて自然な成行きである。

ところで、異端の手になった『マニ教要義』[4]は南フランス絶対派カタリの教義を述べた、おそらく最も完成度の高い教義書であるが、その論法は大概次の通りである。まず聖書を引いて「彼(神)により天、地、海、ならびにその中なる悉皆の創られたることを我らは読みかつ信ずる」[5]と措定した上で、現世に罪が満ち現世の頼みがたきを聖書が強調していることを指摘し、「主は善にして霊なるもののみを悉皆と呼びたもうたのである」[6]、「されば、この世は預言者の語りたるかの世ではない。また、この世とそれに充つるものは神に属すとは信ぜられず。実に、ここにては善でなく悪が力を振うがゆえに、悪魔のものと考えられる。しかるに、ダヴィデの語りたる、そして主のものたる、かの国についてはキリストみずから、幸なるかな柔和なる者、その人は地を嗣がん、と述べたもうたところである」という。[7] 当然、神の創ったという天地は現実世界のそれではない。「かの代に新しき天と新しき地のあるを、我らは信ずる」[8]。要するに、聖書の記事のうち否定的に述べられている部分を現世、積極的に語られている部分を天界、と区分しているのである。いまだ聖書の記事はことごとく天界の事件を語るというヨハネスの平行論のような断定に至らないにしても、それに向う強い傾斜が感じられるのである。典拠として引用された章句も、いまだ五書と歴史書には及ばないものの、文学と預言書を蔽うに至っており[9]、新約に限定されていた従前のカタリ派の引用の仕方から見ればいちじるしく拡大している。ところで、問題は『マニ教要義』とヨハネス派との関連である。『マニ教要義』の成立は一二二〇年前後と推定されていて、明らかにレイネリウス『報告』の言うヨハネス派公然化より先行している。

この種の例は他にもある。同じく南フランスの絶対派カタリを論難したエルマンゴーの『アルビ・リヨン異端解明』に次のように見える。「また、この者どもは以下のごとく信ずる。生ける者たちの地にキリストはいたのであって、ヨセフとマリア、すなわち彼らのいうところではアダムとエヴァより生れ、受難し、復活し、しかる後父のもとへ昇った。彼について新約に誌されてあるすべてのことを、彼はなしかつ語ったのである。その新約を携えて使徒や父母とともに七つの地を渡り、彼のものたる民を救った。かの地、すなわち生ける者たちの地にはもろもろの都、城下の砦、村、森、牧場、果樹畠、甘き水、苦き水、森の獣、庭の獣、犬、狩るべき野鳥、金銀、さまざまの器と産物ありと信ずる。さらに、そこにてはすべての者が妻を、また常に情人を有し、食いかつ飲み、娯しみかつ眠り、その他すべてのことをなすのであって、その地にいない者たちのなすところと同じである、とまでいう(10)」。文中、「生ける者たちの地」とは、すなわち「かの地」であって、現世ならぬ霊界の謂である。そこに現世と照応する生活があってキリストの事績もすべてそこでのことであったとするのであるから、これはヨハネス・デ・ルギオの対応説の原型にほかならない。

類似の考えは、東方伝来の偽書の中にすでに現れていた。すなわち、『イザヤ見神記』に「穹窿におけるは大地におけるがごとくであり、かしこのもろもろの姿はここ大地にも存する」。そしてイザヤは第七天で「イェルサレムの業、すべての人間の業の誌されてある」書物を見たのである。ただ、この場合、厳密にいえば現世に対応する事象のあるのは穹窿つまり物質界の最高部であって、天界つまり霊界ではない。また、この「書物」は聖書であることを暗示するのみで明言していない。しかし、その記事は『アルビ・リヨン異端解明』、ひいてはレイネリウスの記事までに今一歩の差でしかないことを感じさせる。『アルビ・リヨン異端解明』の作者と密接な関係にあり、しかも同じ頃、同じ南フランスのカタリと戦ったデュラン・ド・ユエスカの『マニ派反論』は、「誤ってイザヤの名に帰せられた秘密の書」が異端の間に行われているむね報じているのであるから、当時の南フランス・カタリの両世界対応説ないしそれに向う傾斜が『イザヤ見神記』に端を発したという可能性は十分ある。早くもこの段階でヨハネス・デ・ルギオの影響が南フランスにまで溢出していたと見るよりは、右の可能性を考える方がまだしも自然であろう。

それならば、ナザリウス分派と同じく、ヨハネス・デ・ルギオ分派の教説も本来は東方起源で、まず南フランスに、次いでイタリアのヨハネスに継承されたと断定してよいであろうか。この面での東方との関連について、注意を引く問題点が二つある。

一つは、前述のごとく、トゥーゼリエが『マニ教要義』の考え得る作者の一人に擬した、カルカッソンヌのバルトルメウスをめぐる問題である。同人が『マニ教要義』の著者であったか否かは別として、一二二〇年前後の南フランス・カタリの再建強化に力のあったこの異端が東方と関係をもっていたことを示唆する材料がある。すなわち、前述法王特使コンラッドの一二二三年の回状に、「ハンガリーの民に隣接し、ブルガリア、クロアティア、ダルマティアの境域に住む」悪魔が、「代理人」バルトルメウスを「同人がカルカッソンヌ出身なるがゆえに、アジャン司教区に派遣した」とあるのがそれである。これに該当する地域に蟠踞した東方教団といえば、まずスクラヴォニア(ボスニア)教団をおいて他に考えられない。二つ目は、イタリア・カタリ絶対派アルバネンセス教団とスクラヴォニア(ボスニア)を結ぶ関連を指摘する学説の存在である。例えばソロヴィエフの研究がそれであって、東方の教会会議が呪咀を投じたボスニア異端教団の首長の表の中に、ベリツメナック Belizmenac(ないしベリツメンク Belizmenc)、ラストゥディア Rastudia の順で人名が列挙されていることが手掛りとなっている。ラストゥディア別名アリストディオス Aristodios は、ボスニア(スクラヴォニア)教団を設立して初代司教となったギリシア人であるが、これをさしおいて筆頭にベリツメナックなる者が置かれていることにソロヴィエフは注目し、これを『報告』にアルバネンセス教団司教として出現するバラシナンサ(ベレッマンサ)に同定する。すなわち、ボスニアが東方におけるボゴミリ派の牙城と化してカトリックを圧迫した一二二〇年から一二五〇年までの間は、イタリアでは異端審問の活潑な活動期に当るので、バラシナンサがボスニアに避難してそこで一教団の長たるにとどまらず、二元論異端の事実上の最高指導者たる権威を行使したと推測する。これがソロヴィエフにあっては、初代司教の前にベリツメナックの挙名されていることの説明である。さらに進んで彼は、前述コンラッドの『緊急回状』(一二二三年)に出る、南フランスのバルトルメウスに指令した東方の悪魔、異端の法王もこのバラシナンサにほかならず、またスクラヴォニア(ボスニア)の穏和派から絶対派への転回もバラシナンサの影響下に実現したと結論するのである。(11)

ところで、第一点について言えば、先に見た通り、西欧側史料に現れる限りスクラヴォニア教団は穏和派教団とだけ関連しているので、これとあくまでも絶対派内部の事件であったヨハネス派の出現ないしその先駆現象との繋りを想定するのは、われわれの知識の上で整合しないものがある。これが第一の関連にまつわる疑点である。第二の、ソロヴィエフ説によってスクラヴォニア教団の教説転換を想定すれば、この疑点の一半が解消するのは事実である。しかし、この説の唯一の根拠となっているのは、所詮は東西両史料に現れる人名一件のみであって、それをもって直ちにイタリア教団の司教がボスニアに赴いて改革を指導し、かつはその地から南フランスに教団再建を訓令したと考えるのは、はなはだ魅力的な想定であっても、技巧的に過ぎるの感を免れない。当時、東西の異端相互間にある程度の交流往来があったのは今までに見たイタリア諸史料からも明らかであるし、またボスニアのベリツメンクがアルバネンセス教団司教バラシナンサと同一人物である可能性も否定はできない。しかし、何故その名が東方で呪咀されたかを説明する材料は、今のところ我々から隠されたままというほかない。仮りにソロヴィエフの説が部分的に正しいとしても、当面の問題にとっては依然として半面の疑念が残る。伝統的絶対派のバラシナンサ＝ベリツメンクからヨハネス・デ・ルギオ派の新教説が継受されるとは到底考え得ぬからである。

こうして、東方から流入した教説がヨハネス分派成立に至る径路は、少くとも太い線としては、探し出すことができない。ヨハネス分派教説は突然に出現するのでなく、その片鱗がそれ以前から主として南フランス・カタリの間に散見される現象は、次のように整理しておきたい。絶対派カタリ内部にはかなり早くから二元論神学の整序化ないし徹底化という、いわば自律的な動きが、おそらくカトリックとの論争の必要から、進展していて、その途中の段階は『マニ教要義』その他に投影し、発展の到達点がレイネリウス『報告』、『両原理論』に窺われる。ただしこの間、東方から伝来した偽書『イザヤ見神記』の特定章句が、何らかの刺戟となったことはある程度考えられるであろう。と言うのも、両世界対応説はヨハネス・デ・ルギオの教説の全体を構成するものではなく、これをも包摂してヨハネスの教説には論理化、整合化の強い意欲が感じられるからである。

（1） 〈omnes Cathari et Albanenses habebant in annis Domini currentibus M. CC. usque ad annos currentes M. CC. XXX.〉. TNA. V, c. 1768.

（2） 例えば、マッツィおよびソラーリの説は次のごとくである。ポー河の上流ベルガモ地方にガルダ湖に注ぐルリオ Luglio なる渓流があり、これに臨んで同名のシトー会の僧院があった。ヨハネスは初めこのルリオ僧院のシトー会士で、神学もその頃に学んだものであるとする。この説には、しかし、地名と人名の類似、Luglio と Lugio 以外に何の傍証もない。A. Mazzi, Aspetti di vita religiosa e civile nel secolo XIII a Bergamo. Bollettino della Civica Biblioteca di Bergamo. XVI, 1922. および G. Solari, Di un inedito trattato neomanicheo del XIII secolo. Atti della Reale Accademia delle Scienze di Torino. LXXV, 1940. cit. in C. Thouzellier, Le Livre des deux principes. pp. 34, 35.

（3） 〈O Albanenses, vos dicitis quod iste mundus et ista visibilia sunt mali dei et regnum mali dei; igitur ille mundus boni Dei debet esse similis huic; hoc est per contrarium, quia predicatis omnia esse duplicia; et vera est predicatio, si sunt duo creatores sive dii sicut dicitis; ergo in illo mundo boni Dei sunt uxores, filii, equi, arma, serpentes, et cetera. Sed dicitis quod sunt contra ista, idest quod illa sunt spiritualia et ista sunt carnalia. Et sic audivi quod Andreas medicus predicabat, qui dicebatur esse de vestris〉. AEV. XIX, p. 332.

（4） 『マニ教要義』Tractatus Manicheorum. ――『マニ派反論』Liber contra Manicheos の中に包含されていた異端側の作品を抽出したもので、近年になって初めて利用できるようになった材料の一つである。テキストは、C. Thouzellier, Un traité cathare inédit du début du XIIIe siècle d'après le *Liber contra Manicheos* de Durand de Huesca. Louvain, 1961 に収められて

いる。もちろん、『マニ派反論』の刊本たる C. Thouzellier, Une somme anti-cathare : le *Liber contra Manicheos* de Durand de Huesca. Louvain, 1964 について見ることもできる。『マニ派反論』の刊本としてはこの他に、F. Stegmüller, Der *Liber contra Manichaeos*. Mélanges offerts à Étienne Gilson. Toronto-Paris. 1959. pp. 563-611 がある。ただし二つの刊本は底本が異り、ステグミューラー版のそれが BN.ms. lat. 689 であるのに対しトゥーゼリエ版はこれにプラハ聖堂参事会図書館本 ms. 527 を校合復原したもので、分量もステグミュラー版はトゥーゼリエ版の前半に当る部分しか収めていない。

『マニ教要義』を含んでいた『マニ派反論』は引用の前後に「マニ派の作品より」de compilatione Manicheorum あるいは「ここまで」Huc usque と注記しているので、『反論』の文章が混入する惧れはない。無論、『反論』に全文が引用されていたという保証はないが、再構成された『要義』は一読して間然するところなく首尾一貫しているので、少くとも基幹部分は復原されたと見てよいであろう。成立は当然『反論』以前で、トゥーゼリエはおそらく一二一八年から一二二二年までの間に推定している。C. Thouzellier, Un traité cathare. p. 28. 同じく彼女は、語法の特徴から成立場所をラングドックのアルビ・カルカッソンヌ・トゥールーズの三角形内、そしてその中でもフランス的影響よりもアラゴンのそれが顕著なところから南寄りのカルカッソンヌ・ラゼス地域を推測している。ibidem, pp. 40, 44. もとの構成は二巻、各二一章と推定される。ibidem, p. 25. トゥーゼリエが復原に成功したのはそのうち第一巻相当部分のみである。

『マニ教要義』の教義上の立場は、明瞭に絶対派のそれである。本文に述べる通り、まず神が世界の創造者であるとカトリック教義と寸分違わぬ命題を据え、聖書章句を引きながらその世界が現実の世界でなく彼岸の世界であること、したがって現世と彼岸の二世界と二創造者の存することへ論を導いて行く。行論に大きな飛躍がなく、極めて精妙な構成である。聖書による立論、むしろ聖書の注解であるが、ただし自説に好都合な章句を抜粋していると言わんよりかえって不適合なそれを集めた上でその意味を反転せしめたかの観があって、作者のなみなみならぬ力量が察せられる。また否定辞 nichil を一種の強弁ながら、実体化して捉えている(特に一三章)のは、カタリ神学の一つの分枝での到達点を示すものであろう。nichil の概念については、C. Thouzellier, Controverse médiévale en Languedoc relative au sens du mot "nichil". AM. LXXXII, 1970. p. 321 sqq.

『マニ教要義』作者の挙名はないが、トゥーゼリエは二つの可能性を示唆している。一つは、ピエール・ド・ヴォーセルネイの『アルビジョア史』に登場するギョーム・ド・ヌヴェール、後に改名してテオドリックと称した人物である。『アルビジョア史』には次の通り見られる。「オスマ司教(ディエゴ)は上記修道僧らとともに、モンペリエを去ってセルヴィアンの町におもむき、ここにて異端の巨魁と遭遇した。すなわち、ボードワンなる者、ならびに滅びの子として永劫の火中の藁なるテオドリックなる者である。後者は北フランスの生れにて貴き血統、曾てヌヴェール聖堂参事会員たりしに、聖庁特使なる枢機卿オクタヴィアン親臨のパリ会議にてその叔父にして最悪の異端なる一騎士とともに異端の廉をもって断罪された。もはや隠れ得ざるところと知るやナルボンヌの国々に移り住み、異端どもよりこの上なき敬愛をもって遇された」。「先にはギョームと呼ばれしが、今やテオドリックと呼ばしめたのである。これら両名の異端、すなわちボードワンおよびテオドリックと八日に及ぶ論戦を交したる後、我が説教師らは有益の勧告をもって全住民をして異端を憎むに至らしめた」〈Exeuntes autem Monte Pessulano Oxomensis episcopus et prefati monachi, venerunt ad castrum quoddam, nomine Cervianum, ubi invenerunt quendam heresiarcham, Balduinum nomine, et Theodoricum quendam, filium perditionis et stipulam eterni incendii ; iste de Gallia erat oriundus, nobilis quidem genere, et canonicus fuerat Nivernensis ; postea vero, cum quidam miles, qui erat avunculus ipsius et hereticus pessimus, in Parisiensi concilio coram Octoviano, cardinali et apostolice sedis legato, fuisset de heresi condempnatus, videns iste quod latere diutius non valeret, ad partes se transtulit Narbonenses ; ubi ab hereticis in maximo amore et veneratione est habitus〉. 〈Theodoricum se faciebat vocari, cum Willelmus antea vocaretur. Habita cum his duobus disputatione per octo dies, Balduino videlicet et Theodorico, predicatores nostri universum populum dicti castri salutaribus monitis ad sepedictorum hereticorum odium converterunt〉. PVC. I, pp. 24-26. 今一つは、コンラッドの『緊急回状』に見えるバルトルメウスなるカルカッソンヌ出身の異端で、アルビジョア十字軍後の教団再建に活躍した人物である。C. Thouzellier, Un traité cathare. pp. 29-32. 両名とも弁論や組織力の点でこの時期の南フランス・カタリ中の傑物には相違ないが、『マニ教要義』作者に擬するための積極的な材料はどこにもない。特に前者の場合は北フランス出身であって、すでに語法文体の上からラングドック的特徴を指摘された『マニ教要義』の作者と結合するのは困難かと思われる。いずれにせよ、現段階では作者未詳とするほかない。

『マニ教要義』、したがって当然『マニ派反論』が世に知られるに至ったのは、その背景をなす一連の南フランス史料が解明された結果であった。これはカタリ研究史上近年の特筆すべき収穫であって、ここでもドンデーヌ、およびそれを発展させたトゥーゼリエの功績は決定的である。

一二〇七年九月、南フランスの一角パミエにおいてワルドー派異端がカトリック教会に対して論争を挑み、しかも完膚なきまでに論破される事件があった。その時のワルドー派のうち、デュラン・ド・ユエスカに率いられる一団はカトリックに帰正して共同生活を始めた。これがいわゆるカトリック貧者団 Pauvres Catholiques である。この経緯はギョーム・ド・ピュイローランスの『年代記』によってよく知られている。「また別に、パミエにおいて論戦があった」。「ここでは、当時世俗聖職者たりしアルノー・ド・カンプラニャン師が双方より選ばれて判者となり、その下でワルドー派との論争が行われたのである。彼らは同師の裁定に服し、そのうち教会の懐に帰れる若干の者どもは聖庁におもむいて贖罪を果し、規則に従って生活することを許された。その中の一人、デュラン・ドスカが彼らの長であって、同人は異端を駁するある種の書を編んだと伝え聞く」〈Fuit et alia disputatio apud Apamiam〉.〈Fuitque disputatum ibi contra Valdenses, sub magistro Arnaldo de Campranhano, tunc clerico seculari, arbitro a partibus electo. Qui cum ejus judicio succubuissent, ex eis ad cor aliqui redeuntes sedem apostolicam adierunt, et penitentiam habuerunt, data sibi licencia vivendi regulariter, ut audivi, in quibus Durandus de Osca fuit prior, et composuit contra hereticos quedam scripta〉. L. Beyssier (éd.), Cronica Guillelmi de Podio. Troisième mélanges d'histoire au moyen âge. BFLP. XVIII, p. 127. 同じ事件はピエール・ド・ヴォーセルネイの『アルビジョア史』にも出現するが、そこではオスマ司教ディエゴのスペイン帰国途上の出来事として描かれている。PVC. I, pp. 43, 44. この時、一行中に当時まだ無名の聖ドメニコが随行していたはずなので、この事件は大説教僧団ドメニコ会成立前史の一齣でもある。M. H. Vicaire, Histoire de Saint Dominique. Paris, 1957. I, p. 271 sqq. ; id., Rencontre à Pamiers des courants vaudois et dominicains. CF. II, 1967. p. 163 sqq. ; id., Les Vaudois et Pauvres Catholiques contre les Cathares. ibidem, p. 244 sqq. ; C. Thouzellier, Catharisme et valdéisme en Languedoc à la fin du XIIe et au début du XIIIe siècle. Paris, 1966. p. 215 sqq. ; Y. Dossat, Les Vaudois dans le Toulousain pendant la première moitié du XIIIe siècle. FLPG. XXI, 1966. p. 143 sqq.

ワルドー派は、カトリックに対して論争を挑んだだけではない。ギョーム・ド・ピュイローランス『年代記』は言う。「さてまた、アリアニ派なる者ども、マニ派なる者ども、さらにワルドー派別名リヨン派なる者どもがあった。彼ら相互に不仲であったが、反面、揃ってカトリックの信仰に背いて霊魂を破滅せしめんと謀ったのである。そして、ワルドー派なる者ども、最も激烈に爾余の者どもを論難した」〈Erantque quidam Arriani, quidam Manichei, quidam etiam Valdenses sive Lugdunenses. Qui, licet inter se essent dissides, omnes tamen in animarum perniciem contra fidem catholicam conspirabant. Et illi quidem Valdenses contra alios acutissime disputabant〉. Beyssier (éd.), op cit., p. 119.

ところで、ドンデーヌは、マドリッド国立図書館手写本 ms. 1114 に含まれていた『ワルドー派信仰告白』および『異端反駁の書』Liber antihaeresis の二点を発見して、この南フランス諸異端の関係解明に大きな一歩を印した。A. Dondaine, Aux origines du valdéisme. Une profession de foi de Valdès. AFP. XVI, pp. 191-235. ドンデーヌがそこで指摘したことの第一点は、ワルドー派異端、少くともその南フランスにいた一団の信仰内容には、教会守護の強烈な自負こそあれ、ほとんどカトリックとの相違点がなく、ベルナール・ド・フォンコード、エヴラール・ド・ベテューヌ、アラン・ド・リール等当時のカトリック側批判者が筆を揃えて指摘する幼児授洗反対、秘蹟の人効論、死者代禱排斥などの主張が見当らないことである。第二点は、『異端反駁の書』の中に内容文章ともに『ワルドー信仰告白』と平行する部分があるのみか、ワルドーの名が明示されている所から、『異端反駁の書』はワルドー派異端がカタリ派異端を攻撃したものと断じ、さらに『マニ派反論』との密接な関連からその作者をデュラン・ド・ユエスカと推定したことである。A. Dondaine, Durand de Huesca et la polémique anti-cathare. AFP. XXIX, 1959. pp. 228-276. すなわち、カタリ派を相手取って帰正前のデュランが著したのが『異端反駁の書』、帰正後に執筆したのが『マニ派反論』ということになる。ドンデーヌによれば、『異端反駁の書』の執筆年代はワルドー派がカトリック教会と決裂したヴェロナ会議(一一八四年)以前、しかし作者はアラン・ド・リールを知っているからそれよりさして以前ではないとされている。序文、本文三一章に関する目次、そして必ずしも目次と順序を同じくしない本文からなり、本文は『ワルドー信仰告白』を敷衍した前段とカタリ派を攻撃した後段に分れるという。『ワルドー信仰告白』は全文がA. Dondaine, Aux origines du valdéisme. pp. 231, 232 に採録されているが、『異端反駁の書』はその一部分 ibidem, pp. 232-235 を除きいまだ刊本を得ない。

『マニ派反論』Liber contra Manicheos をドンデーヌが BN. ms. lat. 689 中に発見してその重要性を指摘したのは、研究史上の順序としては『異端反駁の書』のそれよりも古い。A. Dondaine, Nouvelles sources de l'histoire doctrinale du néo-manichéisme au moyen âge. RSPT. XXVIII. 1939. p. 486 sqq. 当初、彼もその作者を同定しなかったが前引二論文に至って『異端反駁の書』との関連でデュラン・ド・ユエスカを推定し、この視点を継承したトゥーゼリエが一段と精密な研究を加えた。C. Thouzellier, Le *Liber Antiheresis* de Durand de Huesca et le *Contra Hereticos* d'Ermengaud de Béziers. RHE. LX. 1960. p. 130 sqq.; id., Controverses vaudois-cathares à la fin du XIIe siècle, d'après le Livre II du *Liber Antiheresis*. AHDL. XXVII. 1960. p. 137 sqq.; id., Un traité cathare; id., Une somme anti-cathare; id., Catharisme et valdéisme en Languedoc à la fin du XIIe et au début du XIIIe siècle. Paris, 1966. pp. 215-373. ——なお、最初の二論文は id., Hérésie et hérétiques. Rome, 1969 に再録されている。

『マニ派反論』の成立年代については、ドンデーヌが一二二〇年から一二二七年までの間、そしておそらく下限寄りとした。Durand de Huesca. p. 243. トゥーゼリエは初め一二二三年から一二三〇年までの間としたが、後に一二二四年から一二二九年までの間と修正した。Un traité cathare. p. 28; Une somme anticathare. p. 35 sqq. 最後の推定は、同書の被献呈者たる枢機卿レオのローマ在駐から上限を、同書がパリ和約以前の観念をもって西南フランスの一角をゴティアと呼んでいることから下限を判断したものである。作者のアラゴン出身の元ワルドー派デュラン・ド・ユエスカへの比定は、上引ギヨーム・ド・ピュイローランス『年代記』に異端反駁の書物を執筆したと記されている「デュラン・ドスカ」を根拠としている。デュランの保護者であった高僧たちと本書の列挙する被献呈者ないし監修者の照合ができるので、疑念を入れる余地はない。二つの写本からトゥーゼリエが復原した形では、『マニ派反論』は序文を別にして全二一章。各章とも冒頭にカタリ派の教義書の一部を掲げ、次いでその論破を試みる。唯一神は可視不可視を問わず一切のものの創造者たること、人間は霊肉ともに神の作品であること、自由意志は予定より優位にあること等が特に強調される論点となっている。ワルドーの名が見られないのみで、骨子は『異端反駁の書』と同じ、場所によっては同文である。Thouzellier, Une somme anticathare. pp. 33, 34.

パミエ論戦を機に帰正した一団のワルドー派異端の中には、今一人の論客がいた。『異端論難』Contra Haereticos を書いたエルマンゴー・ド・ベジエである。MPL. CCIV, cc. 1235-1272. やや異なる形で ibidem, CLXXVIII にも収録。曾て、この作者について、一方ではサン・ジル院長エルマンゴー(一一七九―一一九五年)とする説が広く行われ、他方ではカタリ派から帰正した人物ではないかとする疑念が表明されて来た。C. Schmidt, op. cit., II. p. 232 ; Broeckx, op. cit., p. 214 sqq. ドンデーヌは、『異端反駁の書』と『異端論難』の部分的な類似を発見して、作者をワルドー派からの帰正者でデュラン・ド・ユエスカの同伴者であったエルマンゴーに同定したのである。A. Dondaine, Nouvelles sources. p. 483 sqq. ; id., Durand de Huesca. p. 250 sqq.

その作業の過程で彼は、ランス市立図書館 ms. 495 から、『異端論難』に類似の部分をもつ『アルビ・リヨン異端解明』Manifestatio heresis albigensium et lugdunensium を発見し、筆者が曾てワルドー派異端であったむね明言していることと、南フランスの諸司教区を「我らの国々」と表現していることから、これもエルマンゴーの作品ではないかと推測し、さらにこの書とピエール・ド・ヴォーセルネイ『アルビジョア史』巻頭の異端に関する解説部分との重要な平行関係を指摘して年代記者が曾ての異端の書物を参照していることを示した。Durand de Huesca. p. 260 sqq.

『アルビ・リヨン異端解明』は、小品ながら十三世紀初の南フランス・カタリ所説を直接に観察したものとして貴重な材料である。テキストは ibidem, pp. 268-271 所収。内容は標題とやや異り、リヨン派(ワルドー派)については末尾の数行で触れるに過ぎず、ほとんどがカタリ派にあてられている。ここに窺われる教説は明確に絶対派のそれであるが、一部例外として「さて、彼らの中には新たに進んだ邪説がある。神は唯一であるが二人の子、すなわちキリストとこの世の主とを有したと信ずる者たちがいる」〈Est autem quedam heresis que de novo prosilivit inter eos, nam nonnulli ex eis credunt, unum tantum esse deum, quem dicunt habere duos filios, Christum scilicet et principem huius mundi〉. ibidem, p. 271 と附言している。穏和派が後発分派であるかのごとくに紹介しているのは、南フランスにおける両派の展開と重層の様態を探る上での一つの手がかりである。

述作年代は、エルマンゴーの作とすればワルドー派を論難している以上、当然一二〇七年以後でなければならない。

『異端反駁の書』(デュラン・ド・ユエスカ)と『異端論難』(エルマンゴー)の相関については、トゥーゼリエがさらに徹底的な検討を加えた。すなわち、まず『異端反駁の書』のパリ国立図書館 ms. lat. 13446 とマドリッド国立図書館 ms. 1114 とを照合して、後者が最も原本に近い形をとどめているのに対し、前者はいわば発達した形状を示し、特に後者に見られなかった二章が追補されていることを指摘した。次いで、パリ本追補二章が『異端論難』の諸写本に包摂されている様態を解明した。そして、エルマンゴー・ド・ベジエはデュラン・ド・ユエスカの『異端反駁の書』に拠りつつカタリ派論破に活躍する過程でこれに補筆し、後に補筆部分、特に追加二章を拡大発展させて『異端論難』としたものであると結論した。C. Thouzellier, Le *Liber Antiheresis* de Durand de Huesca et le *Contra Hereticos* d'Ermengaud de Béziers. RHE. LV, pp. 130-141.

デュラン・ド・ユエスカの作品と推定されるものには、今までに挙げた二著の他に、『異端邪説批判小論』Opusculum contra hereticos et eorum errores マドリッド国立図書館 ms. 6911 が発見されており、これには十二世紀半ばの修道僧ギョームの『異端アンリ反駁』Contra Henricum haereticum から受容された部分の多いことが指摘されている。テキストは R. Manselli, Il monaco Enrico e la sua eresia. BISI. LXV. 1953. pp. 1-63 に採録。C. Thouzellier, op. cit., p. 49 ; A. Dondaine, Durand de Huesca. p. 254 sqq. さらにドンデーヌは、いまだ断定するには至っていないものの、ロマン語史上にも高名な俗語訳聖書、『リヨン新約』、別称『プロヴァンサル語訳新約』も、訳語がリヨン地方のものでなくペルピニャンのものであるところから、デュラン・ド・ユエスカの手になったのではないかと推測している A. Dondaine, op. cit., pp. 248, 249.

これらの史料相関関係の中でただちに気付くのは、デュラン・ド・ユエスカが南フランス史料群の上に落した大きな翳である。そして、いまだワルドー派異端であった頃の作品『異端反駁の書』の決定的な影響力である。これはまた、十二世紀末から十三世紀初にかけての二大異端たるワルドー派とカタリ派の、少くとも南フランスにおける、性格の相違を物語るものでもある。

(5) 〈per eum celum, terram, mare et omnia que in eis sunt, facta fuisse legimus ac credimus〉. C. Thouzellier, Un traité cathare. p. 87.

(6) 〈Dominus sola bona ac spiritualia omnia vocabit〉. ibidem, p. 101.

(7) 〈Orbis ergo iste non est ille, de quo propheta locutus est, nec ista terra et plenitudo eius videntur Domini esse, cum magis in ea regnet peccatum quam bonum, immo magis videtur esse diaboli. Sed de hac terra, de qua David locutus est, que est Domini, ait ipse Christus : Beati mittes, quoniam ipsi possidebunt terram〉. ibidem, p. 106.

(8) 〈In illo seculo credimus esse celum novum et terram novam〉. ibidem, p. 94.

(9) ibidem, inter pp. 113 et 114. Tableaux des sources.

(10) 〈Nam in terra viventium credunt fuisse Christum, natum ex Ioseph et Maria, quos dicunt Adam et Evam, et passum fuisse et resurrexisse et inde ad patrem ascendisse, et omnia fecisse ac dixisse que de ipso scripta sunt in novo testamento, et cum eodem testamento et cum discipulis et patre et matre per septem terras transisse et inde populum suum liberasse. In illam terram, scilicet viventium, credunt esse civitates et castella suburbana, et villas et nemora, prata, viridarios, aquas dulces et salsas, bestias silvestres et domesticas, canes et aves ad venandum, aurum et argentum, et diversi generis vasa et supellectilia. Dicunt etiam quod unusquisque habebit illic uxorem et quandoque amasiam ; comedent et bibent, ludent et dormient et omnia, sicut facient inpresentiarum〉. AFP. XXIX, p. 270.

(11) A. Soloviev, Autour des Bogomiles. BYZ. XXII, 1952. pp. 81-104. バラシナンサ＝ベリツメンク同一人物説はクニーワルドが初めて示唆したところだという。K. Kniewald「ボスニア・キリスト教に関するラテン史料の信憑性」ザグレブ，一九四九年(未見)。レイネリウス『報告』はじめ西欧史料に，この異端指導者は Balasinansa および Belezmansa 両様の綴りで現れるが，これは写字生が m を in と誤写した結果で，東方史料と考え合せて Belezmansa が原音であったと推定している。p. 93. またソロヴィエフは，同異端の名をブルガリアの村落ベリツメン出身者の意とする言語学者スコックの解釈をも紹介している。p. 94. 仮りにこれが正しいとすれば，ブルガリア人がイタリアに渡来してアルバネンセス教団を指導したことになるであろう。——なお，A. Soloviev, La doctrine de l'Eglise de Bosnie. BCL. ARB. Vᵉ série, XXXIV. 1948. および C. Thouzellier, Un traité cathare. p. 35 sqq. 参照。

第五章　穏和派の内部分派——ナザリウス派の形成と「秘伝書」の伝来

絶対派ⓐディセンツァーノ＝㋑アルバネンセス＝㊁センツァーノ教団内部にヨハネス・デ・ルギオの再分派が生じたのに対応するかのように、穏和派ⓕミラノ＝㋺コンコレッツォ＝㊀コンコレト教団の中にはナザリウス分派が発生し、その影響は今一つの穏和派ⓑマントゥア＝㋩バヨレンセス＝㊂バゴロ教団内にも及んだ。そして、これに同調せぬ者たちがデシデリウス派を形成する。

絶対派内のヨハネス・デ・ルギオ分派は二元論的思弁の一つの到達点をなすもので、その意味で西欧カタリ派内部での発達の結果であった。これに対し、ナザリウスは独自の着想にもとづいて新教説を開いたのではない。外部、つまり東欧から新たな影響を導入したのである。レイネリウスの『報告』は、「曾て彼ら(コンコレッツォ教団)の司教にして最長老たりしナザリウス、筆者および他の多くの者どもを前にして説を述べた。……この説はすでにおよそ六〇年の昔、ブルガリア教会の司教と大子より受けたところであると語った[1]」と伝える。しかも、この教義伝授は単なる口授口伝ではなかった。『異端要覧』には「ナザリウスは彼が秘伝書と呼ぶ一巻の書物を所持する[2]」とある。この秘伝書が『ヨハネ問答録』、別題『秘密の晩餐』であることは、いくつかの徴標に照して間違いない[3]。総じて、カタリ派は、新約の諸書、それもカトリック教会の用いる正典《ウルガータ》を典拠としたのであって、『両原理論』をはじめ二、三のカタリ派教義書ももっぱら正典より章句を引用し、あるいはそれに解説を加える形で構成されていて、カトリックとの相違は解釈上の力点の置き方だけである。しかるに、『ヨハネ問答録』は新約の一巻としての姿勢を誇示する作品で、神学書というより経典そのものであって、カタリ派内部から出た文書の中でも特異な位置を占めている。『ヨハネ問答録』の成立と関連をもち、また類似の性格を示す偽書に『イザヤ昇天記』ないし『イザヤ見神記』[4]があるが、これは直接にナザリウスとは関係がない。

ともあれ、ナザリウス派については、レイネリウス『報告』の㊁コンコレッツォ教団内異分子の項および『異端要覧』の㊀コンコレット教団旧派の項に、ナザリウスの典拠であった『ヨハネ問答録』を併せ見ることによって、ある程度の輪廓を把握することができるであろう。

まず、レイネリウス『報告』および『異端要覧』に見られるナザリウス派の特徴的な教義命題を拾ってみる。第一に、限定つきながらキリストに人性を認めるⓕミラノ＝㊁コンコレッツォ＝㊀コンコレット教団の中にあって、「キリストは人の霊魂でなく天使の霊魂、すなわち天界の体軀を有した」(レイネリウス『報告』㊁のうちナザリウス派の項)[5]、「キリストは人の霊魂を有せず」(同上、㊁のうち少数派の項)[6]、「キリストがまことに現世の物なる食物を摂りしこと、まことに死し、まことに復活せしことを信じない」(『異端要覧』㊀のうち旧派の項)[7]、「霊魂でなく、これに代る神性を有した」、「人間の肉体にかかわるいかなる奇蹟をも行わなかった」(同上、㊀のうち旧派の項)[8]と主張し、さらにこれと関連してマリアをも天使と見ている。「聖処女は天使なりと言う」(『報告』㊁のうちナザリウス派の項)[9]、「ナザリウスと同じく、聖処女は天使にして、キリストはこれより人の性を受けずと信ずる」(同上、㊂の項)[10]、「キリストは天よりその体軀を持ち来ったのであって、耳より処女の中に入り、耳より出でた。昇天に際してはこの同じ体軀を携えて昇った」(『異端要覧』㊀のうち旧派の項)[11]とある。この点で、ナザリウス派の考えは、同じ穏和派内のⓑマントゥア＝㊂バヨレンセス＝㊂バゴロ教団のそれに接近しているといえる。これらの見解の出所は、『ヨハネ問答録』の次の句に求めることができるように思われる。「わが父は、私(キリスト)を地に遣わさんと欲し、私を迎えさせるべく私に先んじて、わが母、マリアと呼ばれる天使を聖霊によって地に送った。私は降ってその耳より入り、その耳より出でたのである[12]」。耳が問題になるのは、キリストは言葉、真理、ロゴスなりとする考えが関連しているためかと思われる。

第二に、洗者ヨハネの理解である。これは全カタリを通じて、時代と教団による喰違いの大きいテーマの一つである。キリストに道を拓いた先駆者と見るか、キリストによって止揚された当面の敵と見るか、観点の相違があり得たからにほかならない。『ロンバルディア・カタリ異端論』の段階でⓕミラノ教団は、「キリストの教えを妨げるために水の洗礼とともに悪魔から遣わされた[13]」としているが、レイネリウス『報告』の段階になるとその後身の㋺コンコレツォ教団は、「曾てはすべての者が断罪したる洗者ヨハネも、当今は多くの者がよしとする[14]」に至っている。この点でナザリウス派は旧説を固守しており、「洗者ヨハネの中には曾てエリアに在りし霊が存する。この霊たるや、邪悪にして悪魔に属する」(『異端要覧』㈠のうち旧派の項[15])と信じている。ヨハネの敵視も、洗者ヨハネと預言者エリアの類同観とともに、『ヨハネ問答録』に源泉を辿ることができる。「この世の主サタンは、私(キリスト)が失われた者たちを尋ね救うべく世に降るを知るや、水にてバプテスマを授くべく、その使、預言者エリアを遣わした。これぞ洗者ヨハネと呼ばれる者にほかならない」。「重ねて私(福音記者ヨハネ)は主に問うた。すべての者がヨハネのバプテスマを受けて、汝のそれを受けないのは何故であるか。主は答えて言った。けだし、彼らの業は邪まにして、光明に達しない。ヨハネの徒輩は夫をとり妻をとる。しかるにわが使徒は婚姻をなさず、あたかも天なる神の天使らのごとくである。我は問うた。女を識るが罪なりとせば、人は婚姻してはならぬのであるか。主は答えた。聴聞したる者ならでは、この言葉の意を解することはないであろう[16]」。

第三に、ナザリウス派について気づくのは、説話的な色彩がいちじるしく濃厚なことである。例えば、「悪魔はアダムの冠より日輪を作った。すなわち、その一部をもって（これを作り）、他の一部をもって月を作った。エヴァの冠をもって月と星、ならびに空にない五つの星を作った。他の部分をもっておのが座位を作った。これ、星天に座して、善き霊魂を除く下なる全地を統べんがためである。また、瓦礫をもって他の星を作ったとも信ずる」。「日月は生あるものにして、月ごとに交合する。露と蜜とは日月の淫楽より滴るものたるがゆえに、ナザリウスは蜜を食するを欲しなかった」（『異端要覧』㈠のうち旧派の項）[17]。このうち前段については、同様に奇怪かつ内部不整合な、類似の記述を『ヨハネ問答録』に見出すことができる。「かの者、大気を治める天使の冠を得、その一半をもっておのれの座を作り、他をもって陽光を作った。水を治める天使の冠を得るや、一半をもって月光となし、他をもって昼光となした。また、石塊より火を得、火をもっておのが全軍と星辰を作った」[18]。『ヨハネ問答録』が原初の天界の構造を述べたくだりでは、天界の下層に「大気に座する天使」、最下層に「水を守る天使」がいたことになっている。また、人祖創造のくだりで、まず第二天（下から数えて）の天使を泥の型に入れてアダムとし、第一天（天界の最下層）の天使を封入してエヴァとしたとある。したがって、ナザリウスが『ヨハネ問答録』原文とはやや違うもののアダムとエヴァの冠を云々したことこそ、彼が『問答録』を熟読したことの証拠であろう。『ヨハネ問答録』が古くからの伝説、ヨハネ黙示録はじめ旧新約諸書の章句を結合して創造、降誕、審判の情景、いわば異象を描出したものであるから、これを秘伝書とするナザリウス派に説話が豊富なのは、むしろ当然の結果と言ってよい。

これに対し、デシデリウス派はナザリウス派の言説を明確に拒否し、「かの秘伝書を所持せず、かえってこれを邪悪の書として論難する」者たちであり、前引の説話に関しても「これらにつき何一つ信じない」（『異端要覧』㈠のうち新派の項）[19]。デシデリウス派に関する材料も多いとは言えないが、『異端要覧』において旧派との対比で言及されているキリスト論に関する限り、先行史料のⓕミラノ教団やⓡコンコレッォ教団の所論の延長線上にある。要するに、デシデリウス派は新派、改革派として現れているものの、教義の実質においては同教団の伝統派ないし復古派にほかならないと考えられる。

ナザリウス分派の出現、あるいは『ヨハネ問答録』の西欧導入の年代については乏しい材料しかない。前引の通り、ナザリウス自身がレイネリウスに向って、「およそ六〇年の昔、この説をブルガリア教会の司教と大子より受けたるむね語った」ことがある。レイネリウス『報告』は明瞭な成立年代(一二五〇年)が知られているから、そこから逆算すれば一一九〇年頃となり、レイネリウスとの面接の時から起算すれば一一九〇年よりさらに若干年以前となる。諸家のとる年代は前者である。[20] これと矛盾するわけではないが、教団自立後第四代の司教ナザリウスの大子で、しかもナザリウスに先んじて死んだと推定できる[21]デシデリウスが『異端要覧』にだけ出現して、それ以前の史料に見られないので、より遅い年代を考えた方が自然という気がしないでもない。正確な年代は別として、今まで見て来たところからこの教団の教義展開の概略を推測することは可能である。すなわち、まずブルガリア教団から叙階を得てⓕミラノ教団が自立した時、ブルガリアから教義の大要が、おそらく口頭で、伝えられたのである。少なくとも、旧来ブルガリアのものと理解していた教義が確認されたはずである。この時、ブルガリア説の完全な理解を妨げる、ないし拒ませるような何らかの事情が西欧側にあって、キリスト論の正確な伝授が洩れてしまった。この後、同じブルガリアからナザリウスが細部に至るまで完全な体系を、しかも文書とともに移入し、ために教団内に違和を生じたのである。これに対し、デシデリウス派は、ナザリウス以前、そしておそらくは同教団自立以前からの底流を代表する者たちであったと考えられる。ここでは同じ母教団たるブルガリアから二次にわたって伝来した教説が何故違和をひき起すのか。後に考えるため、問題の伏在することを指摘しておきたい。

(1) 〈Nazarius vero quondam eorum episcopus et antiquissimus coram me et multis aliis dixit quod.... Et dixit quod habuit hunc errorem ab episcopo et filio majore Ecclesiae Bulgariae jam fere elapsis annis LX〉. TNA. V, cc. 1773, 1774.

(2) 〈Item Nazarius tenet quoddam scriptum quod secretum vocat〉. AFP. XX, p. 311.

(3) ナザリウスの秘伝書が『ヨハネ問答録』と同一であるというのは、次の二つの理由に基づいている。

第一に、『異端要覧』にはこの秘伝書を説明しようとして中止したくだりがあって、次の通り見える。「我、ヨハネ、汝らの兄弟にして苦難における伴侶、云々。私はこの秘伝書の写本を一部、別に有するがゆえにここではこれにて足る。これはブルガリアよりもたらされたる、謬妄に充てるコンコレツォの異端どもの秘伝書であって、誤れるラテン語で記されている」〈Ego Iohannes frater vester et particeps in tribulacione, etc. Habeo aliud exemplar huius secreti, et ideo hic sufficit, etc. Hoc est secretum hereticorum de Concorezo portatum de Bulgaria plenum erroribus et etiam falsis latinis〉. AFP. XX, p. 319. この冒頭の一文は、実は、『ヨハネ問答録』の書出しの部分、すなわち「我、ヨハネ、み国に入れられんがために、苦難にても神のみ国にても同伴の者、われらの主イエス・キリストの胸に凭りて問うた」〈Ego Johannes particeps in tribulatione et regno Dei, ut essem particeps, qui et recumbens in coena supra pectus Jhesu Christi Domini nostri, dixi〉. DÖLL. II, S. 85 が転写されたものであることは一目瞭然である。つまり、『異端要覧』作者は、問題の書の現物を入手しているので、これ以上転写はしないと注記したのである。

第二に、『ヨハネ問答録』カルカッソンヌ本の末尾に、明らかにカトリック側の異端対策専門家が加えたと思われる短い追記があって、そこには「これは誤謬に充ちたコンコレツィウムの異端らの秘伝書であって、彼らの司教ナザリウスによってブルガリアよりもたらされたものである」〈Hoc est secretum Haereticorum de Concorrezio portatum de Bulgaria a Nazario suo episcopo plenum erroribus〉. R. Reitzenstein, Die Vorgeschichte der christlichen Taufe. Leipzig, 1929. S. 309 と、導入者ナザリウスの名が明示されている。

さて、『ヨハネ問答録』Interrogatio Iohannis あるいは『秘密の晩餐』Cena Secreta は、人に知られぬ天界でイエスを囲む使徒たちの晩餐の席上、ヨハネの問いに答えてイエスが真理を説き明かすという形をとった教義文学、もちろん偽書である。現在、二系統のラテン語訳テキストの形で伝えられているに過ぎない。その一は、ウィーン国立図書館 ms. 1137 である。その二は、いわゆるカルカッソンヌ本で、南フランスにおける異端審問の拠点であった同所の文書庫から出たテキストである。ただし、後者は二つの写本(その中の一つはドア文書)と一つの刊本 F. Benoist, Histoire des Albigeois et des Vaudois ou Barbets. I. Paris, 1691 を介して知られているのみで、カルカッソンヌ本原典そのものは散逸して伝わらない。今まで利用可能な刊本としては前引

R. Reitzenstein, Die Vorgeschichte der christlichen Taufe. SS. 297-309 にウィーン本とカルカッソンヌ本(ブノワ版)が対比収録されていたが、近年 E. Bozóky, Le livre secret. *Interrogatio Iohannis*. Paris, 1980 を得た。両本に現代語訳を添えてある。DÖLL. II, SS. 85-92 にあるのはウィーン本のみである。このほか、両本の現代語訳が R. Nelli, Ecritures cathares. Paris, 1959. pp. 34-66 にある。カルカッソンヌ本のみの現代語訳は、同じく R. Nelli, etc., Les Cathares. Paris, 1965 および HHMA に見出される。

両本の間にはかなりの出入がある。ウィーン本は欠落が多く、全体として劣悪だが場所によっては叙述内容が豊富になっていて、いわば一層発達した形を示している。またカルカッソンヌ本の最後の部分、すなわち世界の終末に次ぐキリストの勝利を述べる部分が、ウィーン本には見当らない。両本の間に異同のあることから、両本とも東方の原典から大きく変化している可能性があるとする推論もある。HHMA. p. 768. 反面、両本の欠落部分が対応しているので両本とも同一ラテン語訳写本から派生したとも推定されている。R. Nelli, Ecritures cathares. p. 32 sqq.

本来、章節の区分はないが、内容からネリはこれを一三段に区切った。すなわち、(1)堕落以前の悪魔、(2)天使の誘惑、(3)悪魔の追放、(4)世界の創造、(5)人間の創造、(6)アダムとエヴァの罪、(7)霊魂、(8)悪魔による地上の支配、(9)キリストの降臨、(10)水の洗礼と霊の洗礼、(11)キリストの肉と血の意味、(12)最終審判、(13)悪魔の処罰がそれで、第一三段がウィーン本に欠けている他は、両本とも順序に変りはない。一見して、首尾一貫し完結した構成をもっていることが判る。

内容はまさしく穏和派カタリの特徴に適合している。悪魔はもともと神の最大の天使であった。「我、主に問うて言った。主よ、悪魔《サタナス》いまだ堕ちざりし時、汝が父の傍らにありてその栄光いかばかりであったか。イエスは語った。かの者の栄光、諸天の霊力をおしなべて統《す》ぶるまでに大いであった。その時、我がことを言うなれば、我はわが父のもとに座を占めていた。しかも、この時かの者は父に従うあらゆる者どもの統率者であって、天より奈落に降り、奈落より視るべからざる父の玉座にまで昇って、諸天をめぐらす者の栄光を見た」〈Et dixi : Domine, antequam Sathanas caderet, in qua gloria persistebat apud patrem tuum ? Et dixit mihi : in tali gloria erat, quod ordinabat virtutes coelorum. Ego autem sedebam apud patrem meum. Ipse erat ordinans omnem imitatorem patris et descendebat de coelo in infimum et ascendebat ab infimis usque ad thronum invisibilis patris, et observabat gloriam, quae erat moventis coelos〉. Reitzenstein, op. cit., S. 297(カルカッソンヌ本。以下、特に注記せぬかぎり同様)。悪魔はみずから神に似たる者たらんとし、天使たちを誘惑する。「全天のうちを駆け昇って、第五天に至るまで、視るべからざる父の天使らをかく言いて惑わした」〈adscendens ad omnes coelos ita dicebat usque ad quintum coelum blandiendo angelos invisibilis patris〉. ibidem, S. 299. 『ヨハネ問答録』に見る限り天は七層の構造をもっているが、悪魔も最高層の第六、第七天には手をつけることができなかったのである。神に進納する租税の減額の約束によって、天使らは誘惑される。「汝の主に対し負うところ、いくばくであるか。答えて、油一〇〇壺。すなわち言った。座して、五〇壺と記せ」〈Et tu, quantum debes domino tuo? qui respondit: Centum cados olei. Et dixit: sede et scribe quinquaginta〉. ibidem. また、「彼、通り出でて地の全面を蔽う水を見た」〈Et transcendens invenit universam faciem terrae coopertam aquis.〉 S. 298 等々とあって、この段階ですでに四大は存在している。

悪魔も、これに従った天使らも、天界より放逐される。「我が父、傲慢のゆえをもってかの者の姿を変じ、光明は彼より取上げられた。その面は灼けた鉄のごとく、人の顔に似たるものと化した。かの者、その尾をもって天使らの三分の一を曳きつつ、神の座、諸天の郷より墜された」〈Pater meus transfiguravit eum propter superbiam suam et ablatum est lumen ab eo et facta est facies eius sicut ferrum calefactum, fuitque facies eius tota sicut hominis. Et traxit cum cauda tertiam partem angelorum dei, et proiectus est de sede dei et de villicatione coelorum〉. ibidem, S. 299.

悪魔の行った天地創造、すなわち四大の分離にも神の意図が働いている。「かの者、父に懇願して言った。我に忍耐を用いよ。さすれば汝にすべてを還すであろう。父は憐憫を覚え、かの者ならびにこれとともにある者らに安らぎを与え、第七日までに望むところをなすを許した」〈Et rogavit patrem dicens: Patientiam habe in me, et omnia reddam tibi. Et misertus est ei pater et dedit ei requiem et hiis qui cum eo erant, ut faceret quodcumque vellet usque ad septem dies〉. S. 300. 人間を創出したのも、もちろん悪魔である。「聞け、ヨハネ、我が父の愛する者。我が父がこれら泥土の体を造ると誤って語るのは、無知の者どもである」〈Audi, Johannes, dilecte patris mei, insapientes homines ita dicunt in praevaricatione patrem meum corpora lutea fabricare〉. S. 302. この場面には特に説話色が濃い。「かの者、第三天の天使に命じて汚泥の体に入らしめ、その一部をとって女の形せる今一つの体を造り第二天の天使をしてこれに入らしめた。天使ら、朽ち果つべき姿を帯び、似つかぬ形と化せるを知って泣いた。悪魔、彼らに汚泥の肉体をもって肉の業をなせと命じた。しかるに、彼らは罪を犯す術を知らなかった」〈Et praecepit angelo tertii coeli intrare in corpus luteum. Et tulit de eo et fecit aliud corpus in formam mulieris et praecepit angelo secundi coeli introire in corpus mulieris. Angeli vero ploraverunt videntes in se formam mortalem et esse dissimiles forma. Et praecepit opus carnale facere in corporibus luteis, et non intellexerunt facere peccatum〉. S. 301. そこで悪魔は、彼らを楽園に移し、芦を植え唾をもって蛇を作った。「悪魔、悪しき蛇の中に入り、女の形にてありたる天使を惑わし、その頭に罪の望みを注いだ。エヴァの慾情、さながら燃ゆる坩堝のごとくであった。悪魔ただちに芦より出で、蛇の尾をもってエヴァとともにその慾をとげた。されば(人間は)神の子と呼ばれずして、悪魔の子、蝮の裔《すえ》と呼ばれる。世の末に至るまで、その父たる悪魔の望みに仕えるが故である」(ウィーン本)〈malignus diabolus intrans in serpentem malum decepit angelum, qui erat in forma mulieris, et effundit super caput eius concupiscentiam peccati, et fuit concupiscentia Evae sicut fornax ardens, statimque diabolus exiens de arundine in forma serpentis fecit concupiscentiam suam cum Eva cum cauda serpentis. Ideo non vocantur filii dei, sed filii diaboli et filii serpentis voluntates patris facientes diabolicas usque ad saeculi finem〉. SS. 301, 302.

人祖より後、人間の霊魂は派生増殖する。「天より墜ちた天使らより出でたる者、すなわち人間は女の体に入り、肉の慾望に従って肉体を受ける。されば、霊は霊より生じ肉は肉より生ずる。かくて、この世における、またあらゆる民における悪霊の統治は尽きることがない」〈De caducis angelis de celo ingrediuntur in corporibus mulierum et accipiunt carnem de concupiscentia carnis, et nascitur spiritus de spiritus et caro de carne ; et ita non consummatur regnum Sathanae in hoc mundo et in omnibus gentibus〉. ibidem, SS. 302. 303.

旧約の諸事件は悪魔の業で、当然モーセはその最大の預言者であるが、この間に特徴的なテーマが二つ現れる。その一つは預言者エノクの役割、そして実質上そのモーセとの類同である。「彼(悪魔)はその使者エノクを穹窿の上に挙げ、おのれの神なることをここに示した。これに筆と墨を授けしめ、エノクは座して六七巻の書を著した。彼、これを地上にもたらしてその子らに与えよと命じた。エノク、これを持して地に置き、その子らに伝え、犠牲の祭式と邪まなる秘儀を教え始めた。かくて彼は諸天の国を人間より隠したのである」〈Elevavit Henoc super firmamentum et ostendit deitatem suam et praecepit ei dari calamum et atramentum. Et sedens scripsit sexaginta septem libros. Et praecipit ut adduceret eos in terram et traderet eos filiis suis. Et deposuit Henoc libros in terram et tradidit eos filiis suis et coepit eos docere facere formam sacrificiorum et misteria iniusta. Et ita abscondebat regnum coelorum ante homines〉. ibidem, S. 303. 今一つは樹木ないし木材の説話である。「しかしこの時私(キリスト)がこの世に降らんとするや、彼(悪魔)これを知ってその使を遣わし、三本の木をとり、私を磔にすべくモーセに授けさせた。これは今なお私のために保存されてある」〈Et tunc, cum cognovisset, quod descendi de coelo in mundum, misit angelum et accepit de tribus lignis et dedit ea ad crucifigendum me Moisi. Quae nunc mihi servantur〉. ibidem, S. 304.

キリストの降臨は人間に真理を啓示し、真のバプテスマ、霊のバプテスマを授けるためであった。やがて世界の終末が来、審判が行われる。神の子は「罪ある者たちに言うであろう。呪われたる者よ、去って悪魔とその役者《えきしゃ》のために設けられたる永劫の火に赴け」〈Tunc peccatoribus dicet : Discedite a me, maledicti, in ignem aeternum, qui paratus est diabolo et angelis eius〉. ibidem, S. 308. 他方、善き者たちについては、「彼(神の子)は彼らを天使らの隊の中に置き、朽ちざる衣を纏わせ、不滅の冠と不易の座を与えるであろう。神は彼らの只中にいますであろう」〈ponet eos in chorum angelorum, ut induat eos indumentis incorruptibilibus, et dabit eis coronas immarcessibiles et sedes immobiles, et deus in medio erit〉. ibidem, S. 309.

特に戒律を指示した章句は見当らないが、一見して目につくのは肉慾に対する厭悪ないし憎悪である。前引の人祖の物語の他に、バプテスマをめぐる文言の中にも「その徒輩は夫をとり妻をとる」という非難がある。

『ヨハネ問答録』がブルガリアから西欧に入ったことは間違いないが、東方における原典は完全に失われたままである。原典の成立をめぐる論議は多い。ロシェは、これをもって古マニ教徒が用いていた『使徒たちの憶出』の断片であるとし、さらに『憶出』の中の天地開闢説の部分はマニ教徒たちの『エノク書』にまで遡りうるとした。D. Roché, Etudes manichéennes et cathares. pp. 26, 27, 186. ロシェの立場は古マニ教からボゴミリおよびカタリまでの一貫連続を考えるところにあるが、この説を記事内容の類似をもって論断したものにほかならない。

これに対し、文献学的な論議の焦点は、原典をブルガリア語の作品とする説とギリシア語のそれとする説の対立にある。まず、原典ギリシア語説をとるのはライツェンシュタインで、二種類のラテン語訳はそれぞれ二種類のギリシア語原典から出たものであり、原典の一本はエウティミウス・ジガベーヌスの段階ですでに成立していて、彼が『教理防護』Panoplia Dogmatica（後述）においてボゴミリ派の教説を記述するに際しての資料であったと推定した。R. Reitzenstein, op. cit., SS. 294-296. いうまでもなく、両書における基本命題の酷似が論拠となっている。これに対し、ブルガリア古文献に関する基準を用意したとされるイワノフの説を受けて、テュルデアニュはブルガリア語原典説、したがってボゴミリ内部成立説を支持している。E. Turdeanu, Apocryphes bogomiles et apocryphes pseudo-bogomiles. RHR. CXXXVIII, 1950. p. 204 sqq. この説の主なる論拠はブルガリア語訳ヨハネ黙示録との類似である。考証は細密に及んでいるが、両説とも全面を説明し尽してはいないように見受けられる。原典の素材となった作品が古くから伝わっていた可能性はあるにしても、また原典の用語が何であったにしても、最終的な形がボゴミリ派の中で与えられたことは確実と言ってよい。R. Nelli, Ecritures cathares. pp. 31-33 ; Puech et Vaillant, Le traité contre les Bogomiles de Cosmas le Prêtre. Paris, 1945. p. 128 sqq. 『ヨハネ問答録』に古来の素材が流入しているのは確かだが、その主要部分の骨子は福音書、行伝、なかんずくヨハネ黙示録の章句の転用で構成されている。この点でこれは、偽作の痕跡の明瞭な作品であって、一般の偽書、すなわち正典成立前後の時期にその周辺で成立した、あるいは正典結集によって排除された結果偽書の地位に転落した作品群とは異なっている。むしろ、贋作福音書というにふさわしい。成立年代の新しいことはいうまでもない。

原典の用語が執拗に問題とされるには、一つの背景がある。十四世紀に正教側が公布した『禁書目録』に異端に関連ありとされる一連の作品目録が掲載されている。十九世紀半ばにこれが発見紹介されると、これらをいずれもボゴミリ起源かつ俗語の作品とする風潮がブルガリアに生じた。いうまでもなく、バルカンのナショナリズムと関係があって、ブルガリア国民文学の起源がボゴミリ異端に求められたのである。イワノフ『ボゴミリ派の作品と伝説』(ソフィア、一九二五年)以来のブルガリア文献学の成果は、これら諸作品の多くが特に異端的内容をもたず、より古くから伝わる単なるキリスト教説話にすぎぬことの検証であったと言ってよい。E. Turdeanu, op. cit., pp. 22-52. その中で、ブルガリア語作品であったか否かには疑問が残るとしても、少くともバルカン・ボゴミリの間で成立したものとして残った唯一のものが、この『ヨハネ問答録』である。

『ヨハネ問答録』の素材となった古い説話の一、二について附言する。原罪の場面でエヴァと交ったのが悪魔そのものであったとする考えも、この書とは別にある程度流布していたらしく、すでにグノーシス系の古説話の中にその原型が見出されている。M. Tardieu, Trois mythes gnostiques. Adam, Eros et les animaux d'Egypte dans un écrit de Nag Hammadi. Paris, 1974. p. 104. また、樹木ないし木材の説は、普通に三樹伝説あるいは十字の樹伝説と呼ばれるもので、そもそもの起源は旧約の松、杉、黄楊(イザヤ書四〇章)にあるらしい。多くのヴァリアントがあるが、その骨子はイエスの架けられた十字架は曾て楽園で善悪の智慧の果実を結んだ樹の幹であった、とするにある。カトリック正統の教義と無縁であること言を俟たないが、さりとて異端、少くともボゴミリ派ないしカタリ派異端と結合する必然性を看取することもできない。要するに、キリスト教周辺の、ただの説話である。西欧流入については、例えば末期トゥルーバドゥールを代表する者の一人、ペール・カルドゥナルの『十字の歌』第四節、「これぞめでたきことの極み。我らのための命と、赦し。苦患に代る安息の生ぜしは、死の生れたるかの木からであった。智慧の樹の果を求むる者は、この十字架上にそれを得よう」〈Aquest fagz fo meravilhos:/ Qu'el leinh on pres mortz naissemen / Nos nasquet vida e perdes / E repaus en loc de tormen / En cros pot trobar veramen / Totz homs que querre l'i denha / Lo frug del albre de saber〉. R. Lavaud, Poésies complètes du troubadour Peire Cardenal, 1180-1278. Toulouse, 1957. p. 180 に、すでにその痕跡を見ることができるし、より発展した形は同じくプロヴァンサル語の三部作『アルル物語』Le roman d'Arles の第一部とこれに対応するラテン語物語に見出すことができる。現代語訳は R. Nelli, Le phénomène cathare. Perspectives philosophiques, morales et iconographiques. Paris, 1964. p. 135 sqq. そこでは、老いたるアダムがその子セトに命じて楽園に赴かしめ、セトがそこで得た善悪の智慧の木の三粒の種子をアダムの口に含ませて葬るのが、物語の発端となっている。東欧では、『ヨハネ問答録』に先行する作品の一つに、『十字の樹の物語』があった模様である。E. Turdeanu, op. cit., p. 209. ロシェは、この説話もマニ教から直接ボゴミリに伝えられたとするが、例証かならずしも十分とは言いがたい。D. Roché, op. cit., p. 26. ともあれ、これは『ヨハネ問答録』を媒体として西欧に入り、カタリ派を超え、さらに南フランス文学圏をも超えて伝播して行った要素の一つである。例えば、スペイン、サント・ドミンゴ・デ・シロス僧院回廊列柱の一つは、一面に磔刑、その背面に楽園の場面の彫刻をもっている。これも原罪と贖罪のモチーフよりも十字の樹伝説の流布を考えた方が理解しやすい構図である。

(4)『イザヤ昇天記』Ascensio Isaiae ないし『イザヤ見神記』Visio Isaiae――これは『ヨハネ問答録』と並び称されるものの、それとは性格を異にする作品で、ボゴミリ派の遥か以前に成立し、遥か広範囲に弘通した黙示文学、外典ないし偽書の一つである。『ヨハネ問答録』に影響を及ぼしたほか、直接に西欧カタリの中に伝来した。

原典は散逸して知られていないが、断片をも含めるとエティオピア語訳、コプト語訳、ギリシア語訳、古スラヴ語訳、ラテン語訳が知られていて、広く行われたことを示している。このうちエティオピア語本だけが完本で、しかも最古の形を保存している。古くから文献学者や聖書学者の注意を引き、刊本も何種類かあるが、そのうちティッスランのものはエティオピア語本からのフランス語訳にラテン語本を対照させ、諸異本との異同を指摘していてほぼ完璧な便宜を提供している。**E. Tisserant, Ascension d'Isaïe. Traduction de la version éthiopienne avec les principales variantes des versions grecques, latines et slaves. Paris, 1909.**

『イザヤ昇天記』は複雑な経過を辿って成立した模様だが、前半(ティッスランの区分で第五章まで)と後半(第六章から第一一章まで)が本来は独立した作品であったとする点で、近時ほとんどの諸家が一致している。マニ教文書の『アルダ・ヴィラフの書』**Arda Virâfnamak** を下敷きに全編一貫して書かれたとするロシェの非合成説もないではないが、むしろ孤立している。**D. Roché, La Vision d'Isaïe. CEC. XXXIII, 1953. p. 41.**

前半部は紀元一世紀末に成立した『イザヤ殉難記』に『エゼキアス遺書』が混入したもので、マナセの治下におけるイザヤの迫害、その預言、世の腐敗、ベリアルの出現と凶変、主の来臨と審判、イザヤの死を述べ終末観が濃く彩っている。明らかに主題において完結している。二世紀に成立した後半部は、イザヤが夢幻のうちに天界に昇り覚醒して見聞を物語るもので、これもまた独立した内容をもつ。『イザヤ昇天記』は合成本の標題で、後半部のみは『イザヤ見神記』と呼ばれる。

エティオピア語本が合成本完本、ギリシア語本が合成本全体にわたる断片であるのに対して、十世紀から十二世紀までの間に成立した三種類の古スラヴ語本およびラテン語本はいずれも分離本『イザヤ見神記』のみである。ラテン語本は、後代になって刊行されたものがあるだけで手稿本は発見されていない。**Antonius de Fantis, Liber gratiae spiritualis Revelationum B. Mechtildis virginis. Venezia, 1522** に **Visio mirabilis Ysaie Prophete** と題して、他の偽書四件とともに収載されているという。イタリア語が混入しているため、翻訳はイタリアで行われたことは確実とされている。古スラヴ語本からラテン語本が出たとするティッスランやテュルデアニュ E. Tisserant, op. cit., p. 32 sqq. ; E. Turdeanu, op. cit., p. 214 と、古スラヴ語本、ラテン語本ともにギリシア語本に由来するとするヴァイアン A. Vaillant, Un apocryphe pseudo-bogomile : La Vision d'Isaïe. RES. XLII, 1963. pp. 113-116 の対立はあるにしても、両者がよく合致して一グループをなすことに異論はない。合成本『イザヤ昇天記』の中から後半部だけが選び取られたのか、当時まだ分離本『イザヤ見神記』だけが流布していたのかは速断の限りでないとしても、ボゴミリ・カタリ派との関連で重要なのは、このグループのみである。ラテン語本は、原文がティッスランに併載されているほか、英仏現代語訳がある。R. Nelli, Le phénomène cathare. pp. 109-128 ; HHMA. pp. 449-456. これとは別に、ラテン語訳断片が知られているが、合成本『イザヤ昇天記』に跨る断片なので、別径路によって西欧に伝来したものであろう。

『イザヤ見神記』ラテン語本の梗概は次の通りである。ユダ王エゼキアの治世第二〇年、預言者イザヤは王宮で衆人環視の中に、突如黙り込む。人々は、彼の前に立つ者のあるを見、聖霊の声を聞いた。この時イザヤは夢幻の中に天に昇ったのだが、「彼の見たる異象はこの世のことでなく、すべて肉ある者に窺い知れぬところであった」〈Visio quam videbat, non erat de seculo hoc, sed de abscondito omni carni〉. Tisserant, op. cit., p. 140. 彼は導きの天使に名を聞くが、返答は「汝はいまだ肉体の中に帰らんと望むがゆえに、我が名を知るを得ない。高く挙げられて後に知るであろう」とあった。〈nomen meum nescis, ideo quia vis iterum reverti in corpus tuum, et quando te elevabo, postea videbis〉. pp. 144. 145. 彼は高翔して青天の上に出る。「そこにて、神の栄光に叛かんとする悪魔とその諸力の大いなる戦いを見た。彼ら、求めて、たがいに犇めき合っていた。けだし、穹窿におけるは大地におけるがごとくであり、かしこのもろもろの姿はここ大地にも存するのである」〈vidi ibi prelium magnum sathane et virtutem ejus resistentem honorantie dei et unus erat prestantior alio in videndo, quia sicut est in terra tanto est in firmamento, forme enim firmamenti hic sunt in terra〉. pp. 147, 148.

イザヤの霊魂は大空を越えて、七層に積重った天界を昇る。これ以後、七天叙述は執拗に繰返され、いわば物語の基本的な枠組を構成する。どの天にも夥しい天使たちがいて讃歌を歌っているが、上級の天界に昇るほど天使たちの輝きは増し、今や天使に似たものとなったイザヤの霊魂も次第に高貴な姿に変る。七天界のうち、第五天以下と第六天以上とではかなり様相が異り、曾て目も眩むばかりに見えた第五天も第六天から鳥瞰すれば「その光明は暗黒としか思えなかった」〈existimabam lumen tenebras esse〉. p. 169. 第五天以下では天使たちは左右の二群に区分され、また指揮者の天使がいたのに対し、第六天以上の天使らはことごとく一様で、また神に直属している。第六天に昇ると、天使は「イザヤよ。かの世界の肉の中へ還る望みを抱く人間で、汝の見るところを見た者はない。見ることのできた者もない」〈ysaia nemo in carne illius mundi volens converti, vidit, que tu vides, neque videre potuit que tu vidisti〉. p. 165 と告げる。「私(イザヤ)は、再びかの肉の世界に還されることのないよう、導く天使に願ったのである。さて、汝らに告げる。この世は暗黒に満ちている」〈rogavi angelum instruentem me, ut exinde non reverterer ad mundum illum carnalem. Dico autem vobis, quod multe tenebre sunt hic〉. p. 169. この願いは許されない。「ここに来るべき時が満ちていない」〈non est tempus expletum veniendi huc〉. p. 171 からである。天使は慰めた。「父のみ心によって汝の再来する時、汝は汝の衣を得、第六天の天使らと等しくなるであろう」〈quando reversus fueris per voluntatem patris, tunc vestem tuam recipies, et tunc eris equalis angelis, qui sunt in sexto celo〉. pp. 166, 167.「父と独り子のいます第七天の光明を見なば、汝の歓びはさらにいかばかりか大いなるものとなり、いかばかりか汝は高められるであろう。そこには、義人のために衣と座と冠が調えられてある」〈quanto magis gaudebis et exultabis, quando videbis lumen septimi celi, in quo sedet celestis pater, et unigenitus filius eius, ubi exercitus et throni et corone iacent iustis〉. p. 170. 第六天の天使らと等しく云々は、エティオピア語本では第七天となっている。これでなくては意味が通じないので、ラテン語本は明らかに誤訳である。

第六天の天使らはひたすら、「万人の父、その愛し子、聖霊の讃歌を歌う」だけであった〈glorificabant patrem omnium et dilectum filium eius et sanctum spiritum, omnes uno ore cantabant〉. p. 168. 第七天では天使や義人は個々に三位に近づいて礼拝していた。ただ三位の記述にはやや混乱がある。まず「大いなる栄光の中にある主」〈dominum in gloria magna〉. p. 184 を見、次いで「これに似たる、すべてのうちでもっとも大いなる栄光を有する今一つのものを見た」〈Et vidi alium gloriosissimum similem eius in omnibus〉. p. 186. その後「大いなる栄光の中なる今一つのもの」〈alium in gloria magna〉 p. 188 天使の説明によれば「これぞ聖霊の天使」〈Iste enim est angelus sancti spiritus〉. p. 188 を見る。キリストが主と呼ばれているから、イザヤは子、父、聖霊の順序で見たのである。しかるにこの後に、「名状できず消し去り得ない今一つの栄光があかされた」〈Et post hec alia quidem inenarrabilis et ineffabilis revelabatur gloria〉. pp. 188, 189. その姿は、イザヤが霊魂の眼を開いても視るを得なかったばかりか、天使たちですら見ることができず、ただ大いなる栄光の中にある義人たちのみがこれを見るのである。「まず我が主が、次に最高の天使がこれに近づき、両者ともにこれを拝し、かつ讃歌を唱した」〈appropinquavit primum dominus meus et angelus specialis, et adoraverunt eum et cantaverunt secundo insimul.〉 pp. 189, 190. エティオピア語本では子と聖霊が父を拝する形になっていて、第四者は出現しない。古スラヴ語・ラテン語本では、繰返しての記述に混濁が生じたのか、それとも父と子と聖霊の三位に君臨する至高神という図式が形成の途上にあって未完のままに終っているのか、俄かに判断はできない。いずれにせよ、三位は別体であってその地位の間に優劣の差が考えられていることだけは確実である。

第七天でイザヤは一冊の書物を見る。「実に、イェルサレムの業、すべての人間の業が誌されてあり」、「まことに第七天にては、この世にてなさるることの一つとして隠されていないことを知った」〈ecce actus hierusalem erant ibi scripti, et omnium hominum opera erant ibi〉. 〈Vidi in veritate, quia nihil absconditur in septimo celo, quod est in mundo factum〉. p. 182.

「肉の衣より解放された若干の義人らこの所にて気高き衣を纏い、大いなる栄光の中に置かれてあるを見た。しかし彼らはいまだその座の上に座せず、冠も戴いていなかった」〈Et iustos vidi quosdam exutos stolis carnalibus et existentes in stolis excelsis, et erant in gloria magna stantes, sed in thronis suis non sedebant, corone autem glorie non erant super eos〉. pp. 174, 175. 天使の説明はこうであった。神の子が降って、この世の神により十字架に付けられ、地獄の力を打砕き、全地に説く者を遣わし、三日目に天に帰るのを待たねばならないので、「その時はじめて、義人らはおのれの座と冠を得るであろう」〈tunc recipient isti thronos suos et coronas〉. p. 180. イザヤは「夥しい衣と座と冠が置かれてあるを見た」〈Vidi stolas multas et thronos et coronas iacentes〉. p. 183. 天使の解説では、「この冠こそ、この天にあまたの者たちが残して行ったものである」〈Istas coronas multi ammittunt de illo mundo〉. p. 183.

この時、イザヤはかの永遠なるものが主なる子に命ずる声を聞く。「出でて全天より降り、世に居り、地獄にある天使のもとに赴け」〈Exi et descende de omnibus celis, et sis in mundo et vade usque ad angelum qui est in infernum〉. pp. 193, 194. 子は第七天から順次第一天まで降って行く。それぞれの場所の天使らの姿に転形し、最後には人の形となる。イザヤは「人の子に似たる者が、人々のうち、世に住まうを見た」〈Et vidi similem filii hominis, et cum hominibus habitare et in mundo〉. p. 203. 次に、順次天界を帰って来る情景を目撃する。この時、義人も天使も霊も彼を讃え、全天は讃歌に満たされる。天使がイザヤに言う。「汝にはこれにて足る。汝の見しは曾て肉の子、人の眼の見ざりしところ。人の耳の聴かざりしところ。人の心の思い及ばざりしところである。汝は、神を愛するすべての者たちのために神がいかばかり調え給うかを知ったのである。汝の(現在の)衣の中に在って、汝の日々満ちて帰り来る時を待て」〈sufficit tibi ysaia. Vidisti enim quod nemo alius vidit carnis filius, quod nec oculus vidit, nec auris audivit, nec in cor hominis ascendit, quanta preparavit deus omnibus diligentibus se. Dixitque mihi revertere in stola tuam, donec tempus dierum tuorum adimpleatur et tunc venies huc〉. pp. 210-212.

イザヤは体験をことごとく語った。「されば汝らもまた聖霊のうちにあって、天に置かれた汝らの栄光の衣と座と冠を得んことを。イザヤは語り終え、王エゼキアのもとを去った。預言者イザヤの見神記、ここに了る」〈Ita et vos estote in sancto spiritu, ut recipiatis stolas vestras et thronos et coronas glorie in celis iacentes, cessavit autem loqui et exivit ab ezechia rege. Explicit visio Ysaye Prophete〉. pp. 213, 214.

『イザヤ見神記』の古スラヴ語本ないしラテン語本が、ボゴミリないしカタリのもとで成立したことは、エティオピア語本との異同、つまりボゴミリ・カタリ教義と衝突する文言が改変されていることの検証を通じて確認されている。E. Turdeanu, op.

cit., pp. 216, 217 ; A. Vaillant, op. cit., pp. 111-113. 逆に見れば、エティオピア語本と異る部分に彼らの教説が現れていることになる。指摘されているのはほぼ四件で、例えば天界に到達したイザヤが「若干の義人を見た」〈et iustos vidi quosdam〉. E. Tisserant, op. cit., p. 176 とあるのは、「かしこに、アダムの時以来のすべての義人を見た。また、聖なるアベルとすべての義人、エノクならびに彼とともにありしすべての義人を見た」pp. 175, 176 とあるエティオピア語本の、旧約を悪神の書とする考えに基づいた削除である。この改変が意図的であることは、別の所で「アダム、アベル、セト、ならびに義人ことごとく進み出で」p. 185 とあったのが、「すべての義人、これに近寄り」〈appropinquaverunt ad eum omnes iusti〉 p. 184 と縮約されていることからも明らかである。また、エティオピア語本で「かの人の言葉を守りかつ信じ、十字に帰依する者たち」p. 184 とあるのが、古スラヴ語・ラテン語本では単に「かの人の言葉を信ずる者たち」〈credentes verba illius〉となっている。十字架を刑具、人類の無知と汚辱の象徴として嫌ったからにほかならない。このほか、イエスの誕生と生涯と受難に関するかなり長い記事が完全に脱落している。pp. 201-209. さらに、「キリスト」、「イエスと呼ばれるキリスト」または「その名の与えられる者」が三箇所にわたって「子」に置換えられている。pp. 176, 184, 193.

ところで、『イザヤ見神記』が何故、ボゴミリ・カタリに採択されたか、同書のどの部分が彼らの教説に適合し、さらに影響したのであろうか。個々の名辞や教説命題のボゴミリ派への接合については、すでに指摘がなされている。R. Nelli, Le phénomène cathare. pp. 105 sqq. ; H. Söderberg, op. cit., pp. 69, 101, 107, 244. 七層の天界の情景――それ自体、必ずしも異端的、まして特殊ボゴミリ異端的ではないにしても――が『ヨハネ問答録』成立の背景にあることも自然に推察される。しかし、その説くところは教義としては曖昧で矛盾を含み、またボゴミリ・カタリの教説全体を蔽い尽してもいない。それよりも、個々の命題を越えて、異端たちは天界に復帰した義人の姿に来るべきおのれの姿を重ねて見たからではないかというヴァイアンの考えに、首肯すべき点があるように感じられる。A. Vaillant, op. cit., p. 119. 事実、この書のどこにも明示的には二元論や霊魂の由来が説かれてはいないが、人間の肉体を霊魂が纏った着衣に譬え、天界には着替えるべき本来の着衣が今なお保存されているという、繰返し現れる情景は彼らの二元論を見事に形象化している。彼ら特有の強烈な悲観主義、厭離穢土の感情を、ある意味で楽天的な希望として描出しているので、その黙示文学としての魅力は異端たちに強く訴えたと思われる。肉体を肌身に纏いついて離れない汚れた着衣 tunica に譬えた十四世紀ピレネー山間の説教の中に、この書の残響を見出すことができるのである。

アルファンデリィの研究に、同系統の説話が八世紀の西欧に民間次元の信仰の中に入っていた痕跡があると指摘したものがある。材料は聖ボニファキウス書簡に報ぜられている、一婦人が体験したという幻覚で、遊離した霊魂が虹で結ばれた諸天を旅し、またこれと対応して重層する悪魔の世界を見たという内容が、当時ほかにもある幻視文学とちがって特に『イザヤ見神記』との関連を思わせるというのである。P. Alphendéry, Traces de manichéisme dans le moyen âge latin, VIe-XIIe siècles. RHPR. IX, 1929. p. 451 sqq. 同論文は、カタリ派以前の西欧で、古マニ教の影響が民間次元に伏流として持続していたことを主張しようとするもので、この種の材料を扱うに際して天使と悪魔の戦いを見たとするありふれたpsychogoniqueな二元論からのcosmogoniqueなそれの識別を説くなど、示唆がないわけではない。しかし、西欧における古マニ教の変容持続の問題は、それはそれとして十分重要であるけれど、『イザヤ見神記』古スラヴ語本とラテン語本の緊密な親縁関係を立証している文献学の業績を前提としてボゴミリ派からカタリ派への書物の形での伝来を問題にしようとする現在、八世紀の幻覚体験は一応別問題である。

東欧ボゴミリから西欧カタリへの『イザヤ見神記』継受の年代と径路を直接に示す材料は知られていない。ただ、デュラン・ド・ユエスカ『マニ派反論』に、異端が秘密の書巻を所持しているむねの言及が見られる。すなわち「我らも実見し閲読したが、誤って預言者イザヤの名を用いて題されたある秘密の書物に記載されたるところ」に拠って、穹窿の上なる国が一つならず七つまであることを説くとしたくだり、および「異端の首領らが七つの国について信者らに読聞かせ、偽ってこれこそイザヤの語りたるところと強弁するが、これは真理でないどころか真理に似てさえいないし、聖イザヤがかかる虚妄を考えたこともない」と述べた箇所がそれである。〈quod in quodam libro suo secreto, quem vidimus et legimus, continetur, quem nugatorie sub nomine Ysaye prophete intitulant〉. 〈Illud enim quod heresiarche clanculo legunt credentibus suis de septem terris, quod falso fingunt Ysayam dixisse, non est verum nec simile veritati, nec sanctus Ysayas talia mendacia cogitavit〉. C. Thouzellier, Une somme anti-cathare. pp. 256-257, 287-288. これが『イザヤ見神記』であることは一目瞭然である。

イタリアではモネタの『カタリ・ワルドー派詳論』が、「二つの原理を想定する者どもは、預言者たちは善なりという。しかるに、曾てはイザヤを除き一切の預言者を断罪したのである。イザヤには一つの書物があって、彼の霊魂が肉体より引離されて第七天に昇ったこと、そしてそこで神秘を見聞したことを誌すと称し、はなはだしくこれに依拠する」と指摘している。〈Qui duo ponunt principia, dicunt Prophetas bonos fuisse ; aliquando autem omnes damnabant praeter Isaiam, cujus dicunt esse quemdam libellum, in quo habetur, quod spiritus Isaiae raptus a corpore usque ad septimum caelum dictus est, in quo vidit, et audivit quaedam arcana, quibus vehementissime innituntur〉. Moneta Cremonensis. p. 218. モネタにはヤコブス・デ・カペリス『反異端小論』を参照した形跡が多く、このくだりもその一つとされている。DUV. R. pp. 338, 339. こうして、南フランスには『マニ派反論』の成立以前、イタリアには『反異端小論』成立以前、要するに遅くとも一二三〇年頃には『イザヤ見神記』は渡来していた。

ところで、『マニ派反論』が対象としているのは内容から見て南フランスの絶対派カタリである。モネタの「二つの原理を想定する者ども」は、全預言者を肯定するところから見て絶対派の一分派ヨハネス・デ・ルギオ派かと思われるが、断定はできない。これとは別に、一三〇一年頃のこと、南フランスの異端指導者ピエール・オーティエを目撃した者が、「異端ら地に座し、やがてそのうちの一人が『イザヤ見神記』を音読し始めた」と証言している例があるが、これは絶対派である。DUV. R. p. 34.

『ヨハネ問答録』は、穏和派のナザリウスを介して西欧にもたらされたのであるし、また内容から言って穏和派にしか適合しない。これに対し『イザヤ見神記』が絶対派に受容れられたことは確実として、穏和派については未だ定かでない。内容の面では、漠然としていて両派のうち一方にしか適合せぬというものでは決してなく、現に七天界の構想は『ヨハネ問答録』に移されている。しかし、どちらかと言えば絶対派に傾斜した、むしろ絶対派によってより好んで受容れられる作品ではないかと思われる。人間の肉体を霊魂が現世で身に纏う衣服と見る点が、絶対派特有の輪廻転生説に明確な形象を与えるからである。

末期南フランス・カタリ派の指導者ギョーム・ベリバストの説教が『ジャック・フルニエ審問録』に記録されているが、天使堕落と人祖誕生の場面を次のように語っている。「熟慮の上、悪魔は言った。これらの霊魂は失った栄光を憶い、それゆえに聖なる父の慈悲を請い願う。我は霊魂たちに衣《トゥニカ》を与えよう。これを纏えば、失った栄光のうち何一つとして想出すことはないであろう。そしてこの時、神の敵、悪魔は人の肉体を作って上述の霊魂たちを封じ込め、今に至るまで聖なる父の栄光を想う能わざらしめたのである。霊魂は一つの衣、すなわち一つの肉体を出づるや、大いに怯えて、速かに動き廻る。その速さたるや、バレンシアで一つの霊魂が外に出てフォア伯領で別の、たまたま気に入った衣に入るに、この距離を雨滴の三粒もかからぬうちに達するほどである。こうして霊魂は、慌てふためいて駆けめぐりながら空洞の空いているのを見つけると、手当り次第にもぐり込む。つまり、手当り次第に動物の、まだ命を得ていない胚種を妊む動物の胎にもぐり込むので、犬であれ兎であれ馬であれ、はたまた女の胎であれ、選ぶところでない。ただ、先きの体で悪をなしたる霊魂は野獣の体に収められ、悪をなすこと少なければ女の体に入るであろう。かくて霊魂は衣から衣へと移り行く」。〈Quod diabolus cernens dixit : Illi spiritus qui recordantur de gloria quam perdiderunt, propterea rogant Patrem sanctum ut eis misereatur. Ego dabo eis tunicas, quibus induti non recordabuntur de cetero de gloria quam perdiderunt. Et tunc inimicus Dei Sathanas fecit corpora humana in quibus dictos spiritus inclusit, ad hoc ut non recordarentur de gloria Patris sancti. Qui spiritus, quando egrediuntur de una tunica, id est de uno corpore, vadunt timidi multum velociter *espaurucastz*, et tam velociter currunt quod si in Valencia unus spiritus egressus fuisset de corpore et intrare deberet in Comitatu Fuxi in alio, et plueret fortiter, per totum spacium quod est inter dicta loca, vix tres gutte pluvie attingeret eum. Sic autem currens *espaurucastz* ponit se in primo foramine quod vacuum invenire potest, id est in ventre cuiuscumque animalis concipientis prolem que nondum est animata, sive sit canis sive canicula sive equa, sive quodcumque aliud animal, sive eciam in ventre mulieris, sic tamen quod si dicti spiritus malum fecisset in corpore primo, incorporabatur in corpore animalis bruti, si vero non fecisset malum, intrabat corpus mulieris. Et sic spiritus ibant de tunica in tunicam〉. JF. II, p. 35.

ここでは、輪廻転生説と肉体衣服の譬とが完全に結合している。同じ異端ギョーム・ベリバストが曾てカタリ派の先達に第七天に昇った者があるとして、『イザヤ見神記』の内容を再録しているから、この衣《トゥニカ》がこの書から出ていることに間違いはない。「昔、我らの宗門に一善信者があって、おのれの抱く信仰に疑念を生じ、栄光を顕したまえと父に祈った。ある日、祈りのさ中、彼のもとに天使が現れた」。同人は天使の肩に摑まって、第一天から順次第七天まで昇って行く。第七天の荘厳さに打たれてとどまることを願うが、許されない。腐敗より生じた肉は苦患の地にこそふさわしいからである。束の間と覚えた天界飛翔も、実は地上の時にして三二年を閲していた。「この世に戻って後、見たるところを説き、かくて我らの信仰も宗門も固められた、と語ったのである」。〈Quidam bonus homo eorum secte erat, qui erat dubius an bonam fidem teneret, et rogabat Patrem ut ei ostenderet gloriam suam. Et quadam die, dum sic oraret, apparuit ei angelus〉. 〈venit ad mundum istum, et postea predicavit illa que viderat. Et sic, ut dicebat, eorum fides et secta confirmata fuit〉. ibidem, pp. 50, 51. ここにはイザヤの名も書物の名も出ない。見神は無名の先達に帰せられているが、そのこと自体、『イザヤ見神記』が完全に消化されたことを示している。ベリバストたちのカタリ派は末期の、教義体系の磨滅と歪曲、それに俗流化を示すやや特殊な教団であるらしいが、基本的に絶対派であるに変りはない。

混乱を避けるため、繰返す。ボゴミリから伝来した二つの偽書のうち、『ヨハネ問答録』は穏和派の一部に受容された。『イザヤ見神記』は、一方では東欧における『ヨハネ問答録』の成立に影響するが、直接には西欧の絶対派に結合した。穏和派がこれを採択したか否かは未だ明らかでない。

(5) 〈quod Christus non assumsit animam humanam, sed angelicam, sive corpus coeleste〉. TNA. V, cc. 1773, 1774.

(6) 〈Christus non assumsit animam humanam〉. ibidem, c. 1773.

(7) 〈Nam Nazarius cum suis sequacibus non credebat quod Christus commederit vere de cibis istis materialibus, nec quod Christus vere mortuus fuerit, nec resurrexit〉. AFP. XX, p. 310.

(8) 〈Item Nazarius dicit quod Christus non habuit animam, sed deitatem pro anima〉. 〈quod Christus nullum miraculum fecit materiale in corporibus hominum〉. ibidem, p. 311.

(9) 〈quod B. Virgo fuit Angelus〉. TNA. V, c. 1773.

(10)　〈Item, credunt cum praedicto Nazario quod B. Virgo fuit Angelus, et quod Christus non assumsit naturam humanam ex ea〉. ibidem, c. 1774.

(11)　〈Item, Nazarius dicit quod Christus detulit corpus suum de celo, et quod per aurem intravit in Virginem et per aurem exivit, et in ascensione portavit illud idem corpus〉. AFP. XX, p. 311.

(12)　〈Cum cogitaret pater meus mittere me in mundum misit angelum suum ante me nomine Maria, ut acciperet me. Ego autem descendens intravi per auditum et exivi per auditum〉. Reitzenstein, op. cit., S. 304.

(13)　〈De Johanne baptista dicunt, quod fuit missus a diabolo cum baptismo aque ad impediendam praedicationem christi〉. AFP. XIX, p. 311.

(14)　〈Et multi ex eis modo bene credunt de B. Johanne Baptista, quem olim omnes damnabant〉. TNA. V, c. 1773.

(15)　〈Item, credencia Nazarii et sequacium eius est quod in Iohanne Baptista ille est idem spiritus fuit qui fuit in Helia, et credit illum spiritum fuisse malignum et demonium〉. AFP. XX, p. 311.――エリア・ヨハネ類同観のそもそもの根拠について推察できないでもない。おそらく、「もし汝ら我が言をうけんことを願わば、来るべきエリアはこの人なり」(マタイ伝一一章)、および「エリアはすでに来れり。されど人々これを知らず、反って心のままにあしらえり。かくの如く人の子もまた人々より苦しめらるべし。ここに弟子たちバプテスマのヨハネを指して言いたまいしなるを悟れり」(同一七章)に独自の抑揚をつけて解釈したのである。

(16)　〈Et cognovit Sathanas princeps huius mundi quia descendo quaerere et salvare qui perierant, et misit angelum Heliam prophetam baptisantem in aqua, qui dicitur Ioannes Baptista〉. 〈Et interrogavi dominum : Quomodo Ioannis baptismum omnes recipiunt, tuum vero baptismum non omnes recipiunt ? Et respondens dominus dixit : Quia opera illorum mala sunt et non veniunt ad lumen. Discipuli Ioannis nubunt et ducuntur ad nuptias, mei autem discipuli nec nubunt nec nubuntur, sed sunt sicut angeli dei in coelo. Ego autem dixi : Si enim est peccatum cum muliere, non expedit homini nubere. Dixit autem dominus ad me : Non omnes capiunt verbum hoc nisi hi, quibus datum est〉. Reitzenstein, op. cit., SS. 304, 305, 306.

(17)　〈Nazarius credit quod de corona Ade fecit diabolus solem, scilicet de una parte, et de altera fecit lunam ; et de corona Eve fecit lunam et stellas et V stellas que non sunt in firmamento ; et de alia parte credit fecisse sedem ubi Sathanas sedet in celo sidereo et inde dominatur toti mundi inferiori preterquam animabus bonis. Et omnes alias stellas credit fecisse ex lapidibus〉. 〈Item dicit Nazarius quod sol et luna sunt res animate, et quod quolibet mense fornicatur ; et dicit quod ros et mel sunt luxuria solis et lune, et ideo nolebat Nazarius commedere de melle〉. AFP. XX, p. 312.

(18) 〈quando accepit coronam ab angelo, qui erat super aerem media fecit tronum suum accipiensque coronam ab angelo, qui erat super aquas, medietatem fecit lumen lunae et medietatem lumen diei. Et de lapidibus fecit ignem et de igne fecit omnem militiam et stellas〉. Reitzenstein, op. cit., S. 300. これはウィーン本である。カルカッソンヌ本では，ほぼ同一趣旨ながらより簡潔な叙述となっている。

(19) 〈Sed Desiderius cum suis sequacibus non tenet illud secretum sed reputat illum malum〉. 〈Et de istis nichil credit Desiderius〉. AFP. XX, pp. 311, 312.

(20) 例えば A. Dondaine, La hierarchie cathare en Italie, II. p. 291 ; A. Borst, op. cit., S. 102 ; C. Thouzellier, Un traité cathare inédit. p. 66 ; DUV. R. p. 108.

(21) A. Dondaine, ibidem.

第六章　救済の構造

諸教団の教義命題の照合作業をするうち、おのずから注意を引くことが一つある。それは人間の霊魂、すなわち現世の苦海に沈淪してはいるものの、やがては解放されて本来の場所に帰るべき天使を表示する用語の異同である。全カタリを通じ、人間の霊魂は起源において善神の被造物たる天上の存在であり、誘惑と堕落ののち悪神によって肉体の獄舎に幽閉されているものと理解されている。ただ、人間の出生に伴って霊魂は派生増殖すると考える穏和派と、輪廻転生すると見る絶対派の差があるにすぎない。霊魂を示す語はアニマ anima ないしスピリトゥス spiritus である。ところで、『ロンバルディア・カタリ異端論』、レイネリウス『報告』および『異端要覧』においてこれらの語の用法に次のように、系統的な相違が看取されるのである。

いうまでもなくスピリトゥスの語は多義であるが、文脈から見て明らかに霊魂を指している例を探ってみる。「肉の肉より生ずるごとく、霊魂《スピリトゥス》は霊魂《スピリトゥス》より生ずる」（『ロンバルディア・カタリ異端論』ⓑⓕの項）。「すべての霊魂《スピリトゥス》は救わるべきものなりと言う」（同上ⓑⓕの項）。「この世全体は、邪悪なる霊魂《スピリトゥス》すなわち断罪さるべき霊魂《スピリトゥス》と、救わるべき霊魂《スピリトゥス》とから成る」（同上ⓑⓕのうち一部意見[1]）。また「預言者らは、ある時はおのれの霊魂《スピリトゥス》により、ある時は聖霊《サンクトゥス・スピリトゥス》により、ある時は邪まなる霊《スピリトゥス》によって語った」（『異端要覧』㊀の項）とあるうち、後二者はともかく最初のスピリトゥスは霊魂の意と解してよいであろう。「洗者ヨハネには、曾てエリアにありたる霊魂《スピリトゥス》が存したが、この霊魂《スピリトゥス》は邪悪であった」（同上㊀のうち旧派の項）。「アダムとエヴァの霊魂《スピリトゥス》は暴力をもって拉致されたものたちの間に存した」(同上㊂の項)。「アダムとエヴァの霊魂《スピリトウス》より他のもろもろの霊魂《スピリトウス》が抽出された。これはみずから意図して罪を犯した悪しき霊魂《スピリトウス》の亡失を補充し復興せんがためであった。そして、これら、すなわちアダムとエヴァの霊魂《スピリトウス》は悪魔によって造られた肉体の中に入れられていた」(同上㊂の項)。「霊魂《スピリトウス》の抽出増殖は自然であって、あたかも悪魔の業により肉体から肉体が、植物から植物が発するのと同断である」(同上㊂の項)。[2] 以上はいずれも、穏和派関係の記事に見える文言である。

次に霊魂をアニマの語で示す例を検出する。「彼らは信ずる。悪魔は人祖の肉体を造り、すでにいささか罪を犯せる一天使をこれに封じた。すべての霊魂《アニマ》はかの天使より枝葉となって由来したのである」(『報告』㊁の項)。「キリストは人の霊魂《アニマ》を有せず」(同上㊁の項)。「キリストは人の霊魂《アニマ》を有せず、天使の霊魂《アニマ》すなわち天界の形相を有した」(同上㊁のうちナザリウス派の項)。「聖処女マリア、使徒、ならびにすべての聖者らの霊魂《アニマ》はいまだ栄光の中にはない。裁きの日に至るまで栄光の中にはないであろう。それは天空のうちいずれかの処に、イエス・キリストの体軀とともにある」(同上㊁の項)[3]。悪魔はエヴァの冠の「一半をもって座を造り、悪魔はそこ天空に座し、そこより善き霊魂《アニマ》を除く全下界を支配せんとした」(『異端要覧』㊀のうち旧派の項)。「キリストは霊魂《アニマ》でなく霊魂《アニマ》に代る神性を有した、とナザリウスは言う。しかるに、デシデリウス、およびこの点に関するかぎり極めて少数の同調者らは言う。キリストは霊魂《アニマ》を有した」(同上㊀の項)。「そこには、すべての義しき死者たちの霊魂《アニマ》がある」(同上㊀新派の項)[4]。これらはいずれも、穏和派関係の記事である。

次に、「霊魂《アニマ》は実にかのルキフェルに捕えられ、この世にて肉体に封入された」(『ロンバルディア・カタリ異端論』ⓐの項)。「霊魂《アニマ》はこの肉体において贖罪を果し、霊魂《アニマ》が一つの肉体において救いに達せざる時には他の肉体に入って贖罪をなす」(同上ⓐの項)[5]。「神の子キリストは、これらの霊魂《アニマ》を救わんがためにのみ来った」(同上ⓐの項)。「さてこれら神の被造物は、彼らによれば、神の民、霊魂《アニマ》、イスラエルの仔羊、その他多くの名で呼ばれる」(『報告』㋑のうちバラシナンサ派の項)。「神の霊魂《アニマ》は肉体より肉体へと移し送られる」(同上㋑のうちヨハネス派の項)。「ここにて霊魂《アニマ》は形相を離れ、必然的に地獄すなわちこの世へ堕ちた」(同上㋑ヨハネス派の項)。「ここにて死者の復活がなされる。すなわち神の霊魂《アニマ》はそれぞれ本来の形相を得る」(同上㋑ヨハネス派の項)[6]。「天より降った、あるいは堕ちた仔羊、換言すれば霊魂《アニマ》のことごとくが肉体に入れられたのではない。若干は肉体を帯びることなくかの暗き勤めの中にて浄められ、肉体の中なる者どもより大いなる罰に耐え、より速やかに救われる」(『異端要覧』㋥の項)[7]。これは絶対派に関する書き方である。そして絶対派関係の項目の中には、霊魂をスピリトゥスの語で表現した例は、右の三史料の中には発見されない。唯一の例外は、「人間の肉体は、一部は悪魔の造ったかの悪しき霊《スピリトゥス》によって、一部は堕ちたる spiritus anima によって、活かされる」(『ロンバルディア・カタリ異端論』ⓐの項)であって、そこでは霊魂を示す同義語が重複されている[8]。写本への混入でないとすれば、おそらく史料記者が説明の一語を重ねたものであろう。

今まで見た用語法を要約するならば、三史料記者は霊魂を指すに当って、穏和派の項目ではスピリトゥスとアニマの両語を互換的に混用、同義に使用する。これに対し、絶対派関係項目においては統一的にアニマを用い、この意味でのスピリトゥスを用いていない。カトリック側記者の手になる史料においてすら項目ごとに規則性らしきものが看取されることは、異端自身の間に相異る用語法をもつ二つの群があったと考えてよいであろう。

いうまでもなく、用例検出のためには右の三史料のみでは少なすぎて速断の惧れもあろうが、この関係はその他の文書にも妥当するように見受けられる。もとより全史料を点検したわけではないので今後検索の拡大は不可欠であるが、例えば『駁謬簡要』所出の穏和派「コンカレキオの異端」の項は『ロンバルディア・カタリ異端論』ⓑⓕ

の項とほとんど同文なので、検討に値しないが、穏和派「バグノルムの者ども」の項には両語の同義使用を思わせる例があり、さきにヨハネス派との関連で見た同史料「異端らの信仰」の項では用語はアニマに限定されている。(9) 同史料には南フランスのカタリに関する記述が二箇所ある。「ブルグキアより邪説を得、アルビゲンセスと呼ばれる異端」および「アルビゲンセスの邪説なるあり」がそれである。この『駁謬簡要』の構成の複雑さと絡んで史料の成立過程に依然問題が残るのではあるが、刊行者ドゥエーのいうようにブルグキアがドゥルグキアの誤写で、他の史料に出るバルカンのドゥグンティアないしドゥルグンティアと同じであるとすれば、教説伝来の系譜から言っても、また記事内容から見ても、これが絶対派であることに間違いはない。ここでも、唯一の例外を除いて、用語は常にアニマである。(10)

『星の彼方の書』の文章構造も複雑で両派の言辞が交錯するが、丹念に読めば右の関係はここにも看取される。(11) もっぱら絶対派カタリを記述したエルマンゴーの『異端論難』や、同じ人物の作に擬せられている『アルビ・リヨン異端解明』では、霊魂の語は必ずしも頻出するわけではないが、アニマに統一されている。(12) モネタの『カタリ・ワルドー派詳論』は浩瀚極まる上に、常に異端の内部諸派を区分して個々に論難を加えているとは限らないので、俄かに全体を精査することはできないが、そこでも最初のカタリ派教説を要約した箇所では両語の使い分けが見られる。(13) カタリ絶対派自身の筆になる作品について見ると、『マニ教要義』にはこの問題に関する限りはかばかしい記事がない。(14)『両原理論』では、スピリトゥスの語を霊魂の意に用いた箇所はない。(15) こうして、例外がないわけではないにしても、(16) 今まで見て来たところをもって先の推定を少しは補強できるであろうと考える。(17)

さて、仮りに用語法右の通りであるとするならば、このことは当然、絶対派にはアニマとスピリトゥスの混用互換を妨げるような理由、つまりスピリトゥスに霊魂《アニマ》とは異る概念を与えるような教義があり、穏和派にはそのようなもののなかったことを意味するであろう。この種の絶対派固有の教義とは、二、三の史料に見られる霊魂観、特にその起源すなわち堕落以前の霊魂の原型たる天使の理解、したがっていつの日にか天界に復帰する時の霊魂の姿、いわば救済の具体相に関するものと思われる。

天使堕落の事件をめぐっては、「天に大いなる戦いを生じ、竜すなわちかの古き蛇は惑わされたる天使とともに墜され、黙示録にあるごとくその尾は天の星の三分の一を曳いて落した(18)」、悪神は「大天使ミカエルおよび善き天使らと戦い、神の被造物の三分の一を掠め去った(19)」等々の句が絶対派と穏和派を問わず諸史料に頻出する。穏和派の場合は悪魔は天界の中から出現し、絶対派においては外部から悪神が潜入ないし襲撃したことになっているが、いずれにせよ悪神の誘惑、露顕、追放、そしてこの時における大量の天使の堕落あるいは追放という図式に変りはない。むろん、情景細部の潤色ははなはだ多様で、特に異端審問で記録されたカタリ派説教の伝聞供述になると、いちじるしく物語性を帯びている(20)。

堕落した、あるいは拉致された天使を「三分の一」とする、明らかにヨハネ黙示録を踏まえた説話は、絶対派特有のものでは決してない。『ヨハネ問答録』にも、「七つの尾を有し、神の天使らの三分の一を曳いた」とある(21)。ただ問題は何の三分の一なのか、いわば分母は何かにある。穏和派関係記事にはそれ以上の解説を見ることがないので、天使総数の三分の一と解せられるが、絶対派関係記事には全天使のそれぞれが三分の一に当る部分を失ったと解せざるを得ない解説が見られる。すなわち、『駁謬簡要』(異端の項)に、次の句を見る。「三分の一とはすべてのアニマの意であって、これらことごとく悪魔の誘うところとなったのである。けだし、これはかの三者、すなわち天の形相《コルプス》、アニマ、スピリトゥスの中の一つであったからである(22)」。要するに、絶対派は三つの部分からなる天使の構造を考えていたのである。「天使らは三つの部分、すなわち形相《コルプス》、アニマ、スピリトゥスから成る。形相《コルプス》は撃ち倒されて天にとどまった。これがエゼキエルのいう乾ける骨である。スピリトゥスも残った」(『ロンバルディア・カタリ異端論』ⓐの項)[23]。「今一つの世にてアニマは形相《コルプス》を離れ、この世すなわち地獄へ墜ちた」(『報告』㋑の項)[24]。コルプス corpus はもちろん肉体、体軀を指す語だが、非物質的な天使に「肉体」はなじまないので仮りに形相と訳しておく。同様に以下、スピリトゥスを霊、アニマを霊魂と訳しておく。

絶対派の天使三部構造説を伝える史料は他にも二、三あるが[25]、天界における各部分の役割については『駁謬簡要』(異端の項)の記事がもっとも詳しい。「栄光の神は、かの要素をもっておびただしい形相《コルプス》を創り成した」。「あまたの霊魂《アニマ》を創って……これを形相《コルプス》の中に入れた」。また、「おびただしい霊《スピリトゥス》を創り……霊魂《アニマ》に、その護り手、導き手たらしむべく、霊《スピリトゥス》を配した。もとより、それぞれの霊魂《アニマ》にそれぞれ固有の霊《スピリトゥス》を与えたのである。けだし、霊魂《アニマ》は導き手なくしてはおのれを持し得るだけの力と思慮を有しなかったがゆえである」。「欺かれたのは霊魂《アニマ》のみで、霊《スピリトゥス》ではない。また形相《コルプス》を引離して攫うこともなく、それらはその場にとどまった」(異端の項)[26]。誘惑され地に、つまり現世に墜ちたのは霊魂《アニマ》のみだったのである。「形相《コルプス》は撃たれて天にとどまった。これぞエゼキエルが乾ける骨と呼びしところ、使徒が天上の体と呼びしところである。霊《スピリトゥス》もまたここにとどまった」(同上ブルグキアの異端の項)[27]。以後、霊魂《アニマ》は現世の肉体《コルプス》に入れられて輪廻転生の業苦を嘗めつつ彷徨する。他方、霊《スピリトゥス》は罪人となったおのれの半身を探し求める。「おお、アルバネンセス。汝らはいう。霊《スピリトゥス》とともに天にありて罪を犯せる霊魂《アニマ》は今汝らの中に在り、霊《スピリトゥス》はそうでない、と。また言う。霊《スピリトゥス》それぞれに、ともにありて罪を犯せる霊魂《アニマ》を尋ね求め、めぐりあえばともに語り、おのれの忠言に従わせる、と」[28]。絶対派がスピリトゥスとアニマの両語を厳重に使い分けざるを得ぬ理由が、ここにある。

したがって救済の構造も、穏和派と絶対派とでは異ならざるを得ない。前者の場合には、今人間の霊魂となっている天使がそのまま天界に復帰すれば足る。しかし絶対派にあっては単なる回帰でなく、もとの天使複合体が再構成されねばならない。[29]「その時、いかなる霊魂《アニマ》もそれぞれに、曾て欺かれし時天に遺せるおのれ本来の形相《コルプス》を得べしと言い、……この形相受領こそ使徒の述べたる死者の復活にほかならずと言いかつ信ずる[30]」。「その処にて死者の復活が行われる、すなわち神の霊魂《アニマ》はおのおの本来の形相《コルプス》を得ると信ずる[31]」。ただし、天界復帰、天使復原は一挙には望むべくもない。その前に、不可欠な階梯としてカタリ派教団への参入、すなわち彼らの洗礼たる救慰礼を接受することによって聖霊を加えられることが必要である。救慰礼 consolamentum 別名按手 impositio manus は、全カタリを通じてもっとも重要な秘蹟、厳密な意味では唯一の秘蹟であったが、絶対派と穏和派とではここに干与する霊《スピリトウス》の意味が異って来るのである。

全体としてカタリ派は、カトリック教会の洗礼を救済にとって無効有害と排撃した。幼児に授けるのが誤りであるとか、授礼者が腐敗しているがゆえに無効であるとか、爾余の異端諸派と同様個々の非難理由を口にしているが、究極的にはそれがカトリック教会の秘蹟なるがゆえに、また形而下の物質たる水をもってするがゆえに、全面的に否認したのである。「教会のあらゆる秘蹟、天然の水による洗礼をはじめ、他の諸秘蹟は救いのための何物をももたらさない」。「受洗せる幼児は盗賊、殺人者とひとしく、永遠に罪ありとされる[32]」。「洗礼について、物にして腐敗すべき水、すなわち悪神の業とその創造に属し、霊魂を聖別するを得ずという。僧侶は貪欲のゆえに水を売る。あたかも死者の墓所に土を売り、病者に油を売り、告白を金に換えると同断である[33]」。これに対してカタリ派自身の救慰礼を、そこで聖霊が加えられる霊的なバプテスマで、救済のために不可欠の要因、救済過程の出発点とした[34]。『プロヴァンサル典礼書』に言う。「汝は霊のバプテスマを受けたいと望むか。聖なる祈りと按手を通じて汝に授けられるは、神の教会の中なる聖霊である[35]」。『ラテン典礼書』には、「これぞイエス・キリストの霊的なるバプテスマ、また聖霊のバプテスマと称せられたるもの」とある。[36] いずれも水の洗礼でないことを強調しているのであって、その正当性を新約の章句に拠って確信した。「されば聡き者にして、イエス・キリストの教会が明らかなる書物の拠り所なしにこの按手によるバプテスマを行うと信ずる者なし」(『ラテン典礼書』[37])。事実、二つの典礼書は洗礼の本質が霊的な点にあることに言及した新約章句の引用で充満している。ここでも聖書引用文に歪曲はまったくないが、解釈に独自の抑揚のつけられる場合もあったらしい。「聖書に使徒が水をもってバプテスマを施したとある箇所について、彼らは水とは教訓の意であると説明する」[38]。彼らが洗者ヨハネを神経質に問題視し、多くの場合排撃するのも、この水の洗礼、およびイエスによるその評価の言との関連においてである。

救慰礼において霊魂に加えられるのは、一般的理解においては聖霊であるが、特に絶対派の場合に限りそれはさらに特殊な規定をもっている。つまり、この聖霊とは、曾て天界で分離し、以来おのれの霊魂《アニマ》を探し続けて来たおのれの霊《スピリトゥス》に他ならないとされるのである。「彼らは言う。霊魂《アニマ》は按手によって、導き手たるべきおのれ本来の霊《スピリトゥス》を受ける。これぞ悪魔に同調して欺かれし時、天にて打棄てたるところにほかならず。この霊《スピリトゥス》を聖霊、すなわち確固たる霊と呼ぶ。確固としてかの欺きに耐えたがゆえであり、また現在にあってもおのれの霊魂《アニマ》を治め護り、悪魔に欺かるる能わざらしめるがゆえである。……かくのごとく、惑わされ欺かれたる霊魂《アニマ》の現在の生における護り手、導き手として与えられるものの一つ一つを、彼らは霊《スピリトゥス》と呼び、確固として留まり欺かれざりしがゆえに聖なる霊と言う。キリストにおける救慰を受くる時、個々の霊魂《アニマ》が得るものを喜びの霊《パラクリトゥス》、すなわち慰めの霊《コンソラトル》と呼ぶ。されば喜びの霊、慰めの霊はあまたあり、と言う」。「彼らが父と子と聖霊を崇むと言う時、彼らはおのれの霊《スピリトゥス》を聖霊と呼ぶにほかならない」[39]。こうしてまず現世で霊《スピリトゥス》と合体した霊魂《アニマ》が、戒律を全うして天界に帰り、つまり現世の肉体《コルプス》を脱ぎ棄てて天に残した形相《コルプス》を回復すれば救済は完成する。

右のような天使三部構造説、およびそれから派生する独自の典礼観、聖霊観、救済観を、すべての史料が一貫的かつ明示的に記述しているわけではない。しかし、カタリ絶対派がほとんど常にアニマとスピリトゥスの両語を使い分けようとした痕跡がある以上、この説は同派にとって共通の前提であったと考えてよいであろうし、また同様の理由によって、『駁謬簡要』中ヨハネス・デ・ルギオ派の影響の痕をとどめる項に特に詳しい説明があることをもって絶対派内ヨハネス分派のみに特有の見解と限定するのも当を得ないであろう。他方、諸史料の穏和派関係項目にこの説を明示的に拒否した例は見当らない。しかし、同派が天使三分の一堕落説をはじめ多くの説話や用語を共有しても、この説と無縁であったことはいうまでもない。二つの語を同義に用いている以上、この説は成立たないからである。こうして、天使三部構造説に発する一連の教義は、さきにも見た輪廻転生説、現世即地獄説などしばしばカタリ派一般に帰せられる教説とともに、ヨハネス分派をも含めて絶対派だけに特有な見解と見るべきである。(40)絶対派は異端カタリ派の中でも、格段に鮮明な特徴をもつ際立った存在であったと言ってよい。

ところで、最終審判の完了、現世即地獄、輪廻転生、キリストの仮現、全霊魂の救済など絶対派固有の諸命題も、最初の天使解体と最後の天使復原を結ぶ一線の上、いわば全歴史過程の上に載せて見ると極めて自然に理解できる。つまり絶対派の教義は緊密な一つの体系をなしているので、これは多くの異端諸派に見られたようなカトリック教会に対する個々的逐次的な反撥からカトリック教義の改変修正によって形成されたのではなく、むしろ西欧に入る以前から有機的結合をなしていたことを思わせる。(41)絶対派、穏和派とも東方にそれぞれの母教団をもっていたことはすでに見た通りであるが、この関係で推測されるのは、第一にバルカン半島の母教団相互間に性格ないし起源の大きな相違があったのではないかということ、第二に東方からの伝播と西欧側の受容ないし対応の仕方が両派において異なっていたのではないかということである。

(1) ⟨sicut caro a carne, ita spiritus a spiritu propagatur⟩. AFP. XIX, p. 310 ; ⟨dicunt omnes spiritus salvandos⟩. ibidem ; ⟨totus iste mundus constet ex illis spiritibus malignis, idest spiritus illi qui sunt dampnandi, et qui salvandi⟩. ibidem, pp. 311.

(2) ⟨credunt prophetas quandoque locutos de spiritu suo, quandoque de Spiritu Sancto, quandoque de spiritu maligno⟩. AFP. XX, p. 311 ; ⟨in Iohanne Baptista ille et idem spiritus fuit qui fuit in Helia, et credit illum spiritum fuisse malignum⟩. ibidem ; ⟨Et spiritus Ade et Eve fuerunt de illis qui fuerunt extracti violenter⟩. ibidem, p. 313 ; ⟨de spiritibus Ade et Eve traducuntur alii spiritus, ad supplendam et restaurandam ruinam malorum spirituum qui peccaverunt voluntarie, et fuerunt in corporibus a diabolo, spiritus scilicet Ade et Eve⟩. ibidem ; ⟨et illa traducio spiritus ex spiritu est ex natura, sicut corpus ex corpore, et planta ex planta, diabolo tamen operante⟩. ibidem.

(3) ⟨Item, credunt quod diabolus formavit corpus primi hominis et in illud effudit unum angelum, qui in modico jam peccaverat. Item, quod omnes animae sunt ex traduce ab illo angelo⟩. TNA. V, c. 1773 ; ⟨Christus non assumsit animam humanam⟩. ibidem ; ⟨Christus non assumsit animam humanam, sed angelicam, sive corpus coeleste⟩. ibidem, c. 1774 ; ⟨anima B. Mariae Virginis, et Apostolorum, omniumque sanctorum non sunt adhuc in gloria, nec erunt usque in diem judicii, sed sunt in aere isto, in quodam loco cum corpore Jesu-Christi⟩. ibidem.

(4) ⟨et de alia parte credit fecisse sedem ubi Sathanas sedet in celo sidereo et inde dominatur toti mundi inferiori preterquam animabus bonis⟩. AFP. XX, p. 312 ; ⟨Item Nazarius dicit quod Christus non habuit animam, sed deitatem pro anima. Sed Desiderius et valde pauci in hoc sibi consencientes credunt quod habuit animam⟩. ibidem, p. 311 ; ⟨et ibi credit esse omnes animas iustorum mortuorum⟩. ibidem.

(5) ⟨Anime vero recepte sunt ab ipso lucifero et in hoc mundo incorporantur⟩. AFP. XIX, p. 309 ; ⟨Et in istis corporibus agunt ille anime penitentiam et si in uno corpore non salvantur, anima intrat aliud corpus et agit penitentiam⟩. ibidem, p. 310 ; ⟨Christus filius dei pro hiis solis animabus salvandis venit⟩. ibidem, p. 309.

(6) ⟨Vocantur autem istae Dei creaturae secundum eos Populus Dei, et Animae, atque Oves Israel, et etiam multis aliis nominibus⟩. TNA. V, cc. 1768-1769 ; ⟨animae Dei transmittantur de corpore in corpus⟩. ibidem, c. 1772 ; ⟨et corporibus eorum defunctis ibidem animae descenderunt necessario in infernum, id est in hunc mundum⟩. ibidem ; ⟨ibidem fiet resurrectio mortuorum, scilicet quod unaquaeque anima Dei recipiet proprium corpus⟩. ibidem.

(7)　⟨non omnes oves sive anime que descenderent vel ceciderunt de celo incorporantur, sed alique purgantur in aere isto caliginoso sine corpore aliquo, et majorem penam sustinent quam ille sunt in corporibus, sed cicius salvantur⟩. AFP. XX, p. 312.

(8)　⟨corpora humana partim vivificantur ab illis spiritibus malignis, quos diabolus creavit, et partim ab illis spiritibus animabus que ceciderunt⟩. AFP. XIX, p. 309.

(9)　『駁謬簡要』中、「バグノルム」(バヨレンセス)の項の問題箇所は次の通りである。「善き神は新しき霊魂《スピリトゥス》と生命《アニマ》を創って新しき肉体に注ぐ。これら新しき霊魂《スピリトゥス》のうち若干は救われ、堕ちたる霊魂《スピリトゥス》のうち若干は断罪される、と信ずる」⟨bonus Deus creat novos spiritus et animas et infundit novis corporibus ; et des istis novis spiritibus credunt aliquos esse salvandos et de illis qui ceciderunt credunt quosdam dampnatos⟩. SOM. p. 129.

「異端らの信仰」の項にアニマの語は頻出する。その一斑を示せば次の通りである。「かの異神《あだしがみ》は永遠に霊魂《アニマ》を虐げるであろう。これは霊魂《アニマ》が現世で犯す罪のゆえである」⟨illum deum alienum eternaliter puniaturum predictas animas propter peccata que in presenti vita committunt⟩. ibidem, p. 116.「霊魂《アニマ》は一般に天使と呼ばれる」⟨anime vulgo angeli appellantur⟩. ibidem, p. 117.「この世の君、悪魔にしてサタンなる者、……霊魂《アニマ》を欺き」⟨princeps huius mundi, diabolus et sathanas...deceperit illas animas⟩. ibidem.「欺いて獲たるかの霊魂《アニマ》を保つ能わなかったので、あたかも獄舎に繋ぐがごとく、これを人間の肉体に封じた。また日毎これを封じている」⟨quoniam non optinuerat istas animas, quas in sua astucia deceperat, humanis corporibus quasi in carcere inclusisse et quotidie includere⟩. ibidem, p. 118.「さきに述べたるごとく、主イエス・キリストは悪魔に欺かれたる霊魂《アニマ》をみ国に招くであろう」⟨Dominus Jhesus Christus suas animas a diabolo deceptas, ut diximus, vocabit ad regnum⟩. ibidem, p. 119.「現世の人体に封ぜられたる霊魂《アニマ》は……贖罪をなす」⟨anime...in hac presenti vita in corporibus humanis incluse penitentiam agunt⟩. ibidem.「霊魂《アニマ》を治め護る」⟨animam suam regit et custodit⟩. ibidem.

(10)　「実にかのルキフェルにより霊魂《アニマ》は拉致され、この世にて肉体に入れられた。神の子キリストは専らこれら霊魂のために降ったのである」⟨anime vero rapte sunt ab illo lucifero, et in hoc mundo incorporantur. Et Christus filius dei pro hiis solis animabus descendit⟩. ibidem, p. 122.「堕ちたる霊魂《アニマ》により」⟨ab illis animabus que ceciderunt⟩. ibidem, p. 123.「霊魂《アニマ》は正しき肉体によって悔悛をなす」⟨ille anime agunt iustis corporibus penitentiam⟩. ibidem.「主は新しき霊魂《アニマ》を注がず創らず、また霊魂《アニマ》は死後ただちに平安あるいは劫罰におもむかず、という」⟨Dicunt etiam quod Dominus non infundit nec creat novas animas, et quod anime non vadunt minime post mortem ad requiem vel ad penam⟩. ibidem, p. 127.「地獄の在るを信ぜざ

るがゆえに、霊魂《アニマ》は断罪されざるべしという」〈dicunt quod anime non dampnabuntur, quia non credunt esse infernum〉. ibidem.「上述のこと、すなわち霊魂《アニマ》は断罪されずと言うに反して」〈contra hoc quod superius dictum est, scilicet quod anime non dampnabuntur〉. ibidem, p. 128.「内なる人とは、霊魂《アニマ》の謂《いい》にあらず」〈interior homo non est anima〉. ibidem, p. 129.——唯一の例外と言うのは原作者ないし写字生の見解が混入したと思われる、「されば堕ちたる霊魂《スピリトウス》にあらざれば、いかなる霊魂《アニマ》も救われずと言いながら、しかも……」のみである。〈Dicentes ergo quod nulla anima salvabitur nisi spiritus qui ceciderunt〉. ibidem, p. 128.

(11)『星の彼方の書』はデリンガー版、イラリーノ・ダ・ミラーノ版ともに完本でないから網羅性を期することはできないが、点検したかぎりでは次の通りである。第一に、絶対派に関しては、アルバネンセスは次のごとく言うとして、「霊魂《アニマ》は一体より他体へと肉体に入りつつ彷徨し、その間に真理を悟るに至る」〈anime vadunt incorporando se de corpore in corpus, dum veniunt ad cognoscendum veritatem〉. Ilarino da Milano (éd.), op. cit., AEV. XIX, p. 313.「おお、アルバネンセスよ。汝らは説く。悪神その兵を善神の国に送りしに大いなる戦を生じ、大天使ミカエルに抗す能わずして投げ落された。しかるに善神のあまたの霊魂《アニマ》とともに堕ち、これらを人の肉体に投じた」〈O Albanenses, vos praedicatis, quod malus deus misit nuntium suum vel nuntios suos in regnum boni dei, et ibi fuit magnum proelium, et non valentes resistere Michaeli Archangelo projecti fuerunt de illo regno, sed tamen ceciderunt cum multitudine animarum boni Dei, quas ipse malus Deus carceravit in corporibus humanis〉. DÖLL. II, S. 79.「神の国より拉致され悪神の獄舎に繋がれたる一つの霊魂《アニマ》が、上述悪魔の全軍を支えるであろう」〈una anima de regno Dei tracta et carcerata carceribus mali Dei superet totum exercitum supradictum diaboli〉. ibidem, S. 80.「おお、アルバネンセス。人あって汝らに、霊魂《アニマ》は肉体より肉体へ渡るやと問わば、汝らは否と答える。この場合、悔悛をなし真理を悟れるおのれらの霊魂《アニマ》はもはや肉体より肉体へと移らず、神の祭壇に赴くとの意である」〈O Albanenses, si quis querit a vobis utrum anime vadant de corpore in corpus, vos respondetis non ; et quandoque habetis hunc intellectum quod anime vestre que faciunt penitenciam et cognoscunt veritatem non ibunt amplius de corpore in corpus, sed ibunt sub altare Dei〉. Ilarino da Milano (éd.), AEV. XIX, p. 335. 以上の用例は絶対派である。ほかにも例はあるが、いずれも規則から外れてはいない。——同史料に穏和派関係記事は比較的少いが、両語は混用されている。「彼ら(コンコリキ)は言う。全人類は肉体も霊魂《スピリトウス》もそのままアダムに由来する。すなわち我らすべての霊魂《スピリトウス》は、ルキフェルが四面の同類と協同してアダムの中に置いた天使より来る。されば、肉体は肉体より、霊魂《スピリトウス》は霊魂《スピリトウス》より生ずると言うのである」〈Item dicunt quod humana generatio omnis descendit totam ab Adam secundum carnem et secundum spiritum, scilicet quod omnes nostri spiritus descenderunt ab angelo quam posuit Lucifer cum socio suo qui habebat IIII. facies in Adam ; unde dicunt quod natum ex carne caro est et quod natum ex spiritu spiritus est〉. ibidem, p. 314. 「コンコリキあるいは言うであろう。罪人の霊魂《アニマ》は裁きの日肉体より出でて永劫の火の中に置かれる」〈Forte dicent Concorricii ; Anime peccatorum in die iudicij ponentur in igne eterno sine corporibus〉. ibidem, p. 339.——カトリックたる作者自身の用法も混合同義である。一例のみ挙げておく。「男女交合に際して、霊《スピリトウス》から霊《スピリトウス》が、換言すれば霊魂《アニマ》から霊魂《アニマ》が生ずると信ずるがごときは、カトリック教徒にあるまじきことである」〈Non videtur catholico honestum hoc credere quod spiritus a spiritu vel anima ab anime in coniunctione viri et mulieris descendat〉. ibidem, p. 340.

(12)『異端論難』の用例を挙げる。「会堂のあらゆる荘厳は何の価値もないと非難し、霊魂《アニマ》の救済には無益であると言う」〈omnia ornamenta ecclesiastica ad nihilum deputant, et ad salutem animarum nihil proficere dicunt〉. MPL. CCIV, c. 1249.——『アルビ・リヨン異端解明』ではアニマは三度使われている。そのうち人間の霊魂を意味すること明白な例を挙げておく。「また信ずる。霊魂《アニマ》は人体を去るに際し、おのれらの宗門の下にて死去するにあらざれば人畜を選ばず別の肉体に移る。しかるにおのれらのもとに死すれば、神の救いたまうべきすべての霊魂《アニマ》のために設けられたる新しき国に至る」〈Credunt etiam quod quando anima egreditur de corpore humano, transit ad aliud sive humanum sive bestiale, nisi decesserit sub illorum institutione. Si autem perseverando cum illis obierit, dicunt eam ire in terram novam, preparatam a deo omnibus salvandis animabus〉. A. Dondaine (éd.), op. cit., AFP. XXIX, p. 270.

(13)　モネタは「彼らに二派あり」とした上で、「彼らのうち、始源も終末もなき二つの原理を確信する者たち」(絶対派)と、「唯一の創造主を確言する一派」(穏和派)のそれぞれについて略述している。前者の項では、例えば「この霊魂《アニマ》を購い戻さんがため、主イエスは天より地に来った」〈Dominus Jesus propter istas animas redimendas venerit de caelo in terram〉. Moneta Cremonenis. p. 4と表現され、後者の項では例えば、「先の一派と異り、彼らは新しき霊魂《スピリトウス》すなわち霊魂《アニマ》が神によって創られるとは信ぜず、霊魂《アニマ》は霊魂《アニマ》より曳出されると言う」〈Ponunt etiam quidam, in quo differunt a praedictis, spiritus, sive animas novas a Deo non creari, sed dicunt animam ex anima traduci〉. ibidem, p. 6と表記されている。

(14)『マニ教要義』第一〇節の題に「霊魂《アニマ》の起源」云々とあるがここには題のみで本文を欠いている。第八節に「肉を作りし者が霊《スピリトウス》をも作り」云々の句に関する解釈が述べてあって、「しかし、キリストが霊《スピリトウス》についてこれを語ったのは、内なる霊《スピリトウス》をも外をも浄めることのないパリサイびとに向って述べたと解すべきでない」〈Sed non est concedendum Christum hoc dixisse phariseis de spiritu, qui nec spiritum intus nec foris mundabant〉. C. Thouzellier (éd.), op. cit., p. 97と誌している。全体として判り難い章であるが、聖書の用語を踏まえて特にスピリトゥスとした可能性がある一方、普通一般の意味で霊魂を指しているか否か微妙な点も残る。霊魂そのものを指すとすれば、今まで見来った絶対派の用語法とまさしく逆行する例となる。以下の注(16)に述べる『ジャック・フルニエ審問録』の場合と考合せて、均しく絶対派であっても南フランス教団に両義混用の風潮が徐々に拡がったと考えるのも一法だが、材料が少なすぎて未だ憶測の域を出ない。

(15) アニマの語が『両原理論』に出現するのはほぼ六回で、このうち五回は新たな霊魂の創出に関する行論の中である。一例のみ挙げる。「曾て作られ、今なお夫と妻の交合によって日毎作られつつある新しき霊魂《アニマ》によって」〈de animabus novis que antiquitus facte fuerunt et cotidie modo efficiuntur per coniunctionem maris et femine〉. C. Thouzellier (éd.), op. cit., pp. 384-386. 他の一例は、「霊魂《アニマ》の救済のために」である。〈pro salute animarum〉. ibidem, p. 408.

(16) 今までにも指摘した誤記ないし筆記者の観念の混入と思われる例外は別として、例外の中で重要なのは『マニ教要義』のそれ〔注(14)参照〕と、『ジャック・フルニエ審問録』中のそれである。異端ベリバストの説教を聴聞したという供述は、明らかに絶対派の教説を語りながら「先の肉体で悪事を働いた霊魂《スピリトゥス》は野獣の体に収められ」云々と、スピリトゥスを繰返している。もし供述者あるいは筆記者固有の用法でないとするならば、末期カタリ派における教義の破損磨滅を示すものであろう。

(17) 用語法の規則性が確認されれば、用語法の識別から断片史料の分派帰属を推定ないし確認できる場合もあるであろう。『ヨハネ問答録』の用例を見ておく。「鳥と魚は霊魂《スピリトゥス》を有せず。獣もまたしかり。これらは人の霊魂《スピリトゥス》を有せず」〈Volucres et pisces non habent spiritum nec bestiae, neque habent spiritum hominis〉. DÖLL. II, S. 87.「曾て不信の徒たりし多くの霊魂《スピリトゥス》はこの時獄舎を出で」〈exibunt de carcere spiritus increduli aliquando〉. ibidem, S. 92.——なお、『ラテン典礼書』にはアニマのみが、『プロヴァンサル典礼書』には両語が用いられている。例数として余りに少いのでこれのみでは何ほどの結論も出すにも足りないが、参考までに附記する。『ラテン典礼書』では、「キリストの来れるは、肉の汚れを洗わんためならで、神の霊魂《アニマ》を浄めんためである」〈Christus non venit causa lavandi sordes carnis, sed causa abluendi sordes animarum〉. A. Dondaine, Un traité nêo-manichéen. p. 157.「汝らの霊魂《アニマ》とともに神とキリストと聖霊の前に出づべし」〈cum anima vestra debetis esse coram deo et Christo et spiritu sancto〉. ibibem, p. 162 および「汝らの霊魂《アニマ》の業のうちにキリストの掟を受けよ」〈debetis legem Christi in operationibus anime vestre〉. ibidem とある。『プロヴァンサル典礼書』には「霊魂《エスペリツ》を傷つけ損なうをも顧みず、我らはしばしば肉の望み、世の煩いへとおもむく」〈sovendeirament azomplem li desirer de la carn e las curas seglars si c'als nostres esperitz nozem〉. CL. p. x.「我らの兄弟ならびに我らの霊魂《エスペリツ》を損なうに」〈si qu'als nostres fraires et als nostres esperitz nozem〉. ibidem.「願わくは獄舎の中なる霊魂《エスペリト》に慈悲を」〈aias merce del esperit pausat en carcer〉. ibidem, p. xi.「汝ら終生よくこれを保たば、汝らの霊魂《アルマ》永遠の命を得ん望みあり」〈E si be o faitz entro a la fi, avem esperansa que la vostra arma aia vida durabla〉. ibidem, p. xix とある。

(18) 『ロンバルディア・カタリ異端論』(ⓐの項)　〈dicunt factum esse prelium magnum in celo, et proiectus est draco ille serpens antiquus cum angelis seductis, secundum quod dicitur in apocalipsi, et cauda eius trahebat terciam partem stellarum celi〉. AFP. XIX, p. 309.

(19) 『報告』(㋑バラシナンサ派の項)　〈facto ibi praelio cum Michaele archangelo et angelis boni Dei, extraxit inde tertiam partem creaturarii Dei〉. TNA. V, c. 1768.

(20) 『ジャック・フルニエ審問録』から一例を挙げる。これはアルノー・シカール Arnaldus Cicredus なる者の供述で、異端ギヨーム・ベリバストが次のように説教するのを聞いたと言うものである。この異端の言説は前にも一部を引いたが、特に話術に長けた説教者であったと思われる。「されば、聖なる父の敵サタン、聖なる父とその国の平安を乱さんとて父の国の門に至り、三二年間ここに留まった。立入るを許されなかったがゆえである。ついに一守門、かくも長きにわたって門を望みしかも許されざるを見て、彼を聖なる父の国に引入れた。父に知られざるよう、善き霊たちのうちに隠れひそむこと一年の後、善き霊たちを惑わし始めた。汝らは、ここに在る以外の栄誉と悦楽を知らぬか。然りとの答に、汝ら低きにある我が国に降らんと望まば、父の与うるに勝る大いなる栄誉、大いなる愉悦を供するであろう、と語った。善き霊たち、供すると言う善美なるものの様を教えよと乞うたので、かの者は次のごとく語ったのである。穀物畠、葡萄園、湧出づる清水、牧場、果実、金銀、その他この触知できる世界の善美悉皆を与えよう。加えて、汝ら一人一人に妻を与えよう。そして妻、ならびに妻とともに得べき肉の歓楽を大いに讃えた」。ところが天使たちは女を見たことがなかったので、実物を見せる。「ややあって、この上なく美しく姿よろしき女の、しかも金銀宝石に身を飾りたるを父に隠れてその国に伴い来り、善き霊たちに示した。一度これを目にするや、おのおのこれを得んと霊たちは欲情に燃えたのである。かの者、頃はよしと女を連れて父の国を立去る。欲望に眩んだ霊たちはサタンとその女の後を追うたのであるが、その数きわめて多く、九日九夜にわたってサタンの退去せし裂目より逃れる者あとを断たなかった。この間、霊たちの落ちるさま、降りしきる雨よりも烈しくかつ繁く、ために父の玉座のそば近くまで無住の地と化さんばかりであった」〈Deinde Sathanas inimicus Patris sancti, ut turbaret quietem Patris sancti et regnum eius, ivit ad portam regni Patris Sancti et stetit ad portam per XXXII annos. Non permittebatur intrare. Tandem quidam ianitor dicte porte, videns quod per longum tempus expectaverat ad portam et non fuerat adhuc permissus intrare, introhivit illum in regnum Patris sancti. Et cum fuit inter spiritus bonos stetit cum eis per annum absconditus inter eos, ne Pater sanctus eum videret. Et

incepit sollicitare spiritus bonos, dicens eis: Et non habetis aliam gloriam vel delectacionem nisi illam quam video vos habere, cui responderunt quod non, et tunc ipse dixit eis quod si vellent descendere ad mundum suum inferiorem et regnum, ipse maiora bona et maiores delectaciones eis daret quam eis dedisset Pater sanctus. Et cum boni spiritus peterent ab eo cuiusmodi bona eis daret, ipse respondit eis quod daret eis agros, vineas, aquas, prata, fructus, aurum, argentum et omnia bona huius modi sensibilis, et eciam cuilibet ipsorum uxores. Et tunc incepit laudare uxores multum et delectaciones carnales que cum uxore haberent〉. 〈et post tempus adduxit mulierem pulcherrimam et formosam, auro et argento et lapidibus preciosis ornatam, et introduxit eam in regnum Patris et abscondit eam ne Pater sanctus eam videret. Et illam mulierem ostendit spiritibus bonis Dei Patris. Quam cum vidissent, inflammati concupiscencie ejus, quilibet eorum eam habere volebat, quod videns Sathanas eduxit secum de regno Patris dictam mulierem, et spiritus, concupiscencia dicte mulieris illecti, sequti fuerunt dictum Sathanas et mulierem eius. Et tot eos sequti fuerunt quod per novem dies et noctes per quoddam foramen unde Sathanas egressus fuerat cum muliere non cessaverunt cadere spiritus, et magis minutatim et spisse ceciderunt spiritus de celo per dictas dies quam cadat pluvia super terram. Et tot ceciderunt quod usque ad cathedram in qua Pater sanctus sedebat fuit locus spiritibus desertus〉. JF. II, pp. 33, 34.

この話では事態を知った神が岩を据えて天界の裂目を塞ぎ爾今女の天に入るを禁じたとあって、その後はすぐ墜ちた霊たちの後日譚に続いているが、堕落露顕に大合戦が続くのが説話の原型だったはずである。なぜなら「イザヤ書に天に昇って云々とあることをもって、ルキフェルはここなるおのれの国より高き天に昇り……この時黙示録に見られる合戦が生じたと説く」(『駁謬簡要』)と、異端自身が出典(イザヤ書一四章、ヨハネ黙示録一二章)を意識しているからである。〈Et dicunt quod lucifer ascendit ex hoc suo regno in celis supernis, pro eo quod dicitur in Ysaia, Ascendam in celum,...et tunc factum est prelium quod dicitur in Apoc.〉. SOM. p. 122.

誘惑の具にも説教者により変奏がある。カルカッソンヌ審問での供述には「サフランの香のする女たちを与えよう」となっていた。〈ego dabo vobis uxores safranadas〉. Doat, XXXIV, f. 95 cit. in C. Schmidt, op. cit., II, p. 25. 先にも見たが、『ヨハネ問答録』では減税の予約が天使を魅きつける好餌であった。中には、悪神が「あまたの男女の美々しい行列をつけて」使者を天界に送ると、神自身までその威容に眩惑されたとする例すらある(『アルビ・リヨン異端解明』〈cum magno et ornato comitatu virorum ac mulierum〉. A. Dondaine(éd.), AFP. XXIX, p. 269)。まことに、人の想像しうる世界は狭隘である。全き霊性の世と時のことでありながら、語られているのは通俗の最たるものでしかない。現世厭離の衝迫の上に成立っていたとも言えるカタリ派にして、こうである。

（21）〈habuit VII caudas trahentes tertiam partem angelorum dei〉. R. Reitzenstein, op. cit., S. 299.

（22）〈terciam enim partem dicunt esse illas omnes animas quas seduxit quia sunt tercia pars dictarum trium rerum, scilicet corporum celestium, animarum et spirituum〉. SOM. p. 117.

（23）〈Et illi angeli constabant ex tribus : ex corpore et anima et spiritu. Et dicunt quod corpora remanserunt in celo ociosa, que dicuntur ossa arida in ezechiel. Et spiritus remanserunt ibi〉. AFP. XIX, p. 309.

（24）〈corporibus eorum defunctis ibidem animae descenderunt necessario in infernum, id est in hunc mundum〉. TNA. V, c. 1772.

（25）『アルビ・リヨン異端解明』「彼らはいう。形相《コルプス》はとどまって荒野に打棄てられ、霊《スピリトウス》は切離され、霊魂《アニマ》は連れ去られた。けだし、ヨハネが黙示録にて、かの大いなる竜、悪魔たりサタンたる古き蛇が尾をもって天の星の三分の一を曳いて地に墜した、と述べしごとくである」〈Animas, dicunt, misit, relictis corporibus et deserto prostratis, in spiritibus dimissis, quia ut ait Iohannes in Apocalipsim Dracho magnus, serpens antiquus, diabolus et Sathanas percussit cauda tertiam partem stellarum et misit in terram〉. AFP. XXIX, p. 269.——モネタの『カタリ・ワルドー派詳論』には、「かのカタリにして二つの原理を想定する者どもは言う。神の民は三部、すなわち形相《コルプス》、霊魂《アニマ》、およびこれら二つを守る霊《スピリトウス》より成る。しかも、これを使徒の言によって強弁せんとする」とある。〈Illi enim Cathari ; qui duo ponunt principia, dicunt Populum Dei constare ex tribus, scilicet corpore, anima, et spiritu praesidente utrique. Et hoc volunt habere ex illo verbo Apostoli〉. Moneta Cremonensis. p. 105. 使徒の言とあるのは、「願わくは平和の神、みずから汝らを潔くし、汝らの霊《スピリトウス》と心《アニマ》と体《コルプス》を守り」云々（テサロニケ前書五章）である。

（26）〈deus glorie creavit seu fecit ex illis elementis multa innumerabilia corpora〉. 〈creavit seu fecit innumerabiles animas ...quas illis corboribus infundit〉. 〈dicunt creasse seu fecisse innumerabiles spiritus celestes〉. 〈dedisse iam dictis animabus ad illarum custodiam et regimen, videlicet unicuique illarum suum spiritum ; non enim, ut dicunt, ille anime tante fortitudinis vel sciencie erant quod per se possent in suo statu persistere sine alicuius regimine〉. 〈non enim illos spiritus decepit, sed tantum animas, nec corpora illarum duxit seorsum sed ibi perstiterunt〉. SOM. pp. 116, 117.

（27）〈corpora remanserunt in celo occisa, que dicuntur ossa arida in Exechiele et ab Apostolo corpora celestia〉. ibidem, p. 122. 使徒により云々とあるのは、コリント前書一五章、「天上の体あり、地上の体あり」。

(28) 『星の彼方の書』 〈O Albanenses,...Vos dicitis quod anime que peccaverunt cum spiritibus in celesti patria, ille sunt in vobis, sed spiritus non ; et dicitis quod quilibet spiritus querit suam animam cum qua peccavit et quando invenit eam loquitur cum ea et animam attendit conscilio spiritus〉. Ilarino da Milano (éd.). AEV. XIX, p. 321.

(29) 『ロンバルディア・カタリ異端論』(ⓐの項)に、「彼ら(霊魂)の残せし衣と冠と座は今なお天にある。再びこれを得べきである」〈adhuc sunt vestes et corone in celo, et sedes quas amiserunt, et iterum debent eas accipere〉. AFP. XIX, p. 309 とあるうち、衣と冠は当然、形相《コルプス》と霊《スピリトゥス》の比喩的表現である。いうまでもないが、『イザヤ見神記』の衣や冠も彼らはこの意味に読んだのである。同じ表現は穏和派関係の文書、例えば『ヨハネ問答録』にも見られ、「かの時父はおのれの天使らに命じて言った。彼に聴きたるすべての天使らより衣と座と冠を奪え」とある。〈Tunc pater praecepit angelis suis, deponite stolas et tronos et coronas ab omnibus angelis audientes eum〉. R. Reitzenstein, op. cit., S. 299. 表現は共通でも、意味内容の異ることはいうまでもない。

(30) 『駁謬簡要』 〈Item, dicunt quod quelibet anima tunc recipiet suum proprium corpus, quod ibi in celo derelinquerunt quando decepte fuerunt,...quorum corporum receptionem dicunt et credunt debere esse mortuorum resurrectionem, de qua dixit Apostolus〉. SOM. p. 119.

(31) 『報告』 〈Item credit quod ibidem fiet resurrectio mortuorum, scilicet quod unaquaeque anima Dei recipiet proprium corpus〉. TNA. V, c. 1772.

(32) 同右(全カタリ派の項) 〈omnia sacramenta Ecclesiae, scilicet sacramentum Baptismi aquae naturalis et cetera sacramenta nihil prosunt ad salutem〉. ibidem, c. 1761 ; 〈omnes parvuli etiam baptizati non lenius aeternaliter punientur, quam latrones et homicidae〉. ibidem, c. 1762.

(33) 『審問官提要』 〈Item, de baptismo quod est aqua materialis et corruptibilis et ideo est de opere et de creatione mali Deo, et non potest sanctificare animam ; set clerici ex avaricia vendunt illam aquam, sicut vendunt terram in sepulturis mortuorum et sicut vendunt oleum infirmorum, et sicut vendunt confessionem peccatorum que fit sacerdotibus〉. GUI. I, pp. 24-26.

(34) 『報告』(全カタリの項) 「按手は彼らによって救慰礼、霊的なる洗礼、あるいは聖霊のバプテスマと呼ばれ、これによらずして大罪の赦されることも、聖霊の加えられることもないとされる」〈Manus impositio vocatur ab eis consolamentum, et spirituale baptismum, sive baptismum Spiritus sancti, sine qua secundum eos nec peccatum mortale remittitur, nec Spiritus

sanctus alicui datur〉. TNA. V, c. 1762.——『駁謬簡要』「キリストのバプテスマなりと信ずる按手によって彼らの信仰に加担する時、それら(霊魂)は悔悛を開始するという」〈penitentiam illas incipere asserunt, cum illorum fidei inerunt in manuum eorum impositionem, quam Christi baptismum esse credunt〉. SOM. p. 119.

(35)〈voletz recebre lo baptisme esperital, per lo qual es datz Sant esperit en la gleisa de Deu, ab la santa oracio, ab l'empausament de las mas〉. CL. p. xvi.

(36)〈Et hoc dicitur spirituale baptismum Jhesu Christi et baptismum spiritus sancti〉. A. Dondaine, Un traité néo-manichéen. p. 157.

(37)〈Nullus ergo sapiens credat quod ecclesia Ihesu Christi istud baptismum faciat impositionis manuum sine manifesta ratione scripturarum〉. ibidem, p. 159.

(38)『駁謬簡要』〈in sacra scriptura ubi invenitur quod apostoli baptizaverunt in aqua, exponunt aqua id est doctrina〉. SOM. p. 126.

(39)『駁謬簡要』〈in illa manuum impositione dicunt illam animam suum proprium spiritum ad sui regimen et custodiam recipere, quem in celo dereliquit cum diabolo consensit et ab eo decepta fuit ; quem Spiritum dicunt et appellant Spiritum Sanctum, id est firmum, quoniam illa deceptione firmus perstitit, nec in hac presenti vita, dum animam suam regit et custodit, a diabolo decipi potest...appellant inde quemquam illorum spirituum quos superius diximus fuisse datos animabus seductis seu deceptis, ad illarum custodiam et regimen in presenti vita ; quos ideo sanctos appellant, quia firmi persisterunt nec decepti fuerunt. Spiritum paraclitum, id est consolatorem dicunt illum quem unaqueque anima recepit, cum in Christo secundum illorum monitionem consolatinem sumit. Unde et multos spiritus paraclitos id est consolatores esse putant〉. ibidem, pp. 119, 120 ;〈Set et ipsi illum spiritum sanctum spiritum appellant, cum dicunt : Adoremus Patrem et Filium et Spiritum Sanctum〉. ibidem.

三位一体説は全カタリの教義と無縁であったが、父と子と聖霊をしばしば口にしたことは事実で、二つの典礼書には「父と子と聖霊を崇めまつる」の定型唱句が頻出する。今まで見て来た限りでは絶対派の聖霊は個々の人間の霊にほかならなかったが、これとは別の意味の聖霊の観念をも持っていた形跡がある。『駁謬簡要』中、同じく絶対派関係項目に次のように見られる。「我ら(カトリック)が聖霊と呼ぶところのものは、彼らはこれを主霊と称する。……主霊は爾余のあらゆる天なる諸霊より威厳において大、かつ立勝り、限りなき威と蔽いがたき美を有する。これ、すべての天使らが観望せんと願うた所以である」〈Spiritum principalem dicunt illum esse quem nos Spiritum Sanctum appellamus....Et hunc spiritum principalem omnibus aliis spiritibus celestibus maiorem dignitate et excellentiorem autumant, illumque tante dignitatis et ineffabilis pulcritudinis esse dicunt quod angeli omnes in eum prospicere semper desiderant〉. ibidem. これは今までに引用した同じ史料記者の解釈ないし批判と明らかに矛盾する。『駁謬簡要』の行文に混乱がある模様だが、絶対派カタリの教義自体に未整理の部分があった可能性もある。いずれ、他史料との照合が不可欠となろう。

(40) 『プロヴァンサル典礼書』にもとづき、カタリ派典礼の構造をはじめて詳細に解明したギローも、この点に関する絶対派固有の教説を誤って全カタリ派のそれとしている。Gl. II, p. 109 sqq.

(41) 天使三部構造説を軸とする絶対派の教義体系が東方のドゥグンティア教団においてすでに成立していたであろうことは、西欧での状況から容易に逆推できる。しかし、それ以前の系譜は必ずしも定かでない。マニ教およびグノーシス系の古代二元論との関連でカタリ派を視野におさめようとしたゼーデルベルクの貴重な研究も、この教説の破片とも言うべき観念がインドまでをも含めて古代宗教の諸所に散在していることを指摘するにとどまっている。H. Söderberg, op. cit., p. 135 sqq.

第七章　源流と継受

1　東欧の史料状況

十二世紀後半から十三世紀一杯にかけての西欧カタリ派が、バルカンの異端、いわゆるボゴミリ派と密接に関係していたことは、すでに見た通りである。教義書も東方から伝来しているし、教団分立に際してはそれぞれ東方教団による司教叙任を求めて正統性を確保しようとしたのである。レイネリウス『報告』の段階(一二五〇年)では、西欧カタリ派は地中海北岸一帯に展開する二元論異端教団の群の中に、その一環として組込まれていたと言ってよい。ここでは、東欧の事情を深く探索するだけの余力をもたないが、諸研究の成果を一瞥して、それが西欧史料から得られる知識と果して接合するかどうかを考えて見たい。

ボゴミリ派は、中世東欧の二元論異端の中でも最大のもので、ブルガリア王国に発生して周辺に拡大し、十世紀から十四世紀末まで長期にわたって命脈を保った。初出史料は、コンスタンティノープル総主教テオフィラクトス(九三六—九五六年)の書簡である。その後のものでは、コスマスの『異端反駁』(九七三年頃)およびエウティミウス・ジガベーヌスの『教理防護』(十二世紀末)の二つが、教説内容に関する史料として卓越した地位を占め、やや後代のものとして『ボリル回状』(一二一一年)が挙げられる。ボゴミリ派内部から出た『ヨハネ問答録』、および同派の中を通過した『イザヤ昇天記』については、カタリ派によるその受容の状況を見た際すでに詳述した。これらがボゴミリ派史料として特に大きなものである。最近の東欧研究家の間では、民間説話の採録と利用が盛んなように見うけられるが、果してどこまでボゴミリ教説の影を宿しているか、その範囲を確定しがたいものが多い。(1) 東欧においてボゴミリ派は古くから研究の対象であったし、西欧においてもこれと交響しながら蓄積されて来た研究業績は一、二にとどまらない。(2)

（1）『テオフィラクトス書簡』 ブルガリア第一王国の皇帝《ツァー》ピョートル（九二七―九六九年）の質問に応答して、コンスタンティノープル総主教テオフィラクトスが異端対策を助言した書簡である。

コスマス『異端反駁』 現地ブルガリアの聖職者コスマスの信者に対する訓告の書で、ボゴミリ派教説を項目別に列挙して反駁を加えている。成立年代の推定には諸家によって若干の異同があるが、もっとも古く考える者でも九六七年より前と見るものはない。九七二年より少し（それも年単位でなく月単位で）後とするのは、ヴァイアンである。原文は古スラヴ語で、東欧での刊行が何種類かあるが、ここでは **H. C. Puech et A. Vaillant, Le traité contre les bogomiles de Cosmas le Prêtre. Paris, 1945** に収められた現代フランス語訳を利用した。

『教理防護』 **Panoplia Dogmatica.** 作者 **Euthymius Zigabenus** はビザンツの神学者で、後に触れるアクモニアのエウティミウスとは同名異人である。皇帝アレクシウス・コムネヌスの治世、異端バシレイオスとその追随者が審理された事件（十二世紀初）に触れているから、執筆年代は当然それ以後である。コスマスが現地ブルガリアの事情を報じたのに対し、これは首都の状況を伝えている。直接ボゴミリ派に触れるのは浩瀚な同書の第二七章である。**MPG. CXXX**, cc. 1280-1332 に収録。なお、バシレイオス事件は、皇女アンナ・コムネナによる皇帝一代記、『アレクシウス紀』にも出現する。

『ボリル回状』 **Synodique de Boril.** 一二一一年二月、トゥロノヴォで開催された教会会議は、ボゴミリ派を含む異端諸派を断罪して呪咀を投じた。ブルガリア第二王国の皇帝《ツァー》ボリルが、その決議を回状として編ませたものであって、異端教説を箇条書きに列挙している。**Puech et Vaillant**, op. cit., p. 344 sqq. にフランス語訳が、D. Obolensky, op. cit., p. 255 sqq. に英語訳が載せられている。いずれも抄訳であるが、併せ見て大概を察することができる。

その他の群小史料、さらに伝承説話類については、D. Anguélov, Le bogomilisme en Bulgarie. Toulouse, 1972. pp. 19, 69, 70, 105 参照。

（2） 東欧における近代的な研究の出発点を劃するものは、察するにおそらく F. Rački, Bogomili i Paterni. Zagreb, 1869-70

(ラチュキ『ボゴミリ派とパテリニ派』)およびJ. Ivanov, Bogomilski knigi i legendi. Sofia, 1925(イワノフ『ボゴミリの文書と伝説』)の二つであろう。前者はボゴミリ派の展開を初めて跡づけ、後者はそれまで安易にボゴミリ派に帰されていた材料を厳格に選別して、いわばボゴミリ文献学の基礎を確立した作品である。ともに未だ西欧語への全訳を見ないが、前者はL. Léger, L'hérésie des bogomiles en Bosnie au moyen âge. RQH. VIII, 1870. pp. 479-518に詳細な紹介、というよりむしろ主要部の翻訳がある。それ以後の東欧における研究史はA. Soloviev, Autour de Bogomiles. BYZ. XXII, 1952によってある程度窺うことができる。

近年見ることのできるものに、D. Anguélov, Aperçu sur la nature et l'histoire du bogomilisme en Bulgarie. HS. pp. 75-81; id., Le bogomilisme en Bulgarie. Toulouse, 1972; id., Les Balkans au moyen âge: la Bulgarie des Bogomiles aux Turks. London, 1978; B. Primov, Les Bougres. Histoire du pape bogomile et de ses adeptes. Paris, 1975(原書、Sofia, 1970)等がある。アンゲロフの最後のものは論文集である。より一般的なレヴェルでは、V. Topentcharov, Boulgres et Cathares. Paris, 1971がある。総じて東欧の諸研究にはナショナリスティックな姿勢とでも言おうか、ボゴミリ派形成の中にブルガリア民族固有の性格の発現を見ようとする傾向が強い。近年の諸研究もその例外ではなく、例えばプリモフはボゴミリ派の独自性を強調していわゆる穏和二元論をその創出するところとし、これを古来の二元論と異る「客観主義」であるとした。op. cit., p. 125 sqq. またアンゲロフは、一方において階級闘争との結合、支配階級の正統キリスト教に対する農民の信仰としての異端を強調すると同時に、他方では形成に際して古来の二元論思想の影響よりも土俗の民間信仰を踏まえての内発的要因を重視し、次いでビザンツ帝国の支配に対する抗争の時期には民族自立の精神的支柱と化した点を繰返し強調している。D. Anguélov, Aperçu. HS. pp. 79, 80; id., Le bogomilisme en Bulgarie. pp. 46, 53, 105-107; id., Le mouvement bogomile dans les pays slaves balkaniques et dans Byzance. Roma, 1964, ANL. LXII, 1964, pp. 607-610.

西欧のものでは、前引のPuech et Vaillant, Le traité contre les bogomiles de Cosmas le Prêtreにまず指を屈する。これはヴァイアンによる翻訳と文献学的研究に、ピュエックの宗教史的研究『説教師コスマスとボゴミリ派』を併せて一本としたもので、今日に至るまで研究の基準たるを失わない。これと基本的立場は変っていないが、カタリ派との関連に焦点を絞ったものにピュエックのCatharisme médiéval et bogomilisme. ANL. XII, 1957. pp. 56-86, 154-157がある。その他、本稿ではS. Runciman, Le manichéisme médiéval. L'hérésie dualiste dans le christianisme. Paris, 1949(原書、Cambridge, 1946); H. Söderberg, La religion des Cathares. Etudes sur le gnosticisme de la basse antiquité et du moyen âge. Uppsala, 1949; D. Obolensky, The bogomils. A study in Balkan neo-manichaeism. Cambridge, 1948等を利用した。

2 ボゴミリ派の教説と慣習

十世紀中葉、ブルガリア王ピョートルの求めに応じて総主教テオフィラクトスは、ブルガリアに「新たに出現せる古き異端」[1]所説のうち、排撃すべき論点を整理して与えた。教理に関するもの五項目、倫理面の特徴一項目がそこに誌されている。ここで知り得ることは僅かであるが、これを追いかけるように執筆されたコスマスの『異端反駁』になると、作者が現地の僧であることもあって格段に情報量も豊富となる。彼はまずその起源について、「ブルガリアの地に生じたことは次の如くである。すなわち、善きキリスト教徒たりし王ピョートルの治世、ボグ・ミルなる名の、しかし事実は神の愛に値せぬ説教者popがあって、初めて異端邪説を説いた」と誌している。「しかし事実は」云々とあるのは、ボグ・ミル Bogu Milu が「神の愛憐する者」ないし「神の愛憐を乞う者」の意で、ギリシア名テオフィルに対応するからである。[2]

開祖の名に因んでボゴミリ派の名が生じたとするのが通説だが、この名に作為が感じられる、いわばできすぎた名であるところから、その実在に疑いを入れる説がある。すでにラチュキは、これを実名と見ず、十九世紀に発見された『十字の樹の物語』の著者に擬されているエレミアが、みずからをパオロの弟子テオフィルになぞらえて称した法号であると解した。[3] さらに、集団名ボゴミリ(ボゴミロイ)の史料出現が予想外に遅く、十一世紀後半まで待たねばならぬことが確認されてからは、教祖名も教団名もそれぞれ別に「案出」されたものではないかと考える余地が生じた。[4] 他方には依然として、開祖ボグ・ミルの実在を強調し、あるいは自明の事とし、ひいてはボグミリとエレミアをもって二人の開祖とする見解があるのも事実である。[5] 史料状況から見て、この問題の早急な決着は期待できない。ただ、『ボリル回状』の段階になると、開祖の実在とそれに因む教団名の由来という考えが定着しているのを見ることができる。(6)

右の二史料から、初期ボゴミリ派教説の大概が察せられる。彼らの奉ずるのは、形而下の世界を悪に属すると見る二元論(7)で、その当然の帰結として、旧約聖書を排撃し(8)、洗者ヨハネを悪しき者と見なし(9)、聖母は実在せずと論じて崇敬せず(10)、キリスト仮現論、したがってその物質にかかわる奇蹟を否定している(11)。教会に対してはこれを全面的に否定し、その論点は職階(12)、聖餐(13)、洗礼、特に幼児授洗(14)、十字聖号(15)、聖像(16)、聖遺物(17)、祭日(18)の諸点にわたる。倫理面では厳しい禁欲主義(19)が何よりも目に付く特徴だが、その延長は労働や生産への参加拒否(20)、世俗権力の否定(21)にまで及んでいる。禁欲の戒律については、その理由が教会の場合のように快楽の制限や否定を徳とするのとはやや異って、生殖や肉そのものを悪として不浄視し憎悪することにある点がすでに識別されている(22)。

そして、これらの教説や戒律の底流、いわば彼らの心理的姿勢としてこの段階ですでに指摘できるのは、新約の章句への強い執着とその解釈における独特の抑揚である。聖母の歴史的実在を否定するのも、「聖母とは天なるイェルサレムの謂《いい》である(23)」と強弁したからであるし、世界を悪魔の創造し支配するところと見るのも、新約所出の「悪魔、イエスに向い、ひれ伏して我を拝せばこの世のすべてを汝に与えんと言いしこと(マタイ伝四章)に基づいて」、また「この世の君は裁かるるべし(ヨハネ伝一六章)。この世の君来るとも我において何の権なし(同一四章)というイエスの言を聞知り、これに基づいて(24)」のことであった。奇蹟についても同様で、イエスが「荒野にて五つのパンをもって群衆を養いしことを信ぜず、そのパンとは四つの福音書と一つの使徒行伝であったという」。治癒の奇蹟の場合には、「癒せし病とは罪にほかならない。福音記者はこれを疫病と表現したのであるという(25)」。教会の制度慣行を認めないのも、「使徒の伝えたところでない」、つまり新約に根拠がないからである。総じて、「我らはダヴィデ、預言者らでなくただ福音にのみ従い、モーセの律法でなくただ使徒の訓えによってのみ生くる者である、と広言する」(26)。そして「異端らはすべてを曲解し、みずからの滅びへと急ぐのである」(27)。この傾向は時代とともに強まって行くので、例えば『教理防護』にはマタイ伝の解釈例二十数件が挙げられている(28)。異教を擁護するための便法、擬装であったと断定し去るには、余りにも強い新約依存である。カタリ派の場合にも、最終の典拠は新約であった。これは彼らの信仰の本質にかかわる点なので、ここで特に注目しておきたい。もちろん、信徒一般はともかく、少くともボゴミリ派の創唱者ないし指導者は聖書に精通した者たちである。

右に見た十世紀後半における諸テーマは、そのほとんどすべてが十三世紀の『ボリル回状』所出の項目に符合する(29)。いわばボゴミリの歴史の首尾を扼する史料に基本的な照応が見られるところから、すでに十世紀の段階でボゴミリ教義の骨格は完成していたと解してよいであろう。ただ細部が未発達であったにすぎない。コスマスの段階で未だ出現していないのは、霊魂論ないし人間論、終末論ないし救済論、および教団の組織原理、また戒律の領域での流血の禁戒である。これらについても観察ないし史料記載から洩れているだけで体系そのものはすでに整備されていたとして、時代を超えた材料を組合せてボゴミリ教説の全体像を再構成しようとするのが、ピュエックの方法である(30)。これに対して、オボレンスキーは、十一世紀小アジアに拡大した時点での小パオロ派からの強い影響の混入、および十一世紀末コンスタンティノープルの知識層に展開した段階での神学体系の急速な整備を考えている(31)。ピュエックにとっては宗教学的にボゴミリ派の本質、いわばその最終形態が問題であったので、全体としてはオボレンスキーの史的な追跡により自然なものを感じる。ただ、教団の問題については、もちろん組織原理や入信手続に時代に伴う発達はあったにしても、初発の段階から原型は成立していたと考えられる。

すなわち、コスマスの記述によれば、当時のボゴミリたちは「たがいに告白をなす。みずからが悪魔の絆に繋がれている身でありながら、たがいに罪を宥すのである」。また、「彼らは日に四度、夜に四度、家を閉ざして祈る。五度の祈りは教会の命ずるところに背き、扉を開いて祈る。祈りに際しては、天にましますわれらの主よ云々と唱する」[32]。祈りの回数などは後の史料の伝えるところと異るが、明らかに集会を行ない、告解や祈禱回数、さらに主の祈りに限って採用する等、信仰生活の準則を有しているので、漫然と拡散した宗教運動ではなく教団を組織していたのである。とすれば、教団加盟の証しとなる独自の秘蹟、おそらく『ボリル回状』にいう「水の洗礼を却け、ただ主の祈りを唱するのみにて行う水を用いざる洗礼」[33]も成立していた可能性が強い。また、先に引いた通りもっぱら托鉢によって生き労働から疎隔しているのも、異端の中の「若干の者ども」であった[34]。これは、異端の中に戒律を完全に実行する者とそうでない者の二種類、換言すれば集団の中に中核部分の存在したことを思わせる。

教団の構造が史料上ある程度明示されるのは、十二世紀初頭、バシレイオス事件の際であって、この時「使徒」と呼ばれる者たちが彼に随従していた[35]。『ボリル回状』では、「長老」と呼ばれる異端に呪咀が投ぜられている[36]。おそらくこれらは教団内の指導的部分の、時代ごとの呼称である。

宗門加盟の典礼が具体的に知られるのもこの頃で、『教理防護』に二段階にわたる入信儀礼が語られている。「まず受礼志願者に一定期間の告白と潔斎と不断の祈禱を課す。次いで頭上にヨハネ伝福音書を載せ、聖霊を招請し、主の祈りを唱和する」。これが第一次儀礼である。次により長期、より苛酷な試煉の後、その成果が確認されると、「哀れな者を東向きに坐らせ、神を畏れぬ頭に再び福音書を置く。居あわす男女、瀆聖の手を差しのべて不吉な祈りを唱和する。これは伝授されたる邪信が恩寵によって永くとどまらんための讃歌である」。これが第二次儀礼である。両回とも基本的には同一だが、按手は第二次で初めて現われている。そして、「彼らの見るところでは、我らのバプテスマは水によってなされるがゆえにヨハネのバプテスマにすぎず、霊によってなされる彼らのものこそ真にキリストのバプテスマである」[37]。

入信儀礼の本質が福音書奉戴と按手にあったことは明らかで、これが「霊の洗礼」の具体的表現であった。典礼が二次にわたることについては、信者の二つの位階、すなわち平信徒と選良いわば聖職者の創出に対応すると見るのが一般的な理解である[38]。この点、後に検討するように、ボゴミリ派の典礼の機能と教団の構造はカタリ派の場合と厳密には一致しない。

ブルガリアに成立したボゴミリ派は、やがて東欧世界の主要部に拡大して行く。すでに十一世紀半ばまでには、トラキアおよび小アジアに影響を及ぼしていた。不十分ながら、この段階の状況を伝えるのは、アクモニアのエウティミウスの『フンダギアタエ派反論』[39]およびプセロスの『悪霊の業に関する対話』[40]で、ボゴミリ派はそれぞれフンダギアギタエ派 Phundagiagitae ないしフンダギアタエ派 Phundagiatae およびエウキタエ派 Euchitae と局地名で呼ばれている。十二世紀半ばには、ヘレスポントでパテリニ派 Patherini の名のもとに観察された異端があり、教説内容から見て明らかにボゴミリである[41]。最後の呼名は第一にバルカン半島西岸ボスニアのボゴミリ派の名であり、次に西欧ではカタリ派の別名として知られているので、異端の伝播径路と関連して興味を引くものがある。

これより先、十二世紀初頭には、帝国首都で問題が生じた。いわゆるバシレイオス事件である。西欧波及との関連では、異端の首都進出は特に重大であった。すでに見た通り、レイネリウス『報告』は、首都における「ギリシア人教会」(現地人教団)と「ラテン人教会」(在留西欧人教団)の存在を指摘している。『異端要覧』はさらに明確に、ブルガリアから首都へ、さらにスクラヴォニアへの異端進出を語っていた。首都からはフランスへ伝播し、スクラヴォニア教団は分裂時のイタリア・カタリに影響を及ぼし、バヨレンセスの本山教団となった。ボゴミリ派のバルカン西部、スクラヴォニア到達は十一世紀末と考えられる。同地に対しては一二〇二年、インノケンティウス三世が全権伝道団を派遣して対抗させたのを初めとして、長く工作が続けられたが、功を奏せぬままトルコの進出を迎える。[42] 法王庁が対策を講ずるに至った段階で、この地のボゴミリ派はパタリニ派 patarini ないしパテリニ派 pateri-ni と呼ばれ、西欧、特にイタリア史料にしばしばカタリ派の同義語として出現するようになる。[43]

ここで念のため、ボゴミリ二元論の性格、換言すればそれが西欧カタリの絶対派と穏和派のいずれに対応するか、点検しておく。コスマスの場合、「生命あるとなきとを問わず、地上に生ずる悉皆は悪魔に属する、と彼らはいう。福音書にて主が二人の息子の喩えを語りたまうことを聞知り、キリストをもって長子とし、悪魔をもって父を遠く離れて彷徨する次子と見なす」とある一方、別の所では「彼らの無知たるや度しがたく、悪魔を堕ちた天使と呼ぶ者もあれば、邪まな支配人と呼ぶものもある」と、述べている。[44] プセロスの『悪霊の業に関する対話』には、エウキタエ派の淵源がマニ教の二元対立論にあるとした上で、「時移って後、これらエウキタエの悪霊ども、さらに第三の原理を付加えた。一人の父と二人の息子、換言すれば古来の原理と新造の原理について説き、全世界を超えたる所にあるもののみを父に、天界のものを次子に、移り行く現世のものの支配を長子に、それぞれ帰すのである」。

「この者はおのれの座を雲の上に挙げいと高き者に似んと思い驕り、そのゆえに堕されて暗黒と化した。愚かな信者らはこの者を神の初めての子、地上にある万物の創造者と信じている」と見える。[45]『教理防護』にはさらに詳論を見出す。「サタナスなる悪霊もまた父なる神の子でサタナエルと呼ばれ、長子であったので出生においてロゴスにして子なる者より大、かつ立勝っていた。されば両者は同胞である」。ここでも伯叔の関係は変らない。サタナエルというのは神聖な語尾エルの付加された形で、本来の神的起源を強調するさいの奇妙な語源論を下敷きにしている。「サタナエルは家令であり父に次ぐ領国を有し、同じき衣を与えられその右に座を占め、第二の権威を有した」。彼はおのれに委ねられた権能をもって叛逆し、天使らを誘惑する。「この愚かな話を信じさせるため、彼らはルカ伝福音書から負目ある人々の負債を減ずる邪まな支配人の比喩を持出す。この支配人こそサタナエルにほかならず、比喩はまさしく彼のことを述べたのであるという。さて上述の天使らはつとめの重荷を軽くせんと望み、またそのほかの約束に欺かれた。そこで彼は言った。わが座位を雲の中に置かば、我はいと高き者に似たる者となろう」。(46) ここに、コスマス以来の長子次子関係が次第に整序され、また長子と支配人が等置されて来た過程を見ることができる。これはおそらく『ヨハネ問答録』の成立過程と重なっている。ともあれ、この種の善悪起源論が穏和派の立場であることは、いうまでもない。

悪魔による現世と人間の創造に対し間接的に神意が介入作用するとする点も、穏和派の特徴の一つである。人間論、霊魂論らしきものは、『フンダギアタェ派反論』で初めて出現する。そこで伝えられる開闢説話では、悪魔の造りあげた現世が神の領域たる七天界に次ぐ第八番目の天界であること、悪魔は苦心の末その手になるアダムの肉体と神のもとより盗み来った霊魂の結合に成功したことが語られるのみで、まだ神の助力は明示されない。(47)『教理防護』に至って初めてそれが明瞭に現れる。サタナエルは天地の次に、「土と水を捏ねてアダムを作った。これを立たせると、水は右足へと流れ落ち、親指より地面に流れ出て環となり蛇の形をなした。サタナエルはおのれの霊を凝らし、集めた命を体軀の中に吹込んだ。しかし、その霊は同じく空洞を作って右足に流れ、雫が親指から滴ってとぐろの形をなした。たちまち、それは命を得、指を離れて蛇となった」。失敗を繰返した末、「労苦の空しさを悟るや、善き父に使を送り、その霊の送られんことを請い、人間にして命を得ば共有のものとなし、その裔をもって天使らの却けられたる場を満すべしと約した」。その後若干の行き違いは生じたものの、結局、「善き神は怒りを抑えてこの者に、高き所より墜ちてみずから定めたる物の造り手、主となることを許した」。(48)

人祖の物語に限らず、『フンダギアタェ派反論』、『悪霊の業に関する対話』、『教理防護』等十一、十二世紀の作品、とりわけ最後者には、『ヨハネ問答録』との類似を感じさせる部分が多い。『ヨハネ問答録』の成立年代はいまだ確定されているとは言いがたい状態だが、少くともそれを成立させた土壌が右の三作品、中でも『教理防護』によって観察された環境と同一であったことは、推定してよいであろう。[49]

西欧カタリの場合には、最終審判を想定、ただし肉体の復活を否定するのが穏和派特徴点の一つであった。ボゴミリ派がこの問題をどう考えたか、右の三作品では必ずしも明瞭でない。『教理防護』中の死と救済の問題に多少とも触れたくだりでは、「死を否定して、ただ夢に移り行くにすぎぬという」とある。そして、「何の痛苦もなしに現世の泥土の肉の衣を脱ぎ棄て、キリストの不滅にして聖なる衣、すなわち等しき体軀と形相を帯び、天使と使徒に迎えられて父の国に容れられる。脱ぎ棄てた肉体は解けて灰と塵に帰し、再び蘇ることはない」[50]とある。どう見ても、個々的な霊の救済、そしてあくまでも肉体とかかわりのない霊だけの救済が考えられているので、最終審判に言及されてはいない。しかし、『ヨハネ問答録』では終末の日、キリストの再来臨の日の情景が物語られている。というより、その描写こそ、黙示文学としての『ヨハネ問答録』の制作意図にほかならなかった。ボゴミリ教義体系の中に整序された位置を占めたかどうかは疑問としても、最終審判は想定されていたのである。

こうして、『ヨハネ問答録』をも含めた東欧主要史料によって見る場合、ボゴミリ二元論の構造は、明らかに穏和派のそれである。記述が不十分で判定に曖昧さを残す史料があるのは事実だが[51]、少くとも明示的かつ決定的に絶対的二元論の存在を示す材料はない。しかるに、西欧史料は絶対派と穏和派とを問わず、カタリの源流が東欧にあることを示している。「すべては末尾の二つ(ドゥグンティアおよびブルガリア)に起源を有する」とはレイネリウスの言であった。『異端要覧』も「ドゥルゴンティア、ブルガリア、フィラデルフィアの司教たち」をカタリの淵源として位置づけていた。デュラン・ド・ユエスカ『マニ派反論』は、二箇所に分けて「彼らのうちある者はギリシアの、ある者はブルガリアの、さらにある者はドゥロゴヴェティの異端に従う」、「ギリシアのマニ派はブルガリアと異り、さらにドゥロゴヴェティは両者のいずれとも異なっている」と語っている。[52]『異端要覧』は伝説化した形を誌しているのであるし、デュランはイタリア三大分派を念頭に置いているので、レイネリウスとはやや論旨を異にするが、起源が東方にあるとしていること、絶対派のドゥルゴンティア(ドゥロゴヴェティ)と穏和派のブルガリアが繰返し現れることはやはり注目に値する。それならば、穏和派はよいとして、カタリ絶対派をボゴミリ内のどの部位に結合すればよいのであろうか。

要約して言えば、ボゴミリ派とカタリ穏和派の教義上の基本的な一致はすでに論証された問題と言ってよい。さらに、両者の事実関係としての連関をも、我々はある程度知っている。[53]しかし、カタリ絶対派については、西欧側史料は事実関係としての連続の存したことを指し示しながら、これに対応する教義面の報告を東欧ボゴミリ関係史料の中に見出すことができないのである。

(1) D. Obolensky, op. cit., p. 122.
(2) H. C. Puech et A. Vaillant, op. cit., p. 54.——ボゴミリの語義については『教理防護』に説明がある。「ブルガリア語にてボグは神を、そして実にミルヴィは愛憐を意味するので、ボゴミルスとは神に愛憐を乞う者の意である」〈Bog autem Bulgarorum lingua Deum significat, Milvi vero miserere, ut Bogomilus apud eos is sit qui Dei misericordiam implorat〉. MPG. CXXX, c. 1290.
(3) L. Léger, op. cit., p. 487. なお十字の樹の説話については先にも触れたが、東方より西欧に流伝した因縁譚の一つではあるにしても、必ずしもボゴミリ派教義と内在的な関連をもたないと思われる。——エレミアについては、D. Obolensky, op. cit., Appendix II. The pop Jeremiah. pp. 271-274.
(4) H. C. Puech et A. Vaillant. op. cit., pp. 282-289.
(5) S. Runciman, op. cit., pp. 64, 65; B. Primov, op. cit., p. 97 sqq.——開祖ボゴミルの名を実際に記した史料は少いが、『正統

教会決議』の十三世紀写本に「ブルガリア王ピョートルの治世、この邪説を受容れすべての町と地に拡めたる説教師ボゴミルに呪咀あれ」とあるのを根拠に、アンゲロフは開祖ボゴミリの実在を主張する。D. Anguélov, Nouvelles données sur le bogomilisme dans le Synodikon de l'Orthodoxie. BYZB. III, 1970. p. 14. アンゲロフのいうように実在そのものを証するかどうかは別としても、その頃までに開祖伝説が定着していたことは十分察せられる。なお『正統教会決議』とは東方教会が聖像問題に終止符を打った八四三年の編纂だが、以後十四世紀に至るまで正文への加筆が続けられた。加筆部分に二箇所にわたってボゴミリ派に対する呪咀がある。写本によって加筆部分の異同が大きく、史料としてははなはだ使い難い。テキストと批判は、J. Gouillard, Le Synodikon de l'Orthodoxie, édition et commentaire. TM. II, 1967.

(6)「ブルガリア王ピョートルの治世にありし説教者ボゴミルに対し」、また「三度呪われたるボグミル、その弟子ミカエル、テオドル、ドブリ、ステファン、バシレウス、ピョートル、ならびに彼らの弟子あるいは追随者のすべてに対して」、さらに「ボゴミリ派のモーセ」に対して呪咀が投ぜられている。Puech et Vaillant, op. cit., pp. 344, 346. 挙名されている者たちのうちバシレウスは十二世紀はじめに処刑された人物であるから、その他の者もボゴミルの直接の弟子とは限らない。

(7)「悪神をもって可視の世界の創造者となす」(テオフィラクトス cit. in D. Obolensky, op. cit., p. 112)。「実に、彼らの唱えるところは何であるか。天空も大地も、そして目に見ゆるこの全世界も、神の創ったものではない」(コスマス Puech et Vaillant, op. cit., p. 58)。「悪魔をもって人間およびあらゆる聖なる被造物の創造者となす」(ibidem, p. 75)。「悪魔はこの世の君である」(ibidem)。

(8)「モーセの律法と預言者を排する」(テオフィラクトス cit. in D. Obolensky, op. cit., p. 113)。「異端よ。神がモーセに与えたる律法を斥けよとは、いかなる使徒、いかなる義人から学んだのか。律法を侮り、律法を誹す者を拒むとは、預言者の中にいかなる嘘偽を見出したのか」(コスマス Puech et Vaillant, op. cit., p. 68)。

(9)「先駆者ヨハネ、この偉大なる太陽の曙の光について、これをアンティキリストの前触れと呼んで冒瀆する」(コスマス Puech et Vaillant, op. cit., p. 69)。

(10)「我らの聖母を拒む」(テオフィラクトス D. Obolensky, op. cit., p. 113)。「我らの神にして主なるイエス・キリストの、この上なく栄光あり、この上なく清浄なる母を敬わず、おびただしい狂気の言を注ぐ」(コスマス Puech et Vaillant, op. cit., p. 69)。

(11)「キリストの降誕、受難、復活の現実なりしを否定する」(テオフィラクトス D. Obolensky, op. cit., p. 113)。「主の奇蹟を信ぜぬ者どもが、神と人の敵でないはずがない。実に彼らは、奇蹟をなしたのは悪魔であると唱え、キリストが奇蹟をなしたることを信じない」(コスマス Puech et Vaillant, op. cit., p. 82)。

(12)「司祭と職階を侮蔑して、信仰あつき聖職者を眼《まなこ》昏きパリサイびとと罵る」(コスマス Puech et Vaillant, op. cit., p. 64)。

(13)「聖餐の秘蹟における実在の否定」(テオフィラクトス D. Obolensky, op. cit., p. 113)。「ミサを定めたのはキリストではない。されば我らは聖餐を敬わぬという」(コスマス Puech et Vaillant, op. cit., p. 61)。「祭式も聖餐も使徒の伝えたるところにあらずという」(ibidem, p. 63)。

(14)「彼らは聖なるバプテスマを斥け、幼児に洗礼することを嫌悪する」(コスマス Puech et Vaillant, op. cit., p. 81)。

(15)「神の子はユダヤ人によって十字架につけられたのであるから、十字架は神の敵である」(コスマス ibidem, p. 59)。

(16)「聖像を拝する者はギリシアの異教徒に異らずという」(コスマス ibidem, p. 71)。

(17)「彼らに正しき心があれば、聖遺物に生ずる奇蹟を欺瞞とは呼ばぬであろう」(コスマス ibidem, p. 85)。

(18)「主の祭日を祝せず、いかなる殉教者、教父の祭日をも祝しない」(コスマス ibidem, p. 84)。

(19)「適法の婚姻を斥け、生殖を悪魔の法則と称する」(テオフィラクトス D. Obolensky, op. cit., p. 113)。「妻をめとり、肉を食い、酒を呑めと人間に命じたのはかの者(悪魔)である、と異端らはいう。すなわち、彼らは、我ら人間の歓びを一言の下に却ける者たちに他ならない。みずから天界の住人をもって任じ、婚姻してこの世に生きる者たちをマモンの奴隷と呼ぶ」(コスマス ibidem, p. 77)。

(20)「彼らの若干は無為に日を送り、いかなる労働にも手を染めようとしない。戸口から戸口へと移り歩いて他人の財を貪る」(コスマス ibidem, p. 85)。

(21)「従う者たちに権威に服従すべからずと説き、富者を侮り、諸王を憎み、上長を嘲り、領主を辱しめる。王のために勤める者は神の厭うところとなると考え、すべての下僕に向って主人のために働くなかれと勧める」(コスマス ibidem, p. 86)。

(22)「彼らが嫌悪をもってあらゆる快楽を拒むのは、我らが潔斎によってなすのと異り、これらことごとくを汚れと考えるがゆえである」(コスマス ibidem, p. 77)。「たまたま幼児を見ることあれば、あたかも汚物でもあるかの如くに面を背け、鼻を摘んで唾を吐く。実は、彼ら自身が天使と人間にとっての汚物であるのに」(ibidem, p. 81)。嬰児を唾棄するのは、おそらくそれを肉欲の果実と見たからであろう。西欧のカタリ派には、妊娠した女を嫌うという例がある。

(23) テオフィラクトス D. Obolensky, op. cit., p. 113.

(24) コスマス Puech et Vaillant, op. cit., pp. 74, 75.

(25) ibidem, p. 83.

(26) ibidem, p. 72.

（27）　ibidem, p. 83.

（28）　マタイ伝章句に集中してこれだけの例が集められているところを見ると、エウティミウスは明らかに福音書の講義のデータを入手したのである。特徴のよく現れている例を引用する。洗者ヨハネスが身にまとっていたという駱駝の毛織衣と革の帯（マタイ伝三章）については、「駱駝の毛織衣とはモーセの律法なりという。それは肉食、婚姻、宣誓、供犠、殺人その他これに類する後述のことの多くを容認して、不浄なること駱駝に等しいがゆえという。革の帯とは聖なる福音と解釈される。けだし、それは羊の革に誌されるがゆえである」〈Cameli pilos Mosaicae legis dicunt esse praecepta. Quae ipsa quoque, ut camelus, impura sit, cum et esum carnium, nuptias, et jusjurandum, et sacrificia, et caedes, et alia multa his similia subditis permittat. Zonam vero pelliceam sacrum Evangeliam interpretantur, quod ovium pellibus inscriptum est〉. Panoplia Dogmatica. MPG. CXXX, c. 1323.「イェルサレムを指して誓うな。大君の都なればなりとある（同五章）。大君とは悪魔、この世の君であるという」〈Neque per Hierosolymam, inquit, juraveris, quoniam civitas est magni regis. Magnum regem dicunt nunc esse diabolum, ut mundi princeps〉. c. 1327. 目には目、歯には歯（同五章）の教訓については、「目とは二つの法、モーセの律法と福音であり、歯とは広きと狭きとの二つの道であるという」〈Oculos duas dicunt esse leges, Mosaicam et evangelicam ; dentes autem duas vias, latam et arctam〉. ibidem. 祈る時おのが部屋に入れとある（同六章）。「部屋とは心であると解し、これにこと寄せて、従う者に何びとも教会で祈ってはならぬと教える」〈Cubiculum mentem intelligunt, et his verbis adducti monent, ut nemo in ecclesiis precetur〉. ibidem. 空の鳥の比喩（同六章）については、無為に日を送る「修道僧を空の鳥と呼ぶ」〈Volatilia coeli monachos appellant〉. ibidem.

（29）　『ボリル回状』（一二一一年）は先にも述べた通り、教会会議決議を要約したもので、呪咀さるべき事項や人物を列挙しており、おのずからボゴミリ教義の主要命題の一覧表となっている。順序を換えて、本文に述べた十世紀の命題に対応するものを示せば次の通りである。二元論については、「可視的創造をなしたるは、また雨、雹、そのほか大地より発する一切を按配するはサタンであると言う者たちに、呪咀あるべし」。旧約については、「神を見たるモーセ、エリア、その他すべての預言者ならびに族長、および神によって聖なる者とされた彼らの書巻を斥け、これらはサタンの業で彼らはサタンの命のままに書き誌したのであり、キリストにつき述べた場合もその意図なしに述べたのであると言い、かかる理由によって旧約の書巻のすべて、特に明らかなあらゆる聖なる預言者の書を排するボゴミリどもに、呪咀あるべし」。キリストおよび聖母について、「キリストが神の母にして常に処女なる聖マリアによって産れたのはただそう見えたに過ぎず、十字架に付けられ、昇天に際して帯びたる神的なる肉を中空に捨てたのはただそう見えたのみであると言う者たちに、呪咀あるべし」。「キリストの降誕はそう見えたのみであって、聖かつ至純の母より肉を受けしにあらずと強弁する者たちに、呪咀あるべし」。教会の制度慣行について、「聖務ならびに聖職の制度全体を排撃嘲弄して、サタンの業なりと言う者どもに、呪咀」。「主イエス・キリストの崇むべき聖体拝領を排斥嘲笑するのみか、主イエス・キリストにおいて定められたる我らの救いの玄義に反対する者どもに、呪咀」。「尊むべき十字ならびに聖像の崇敬を非難する者たちに、呪咀」。「会堂における聖歌、さらに神の宮居たる聖堂を排撃する者どもに呪咀」。特に洗礼について、「洗者ヨハネを嘲笑し、彼および水による彼の洗礼はサタンに属するという者たちに、呪咀」。ボゴミリ派自身の慣行について、「水による洗礼を却けて、水によらず、ただ主の祈りを唱うるのみにてバプテスマを受ける者どもに、呪咀」。「場所を選ばず主の祈りを唱うる者どもに、呪咀」。禁戒のうち生殖に対する烈しい嫌悪に関連して、「女が胎中に懐妊するのはサタンの共働による。懐妊より分娩までサタンは退去することなく留まる。聖なる洗礼によってはサタンを祓うを得ず、ただ祈りと潔斎によってのみ追うを得るという者どもに、呪咀」。Puech et Vaillant, op. cit., pp. 344-346.

ただし、同じ『ボリル回状』で、「六月二十四日、洗者ヨハネ生誕祭に魔法の業に耽って霊験を得んとする者ども」に呪咀が投ぜられているが、洗者ヨハネを敵視するボゴミリ派のこととしては極めて不自然である。ピュエックの言う通り、おそらく竄入《ざんにゅう》であろう。ibidem, p. 344, n. 1. そうでないとしても、ボゴミリ派がいかがわしい秘密集会を行うという流言、例えば後述プセロスが書き留めた深夜の秘儀のそれの反映であって、彼らの教説とは無関係と思われる。

(30) Puech et Vaillant, op. cit., pp. 190, 198, 238, 250, etc.

(31) D. Obolensky, op. cit., p. 175 sqq., p. 198 sqq.

(32) Puech et Vaillant, op. cit., pp. 81, 83.

(33) ibidem, p. 345.

(34) 注(20)参照。

(35) 皇女アンナ・コムネナの『アレクシウス紀』は、皇帝アレクシウス一世治世(一〇八一—一一一八年)下の帝都における異端発覚を伝えている。「宮廷に連行されたボゴミリ派の者ども異口同音に、異端の首長としてバシレイオスなる者の名を挙げた。その中の一人ディブラティオスを投獄した。説得に応じなかったので拷問を加えたところ、バシレイオスならびにこの者が弟子に選んだ者どもについて告白した。皇帝は直ちに人を派してこの者を探索せしめ、かくて悪魔の大番頭バシレイオスが捕えられたのである。僧服をまとい、峻厳な面持、まばらな髯をはやした、背の高い男であった」。「彼は十二人の弟子を従えて、これを使徒と呼んだが、追随者の中には女の弟子もいた」。B. Leib (éd. et trad.), Alexiade. Paris, 1945. III, pp. 219-220 ; E. Dawes (transl.), The Alexiad of the princess Anna Comnena. London, 1928. pp. 412, 413. 以下 B. Leib 版より引用する。

皇帝は詐術を弄してバシレイオスを厚遇し、教えを乞うふりをし、その語るところを記録させた上で、追随者を大量に捕縛させた。バシレイオスを監禁した小屋には、空も晴れ人もいないのに小石の雨が降り注いだという。「おそらく、彼が秘密を洩らし迫害を招いたことに対する、悪魔の霊たちの復讐であった」。捕縛された者たちの供述は一定せず、果してどれが異端か識別できなかった。皇帝は火刑台を二つ用意させ、その一つだけに十字架を樹てて、いずれで焚かれるか、犠牲者の選択に委ねた。「ボゴミリ派と疑われながら生きて公衆の信仰を損なうより、キリスト教徒として死ぬが勝るがゆえである」。そして、十字架のもとで死ぬ道を選んだ者たちを釈放した。バシレイオスも誘導や脅迫に屈せず、火刑に処された。その時、彼が奇蹟をおこすのではないかと、刑吏がひどく恐れたが、「火は彼に対して怒るかの如く、瞬時に彼を焼尽したので、肉を焼く悪臭も立たず炎もゆらめかなかった。ただ、一筋の細い煙の糸が火焔の中に見えたのみであった」。Alexiade. III, pp. 220-228.

『アレクシウス紀』は、教説についてはほとんど述べるところがない。「ボゴミリ派の邪説に関する完全な解説を書きたいという気持にもかかわらず、私は舌を汚さぬため敢えて慎む。ボゴミリ派の全貌を知ろうと望む者は、わが父なる皇帝の命によって編まれた『教理防護』と題する書物について見るがよい。かつてジガベーヌスなる僧があって、わが祖母なる皇女にも全聖職者にもその名が知られていた」。「皇帝は彼を召寄せて、異端諸派の解説書を編み、諸派を個々に取扱い聖なる教父たちの章句に則って反駁せよと命じた。その中には、かの不信のバシレイオスの語った通りに、ボゴミリ派についても記述されている。この書は皇帝によって『教理防護』と命名され、今に至るまでその名で呼ばれる」。ibidem.

アンナ自身が記述しているのはバシレイオス訊問に関して、「彼は、教会の定めるところならびに我らの教会、実に聖なる教会を否認して、悪霊の祠堂と呼んだ。また、我らの信仰によれば最初の大祭司にして最初の犠牲なる御方の、肉と血の聖なる変化について迂愚の沙汰であると断じた」とあるのみである。ibidem, III, p. 221.

(36)　Puech et Vaillant, op. cit., p. 346.

(37)　〈Joannis Evangelium capiti ejus imponunt, et spiritum sanctum suum invocant, et Pater noster cantunt〉. 〈statuunt enim miserum ad orientem solem, et impio ipsius capiti rursus Evangelium imponunt, et profanas manus adhibent suas, qui adsunt viri atque feminae, et preces nefarias cantunt, id est hymnum, quo gratias agunt, quod traditam impietatem observarit〉. 〈Baptismum nostrum Joannis baptismum esse dicunt, per aquam enim fieri, suum vero Christi, per Spiritum enim fieri, ut ipsis videtur〉. Panoplia Dogmatica. MPG. CXXX, c. 1311.

エウティミウス・ジガベーヌスの別の作品には、第二次儀礼の冒頭、参会者が受礼者に向って唾を吐きかけ汚水で身を洗う慣行を伝えている。Puech et Vaillant, op. cit., p. 254. 唾棄と洗身は、受礼者が先に受けた正統教会の水による洗礼への侮蔑と消除と解釈されているが、第一儀礼の冒頭に置かれるならともかく、第二儀礼でははなはだ不自然である。

アクモニアのエウティミウスにも、類似の報告がある。「瀆聖の者ども、教会にて公然とおのが子に洗礼を受けさせる。しかる後、自家に帰ってはこれに汚水をかけ尿を浴びせ、悪魔の讃歌を誦しつつ海綿で拭う。……かくて、聖なる洗礼の恩寵より離れると思うのである」〈Exsecrabiles eorum infantes in ecclesiis manifeste baptizant : domum autem reversi aqua conspureata, et urinis eos lavant, et spongia detergunt, diabolicum super illos carmen recitantes..., a sancti baptismatis gratia ita eos alienare cogitantes〉. Enthymii monachi Liber contra Phundagiatas. MPG. CXXXI, c. 55. ただし、これは異端の瀆聖一般を述べるくだりに出ているので、典礼としての記述ではない。この種行為がボゴミリ派の歴史を通じて要式行為として確立していたかどうか、なお疑問である。西欧カタリ派にも、これに対応する報告はない。

(38) Puech et Vaillant, op. cit., p. 346 ; D. Obolensky, op. cit., p. 215 sqq. および D. Anguélov, Le bogomilisme en Bulgarie. pp. 94, 95.——ゼーデルベルクはピュエックの解釈に反対しているが、これは文意を読違えていると思われる。H. Söderberg, op. cit., p. 220.

(39) 『フンダギアタエ派反論』Euthymii monachi Liber contra Phundagiatas. MPG. CXXXI, cc. 47-58. アクモニアのエウティミウスは、東帝国の修道僧で、よく混同されるが『教理防護』の著者エウティミウス・ジガベーヌスとは別人である。自身文中で述べている通りイェルサレム巡礼の途上、小アジア滞在中の見聞をもとにしたもので、その年代は十一世紀前葉、作品の成立は一〇五〇年前後あるいは今少し早く一〇三四年以後と推定されている。D. Obolensky, op. cit., p. 174 ; Anguélov, Le bogomilisme en Bulgarie. p. 18.

フンダギアタエとは、「頭陀袋を下げた者ども」の意であるという。「みずからクリストポリタエと称し、西方にてはボゴミリと言われる、呪わるべきフンダギアタエの邪説は次の通りである」。〈Exsecrabilium Phundagiatarum, qui seipsos Christopolitas appellant, in Occidente autem Bogomili dicuntur, talis est haeresis〉. MPG. CXXXI, c. 47. 教説内容に関する記事は必ずしも豊富ではない。「この世の主、すなわち悪魔を信じ礼拝する」〈Credunt autem et venerantur mundi principem qui est Satanas〉. ibidem とあるのはボゴミリ派の説として理解しがたいが、「天と地の造り主なる神を敬わず」〈Illi Deum coeli terraeque factorem non venerantur〉. ibidem. 「天と地、ならびにそこにある一切を創りしは悪魔であって、神ではない。また楽園を作り、人の形を与えたるも前者であるという。けだし、この世には天の上なる神の業より生ずるものは二つしかない。すなわちそれは紛れもなく太陽と人の霊魂であるという」〈dicere coelum, et terram, et omnia, quae in eis sunt, diabolum, et non Deum creasse, itemque paradisum eum fecisse, hominemque plasmasse, nam duo tantum esse in mundo dicunt, que ex supercoelestis Dei operatione prodierunt, solem nempe, et animam hominis〉. c. 58 等はボゴミリ派の基本教義に近い。「尊き十字架、聖なる秘蹟、聖像、聖堂、聖なる洗礼、その他キリスト教徒の敬い信ずる何事をも信じない」というのも同様である。〈neque pretiosam crucem, neque sacra mysteria, neque imagines, neque divina templa, neque sanctum baptisma, neque ex iis aliquid, quae Christiani venerantur et colunt〉. ibidem, c. 47.

(40)『悪霊の業に関する対話』 Michael Psellus, Dialogus de daemonum operatione. 同じく十一世紀の作品とされている。これはプラトンの対話篇を模した文芸的性格の強い作品であるし、主たる関心は悪霊の説明にあって、もっぱら異端状況の報告を意図したものではない。修道僧ティモテなる人物に、トラキアから帰った旧友の隊長が一別以来の物語をする形で構成されていて、その中にトラキアの異端エウキタエ派に関する言及がある。十六世紀末の修道僧ピエール・モロー P. Moreau の手になるフランス語訳があり、エミール・ルノーにより注解を附して再刻されている。E. Renauld, Une traduction française du ΠΕΡΙ ΕΝΕΡΓΕΙΑΣ ΔΑΙΜΟΝΩΝ de Michel Psellos. REG. XXXIII, 1920. pp. 56-95.

プセロスは、エウキタエ派 Euchitae が「三つの異なる見解を有する」ibidem, p. 64 としているが、実は三種類の異端をこの名で一括した可能性が強い。夜間の秘密集会で乱交を行い嬰児を殺害して悪霊を祭る「忌むべき供犠」の記述なども、単なる流言でないとすれば、おそらくボゴミリ派とは別の集団に関する風聞が混入したのである。ただし、「この呪われた惨めな異端の始祖はマニである」、そして「エウキタエの悪魔たちがさらに第三の原理を付加えた」pp. 63, 64 と説明される三派のうちの、少なくとも一派がボゴミリ派であることにほぼ間違いはない。

(41) 東帝国皇帝マヌエル一世(一一四三—八〇年)は、対西方宥和政策との関連で西欧出身者を宮廷で重用したが、その中に一一六六年頃以後ピサ出身の二人の兄弟、フーゴー・エテリアヌス Hugo Etherianus とレオ・トゥスクス Leo Tuscus なる者がいた。フーゴーは皇帝のラテン神学顧問、レオは尚書局のラテン語翻訳官であった。フーゴーは後にローマに帰って枢機卿となる。両人とも文筆をよくし、神学関係の著作をいくつか遺した。その一つ、フーゴーの『パテレニ派反駁』Adversus Patherenos が問題の史料である。そこには「ヘレスポントの国々」に蔓延する同派が聖職者を攻撃し、誓約を禁止し、旧約を排撃し、婚姻を断罪し、聖餐の秘蹟を論難し、聖像と十字を拒否するものとして描き出されている。兄弟の活動と著作については A. Dondaine, Hugues Ethérien et Léon Toscan. AHDL. XIX, 1952. pp. 67-134. ——西欧でのカタリ派の別名としてのパトゥリニ Patrini の用例は、おそらく一一七九年第三回ラテラノ公会議がもっとも早く、これより遅れてボスニアで行われた。フーゴーが西欧カタリに関する既知の概念でヘレスポントの異端を律したのか、西欧に先んじてこの呼称を知ったのか、問題は微妙である。ドンデーヌは、小アジアの地名パタラ Patara を語源と推定して東から西への伝播を示唆し、アンゲロフもこれに従っている。ibidem,

pp. 111-114 ; Anguêlov, Le bogomilisme en Bulgarie..., p. 110.

(42) L. Léger, op. cit., p. 478, p. 507 sqq.

(43) ラテラノ公会議決議の用例はすでに引いた。フィレンツェのドメニコ会士グレゴレゴリウスの作品『両派対論』Disputatio inter Catholicum et Paterinum Haereticorum. TNA. V のパテリニ派はカタリ派そのものである。

(44) Puech et Vaillant, op. cit., pp. 74, 77. 比喩はルカ伝五章、一六章。

(45) E. Renauld, op. cit., pp. 64, 65.

(46) 〈Dicunt daemonem, qui...appellatus est Satanas, filium esse ipsum quoque Dei Patris, et vocari Satanael, et Filio Verbo natu majorem esse praestantioremque, utpote primogenitum ; fratres igitur esse〉. 〈Satanael domus esse procuratorem et secundas post Patrem partes obtinere, eademque stola et habitu indutum esse, et ad ejus dexteram considere in solio, et secundam habere dignitatem〉. 〈Et ad istiusmodi nugas confirmandas ex Lucae Evangelio parabolam asserunt villici iniquitatis, qui debita minuit debitoribus. Hunc enim esse Satanael, et de hoc fuisse scriptam eam parabolam ; angelos igitur quos memoravimus, sperantes se laboriosi ministerii onere levatum iri, et magnis aliis promissis fuisse deceptos. Ponam enim, dicebat, thronum meum in nubibus, et ero similis Altissimo〉. MPG, CXXX, cc. 1294, 1295.

(47) 「実に八つの天界が存する。すなわち天上の神が作ってその上に座す七天界、およびこの世の君の手になる、それらすべての下にあって我らの識るところの第八天界が存すると彼らはいう」〈Octo etiam esse coelos quidem aiunt, septem quidem quos supercoelestis Deus fecit, et super illos sedet, octavum autem, qui sub omnibus est, et a nobis cernitur, quem mundi hujus princeps efformavit〉. MPG. CXXXI, c. 58. 前引のごとく、このほかに『フンダギアタエ派反論』には、太陽と霊魂をのぞいて天地とその一切、人間、楽園を悪魔が造ったという記事がある。人体と霊魂の結合の次第は、同じエウティミウスの書簡に同派の説話として報告されたものがある。「悪魔は楽園でアダムの体を造り、神より盗んだ霊魂をもってこれを活かしめんと試みた。繰返し二つを結合せんと努力したにもかかわらず、霊魂はアダムの体内に留まろうとしなかった。三百年の間、アダムは打棄てられ、生命なきままに横わたっていた。その後、悪魔はあらゆる不浄の動物の肉を食うて立返り、霊魂に反吐を吐きかけて汚すとともに、霊魂が逃げられぬよう手で肛門を押えた。かくて初めて霊魂は体内に宿り、アダムは活きたのである」。G. Ficker, Die Phundagiagiten. Leipzig, 1908. S. 35 sqq. cit. in D. Obolensky, op. cit., p. 180.

(48) 〈Deinde cum Adam e terra aqua commista formasset, eum rectum collocavit, ex quo humor quidam in dextrum pedem defluxit, et per magnum digitum effusus in terram se circumvolvit, et serpentis figuram reddidit. Satanael vero spiritum

suum colligens in corpus a se conflatum vitam insufflavit. Sed spiritus ejus per vacuum similiter fluens in dexterum pedem et per magnum digitum, in tortuosam stillam coaluit, quae statim vitam accipiens et a digito abscedens serpens effecta est〉. 〈cum animadverteret se frustra laborare, legatos misit ad bonum patrem, qui peterent ut mitteret spiritum suum, promisitque hominem fore communem, si vitam acciperet, et ex genere ipsius repletas iri sedes, e quibus angeli dejecti fuerant〉. 〈Sed bonum Patrem sic iracundiam temperasse, ut permitteret eum auctorem ac dominum eorum esse, quae ipse e sublimibus cadens condiderat〉. Panoplia Dogmatica. MPG. CXXX, c. 1298.

(49)　両エウティミウスの段階になれば、『ヨハネ問答録』の浸透を考えることなしには理解できない記述が頻出する。『教理防護』所出のイエスの試煉の物語（マタイ伝四章）について「高き山とは第二天界なりという」〈Montem altum dicunt esse secundum coelum〉. c. 1323 記事や、『フンダギアタエ派反論』の伝える現世をもって第八天界とする説は、明らかに『ヨハネ問答録』、ひいては『イザヤ見神記』を前提としている。

『悪霊の業に関する対話』所出の、神の長子サタニキ叛逆のくだりに「驕慢の末、おのれの座を雲の上に挙げ、いと高き者に似んと思い驕り、このゆえに堕されて暗黒と化した」とあり、また『教理防護』に「わが座位を雲の中に置かば、我はいと高き者に似たる者となろう」と見えるのも、『ヨハネ問答録』に「しかるにかの者、おのれの座位を雲の上に設け、いと高き者に似んと欲した」。R. Reitzenstein, op. cit., S. 207 とあるのとほとんど同文である。これは一つの例にすぎないが、特に『教理防護』には『ヨハネ問答録』と同工異曲の箇所が多い。むろん、右の例にしてもそもそもの起源をたどればイザヤ書一四章を下敷きにしているので、全部が『ヨハネ問答録』から発しているとまで断言することはできず、聖書の章句が諸史料の観察対象へ多方向に拡散変形した可能性も絶無ではない。しかし、いずれにせよ、これらの史料所説が共通の問題関心の上に立って相互に関連していることは確かであろう。

(50)　〈eos negant mori, sed tanquam in somno transmutari, et sine ullo labore coenosum hoc carnis indumentum exuere, atque immortalem ac divinam Christi stolam induere, idemque corpus et formam eamdem induere, et praeeuntibus angelis et apostolis in Patris regnum admitti, corpus autem, quod exuerint, in cinerem pulveremque dissolvi, nunquam amplius surrecturum〉. Panoplia Dogmatica. MPG. CXXX, c. 1318.——なお、彼らの最終審判観の問題については Puech et Vaillant, op. cit., pp. 211-213 参照。

(51)　『テオフィラクトス書簡』や『ボリル回状』など、極度に圧縮された形の材料から、判断の手掛りの得がたいことはいうまでもない。微妙なのは、『フンダギアタエ派反論』の記事である。そこには、起源における長子・次子の説は現れていないし、また

「死者の復活はない」〈non esse resurrectionem mortuorum〉MPG. CXXXI, c. 50 と語るという、あまり他の史料に出ない指摘があって、これらは絶対派を示唆するとも考えられるからである。しかし、「死者」云々を最終審判における肉体の復活を否定したものと解すれば、かえって審判の来るべきことを前提しているとも考えられるので、決して断定に足る材料ではない。それより、七層の天界と第八天界への言及が『ヨハネ問答録』の世界観に適合することの方が重要である。フンダギアタエ派もまた、穏和派色を濃厚に漂わせていると言ってよい。アンゲロフやオボレンスキーのように、これを絶対派とするのは、やはり性急である。D. Obolensky. op. cit., p. 181; Anguêlov, Le bogomilisme en Bulgarie. p. 68.

(52) 〈Nonnulli enim eorum obediunt Grecis hereticis, alii autem Bulgariis et alii Drogovetis〉.〈Greci manichei dissenciunt a Bulgariis et ab utrisque dissonant Drogovethi〉. C. Thouzellier, Une somme anti-cathare. pp. 138, 139 et 211.

(53) H. Söderberg, op. cit.; Puech, Catharisme médiéval et bogomilisme. p. 71 sqq.; Puech et Vaillant, op. cit., pp. 129-343. ピュエックのものは取分け精密な研究だが、そこでボゴミリに対比されているカタリ教説は、穏和派のもののみである。

3　カタリ絶対派の淵源と小パオロ派

西欧史料では、レイネリウスが東方六教団、『宗会要録』が五教団の名を挙げている。このほか多少とも網羅性を念頭に置いて記述したと思われるものに、『異端要覧』のカタリ派沿革を述べた部分があり、そこに東方六司教が出る。もちろん、このほかの史料にも折に触れて東方教団の名が出ることはあり、またその都度さまざまの変異綴が現れるが、右に出るところのいずれかと合致していて新しい名を教えられることはない。便宜上、右の三史料に『ロンバルディア・カタリ異端論』所出のものを加えて、次頁に対照表にしておく。(1)

そのうち、コンスタンティノープル・ラテン人教団は在留西欧人の教団だから、厳密には東方教団と言えない。

『宗会要録』	『ロンバルディア・カタリ異端論』	レイネリウス『報告』	『異端要覧』
ブルガリア	ブルガリア	ブルガリア	ブルガリア
ドゥロゴメティア	ドゥルゴンティア	ドゥグンティア	ドゥルゴンティア
ダルマティア	スクラヴォニア	スクラヴォニア	スクラヴォニアすなわちボサナ（ボスニア）
ロマーナ		ロマニアなるフィラデルフィア	フィラデルフィア
メレンギア			
		コンスタンティノープル・ギリシア人	コンスタンティノープル・ギリシア人
		コンスタンティノープル・ラテン人	コンスタンティノープル・ラテン人

また『宗会要録』のロマーナ教団は、『報告』に「ロマニアなるフィラデルフィア」とあることによって、『異端要覧』のフィラデルフィア教団に同定できる。スクラヴォニア教団は『異端要覧』に別名ボサナ(ボスニア)と読替えた箇所があることから、そのほかの史料に出現するボスニア教団と同じである。それに、中世西欧では地名のスクラヴォニアはボスニアとほぼ同義で使用されていたことが知られている。こうして、西欧史料に出現する東方教団は計七つ、仮りにダルマティアとスクラヴォニアが同一とすれば六つということになる。

ところで、東欧史料からはボゴミリ派が教団を組織したに違いないことは推測できても、教団ないし司教とその所在地を具体的に知ることは不可能である。この点、西欧史料の方がはるかに詳しい。教団分裂に際してイタリアから東方に人を派遣した例に見るように、カタリ派の者たちは東方諸教団、少くともそのうちのいくつかについては、正確な所在地を知っていたのである。また、『宗会要録』は、東方から渡来した指導者が語った言葉を記録している。東方史料が挙示しないにしても、これら教団は実在したと考えてよい。ただ、教団の名が明瞭に所在を語っている場合は別として、現実地名への比定には論議の一定せぬものもある。(2)

このうち西欧カタリとの関連で重要なのが、ドゥロゴメティア以下さまざまの訛音で記される一つの教団であることはいうまでもない。(3) 西欧史料がこれをもって絶対派の淵源としているからである。これをバルカン半島西部ダルマティアの一都市トゥラグリウム Tragurium、後代のトゥラウ Trau に求める、シュミットに始まりギロー、ランシマン、ニール等に継承された説がある。(4) ギローは単に語形の類似を根拠としたシュミットを踏襲したにすぎないが、あとの二者にあっては結論は同じくトゥラグリウム所在の教団としながらも、西欧に知れた教団の呼名はさらにその母教団の所在地たるドゥラゴヴィツァに因むと主張されている。つまり、東欧における新旧二つの絶対派教団を想定するのである。アドリア海岸に絶対派存在の痕跡があることを別にすれば、イタリアとできるかぎり近距離の地点を考えようとしているにほかならず、トゥラグリウムに特定する必然的な理由はないように思われる。いうまでもなく、次の説の影響を受けた結果の修正ないし混乱である。

これに対して、半島東南部に想定する説が提唱された。すなわち、スラヴ系ドゥラゴヴィシ Dragovishi 族の定住地の指摘である。同族の定住地は、トラキアのフィリッポポリス(プロヴディフ)から程遠からぬドゥラゴヴィツァ(Dragovitsa)河流域と、マケドニアのテッサロニケ近傍の二箇所に跨っている。これはまず東欧の史家、中でもラチュキが主張し、ドンデーヌやオボレンスキーによって強力に支持された結果、今では東欧と西欧を問わずほとんどの専門家の受容れるところとなっている。(5) この説の強味は地名語形が史料所出の訛音形に近いこと、この地方がそもそもボゴミリ派発祥の地に遠からず、特にフィリッポポリス周辺が異端汚染地区として有名なことにある。(6)

ただし、かなり広い問題地域の中で教団所在地となると、ラチュキはマケドニアを考え、ソロヴィエフやオボレンスキーはトラキアのフィリッポポリスに力点を置くなど、意見が分れる。ラチュキはフィリッポポリスにはすでにフィラデルフィア教団が存在するとし、ソロヴィエフやオボレンスキーはフィラデルフィア教団(小アジア)、ブルガリア教団(ソフィア附近)、ドゥラゴヴィツァ教団(フィリッポポリス)、という展開の全体像を見た結果である。

こうして、ドラゴヴィツァ教団所在地の確定はまず期待できない状況で、トラキアないしマケドニア、おそらくは前者という程度で満足するほかない。それならば、ドゥラゴヴィツァ教団すなわち絶対派が、ボゴミリ派の歴史に占める位置はどうであろうか。この点については、所在地問題以上に諸説紛糾しているが、それはいくつかのタイプに整理できる。

問題に先鞭をつけたのは、シュミットと言ってよい。ボゴミリ派は本来絶対二元論を奉じたのであって、その直系教団こそドゥグンティア(彼によればトゥラグリウム)にほかならず、十二世紀後半、教勢の急激な拡大の中でそれまで萌芽状態にすぎなかった穏和派が俄かに信奉者を獲得、ダルマティア教団として分立したというのである。[7] 彼の場合、東欧史料がほとんど問題にされていないので、今日に通用しないことはいうまでもないが、絶対派先在と穏和派後発、そして分裂という理解の図式は学説史に予想外の影響を残した。一つには、中世二元論異端全体の捉え方、つまりこれを、本質的に古代二神教に源流を有する外来の異教が徐々にキリスト教化、風土化する過程として理解する傾向が、この種の考え方を受容れやすくしているように思えてならない。

例えばドゥエーもこれを踏襲して、本来絶対派のボゴミリ派内部における「一神教化」の進行を考えた。[8] ギローは、一二三〇年頃ボゴミリ派に急転回が生じ、穏和派ブルガリア教団が分離独立したと見た。[9] 穏和派の影響は十二世紀半ばに西欧に及んでいるので、今日の水準からすれば彼の説は明らかに時代錯誤である。ラチュキは、ボゴミリは絶対派として出発したが次第に穏和化される傾向を生じ、コスマスの段階では両派併存の状態であったが、その後穏和派がブルガリアに拡大した結果、十二世紀後半、本流を伝えるドゥラゴヴィツァと決定的に対立するに至ったと主張した。ランシマンもほとんど同様だが、分裂の時期を十一世紀、つまりコスマスより後の時期に置いている。彼によれば、小パオロ派の教説を継受した絶対派のドゥラゴヴィツァ教団が本来のボゴミリ派で、後にビザンツ帝国のメッサリア派異端の浸透によって生じたボゴミリ派内の改革がブルガリア教団を成立させ、これが「公式」ボゴミリ派の地位を占めたことになっている。[10]

コスマス『異端反駁』(十世紀後半)とエウティミウス・ジガベーヌス『教理防護』(十二世紀初)が、教義面での二大史料たることは繰返すまでもない。これらを論証過程に組込まなかった時代の説は別として、ランシマンやラチュキはこれらの記事をどう解釈したであろうか。右のうち、『教理防護』の報ずる教説が穏和二元論であることは、彼らにとっても疑念の余地のないほど明白であった。問題は『異端反駁』で、ラチュキはそこに絶対派と穏和派の二つが報告されていると見、ランシマンはもっぱら絶対派だけが語られていると見たのである。ランシマンはボゴミリの教義項目を拾って、現実世界の創造者の地位を悪魔が占めているが悪魔の起源についてはいまだ規定されていないから、「単純」かつ「純粋」な二元論であると断定した。さきに見た通り、悪魔の起源はすでに論ぜられていて、叛逆の子、堕天使、不義の下僕など意見の流動はあっても、神の系譜に属する者とされていることに変りはない。ランシマンの論断には、明らかに無理がある。これに対して、コスマスが両派を語っているとするラチュキの理解はやや複雑で、前引の「はなはだしき迂愚により、彼らのうちのある者どもは悪魔を堕ちたる天使と呼び、他の者どもは不義の下僕と呼ぶ」とあるうちの「ある者ども」を手掛りに、ボゴミリ内部に二派存在したとし、これを絶対、穏和両派併存という結論に導いている。これは内部に教義の細部解釈をめぐる二集団が存したこと、少くとも不統一を証する材料たり得ても、その一つ、おそらくは後者を絶対派に結合するのは飛躍というほかない。ほかにも、コスマスが二つの集団を同時に観察したのではないかと思わせる痕跡はあるが、教義対立の推定の手掛りとなるものではない(11)。

この絶対派先在、穏和派後発説の変形と考えてよいような、併存説をなす者もある。例えばニールがそれで、二つの教団は最初から併存していたが、絶対派だけがコスマスの視野に入り穏和派だけがエウティミウスの観察に捉えられたと理解する(12)。これもランシマン同様、コスマスを無視していることはいうまでもない。ソロヴィエフも併存説ではあるが、ニールと異って、コスマスによって記述された穏和派ブルガリア教団と並んで、フィリッポポリスに絶対派ドゥラゴヴィツァ教団が存在したと考えた(13)。コスマスによって観察されることのなかった教団の存在を想定するわけで、フィリッポポリス周辺の異端事情という傍証だけが根拠となっている。ニールに比べれば自然だし、またすべての現象について史料が遺されるわけでないことも自明だが、依然不安定な推定の域を出まいと思われる。

ボルストは、初期ボゴミリ派は本質において民間レヴェルの漠然たる敬虔運動に過ぎなかったが、十一世紀、帝国首都に弘通する段階で神学化、教義化し、その過程で両教団に分化したと考えている。[14] コスマスの存在を無視する点で首肯し難い。コスマスの段階で、ボゴミリ派は決して漠然たる宗教運動ではなかった。穏和二元論の教義を備え、新約聖書の釈義に通じ、おそらくは教団をも構成していたのである。

絶対派先在、穏和派後発説とはまったく逆に、教説の漸次的硬直化、絶対化を考える者もある。十世紀、コスマス段階のボゴミリ派は穏和派一色であったが、まず不確実ながら十一世紀半ばのフンダギアタエに看取された絶対派への傾斜がボスニア、イタリア、フランスで平行的に進展し、やがて十二世紀のニケタに、次いで十三世紀のボスニアに定着したと見るのはアンゲロフである。[15] 新しいところでは、併存共在説との折衷ながら、ハミルトンの説もこれに近い。初期ボゴミリは現世創造者、したがって現実世界を悪と見る基本観念においてのみ一致し、悪の起源を初め教義の細部については概括的で、いわば両派を包含していたが、教勢の拡大とともに次第に分化してそれぞれの地域の文化的伝統に即しつつ展開した。すなわち、ドゥラゴヴィツァやコンスタンティノープル等ビザンツ文化圏で革新的な絶対派が形成され、ブルガリアやボスニア等スラヴ文化圏ではより伝統に忠実な穏和派が生ずる。分裂の年代は不詳とはいえ、十二世紀中葉という比較的新しい時期で、西欧におけるニケタの登場は絶対派成立時の主導権確保の動きの延長線上にあり、彼が語った東方教団の中に穏和派教団名が挙示されていること自体、分裂後なお日の浅いことを物語る。これがハミルトン説の要旨である。[16] アンゲロフについて言えば、西欧における絶対派は東方から導入されたものであって内部発生ではないし、ハミルトンの場合は初期ボゴミリが明瞭に穏和色を示していることを無視し、しかも後段との間に矛盾を来している。しかし両説とも基本的には、穏和派のみを示す東欧史料と、絶対派の存在をも語る後代の西欧史料の機械的な結合であって、東方における絶対派の形成を特に解明したとは言えない。

この間にあって、オボレンスキーはボゴミリ派の外部に絶対派教団を求めた。彼は東欧史家の論争を踏まえ、教団所在地の比定問題をも含めてラチュキを批判し、フィリポフを支持し西欧史料をもって補強し、「ドゥグルティア教団とブルガリア教団間の教義上の相違は、ブルガリアにおける小パオロ派とボゴミリ派の教説の相違に対応する」と主張した。つまり、小パオロ派やメッサリア派等の先行二元論が融合し、同時に固有の条件の中で民族化風土化して形成された穏和二元論を奉ずる本来の意味のボゴミリ派がマケドニアに展開したのに対し、純粋の小パオロ派がトラキアに保存され、前者がブルガリア教団、後者がドゥラゴヴィツァ教団となったというのである。論拠は小パオロ派が絶対二元論を信奉すること、およびフィリッポポリス(プロヴディフ)の地が特に同派と親縁関係を有したことの二点である。そのためには、フィリッポポリスが「フィラデルフィア教団」所在地であってはならないし、ドゥラゴヴィツァ教団がトラキアに、ブルガリア教団がマケドニアになければならなかった。(17)この大胆な説に対しては、無論、強固な反対論がある。それらに共通する批判点は二つあって、第一は小パオロ派にはボゴミリ・カタリ派の特徴たる苛酷な禁欲の戒律が見られない点である。殺生戒どころか、一時小パオロ派は極めて戦闘的な集団として勇名を馳せ、また宗派というより種族的結合であった。デュヴェルノワは「ピューリタニズムを伴わない唯一の二元論教派」とまで言っている。第二に、十分に解明されてはいないものの、彼らの教団がボゴミリに見られる選良と追随者の構造を持っていたとは見えないことである。(18)要するに小パオロ派とカタリ絶対派は、基本的教義において近く、信者の在り方において隔る点に問題があると言ってよい。

以上、代表的な諸説を見た。この中、コスマス所報を無視するもの、したがって特にボゴミリ派における絶対二元論の穏和化を考える根強い傾向は、現在ではもはや問題とするに足りないであろう。その他の説にしても決定的な論拠はなく、所詮は仮説たるの域を出ていないのだが、その中ではオボレンスキーによる絶対派の小パオロ派起源説にもっとも聴くべきものがあると思われる。

ボゴミリ派に先行ないし併存した東欧二元論諸派の中で、小パオロ派がもっとも重要であることはいうまでもない。おそらく六世紀、アルメニアに発生し、七世紀には小アジアに拡大して帝国の強制改宗策の対象となっている。八世紀、聖像禁止政策のもとでは放置ないし保護利用され、七四七年コンスタンティヌス五世によって一部はトラキアに移住させられて国境防備の任に当った。九世紀、帝国の態度転回とともに、再び大規模な迫害、むしろ攻撃にさらされる。教派内にも改革者セルギウス・ティトゥスを得て教勢は帝国領とイスラム圏の双方に跨って拡大し、いわば小パオロ派の黄金時代を現出する。カルベアス、次いでクリソケイルに指揮された小パオロ派軍は、アラブと結んでしばしばエーゲ海に進出し、帝国を脅かした。しかし八七二年、帝国軍が同派の本拠テフリケ(現ディヴリフ)を攻略した時、政治勢力としての小パオロ派は壊滅する。しかし教派としては長く存続し、皇帝ヨハネス・ツィミスケス(九六九—九七六年)により、その主要部分はトラキアのフィリッポポリス近傍に強制移住させられた。十一世紀末、十世紀以後のトンドゥラケシ Tondrakeçi(Thondrakiens)はアルメニアにおける同派の後身である。[19] 第一回十字軍はアンティオキア周辺で幾度か彼らと遭遇し、これをプブリカニ publicani と呼んでいる。帝国首都やバルカンで彼らが長く問題であり続けたことは、エウティミウス・ジガベーヌスが『教理防護』の第二四章を特に同派のために割いたことからも察せられる。

帝国側の最重要史料、ペトルス・シクールスの『マニ教史』[21] によって知られる九世紀小パオロ派の信条は概略次の通りである。[20] 教義の基本は二元論、それも絶対二元論である。キリストは天より身体を持ち来ったとして、マリアによる受肉を否定する。[22] 当然、これは肉身としての生活、奇蹟、受難、復活を考えない仮現論となる。聖餐の秘蹟を拒否する。[23] 現世の創造主を悪神とする以上、旧約の諸書を排撃するのは極めて自然であるが、新約のうちではペテロ書簡を嫌う。聖書外では、同派の指導者セルギウスの書簡を用いる。ただし、採用された新約諸書は正教会使用の正文と厳密に同じである。[24] 教会の職階を認めない。自派内部では、セルギウス改革で原理的に聖職は否定されたものの、事実上は改革以前に「同行者」、以後は「書記」なる職制を有した。[25] 禁欲戒律について明示的な記述はないが、セルギウス改革の際あまたの者が婚姻の絆を捨てたという記事がある。[26] 聖像、十字聖号を唾棄する。[27]

細部にわたる材料は決定的に欠乏しているものの、教義の基本が絶対二元論であることを除けば、少くとも現象形態において彼らはボゴミリ派によく似ている。キリスト教徒としての強烈な自覚や、新約諸書への固着、さらに聖書の利用に当って厳密に正教会のそれと同じ正文を用いながら極度に象徴的寓意的な解釈を加える点も、ボゴミリ派において鮮明に見られた傾斜であった。小パオロ派 Pauliciani とは外部からの呼称であって、みずからはキリスト教徒と称し、正統教会の信者をローマ人と呼んだ。[28] 彼らの釈義において聖母マリアは「天なるイェルサレム」、最後の晩餐において頒ち与えられたパンと葡萄酒は「言葉」にほかならなかった。[29]

彼らをボゴミリ派から隔てるものは、絶対二元論および後述する使徒パオロへの傾倒を別にすれば、禁欲戒律の欠如のみである。実は、この問題は史料上はまったく不明の領域に属し、戒律慣行を示す記事もないと同時に戒律を有せずと明言する材料もない。後者に代る証拠としてしばしば引かれるのは、一時期小パオロ派が極めて好戦的な、つまり少くとも殺生戒とあい容れない集団であった事実である。しかしこれは、これまた曖昧なままに残されている教団の構造の問題と、分ちがたく結びついている。後にカタリ派に見るように、二元論諸派においては戒律を厳格に実行する正規の信者とそうでない追随者に分れている場合が多い。小パオロ派軍を率いて驍名を馳せたカルベアスやクリソケイルなどはあくまでも軍の指揮者で、宗教上の指導者であったようには見えない。政治上の、まさしく世俗次元の交渉のためにテフリケにおもむいたペトルスが、教団の構造にどこまで意を留めたか、疑えば疑えるのである。「同行者」、「書記」等の名で呼ばれる者は少数の役職で、同派の聖職者ないし正規信者全員の称号とは考え難いし、関連して位階平等の主張も正規信者の内部原則であったと見る余地も絶無ではないと思われる。零細な指標を拾うならば、モンタヌス派レオなる者にあてたセルギウス書簡が尊重された事実もある。いうまでもなく、モンタヌス派は二世紀に発する古い異端で九世紀のレオに至るまで往時の教説と慣行が変容を蒙らなかったという保証はないが、かつては苛酷な断食を励行したことで知られている。したがってこれは、あるいは禁欲戒律との親縁を示す徴候であるかも知れない。要するに、後代のカタリ派に比べて、さらにボゴミリ派に比べてさえ、禁欲が彼らの特に目立つ特徴でなかった、憶測すれば禁欲が信者を吸収する問題関心となっていなかったことは事実としても、同派において禁欲の戒律ないし慣行が絶無であったと断定するのはやや早計である。

ペトルス・シクールスが小パオロ派をマニ教直系の異端むしろマニ教そのものと見たことは、その起源と沿革の記述からも明らかである。「彼(マニ)の弟子幾人か、アルメニアの町サモサタに来り、ここを根城に毒麦の種子を蒔き、多くのアルメニア住民を惑わした」。幾年かの後、「サモサタにカリニケなる女が居て、これにはパオロおよびヨハネなる二人の子があった。カリニケは、恰も母蝮が双子の蝮を育てるにも似て、これらに忌むべき邪説を教え、謬説の説教者としてサモサタより送り出した」。これが異端拡大の発端で、「邪説はこの説教者らよりその名を得た。すなわち、この時よりマニ教徒に代ってパウリキアニ(小パオロ)派と呼ばれたのである」。この発祥伝説は帝国では定説となったらしく、『教理防護』もこれを再話している。同時にこれは、小パオロ派即マニ教観が定着したことをも意味する。(30)

以後の同派の歴史には少くとも二度、大きな劃期があった。第一は七世紀コンスタンティヌスの改革で、第二は九世紀初頭セルギウスによる教勢大拡張である。「ヘラクリウスの孫コンスタンティヌスが帝位にありし頃、コンスタンティヌスなる一アルメニア人がサモサタ地方の村、マナナリに現れた。この村には今なおマニ教徒を見る」。コンスタンティヌスはたまたまシリアより連行された捕虜の手から新約聖書を入手すると、「おのれの不敬不吉な邪説が悪評と醜怪のゆえに万人に呪咀され憎悪されていることを知っていたので、この難点を改めようと思いつき、悪霊の示唆によって、福音書と使徒の書以外にいかなる書物も読まるべきでないと定めた。かくて邪悪の汚点を蔽わんとしたのである」。それまでのマニ教の書物を廃棄し、新約に恣意的な解釈を加えた。「その結果、次のごとき事態が生じた。今日、彼らは現にマニ教の信者でありながらこの物語を知らぬために、スキティアヌス、ブッダ、マニその他おのれの先達を呪うのである」。コンスタンティヌスはキボッサに教団を建て、法号シルヴァヌスを称した。信者たちに向って使徒の書物を示し、「汝らはマケドニア人なり。我はまことにパオロによりて汝らのもとに遣わされしシルヴァヌスなり」と宣言したという(31)。明らかにコリント後書の故事になぞらえたのである。

同派が弛緩と内紛を経験した後、「タビアの町の領域から真理の敵が出現した。そこに近きアンニアなる村にドゥリヌスなる男が住んでいたが、その子セルギウスこそ悪魔の戦士であった」。彼はティキクスを法号とする。この度は、コロサイ書に因んだのである。「その実は有害の過ちというにふさわしいが、神の言葉を宣べ伝えんため遣わされたるパオロの弟子であると号した。この者は、八百年の昔使徒が真の言葉を伝えた町と村のすべてを倦むことなく巡り、多くの者を正統の信仰より引離して悪魔のもとに連去った。それは、書信の一つで彼自身が述べている通りである。すなわち、もっぱらおのれの膝のみを用いて東より西へ、北より南へと駆けめぐり、キリストの福音を伝えた(32)」。事実、彼の指導下に小パオロ派は文字通り再生して、女帝イレーネから皇帝テオフィルスに至る三四年間に、アルメニアから小アジアにかけて六教団、架空の本山を加えて理念上は七教団を算するまでになったが、いずれも実在地と無関係にパオロ書簡に見える往昔の教会名で、マケドニア、アカイア、フィリッピ、コロサイ、エフェソス、ラオディケアと呼ばれている。[33] 後半の三教会について、「三教会は一つであって、ティキクス一人によって代表されると語った」[34] とあるところからおそらくこれが彼の直轄教団で、したがって彼の主要な地盤は小アジアにあったのであろう。先に見た同派の教説はセルギウスの再組織以後のものである。

右の『マニ教史』所伝の経過を辿って見てただちに気付くのは、マナナリのコンスタンティヌスがおそらく同派の真の創唱者であろうということである。また偽装や宣布の便宜のために旧来の経典を破棄し真の教祖を呪うに至ったというのは、余りにも奇異というほかない。サモサタのパオロたち、つまりマニ教との直接の関連を無視する方がはるかに自然であろう。卑小辞を含んだ教派名 Pauliciani の意味にしても、おのずから明らかである。パオロ書簡への傾倒、法号や教会名、さては「同行者」という役職名から見て、彼らは使徒パオロの独特の尊崇者であって、伝説のいうサモサタのパオロの信者ではない。つまり小パオロ派とは、「パオロの軽蔑すべき信徒」であって「軽蔑すべきパオロの信徒」ではなかったのである。その系譜と性格について、オボレンスキーは、基本的に改革され単純化されたマニ教であり、副次的にマルキオン派の影響が混入したものと規定したが、[35] そのマニ直結の部分はおそらく当っていない。ガーソイアンはアルメニア史料の検討から、新たな小パオロ派展開の全体像を描出した。彼によれば、七世紀コンスタンティヌス段階のアルメニア小パオロ派は、みずからキリスト教徒と称し、正統教会の職制や十字聖号を排斥し、マリアの母性を否定する点は後代帝国領内の同派と変らないが、まだ旧約排除やペテロ嫌悪などの特徴を備えていない。モーセが見たのはこの世の創造者たる悪魔であったとする材料は一件のみで、しかもこれと矛盾する標識が多いから、二元論は定着していたとは考えられない。本質的な特徴は、キリストは人として生れ洗礼によって神の子として受容れられたとする猶子論《アドプシオニズム》にあって、当然キリストの人性を認め、信者の生活においても洗礼に重要な意義を置く。すなわち、幼児洗礼を否定し、すべての信者は潜在的なキリストであると説く。アルメニアにおいて、この種の教義は当初からトンドゥラケシ派段階に至るまで一貫していて、ここにマニ教の影響は全く感じられない。しかるに、九世紀おそらくセルギウスとその後継者たちによる分派は、末梢的な諸点においては同一でありながら、根本教義において二元論、仮現論に転換した。コンスタンティノープルとその周辺では、九世紀半ばに同じ小パオロ派でありながらセルギウス分派が卓越し、彼らだけが帝国の作者たちによって観察された。以上がガーソイアン説の要旨である(36)。セルギウス分派成立の事情、取分けこの段階における既存二元論からの影響の有無が残された問題ではあるものの、我々はガーソイアンによって従来とは格段に精度の高い知識を得たということができる。

こうして、小パオロ派がかなり複雑な構造をもっていて、マニ教との関連もはなはだ疑わしいにもかかわらず、ペトルス・シクールス以下帝国の文筆家はことごとくこれをマニ教の後裔あるいはマニ教そのものと信じて疑わなかった。無論それは教父たちの著作の強い規定力のせいでもあろうが、同時に帝国の報告者たちをして往昔のマニ教批判を想起せしめたものがあったはずである。そして、それは小パオロ派の、ガーソイアンの理解を下敷きにするならば同派セルギウス分派の、絶対二元論であったと考えられる(37)。オボレンスキーに従って、ドゥラゴヴィツァ教団はバルカン内部、おそらくトラキアの小パオロ派教団にほかならぬと考える上で、この点は重要である。先に見た通りボゴミリ派に関する東欧史料が穏和派の存在のみを報告して、西欧史料から見れば当然バルカンに存在したはずの絶対派については完全に沈黙していた。正統教会側の観察網が必ずしも疎漏ではなかったことを思うと、これははなはだ奇異な現象と言わざるを得ない。穏和二元論異端がボゴミリ派として、そして絶対二元論異端が小パオロ派あるいはマニ派の名のもとに、そして先入主を混じえつつ把握されていたと考えるのがむしろ自然であろう。基本教義は別として、考え方の特徴は小パオロ派、ボゴミリ派ともに近似している。整理分類の必要を感じたのは対策を迫られる教会側であって、異端側ではなかったはずである。

ボゴミリ派の起源について、テオフィラクトスは「小パオロ派と混交せるマニ教」、『アレクシウス紀』は「我らが小パオロ派とも呼ぶところのマニ教の不信とマッサリア派の汚辱との合成」、『ボリル回状』は「ブルガリアの全地にマッサリア派の異端を加えつつマニの邪教を拡め」と語っている。そして『教理防護』には、「ボゴミリ派の異端は我らの時代よりさして古きものではない。一部はマッサリア派のそれであって、多くの点で彼らの定めるところと合致する。同時に、みずから若干を創唱して害悪を強めた」とある。(38) マニ教と小パオロ派は同類視ないし同一視されているから、同時代人の認識においては、要するに小パオロ派とマッサリア派の二つが先行異端であった。研究家の間では、先述プリモフのようにボゴミリ派のブルガリア完全自生を主張する者と、ニールやロシェのように古代マニ教のそのままの延長と見る者の両極端はあるものの、現在これらは比較的少数であって、先行異端からの影響を想定する説が大勢を占める。ただ、影響とブルガリア固有の性格のいずれにどれだけの重きを置くかによる微妙な開きがあるにすぎない。また、先行諸派それぞれの演じた役割を特定できる状態ではないが、その中では小パオロ派からの影響の可能性が格段に大きい。教説に類似点があるだけでなく、ボゴミリ派成立時期のトラキアに小パオロ派がいたからである。十世紀の成立期に影響があったとすれば、十二世紀に至るまでの期間の相互浸透を十分考えてよい。オボレンスキーのドゥラゴヴィツァ教団即小パオロ派説に対する反論の最大の論点は、後者が戦闘的な集団で禁欲戒律をもたないことにあった。しかし、小パオロ派のその種の特徴を指摘したのは主として九世紀の史料であって、後代の実態をただちに実証するものとは言い難い。

西欧に対して絶対派ドゥラゴヴィツァ教団が強力な介入を行ったのは、『宗会要録』を信じてよいとすれば、一一六七年である。この時ニケタは新たに獲得した西欧の同信者たちに教団構成の基準を示すに当って、「アジアの七教会は相互に区分され、劃定されていた」と語った。これが同時代の東欧教団を指すのでないことは、続いて挙名されている東欧教団と数が合わないことからも明らかである。パオロの七教会なのか、セルギウス時代の七教会なのか、あるいは両者が重なりあっているのか、もとより知る術もないが、いずれにもせよここには、曾ての小パオロ派の残響が揺曳しているように感じられる。

西欧におけるカタリ派の呼名の一つに、ブルガリ bulgari およびそのさまざまの転訛形がある。原義はいうまでもなくブルガリア人で、『異端要覧』に「フランス人まずコンスタンティノープルにてブルガリア人に惑わされたるがゆえに、フランス全土にわたって異端をブルガリと呼ぶ」とあり、エティンヌ・ド・ブルボンはカタリ派の別名をパテリニないしブルガリと説明した上で、「ブルガリともいうは、主たる巣窟がブルガリアにあるため」と述べているから、当時の西欧では名の由来、つまりはボゴミリ派からの系譜がよく理解されていたのである。普通、ロベール・ド・ークセール『年代記』一二〇一年の条に、騎士エヴラルドゥスなる者が抱懐した信仰を「ブルガリの邪説と呼ばれる異端」としているのが、史料初出とされる。十三世紀にはごく一般的に使用され、地域も南フランスたると北フランスたるとを問わない。例えば、『アルビジョア十字軍の歌』も南フランス異端を「ボルガリアの徒輩」と総称している。口語形はブーグル bougres だが、我々はこの名を附して呼ばれる比較的有名な異端審問官を一人知っている。すなわち、十三世紀三〇年代、北フランス、ラ・シャリテ・シュル・ロワールで活動したロベール・ブーグルだが、これも彼がもとカタリ派異端であり後にカタリ狩りに辣腕を振るったからにほかならない。日常語彙となっていた様子が知られる。(39)

これと並んで今一つ、異端を指す東欧起源の言葉がある。小パオロ派pauliciani の転訛たるプブリカニ publicani ないしポプリカニ poplicani およびそのさまざまの異綴である。ピフレス piphles をもその訛音の一つと見なしてよいとすれば西欧史料への出現はブルガリに比べてやや早く、大体十二世紀の中頃、はじめ北フランス、イギリス等、主として北方で用いられたが次第に一般化する。またこれをマニ教と注釈している例が時折見出される。早い例では一一五七年ランス教会会議の「ピフィリについて」と題する決議第一条には、「この上なく不浄なるマニの分派が、巧みな欺瞞を用いて信仰の仮面のもとに事情を知らぬ者たちの間に身を隠し、素朴な者の魂を滅びに至らしめんと努めている。しばしばこの地より他の地へと逃れて名を変える卑賤の織工を通じて、捉えた婦女子を忌むべき罪に導く」とある。一一六三年ケルンで発見された異端についてエクベルトは、「我がゲルマニアにてはカタリ、フランドルにてはピフレス、ガリアにては彼らの織布の慣行のゆえにテクセラントと呼ぶ」と誌した。時代が下ってのピフレスの用例は知らない。ラルフ・オヴ・コギシャールの『イギリス年代記』は、ルイ七世(一一三七―八〇年)の頃「世間にてプブリカニと呼ばれる異端の謬説、ガリアの諸州に蔓延し」と書いたが、これは厳密には同時代の筆ではない。プブリカニの初出と目してよいのは、おそらく第三回ラテラノ公会議(一一七九年)決議第二七章で、そこではカタリ、パトゥリニ patrini およびプブリカニが同義の異名として用いられている。先に見たロベール・ドークセールも、ブルガリの記事に先立つ一一九八年の記事では「ポプリカニの異端」について語っている。アルベリック・ド・トロワフォンテーヌ『年代記』も同様で、一二〇〇年トロワで露見、火刑に附された八名の異端をポペリカニ、一二三九年ナバラ王臨席のもとに焼殺した異端をブルガリと呼んでいる。そしてエティエンヌ・ド・ブルボンはアルビジョア派異端の別名パテリニおよびブルガリを説明したのに続けて、「人によってはポペリカニとも呼ぶ」と付加えている。(40)

右に見たように、本来ボゴミリ派を指したブルガリ、および小パオロ派を意味したはずのプブリカニ、この二つの呼称が別々に西欧に流入し、しかもカタリ派を指す完全な同義語として流通した事実は、我々にとって興味深い。東欧のよく似た、しかし別の二異端が西欧では同一流派として理解された過程を物語っていると思われるからである。以上指摘したことは、もちろん傍証あるいは零細な指標にすぎない。しかしこれだけでも、ある程度の展望は可能である。すなわち、オボレンスキーのいうように、カタリ派には究極的な二つの源流、ボゴミリ派（ブルガリア教団）および末期のバルカン小パオロ派（ドゥラゴヴィツァ教団）があったと見てよいであろう。これは、西欧カタリ派が絶対派と穏和派の重層構造をもっていた事実をよく説明するとともに、それが東欧異端の単なる延長ではなく、西欧はいわば独自の受容れ方をしたことをも示している。しからば、その受容の契機は何であったか。それが次の問題である。[41]

（1）『宗会要録』記事は後述。

（2）例えば、メレンギア教団。マケドニア東部の一都市名メルニク Melnik の訛音で、『宗会要録』にのみ見えて他史料に出現しないのは短期間に壊滅したからと見るのが、いわば通説である。C. Schmidt, op. cit., I, p. 56 ; D. Obolensky, op. cit., pp. 156, 157 ; A. Borst, op. cit., S. 213, etc. これに対し漠然とコンスタンティノープル近傍を考える説 D. Roché, Etudes manichéennes et cathares. p. 51. ペロポネソス半島内メリング族の定住地と見る説 DUV. H. p. 73 がある。――フィラデルフィア教団をロマーナ（ロマニア）教団と同一視する点では異論を見ないが、所在地については見解が分れている。ギローは端的に不明とした。Gl. I, pp. 199-201. 一方にはトラキア地方と考える説が古くからある。C. Schmidt, op. cit., I, p. 56 ; L. Léger, L'hérésie des Bogomiles en Bosnie et en Bulgarie au moyen âge. RQH. VIII, p. 494 ; D. Obolensky, op. cit., p. 159 sqq. その理由は論者によって若干の出入りがあるものの、中世西欧の語法でトラキアがしばしばロマニアと呼ばれること、また皇帝アレクシウス一世による同地のフィリッポポリス（現プロヴディフ）の異端討伐が知られていることの二点がしばしば強調されている。他方では、小アジアとする説も決して無力ではない。A. Dondaine, Un traité néo-manichéen. p. 60 ; A. Soloviev, op. cit., p. 90 ; A. Borst, op. cit., S. 213 ; DUV. H. p. 41. その主たる理由とするところは、十二、十三世紀の用法において、ロマニアは帝国版図のどこをも指しうるが、小アジア、特にリュディアを指す場合が多いということである。両説とも、判断の基礎は主として地名の考証にかかっていて、事実関係の根拠は薄弱なので、決定的なものではない。――スクラヴォニア教団がバルカン半島西北部ないしアドリア海東岸、主としてボスニアの異端を指すことについては異論がないが、『宗会要録』のダルマティア教団の後身であるとは即断できない。ブルガリア教団の系統に属するスクラヴォニア教団とは別に、コンスタンティノープルの傘下にあって若干教説内容を異にする異端がダルマティア、イストリアにいた可能性があるからである。S. Runciman, op. cit., pp. 98, 99.

(3) 今までに見た Drogometia, Drugonthia, Dugunthia のほかに Digunnicia, Digunithia, Druguria, Dogovetia 等の形があり、はなはだしきに至っては Hunguntia, Brugutia 等明らかに誤綴を含むものもある。

(4) C. Schmidt, op. cit., I, pp. 15, 16, 56 sqq.; Gl. I, p. 201; S. Runciman, op. cit., p. 15; F. Niel, Albigeois et cathares. Paris, 1955. p. 43.

(5) ラチュキ説については、L. Léger, L'hérésie des Bogomiles en Bosnie et en Bulgarie au moyen âge. RQH. VIII, p. 493 sqq. トゥラグリウムは西欧によく知られていたから、もしこれが教団所在地であればそのはなはだしい転訛はあり得まいと、ドンデーヌはいう。A. Dondaine, Un traité néo-manichéen. p. 63; D. Obolensky, op. cit., p. 158 sqq.; A. Soloviev, Autour des bogomiles. BYZ. XXII. pp. 86, 87. ピュエックは、ドゥラゴヴィシ定住地のほかにベサラビアのディグニティア Digunithia の可能性をも考えている。H. C. Puech, Catharisme médiéval et bogomilisme. ANL. XII, p. 67.

(6) フィリッポポリス(トラキア)の異端は、『アレクシウス紀』によって知られる。皇帝ヨハネス・ツィミスケス(九六九―九七六年)は「いまだ野蛮の習俗を捨てず流血を敢えてする」異端をアジアで撃破して、トラキアに移し、「フィリッポポリスの傍らに住まわせた」。「同市の住民は少数を除いてことごとくマニ派であって、キリスト教徒を迫害し財貨を掠めた」。「その数は不断に増加し、フィリッポポリス周辺はすべて異端と化した」。一一一四年、皇帝アレクシウスは国軍を動員して改宗を迫ったところ、多くの者が正しき信仰に帰った。B. Leib (éd.), Alexiade. III, p. 177 sqq. ――十世紀に強制移住させられた異端は「マニ、ヨハネ、パウロの追随者」とあって、明らかに小パオロ派である。戦闘、流血、掠奪など「野蛮な習俗」も初期の彼らに適合する。単に「マニ派」とあるのも彼らにほかならない。十二世紀強制改宗時の異端については「ボゴミリ派」と「小パオロ派」の二つを明示している。

ボゴミリ派発祥の地、ひいてはブルガリア教団所在地は漠然とブルガリアと考えられるのみで、さしたる論議の対象とならなかった。明示的に発祥地を語る史料は、一二二一年ないし一二三三年のデツァーニ僧院文書のみで、そこには「ブルガリアのマケドニア、フィリッポポリスとその周辺に生じたるボゴミリの邪説は呪わるべし」とある。A. Soloviev, op. cit., pp. 88-90. フィリッポポリスは伝統的地方名に従えばトラキアの都市である。それが「マケドニア」となっているのは、彼によれば、伝統的地方名と帝国軍管区名の間にずれがあって、マケドニア管区は古来のトラキアを、ブルガリア管区は古来のマケドニアを指したからである。これより先、東欧のフィリポフはボゴミリ発祥地ならびにブルガリア教団所在地をマケドニア、スコプリエ附近と推測した。D. Obolensky, op. cit., p. 158 sqq. 十一世紀東欧史料がブルガリアという時、サムエル王の旧領すなわち帝国のブルガリア管区を考えたはずで、トラキアは含まれないというのである。西欧史料にとって問題を複雑にするのは、十二世紀末以後ブルガリアがバルカン東部の総称となることである。後代の史料一片に依拠する前説よりも後者に自然なものを感じるが、決定的な判断は不可能である。それとは別に、フィリッポポリス(プロヴディフ)附近に異端色が濃厚なことは動かせない。

(7) C. Schmidt, op. cit., I, p. 58.

(8) C. Douais, Les Albigeois. Leurs origines. Action de l'Eglise au XIIe siècle. Paris, 1879. pp. 225, 226.

(9) GI. I. p. 200; GC. I, p. cxxxii. 彼は特に論証を加えたわけではないが、『駁謬簡要』の「かく語る異端らは曾てマニ派と呼ばれ、今カタリ派と呼ばれる」〈Heretici qui ista dicunt, olim Manichei nunc et Cathari dicuntur〉. SOM. p. 123 を援用している。いうまでもなく、これはカトリック側対抗者の理解を示すものにすぎない。

(10) L. Léger, op. cit., p. 502; S. Runciman, op. cit., pp. 66-74.

(11) コスマス『異端反駁』の第一八章「ボゴミリ派諸過誤の要約」Puech et Vaillant, op. cit., p. 84 で結論が出されているにもかかわらず、第一九章「爾余の誤謬」p. 85 sqq. に改めて議論が展開され、いわば二部構成となっている。デュヴェルノワは、異端の行動様式が前段と後段で異る現れ方をしていることを指摘する。すなわち、前段では「我ら(異端)は汝らのごとく無為には生きず」、「主の復活の日にも手の業に従う」pp. 57, 83-84 とあるのに、後段では「彼ら(異端)はいかなる手の業をもなさず」p. 85 とある。彼はこれをもって、コスマスの報じたのは二つの異端、少くとも二流派を内包する一異端であったと考えるのである。DUV. H. pp. 17, 18. この指摘自体、文脈全体や本文成立史との関連で再考する必要があるが、事実としても二元論の構造に関して二集団が存したと推定する根拠にはなり得ない。また、前後で記述に相違があるのは同一ボゴミリ派内部の異る部分、選良と追随者を観察したものと教団の構造に関連づけて理解することもできる。

(12) F. Niel, Albigeois et cathares. pp. 39, 40.

(13) A. Soloviev, Autour des bogomiles. pp. 88-90.

(14) A. Borst, op. cit., SS. 66-71.

(15) D. Anguélov, L'aperçue..., pp. 66-68.

(16) B. Hamilton, The origins of the dualist church of Drugunthia. ECR. VI, 1974. pp. 21. なお、これは彼の論文集 Monastic Reform, Catharism and the Crusades. London, 1979 に再録。

(17) D. Obolensky, op. cit., p. 158 sqq.

(18) B. Hamilton, op. cit., pp. 117-120 ; DUV. R. pp. 357, 358.

(19) 『フランス人その他イェルサレム十字軍士の事績』では、「トルコ人、ペルシア人、プブリカニ、サラセン、アグラニ、その他異教徒、あわせて三六万」のように異教徒の中に数えられている。〈Erat autem numerus Turcorum, Persarum, Publicanorum, Saracenorum, Agulanorum, aliorumque paganorum trecenta sexaginta milia〉. R. Hill (éd.), Gesta Francorum et aliorum Hierolimitanorum. London, 1962. p. 20, etc. また、「かくて、アンティオキアに近き谷間の、プブリカニの砦に来た」とある。〈Venerunt itaque in vallem prope Antiochiam ad quoddam castrum Publicanorum〉. p. 26.

(20) 帝国側の小パオロ派関係史料としては、ペトルス・シクールス(シシリアのペテロ)の『マニ教史』Petrus Siculus, Historia utilis et refutatio atque eversio haereseos Manichaeorum qui et Pauliciani dicuntur. MPG. CIV, cc. 1239-1304 および『帰正宣誓文』Quo modo haeresim suam scriptis oporteat anathematizare eos qui e Manichaeis accedunt ad sanctam Dei catholicam et apostolicam Ecclesiam. MPG. I, cc. 1461-1472 が特に注目される。そのほかの史料については H. Grégoire, Les sources de l'histoire des Pauliciens. BCL. ARB. XXII, 1936. p. 95 sqq. 参照。

ペトルスは八六九年、皇帝バシレイウス一世の命を帯して和平と捕虜交換の交渉のため勢力絶頂期のテフリケに派遣された使僧で、同地滞在中の見聞をもとに記述したと自ら誌している。そこで作者は、「一部の者をブルガリアに送って住民をおのれらの冒瀆の邪説に引き込まんとしていることを聞知ったので」c. 1241 本書を特にブルガリア主教に捧げた。『マニ教史』の史料価値については、論議がないでもない。ペトルスの実見に基づく部分よりも古代教父たちの真正マニ教関係論述の影響が大きい。特に小パオロ派教義部分には先入主が強く働いているというのである。例えばピュエックは、九世紀が帝国での古代反マニ作品の復興期であること、同時代の『帰正宣誓文』が古代マニ教の教義項目と小パオロ派のそれを機械的に並列したに過ぎないことをもって傍証としている。H. C. Puech (éd.), Histoire des Religions. II, Paris, 1972. p. 632. ガーソイアンは、さらに立入ってアルメニア史料との比較から同様の主張をしている N. G. Garsoïan, The Paulician Heresy. Paris, 1967. p. 53 sqq. これに対し、ペトルスの本源性を主張する説も有力である。H. Grégoire, op. cit., p. 95 sqq. ; D. Obolensky, op. cit., p. 28 sqq. ペトルスの史料価値論は、当然、小パオロ派の起源や性格の規定に関係するが、これについては後述する。問題はあるものの、ペトルスによってのみ知られる事実が多いのも確かで、我々としてはこれに依拠せざるを得ない。——アルメニア史料としては、トンドラケシ教徒の聖典『真理の鑰匙《やくし》』が有名だが、年代を確定できぬ憾みがある。アルメニア史料の利用によって小パオロ派研究に新生面を拓いたのが、上記ガーソイアンである。

(21)「二つの原理、すなわち善き神と悪しき神を告白する。一つは、実に、この世の創造者にして主、今一つは来らんとする世のそれである」。「彼らは我らに向っていう。汝らは世の創り主を信ずる。我らは、未だその御声を聞きしことなく未だその御形を見しことなしと、福音にて主の語り給いし創り主を信ずる」〈principia duo confiteri, malum scilicet Deum et bonum ; et alterum quidem esse mundi hujus factorem ac Dominum, alterum futuri〉. 〈Aiuntque nobis : Vos in mundi Conditorem creditis, nos vero in illum de quo in Evangeliis Dominus dicit, quod Neque vocem ejus audistis, neque speciem vidistis〉. Hist. Manich. MPG. CIV, c. 1254.

(22)「主はこれ(マリア)より生れず、天よりおのれの肉を持来った」〈neque genitum ex ea Dominum, sed hunc de caelo corpus detulisse〉. ibidem, c. 1255.

(23)「我らの神の、主の肉と血の敬うべき聖なる秘蹟に与ることを斥ける」〈divinam verendamque sanctorum mysteriorum corporis ac sanguinis Domini Dei nostri participationem aversantur〉. ibidem.

(24)「旧約のいかなる書巻をも、欺瞞者、狂気の預言と呼んで、受容れない」。「聖なる福音書四、使徒パオロの書簡一四、ヤコブの書、ヨハネ書簡三、聖ユダの書、ならびに使徒行伝のみをいかなる語の改変をも加えることなく用いる。さらに彼らの師セルギウスの神に背ける書簡を所持する」。「大いにして固き教会の礎《いしずえ》、天の王国の鍵番たる使徒の長ペテロの書簡二を受容れない」〈nullum recipiunt Veteris Testamenti librum, deceptores ac fures prophetas appellantes〉. 〈nec nisi sancta quatuor Evangelia, et apostoli Pauli quatuordecim Epistolas, Jacobi catholicam, Joannis tres, sancti Judae catholicam, et apostolorum Actus uti sunt apud nos sine ullius verbi mutatione. Habent insuper magistri sui Sergii Deo invisas epistolas〉. 〈duas catholicas magni ac solidi Ecclesiae fundamenti, regnique coelorum clavigeri Petri protapostoli, non recipiunt〉. ibidem.——セルギウス書簡中の一つがモンタヌス派異端レオあて〈ad Leonem Montanistam〉c. 1298 であることは、後段から知られる。

(25)「教会より上長を排する。けだし、上長は主に逆う謀議に当るがゆえにその名を用うべからずというのである。彼らはその名を聞くだけで激怒する」。「セルギウスの弟子らは同行者とも呼ばれ一種不浄の聖職者の如くであったが、その師セルギウスの死後、民衆アルガウに集い彼ならびに先達の意に沿ってこれを廃し、すべての者が位階において平等となった。古き慣習のごときいかなる役職をも設けなかった。しかし、平等を保ちつつも、別種の聖職者を有し、これを書記と呼んだのである」〈seniores ab Ecclesia arcent. Etenim dicunt quia seniores adversus Dominum conspirarunt, idcirco id nomen non esse usurpandum :

quare vel solo hujus nominis sono exasperantur〉. ibidem, col. 1258. 〈Hi ergo Sergii discipuli, qui etiam comperegrini ejus dicebantur, velut impuri quidam sacerdotes, populum Aragauni collectum, post magistri sui Sergii obitum, doctrinis ejus et decessorum corrumpentes, aequali omnes gradu erant ; nullum jam magistrum, sicut antea mos fuerat, creantes ; sed paritate servata, alios quoque sacerdotes sub se habebant quos notarios appellabant〉. ibidem, c. 1302.

(26) 〈multos conjuges dissociavit〉. ibidem, c. 1294. ただし、ペトルスはセルギウス説教の進展状況を示す箇所で、一例として右のように述べているので、禁欲でなくただの混乱を示すにすぎないかも知れない。

(27) 「聖像、ならびに尊き力ある十字の効験を認めない」〈figuram atque efficaciam et virtutem pretiosae vivificaeque crucis non admittunt〉. ibidem, c. 1255.——オボレンスキーは、聖像排斥の実行について史料上の言及がないと極度に慎重な態度をとっているop. cit., p. 41が、聖像破壊政策諸帝のもとで追及を免れていることや、七一七年ドヴィン教会会議で聖像のみか十字まで破却するとして非難されていることから見ても、この点に疑問はないと思われる。S. Runciman, op. cit., pp. 35, 36.

(28) 「この背信、邪悪、不信、忘恩、徳をなおざりにする徒輩がみずからキリスト教徒と称するのである。しかも、我らの神の、まことにキリストに属する我らの名をローマ人と呼ぶ」〈Se ipsos enim hi foedifragi, pravi, increduli, ingrati virtutis osores, appellant Christianos ; nos autem qui vere sumus Christi veri Dei nostri cognomines, Romanos nuncupant〉. Hist. Manich. MPG. CIV, c. 1254.

(29) 聖母は「いと高きイェルサレムにして、我らの先駆け、キリストはその中に進み入ったと考え」〈intelligens scilicet supernam Jerusalem, in quam Praecursor noster ingressus est Christus〉. ibidem, c. 1283.「晩餐にては、主より弟子たちにパンと葡萄酒が与えられたのでない。ただ、パンと葡萄酒の代りに、象徴的に言葉を与えたのである」〈haud panem ac vinum a Domino discipulis suis in coena propositum, sed symbolice verba sua tantummodo, panis vinique loco, dedisse〉. ibidem, c. 1255.

(30) 〈Nonnulli vero discipulorum ejus venerunt usque Samosata Armeniae urbem, pravum illic zizanium serentes, multosque Armeniae incolas deceperunt〉. 〈Nam Samosatensi mulieri, cui nomen Callinicae, duo erant liberi, Paulus et Joannes, quos velut angues geminos genitrix vipera enutriens, et nefandam edoctos haeresim, praedicatores erroris Samosatis emisit〉. 〈Haeresis quoque ab his praedicatoribus nomen contraxit ; nam ex eo tempore pro Manichaeis dicti sunt Pauliciani〉. Hist. Manich. MPG. CIV, c. 1274. エウティミウスも同様の記述に続けて「パオロ・ヨハネ派と呼ばるべきところを、小パオロ派と名づけられる」と書いている。〈cum Pauli-Joannes appellari debeant, Pauliciani nominentur〉. Pano-

plia Dogmatica. MPG. CXXX, c. 1190.――帝国でマニ教との類同視が一般化していたことは『アレクシウス紀』からも知られる。例えば「小パオロ派とも呼ばれるところのマニ教徒」と誌した箇所もある。B. Leib (éd.), Alexiade, III, p. 219.

(31) 〈Constantino Heraclii nepote imperium tenente, exstitit Armenius quidam, nomine Constantinus, in Samosatensis regionis pago Mananali, qui pagus nunc quoque Manichaeos alit〉. 〈videns impiam suam ac nefariam haeresim omnibus exsecrationi ac detestationi haberi, propter infamias ejusdem ac turpitudines; capto consilio malum hoc renovandi, statuit instigante daemone, nullum omnino alium legendum esse librum, praeter Evangelium atque Apostolum, ut ita posset nequitiae suae labem velare〉. 〈Atque hinc accidit, ut omnes qui nunc sunt Manichaeorum discipuli, praedictas fabulas ignorantes, Scythiano, Buddae, atque Maneti, mali hujus antesignanis, ultro anathema dicant〉. 〈Vos Macedones estis, ego vero missus a Paulo ad vos Silvanus〉. Hist. Manich. MPG. CIV, cc. 1275-1279.

(32) 〈emersit ex urbis Tabiae territorio veritatis adversarius. Est enim ibi proximus pagus, cui nomen Annia, quem vir quidam incolebat Dryinus appellatus. Huic filius erat, Sergius nomine, diaboli miles〉. 〈aiebat se Pauli esse discipulum, ad verbum Dei praedicandum, vel pestilentem potius errorem, ab illo missum. Hic urbes cunctas pagosque impigre peragrans, in quibus Apostolus octingentos ante annos veritatis verbum praedicaverat, multos ab orthodoxa fide avertit, et ad diabolum adduxit, ut ipsemet in una epistolarum suarum narrat: Ab oriente ad occasum, a borea ad austrum decurri, Christi Evangelium praedicans, meis unice genibus nixus〉. ibidem, cc. 1287 et 1294.

(33) 六教団のうちフィリッピ教団のみは、所在地の挙示がない。Hist. Manich. MPG. CIV, c. 1298. オボレンスキーによる現在の地名への比定を加えて列挙すれば、次の通りである。①マケドニア教会(キボッサ)。②アカイア教会(マナナリ。ユウフラテス上流)。③フィリッピ教会(不明)。④ラオディケア教会(キノポレオス。ポントゥス、ネオカエサレアの近く)、⑤エフェソス教会(モプスエスティア。キリキア)。⑥コロサイ教会(アルゴヴァン。ミティレネの近く)。以上のうち①②はアルメニアの既存教団で、④⑤⑥が小アジアに位置する。セルギウスは「コリントの教会はパオロの建てしところ」〈Corinthi Ecclesiam Paulus aedificavit〉と語ったとある。架空のパウロ直属本山コリント教会を加えて、七教会が想定されていたとするオボレンスキーの推測はおそらく正しいであろう。D. Obolensky, op. cit., p. 36.

(34) 〈tres esse unam, et ab uno Tychico repraesentari〉. Hist. Manich. MPG. CIV, c. 1298.

(35) D. Obolensky. op. cit., pp. 43-48. 彼がマルキオン派との関連を考えたのは使徒パオロ尊崇が共通している点、特に小パオロ派の用いた、誤ってパオロに帰された『ラオディケアびとへの書簡』がマルキオン派起源である点に基づく。これはパオロ諸書箇から抜粋して作られ、広く流布した偽書で、ハルナック以来多くの論議がある。E. C. Blackman, Marcion and his influence. London, 1948. pp. 61, 62. ――マルキオン派は、いうまでもなくグノーシスの一派である。ただし、一般には小パオロ派との関連は考えられていない。

(36) N. G. Garsoïan, op. cit., pp. 149-185; H. Grégoire, Précisions géographiques et chronologiques sur les Paulicians. BCL. ARB. XXXIII, 1947. p. 289 sqq.

(37) アンゲロフは、セルギウス分派は小パオロ派伝統の絶対二元論を穏和化してキリスト教に近接させたというが、『マニ教史』を中心として見るかぎりその徴標は発見できない。D. Anguélov, Le bogomilisme en Bulgarie. pp. 40, 41.

(38) テオフィラクトス。cit. in Obolensky, op. cit., p. 112; B. Leib (éd.), Alexiade, III, p. 219; Synodikon de Boril. in Puech et Vaillant, op. cit., p. 344; Panoplia Dogmatica. MPG. CXXX, c. 1290. ――マッサリア派、あるいはメッサリア派は、四世紀後半メソポタミアに発生し五世紀にシリアから小アジアにかけて展開した宗教運動で、四五一年エフェソス公会議で断罪されるが、存在そのものは九世紀まで確認されている。マッサリアとは祈る人の意であると言われ、生来人間に棲息している悪霊は洗礼をもってしても祓いえず、ただ祈禱のみがこれをなしうると信じ、テサロニケ前書に「絶えず祈れ」とあるのを根拠に祈禱しながら跳躍を繰返し恍惚状態に陥る祭儀を行った。苛酷な禁欲戒律を実行し特に生産労働を否定する反面、完成の域に達した者はもはや規律を超越したと号して乱倫無頼に耽る場合があったという。土俗的、神秘主義的な性格をもつ点、および禁欲と放漫が奇妙に交錯する点に特徴がある。ただし、ボゴミリ派に同派類似の特徴はほとんど見出せないので、実際の影響は疑問である。後述。

(39) 〈quia francigene seducti fuerunt primo in Constantinopoli a bulgaris, vocant per totam Franciam hereticos bulgaros〉. AFP. XX, p. 308; 〈dicunt eciam bulgari, quia latibulum eorum speciale est in Burgaria〉. A. Lecoy de La Marche (éd.), Anecdotes Historiques d'Etienne de Bourbon. p. 300; 〈heresis illius quam bulgarorum vocant〉. Robert d'Auxerre, Chronicon. MGH. XXVI, p. 258; 〈cels de Bolgaria〉. E. Martin-Chabot (éd.), La Chanson de la Croisade Albigeoise. Paris, 1931. I, p. 10.

ロベール・ル・ブーグルについては、マシウ・オヴ・パリス『大年代記』一二三六年の項に次の記事がある。「その頃、アルプスの彼方の国々にて巷間パテリニおよびブガレスと呼ばれる異端邪説が――その謬説については黙過せず論議すべきであると思われる――力を増し、フランスとフランドル諸国にても清き信仰を敢えて乱し侵すまでに至った。さりながら、小兄弟団会士、説教僧団会士、神学者、別しては説教僧団会士ロベールの、努めて倦まぬ働きと説教により、彼らの謬信は抑止され過誤は剔抉された。この会士は通称をブーグルと言ったが、それは彼らのもとより改宗してのち説教僧団の僧服を受けたからで、異端の鉄槌と呼ばれた」〈Circa dies autem illos invaluit heretica perversitas, eorum scilicet qui vulgariter dicuntur Paterini et Bugares, in partibus Transalpinis —— de quorum erroribus malo tacere quam loqui —— adeo quod fidei puritatem in finibus Francie et Flandrie ausi sunt perturbando violare. Sed diligenti ministerio et indefessa predicacione Minorum et Predicatorum et theologorum, precipue fratris Roberti de ordine Praedicatorum, qui cognomento Bugre dicebatur, quia ab illo conversus habitum suscepit Predicatoris, qui malleus hereticorum dicebatur, confusa est eorum superstitio, et error deprehensus〉. Ex Mathei Parisiensis Cronicis Majoribus. MGH. XXVIII, p. 133. なお、E. Chénon, L'hérésie à La Charité-sur-Loire et les débuts de l'Inquisition monastique dans la France du Nord au XIIIe siècle. NRHD. XLI, 1917. p. 299 sqq. および C. H. Haskins, Robert le Bougre and the beginnings of the Inquisition in northern France. id., Studies in mediaeval culture. New York, 1929. p. 193 sqq.

(40) 〈De piphilis. Quoniam impurissima Manichaeorum secta tergiversatione lubrica sub specie religionis apud imperitissimos se occultans, simplicium animas perditum ire molitur, et per abjectissimos textores, qui saepe de loco fugiunt ad locum, nominaque commutarunt, captivas ducunt mulierculas oneratas peccatis〉. MSCC. XXI, c. 843; 〈Hos nostra Germania catharos, Flandria piphles, Gallia texerant ab usu texendi appellat〉. Eckberti Schonaugensis Sermones. MPL. CXCV, c. 13; 〈Temporibus Ludovici regis Franciae, qui genuit regem Philippum, cum error quorumdam haereticorum qui vulgo appellantur publicani, per plures provincias Galliae proserperet〉. J. Stevenson(ed.), Radulphi de Coggeshale Chronicon Anglicanum. London, 1875. pp. 121, 122; 〈de heresi poppulicana,...multi ad fidem reversi sunt〉. Robert d'Auxerre. MGH. XXVI, p. 298; 〈Apud civitatem Trecas Popelicani, hoc anno inventi, traditi sunt igni et concremati usque ad 8, videlicet 5 viri et 3 femine〉. 〈183 Bulgari conbusti sunt in presentia regis Navarre〉. Chronica Albrici monachi Trium Fontium. MGH. XXVI, pp. 878 et 944; 〈eciam dicuntur ab aliquibus popelicani〉. Etienne de Bourbon, op. cit., p. 300.

(41) オボレンスキー説に沿ってそれを支持する材料を探して来た。先に、カタリ絶対派の救済観が一つの緊密な体系をなしていること、そしてその緊密さは西欧での短時日の間における形成よりもむしろ流入以前すでに定式化していたことを思わせると述べた。現段階ではまず望めぬことながら、その教説またはその破片を末期小パオロ派の中に、あるいは別の所に発見できたなら、オボレンスキー説の当否はもとよりカタリ派系譜問題に決定的な照明を当てることができるであろう。

本文に述べた通り、西欧は東欧二異端を一括把握したわけだが、同時に十二世紀には東欧でも両異端の接近は進行していたと思われる。一一六七年のニケタはむろん穏和派教義排撃のために西欧へ旅したのだが、しかも東欧の同信者について教えるに当ってブルガリア教団の名を挙げている。これは彼が、穏和派つまりボゴミリ派を僚友ないし親縁教団視していたことを示すものであろう。

4 継受の諸階梯

それぞれに文化的伝統を異にする地帯を超えて、ボゴミリ派異端がバルカン半島から西欧に伝播したについては、受容者側の問題関心あるいは内心の希求によほど強く訴えるものをこの異端がもっていたからでなければならない。受容者側がそこに切実に共鳴できるテーマを発見したからでなければならない。総じて、学問的な思弁や理論の伝播であればともかく、生死を托する信仰の伝来継受の場合、二元論の方が現象説明により効果的あるいは合理的だからという理由で、いわんや単に新奇の説だからという理由で選択されたとは到底考えることができない。あくまでも受容者側の問題関心との適合が決定的な条件であったと考えられる。しからば、接点となった西欧側の受容動機は一体何であったか。それは、一時期の西欧を特徴づけた清貧運動ではなかったかと思われる。むろん、この種の受容は清貧運動の関心と共鳴する部分だけが選択的に、理解された限りにおける形態で、時には誤解をも交えて摂取されるので、東欧ボゴミリ教説が最初から全体として、即座に継受されたとは限らないであろう。西欧カタリ派の展開と混乱の諸段階は、この受容過程を示していると思われる。

西欧における清貧運動——福音的貧困 pauperitas evangelica あるいは使徒的生活 vita apostolica の理想の追求

——の高揚は、もちろん起源は古いにしても、おおよそ十一世紀後半から特に顕著となる。現象形態としてはさまざまなタイプがあり得たが、図式的に言えば福音書の記事に密着して、イエスの弟子たち、原始教団の生活を再現しようという希求に根ざした動きで、所有の否定(悉皆無一物)と放浪(一所不住)を目標とする点に共通の特徴がある。「もし全からんと思わば、所有を売りて貧しき者に施し、来りて我に従え」(マタイ伝一九章)の誡命の実践が運動の原型である。ある日突然の発心、森林原野への逃避、あるいは説教と流浪。日常生活の全面的遮断に意義を感じるのだから、もちろん生産労働は放擲される。日々の糧に意を用いず、明日の命は神の手に委ねる。草根木皮、しからずんば喜捨に頼った。こうした世捨人たちで、一時、「ル・メーヌとブルターニュの叢林は、さながら新しきエジプトのごとく」であったという。ただ、この種の行為は誓願や教会の指示に拘束されているわけではないから、内心の満足さえ得られれば、もとの日常生活に復帰する。これが清貧運動の原型、いわば一単位である。

この種の発心者の中から特に有徳の者、説教の才に恵まれた者が輩出する場合、周囲に渇仰者の庵が立ち並び、あるいは放浪する追随者の集団が形成される。素朴で流動的ながら小教団の発生である。発心遁世という文字通り脱社会的な行動が、社会的な意味をもつのはこの時である。特に放浪集団が問題で、悔い改めた者たち、つまりは曾て何がしかの程度で罪人であった者たちが行手の村々で常に歓迎されるとは限らなかった。ノルベール・ド・クサンテンの一行が近づくと、羊飼いは群を離れ、走って村々に知らせ、あらゆる住民が祝福を乞うて周りに集まったと伝えられるが、ロベール・ダルブリッセルが巡歴説教した時には追随する大群がフランス西部農村の大きな負担となったという。もともと直感的な信仰把握の確信、内心の衝動に立脚した運動だから統制や組織になじみにくく、教会は対応に苦慮した。教会は定着、労働、開墾の方向に誘導するが、それが奏功して新修道団の成立を見る場合がある。ブリュノのグランド・シャルトルーズ(一〇八四年設立)、ロベール・ダルブリッセルのフォントヴロー(一〇九九年)、ノルベール・ド・クサンテンのプレモントレ(一〇二〇年)、そして何よりも十二世紀の指導精神ともなった大修道団、ロベール・ド・モレームのシトー会(一〇九八年認可)などがその代表例である。

しかし、シトー会でさえ設立後ほぼ一世代の後には財務担当の役僧を設けねばならなかったことが示唆するように、一度定着すれば当初の通りに清貧の理想を追うことは至難となる。ただに聖徳を慕って寄進が殺到しただけに留まらず、中世にあって労働と所有ないし保有は観念の上で分ちがたく結合していたからである。教会の勧告や誘導を肯んぜぬ者が多かった理由も、また主要な部分が新修道運動という形で教会の枠の中に吸収されて行った後にも新たな清貧運動の発生が跡を絶たなかった理由も、おそらくこの辺りにある。それに群小の自発的な遁世者をことごとく教会が把握することは、最初から不可能であった。こうして統制外に展開する者たちの中から、しばしば異端が発生する。本来、もっぱら内心の衝迫に従う過激な行動だから、異端に流れる可能性を最初から秘めている。こうして、清貧運動は一方で教会に新たな活力を供給すると同時に、他方ではさまざまの異端を発生させた、両者共通の母胎であったと言ってよい。十三世紀に始まる在俗修道運動ベギーヌやベガルドにしても、時には教会の警戒を、時には称讃を招く微妙な線の上にいた。

清貧運動発生の基盤は、いうまでもなく教区教会網の発達、秘蹟体系の整備による信仰の社会化、民衆の宗教感情の成熟である。しかし、その単なる帰結、単なる延長ではなく、むしろそこからの跳躍であったと思われる。そこでは、すでに救済の機縁が瀰漫するに至った、ある意味では聖化された現実、教会の制度によって保証された救済にあきたらぬがゆえの隠遁だったからである。その頃、すでに修道僧の身でありながら、それをしも世俗的と感じて荒野へ走る者があったという。清貧運動の特質は、むしろ異端化した場合により顕著に表れるので、十一、十二世紀、ほとんどすべての異端は幼児授洗と誓約に反対した。この点では、カタリ派も例外ではない。これは救済

の日常化、便宜主義化に対する反撥と福音再把握の意志をよく示している。(1)

ところで、コスマスの報告するボゴミリ派の行動様式は次の通りであった。「外見において彼らは、実際、仔羊に似ている。柔和で謙虚で寡黙。偽善の断食で顔面は常に蒼白。無益な言辞を弄せず、大声を挙げて笑うこともない。野卑な娯しみを求めず、人目に立つことを避ける。外見からは真のキリスト教徒と見分け難いが、内実は人攫いの狼にほかならない」。アクモニアのエウティミウスには「偽ってキリスト教徒と称して修道士や聖職者の衣をまとい、振舞いの外見に教会の訓えと違うところはない」とあり、『アレクシウス紀』にも「ボゴミリの異端は徳行を粧うに巧みである。彼らが世の常の人のごとき髪形をしているのは、見たことがない。拗《ねじ》けた心をマントと頭巾にかくし、沈鬱な様子をしている。鼻まで頭巾を引下げ、身を屈めて歩を運びつつ何やら呟く。実はこれ、不羈の豺狼である」とある。また、「修道僧のごとく粧って、それにふさわしき衣食をとる」。これは『教理防護』の所言である。(2)

もちろん、これらは非難嘲罵の言葉である。しかし、論難者が筆を揃えて述べているところは、期せずして彼らが実際に聖徳の実践者、遁世者であったことの指摘にほかならない。そこに写出されたのは、使徒的生活の理想を追う者の姿そのものである。諸史料は至る所で彼らの禁欲の戒律を指摘し、彼らが殉教をも辞さぬむねを誌している。ボゴミリたちは現世厭離の生活の中に福音の真理を把握したと自覚していたので、その限りにおいて、少くとも主観的にはあくまでも熱烈なキリスト教の実践者であった。『教理防護』に次の指摘がある。「彼らは我らを目して書記、パリサイ人と呼ぶ……彼らの義は我らの義に勝ると教える、肉や鶏卵の食事、婚姻、その他もろもろのことを慎むがゆえに、より真理に近く、正しく清く生を定むるに適すという(3)」。「わが使徒は婚姻を拒んで嫁がず娶らず」とは、『ヨハネ問答録』の揚言するところであった。

西欧の人間が、彼らの禁欲主義に清貧の理想的な形を見出したとしても、驚くに足りない。エヴェルヴィンが報告した一一四三年ケルンの異端はほぼ確実にカタリ派だが、訊問に際し次のように述べたという。「キリストが何物をももたず、使徒がもてるものを捨てたごとく、世にあるものを求めず、家屋も地所も財貨ももたず、我らは使徒の生活の真の追随者である」。「我らは一所不住、狼の只中なる仔羊のごとく町から町へと逃れるキリストの貧者」。「我らはこの世に属せざるがゆえに、かかる暮しを耐え忍ぶ。しかるに汝らは現世を愛する者」。そして「実に、火刑に付された者どもはおのれを弁護して、この教説は殉教者の時代より今に至るまで隠されてギリシアその他の地にとどまっていた、と語った」(4)。ここに、東欧の教説を受容れた時の西欧の心情がうかがわれる。

要するに、ボゴミリ派継受に当っては倫理的共鳴が先行ないし卓越し、次いで教義の理解がこれに随伴したと考えられるのであるが、この清貧運動が東方二元論に引寄せられて行った過程は二人の異端者アンリ・ド・ローザンヌ(またはアンリ・デュ・マン)とピエール・ド・ブリュイの関係が示唆している。一一一六年アンリは中部フランス、ル・マンの町に放浪の説教者として姿を現す。これが彼の証跡を辿りうる最初であって、もとは修道僧だったというのみで前身はまったく知られていない。ル・マン司教イルドベール・ド・ラヴァルダンはその徳行を称讃し市中街頭での説教を許可した。コミューヌ事件(一〇七〇年)の余波なお収まらず、しかも有力者間に親イギリス派と親カペー派の党争があり、聖職者たちはグレゴリウス改革の導入と反対をめぐって対立するという、この町の特殊な状態の中でアンリの言説は思わぬ結果を招いた。司教不在中、教会蓄富を攻撃する説教に呼応して市中に暴動が生じ、市街の一部が炎上するという事件が生じたのである。彼は、急遽帰任した司教によって町を放逐される。その後の足取りは正確には摑めない。フランス南部を放浪した末、一一三四年あるいは三五年アルル大司教の命によって拘束され、一一三五年のピサ教会会議で審理されている。その後フランス南部、特にラングドック地方に遊説し、一一四八年頃捕えられて獄中に死んだ。一方、ピエール・ド・ブリュイは一一二〇年頃フランス・アルプスの一角で説教を開始し、アンブラン大司教によって追放されて後、主たる活動舞台はローヌ流域であったらしい。一一三九年頃、サン・ジルで十字架の破却を説いたために住民の憤激を買い、火刑に処された。ところで、ル・マン退去後おそらくローヌ河地方で、ピエールに遭遇したアンリはその説に共鳴して師事し、以後アンリ派 Henriciens とピエール派 Pétrobrusiens は融合して実質上識別し難くなる。

アンリに対しては聖ベルナールが深くかかわった。ピサ教会会議で彼を擁護教導して一旦帰正せしめたのも彼であるが、その後アンリ・ピエール派の拡大が危険な様相を帯びるに至って、一一四五年対抗伝道のためフランス南部に巡錫したのも彼である。今日残っている『アンリ反駁』という小冊子も、彼の指導下にアベラールを攻撃したこともあるギヨーム・ド・サン・ティエリの筆になると考えられている。ピエール・ド・ブリュイに対しては、聖界の今一方の雄クリュニー院長尊者ピエールが意を用いた。『ピエール・ド・ブリュイ派反駁』を著して、アルル大司教をはじめ南東フランスの教会指導者に配布したのである。(5) ところで、我々の関心を引くのはアンリの教説内容の軌跡である。ル・マンでの彼には、東方異端の影響はまったく看取されない。ただの清貧運動の説教者、マニューの説を借りればやや急進的なグレゴリウス改革の煽動者である。(6) ピサ会議直前、『アンリ反駁』の段階では、教会の指導統制への反撥、自由説教、教父著作の拒否、幼児洗礼の無効、教会の様式による洗礼への反対、聖餐秘蹟に関する人効論、秘蹟からの婚姻の除外、聖職者の赦免権の否定、悔悛の無効、聖職者の権勢致富の攻撃、教会堂無用などを主張している。(7) 未だ体系化された教説ではないが、反教会の色彩は格段に強くなり、ほとんど教会の制度そのものを否定するに至っている。東方異端の影響は不明だとしても、もはや清貧運動の枠を超えて完全に異端である。これに対し、彼が共感したピエール・ド・ブリュイの教説は、幼児洗礼の反対、会堂寺院の破却、十字聖号の否定、秘蹟の否定、死者追善の拒否が主な項目である。[8] 教会攻撃が一段と熾烈化している点、東方異端のある程度の影響があった可能性がある。さらにピサ会議後のアンリは「新しき分派、新しき道程として、新しき過誤の道」[9]をとり始め、主としてラングドック地方に多くの同調者を獲得し、南フランスにおけるカタリ派大展開の直接の前段階を現出する。この同調者たちは急速にカタリ派に傾斜して行くのである。

単なる倫理的共感でなく、二元論教義が西欧内で徐々に理解される段階になっても、まず受容されたのがブルガリア系穏和二元論で、しかる後ニケタとともにドゥラゴヴィツァ系絶対二元論が導入された過程は先に見た。むろん伝来が偶然に左右されるということもあり得るが、共感から理解へと進む場合、キリスト教徒にとって、絶対二元論に比べ穏和二元論の方が遥かに自然に接近できることもまた事実である。しかも、我々の注意を引くのは、絶対派が導入された後にも初期の穏和派理解が長く固着したように見えることである。この前後関係は既述の通りであるが、改めて確認して置きたい。絶対二元論がまず西欧に貫入し、西欧内で風土化、キリスト教化した末に穏和二元論が成立したとする、今でも時折り見かける図式的理解は明らかに事実に即していないからである。[10]

ニケタの介入によって全西欧教団が絶対派に転回したのも、またその後両派に分裂したのも、もっぱら秘蹟の有効性、正統性が契機となっていた。特にイタリア教団分裂の事情は示唆的である。すでに見た通り、その時「山の彼方の司教」なる者の介入があった。『ロンバルディア・カタリ異端論』に、彼は二度登場する。まず、混乱状態にあった全イタリア・カタリから裁定を求められ、最終的には奏功しなかったものの、一時はその指示が全員の承服するところとなった。次に、分裂が決定化した時ミラノ教団が再度指示を仰ぎ、この時は指示通りの結果が得られた。両度とも指示内容は一定していて、穏和派の本山たるブルガリア教団から叙階を得よというにあった。中でも、第一次介入では統一司教候補の選出方法として骰子を指示した。完全に中立的な態度のごとくであっても、実質はブルガリアを正統と考える牢固たる前提のもとで一貫して人選には無関心だったのである。全カタリが「山の彼方の司教」の裁定を仰ぐことで意見が一致し、しかも一時はそれが受容れられたところを見れば、このブルガリア正統観はイタリア・カタリの大部分に固着していたのではないかと考えられる。分裂と混乱のさ中でも秘蹟論争、叙階の正統適法をめぐる対立だけが前面に現れ、奇妙なことに穏和派と絶対派をめぐる教義論争の痕跡はまったく見られない。この段階でなお、後にアルバネンセス教団の中核となる極く一部の者を除いて、大多数のものは両派の教義上の区別を明確な形では知らなかった、少くとも教義問題に第二義的な重要性しか感じていなかったことを思わせるものがある。換言すれば、絶対派の教説が導入された時、大半のものは穏和派の教説を基礎にした曖昧な形での教義を奉じたままで、ニケタの叙階の下に入ったのではないかと思われる。ともあれ、イタリア教団分裂事件とそこに現れる「山の彼方の司教」に対する反応は、イタリア・カタリに穏和派を志向する根強い底流を感じさせるのである。教義の体系的理解は、南フランスではサン・フェリクス会議の後徐々に、イタリアでは分裂諸教団がそれぞれ東方に母教会を想定して再叙階を受けた段階で、進行したのであろう。

穏和派教義だけをとって見ても、ある程度組織的な伝来、つまり単なる散発的ないし個人的な伝聞と共感でなく教団形成と関連した流入ないし導入は、強いて数えれば、十二世紀半ば以後少くとも前後三回にわたった。すなわち、ニケタ以前の伝来、分裂後の再叙階、およびコンコレッツォ教団司教ナザリウスによる『ヨハネ問答録』の導入である。前二回はおそらく口伝で、ナザリウスに至って経典が知られ、いわばこの時初めて西欧カタリの前に東方二元論が全容を現したといってよい。これに対して穏和派カタリが拒否の姿勢を示し、ナザリウス派はコンコレッツォ教団内での再分派たらざるを得なかったし、次いで『異端要覧』段階では少数の「旧派」に転落している。これはカタリ穏和派のブルガリア理解に独自のもの、いわば主体的な誤解があり、これが強く定着していたからではないか。思うに、二、三の教義項目もさることながら、もっぱら福音書に立脚しこれに馴染んだ伝統をもつ西欧穏和派が、それ自体福音書と黙示録に主たる材を得ているとはいえ偽書にほかならぬ、新たな自称福音書の出現に強い違和を覚えたのであろう。

こうして、カタリ派は東方からするボゴミリ派および小パオロ派の圧倒的な影響の下に形成されたにしても、絶対派を除けば、完結した教義体系が不変のままに東欧から西欧へと貫入したのではない。あくまでも、十一、十二世紀西欧での清貧運動を成立させていた土壌が受容の前提で、最初から東方異端の信仰内容が全体として理解されたのではない。内発的な関心と照応交響する命題がまず把握され、次にこれを核としてその囲りに逐次その他の命題が沈着しつつ体系化に向い、最終的に全体系が導入されたのである。このことは、第一に、カタリ派教義がはなはだ複雑な構造をもっていたことを意味する。時間的な変容に加えて、教団の内部にも神学教義にも関心を示す部分と、もっぱら救済や倫理の問題に関心を傾注する部分が併存したはずだからである。第二に、カタリ派は諸異端の中で特異な光彩を放つものであるにもかかわらず、主体的に受容されている以上、あくまでも西欧社会と内在的関連をもった異端運動として理解できることを意味するはずである。つまり一部で暗黙裡にも根強く考え続けられているような、偽装異教、西欧史にとっての異質な夾雑物、「余計者」などではないということである。今後も、カタリ派と東方異端、それぞれの教義命題を単に機械的に照合するだけでは十分でないであろう。全項目が一致するに至った段階でも力点の在り方は必ずしも一様とは限らず、したがって実生活とのかかわり方に相違があり得るからである。

(1) 清貧運動に関する研究は多いが、これと十二、十三世紀の異端運動をも一つの視野におさめたものとして T. Manteuffel, Naissance d'une hérésie. Les adeptes de la pauvreté volontaire au moyen âge. Paris-La Haye, 1970. éd. orig., Varsovie, 1963

が特筆に値する。民衆信仰の成熟、その背景をなすキリスト教の転換、いわば中世的キリスト教の形成については、私見を次の叙述の中に述べておいた。堀米庸三編『中世の森の中で』(一九七五年)の「神の掟と現世の掟」および「正統と異端の接線」の章。および小著『巡礼の道』(一九八〇年)第五章。

　最終審判が十二世紀になって再び熱心に論じられるようになったのも、原始キリスト教団を濃く彩っていた終末観、ほとんど終末待望への回帰であろう。中世、教会は最終審判を説く一方でこれを可能な限り遠い未来へ押しやった。現実社会はただちに廃棄さるべきものであるどころか、現実の秩序を神の賜物《カリスマ》として聖化したのである。性急な終末待望は異端とされる。ところで、カタリ派と終末観との関係はどうであろう。既述の通り、絶対派は最終審判を否定する。穏和派は肯定するものの、個々の霊魂の救済がまず問題にされていて最終審判は特に切実に受取られたようには見えない。ただ、絶対派中のヨハネス・デ・ルギオ分派が最終審判を想定しない理由としてそれはすでに行われたからと考えたのは、注目に値する。ヨアヒムの亜流諸派が終末の近接を感じたのに比べれば、すでに行われた、人の住む現世こそ劫罰の地獄にほかならないというのは、終末観を一歩進めたものとも言うことができる。ただ、理論上の過激化の結果、実感を失って空洞化したのである。

(2)　Puech et Vaillant, op. cit., p. 55; 〈ad dolos comparati Christianismum, habitumque monachorum et sacerdotium dolose simulant〉. MPG. CXXXI, c. 47; B. Leib (éd.), Alexiade. III, p. 219; 〈Monachorum more se vestiunt, et eorum habitum tanquam escam assumunt〉. MPG. CXXX, c. 1319.

(3)　〈Scribas et Pharisaeos nos appellant... Justitiam vero ipsorum nostrae praestare in iis docendis, quae veriora sunt, et magis ad vitam recte et pure instituendam accommodata, cum ab esu carnis, et ovis, et nuptiis, et aliis ejusmodi rebus abstineant〉. MPG. CXXX, c. 1326.

(4)　〈apostolicae vitae veri sectatores permaneant, ea quae mundi sunt non quaerentes, non domum, nec agros, nec aliquid peculium possidentes, sicut Christus non possedit, nec discipulis suis possidenda concessit〉. 〈Nos pauperes Christi, instabiles, de civitate in civitatem fugientes, sicut oves in medio luporum〉. 〈Nos hoc sustinemus, quia de mundo non sumus, vos autem mundi amatores〉. 〈Illi vero qui combusti sunt, dixerunt nobis in defensione sua, hanc haeresim usque ad haec tempora occultatam fuisse a temporibus martyrum, et permansisse in Graecia, et quibusdam aliis terris〉. MPL. CLXXXII, cc. 677-679.

(5)　尊者ピエール『ピエール・ド・ブリュイ派反駁』 J. Fearns (éd.), Petri Venerabilis Abbatis Cluniacensis Contra Petrobrusianos hereticos. Turnhout, 1968. これには序文としてアルル大司教以下にあてた書簡が付せられている。作品成立年代は、

ピエール・ド・ブリュイがサン・ジルで落命する直前、一一三八年頃と推定されている。書簡の方はサン・ジルの事件を語っているので、明らかに後年のものである。そこでは明瞭に、アンリをピエールの弟子としている。「その邪説の継承者アンリ」⟨heres nequitie eius Henricus⟩. p. 5. 執筆の事情、現地司教と大院長との異端問題に関する認識のずれ、本書の受容のされ方については J. Châtillon, Pierre le Vénérable et les Pétrobrusiens. CLUN. pp. 165-179.

ギョーム・ド・サン・ティエリ『アンリ反駁』 Guillelmi Contra Henricum. R. Manselli, Il monaco Enrico e la sua eresia. BISI. LXV, 1953. pp. 44-63 に再刻。成立は一一三五年以前、つまりピエール・ド・ブリュイと遭遇してからピサ会議に送致されるまでの間と推定されている。これも比較的近年になって確定された史料の一つに属する。尊者ピエールの右の書簡に、アンリから直接聴取したところに基づくと称する一巻の書を読んだとある⟨sicut nuper in thomo, qui ab ore eius exceptus dicebatur, scriptum vidi⟩. J. Fearns (éd.), op. cit., p. 5 のは、この作品のことであろうと推定されている。M. Esposito, Sur quelques écrits concernant les hérésies et les hérétiques aux XIIe et XIIIe siècles. RHE. XXXVI, 1940. p. 143 sqq.

(6) E. Magnou, Note critique sur les sources de l'histoire de Henri l'Hérétique jusqu'à son départ du Mans. BPH. année 1962. p. 546. ――ル・マンにおけるアンリの行動は『ル・マン司教事績録』Gesta Pontificum Cenomannensium. RHGF. XII, p. 547 sqq. に記録されているが、教説内容については詳しくない。聖職者の腐敗を攻撃して、異端、貢取り、異教徒呼ばわりしたとある。『事績録』は彼の言動に対してはなはだ感情的だが、彼自身については偽善者 hypocrita ないし似而非隠者 pseudo-ermita と呼ぶのみで、当時よく用いられたマニ派の断定をしていない。このほか婚姻の神聖について説いた形跡があるので、この段階で東欧異端の影響がないことは確実である。

(7) 『アンリ反駁』「人でなく神にこそ」服従すべきである。「職権の委任も選任も受けずに」説教する。「ヒエロニムス、アウグスティヌス等の著作典拠は救済に無効」。「分別ある年齢に達せずして死せる幼児は救われず」。「香膏と香油による洗礼は福音書の教えにない」。「ふさわしからざる僧侶によっては、聖体は実現しない」。「何びとであれ当事者の合意によって婚姻は成立し、祭式を要しない」。「現時の聖職者は結びかつ解く権能を有せず。罪により権を失ったがゆえである」。「悔悛のために聖職者のもとにおもむけとは、福音書の教えにない」。「司教や聖職者は知行や財貨を保持すべからず」。「指環、僧帽、司牧杖について無意味なりという」。「会堂について木や石をもって建てるべきでないという」⟨oportet obedire magis Deo quam hominibus⟩. ⟨sine missione et electione in hoc officio⟩. ⟨de scripturis autem auctoritatibus Ieronimi, Augustini et aliorum, quas ad salutem non esse contendis⟩. ⟨infantes, si ante discretionis annos moriantur, salvos esse contendis⟩. ⟨non est preceptum evangelii baptizare cum crismate et oleo⟩. ⟨corpus Christi...per indignum ministrum non conficitur⟩. ⟨solus consensus quarumlibet

personarum facit coniugium sine omni celebritata〉. 〈sacerdotes hujus temporis...non habent potestatem ligandi et solvendi; peccando enim criminaliter hac potestate privantur〉. 〈non est preceptum evangelii ire ad sacerdotem pro penitentia〉. 〈episcopi vel sacerdotes non debent habere honores et pecunias〉. 〈de anulo et mitra et virga pastorali〉. 〈de ecclesia...dicis quod non sunt lignee vel lapidee faciende〉. BISI. LXV, pp. 45-61.

(8)　ピエール・ド・ブリュイ教説は尊者ピエールの著作に詳しいが，序文として付せられた書簡の中に五項目にわたる要約がある。①「分別の年齢に達しない幼児がキリストの洗礼により救われ得ることを否定する」〈negat parvulos infra intelligibilem etatem constitutos Christi baptismate posse salvari〉. ②「寺院会堂は造営すべきでない。さらに既存のものは破却すべきである。キリスト教徒にとっては祈るための聖所は不要であるという」〈dicit templorum vel ecclesiarum fabricam fieri non debere, factas insuper subrui opertere, nec esse necessaria Christianis sacra loca ad orandum〉. ③「聖十字架は破棄焼却すべきであると教える。かくもキリストを苦しめかくも無残に殺した光景，ないし道具は崇敬拝礼祈禱に値しないからである」〈cruces sacras confringi precipit et succendi, quia species illa vel instrumentum, quo Christus tam dire tortus, tam crudeliter occisus est, non adoratione, non veneratione vel aliqua supplicatione digna est〉. ④「会堂で捧げられる秘蹟により日ごと常に主の肉と血が実在することを否定するのみならず，秘蹟そのものがまったく無効で神に捧げるべきではないという」〈non solum veritatem corporis et sanguinis Domini cotidie et continue per sacramentum in ecclesia oblatum negat, sed omnino illud nichil esse neque Deo offerri debere, decernit〉. ⑤「物故信者のために在世信者が行う供犠，祈禱，寄進，その他の善根を嘲笑する」〈sacrificia, orationes, elemosinas et reliqua bona pro defunctis fidelibus a vivis fidelibus facta deridet〉. J. Fearns(éd.), Contra Petrobrusianos. pp. 4, 5.

(9)　〈nova secta, novo cursu, novum iter assumpsit delinquendi〉. Gesta Pontificum Cenomannensium. RHGF. XII, p. 554.

(10)　例えばC. Schmidt, op. cit., I, p. 2 sqq.; P. Alphendéry, Les idées morales. pp. 92-98.——いうまでもないが，この種の理解はカタリ派がキリスト教とは本来的に異質の二元論，異教であったとする考えとしばしば接合した。

第八章　「山の彼方の司教」と謎の教団

『ロンバルディア・カタリ異端論』に登場する「山の彼方の司教」とは、一体何者だったのであろうか。あたかも自明であるかのごとくにブルガリアを指示した彼自身が、同地教団からの叙階にかかる教団の長であったことはいうまでもない。イタリアで権威を認められていたことは、ロンバルディア教団よりも前に設立された教団の司教であることを示すであろう。しかも、自身の叙階によって正統性を伝達しようとは敢えてしない。おそらく西欧最古の、ブルガリア教団から派生した、したがって穏和派教団の長でなければならない。そしてロンバルディアから見て「山の彼方」に位置する。山がアペニン山系でないという保証はないにしても、アルプスの彼方、したがってドイツあるいはフランスのどこかと考えるのが、まず自然であろう。

十二世紀、ドイツおよびフランスの各地でカタリ派ないしカタリ派類似の異端が発見されたという報告は、いくつか知られている。ただ、教団を組織し固有の司教をもつまでに強大化した点では、何をおいても南フランスにまず指を屈する。しかし、南フランス諸教団はニケタ伝道の段階で絶対派に転換し、『報告』の段階に至っても「ベレツマンサすなわちアルバネンセス旧派の誤謬を有す」とある通り絶対派にとどまっているので、「山の彼方の司教」を彼らの中に求めることは、不可能である。

ところで、史料に隠顕する教団が今一つある。「フランスの教会」ないし「フランス人の教会」である。『星の彼方の書』は、カタリ内部に教説の相違があることを述べたくだりで、「カロイアニ、そしてまたフランス人たちと呼ばれるカタリ派は、アルバネンセスの信仰ともコンコリキの信仰とも完全には同調しない」と指摘している。[1]教団として組織されているか否か、どこに居るかについての明示的な言及はないが、並列されている他の諸派との関係から見て在イタリア教団の一つと見てよいであろう。これより少し後、レイネリウスが挙げた「フランス教会」は、「ヴェロナ、ロンバルディアに存し」とあって、所在について疑いはない。教義系統については、「バョレンセスに一致」とある。『異端要覧』は十三世紀後半の現情報告の部分で、ロンバルディアに残存する四教団の一つに「フランスより来れりと言われる者ども」を数え、司教ヴィヴェンティウス・ヴェロネンシスの名を示している。教義については言及するところがない。

右の三史料が同一の教団を観察したものであることには、まず疑いを入れる余地がない。『報告』がバョレンセスに一致するとしたことは、とりもなおさず穏和派内のスクラヴォニア系に属することを意味するが、これは『星の彼方の書』が教説内容には触れないながらもカロイアニ(バョレンセスの前身)とともに一括して、アルバネンセス(絶対派)およびコンコリティ(穏和派内ブルガリア系)との間に区別を設けた書き方をしていることと整合する。イタリアにありながらフランスの名を冠することは、フランスから、当時の用語法から見てフランス北部から移転あるいは亡命し来った小教団であることを推測させる。イタリア史料に詳しい記述のないことも、この関係で理解できるかも知れない。少くとも、十三世紀前半からこのような教団がイタリアに存在したことは、事実として受取ってよい。

より古い時期に関する史料で、フランス(北フランス)の教団に言及したものが二件ある。一つは『異端要覧』のカタリ派淵源に関する叙述部分、他は『宗会要録』である。先に引いた通り『異端要覧』は伝来径路を語って、まずコンスタンティノープルでブルガリア系によって異端化した者たちが故国フランス(北フランス)に帰って「フランスの司教」を立て、これから南フランス四教団が派生したことを述べている。次に「永き時」の後、フランス教団の影響下にマルクスがロンバルディア・カタリの開祖となる。彼は「ナポリに留まっていた」「フランスより来れる異端らの司教」から叙階を受け、かくてイタリアに異端大いに増加したというのである。前段所出のフランス教団と後段のナポリの司教との関係は、「永き時がたち」とあるのみで判然としない。フランス教団の司教が在外信者のために出張滞留したか、北フランス教団から在イタリア・フランス教団が分出したかとも考えられないではないが、いずれも憶測の域を出ない。ただ、この段階ですでに教団を挙げてイタリアに移動していたと考えるには、無理がある。これがニケタ渡来以前の事件であるばかりでなく、北フランスからの直接伝道が不自然となるからである。同じ史料の現情報告部分の「フランスより来れりと言わるる者ども」と、このナポリにいた司教との関連についても、手がかりは皆無である。

『宗会要録』は一一六七年の会議に参集して、ニクィンタ(ニケタ)によって叙階された異端の中に、「フランス人たちの教会の司教ロベルトゥス・デ・スペローネ」の名を挙げている。詳しい説明はないものの、会議場到着時すでに司教と称していたことは「フランス人たちの教会」が一一六七年以前から存在していたことを示唆するし、ここで再度の叙階を受けたことは少くともこれ以後絶対派(ドゥグンティア系)に属したことを物語っている。

ボルストは、若干の疑問を留保しながらも、史料に散見するこれらフランス教団を同定し、初めシャンパーニュのモンテメに穏和派教団として成立、一一六七年絶対派に転向、十三世紀に入ってイタリアに動座したものと推定した(2)。モンテメは別の史料によるもので、これについてはすぐ後に触れる。彼の推定を今まで見たところと照合すれば、穏和派ブルガリア系、絶対派、穏和派スクラヴォニア系と三度叙階と教義の所属系統を転じたことになる。もとより、かかる事実はあり得ぬと断定することはできないし、また『宗会要録』の史料価値が確定されぬ限り最終的な結論は得られぬであろうが、同じく穏和派とはいえ両系統の間には教義上の相違もあるので、諸史料のフランス教団を一線上に並べることには不自然の感を免れないのである。そしてボルストは、やや曖昧な表現を用いながら、問題の「山の彼方の司教」をこの北フランス教団に求めた。(3)教団の同定が右のごとくであるならば、これはさらに不自然である。繰返して言うが「山の彼方の司教」登場は一一六七年の異端会議より後の事件であるので、絶対派あるいは穏和派スクラヴォニア系に転向直後の司教がブルガリアを指示するとは考えがたいからである。

今一つの解釈を、トゥーゼリエが提示した。(4)ボルストのように北フランス教団のイタリア移転を考えるのでなく、初期伝道の過程で北フランス教団から派生ないし分離独立した今一つの「フランス教団」がイタリアに存続していたのではないか、というのである。当然、『星の彼方の書』、『報告』、『異端要覧』(現状報告部分)のフランス教団と、『宗会要録』のフランス教団とは、別箇の教団となる。トゥーゼリエは慎重で触れるに至っていないが、彼女の説を借りるとすれば、この在イタリア教団の発端に『異端要覧』(叙述部分)のナポリ司教を置くことができるかも知れない。彼女の推測の根拠は、十三世紀イタリアにあったフランス教団は到底ニケタの、つまり絶対派の影響を経験したとは思えないとする点にある。ボルストよりは遥かに自然な解釈といえようし、さらに一歩を進めてここに「山の彼方の司教」を探りたい気持にも誘われるのである。その場合「山」はアルプスではなくなる。難点はこの場合にも同教団がスクラヴォニア系だということで、同様に早急な結論は不可能というほかない。また、トゥーゼリエが提出した問題範囲に限って見ても、同教団はブルガリア系からスクラヴォニアへの移行を経験したことになる。等しく穏和派内の小さな変化として解消できる性質の問題とは考えられないのである。(5)ともあれ、今まで見た範囲では、「山の彼方の司教」を確実に比定できる教団はどこにもない。

ところで、ボルストがフランス教団の所在地と考え、さらに「山の彼方の司教」と結合した、シャンパーニュのモンテメ Mont-Aimé とは何であろう。これには小さな研究史がまつわっている。発端となる史料は『リエージュ教会書簡』である。(6) これはローマ法王庁にあてて、リエージュ司教区内に若干の異端が発覚し、激昂した民衆が私刑を加えようとする寸前に拘禁したこと、これらは異端の巣窟モンス・ギマリ Mons Guimari から周辺諸地方に拡散しつつある異端の群の一部であることを報じ、捕縛した者たちから聴取した職階と信条について簡単に説明した上、異端拡大という現下の深刻な事態に鑑み法王庁の判断を仰ぐべく囚人の中よりアメリクスなる者をローマに送致するむね書誌したものである。

問題の第一は、『書簡』の年代である。最初の刊行者マルテーヌおよびデュランは、これを法王ルキウス二世とし一一四四年の年代を与え、ミーニュは特に年代を掲げなかったものの、同じくルキウス二世書簡群の中に再録した。最初の刊行者たちは一一四四年とするに当って何の根拠も示さなかったが、これを異端審問史料集に収めたフレデリックに至って、一一四五年への変更とその推論が現れる。(7) それは、発信人がリエージュ司教でなく「リエージュ教会の信徒たち」とあるのに着目して、司教座空位時の発信であると推定し、司教アルベロン二世の死(一一四五年三月二三日)から次代司教アンリ二世選出(同年五月一三日)までの期間でなければならぬとしたものである。実は、問題の書簡には日付がないばかりか、受信人も「神の恩寵によって最高位司祭たる、崇敬すべき主にして父なるLへ」とあるのみで、名の明示がない。(8) この頭文字で始まる法王は、伝統的に帰せられてきたルキウス二世(一一四四―四五年)のほかにも、レオ九世(一〇四八―五四年)、ルキウス三世(一一八一―一八五年)があり、取り方の如何によっては年代に大きな開きの生ずる可能性が最初からあったのである。

そもそもルキウス二世あての書簡でないとしたのが、ラッセルである。(9) 彼はリエージュ司教座空位期間(一一四五年三月二三日―五月一三日)がルキウス二世在位期間(同年二月一五日歿)に包摂されず、Lで始まる他の法王についても在位中に司教座空位の見出されることがないとして、空位期間内発信の仮説そのものを否定した。次に、ルキウス二世の短い在位に異端問題が取上げられたとは考えられぬこと、さらにその頃リエージュにカタリ派が存在した証拠がないことを理由に、ルキウス二世あて書簡ではないと断定し、レオ九世(一〇四八—五四年)こそ受信人でなければならぬと主張した。その理由とするところは、レオ九世時代のリエージュにカタリ派がいたと考えられること、および同法王が異端問題に熱心でこの種の受信者にふさわしいことの二点である。その根拠として司教ワゾンあて、および司教テオデュアン二世発の、いずれも異端問題に関する書簡二件を挙げている。要するに積極的論拠としては、情況がルキウス二世時代よりもレオ九世時代に一層適合的であるというに尽きる。

これに対し、シルヴェストルがいち早く反論した。[10] リエージュ司教アダルベロンは、職務怠慢の廉でアンリ・ド・レイアンを筆頭とする管下聖職者の一団から法王庁に訴えられ、その弁疏のためローマに出向し、おそらく一一四四年末から、確実には一一四五年初めにリエージュにいなかったこと、およびラッセルが検認した通り頭文字Lを有するどの法王の在位期間にもリエージュ司教座空位期間が該当しないことを理由に、書簡はこのローマ旅行で任地不在の間に、したがって伝統説通りルキウス二世あてに書かれたものとしたのである。さらに、発信人を「リエージュ教会の信徒たち《フィデーレス》」と読むのは不正確で、「忠実なる《フィデーレス》」「リエージュ教会」とすべきこと、ラッセルが大きな意味を与えたテオデュアン書簡に見られる異端はカタリ派とは考えられないことを附記している。

シルヴェストルの反論と同時に、これとは別の観点からボナンファンが見解を表明して、伝統的な一一四五年説を支持した。[11] カンブレ司教ニコラス一世(一一六四—六七年)の文書に現れるヨナスなる人物の過去を探り、同人がそれまでにおそらく四回、諸所の司教座法廷でカタリ派 cattus と宣告された異端伝道者であることを論証する過程で、『リエージュ教会書簡』の情況は十二世紀半ばに適合するとし、さらにラッセルがフレデリック説の致命的な難点としたルキウス二世の死からリエージュにおける司教座空位の始まりまでの約一月余りの時間的なずれを、法王死去の報知がローマ・リエージュ間およそ一六〇〇キロを伝達させる時間の差で埋めようとする。近年いちじるしく進んだ交通や逓送に関する研究を援用して、この時差は不自然でないとしたのである。

また、ウェイクフィールドも、この書簡に誌されている異端の特徴がエヴェルヴィン『書簡』(一一四三年ないし一一四四年)に見られる異端のそれに類似するとの理由で、ルキウス二世あてとする立場をとっている。(12)

片々たる一書簡の年代がこのような論議を招いたのは、これが異端発現期に関する乏しい史料の一つであって、これを基礎に成立っている学説も多いからである。右に見た通り争点は二つある。一つは発信人に関する機械的な推理であり、他は情況との適合、換言すれば傍証との相関における判断であった。前者については、ラッセル所説のうちルキウス二世ではあり得ないとする点が論破されたのみで、ルキウス二世でなければならぬとする必然性の結論にまで到達していない。論理的には、他の法王の可能性も依然残っているというほかない。重要なのは、結局後者である。ひとりボナンファンのみならず、多くの研究は十二世紀中葉が異端展開史上の一劃期であったことを指示している。(13)ここでも、しばらく伝統説に従って、『リエージュ教会書簡』を一一四四年ないし一一四五年と見て置く。

問題の第二は、地名モンス・ギマリである。『リエージュ教会書簡』には、「モンス・ギマリと呼ばれるフランスの一村落より地上のさまざまの地方へ、ある種の邪説が拡散弘通したことが知られている」とある。(14)最初の刊行者たちは脚註を加えて、ドフィネ地方の町モンス・リマリ Mons Limarii(モンテリマール)と推定し、丘の麓、ローヌ河畔、ルキウス二世時代に異端ピエール・ド・ブリュイが説教して追随者を獲得した地と説明した。ミーニュもこれを踏襲した。

しかし、この推定はいち早く捨て去られ、これをモンス・ヴィマリの転訛と見てシャンパーニュの、シャロン・シュル・マルヌ司教区内モンヴィメ Mont-Wimers すなわち現在のモンテメに比定され、以後ほとんど異論を見ない。(15) 改めてこれに論拠を与えようとしたのが上引ラッセルであって、(16) ドフィネを否定する理由を三点(年代的にカタリ派はピエール・ド・ブリュイ派より先在すること、『リエージュ教会書簡』もピエール派に先行すること、ドフィネがフランスに併合されたのは十四世紀であること)、シャンパーニュに推定する理由を三項目(リエージュに近いこと、ギマリからヴィマリへの転音が自然であること、一〇〇〇―一一五年および一〇四六―四八年異端の存在を示す材料があってシャロン司教区は異端汚染地域であること)を挙げている。否定理由のうち初めの二点は、『リエージュ教会書簡』を十一世紀中葉とする独自の前提に立っているので、この際問題にならない。第三点は、当時の地名フランスがフランス王国の同義語で用いられたとは限らないので併合云々は的はずれの感を免れないが、フランスを地方名と見てもこの中にドフィネを含めるのは無理で、彼の理由は成立つと考えられる。推定理由中もっとも有力なのは第三項で、中でも一〇四六年から四八年の異端はシャロン司教のリエージュ司教ワゾンあて報告によって知られるのである。さらに後代にもシャロン司教区はシャリテ・シュル・ロワールと並んで異端汚染の特に強かった地域の一つで、中でも一二三九年には、まさしく問題のモンテメで審問官ロベール・ル・ブーグルにより一八〇名を超えるカタリ派が処刑されている。(17) 論証はいまだ間接的であって疑念の生ずる余地がないではないが、一応諸家の説に従っておく。

ところで諸家は『リエージュ教会書簡』に現れる「ある種の異端」をカタリ派として疑わず、したがってラッセルのごときは独自の書簡年代算定の末、カタリ派の西欧における地歩確立を十一世紀四〇年代に求めた。十三世紀にモンテメで処刑された異端は紛れもなくカタリ派であるが、書簡の段階ですでにカタリ派であったかどうかには一応再確認の手続が必要である。書簡の報ずるところは、はなはだ簡潔である。リエージュで捕縛された者たちの信仰内容としては、「バプテスマによって罪の赦されることを認めず、キリストの肉と血の秘蹟を無効と考え、司教の按手によっては何物も享け得ずと確言し、先行する善き業の功なくしては何ぴとも聖霊を受け得ずと信じ、婚姻を断罪し、おのれらの間にのみ真の正統教会は存すと説き、誓約は罪に等しいと断ずる」ことを述べているにすぎない。[18] 先行善業と秘蹟効果の関連に関する命題にやや違和はあるものの、これら諸項目は十三世紀の史料から知られるカタリ派教義体系の中に当嵌めてさしたる矛盾を来さないのであるが、同時にその他の異端諸派にも十分妥当する。書簡は本拠たるモンス・ギマリ(モンテメ)の異端について、「一つの定かな名によって把握できぬほど、彼らは多様かつ混合している」としている。[19] むしろ安易にマニ派の断定を下す傾きのあった教会が判断を留保しているのである。これが俄かにカタリ派と断定することを躊躇させる条件である。

反面、捕縛された者たちが教団らしきものを組織していたことが報告されている。「彼らは諸種の序列に分たれる。すなわち、過誤に参ぜんとする聴聞者、ならびにすでに欺かれたる帰依者を有する。我らのごとく、そのキリスト教徒を有し、その聖職者を有し、その上長を有する」。[20] 追随者群の地位区分や名称は十三世紀カタリ派のそれとは違っているが、職階区分を備えた教団を形成している点、前引の「おのれらの間にのみ正統教会は存すと説く」ことと考え合せて、カタリ派を思わせる。カタリ派は、教団に加盟することを救済のために不可欠と考える異端だったからである。要するに、『リエージュ教会書簡』だけからは、断定はできないものの、カタリ派であった可能性もあると言い得るにとどまる。

これを、ウェイクフィールドの示唆に従って、エヴェルヴィン『書簡』と照合して見る。同書簡はケルン近傍で捕えた「みずからキリストの貧者と称する」異端に関する報告で、一一四三年ないし四四年のものであることに問題はないし、何度もいうように「食餌において獣乳とそれより作られたる一切のもの、また何物にてあれ交尾によりて成れるものを摂らず」という特有の徴標が記されているので、確実にカタリ派である。史料群内の位置について言えば、確実にカタリ派を示すもっとも早い史料でもある。そこに挙げられている婚姻の断罪や洗礼の拒否のほかに、「おのれらの司教とその従属者」、「おのれらのうちにのみ教会は存する」、「按手によって初めて、聴聞者の序列から信者の中に迎えられる」など教団構成に触れる記述は、『リエージュ教会書簡』のそれに酷似している。[21] もとより、これをもって『リエージュ教会書簡』の異端とエヴェルヴィン『書簡』の異端が同一教団に属したとまでいうには足りないが、少くとも同系統の異端、後者を基準にすればカタリ派であったと考えることはできよう。

しからば、前引『リエージュ教会書簡』の一節、「一つの定かな名によって把握できぬほど、彼らは多様かつ混合している」は、どう解釈すべきであろうか。史料の文字通りに、異端の巣窟モンテメないしモンヴィメには雑多な異端が共存混在していて、その中の一つに初期カタリ教団もあったものと考えたい。実は、エヴェルヴィン所報の「近時我らのもと、ケルン近傍にて発覚した異端」も、単にカタリ派のみではない。教説内容はひどく近似していてこれも別教団のカタリ派ではないかと考えられるが、少くとも二派の異端がいたので、書簡は「さて我らの地にはこれらとはまったく異る今一つの異端が存する。彼ら相互の不和と対抗によって両派とも我らに知られる」として、二段に分って説明しているのである。[22] モンテメにいたカタリ教団に属する幾人かがリエージュで捕捉されたのであろう。もちろん、モンテメに特別に好都合な条件があって諸派が流入定着したものか、あるいは異端運動そのものが未定形の星雲状態を脱却しておらずその中から次第にカタリ派が明確な姿をとりつつある段階であったか、未だ判断の限りでない。

先に見た通り、ボルストはモンテメの異端をもってイタリアおよび南フランスの史料に出現するフランス教団に比定した。彼はこのために特に論証を展開することはなかったが、モンテメが北フランスでもっとも強力な異端地区(特に十三世紀)であったことがその理由になっているものと想像される。十分その可能性のあることは否定できないが、しかし同時に、両者を結合する積極的な材料は何もないということ、および右に見た通り十二世紀中葉のモンテメについても史料解釈は完全には不安定さを免れていないことを留保しておく必要があろう。同様にトゥーゼリエも、北フランス最初のブルガリア系カタリ派司教、『異端要覧』(叙述部分)にいう「フランスの司教」所在地をモンテメとし、その定立年代を一一四九年ないし一一五〇年と推定した。[23] これは『異端要覧』の語る東方からの法燈伝受が第二回十字軍の過程に生じたとの想定に立って、十字軍士の北フランス帰国を四九年七月以降と推測し、これに後代のモンテメの状況を結合した結果であって、『リエージュ教会書簡』を一応切離して考えている。年代に関する論証は説得的だが、地理的比定については直接史料としての書簡をはずしたためかえって推論の弱まるのを免れなかった。

繰返し述べる。「フランス教会」所在地のモンテメ比定が、成立する可能性は残っている。しかし必然的な結合を示す材料は、どこにも見出されない。一歩進めてモンテメに「山の彼方の司教」を求める推定に至っては、一層根拠が薄弱である。エヴェルヴィン『書簡』の異端たちも、司教をもっていたのであるから、我々の知らない初期教団が二つ以上存在した可能性も絶無ではないであろう。それどころか、「山の彼方の司教」の指示を見れば、隠された教団を想定した方がかえって理解が一貫するのである。ともあれ、十二世紀における異端発覚と史料残存の偶発的性格を勘考すれば、単にそこに司教がいたかも知れぬに留まるモンテメに、「山の彼方の司教」を想定するのは、やはり性急に過ぎると思われるのである。

こうして、「山の彼方の司教」も「フランスの教会」も、依然謎のままである。しかし西欧におけるカタリ派の登場と展開を考える上で、その示唆するところがないではない。前節で見た西欧における受容の関心と順序の考察に対する示唆もその一つであった。さらに、西欧内でのカタリ派伝播径路についても、問題を提示している。イタリア教団は難局に際して山の彼方に指示を仰いだ。これは所在地こそ明確化できないものの、北方における古い教団、権威の在り方から見ておそらくはイタリアにとっての母教団の存在を思わせる。これは一般に考えられがちなように[24]、カタリ派の進出がバルカンからイタリアへ、次いで南フランス、さらに北方へとかならずしも地理的順序に則して進行したのでなく、バルカンから一跳びに北西欧に導入され、しかる後に南下したことを物語る。カタリ派がまず北方に地歩を確立したにもかかわらず、十二世紀末から十三世紀にかけてひとり南方、なかんずく南フランスにおいて大展開をとげたとすれば、その理由は何であったか。地理や交通の関係だけでなしに、当然、南欧の歴史的、社会的条件の考察が不可欠となるであろう。ひとり初発期のみならず、十二世紀後半から十三世紀初にかけても、北方でのカタリ派発覚は二、三にとどまらない。例えば、一一七六年頃フランスで捕えられた二人の女の一人が火刑に処され、一一八三年にはランス大司教自身法王特使の資格でフランドルに出張のうえ多数を処刑している。同年より後、オークセール司教区内でも火刑と追放が繰返される。一二〇〇年にはトロワ、一二〇一年ヌヴェール、一二〇四年ソワッソン近傍、一二〇九年パリ、一二二〇年再度トロワでそれぞれ火刑が行われ、四〇年前後にはロベール・ル・ブーグルの大探索がある。帝国領内でも同様で、一二〇〇年メッツ、一二一二年頃ストラスブルグ、一二一七年カンブレ等の事件があり、一二三一年には審問官コンラッド・フォン・マールブルクの迫害が開始される[25]。ただ、いずれも局地的かつ少人数の事件にとどまったにすぎない。

ところで、カタリ派の西欧浸透の年代を考えるに当って、留意すべき点がある。ブルガリアから北フランスへ、次いで南欧へ進展したと『異端要覧』が語り、トゥーゼリエが北フランス教団成立を一一四九年ないし五〇年、マルクスのイタリア教団のそれを一一五五年から六〇年までの間と推定したのは、あくまでも司教叙階の連鎖系列、その意味での教団編成の進行を意味するものであって、個人的な共感にもとづく、おそらくは変形をともなうカタリ派教説の断片的な弘通流布の年代とはおのずから別である。それに、十二世紀末から十三世紀の史料に捕捉されずに終った先発弱小教団の存在した可能性も、絶無とは言えないであろう。『リエージュ教会書簡』、それに取分けエヴェルヴィン『書簡』は、トゥーゼリエの想定する年代に先行しているし、明確に断定することは不可能にしても、何らかのカタリ的影響の混入を思わせる異端は十一世紀初頭から発現しているからである。ただ、後の史料を通して知ることのできるカタリ派は、救済の契機を何よりもまず入信の秘蹟、救慰礼にもとめる者たち、いわば教団帰属を不可欠と考える者たちであった。この点で、単なる教説波及の段階と教団の段階とは区別しなければならない。ともあれ、十二世紀半ばから後半にかけては、西欧における真正カタリ派登場の時期であった。

(1) 〈Cathari qui Caloiani et eciam Francigene nuncupantur qui ex toto non sunt ex fide Albanensium nec ex fide Concorritiorum〉. Ilarino da Milano, Il *Liber supra stella*. AEV. XIX, p. 309.

(2) A. Borst, op. cit., SS. 93, 231.

(3) ibidem, S. 100. Anm. 9.

(4) C. Thouzellier, Hérésie et hérétiques. p. 33 et n. 72.

(5) イタリア本土ではないが、半島西側の海に浮ぶ島々に異端がいたのは事実である。ラウール・グラベルの『同時代誌』に、イタリアから伝来してサルディニアで拡大した異端の一部がイベリア半島にまで波及したという記事がある。年代は挙げていないが、ラヴェンナの異端ヴィルガルドゥス事件との関連で述べているから、十一世紀初頭のことと見てよいであろう。〈Ex Sardinia quoque insula, quae his plurimum abundare solet, ipso tempore aliqui egressi, partem populi in Hispania corrumpentes, et ipsi a viris catholicis exterminati sunt〉. Rodulfi Glabri Historiarum sui Temporis Libri Quinque. MPL. CXLII, c. 644. これを無条件にカタリ派とする説もあるが、厳密に言えば教説を知る手掛りはまったくない。コルシカに関しては、カタリ派がいたとするモラの主張がある。G. Mollat, Les cathares en Corse. AIBL. CR. année 1956. p. 147 sqq. ただし年代はかなり遅く、一三四〇年頃からフランチェスコ会士が対抗伝道をしていること、一三七二年グレゴリウス十一世勅令によって異端審問が設立されたこと、一三七七年勅令がなお異端の再拡大とサルディニアとの連携を語っていることだけが材料である。モラがこれをカタリ派と判断した根拠は、審問対象者に関する勅書の書式が、南フランスのそれと完全に同一だという点にある。モラは南フランスあるいはロンバルディアからの逃亡者に起源を求め、したがって比較的後代の定着を考えている。

サルディニア、コルシカ二島の異端は、いまだ曖昧な点が多い。年代から見ても、少くとも当面の主題とかかわることはない。これに対して、シチリアの異端は今少し重要である。十三世紀末、南フランスからペトルス・アウテリの教団はシチリアとかなり密接な関係をもっている。例えば、幾度か連絡員を派遣して「シチリア在住の大異端に」〈ad majorem hereticum qui erat in Cicilia〉. LIMB. p. 14 会見を求めさせる場合もあったし、仲間は「異端の大いなる師たちのいるシチリアあるいはロンバルディアに」〈apud Ceciliam vel Lombardiam ubi sunt magni magistri hereticorum〉. JF. II, p. 60 財宝を携えて逃げたのではないかと、取残された異端たちが思い惑う場合もあった。この段階では明らかに、シチリアのカタリ派はイタリア本土のそれと接合している。本土の異端の一部がこの島に避難した可能性も大きい。南フランスの異端がここをかなり重く見ていることは確かである。

ところで、シチリアにはより早期に、直接東方から異端が流入したとするアンゲロフの指摘がある。D. Angelov, Nouvelles données sur le bogomilisme dans le "Synodikon de l'Orthodoxie". BYZB. III, 1970. pp. 20, 21 ; id., L'influence du bogomilisme sur les cathares d'Italie et de France. ABS. EH. IV, pp. 179, 180. 彼が主たる史料としたものは二件ある。一つはブルガリアの『バリ年代記』に、一〇四〇年から四一年にかけて多数のマニ教徒がバルカン半島からシチリアに逃亡したとある記事で、これを帝国によって鎮圧されたブルガリア人蜂起(ピョートル・デジャンの乱)に参加したボゴミリ派と見るのである。今一つは、『正統教会決議』所出のパノルモス(パレルモ)のボゴミリに対する呪咀である。『正統教会決議』は八四三年の編集にかかるが、それ以後多くの異本ができる過程で追加記入が続けられた。問題の呪咀は、一異本の欄外に記入されたもので、アンゲロフはこの部分を十二世紀初頭の挿入と見る。そして彼は、十一世紀半ばに東方より渡来した二元論異端が同島に定着、十二、十三世紀を通じて地歩を保持し、西欧における教説宣布の一拠点となったと結論する。なお『正統教会決議』はグイヤールが浩瀚な研究を加えて刊行したところで、アンゲロフの第二点の推定も大半これに依拠している。J. Gouillard, Le Synodikon de l'Orthodoxie. Edition et commentaire. TM. II. 1967. p. 228 sqq.

シチリアのカタリ派は、十三世紀末を別にすれば、西欧、特にイタリアの史料に出現しないので、十一、十二世紀においてそれが宣教の一中心であったかどうか、いまだ断定できる状況ではない。しかし、アンゲロフのいうがごとくであるとすれば、『異端要覧』のナポリにフランス人司教がいたという記事が想起され，ひいてはシチリア・ナポリ教団に「山の彼方の司教」所在の可能性を求める気持にも誘われるのである。ただし，その場合も十一，十二世紀のシチリア・カタリ派が十三世紀のそれに連続する保証はない。これに関係するがフランス人の司教であれ，「山の彼方の司教」であれ，穏和派でなければならぬのに，十三世紀末これと接触している南フランス・カタリ派は絶対派だからである。いずれにせよ，史料は余りにも乏しい。

(6) 『リエージュ教会書簡』Epistola Ecclesiae Leodiensis ad Lucium papam. VAC. I, cc. 776-778. さらに MPL. CLXXIX, cc. 937, 938 に転載。英語訳は HHMA. pp. 140, 141.

(7) P. Fredericq, Corpus Documentorum Inquisitionis Haereticae Pravitatis Neerlandicae. Ghent, I. 1889. pp. 31-33. 未見。註(9)，ラッセル論文より引用。

(8) 〈Domino et Patri reverendo L. Dei gratia summo pontifici Ecclesia Leodiensis fideles orationes et in Christo debitae subjectionis obedientiam〉. VAC. I, c. 776.

(9) J. Russell, Les cathares de 1048-1054 à Liège. BSDL. XLII, 1961. pp. 1-8.

(10) H. Silvestre, Notules à propos d'une histoire de la tolérance. RHE. LVIII, 1963. p. 540, n. 2 および同誌雑報欄無題記事 pp. 979, 980.

(11) P. Bonenfant, Un clerc cathare en Lotharingie au milieu du XIIe siècle. MA. LXIX, 1963. pp. 271-280.

(12) HHMA. p. 140

(13) 諸研究については，例えば，C. Thouzellier, op. cit., pp. 17-37 参照。

(14) 〈A Monte Guimari, quo nomine quidam vicus in Francia dicitur, quaedam haeresis per diversas terrarum partes defluxisse cognoscitur〉. VAC. I, c. 777.

(15) C. Schmidt, op. cit., I, p. 47; HHMA. p. 684, n. 4; E. Chénon, L'hérésie à La Charité-sur-Loire et les débuts de l'Inquisition monastique dans la France du Nord. NRHD. XLI, 1917. p. 301; A. Borst, op. cit., S. 91.――なお，モンテメについては，四世紀アウグスティヌスによってヒッポを逐われたマニ派の巨魁フォルトゥナートゥスがここに逃れ来り，土地の領主ヴィドマールの帰依を得て以来，ここにマニ派の秘密教団が永く存続したという伝説があるらしい。M. Grisart, Les cathares dans le Nord de la France. RN. 1967. p. 512.

(16) J. Russell, op. cit., pp. 2, 3.

(17) C. H. Haskins, Robert le Bougre and the beginning of the Inquisition in northern France. AHR. VII, 1902 in id., Studies

in medieval culture. New York, 1925. pp. 221-224.

(18)　〈Hujus haeresis nefandae blasphemiae sunt, quod in baptismo peccata remitti negat, quod sacramentum corporis et sanguinis Christi inane reputat, quod per impositionem pontificalis manus conferri nil asseverat, quod neminem Spiritum sanctum accipere credit, nisi bonorum operum praecedentibus meritis, quod conjugium damnat, quod apud se tantum ecclesiam catholicam esse praedicat, quod omne juramentum velut crimen judicat〉. VAC. I, c. 777.

(19)　〈adeo varia et multiplex est, ut sub unius certo vocabulo minime comprehendi posse videatur〉. ibidem.

(20)　〈Haeresis haec diversis distincta est gradibus ; habet enim auditores, qui ad errorem initiantur ; habet credentes, qui jam decepti sunt ; habet christianos suos, habet sacerdotes, habet et caeteros praelatos sicut et nos〉. ibidem.

(21)　〈De se dicunt : nos pauperes Christi〉. MPL. CLXXXII, c. 677 ; 〈In cibis suis vetant omne genus lactis, et quod inde conficitur, et quidquid ex coitu procreatur〉. c. 678 ; 〈De baptismo nostro non curant. Nuptias damnant〉. ibidem ; 〈Duo ex eis, scilicet qui dicebatur episcopus eorum cum socio suo〉. c. 677 ; 〈Dicunt apud se tantum Ecclesia esse〉. ibidem ; 〈Prius enim per manus impositionem de numero eorum, quos auditores vocant, recipiunt eum inter credentes〉. c. 678.

(22)　〈Nuper apud nos juxta Coloniam quidam haeretici detecti sunt〉. ibidem, c. 677 ; 〈Sunt item alii haeretici quidam in terra nostra, omnino ab istis discordantes, per quorum mutuam discordiam et contentionem utrique nobis sunt detecti〉. c. 678.

(23)　C. Thouzellier, op. cit., pp. 20, 21, 25 ; p. 33, n. 71.

(24)　例えば C. H. Haskins, op. cit., pp. 198, 206.

(25)　J. Havet, L'hérésie et le bras séculier au moyen âge jusqu'au treizième siècle. BEC. XLI. 1880. p. 511 sqq. ; E. Chénon, op. cit., p. 322 sqq. ; A. Wilmart, Une lettre sur les cathares du Nivernais. RB. XLVII, 1935. pp. 72, 73 ; H. Maisonneuve, Etudes sur les origines de l'Inquisition. Paris, 1960. p. 101 sqq. ; M. Grisart, op. cit., p. 514 sqq.——なお、イギリスについては、一一六六年オックスフォード会議で措置された約三〇名の渡来ドイツ人事件以外に、カタリ派の発覚を見ない。

第二部　南フランスのカタリ派

第九章　禁欲の戒律

1　人間観と倫理規範

カタリ派における救済の要件は、第一に教団への加盟であり、第二には教団の命ずる戒律を実行することであった。救慰礼の教義上の意味づけが絶対派と穏和派とで若干異ることはすでに触れたが、実践倫理の面では両派の間に相違はまったく看取されない。倫理の基礎となる世界と人間の起源の理解に差はあっても、その現状の認識については一致していたからである。彼らにとって人間を取捲く環境はことごとく悪であり、人間そのものは善に属する霊魂、つまり曾ての天使が悪に属する肉体の牢獄に閉じこめられた状態である。彼らには、一種、肉体憎悪とでも言うべきものが根柢にある。おのれ自身の生存そのものを悪、ないし悪の結果と見る点で、その悲観主義は徹底していた。(1)この環境からの離脱、肉体からの解放を目標とするところから、カタリ派の有名な禁欲主義が成立したのである。彼らの戒律と行動は「まったく妥協譲歩の余地のない広範な禁止のみ」となる。(2)

戒律は、ごく一般的な形で、入信儀礼たる救慰礼の際に示される。「汝らは、この聖なる祈りを示される通りに受け、命あるかぎり貞潔、誠実、忍従ならびに神の命じたまうすべての徳をもって保つ意志を有するや」。「汝らは神の前に次のごとき誓願と約定を捧げよ。すなわち、人の知ると知らざるとを問わず、絶えて殺人、姦淫、盗みをなさざること。生のためであれ死のためであれ、いかなる時にも進んで誓を立てざること。……望み、かつ知って、乳酪、獣乳、鶏卵、鳥獣ならびに地を這うものの肉を食せざること。これ、神の教会の禁ずるところである。また、キリストの義にもとづき、飢、渇き、悪評、迫害、死に耐えねばならぬ。汝らがこれらすべてを忍ぶのは、神の愛とおのれの救いのためにほかならない」。これは『ラテン典礼書』に見るところである。霊魂に関する用語法から見て、これは絶対派の文書と推測される。同様にして穏和派に属すると推察される『プロヴァンサル典礼書』でも、基調に相違はない。「この世とその業、ならびにそれに由来するものを憎め」。「神の掟をまもり、この世を厭え」。「力を尽してキリストと新約の誡命を守れ。すなわち、姦淫、殺人、虚言をなさず、誓を立てず、盗まず奪わず、おのれの喜ばぬところを他に施さず、害をなすもの、敵を赦し、災厄をもたらすもの、迫害するもののために祈り祝福すること、これである。人ありて頬を打たば他の頬を向け、下着を奪わば上着を与え、裁かず断罪せざること、そのほか主が教会に与えたもうた多くの戒め、これである」。「汝、欺かず、誓を立てざる決意ありや否や。そのほか、神の戒めに背かざる覚悟ありや否や。教会の慣習と神の命に従う用意ありや否や。おのれの心、ならびに今有しまたは有することあるべき財貨を、ことごとく神と教会とキリスト教徒の奉仕に委ねる意志ありや否や(3)」。

論理的には、霊魂(善)と物質(悪)の二元論から必然的に禁欲の倫理が導き出されるとは限らない。この世のもの、例えば肉体が根本的に悪であるとすれば、それにかかわることでは何をしても差支えない、霊魂とは無関係だとする放埒、あらゆる規範の消失が結果しても不思議はないからである。現に、カタリ派内にもその種の傾向は絶無ではなかった。イタリア教団が分裂して間もない頃、デセンツァーノ教団の司教にフィリップスなる者が推挙されたが、この者は「二人の女カタリと昵懇の仲となった。やがてカタリ派を離れ、情を通ぜる者たちともども世俗に還った。この者は、男女とも腰帯より下にて罪ありとされるを得ず、との意見であったと伝えられる。これにより彼は多くの追随者を有した(4)」。しかし、全体としてカタリ派の場合、この傾向は展開せずに終り、禁欲主義が定着したのである。

カトリック側文書にも根拠をもって放埒乱倫を指摘し得たものはなく、ほとんどの攻撃が過激な禁欲を神の創造物に対する冒瀆とするに終始している。民衆の間にももっぱら禁欲主義者として受取られ、一部に好感ないし敬意を獲得したのもこの点での厳格な言行一致によるところが大きい。十三世紀末の審問記録に、次の供述がある。「彼らは、かの善信者であった。異端と呼ばれながら、善良に聖性のうちに生き、週に三日断食し、肉を食わなかった」。「私が連れ帰ったのは、かの善信者で、異端と呼ばれて大いなる貞潔を保ち、大いなる悔悛を果す者たちであった」。「彼らは善信者で、使徒の掟に従い大いなる聖性と禁欲の者である。彼らには帰依する者の罪を赦す力があって、その赦免さえ頂けば何の贖いもしなくても霊魂は天に昇って救われる」。三件とも、異端の周辺にいた者たちの供述である。(5) 善信者 boni homines ないし善教徒 boni christiani は、南フランスでカタリ派を指すもっとも普通の語であった。こうして、カタリ派は厳格な禁欲集団なのだが、他方、にもかかわらず乱倫の風聞がその周囲に絶えずつきまとった。実はここにカタリ派と社会を結ぶ環がかくされているとも思えるのだが、これについては後に詳論する。

しかし、彼らの戒律体系はこの世界観、人間観から直接に演繹される事項だけにとどまらず多方面に拡がっていて、その理由づけも、決して一義的ではない。当時の多くの異端と同様、カタリ派も新約の教えに固執し——彼らが二元論の立場から新約を解釈し利用したというのは、少くとも彼らの主観に即する限り正しくはないであろう。二元論そのものが新約の教えるところと意識されていたはずである——そのさまざまの命題を無限に肥大させているからである。したがってカタリ派の生活規範体系を再構成することは容易なわざではないが、ここでは便宜的に個人生存にかかわる規範、正統教会に対抗する規範、そして最後に社会的な拡がりをもった規範の順序で点検して行く。いうまでもなく最前者が彼らのモラルの根幹で、後二者はその外延である。

(1) 彼らの現世観を示す章句は史料の至る所に散見するが、典型的な一例を引くと、レイネリウスが全カタリ共通見解として総括した九項目の筆頭に、「現世、ならびに現世に存する悉皆は悪魔のなせるところ」とある。これは教義的には帰結だが、モラルの面では出発点である。〈diabolus fecit hunc mundum et omnia quae in eo sunt〉. TNA. V, c. 1761.

一一八〇年ごろイタリアで成立したと推定される一史料に、「わが中に罪が宿っている。されば肉体は罪の住処である」とあるのも同じことをおのれの身に引きつけて言ったものである。〈habitat in me peccatum, ergo corpus est habitaculum peccati〉. C. Conybeare, A hitherto unpublished treatise against the Italian Manicheans. AJT. III, 1899. p. 705.

霊魂(天使)が現世に来た事情は、絶対派にあっては悪神の天界侵入と欺瞞あるいは拉致、穏和派の場合は叛天使による誘惑と堕落でなければならぬが、審問供述で見ると両説の境界はかならずしも分明でない。特に誘惑のテーマが両派ともに肥大、交錯、変形しているように感じられる。察するに、一般民衆への説教の中で物語化が進んだのであろう。「ルキフェルは、その領国たるこの地より高きにある天に昇った。イザヤ書に天に昇り云々とある通りである。かの者光明の天使に姿を変じ、天使らはその形に魅せられて言葉を交した。その結果、善き神によって天に迎えられ、天使らの長とされた。さればルカ伝に、ある富める人に一人の支配人あり云々とあるはこれである。そして長たる権によって天使らを惑わし、この時、戦いが生じた。これは、大いなる竜にして古き蛇なる者と惑わされた天使らは投げ落されたと黙示録に誌すところの戦いである」〈Lucifer ascendit ex hoc suo regno in celis supernis, pro eo quod dicitur in Ysaia ascendam in celum, etc. Et tunc transfiguratus est in angelum lucis, angelis amirantibus formam eius et intercedentibus ; pro eo ad bonum deum suspectus est in celum ; et ibi vilicus angelorum effectus est ; unde Lucas, homo quidam erat dives qui habebat vilicum, etc ; et in tali vilicatione seduxit angelos ; et tunc factum est prelium quod dicitur in Apoc., et proiectus est draco magnus et serpens antiquus cum angelis seductis〉. SOM. p. 122.『駁謬簡要』のこの記事は、絶対派神話の骨格である。同じく絶対派に属するが、いちじるしく物語化、特に誘惑のくだりの詳細化の進んだ説教例一件は先に紹介した。

穏和派教説を下敷きにしながら、かなり変形したものとしては次の例がある。一二四三年の伝聞の供述である。「悪魔は陶土をもって人間を作り、これに霊魂を送れと神に求めた。神は悪魔に、陶土をもってすれば我よりも汝よりも強くなるであろうから、海の泥をもって作るべきであると言った。悪魔は海の泥にて人間を作り、神はよしと言った」〈diabolus fecit hominem de terra argila, et dixit Deo quod mitteret amimam in hominem, et Deus dixit diabolo : Fortior erit me et te, si de argila fiat, sed fac eum de limo maris. Et fecit diabolus hominem de limo maris, et Deus dixit : Iste est bonus〉. HGL. VIII, Preuve 373, c. 1147.

いずれにせよ，人間の出現が悲劇の開幕を告げる。『ヨハネ問答録』の「天使らはおのれの上に似つかぬ形，死すべき姿を見ていたく歎いた」のであるし，ある供述では「聖なる父の仇敵に欺かれたるを知り，今は失せたる，曾て聖なる父とともに有せし栄光を想起して，日毎聖なる父に祈りを捧げた」とある。〈Angeli ploraverunt multum videntes super se formam mortales esse in divisis formis〉. DÖLL. II, S. 87 ; 〈videntes se esse deceptos per inimicum Patris sancti, recordantes se de gloria quam habebant cum Patre sancto quam perdiderant, cotidie supplicabant〉. JF. II, p. 34.

『プロヴァンサル典礼書』には，次のような祈りの文言がある。「主よ。肉の罪を裁き罰せよ。腐敗より生ぜし肉を憐れみたまわざれ。牢舎にある霊魂をこそ顧みたまえ」。〈O Senhor juja e condapna los vises de la carn, no aias merce de la carn nada de corruptio, mais aias merce del esperit pausat en carcer〉. CL. p. xi.

十三世紀前半カトリック側第一線宣教家が携行常用したと見られる『異端対抗提要』Summa contra hereticosは，正統教義として強調すべき四〇項目をとり出し，典拠たるべき聖書章句を配したものである。異端教説の引用はないものの，項目を見れば，実際上の布教の上でカタリ派の強調した問題を推察できる。その第二項は「人間の肉体について。なかんずく，これが神の創造にかかること」〈De corporibus hominum, specialiter quod Deus creavit ea〉となっている。C. Molinier, Un traité inédit du XIIIe siècle contre les hérétiques cathares. AFLB. V, p. 237.

(2)　P. Alphandéry, Les idées morales chez les hétérodoxes latins. p. 63.

(3)　Rituel latin. 〈habetis voluntatem repiciendi istam sanctam orationem sicut memoratum est et retinere illam toto tempore vite vestre cum castitate et veritate et humilitate et cum omnibus aliis virtutibus bonis, quas deus vobis tribuere voluerit ?〉 A. Dondaine, Un traité néo-manichéen. p. 38 ; 〈Item oportet vos facere hoc votum et hanc promissionem deo, quod nunquam facietis homicidium nec adulterium nec furtum palam nec privatim, nec iurabitis voluntarie aliqua occasione nec per vitam nec per mortem....quod nunquam comedetis scienter nec voluntarie caseum nec lactem, ovum, nec carnem avium reptilium nec bestiarum prohibitam per dei ecclesiam. Item per hanc iustitiam Christi oportuerit vos sustinere famem, sitim, scandala, persecutionem et mortem, quod omnia hec sustinebitis amore dei et vestra salute〉. ibidem, p. 163.

Rituel provençal. 〈Et eissament vos cove que aziretz aquest mon e las suas obras, e las causas que de lui so〉. CL. p. xviii ;

⟨vos cove a tenir li comandament de Deu, et azira aquest mon⟩. ibidem, p. xix ; ⟨cove vos tenir totz los comandamentz de Christ e del novel testament a vostre poder. E sapiatz que el a comandat que hom no avoutre, ni ausisa, ni menta, ni jure negu sagrament, ni pane, ni raube, ni faza az autre so que no vol que sia fait assi, e que hom perdone qui li fa mal, e que hom ame sei enemic, e que hom ore e benezisca als encausadors et als acusadors de si, e quil ferra e la una gauta que li pare l'autra, e qui li tolra la gonela que li laisse lo mantel, e que hom no juge, ni condampne, e moutz d'autres comandamentz que so comandat del senhor a la sua gleisa⟩. ibidem, p. xviii ; ⟨a cor ques garde de mentir e de jurar, e dels autres devetz de Deu, e de tenir las costumas de la gleisa els mandamentz de Deu, e de tenir so cor e so aver, aital co ara l'a ni per azenant l'aura, en azaut de Deu e de la gleisa, e a servizi de crestias e de crestianas, tot temps mais a so poder⟩. ibidem, p. xxiii.

（4） これは『異端要覧』の片隈に見える記事である。⟨illi de Seenzano, qui est locus in diocesi brisciensi, fecerunt episcopum quemdam Philippum, qui post modicum tempus congnovit duas catharas, et sic relictis catharis reversus est ad seculum cum ambabus. Qui Philippus dicitur fuisse talis opinionis, quod nec homo nec mulier a cingulo infra potest peccare. Et de hoc habuit multos sequaces⟩. AFP. XX, p. 310.

（5） ⟨erant de illis bonis hominibus qui dicebantur heretici, et vivebant bene et sancte et ieiunabant tribus diebus in septimana et non comedebant carnes⟩. ⟨dicti homines quos secum ducebat erant de illis bonis hominibus qui dicuntur heretici, et tenebant magnam castitatem et faciebant magnam penitenciam⟩. ⟨erant boni homines et erant de regula apostolorum et erant magne sanctitatis et magne abstinencie et poterant absolvere credentes in se, ita quod post absolucionem eorum anima sine omni alia penitencia evolabat ad celum et salvabatur⟩. ALB. pp. 156, 235, 245.

十三世紀末、司教ベルナール・ド・カスタネの指揮下にアルビで行われた異端審問は、一方では住民の反抗を、他方では教会や国王の反撥を招いたほど苛烈であったが、その時、証人訊問の記録は二部作られた。一部は右のデイヴィスによって刊行されたBN. ms. lat. 11847であり、今一部はトゥールーズ近傍のメルヴィル城館に一連の古記録とともに所蔵されている。後者に僅かの欠損があるほか、両者は完全に一致する。司教ベルナールが手もとに置いたのは後者で、これにはベルナール・ギイの加筆があり、この方が原本であったらしい。その分析はC. Douais, Les manuscrits du château de Merville. AM. 1890. pp. 171–193.

2　日常の禁忌

異端個人の生活にかかわる最大の禁戒は、貞潔と菜食、というより肉欲の絶対的な禁圧と最小限度までの食餌の圧縮であった(1)。

レイネリウスの『報告』は全カタリ共通見解として、「肉の婚姻は常に大罪たること」を指摘している。一般的に言うならば、婚姻の否定が直接に肉欲の否定と接合するとは限らない。現にアラン・ド・リールはカタリ派の婚姻否定の理由の一つに、「彼らはいう。婚姻は自然法に反する。けだし、自然法は万物の共有を命ずるからである。実に婚姻は、自然法によって共有たるべきものを私有せしめる」と書いている。アランの歪曲でなければ、一般の聴衆に対する説教の中で婚姻の秘蹟を攻撃する理由に異端が挙げたかも知れぬ言葉である。カタリ派の場合、肉欲の否定と秘蹟としての婚姻の否定が重層し、それぞれに独自の理由づけが行われて複雑だが、論理上の前提が肉欲と生殖の否定だったことは、レイネリウスが続けて「将来、何ぴとも不義乱倫のゆえをもって、適法の婚姻のゆえに罪ありとされる以上に罪ありとされることはない」と述べていることからも明らかである(2)。婚姻内であると婚姻外であるとを問わず、無差別に肉欲を大罪視するとの意である。アラン・ド・リールについて言えば、彼の記録した今一つの理由づけの方がより事実に近いであろう。「これら異端は婚姻を断罪する。彼らの中には、人間はあらゆる手段を尽して暗黒の原理、すなわち肉体より発するものからおのれを浄化せねばならぬがゆえである、という者もある(3)」。

エスクラルムンダ以下フォア伯家の女性若干名が入信した時、これに同席したベレンガリウスなる者が一二四四年の審問で当時の状況を供述している。「彼女らは誓願して言った。誓を立て人を欺くことあらざらん。生涯いかなる時にも欲望を遂ぐることあらじ」[4]。そしてカタリ派の誓願実行には定評があった。ある年代記が伝える逸話はこうである。ルイ七世(一一三七—八〇年)の頃、ランス郊外でゲルヴァシウスなる若者が、葡萄畠を一人さまよう娘を見かけて誘惑を試みたところ、「汝のであれ他の誰のであれ、情人となることは神が禁じたまう。一度処女を失い身が汚れるなら、何をもってしても永劫の罰より逃れる術はない」と拒んだ。「これを聞くやただちに、ゲルヴァシウスは、彼女がかの不信きわまる異端プブリカニの一人たることを知った」[5]。やがて焼殺されることになる、この一風変った娘が正確にカタリ教義を理解していたかどうかは疑問としても、禁欲に拘泥すればただちにカタリ派が連想されている点は興味深い。彼らの禁欲実行は天下周知となっていたのである。一二四七年トゥールーズの審問においても、一証人はペトルス・ガルシアスを異端と疑った理由の一つとして、同人が「この二年間夫として妻に接しなかった」ことを挙げている[6]。『審問官提要』は断定する。「彼らはいかなる女にも触れない」[7]。

戒律に抵触せぬよう、彼らは極端な注意を払ったらしい、儀礼のためでさえ裸手で異性に物品を授受しなかったし、瀕死の病人に対する按手に際しても相手が女性であれば、頭上に手をかざすだけで触れないように気をつけたという[8]。「いかに長い腰掛であっても女とともに座することなく」、誤って「女が彼に触れることあれば、数日間の絶食をみずからに課した。追及を免れるため女性を帯同して夫妻を擬装していた異端に関する供述がある。「一つ家に女とともに住むとはいえ、曾てこれに接することはなかった。たまたま女の方に手を伸し、あるいは触れれば、それだけで三日三晩何も食わず何も飲まなかった」[9]。ギローは、カタリ派がしばしば行った瀉血の風習を、衝動制御の目的であったと解している[10]。瀉血そのものは当時一般に、特に僧院内で行われた一種の保健法なので、ただちに制欲と結合するわけには行かないが、その例があるのは事実である。

彼らが肉欲の果実たる妊娠を嫌悪したことを伝える材料がある。カンビァックの代官ギレルムスはその妻に対し、「自分や町の住民と同じように異端を敬愛するよう度々勧めたが、妻女は異端が好きになれなかった。異端が同女に対し、妊娠は魔物の業であると語ったからである」。また、トゥールーズの材木商トーマ・ド・サンフルールを訪ねた女異端ファブリッサは、妻女ギレルマが妊娠中であるのを見咎めて、「胎内の悪霊が祓われるよう祈れ」と勧めた。懐胎中の女が死ねば救われないとの言説や、妊娠中であることを理由に入信を拒否した例も伝えられる(11)。

「おのれの妻であっても女と事を有しては、何びとも救われることはできない。人祖たりし両親に禁じられた果実とは、交合の愉悦以外の何ものでもなかった(12)」。これを見れば、彼らの間でも原罪の観念は否定されていないと考えられる。しかし、教義的には、それ以前に天使堕落そのものが災と罪の起源であって、人祖の堕落は二次的なものにすぎなかったはずである。それより、彼らにあっては、むしろ肉欲と生殖に対する感覚的、生理的な嫌悪、不浄感が前面に出ているように思えてならない。求道の手段としての禁欲でないことは、もちろんである。同時に、これが男女差別にもとづくものでないことも、注意しておく必要がある。カタリ派は、理論上も実際上もほとんど男女の等級差別、女性蔑視をしなかった。中世ではむしろ稀少な宗派に属する。ただ、男女の性別は人間、現世に固有な呪うべき状態と考えたにすぎない(13)。

食餌に関する禁戒も、一面では生殖の不浄視、他面では殺生戒と関連している。レイネリウスは「獣肉、鶏卵、あるいは乳酪を食するは緊急の場合といえども大罪である、と彼らは信ずる。交尾によって生ずるがゆえである」と述べ、ベルナール・ギイは「彼らはいかなる時にも獣肉を食わず、触れることさえない。乾酪、鶏卵、その他生殖と交尾によって肉より生じたる一切のものについても同様である。彼らはまた、いかなる仕方においても、獣や鳥を殺さない」と記した。個々の異端は入信に際してこの誓願を立てたので、前引エスクラルムンダたちも「爾今、オリーヴ油と魚を除き、肉、卵、乾酪、その他の食餌をとることなからん」と誓願している。これは、時代を異にする供述に繰返し出現する、ほとんど定型化した誓願である[14]。

肉食の禁戒は姦淫のそれに劣らず重要視されたので、「自殺を欲して毒を喫するといえども、瀕死の重病に際して養生の配慮から、あるいは止むを得ざる事情に迫られて鶏を食うに比べれば、より重き罪とはされず」とレイネリウスは言っている[15]。十三世紀の半ば、状況が危険となった頃でも都市や農村を巡回する異端を迎えて、心を寄せる者たちは会食したので、しばしば法廷の供述に彼らの実際の食事の様子が現れる[16]。ある情景では、山中で異端を囲んで朝を迎えた追随者の一群が、乾肉を取出して朝食を始める。そして、「私が異端に向い、師よ、少し召上っては如何、と言うと異端は微笑した。その時ペトルス・マウリニは私に言った。師は日に二度パンを食うのみである[17]」。別の記録では、「その時、本証人ならびに先に挙名のすべての者は、上述異端とともに同所にて果実、すなわち梨および榛《はしばみ》の実を食し、かつ飲んだ」。また、「異端に対し焙った鶏を供したところ、味をみようともしなかった。乳酪を供しても同様であった。最後に、上述ギレルムス・ゴルフェリが魚を持ち来らせたところ、異端はその幾分かを食した」。会食の時日を訊問されて、「桜の実を食った」からその季節と答えている例もある[18]。世俗不浄の食物が知らぬうちに混入することを警戒してのことと思われるが、専用の調理具や食器を携帯ないし用意している例もある。「異端らは小鍋と小皿を携行していた。それを用いては他の何びとも食事をしない。彼らはいかなる獣脂も鶏卵も乳酪も食しなかった」。一支持者ブランカなる女は、「おのれの居宅に彼らを幾度も迎えた。そこで、同家の費用により彼らは眠り、食い、かつ飲んだ。……同女は身辺の世話をなし、人眼につかぬ所に彼ら専用の寝所と専用の什器を保存していた。同女は彼らの歓待者であった[19]」。また、次のような、異端の側近同志の会話も記録されている。「師は樹と水に生ずるものしか食べない。それどころか、もしお前が肉に触った場合にも、決して師の鍋に近寄ってはならない」[20]。

異端の嫌疑をまぬかれるために公然と肉食したり、異端放棄を確認するために肉食せしめたりする例が伝えられているのも、彼らの禁戒遵守が徹底していたからにほかならない。ペトルス・アミエルなる者は、「当時、異端とともにローラックにおもむき、二カ月間異端とともに同所に滞在したが、私自身は正式の異端ではなかった。潔斎も祈禱もしたことはなく、また異端が行う精進もなしたることはない」と陳弁している。マス・サントピュエル僧院長ギレルムス・パラジスは、苦心の末に母と姉妹を正統信仰に引もどしたが、その効果を確認するため「肉を与えて食せしめた」。トゥールーズ司教はある異端に入信したばかりの者を捉えた時、救慰礼の効果を消すため「鶏のスープを与えて飲ませた」[21]。

これら常時の禁戒、いわゆる精進 abstinentia に加えて、特定期間を限って戒律の定める潔斎 jejunia があり、さらにそれは季節によるものと週によるものとに区分されていた[22]。「彼らは年に三度、四〇日の潔斎を守る。すなわち聖ブリティウス祭から降誕祭まで、五旬節の主日から復活祭まで、聖霊降臨の主日から使徒ペテロ・パオロ祭までがそれである。各潔斎期の始めと終りの週を厳修の週と呼ぶ。この間はパンと水しか口にせぬからである。また他の週にあっても三日はパンと水に限る。この他の期間にあっても、年間を通じ、病気または旅にある場合を除き週に三日はパンと水しか摂らない」（『審問官提要』[23]）。実際には旅にあっても平常週の潔斎を実行することが多かったらしい。十三世紀半ばになれば彼らに安住の場所はなく、いわば常時旅の身であったが、それでも潔斎の者として知られていた。「彼らは週に三日潔斎し、肉を食わぬ、かの善信者たちの幾人かである」[24]。もともと肉食しないのだから、潔斎と言っても、魚を食わぬことを別にすればさして意味がないので、実際は減食または絶食を意図したのではないかと思われる。次のような供述記録がある。「彼らはアルトモンテルの上述地点にて、ベルトランドゥスなる駅亭ないし宿屋のもとに客となった。当該ベルトランドゥスは証人の挙名せる者たちを知らなかった。さて、証人は当夜宿泊の代価を支払ったが、上述異端らは寝床の費用以外に何も払わなかった。その日彼らは潔斎の中にあったからである。ただし、証人自身は食事を摂った」。[25] この場合の潔斎では、明らかに絶食している。実は、この特定期日のほかにも、異端は贖罪のため、自発的にあるいは勧告されて、しばしば潔斎している。この時はほとんど完全な絶食である。異性の近くに寄っただけで三昼夜絶食する例は前に引いた。また病者に対して、「宗門に受入れられたる上は、水を除き何も口にせずして死に至るよう」勧告し、なお生きていたいと欲して入信を拒んだ例も知られている。[26] 死に至る潔斎、いわゆる耐忍 endura をめぐってはとかく問題が多いが、これは後に考えたい。一般的に言って、極度の禁欲が日常化しているカタリ派の場合、悔悛贖罪のためには絶食以外にもはや方法が残っていなかったのである。

ともあれ、このような苦行の実績が、特に富貴を誇る高級聖職者との比較において、民衆に対する説得力の根拠となったことは想像に難くない。正統教会の潔斎を指してカタリ派が、「狼の断食」、「狼の禁肉日」と罵った言葉は、繰返し供述書に出現する。[27]

殺生戒の理論的根拠は、かならずしも定かでない。「いかなる鳥獣をも殺さない。なぜなら、彼ら独特の儀典に則って行われる按手を通じてその宗門と戒律に参入せずして死んだ霊魂は、野獣や鳥の体軀に入り、一体より他体へと移るむね語りかつ信ずるがゆえである」。「人であれ動物であれ、およそ呼吸する命をもつものを殺さない」(『審問官提要』)。「よしんば蛇や狼であっても、人はいかなる動物をも殺してはならぬ」(『ジャック・フルニエ審問録』)。[28] 右に見た『審問官提要』の挙げる輪廻転生説は絶対派には通用しても、穏和派については論拠たり得ない。殺生戒を守る点では穏和派も同様だったのである。南フランスの審問に活躍したベルナール・ギイは、同地で圧倒的に優勢だった絶対派からの供述を要約したのであろう。『プロヴァンサル典礼書』に「獣または鳥の捕えられてあるを見ても、心を動かしてはならぬ」とあるところから、慈悲哀憐に発するのでないことは明らかである。(29) アルファンデリは、残忍な屠殺者たる旧約の神に対立する、イエスの報復禁止の誡命に由来すると解釈した。(30) これは人間に対する殺害の禁止については十分説明的であるものの、広く殺生一般の禁戒の根拠とはならない。推測するに、福音書に由来する報復や殺人に関する禁戒と肉食戒の当然の前提たる殺生戒とは、本来はおそらく別のものであった。『プロヴァンサル典礼書』はなお、両者をそれぞれ別の場所に記載している。それが発達する過程で重なり合い、ベルナール・ギイの段階では統一的な殺生戒として把握されるに至ったのであろう。異端自身はことごとく新約の誡命に出でたものと説きかつ信じているが、根源にはなま身の生き物に手を着けることを嫌悪する不浄感が動いていると想像される。

探索する側にとっては、殺生戒も絶好の標識であった。「アルビジョア地方にては、フランスの正統信者は次のようにして異端を検認すると聞いた。すなわち、嫌疑のある者に鶏または他の動物を与えて殺さしめる。殺すを肯んぜぬ時は、異端またはその帰依者と判断してよい」。(31) これは十四世紀、北方の一審問官の言葉である。事実、この方法で異端が発覚した例も伝えられている。「シャトーヴェルダンの身分ある女、アレスタとセレーナの両名は、見破られぬよう顔に絵具を塗って、トゥールーズまで来た。ある旅籠についた時、異端ではないかと疑った宿の女将が、料理をするよう生きた鶏を渡し、自分は街に用があるのでと家を出た。帰って見ると、鶏はまだ生きたままであった」。さてこそ異端と、両名はつき出されて火刑になる。「焼かれる時、汚れた顔では神さまの前に出られないと言って、顔を洗う水を乞うた」。(32) これは一三二〇年の供述に出る話だが、二人の名は一二四七年の審問記録に見える。異端内部で形成された聖女伝、殉教譚の主人公になりつつあったのであろう。殺生戒は拡がって戦闘、裁判、ひいては権力そのものの否定に到達し、大きな社会的射程をもつが、これについては後に考える。

宣誓の拒否は、彼らの倫理体系の中で極めて大きな位置を占めた。典礼書の定型化された誓願や供述に再現されている説教の中でも、ほとんど常に筆頭に置かれている。「欺かず、誓を立てざる決意ありや」(『プロヴァンサル典礼書』)。「まず第一に、彼らがいかなる場合にも誓を立てぬことを知るべきである」(『審問官提要』)[33]。入信時の誓願も、神や聖書を引合いに出すわけではないから、厳密には宣誓ではなく意志の宣言ないし単なる約束に過ぎない。

彼らが宣誓せぬ者たることはよく知られていたが、その理由を明示する材料は意外に少い。一一七八年トゥールーズでペトルス・マウリニが訊問された時、陳弁したところを宣誓せよと迫られると、「自分ほど身分もあり人にも知られた者にあっては、ただの確言のみにて信用されてしかるべきである、と抗弁した」[34]。この場合は言を左右にしたにすぎず、明らかに教義上の理由ではない。ただ『星の彼方の書』に、次の記事がある。「旧約においては、神みずからそれを教えたがゆえに宣誓はなすべきであったし、またなしてよかった。ただ偽誓のみが禁ぜられた。しかるに新約においては、神の子がこれを禁じた。されば、何ぴとも、またいかなる場合にも、大罪に落ちることなくして宣誓をなし得ず、という」。これによって見れば、根拠は福音書の誡命である。『両派対論』にはより明白に、マタイ伝五章を引用して「されば何ぴとにてあれ誓を立てる者は悪をなす者である」[35]としている。十二世紀の群小異端にも、またワルドー派にも、宣誓拒否はしばしば見られるテーマだが、その場合も理由は新約の章句にある。アルファンデリはこれを二元論哲学とは異質な禁戒と考えたが、必ずしもそう理解する必要はないであろう[36]。もともとカタリ派にあって福音書は二元論の典拠であるし、悪神の書たる旧約との対比によってそれが一段と強調されているのである。その意味ではこれも彼らの神学とある程度の関連を有している。

清貧の戒律、つまり所有権の否定については、十二世紀半ばの初期カタリ派の場合を除いて明文の史料記載がないと、アルファンデリはいう[37]。しかし、前引のごとく救慰礼に先立って「今有しあるいは将来有することあるべき財貨」を放棄する意志が確認されているし、現に審問史料の個別例でも入信時に財産を放棄している。それに供述によれば個々の異端は常に巡回者、漂泊者として現れており、食住は支持者の供与に依存している。到底、何らかの財貨を所持していたとは考えられない姿である。

ただ、個々の異端とは別に異端教団が財貨を保持したのではないかという問題がある。『駁謬簡要』に「共同にてするほかに何物をも所有してはならぬ。かの大いなる財を有してはならぬ」とあり、『プロヴァンサル典礼書』には病人授礼の際の心得として、「病者が死んで何かを遺贈する場合にも、それをおのれのために留保ないし持ち去ってはならぬ。教団の配慮に委ねねばならぬ」とある[38]。また、「異端の家」なるものがあって、宣教の拠点とも、迫害に際しての避難所とも、また時には僧院風の共同生活の場ともなっていた。「異端ギラベール・ド・カストルは、あまたの異端どもとともにファンジョーに、公然と家屋を有した」。右の供述は一二四三年、供述内容は一一九三年頃のことである。同所の「異端の家」はかなりの数にのぼったらしい。ミルポアでも同様で、「彼らは公然と家を有し、ここにて本証人は同所の他の領主たちと協同して異端らを扶持した」。これは一二〇五年頃のことである。南フランス・カタリ最後の拠点モンセギュールの城砦も、実態はこの種の「異端の家」にほかならなかった。状況が次第に険悪となる一二二二年頃、ギラベール・ド・カストルはその地の領主レモン・ド・ペレイユに乞うて、「城下に異端らを迎え、城内に異端宗門が居所と首府を有し、ここより説教者を広く派遣するを得んため」寄進を得たものである。ここには異端尼僧院も設けられたらしい。一二三三年頃、アルズー・ド・マッサブラックは、入信して同地に移り住んだ祖母のフルネリアを訪ねたところ、同女らは「幾度も、異端の女たちとともに一つ食卓に向って食事をしていた[39]」。

右の家屋も寄進によるものだし、異端に宿所を提供させるのもその一種と言えるが、明瞭に金品を贈っている例も見出される。「パンを二箇、持ち来った」。「ペトルス・アウテリのため魚を持ち来った」。これらは零細に過ぎて所有の問題とはまず関係しない。しかし、相当の額の貨幣が寄進されている場合もある。「異端らのために保持していた一〇ソリディを、この時引渡した」。「トゥールーズ貨にて二ソリディを与えた。パリ貨にて八ソリディを彼らに与えた」。「ただちに、異端にトゥールーズ貨二枚を与えた」。「おのれの財産のうちから、しばしば異端に送った」。「異端に遺贈を行った[40]」。

一体に、金品寄進の事例は、末期の史料に頻出する傾向があるとの印象を受ける。右の貨幣寄進の例はいずれも、十四世紀初頭、入信予約時に贈られたものである。教説浸透期、教団形成期、潜行期と、状況によって対応に変化があったことも十分考えられる。また、教団が寄進財をどう保管利用したか、周辺側近の支持者でなく異端自身がそれに関係したか、ひいては教団共有の観念の定着度も、不明の点は多い。いずれにせよ、巷間、カタリ派の埋蔵秘宝の伝説を残したものの、教団の利用した財なるものは正統教団に比べれば微々たるものでしかなかったし、個々の異端はほとんど常に無一物であったと言ってよいであろう[41]。

(1) この面でのカタリ戒律は P. Alphandéry, Les idées morales. pp. 34-99 ; GC. I, pp. lxi-lxxxiv ; GI. I, pp. 35-105 にほぼ完全に再構成されている。

(2) 『正統信仰論』〈Dicunt etiam conjugium obviari legi naturae, quia lex naturalis dictat omnia esse communia ; conjugium vero appropriat, quod commune debet esse ex jure naturali〉. MPL. CCX, c. 366. ――『報告』〈communis opinio Catharorum est omnium quod matrimonium carnale fuit semper mortale peccatum, et quod non punietur quis gravius in futuro propter adulterium vel incestum quam propter legitimum conjugium〉. TNA. V, c. 1761.

(3) 〈Praedicti etiam haeretici nuptias damnant. Dicunt enim quidam eorum quod omnibus modis se homo debet purgare ab eo quod habet a principe tenebrarum, id est a corpore〉. MPL. CCX, cc. 365, 366.

(4)　〈promiserunt...quod non jurarent nec mentirentur nec aliquam libidinem exercerent toto tempore vita sue〉. HGL. VIII, c. 1150.

(5)　『イギリス年代記』。〈Numquam velit Deus, O bone adolescens, ut tua amica, sive alicujus umquam hominis existam, quia si virginitatem amisissem et caro mea semel corrupta esset, aeternae damnationi proculdubio absque omni remedio subjacerem. Quod audiens magister Gervasius intellexit protinus hanc esse de illa impiissima secta Publicanorum〉. J. Stevenson(ed.), Radulphi de Coggeshale Chronicon Anglicanum. London, 1875. p. 122.

(6)　〈quia duo anni sunt quod non tractavit uxorem suam maritaliter〉. DD. II, p. 110.

(7)　〈Item, non tangunt aliquam mulierem〉. GUI. I, p. 18.

(8)　P. Alphandéry, Les idées morales. p. 69.

(9)　〈nec mulierem tangere, nec cum ipsa in una banca sedere, quantumque longa esset〉. JF. I, p. 284 ; 〈Et tamen, licet habitent simul cum muliere in domo una, tamen nunquam ipsi tangunt eas. Immo si solum extenderent manum ad mulierem, vel tangerent ipsas, non comederent nec biberent de tribus diebus et noctibus〉. ibidem, II, p. 31.――これに類する証言は『ジャック・フルニエ審問録』中に，何度となく繰返されている。

(10)　GI. I, pp. 95, 96.

(11)　〈Guillelmus Vicarius, vir ejus, monuerat ipsam multoties quod diligeret hereticos, sicut ipse faciebat et alii de villa ; sed ipsa noluit diligere postqnam dixerunt sibi heretice quod pregnans erat de demonio〉. BT. ms. 609 cit. in GI. I, p. 92, n. 4 ; 〈Quadam die dicta Fabrissa dixit ipsi testi pregnanti, quod rogaret, ut liberaret eam a daemone, quem habebat in ventre〉. DÖLL. II, S. 35.――類例は，G. Koch, Frauenfrage und Ketzertum im Mittelalter. Berlin, 1962. S. 112 sqq.

(12)　〈nullus poterat salvari habendo rem cum muliere, nec ipse cum uxore propria ; et quod pomum vetitum primis parentibus nichil aliud fuit nisi delectatio cohitus〉. DD. II, pp. 112, 113. これはペトルス・ガルシアスの言であるが，類似の句は審問史料に頻出する。

(13)　P. Alphandéry, Les idées morales. p. 69 sqq. ; G. Koch, op. cit., passim.

(14)　〈Item, credunt quod comedere carnes, et ova, vel caseum, etiam in urgenti necessitate sit peccatum mortale ; et hoc ideo quia nascuntur ex coitu〉. TNA. V, cc. 1761, 1762 ; 〈nunquam comedunt carnes nec etiam tangunt eas, nec caseum nec ova, nec aliquid quod nascatur ex carne per viam generationis seu cohitus. Item, nullo modo occiderent aliquod animal nec aliquod volatile〉. GUI. I, p. 18 ; 〈quod ulterius non comederent carnes nec ova nec caseum nec aliquam nurituram, nisi de oleo et piscibus〉. HGL. VIII, c. 1150.

(15) 〈Non enim gravius puniretur aliquis Catharus apud eos, si bibat toxicum volens se occidere, quam si pro morte vitanda comederet pullum de consilio medicinae, vel in aliquo casu necessitatis〉. TNA. V, c. 1765.

(16) 「本証人は同人宅に入り，上述の者たちが全員食卓について，ともに食事するのを目撃した」。〈ipse testis ingressus est domum illam, et vidit omnes predictos in mensa sedentes et pariter comedentes〉. ALB. p. 236.「その時，本証人ならびに上述の者全員は，上述異端とともに同所にて食いかつ飲んだ」。〈Tunc ipse testis et omnes alii predicti comederunt ibidem et biberunt cum dictis hereticis〉. ibidem, p. 149.——類似の証言は枚挙にいとまがない程豊富に見出される。

(17) 〈Et cum loquens diceret dicto heretico : Domine, et vos non comedetis aliquantulum modo? et dictus hereticus subrisit, et tunc dictus Petrus Maurini dixit ipsi loquenti quod dominus non comedebat in die nisi bis panem〉. JF. II, p. 33.

(18) 〈Tunc ipse testis et omnes alii proximo nominati simul cum dictis hereticis comederunt ibidem fructus, scilicet pira et avellana, et biberunt〉. ALB. p. 237 ; 〈Et dum apponerentur galline assate coram heretico noluit gustare, set neque caseum sibi oblatum. Tandem dictus Guillermus Golferii fecit apportari pisces, et de illis comedit dictus hereticus〉. ibidem, p. 167 ; 〈Requisitus de tempore dixit quod plene non recolit, fuit in illo tempore quo comeduntur cerera acetosa〉. ibidem, p. 261.——前引の誓願でも実際の例でも，カタリ派は魚を食べているから，厳密な意味では菜食主義ということはできない。「樹と水によって成れるものしか食しない」が，魚はこの中に入るのである。いちはやくアラン・ド・リールが，これを片手落ちとしている。「何故彼らは魚を禁じないのであろう。これとて種により生ずるのに」。〈Cur etiam non abstinent a piscibus, qui etiam quadam seminativa ratione nascantur〉. MPL. CCX, c. 377. しかし，当時魚類は植物の一種，あるいは水中に自然に湧くものと考えられたらしく，鳥獣と同列視しないのが一般であった。この点ではカトリック僧院の食慣習も変りはない。

(19) 〈Haeretici habebant ollam et paropsides, in quibus nullus comedebat et non comedebant aliquam pinguedinem vel ova vel caseum〉. Acta Inquisitionis Carcassonensis, 1308-1309. DÖLL. S. 21 ; 〈pluries receptavit eos in domo sua, ubi jacebant et comedebant et bibebant de bonis domus, ...et ipsa ministrabat eis necessaria, et habebat eis locum specialem ad jacendum in quodam solario, et utensilia specialia pro eisdem, et erat hospita ipsorum〉. LIMB. p. 24.

(20) 〈iste dominus non comedit nisi illud quod nascitur in arbore vel in aqua, ymmo si vos carnes tetigistis, nullo modo appropinquatis ollam eius〉. JF. II, p. 24. ここで師とあるのは異端ギョーム・ベリバストを指す。

(21) ⟨Et tunc ipse testis ivit cum eis apud Laurac, et fuit cum hereticis ibi per duos menses, set non fuit hereticus indutus, nec jejunavit, nec oravit, nec fecit illas abstinentias quas ipsi faciunt⟩; ⟨dederunt eis carnes ad comedendum⟩; ⟨dedit ei borodium gallinae ad bibendum⟩. BT. ms. 609 cit. in GI. I, pp. 88, 89. なお同種の類例は同書参照。

(22) 審問法廷の用語、そしておそらく異端自身の用語において、jejunia 潔斎と abstinentia 精進は意味が異り、前者が格段に厳格である。P. Alphandéry, Les idées morales. p. 77.――異端自身の用例では、『プロヴァンサル典礼書』に、救慰礼接受の要件として「帰依者にして精進のうちにあるならば」とある。これも基礎的一般的な禁戒の意である。⟨Si crezent esta en l'astenencia⟩. CL. p. xi.

(23) ⟨jejunant tres quadragesimas in anno, videlicet a festo sancti Bricii usque ad natale et a dominica in quinquagesima usque ad pascha et a festo pentecostes usque ad festum apostolorum Petri et Pauli. Et septimanam primam et ultimam cujuslibet quadragesime vocant septimanam strictam, quia in illa jejunant in pane et aqua et in aliis autem septimanis tribus diebus jejunant in pane et aqua. Et per totum annum residuum tribus diebus jejunant in pane et aqua in qualibet septimana, nisi sunt itinerantes aut infirmi⟩. GUI. I, p. 18.

(24) ⟨erant de illis boni homines qui...ieiunabant tribus diebus in septimana et non comedebant carnes⟩. ALB. p. 156.

(25) ⟨in dicto loco de Altomontel fuerunt hospitati in domo cuiusdam stabularii seu hostalerii publici qui vocatur Bertrandus, qui Bertrandus non cognovit eos quod ipse testis sciat. Ymmo ipse testis solvit illud quod expenderent illa nocte, tamen dicti heretici nichil expenderent nisi pro lectis quia ieunabant illa die, set ipse testis cenavit⟩. ibidem, p. 128.

(26) ⟨quod postquam fuisset receptus, non biberet nisi aquam quousque esset mortuus⟩. JF. I, p. 284.

(27) 飲酒が禁戒の対象であったかどうか、史料の記述はほとんど見出すことができない。わずかに、『両派対論』に次の言及を見るが、そこでもごく簡単に触れられるだけで、理由の説明はない。「肉を食い酒を飲むは宜しからず。されば我らは、すべての肉は姦淫によって生ずるがゆえに肉を食わず」⟨Bonum est non comedere carnes, non bibere vinum. Idcirco nos non manducamus carnes, ex illa ratione quod omnis caro nascitur ex adulterio⟩. TNA. V, c. 1746.

反面、トゥールーズ手稿本六〇九号を精査したドゥエーによれば、支持者が異端に供与した食用品目は、葡萄、胡桃、無花果、穀物、小麦粉菓子、パン、野菜、蜂蜜、酒、魚であって、明らかに酒が挙げられている。C. Douais, Les hérétiques du comté de Toulouse dans la première moitié du XIIIe siècle d'après l'enquête de 1245. BICT. III, 1907. p. 168. 積極的に飲酒したとは考えられないが、厳禁の対象ではなかったとも考えられる。カタリ派にあっては飲食の制限は修行の手段であったというより、特定の理由に基づく特定食品の忌避であったからである。理屈から言って、「樹と水より成れる物」に属する酒は、許容範囲内にあったと見ることもできる。

前引『両派対論』について説明する。Disputatio inter catholicum et paterinum haereticum. TNA. V, cc. 1705-1758. 信仰の諸項目について、カトリック信者とカタリ派異端が論争する形式で記述されている。異端の問題点を明示し、反駁方法を教える上で巧妙な編成と言える。写本が多いところからも広く流布したことが知られる。ドンデーヌは、大冊とする伝承があるのに対し、現行テキストが特に大部とは言えないところから完本ではなく、BN. ms. lat. 14927 中に他の部分が含まれていると推定した。A. Dondaine, Nouvelles sources de l'histoire doctrinale du néo-manichéisme au moyen âge. RSPT. t. XXVIII, 1939. pp. 485, 486. 作者については古来論議があったが、写本にグレゴリウスの名があるのを根拠に、ドメニコ会士でファーノ司教、フィレンツェのグレゴリオに擬し、成立年代を司教在位期間と関連づけて一二四〇年頃とする説が大勢を占めて来た。ドンデーヌは多くの写本の検討から、右のグレゴリウスがゲオルギウスの誤記であることを証明した。これに伴って成立年代の推定も根拠を失った。id., Le manuel de l'inquisiteur, 1230-1330. AFP. XVII, 1947. pp. 174-180. 彼自身は作者を俗人、年代を一二五〇年前後と推定したが、これはいまだ確実と言える段階ではない。なお、Ilarino da Milano, Fr. Gregorio, O. P., Vescovo di Fano, e la *Disputatio inter Catholicum et Paterinum hereticum*. AEV. XIV, 1940. p. 85 sqq. 参照。

(28) 〈nullo modo occiderent aliquod animal nec aliquod volatile, quia dicunt et credunt quod in animalibus brutis et etiam in avibus sint spiritus illi qui recedunt de corporibus hominum, quando non sunt recepti ad sectam et ordinem suum per impositionem manuum ipsorum secundum ritum eorum, et quod transeunt de uno corpore in aliud corpus〉. GUI. I, p. 18 ; 〈non debet homo occidere quemcumque animal, eciam serpentes vel lupum〉. JF. I, p. 284.

(29) 〈E si trobavan bestia o auzel presa o pres, no s'en metan en als〉. CL. pp. xxi, xxii.

(30) P. Alphandéry, Les idées morales. p. 78 sqq.

(31) 〈Audivi ego quod catholici gallici sic examinabant hujusmodi hereticos in terra Albigensium : dabant suspectis pullos vel alia animalia ad occidendum. Quare si nollent occidere, eos per hereticos perpendebant vel eorum credentes〉. Doat, XXXVI cit. in GI. I, p. 89.

(32) 〈Alesta et Serena, domine de Castroverduno, depingentes se extraneis coloribus, ut non cognoscerentur, venerunt apud Tholosam, et cum fuerunt in quodam hospicio, hospita volens probare si erant heretice vel non, dedit eis gallinacos vivos, dicens quod parerent ipsos, quia ipsa habebat agere in villa, et hoc dicto recessit de domo. Et cum reversa fuisset, invenit

quod adhuc dicti gallinaci erant vivi〉. 〈quando comburi debuerunt, pecierunt aquam ad lavandum facies suas, dicentes quod non irent picte ante Deum〉. JF. I, pp. 220, 221.

(33) 〈si a cor ques garde de mentir e de jurar〉. CL. p. xxiii ; 〈In primis itaque sciendum est quod ipsi in nullo casu jurant〉. GUI. I, p. 18. レイネリウス『報告』にも同趣旨の指摘がある。「いかなる場合にも誓を立つを許さず，これまた大罪たること」〈Item, quod non licet jurare in aliquo casu, et hoc ideo esse mortale peccatum〉. TNA. V, c. 1762.

(34) クレールヴォー院長アンリ・ド・マルシ書簡。Dominici Henrici Claraevallensis quondam abbatis postmodum Albanensis episcopi Epistolae. XXIX. Ad omnes Christi fideles. 〈Et requisitus an hoc juramento probaret, simplici assertioni suae tanquam viri nobilis et illustris credi oportere contendit〉. MPL. CCIV, c. 237.

(35) 〈juramentum debebat et poterat esse in veteri Testamento, quia Deus docuerat ipsum ; sed periurium erat prohibitum. Sed dicunt in novo Testamento filius Dei prohibuit, scilicet quod aliquis aliquo casu non potest iurare sine peccato mortali〉. AEV. XIX, p. 338 ; 〈Sic ergo quicumque jurat male facit〉. TNA. V, c. 1738.

(36) P. Alphandéry, Les idées morales. p. 83.

(37) ibidem, p. 85. 初期の例とはエヴェルヴィン『書簡』の報ずるケルンの異端である。彼らはみずから称して次のように言ったとある。「世に在るものを求めず。家屋も田野も財貨も所有せず。キリストが何ものをもたず，使徒たちが持てるものを捨てたのと同じである」〈ea quae mundi sunt non quaerentes, non domum, nec agros, nec aliquid peculium possidentes : sicut Christus non possedit, nec discipulis suis possidenda concessit〉. MPL. CLXXXII, c. 677.

(38) 〈non debet aliquid possidere nisi in communi, et quod non debet habere istas magnas possessiones〉. SOM. p. 128 ; 〈E sil malaute fenis ni lor laissa ni lor dona alcuna causa, no o devo tenir per lor ni amparar. Mais que o devo pausar e la voluntat de l'orde〉. CL. pp. xxv, xxvi.

(39) 〈Guillabertus de Castris hereticus tenebat publice domum suam cum pluribus aliis hereticis apud Fanumjovis〉. Doat, XXIII cit. in GI. I, p. 149 ; 〈Tenebant publice domus suas apud Mirapiscem et ibi ipse testis, cum aliis dominis dicti castri, sustinebat dictos hereticos〉. Doat, XXII cit. ibidem, p. 148 ; 〈quod receptaret dictos hereticos infra castrum Montissecuri ad hoc ut in ipso castro posset ecclesia hereticorum habere domicilium et caput et inde posset transmittere et diffundere predicatores suos〉. Doat, XXIV cit. ibidem, p. 147 ; 〈comederunt pluries cum dictis hereticabus in eadem mensa〉. Doat, XXII cit. ibidem, p. 148. ──このほか「異端の家」の例は GI. I, pp. 146-150 および Moneta Cermonensis, p. 278.

（40） 〈portavit ei duos panes〉. LIMB. p. 70 ; 〈portavit pisces Petro Auterii〉. ibidem, p. 50 ; 〈reddidit eis tunc decem solidos quos custodierat pro hereticis〉. ibidem, p. 21 ; 〈dedit eis II solidos tholosanos. Item portavit eis octo solidos parisienses〉. ibidem, p. 25 ; 〈semel dedit hereticis duos tholosanos〉. ibidem, p. 44 ; 〈pluries misit hereticis de bonis suis〉. ibidem, p. 50 ; 〈fecit lagatum hereticis〉. ibidem, p. 90.

（41） 遊行する異端が旅宿に賃銭を支払った例があるから、些少の金銭を携帯する場合もあったのは無論である。また、異端入信以前の職能を利用して医療行為をした例を別として、一般には異端が何らかの生業をもち、あるいは労働した実例は見出されない。ほとんど唯一の例外は、極末期敗残教団の場合である。アリエージュ渓谷に再建されたペトルス・アウテリの教団が壊滅した後、二人の異端ギレルムス・ベリバストとラムンドゥスはピレネー南斜面に逃れ、一三二一年に処刑されるまでの約一〇年間潜伏した。支持者も激減して困窮し、ギレルムスは針や端布の行商で辛うじて生活の資を得たらしい。JF. III, p. 164.

3　慣行の拒否

カタリ派異端個々の身を直接拘束する禁戒は以上の五項目、つまり貞潔、肉食、殺生、誓約、清貧に尽きると思われる。いわば彼らの倫理体系はこれで完結している。ただ、これを貫徹するためには、社会一般の慣行と倫理を管掌ないし体現しているカトリック教会を攻撃し、細目にわたる論議を展開せざるを得なかった。カタリ派はまず、正統教会を全体として否定する。二元論の地上における投影として、神の教会と悪魔の教会の併在を想定するからである。エヴェルヴィン『書簡』の報告する異端は前にも引いた通り、「我らのみがキリストの衣鉢を継ぐがゆえに、我らのもとにのみ教会は存する」と信じており、『ジャック・フルニエ審問録』には異端の言説、「二つの教会が存する」が記録されている。『審問官提要』には、「二教会ありと考える。一つは善き教会、おのれらの宗門と称する教会にして、これをイエス・キリストの教会であるという。今一つは悪しき教会、ローマ教会と呼ぶ教会にして、慎みを忘れて、これを姦淫の母、大いなるバビロン、娼婦、悪魔の会堂、サタンの殿堂という。その品級、職階、組織、規定のことごとくを侮蔑し無視し、信仰を保つすべての者を異端、誤迷の者と呼び、ローマ教会の信仰に救済はあり得ずという」とある。西欧カタリ史の初発と結末を貫いてこの考えは変っていない[1]。しかもその上で個々的に、教会の見解と慣行を排撃したのである。

信者の生活と救済を繋ぐ結目として機能している秘蹟の体系をまず集中的に攻撃したのはもちろんである。「教会のあらゆる秘蹟、すなわちただの水による洗礼の秘蹟をはじめその他の秘蹟は救済に効なく、これらはキリストとその教会のまことの秘蹟でなく、欺瞞的、悪魔的であって、邪まなるものの秘蹟である」(『報告』[2])。

肉欲の忌避が彼らの禁戒の中で卓越したものであったことを反映して、婚姻の秘蹟に対する論難は審問関係記録の中でも特に多く、枚挙にいとまない。「婚姻は売淫であって、何ぴともその妻とともにあって救われるを得ない」。「同ピエールは、ローマ教会がめあわせる婚姻、例えばおのれとその妻アイマとのごとく男と女をめあわせる婚姻は売淫であり、霊魂と神の間以外に婚姻はないと語り、ローマ教会を害毒を拡げる淫婦、すべての信者を妻につかせる権力であると呼んだ」。「婚姻は何の効果もない。それは神の定めたところでなく、神の樹てたもうた婚姻は神と霊魂の間にのみ存するがゆえである。おのれの妻と臥すは他の女と臥すにまさる罪である。公然と、恥ずる心もなく罪を犯すがゆえである」。語呂合せになっている「婚姻《マトリモニウム》は売淫《メレトリキウム》」は供述中に頻出する。定型化した説教の文言であったと思われる[3]。

秘蹟としての婚姻の排撃は、当然、家族関係の否定に通ずる。「人は、その父や母とともにあって救われるを得ない[4]」。「人の世の生を終るに先立ってたがいに離れるのでなければ、救われることはできぬという[5]」。事実、異端は入信時に家族を離れている。「ヴィレルマ・デ・マンソーは幾度も異端と会って礼拝し、これらを善信者と信じ、おのれの夫を異端のもとへ解き放った」[6]。これは妻の諒解ないし支持のもとに家を離れた例だが、脱走同様に信仰に走った例も無論多い。ドゥルキアなる女は、救慰礼の授けられんことを願うあまり夫の家を捨て、異端のもとにおもむいた[7]。家族親族ともども入信している場合もある。実際に近親の感情まで払拭したかどうか、もとより推測の限りではないが、原理的に否定すべきものと考えたことは確かである。これに触れる異端の言葉が記録されている。「彼らは肉においては兄弟と呼ばれるが、真理においては私にとって何者でもない。されば……単に今、あるいは母と呼ばず、いわゆる父、いわゆる母、いわゆる兄弟、あるいは肉における父、等々と呼ぶのである」[8]。教会側はこれを神に対する罪である以前に人倫に対する罪であるとして反駁した。審問関係の記録に時折見られる、特定人物の結婚に関する記事は同人の完全な異端絶縁を証する意味をもっている[9]。

洗礼の排撃は二段階にわたっている。まず洗礼一般を攻撃し、その上で特に幼児授洗を論難したのである。「洗礼については、物質にして腐敗すべき水なるがゆえに、悪神の業、悪神の創造するところで、霊魂を聖化することはできぬ。聖職者は貪欲から水を売るのであって、それは死者の墓所として土を売り、病者に塗油するとて油を売り、罪人の告白を金に換えるのと同断である」[10]。幼児授洗の反対は彼らが執拗に拘泥したところである。「すべての受洗せる幼児が永遠に罪を負うこと、盗賊や殺人者に劣らない」[11]。理由とするところは、「受洗せる幼児において洗礼は何物でもない。けだし、幼児は信仰を表明する能わず、みずから洗礼の請願をなし得ぬがゆえ」(エクベルト『説教』)であり、「分別なきゆえに小児は信仰をもたない」(『両派対論』)ためであった[12]。

聖餐の秘蹟については、説教の口吻をとどめていると思われる非難が記録されている。「そこにキリストの肉は存在しない。仮りにそれがいと大いなる山のごとくであったとしても、すでにキリスト教徒が食い尽しているであろうから。聖餅は藁より生じ、馬の尻を通る。また、粉は篩われて不浄を除かれても、腹中の糞溜めに落ち、やがて恥ずべき場所から排出される。かかるものに神が在すなどとは、到底あり得ぬことである」。悔悛についても同様である。「ローマ教会の聖職者になされる告解は何の値打もない。本人が罪人たる以上、解くことも結ぶこともできず、また汚れている以上他人を浄めることはできぬがゆえである(13)」。

全秘蹟を排撃するのは、はなはだ過激に見える。事実、中世のこの時期にあっては過激な効果を惹起した。ただ、福音書の章句に固執するカタリ派自身にとって、そこに明示的な指示のない秘蹟に異を唱えるのはごく自然な結論である。幼児授洗の定着をも含めて、徐々に発達して来た秘蹟が最終的に整備され体系化されたのは、ほぼ十二世紀である。これは教会と社会の一体化、現実日常への宗教の浸透の標徴で、いわば中世的キリスト教の完成を示すものにほかならない。カタリ派に限らず十一、十二世紀の大小の諸異端には秘蹟中でも婚姻と幼児授洗を問題にするものが多いが、大局的に見れば進行し来ったこの動きを信仰の世俗化、便宜化と受取った結果と言えるであろう。ただ、同じく幼児授洗に対する反対であっても諸派によってその理由に若干の相違がある。例えばワルドー派の系統に属するロンバルディア貧者団は、「幼児は洗礼なくして救われる」から不必要だとしている(14)。これは幼児無罪論で、幼児を意志決定の責任能力のない、したがってもともと救済の機縁をもたない者とするカタリ派とは考え方の傾斜が異っている。後者は傷病者の場合も心神喪失以前を受礼限度としており、この点で首尾一貫している。「異端」haeresis の原義は「選択」であるという。体制化、日常化した信仰に満足せず、個人の主体的な判断と意志で独自の信仰を選び取った者という意味であろうが、救慰礼の授礼に先立って執拗に意志確認を行う点でも、カタリ派は原義に近い、つまり異端らしい異端であったと言えるかも知れない。また、カトリック教会にあっても、婚姻は秘蹟の中でも確立のもっとも遅かったものの一つであるらしい。確立後も、臨終の秘蹟たる終油は婚姻関係を解消し本来の孤独な霊魂を露出させることを機能の一つとしている。いわば、ここに正統教会も婚姻を、重大ではあっても本質的には仮りのものと看ていた形跡がある。カタリ派はこれを率直かつ執拗に全面化、徹底化したに過ぎない。

非難は、秘蹟に限らずその周辺の、当時一般化していた信仰上の諸慣行に及んでいる。「ミサと供犠は無価値である。十字を説く者はことごとく殺人者である」[15]。聖餐の秘蹟を否定した以上、彼らの目にミサ聖祭が悪神の祭儀と映ったのは、自然の帰結である。またここで十字を説くとあるのは直接には十字軍勧説のことだが、十字の聖号そのものも彼らの忌避するところであった。その理由は東欧ボゴミリ派の場合に異らない。キリストによる贖罪の教理を認めない以上、これも当然である。「キリストの十字は礼拝崇敬されてはならない。何故なら、実の父、ないし一族の者あるいは知友が吊された絞台を礼拝崇敬する者はないからである。また、十字を礼拝する者は同じ理由で、あらゆる荊棘や槍を礼拝せねばなるまい」。十字を切る動作も忌避されている。「何ぴともみずからの身に十字のしるしをしてはならない。悪魔の標《しるし》であるから」[16]。

会堂も、その中の聖像をはじめ一切の荘厳も容認できなかった。「物でできた場所は教会でなく、ただ信者の集りのみが教会である。場所は祈りにかかわらぬがゆえである。神は何処にでも在すがゆえに、いずくにても拝し祈ることができる」[17]。論拠として引かれているのは、「この山にもイェルサレムにもあらで、拝する時来るなり」(ヨハネ伝四章)である。「教会の中に設けられる聖像を偶像と呼び、鐘を悪霊の鳴物と断言する」[18]。

聖者崇拝、特にその遺骸とそれが起す奇蹟を信仰して巡礼するのは、当時の民衆的敬虔のごく標準的な表現形式であったが、これを迷妄にほかならずとした。聖者通功の否定である。「実に、巡礼の旅を論難し、聖なる地、聖者の奇蹟の地を訪れるを禁ずる」[19]。「聖者が生者のために祈ることはない。彼らは、誰が救われ、誰が罰せられるかを知っているからである」。「聖者とその祈りは、現世にあってキリストのために努める生者にとって、効験を有しない[20]」。十一世紀半ば以降高揚を見たマリア崇拝も、聖者崇拝の一環として排斥されている。異端ライムンドゥス・グロスなる者は、ある騎士の妻女ヒラルダが「聖母の祭りの日、ロクヴィルの聖母寺へ通夜のために蠟燭を持参しようとしたところ、自分の家で燃した方がましだと言った」。彼らの教理からすればもっぱら悪魔の創造にかかる聖遺物、肉体の残骸を崇敬することはあり得なかったし、物にかかわる限りキリストの奇蹟も承認しないのに、まして聖遺物の奇蹟を承認するわけがないのである。「かかる徴《しるし》を惹起するものは、悪霊を有する」にほかならない[21]。近親知友物故者のための代禱追善も同様で、「生者の追善や祈禱で死者が宥されることはない」。「この世で赦されない罪が死後に赦されることはない」。死者代禱を認めないのは煉獄を想定しないからである。「煉獄は存しない。死者のために生者によってなされる供養は無効である。何ぴとも生前に悔悛をなしとげるのでない限り、救われることはない[22]」。霊魂の去った遺骸は嫌悪の対象でこそあれ、哀悼や畏敬の理由はない。「死者のためにはいかなる葬儀もなすべきでない」。時には遺棄した例も知られる。「死せる異端を包むための襤褸を持来り、ある古井戸に投じた」。「当ベルナルドゥス・クラヴェルの家に異端善信者の死骸があった。処置について相談したるに、上述の者たちは死せる異端を引取って、これも今は故人たる漁夫ベルナルドゥス・ポンタネリウスに渡し、タルン河に沈めよと言ったむね供述した[23]」。

「生者は死者のために祈り、死者は生者のために祈る」(エルマンゴー『異端論難』)のが一般化していた状況の中で[24]、このような態度は習俗に鮮明な対立を示す。教義との整合性は貫徹されていると言ってよい。ただし、聖者通功や死者代禱の拒否については教義問題のほかに、異端特有の現象ともいうべき罪の観念、罪意識の肥大ないし絶対化もこれを支えているように思われる。「宥される罪とは何であるか、煉獄とは何であるかを私は知らない。

罪はことごとく大罪であり、また罪人はすべてひとしく罰せられるものと信ずる」(『両派対論』)。「罪や罰は同等であると、誤っていう」(『パタレニ派反駁』)[25]。罪の等級区分、そしてそれぞれに対応する贖罪の方法、いわば罪の値段表によってカトリック教会は社会のモラル全般を管掌した。異端がこれを便宜主義と見たのは、ある意味では自然である。反面、異端において罪の等級の撤廃がかえってモラルの空洞化に通ずる場合もあったが、これはおのずから別の問題である。

次にカタリ派の社会観を見る。彼らは現世そのものを悪と考えたので、現世の特定の在り方を非難したのではないから、厳密に言えば彼らに社会観は成立ちようもない。ここで指摘するのは、基本モラルの社会的外延、ないし波及効果、そして特に彼らが嫌悪した社会現象である。

彼らが家族関係を否定したことは先に述べた。誓約の拒否は公的な関係を崩壊させる。封建社会にあって、主従関係にかぎらず人間と人間、むしろ力と力との結合は誠実の誓約の上に成立っていたからである。多くの異端反駁文書が特に誓約行為の正当性の論証に力を注いでいるのも、おそらくこの辺りに理由があるであろう[26]。

カタリ派には正面から権力を否定する言説が多い。「王も権勢ある者も神によって樹てられず」、「世によって、神にそむくこの世によって樹てられたものである」[27]。「この世の君」を容認しないのは基本教義の帰結としても自然であるが、特に裁判および戦闘という二つの属性に力点を置いて権力を問題にしている。権力を殺害者として捉えたものと理解できるであろう。その限りでは、殺生戒からの延長である。この点で依拠すべき福音の章句に不自由しなかった。「この世の剣を用いる王侯は、キリスト教徒のうちに在るべきでない」。「王は剣を手にして戦いを行い復讐(裁き)をなすために樹てられたものと考えるがゆえに」、権力は否定されねばならない。ここで引用されているのは「異邦人の君は民をつかさどり、大いなる者は民の上に権をとる」(マタイ伝二〇章)の章句である[28]。「世俗の権勢ある者は、悪人または異端を罰することによって、大罪を犯す」[29]。異端説教の伝聞供述になれば、当の異端が世俗権力の追及下にあるだけに、裁判への非難は一層切実となる。「いかなる場合にも、人を死罪に処する裁きはなされてはならぬ」。「司直が異端の誰かを裁き、その者が異端として殺されるなら、その司直は殺人者に他ならない」。「人が死をもって裁かれる裁きを、神は望みたまわぬ」[30]。教会も裁判や戦闘に干与することで、世俗権力と同列に非難される。あるいはそのことが、悪神の教会たる証明とされる。「何故、汝らは我らや他の者を殺すのか。何故、ペテロの座を保つと称する汝らの法王は、殺人や戦闘を命ずるのか」。「不義の戦い、同胞近親との戦いに出でんとする陣列隊伍を祝福し、こうして正義にはずれた戦いを人々に説くローマ教会が、神の教会であるはずがない」[31]。もとより、権力を離れても裁きや報復は、それ自体として悪である。「復讐はなされてはならぬ。人による裁きはなされるべきでない」[32]。

経済の領域に触れるものは比較的少い。その中で、「人は借財を返却すべきでない」というのは一切の社会的諸関係を否認した彼らの言として理解できないでもないが、「利息は禁じられていない」のは奇異である。周知のようにカトリック教会は公式には高利ないし不労所得を禁じていたが、カトリック教会の一連の主張を攻撃する中でおのずから浮び上って来た命題ではないかと察せられる。彼らに金銭の貸付や高利の取得を積極的に擁護する理由があったとは、到底考えられないからである[33]。

ところで、右に見た戦闘拒否の主張に関連してただちに想起されるは、アルビジョア十字軍に対する態度である。北方では迫害に対して消極的ながら抵抗を試みた形跡があるというが[34]、少くとも南フランス、アルビジョアの事件ではカタリ派異端そのものは退避するのみで、みずから武器を取って戦った例は見出されていない。極言すれば、自分自身の殺されることをも含めて現世の運命は二次的な関心事であった。少くとも、そう考えるよう命ずる教義であった。

（1） ⟨apud se tantum Ecclesia esse, eo quod ipsi soli vestigiis Christi inhaereant⟩. MPL. CLXXXII, c. 677 ; ⟨Nam due Ecclesie sunt⟩. JF. III, p. 111 ; ⟨duas confingunt esse ecclesias, unam benignam, quam dicunt esse sectam suam, eamque esse asserunt ecclesiam Jhesu Christi ; aliam vero ecclesiam vocant malignam, quam dicunt esse Romanam ecclesiam, eamque impudenter appellant matrem fornicationum, Babilonem magnam, meretricem et basilicam dyaboli et Sathane synagogam. Omnesque gradus et ordines ac ordinationes ejus et statuta despiciunt et depravant et omnes qui fidem ejus tenent appellant hereticos et errantes nec aliquem posse salvari in fide Romane ecclesie dogmatizant⟩. GUI. I, p. 10.

（2） ⟨quod omnia sacramenta Ecclesiae, scilicet sacramentum Baptismi aquae naturalis, et cetera sacramenta nihil prosunt ad salutem, et quod non sunt vera sacramenta Christi et ejus Ecclesiae, sed deceptoria et diabolica, et ecclesiae malignantium⟩. TNA. V, c. 1761.

（3） ⟨quod matrimonium erat meretricium et quod nemo poterat salvari cum uxore sua⟩. DD. II, p. 93 ; ⟨Dixit etiam idem Petrus quod illud quod Ecclesia Romana conjungebat, virum scilicet et mulierem, ut se et uxorem suam Aymam, est meretricium : nullum est matrimonium nisi inter animam et Deum ; et vocavit Ecclesiam Romanam meretricem dantem venenum et potestatem veneno omnes credentes in ea⟩. ibidem, pp. 98, 99 ; ⟨quod matrimonium nichil valebat, quia Deus non invenit matrimonium, sed solum matrimonium erat a Deo institutum inter Deum et animam, et quod majus peccatum erat jacere cum uxore sua quam cum alia muliere, quia magis publice et sine verecundia illud peccatum fiebat⟩. BT. ms. 301 C. Molinier, Un traité inédit du XIIIᵉ siècle contre les hérétiques cathares. AFLB. V, p. 231, n. 2.

（4） ⟨Quod homo non potest salvari cum patre et matre⟩. SOM. p. 132. これは同書に収録されたカタリ各派誤謬対照表に見られる句で，注記は各派共通となっている。

（5） エクベルト『説教』⟨nec illos salvari posse dicunt, nisi ante finem vitae suae ab invicem separentur⟩. MPL. CVC, c. 14.

（6） ⟨Willelma de Manso vidit pluries hereticos, adoravit eos pluries, credidit esse bonos homines, absolvit maritum suum hereticis⟩. Sentences de B. de Caux, 1244-1248. DD. II, p. 11.

（7） GI. I, p. 112.

（8） ⟨vocarentur fratres carne, tamen in veritate nichil sibi atinebant, unde...non simpliciter vocabat patrem vel matrem, sed dictum patrem, dictam matrem, dictum fratrem vel patrem carnis, etc.〉. JF. II, p. 58.

(9) 例えば，「曾てポンキウスの妻たりしベルナルダは，三年以上にわたって異端であったが，その後夫を受容れ二児をもうけた」。〈Bernarda, uxor quondam Poncii, que fuit heretica per tres annos et amplius, sed postea accepit virum et habuit inde infantes duos〉. Doat, XXII cit. in GI. I, p. 93, n. 5.

(10) 『審問官提要』〈de baptismo quod est aqua materialis et corruptibilis et ideo est de opere et de creatione mali Dei, et non potest sanctificare animam ; set clerici ex avaricia vendunt illam aquam, sicut vendunt terram in sepulturis mortuorum et sicut vendunt oleum infirmorum, quando inungunt infirmos, et sicut vendunt confessionem peccatorum〉. GUI. I, pp. 24, 26.

(11) レイネリウス『報告』〈omnes parvuli etiam baptizati non lenius aeternaliter punientur, quam latrones et homicidae〉. TNA. V, c. 1762.

(12) 〈Baptismum nihil prodesse dicunt parvulis qui baptizantur, quia per se ipsos baptismum petere non possunt, quia nullam fidem possunt profiteri〉. MPL. CVC, c. 15 ; 〈Infantes enim et pueri non credunt, quia scientiam non habent〉. TNA. V, c. 1727.

(13) 『審問官提要』〈quod non sit ibi corpus Christi, quia si esset ita magnum sicut unus maximus mons, jam christiani comedissent totum ; item, quod illa hostia nascitur de palea et quod transit per caudas equorum vel equarum, videlicet quando farina purgatur per sedatium ; item, quod mittitur in latrinam ventris et emittitur pur turpissimum locum, quod non posset fieri, ut aiunt, si esset ibi Deus〉. GUI. I, p. 24 ; 〈confessionem factam sacerdotibus ecclesie Romane dicunt nichil valere, quod, cum sint peccatores, non possunt solvere nec ligare et, cum sint immundi, nullum alium possunt mundare〉. ibidem, p. 26.

(14) レイネリウス『報告』〈dicunt quod infantes salvantur sine baptismo〉. TNA. V, c. 1775.

(15) 〈quod missa nostra et sacrificium nichil valet ; et quod predicatores Crucis sunt omnes homicide〉. DD. II, p. 113. なお pp. 94, 97.

(16) 『審問官提要』〈dicunt quod crux Christi non est adoranda nec veneranda, quia, ut dicunt, nullus adorat aut veneratur patibulum in quo pater aut aliquis propinquus vel amicus fuisset suspensus ; item, dicunt quod illi qui adorant crucem pari ratione deberent adorare omnes spinas et omnes et lanceas〉. GUI. I, p. 26 ; 〈nullus debebat se signare signo crucis, quia signum diaboli erat〉. Acta Inquisitionis Carcassonensis, 1308-1309. DÖLL. II, S. 22.

(17) アラン・ド・リール『正統信仰論』〈locum materialem non esse Ecclesia, sed conventum fidelium tantum, quia, ut aiunt, locus ad orationem non pertinet : Sicut enim ubique est Deus, sic ubique adorari vel orari potest〉. MPL. CCX, c. 371.

(18) ピエール・ド・ヴォーセルネイ『アルビジョア史』〈imagines que fiunt in ecclesiis dicebant ydolatriam ; campanas ecclesiarum tubas demonum affirmabant〉. PVC. I, p. 17.

ルネ・ネリは異端関係地点からの出土品や異端のものと伝承されて来た物件の写真集を編み、『カタリ派博物館』と題して刊行した。R. Nelli, Le Musée du Catharisme. Toulouse, 1966. 編者は民俗学者でもあって、一点ごとに来歴を明記し提示の仕方は厳密に科学的だし、内容的にも興味を引くものがある。ただ、編者自身が断定を留保している通り、これらすべてがカタリ派のものとは考えられない。原始キリスト教徒の風習を思わせる鳩や魚の造形が、彼らの手になった可能性は絶無とはいえないにしても、それも聖像や聖号の機能はもっていなかったはずである。彼らの教理からも、物的な標識に信仰を托したとは考えがたいからである。ギリシア十字(両軸等長)や円板型墓標にしても、ラングドック地方でこそ特異な形状と思われるが、カタリ派異端の展開しなかった地方、例えば、ピレネー西部、バイヨンヌのバスク博物館などにも見出されるので、民俗学的に説明さるべき何らかの特殊な存在ではあり得ても、性急にカタリ派に結合することは危険である。また同書には収録されていないが、壁面や石板に十字、多くはラテン十字を打抜いたものをカタリ派の聖号と説明した図版を、より一般的レヴェルの書物に見かけることがある。空間によって、いわば非物質的に表現された十字形である。これは一部に行われる、異端を正統のパロディ、特にカタリ派を正統の裏返しと見る解釈にとって恰好の象徴である。留意すべきことは、カタリ派が忌避したのは十字の形そのものであって、その表現方法の如何によらないことである。この点については、全面的にカタリ図像を否定したリオルの説が正しいと思われる。J.-L. Riol, Les prêtendus croix cathares. le Sud-Ouest. le 25 janv. et le 11 mars, 1954.

ソロヴィエフは、バルカン半島の一部(ヘルツェゴヴィナ)に見出される変形十字や人型墓標を、ボゴミリ派教説の不完全な浸透、正統教義との混合の証跡と見て、地方ごとのボゴミリ派展開の疎密度を見透す手掛りにしようと試みた。A. V. Soloviev, Les Bogomiles vénéraient-ils la Croix ? BCL. ARB. série V, XXXV, 1949. pp. 47–60. 方法的に興味深いが、少くとも南フランスの場合、確実にカタリ派と関連づけることのできる図像史料は皆無で応用は不可能である。なお、G. Wild, Bogomilen und Katharer in ihrer Symbolik. I, Wiesbaden, 1970 参照。

(19) 〈Peregrinationis siquidem destruentes viaticum, loca sancta et sanctorum miracula prohibent visitari〉. Ebrardi liber contra Valdenses. MBVP. XXIV, p. 1553. エブラール・ド・ベテューヌ『ワルドー派反論』は、叢書編者の附した題名とは無関係に、実質上カタリ派反論である。

(20)　アラン・ド・リール『正統信仰論』〈Sancti non orant pro vivis, quia sciunt qui sint salvandi vel damnandi〉. MPL. CCX, c. 373；エルマンゴー『異端論難』〈sanctos et eorum orationes vivis adhuc in mundo pro Christo certantibus non prodesse〉. MPL. CCIV, c. 1267.

(21)　〈quod audivit dici a Raimundo Gros heretico de quadam candela quam volebat portare ad vigilandum ad ecclesiam b. Marie de Rocavila, cujus festum fuit illa die, quod melius esset si cremaret eam in domo〉. BT. ms. 609 cit. in GI. I, p. 164；『両派対論』〈Sic ergo qui talia signa faciunt daemonium habent〉. TNA. V, c. 1750.――ただし，異端が巡礼を偽装して旅行する場合があったらしい。Y. Dossat, De singuliers pèlerins sur le chemin de Saint-Jacques en 1272. AM. 1970. pp. 209-220.

(22)　エルマンゴー『異端論難』〈nec defunctos vivorum beneficiis et orationibus relevari〉. MPL. CCIV, c. 1267；『両派対論』〈peccata in hoc mundo remissa non sunt, neque post mortem remittuntur〉. TNA. V, c. 1733；〈quod purgatorium non erat, et quod eleemosine facte a vivis non prosunt mortuo, et quod nullus salvatur nisi perfecte fecerit penitentiam ante mortem〉. DD. II, p. 100.

(23)　『駁謬簡要』附表，カタリ各派共通項目。〈Quod non deberent fieri hujusmodi sepelitiones〉. SOM. p. 132；〈Et ipse qui loquitur portavit illuc pannum ad involvendum dictum hereticum mortuum et projecerunt in quodam puteo veteri〉. Doat, XXII cit. in GI. I, p. 167；〈Dixit quod in domo ipsius B. Clavel, erat quidam bonus homo haereticus et mortuus, et quaesivit consilium quod faceret, et tunc praedicti receperunt dictum haereticum mortuum et tradiderunt eum Bernardo Pontanerii piscatori, defuncto nunc, ut ipsum submergeret in Tarnum〉. ibidem, cit. ibidem.

(24)　〈orant vivi pro defunctis, et mortui pro vivis〉. MPL. CCIV, c. 1268.

(25)　〈Ne scio quid sit peccatum veniale, nec scio quid sit purgatorium. Omne peccatum credo mortale, omnes peccatores etiam aequaliter esse puniendos〉. TNA. V, c. 1733；〈dicunt errando quod peccata et supplicia sunt equalia〉. AFP. XVII, 1947. p. 329.

『パタレニ派反駁』Contra Patarenos は本来，四巻構成のかなり浩瀚な作品であったらしいが，最初の三巻しか伝わっていない。もちろん，第四巻が書かれずに終った可能性もある。まだ全文の刊本はないが，T. Kaeppeli, Une somme contre les hérétiques de S. Pierre Martyr (?). AFP. XVII, 1947. pp. 320-335 にも主要部分の抄出がある。ケッペリは，写本標題にある通りヴェロナのペトルスの筆になるものに間違いなく，一二三五年あるいはその少時後の成立と推定している。pp. 314, 315. ペトルスは十三世紀初ヴェロナに生れ、ボローニャに学んだ後、一二二〇年頃ドメニコ会士となり同僧団のロンバルディア諸僧院の院長を歴任する傍ら、一二三三年以後異端審問官の職にあった。『報告』の作者レイネリウスに補佐された時期もある。一二五二年異端側の襲撃を受けて殺害され、後に列聖された。詳しくは、F.-T. Perrens, Saint Pierre Martyr et l'hérésie des Patarins à Florence. RH. II, 1876. p. 337 sqq. 参照。彼はカタリ派をほとんど常にパタレニ派の名で呼んでいる。ロンバルディアの諸分派に詳しく、ヴィチェンツァ教団の首長ペトルス・ガルスとは面識を有した形跡がある。構成は体系的、文体は簡潔。全文刊行が待望される重要史料の一つである。

(26) カタリ派が福音書の章句(マタイ伝五章)を根拠にしているだけに、カトリック側の反論はかなり困難であったように見受けられる。いきおい技巧的、末梢的な論議に流れがちである。「一切誓うな」というイエスの言葉は厳格な意味での命令でなかったとか、天、地、イェルサレム、おのが頭を指して誓うなとはあっても主を指して誓うなとは述べられていないとか、あるいは使徒が誓っている例があるとかが主たる反論の仕方で、それを論証するために苦心を重ねている。二例だけ挙げる。「命じて言いたもうたのでなく、励まし訓えて言いたもうたのであって、逸脱すべからざる誡命ではなく助言を述べたもうたのである。恣意による場合は別として、止むを得ず真実を誓うものを罪ありとなしたもうたのではない。そもそも、誓約とは、明らかなる言葉を用いて心中の確信を確認することでなくして何であろう。さすれば、まことにまことに汝らに告ぐと言いたもうた時主みずから誓いたもうたのである。使徒が書簡にて、わが霊魂をかけて神のあかしを求むと述べた時も同様である」(『異端実情』)。〈non praecipiendo, sed hortando et monendo hoc dixit, nec tum praecepti necessitatem imposuit, sed consilium dedit; sed nec qui veritatem jurat necessitate cogente, cupiditate amota, damnabile quiddam facit. Et quid est jurare, nisi mentis certitudinem pro manifesta utilitate verbis confirmare? Nam et ipse Dominus juravit, ubi dicit: Amen, amen, dico vobis. Et Apostolus ubi dicit in Epistola sua: Invoco Deum testem et animam meam〉. MPL. CCIV, cc. 783, 784. 「この章句には、禁止と教訓と許可の三つが含まれている」。「神の創りたもうたものを指して誓ってはならぬが、主にかけて誓うことは禁じられていない」(『両派対論』)。〈In hac auctoritate sunt tria, prohibitio, consilium, et permissio〉. 〈ne juremus per creaturas, sed non prohibemur jurare per Dominum〉. TNA. V, c. 1738.

(27) 『星の彼方の書』〈reges nec potestates non sunt a Deo ordinati〉. 〈sunt ordinati a mundo, ab illo mundo qui est contra Deum〉. AEV. XIX, 1945. p. 329.

(28) 『異端反駁総論』〈rex seu princeps gladium materialem exercens inter Christianos esse non debeat〉. 〈propter quod rex videtur esse instituendus scilicet bella agere gladium manualem exercere vel vindictam sumere〉. J. N. Garvin and J. A.

Corbett (ed.), The *Summa contra Haereticos* ascribed to Praepositinus of Cremona. Notre Dame, 1958. pp. 225, 226.——『異端反駁総論』Summa contra Haereticos は反駁文書としては比較的大部のものに属する。『両派対論』と同じく討論形式で記述されているが，双方の言い分は必ずしも緊密に噛み合っていず，むしろ二つの立場の羅列に近い。異端論駁術の教本としての効果は少いが，反面双方の論拠が詳述されている。作者は古くからペルガモのGなる経歴不明の人物，あるいは十三世紀初頭パリにいたクレモナのプラエポシティヌス(プレヴォスタン)に擬せられているが，いずれも決定的な根拠に欠け，要するに作者未詳である。DÖLL. op. cit., II にごく一部が印刷されていたが，右のガーヴィンとコーベットによって初めて全文が印刷された。校訂者たちは成立年代を十二世紀末と推定している。

(29) レイネリウス『報告』〈potentes saeculares peccant mortaliter puniendo malefactores vel haereticos〉. TNA. V, c. 1762.

(30) 〈nullo modo est facienda justicia condempnando aliquem ad mortem〉. 〈si officialis judicaret aliquem haereticum et ille occideretur tanquam hareticus, quod officialis erat homicida〉. DD. II, p. 94; 〈Deus non voluit justitiam quod aliquis judicaretur ad mortem〉. ibidem, p. 99.

(31) 『両派対論』〈cur vos interficitis nos vel aliquem, et Papa vester qui dicit locum Petri se habere cur praecipit occidi et bella fieri〉. TNA. V, c. 1741; 『カタリ・ワルドー派詳論』〈Ecclesiam romanam non esse Ecclesiam Dei, quia benedicit carrocia parata ad praelia injusta, id est ad praelia contra fratres et proximos suos et sic suadent hominibus injuste pugnare〉. Moneta Cremonensis. p. 397.

(32) 『駁謬簡要』附表，各派共通項目。〈quod vindicta non debet fieri〉. 〈quod justitia non debet fieri per hominem〉. SOM. p. 133.

(33) 〈quod non debet homo restituere oblata〉. 〈quod usura non est prohibita〉. ibidem, p. 132. 各派共通項目。

(34) P. Alphandéry, Les idées morales. pp. 79, 80.

第一〇章　行動の様態

1　耐忍(自発殉教)の問題

このように苛酷な戒律は、万人の到底よく耐えるところではない。カタリ派は共鳴者、入信希望者をただちに迎入れたのでなく、授礼に先立って試練を課し、信仰と資質を厳重に審査した。「同信者多数うち集い、定めの期間の検証の後にはじめて、按手を授くべき者に対し何を信ずべきかを教える」(1)。信念に基づく転向者は別として、カタリ派に落伍者や背教者が少なかったのも、一つにはこのためと考えられる。試練の内容は実質的には異端と同じ食餌の制限、「精進」、「潔斎」であったらしい。試練期間は、供述の中に一二三九年復活祭から翌年同祭までと定めた例があるから、一年が標準だったのであろう。不十分と判定されればさらに一年の延長が求められたし、もちろん受礼の資格なしと判断されることもあった。例えば、ヴィルヌーヴ・ラ・コンタルのドゥルシアなる女性は、夫の家を逃れてガヤルドなる女異端に入信の希望を申出た。同女はカステルノーダリの異端の家に送られ、一年間の観察の後、ローラックに移って一年間の試練に入ることを許された。試練は二期繰返されたが、結局同女の若さでは異端の生活に耐え得ぬものと見られ、望みを臨終につなぐよう勧められた(2)。また、サン・マルタン・ラ・ランドのレモンドなる娘は、不身持のかどで父に家を放逐された。同人は女異端に保護を求め入信を望んだが、「女異端らは、異端の信仰と慣行を教えられた後、何よりもまず三期の潔斎をなした後でなければ、と入信を許さなかった」。その後一同モンセギュールに退避することとなった際、「同人が異端の宗門についてよく教育されていず、また確たる信仰がないとの理由で、帯同することを拒んだ(3)」。

選抜の厳しさは、教団の構造との関係で注意しておく必要がある。「神の教会に善き者と悪しき者との在ることなし」。「神の教会は使徒の樹てしにあらざる制度を有するあたわず(4)」。理想化された原始教団にならって、もっぱら救われる価値のある選良だけで教会を構成しようとしているのであって、救済の不確実な信者大衆、換言すれば社会そのものを包摂するカトリック教会との相違が強く意識されている。当然、入信後の破戒行為の処置は厄介な問題となる。例えば肉欲の禁戒の場合、「男であれ女であれ、彼らのうちの誰かが姦淫の罪に陥り、二人または三人の証人によって確認されるならば、ただちに宗門より放逐される。しからずして、当人よく痛悔するならば、彼らの按手によって再救慰され罪の贖いのため悔悛の重課が負わされる」。「実に、たまたま彼らのうちに大罪を犯す者あらば、秘蹟を繰返すほかには宥しを得るを得ずと信ずる(5)」。再受礼つまり再入信によって赦免効果が得られるというのは、一転すれば極端な便宜主義に通ずる可能性をはらんでいるし、また実際にまったくその方向に流れなかったとは断言できないにしても(6)、原理的には入信後の罪を消去する方法がないことを意味している。この、いわば罪の不可逆性から来る緊張が教団の凝集力と関係していることは、いうまでもない。

ところで、このように現世の一切を拒否し、霊魂の肉体からの解放を希求するとすれば、罪を犯さぬうち積極的に自殺を図ったとしても、少くとも論理的にはさして不自然とは言えない。いくつか知られているカタリ派の自殺例をこの観点から点検してみる。いわゆる耐忍 endura の問題である。

一三一〇年前後のトゥールーズ審問判決文から知ることのできる例はこうである。同市のマルタンなる者の妻ギリエルマは、かねて異端を尊信していたが、入信の望みを果した後、「異端たちが耐忍 endura と呼ぶ、何日間も続く儀典たる潔斎に身を委ねた」。「肉体の死を早めようと、水浴を繰返して瀉血し、さらに速かに死に至るべく、藪《やぶ》瓜《うり》の毒汁を盃に注ぎ、内臓を引き裂くように盃を砕いて嚥下しようと切望し、死を急いだ」。同女の死には数名の介助者がいて、それぞれ審問の判決文の中に供述が要約されているので、状況はある程度知ることができる。ただし、介助者たちは出入してそれぞれ異なる局面に立会ったらしく、供述には若干の差異がある。セルダーナなる者の判決文にはこうある。「ギリエルマは被告本人ならびに上記の者たちに対し、死を早めてくれるよう求めた」。「被告セルダーナは同女に、藪瓜の汁より製せる死に至るべき飲物を砕いた硝子とともに持って行った」。ギリエルマの死後、マルタンの後妻となったアラファイツなる者の判決文が最も詳しい。「ギリエルマはそのまま死ぬべく耐忍のうちに身を置いた。水浴し、水浴中に瀉血を施させた。被告アラファイツみずから、外科治療師を同女のもとへ連れて来たのである。治療師を迎えた後、同女は出血しやすいよう浴槽に腕を入れた」。「水浴と瀉血の後、同女は凍結した地面に身を横たえた。同女は再度アラファイツに対し、死を早めるために毒を飲ませるように求めた」。続けて、「エスクラルムンダの傍らにいた一人の女が、ギリエルマの求めるままに同女を殺害するため靴屋の錐を買求めようと、同被告に言った。被告自身は買いに行く気がしなかったが、その女は買求めてこれを被告に示した。被告と錐を買った女とはギリエルマのもとにおもむいたところ、ギリエルマは二人が立会って聞いているところで、エスクラルムンダに向いその錐で心臓のある所を突通してくれと頼んだ。どこに心臓があるのか論議が生じたが結局左側に在るに相違ないと決まった。しかし、その時には言われたことはなされなかった」。「エスクラルムンダが、ギリエルマに壺に入れた何か黒い物を与えて飲ませた。被告は毒であると思ったが、それは先にエスクラルムンダが自分は毒を所持していると語ったことがあったからである。翌日ギリエルマは死んだ」(7)。

この事件は、シュミットが指摘して以来、カタリ研究書の中で絶えず繰返され(8)、いわば自殺カタリの古典的な例証として扱われて来ただけに、今少し立入って状況を検討しておく必要がある。死ぬ前にギリエルマは、関係者の中では一番事情にうとかったと思われるアラファイツに向い、「実は、自分は異端の宗門に迎えられ、正式の信者になった。異端ピエールが受容れてくれ、しかもエスクラルムンダに自分を看取り、耐忍を実行させるよう命じておいてくれたのだ」と打ち明けている。(9) つまり、第一に、ギリエルマの死は受礼直後のことらしく思われる。第二に、エスクラルムンダは介助者の中でも最も積極的な役割を演じた人物だが、彼女は教団からの指示のもとに行動していたらしい形跡が感じられる。とすれば、ギリエルマは純然たる自殺というより、教団との何らかの繋がり、つまり指示ないし承認の下での行為であったことになる。少くとも、介助者が立廻っていた以上、周囲の諒解の上での行動だったことは確実である。第三に動機である。同じくアラファイツに、「審問官に捕えられるのがひどく恐ろしい。自分のことは彼らにも見通しにちがいないから」と打ち明けているし、セルダーナの供述には「錐という鉄の道具を見た。審問官の手下が来たらすぐそれで脇を突刺してもらえるようにと、ギリエルマが買って来させたものであった」とある。(10) これを見れば、司直の手が迫って来たという恐怖も動機の一つとなっている。奇妙なことに本人の恐慌は周囲の言動と必ずしも調和がとれていないが、純然たる教義上の確信だけが動機だったとは言えない。

耐忍 endura と呼ばれているこのほかの自殺、ないし自殺未遂の記録を見る。一三一〇年トゥールーズの審問はアメリウスなる異端に判決を下したが、その罪状の中に、「肉体の死を早めて永遠へと急ぎ、捕縛された時以来おのれ自身の殺害をはかるかのごとく食うことも飲むことも欲しなかった」とある。同じくピエール・レモンなる異端に対しては、「汝は望んで肉体の生命を奪い、みずからに死を課すものである。けだし、異端らが耐忍と呼ぶ潔斎に入り、すでに六日にわたって食物も飲物も摂らぬままであるがゆえである」と述べている。(11) ともに絶食によって絶命する前に処刑された。追及者の手に落ちた後、おそらくは拷問を伴ったであろう訊問と処刑を前にした危機的な状況での耐忍であって、まったく自発的ではあるものの、これも教義からの自然な帰結とはやや異る。

類例としては、特に危機的とは言い難い状況での耐忍の方が圧倒的に多い。「ギリエルムス・サバテリは上述の家にて異端となるや、その家の下にある小屋で耐忍に入った。ほぼ七週間その中に身を持し、同所で死んだ。そして上記証人またはその父の庭に埋めたと聞いた」。セビリアなる女は、「病気であったが上述フィリップの家で異端となり、同年冬のうちに死んだ。聞くところでは、異端となって後、耐忍に身を置いたのである」。「ゲンティリスは異端入信から死の日に至るまで、何一つ食べなかった。このようにして五日ないし六日生きた」。名不詳のある女は、「夫を捨ててサヴァルテス地方に逃れ、アクスのセビリア・デン・バトレの家にて耐忍に入って死んだ。上記異端ならびに帰依者から聞いたのであるが、死に至るまで一二週間ほど耐忍を続けたということである」。タラスコンのフロルスの母は、「病中、彼らによって信仰の中に迎えられた。迎えられた後、耐忍に入ってとどまり、水以外に何一つ飲食せずしてついに死んだ」[12]。ギリエルムス・アルナルディなる者の証言では、モントリーナなる女が「耐忍の中に身を置いてこれを果し、異端の宗門に迎えられてそのまま死んだ。証人自身の兄弟ベルナルドゥスの庭に埋められたものと思われる」とある。この人物については別の証言者もあって、「同女について一緒に暮していた義妹の語ったところでは、六週間耐忍のうちにとどまり水のほか何も飲まず何も食わなかった」と述べている[13]。

耐忍の語は用いないものの、同じ事実を示す供述もいくつかある。ボーナなる女は、その父が病に倒れると異端たちが来て滞在したことを述べた上で、「異端が宗門に迎えてくれた以上いかなる女も触れてはならぬのだから、自分に触らないようにと父に言われた。その時から父に触れたことはないし、また冷水のほか父が飲み食いするのを見たこともない」と述べている。アルナルドゥス・マウレリは、病気の一婦人を自宅に迎える。これがバラニョーナで審問官に追われていたことは後になって知った。夜中、一団の人々が同家を訪れる。「その時、同女はその人々の所へ出て行き話合っていたが、寝床に帰って横たわり、それ以後冷水のほか食わず飲まず、二、三日して死んだ。大分たって、ギリエルムス・アリゲリに問うたところ、あの時来たのはペトルス・アウテリであってバラニョーナを異端にしたのだと言った」。ギリエルムス・シクレディは病中の弟を見舞ったところ、弟は「意識があって自分がわかった。病人につき添っていた者たちから、彼はこの頃、何も食わず冷水以外に飲まないと聞いた」。その弟もそのまま死んだ。(14)

これらの類例を通ずる規則性と言ってよいのは、第一にいずれも絶食して死を招いていることである。審問側の記録が耐忍を潔斎と同義に解しているのは間違いではないにしても、厳密には特別に苛酷な潔斎というべきであろう。通常の潔斎では最低限の食餌は許されていたからである。第二に、ほとんどが耐忍に入る時に病気であったと述べられている。その他も記述が欠けているだけで、病中でなかったとは言えない。耐忍開始と死亡までの期間に長短の差がはなはだしいのは、病状の程度に対応すると考えられる。第三に、受礼入信と同時に耐忍を開始していることである。これによって見れば、病状重篤・受礼・耐忍・死亡という一つの型があったと考えてよいであろう。最初に挙げたギリエルマの自殺は、通常の耐忍の上にいくつかの非常手段が附加されている点で、特異例である。

絶食以外の方法による耐忍の具体例は、管見の及ぶ範囲でこのほかには発見できなかった。獄中耐忍の二例は、受礼直後でも病中でもない点でやはり特異例である。すでに十二世紀半ばにエヴェルヴィンが「驚くべきことだが、彼は火熱の痛苦を忍ぶのみならず、むしろ歓喜して火中に入った。聖なる父よ、もし私が御もとにあるなれば、答を聞きたいと思う。悪魔の手足どもの間に、もっとも献身的なキリスト教徒にすらほとんど見られぬほどの確信が一体どこから来たのであろうか」(15)と困惑して以来、特にアルビジョア十字軍の過程の処刑では進んで火中に入る異端の姿が幾度も見られた。この二例も、幾分かは自発的であったこれらの殉教の例と見た方がよいので、通常の耐忍とはやや異っている。

耐忍が受礼と結合していることを、より端的に物語る例がある。ペトローナなる女性は、「病気であった時、先に名を挙げた男から耐忍の中に身を置いて異端の宗門に迎えられ、良き最期をとげるよう望むがよいと勧められた」。フーゴー・ルベイなる者に対して、「その年、異端ペトルス・サンキが、耐忍に入り良き最期を望めと勧めた。しかし当人は一生の終りの時は別としてこの時は同意しなかった」。他の時、この者は耐忍を始めながら死に至らなかった経験の持主でもある。「異端の教団に迎えられ、病気であった幾日かの間これを保ち耐忍につとめたが、後になって母の勧めに従って食物を摂り回復した」。ボナシアスの場合はこうである。「その娘が病に罹った時、上述異端は病で臨終が近づくかも知れぬとて、娘を宗門に迎えたがった。当人は、娘が耐忍を始めなくてもよいのであれば同意していたであろう(16)」。

耐忍に入るか否かについては勧誘のみで強制の例は見られないが、今までにもその例を見たように実行は教団の監督下におかれ、附添人ないし責任者が立てられている。その点で耐忍が儀典化とまでは行かないにしても、個人の自発的な行為たることを越えて教団の行事になっていたことは確かである。前引バラニョーナの耐忍については、その娘ステファーナの証言がある。「異端ペトルス・アウテリは、ステファーナが居合せて見ている所で上述病女を宗門に迎えた。そして彼らの手続に則って異端とされた病女には、いかなる食物をも与えないようにと命じた。病女に附添うステファーナならびに今一人の人物は、それ以後は昼も夜もいかなる食物あるいは飲物も供せられることのないように、病女が受け得たる善果を失うことのないように、病女が食物を求めても異端の命令に背くことのないように見張りをつとめた(17)」。『ジャック・フルニエ審問録』に記録されたフゲータの場合は、異端自身が立会っている。耐忍を始めた「フゲータは異端らの配慮である穴倉の中に移された。同女が死ぬまで彼らも留まり、同女が重ねて受容れられ異端とされることを求めた場合にそうすることができるようにとの考えからであった。異端たちは、死ぬまでフゲータを見、かつ聞くために穴倉にあった桶の中にいた。こうして同女が耐忍を続け、その傍らにシビリアその他多くの者がいた頃のある時、フゲータはシビリアに言った。事は速かになされるであろうか。間もなく自分は死ぬであろうか。シビリアは答えて言った。お前はずっと生きるのだ。お前の子供たちは私が手伝って育てよう。異端は、これを聞いて笑った」。(18)

今までの例から、耐忍の形態のおおよそは察することができた。ところで問題は、これがカタリ派の全歴史を通じて実行されていたか否か、また教団の行事としてどの程度儀典化していたか、である。研究史の上では、しばしばカタリ派の反社会的性格の強調、時には異教視の先入と結合して「自殺儀礼」ないし「殺人儀礼」は一種の日常命令であったと一般化する見解が大勢を占める。その中には明らかに安易な誇張に流れたものも散見される。ある者は服毒し、ある者は凍死し、ある者は瀉血し等々と自殺法の多様性が強調される場合もあるし、入信に際して殉教者となるか証聖者となるかの択一を迫り、前者であれば枕や襤褸をもって窒息死せしめ、後者であれば絶食を命じて餓死せしめたとの説も行われる。しかも、これらが無批判に踏襲されることが多い。実は、先の説は上述ギリエルマ事件に関する複数の証言を複数の事件と誤解した結果にすぎないし、後の説については一件の具体例も発見されていないばかりか、これを流言として否定した異端反駁文書さえある。(19)

モリニエは史料における耐忍の分布状況に初めて着目した。耐忍の語、およびその呼称を伴わずともその事例を発見できるのは十四世紀初頭、南フランスの三史料、すなわち『ジョフロワ・ダブリ審問録』(一三〇八―一九年)、『トゥールーズ判決集』(一三〇八―一三二三年)、およびベルナール・ギイの『審問官提要』(一三二一年頃に成立)のみであることを検証して、まず年代を確定した。ついで、同じく南フランス、またほぼ同じ時期であってもアルビを中心とするタルン水系諸地区の供述書たるベルナール・ド・カスタネの『アルビ審問録』(一二九九—一三〇〇年)にその例を見ないことから、主としてトゥールーズとカルカッソンヌを結ぶ線から南の地域の現象であるとして、地理的範囲を限定した。そして、耐忍はカタリ派内の一分派、ペトルス・アウテリ指導下の教団に特有の現象であって、全カタリ派にとっては確立された慣行とは見なし難いと結論した。[20] これを前提とした上で、ボルストは耐忍はただちに自殺を意味せず、ただの潔斎であったと考えた。ロシェ、ニール、デュヴェルノワ等は、それぞれに微妙な差はあるものの、モリニエやボルストに近い立場をとっている。つまり、カタリ派において自殺の儀典化はついになく、それに近いものも極末期の例外現象にすぎなかったというのである。[21] この新しい動向に対して激烈な反論を加え、耐忍の遍在を主張するのがリオルである。[22] このように、耐忍の解釈は、容易に過大視、さもなくば過小視に流れやすい傾向をもっているといえよう。

まず第一に、十三世紀極末からの短期間に集中発現している諸例について考える。耐忍が確実に出現する史料としては、モリニエが挙げた三史料のほかに『ジャック・フルニエ審問録』(一三一八—一三二五年)を附加えねばならないが、これはモリニエの結論には影響しない。これら四史料は相互に有機的な関連をもち、『審問官提要』の著者ベルナール・ギイは『トゥールーズ判決集』の担当審問官であったし、四史料を通じてペトルス・アウテリの教団の審理が大きな部分を占めているからである。これらの史料では事件そのものの年代は必ずしも明確ではないが、ペトルスの布教開始が一二九八年ないし九九年であるから、同教団内の事件に関する限りこれより以前に溯ることはあり得ない。[23] ここに現れる耐忍が受礼入信した病人に課される潔斎であることは、今まで見た例からも疑問の余地がない。前引の通り、『トゥールーズ判決集』も「異端らが耐忍と呼ぶところの潔斎」と解説していた。しかし、普通一般の潔斎を耐忍の語で呼んでいる用例は、見出すことができず、両語は置換可能ではない。内容の苛酷さ、それを完遂させるための配慮を見ても、耐忍はあくまでも死に至ることを予想し期待した特殊な潔斎であったと思われる。新たに「耐忍」なる語が行われて彼らの間で意味が了解されたこと自体、定まった行事ないし手続化していることを示している。ただ、あくまでも耐忍の行われる状況に留意しておく必要がある。すでに見た通り、耐忍は受礼入信と結合しているが、その時受礼者は常に病床にあった。ギリエルムス・モナキなる者の妻は病篤く、異端ペトルス・サンキを呼び迎えて入信を望んだ。ギリエルムスは「みずからこの異端を病女のもとへ連れて来たが、同女の入信は果されなかった。この時異端には、病人がまだ強壮であると思われたからである[24]」。これに似た例は他にも見出されるが、これによって見れば受礼耐忍は病者の再起不能、むしろ死期の切迫を判定した上ではじめて認められたもののごとくである。耐忍が生命を縮めたことは明らかで、その限りにおいて奇怪な風習ではあっても、手当り次第の「殺人儀礼」ないし「自殺儀礼」でなかったことはいうまでもない。当事者たちの心理においては、同信者あい寄って死に行く者を見守り霊の救いを全うせしめるための手助けを加える臨終の儀礼であったと推測される。いわば、カタリ派なりの「終油」でもあれば、「葬送」でもあった。

次に、ペトルス・アウテリの教団を除外した全カタリ派について見る。そこでは、法廷関係史料に耐忍の語の出現することもないし、数多くの異端反駁書に自殺ないし殺人を明示的に挙げて非難する文章の見出されることもない。しかし、それだけでただちに、ペトルス教団の耐忍をカタリ派内の特異現象と断定するのはやや尚早である。第一に、ペトルスの教団は南フランスの一角に突如として発生したものではない。十三世紀半ば以降、特にモンセギュール失陥(一二四四年)以降、異端の活動はいちじるしく制約されてはいるが、恒常的にロンバルディアと連絡が取られており、この段階ではイタリア・カタリが信仰の基準となっている。ペトルス・アウテリ自身、ロンバルディアにおもむいて教育を受け、法燈を伝えたのである。史料からの印象では、特に彼を中心とする一団がロンバルディアとの密接な連絡をもっていたように思われる。[25]『ジャック・フルニエ審問録』に採録されているおびただしい彼の説教聴聞の供述を見ても、若干の用語の乱れを別にするならば、最盛期の基本教義と異るところは見出されない。彼の教団がカタリ派全体の中で全く異質の位置を占めるとは、言い難い。

第二に、病人授礼ないし臨終入信は全カタリを通じて一般に定着していた慣行である。『プロヴァンサル典礼書』は病人緊急時に授ける略式の授礼手続きを記載しているし、[26]法廷関係史料には公然たる活動が危険となった段階でも病人の招きに応ずる異端の姿は枚挙に遑ない。ただ死を早めることを予想した潔斎を課していないだけである。

第三に、先述のごとく反駁文書には明示的な耐忍非難はないものの、注意を引く箇所がレイネリウス『報告』に一つある。カタリ派が祈りを重んずることを説いたくだりに、「彼らの祈りについて黙過すべきでない。彼らは特に飲食を摂るに当って祈りを唱することを不可欠と考える。彼らのうち多くの者が病に陥った時、世話をする者たちに何の食餌も飲料も口に入れてくれるなと言うとすれば、それはかの病者が主の祈りを唱することができぬからにほかならぬ。さらば、彼らの多くがこのようにして自殺するというのも、あり得ることである」とある。[27]前段は典礼書にも見たところだが、問題はそのために自殺するという後段である。自身かつては異端の幹部であったレイネリウスが断定的な口調で語っていないことは、それはそれとして注目に値するが、この記事に対応する具体例は南フランスにも発見できる。先引のペトルス・シカルディの耐忍と死に関する、娘ボーナに対する判決である。ただしここでは、病人が食を拒むのではなく、異端の方から飲食を禁じている。「主の祈りを唱することができるのでない限り、食してはならないと、病める父に向って異端がいうのを聞いた[28]」。

これらによって考えると、格別な資質の持主は別として、授礼をあたう限り臨終の近くに置こうとする極めて強い志向は、全カタリ派の中に最初から存したのである。いうまでもなく、戒律が厳格に過ぎて通常人の保ち得ぬことと、破戒の場合の汚点を消去する方法を深く考えようとしなかったことの結果である。このような全体の状況の中にペトルス・アウテリの教団を置いて考えるなら、もちろん同教団の耐忍が特殊であることは否定できないにしても、本質的に両者は隔絶してはいない。耐忍に接近しようとする底流は全カタリにあったので、同教団はこれを末期の特殊な状況の中でいわば極限化したにすぎない。この意味で、例えばニールのごとく、耐忍をカタリ派主流とは無関係な、もっぱらペトルス・アウテリの個人的指導に由来する突発的な変異と理解するのは、やはり当を失していると思われる。[29] また、同教団の場合をも含めて、授礼と死の間隔をできる限り縮めようとした動機は、救済の要件たる授礼効果の喪失を惧れるところにあったので、二元論教義の直接の帰結ではない。あくまでも信仰とその組織たる教団の構造が媒介項として作用している。この点、ギローやアルファンデリの理解は単純にすぎるであろう。[30] 彼らが耐忍を不当に一般化して捉えたのも、この辺りの誤解と密接に関係している。

（1）『カタリ・ワルドー派詳論』〈post certi temporis probationem congregata fratrum et sororum multitudine, primo docet eum cui dat manum impositionem quid debeat credere〉. Moneta Cremonensis. p. 278.

（2）Gl. I, p. 112.

（3）〈heretice noluerunt eam ipsam hereticare donec bene esset instructa fidem et mores hereticorum et fecisset primo tres quadragenas〉. 〈noluerunt ipsam secum ducere quia testis non erat bene instructa nec bene firma in secta hereticorum〉. BT. ms. 609 cit. ibidem, pp. 111, 112.

（4）『駁謬簡要』〈in ecclesia Dei non sunt boni et mali〉. 〈ecclesia Dei non potest facere institutiones nisi quod facte sunt per apostolos〉. SOM. p. 128.

（5）ヤコブス・デ・カペリス『反異端小論』〈si aliquem illorum sive vir sive mulier in fornicatione labi contingat, duobus vel tribus testibus convictus, continuo aut ab eorum societate deicitur, aut, si penitet, per illorum manum impositionem reconsolatur et gravis ei penitentie sarcina per satisfactionem peccati imponitur〉. A. Dondaine, Nouvelles sources. RSPT. XXVIII, p. 479 ; 〈Si vero in mortale peccatum aliquis illorum labi contingat sine huius sacramenti reiteratione non credunt aliquo modo veniam posse consequi〉. C. Thouzellier, Rituel Cathare. Paris, 1977. app. 12. p. 274.

『反異端小論』Summa contra hereticos は、モリニエがイタリア古文書探索の際に発見したもっとも重要なものの一つである。C. Molinier, Rapport à M. le Ministre de l'Instruction Publique sur une mission exécutée en Italie. AMSL. série 3, XIV. 1888. pp. 133–336. 作者ヤコブス・デ・カペリスがミラノのフランチェスコ会士、成立が一二四〇年頃から六〇年までの間、おそらくは一二四〇年頃であることはほぼ一般に承認されている。カタリ派に関する流言を却け、その禁欲水準の高さを評価している点に多くの反駁文書の中での特色がある。イタリアでの全文刊行があると聞くが、未見。D. Bazzochi, L'eresia catara. t. II. Bologna, 1920. 断片的には、右に引いたドンデーヌおよびトゥーゼリエのほか、P. Alphandéry, Les idées morales. pp. 72, 73 ならびに DÖLL. II, SS. 273–279 に採録されている。一方で『駁謬簡要』その他実践的性格の強い反駁手引書と、他方でいちじるしく学者的な『カタリ・ワルドー派詳論』の一部との、強い類似が指摘されている。W. L. Wakefield, Notes on some antiheretical writings of the thirteenth century. FS. XXVII, pp. 302–304, 309–315. 搏捜のモネタの材料の一つとなったのは怪しむに足りないが、前者に関連してこの種一連の手引書の流れの頂点に立つものと言えるであろう。

(6) ヤコブス・デ・カペリスは、救慰礼が「彼らのもとではしばしば繰返される」〈saepe apud eos reiteratur〉. C. Thouzellier, ibidem と指摘しているし、レイネリウスも、罪に落ちた異端は「先達により、少くとも同行の者により、ひそかに再び按手を受ける」〈recipere iterum manus impositionem secreto a praelato suo, et ab uno alio ad minus cum eo〉. TNA. V, c. 1764 と記している。これらは便宜主義化の徴標と解せられないでもない。しかし、カタリ派の反復受礼は、その人効論的な秘蹟観から授礼者の欠格による無効受礼を補おうとする場合が多いので、必ずしも入信後の罪の解除を意図したものばかりではないことに注意する必要がある。なお、南フランスの法廷関係史料には反復受礼の実例は見出し難い。「すべてのカタリ派は、この上なき疑念と霊魂の危惧のうちに痛苦する。曾て彼らのもとにて多く見出されたるごとく、上長なかんずく司教がひそかに何らかの大罪を犯していれば、その者が按手せるすべての者から御言葉の恩寵は失われ、そのまま死ねば滅びに至るからである。この危険を回避すべく、一、二を除きすべてのカタリ教会は二度三度と救慰礼を受ける」(レイネリウス『報告』)。〈omnes cathari laborant in maximo dubio et periculo animae. Verbi gratia, si praelatus eorum et maxime episcopus occulte commiserit aliquod mortale peccatum, quales etiam olim multi reperti sunt inter eos, omnes illi quibus ille manum suam imposuit sunt decepti et pereunt, si in eo statu decedunt. Et causa hujus periculi evitandi omnes ecclesiae catharorum, una excepta solummodo vel duabus, receperunt secundo et aliquae tertio consolamentum〉. ibidem, c. 1767.

(7) 〈in abstinencia quam ipsi vocant enduram multis diebus perdurans ritum sibi traditum...mortemque corporalem sibi

accelerans, sanguinem minuendo balneum frequentando, potumque letifferum ex succo cucumerum silvestrium inmisso in eo vitro fracto quo frangerentur viscera in fine ut finiret celerius petitum avide assumendo ad mortem festinavit〉. LIMB. p. 33 ; 〈dicta Guilielma instanter petiit ab ipsa et a quibusdam aliis personis, quas nominat, quod mors sibi accelleraretur〉. 〈ipsa Cerdana propinavit eidem Guilielme potionem mortiferam de succo cucumerum silvestrium cum vitro fracto〉. ibidem, p. 76 ; 〈dicta Guilielma posuit se in endura ut moreretur in ea, et balneabat se, et in dicto balneo fecit sibi minui, et ipsa Alafaytz adduxit barbitonsorem ad eam, et post recessum barbitonsoris dicta Guilielma diligavit bracchium in ipso balneo ut sanguis exiret〉. 〈post balneationem et minutionem ponebat se super terra frigida. Item bis rogavit ipsam Alafaytz quod emeret sibi de toxico, ut cum illo mortem sibi accelaret〉. 〈Item quedam mulier dixit sibi ex parte dicte Esclarmunde quod emeret unam alzenam sutoris ad interficiendum dictam Guilielmam que hoc requirebat, set ipsa noluit emere, set illa mulier emit eam et ostendit eam sibi, et tunc ipsa et illa mulier que emerat alzenam iverunt ad dictam Guilielmam, que ipsis presentibus et audientibus rogavit dictam Esclarmundam quod omnino perforaret eam cum dicta alzena in latere in illa parte in qua erat cor, et fuit sibi collatio habita inter eas ubi erat cor, et visum fuit eis quod debebat esse in sinistra parte, tamen tunc non fuit factum quod ordinaverant〉. 〈dicta Esclarmunda dedit ad bibendum dicte Guilielme in quodam cipho in quo posuit quandam rem nigram, et credit quod esset de toxico quia prius dixerat sibi quod habebat de eo, et sequenti die fuit mortua dicta Guilielma〉. ibidem, pp. 70, 71.

(8) C. Schmidt, op. cit., II, p. 103.

(9) 〈Guilielma dixit et revelavit ipsi Alafaytz quod ipsa erat recepta ad sectam et ordinem hereticorum et vestita per dictum Petrum hereticum qui receperat eam et ordinaverat quod Esclarmunda serviret sibi et teneret eam in endura〉. LIMB. p. 70.

(10) 〈Guilielma revelavit sibi, quod multum timebat capi per inquisitores, quia credebat quod factum suum esset manifestum eis〉. ibidem, p. 70 ; 〈vidit instrumentum ferreum quod vocatur alzena, quod dicta Guilielma fecerat emi, cum quo perforaretur in latere subito si venirent nuncii inquisitorum〉. ibidem, p. 76.

(11) 〈mortem corporalem sibi accelerans et porperans ad eternam ab eo tempore quo captus extitit noluit comedere nec bibere tanquam sui ipsius proprius homicida〉. ibidem, p. 37 ; 〈tu ipse vitam corporalem voluntarie tibi subtrahis et mortem tibi infligis, quia posuisti te in illa abstinentia quam heretici vocant enduram, in qua endura jam per sex dies sine cibo et

potu stetisti〉. ibidem, p. 179.

(12) 〈Guilielmus Sabaterii haereticatus in dicta domo posuit se et stetit in endura bene per VII septimanas vel circa et stabat in quadam borda infra dictam domum et ibi mortuus est, et audivit dici, quod fuit sepultus in quodam horto dicti testis seu patris sui〉. Acta Inquisitionis Carcassonensis. BN. ms. lat. 4269. DÖLL. II, S. 19. これは、いわゆる『ジョフロワ・ダブリ審問録』である。〈Sebilia...fuit haereticata in domo dicti Philippi in infirmitate, de qua obiit hoc anno in hieme, et posuit se, ut audivit dici, in endura post dictam haereticationem〉. ibidem, p. 20 ; 〈Gentilis post receptionem praedictam usque ad diem mortis suae non comederat, et quod vixit sic per V et VI dies〉. ibidem, p. 24 ; 〈dimiserat maritum suum et fugerat ad partes Savartesii, misit se ad enduram in domo Sebiliae den Batle de Ax et ibi mortua est, et audivit dici a dicto haeretico et quibusdam credentibus haereticorum, quod duodecim septimanis vel circa, antequam moreretur, stetit in endura〉. ibidem, p. 25 ; 〈in dicta infirmitate sua fuerat recepta per eos in fide sua, et postquam fuerat recepta, posuit se et stetit in endura, donec fuit mortua, ita quod nihil comedebat nec bibebat nisi aquam〉. ibidem, p. 26.

(13) 〈vidit Montolinam uxorem Martini Francisci, que se posuerat in endura quam servabat, et in qua obiit recepta in sectam hereticorum et fuit sepulta ut credit in orto Bernardi fratris ipsius Guilielmi〉. 〈de qua dixit sibi sororia sua que ibi morabatur, quod per sex septimanas steterat in endura et nec comederat nec biberat nisi aquam〉. LIMB. p. 28.

(14) 〈audivit a dicto patre suo quod de cetero ipsa non tangeret eum quia nulla mulier debebat tangere eum quia dictus hereticus receperat eum ad ordinem suum, et ex tunc non tetigit eum, et ex tunc non vidit dictum patrem suum comedentem neque bibentem nisi aquam frigidam〉. ibidem, p. 111 ; 〈tunc dicta mulier exivit ad dictos homines et fuit ibi loquta cum eis, et postea rediit ad lectum suum in quo jacebat, et ex tunc non comedit, nec bibit nisi aquam frigidam et post duos dies vel tres obiit, et post aliquod tempus dictus Guilielmus Aliguerii dixit sibi qui loquitur quod tunc venerunt illuc dictus Petrus Auterii, et hereticavit dictum Baranhonam〉. ibidem, p. 123 ; 〈dictus infirmus intelligebat et cognoscebat ipsum et audivit dici ab illis qui assistebant dicto infirmo quod in illis diebus non comedit aliquid set bibebat aquam frigidam〉. ibidem, p. 148.

(15) 〈quod magis mirabile est, ipsi tormentum ignis non solum cum patientia, sed et cum laetitia introierunt et sustinuerunt. Hic, sancte pater, vellem, si praesens essem, habere responsionen tuam, unde istis diaboli membris tanta fortitudo in sua haeresi, quanta vix etiam invenitur in valde religiosis in fide Christi〉. MPL. CLXXXII, c. 677.

(16)　〈in quadam infirmitate quam ipsa habuit fuit requisita per quendam hominem quem nominat quod poneret se in endura et vellet recipi ad ordinem hereticorum et facere illum bonum finem〉. LIMB. p. 194 ; 〈isto anno dictus Petrus Sancii hereticus invitavit ipsum quod vellet se ponere in endura et facere bonum finem, set ipse non consentiit tunc set quando esset in ultimo vite sue〉. 〈receptus ad sectam et ordinem dicti heretici quam aliquibus diebus in dicta infirmitate tenuit et servavit stando in endura, set postmodum ad instantiam matris sue comedit et convaluit〉. ibidem, p. 138 ; 〈quedam filia sua infirmabatur quam dictus hereticus voluit ad sectam suam in illa infirmitate si appropincaret ad finem, et ipsa consensisset nisi oporteret quod dicta filia sua poneretur in endura〉. ibidem, p. 154.

耐忍に関しては，病の嬰児に授礼して耐忍を始めたもののついに耐え兼ねた母親が授乳した話，本人が耐え切れずに食を乞うたが異端の命令をたてに娘が拒絶した話など，挫折例を含めて人間感情をよく示す記録が多い。

(17)　〈Petrus Auterii hereticus predictus recepit predictam infirmam in sectam suam et hereticavit eam presente et vidente dicta Stephana, et inhibuit dictus hereticus ne a modo aliquis cibus ministraretur dicte infirme hereticate secundum modum ipsorum hereticorum, et dicta Stephana cum quadam alia persona quam nominat que serviebant dicte infirme observaverunt quod de tota nocte nec de die sequenti nullus cibus vel potus fuit ei ministratus, ne dicta infirma perderet bonum quod receperat et ne faceret contra ordinationem dicti heretici quamvis dicta infirma requireret quod darent sibi cibum〉. ibidem, p. 143.

(18)　〈Hugeta fuit mutata amore dictorum hereticorum in quodam sotulo, ut ipsi possent stare in dicto sotulo quousque dicta Hugeta mortua esset, ad hoc ut, si indigeret iterum recipi et hereticari per eos, hereticaretur. Et, ut dixit, ipsi heretici stabant in quadam tina que erat in dicto sotulo ad hoc ut viderent et audirent dictam Hugetam quousque mortua esset. Et dum sic stabat en la endura, semel dum staret coram ipsa dicta Sibilia et multi alii, dicta Hugeta dixit dicte Sibilie. Domina, erit cito factum? Ero cito finita? et dicta Sibilia respondit ei. Adhuc vivetis, et ego iuvabo ad nutriendum filios vestros. Que verba dictus hereticus audivit, et risit〉. JF. II, p. 426.

(19)　C. Schmidt, op. cit., I, p. 357 ; II, p. 102 sqq. ただしシュミットでは耐忍をむしろ例外視する傾きがあるが，その指摘が踏襲再引用される過程で次第に強調される。例えば，C. Douais, Les Albigeois. Leurs origines. Actions de l'Eglise au XIIe siècle. pp. 252, 253 ; H. C. Lea, op. cit., I, p. 59 ; GC. I, pp. lxii, lxiii ; H. J. Warner, op. cip., I, p. 85 sqq ; E. Broeckx, op. cit., pp. 194, 198. このうちギローは耐忍を最も普及した自殺法であったとして，教義の当然の結果であり，彼らにとって人生の目的は人

生の破壊にほかならなかったと結論している。これとはカタリ派の捉え方は異るが、ブレックスはここにこそ異教の本来の姿があると見た。また殉教者(窒息死)と証聖者(餓死)の強制選択を最初に挙げたのはシュミットである。彼が引用した史料は Gretzer, Opera omnia theologica. Regensburg, 1738 に収録された断簡で、そこには「ドイツ語でウンテルトゥッフと呼ぶ、もっぱらこのために用意された手拭いで絞殺する」〈Manuterogi ad hoc specialiter deputato, quod teutonice vocatur Untertuch, ipsum strangulant〉とある。この断簡はレイネリウス『報告』の附録として扱われているが、実は一二三〇年代ドイツでの異端審問供述の一部であるらしい。DUV. R. p. 166, n. 93; DÖLL. SS. 370 sqq.

絞殺の具体例の報告は全く見出されないし、ヤコブス・デ・カペリスの『反異端小論』はこの種の風説を明瞭に否定している。「ここよりして、彼らは殉教者あるいは証聖者たらしめるべく病人を絞殺するという俗間の流言が生じた。我々は体験に基き、これが偽りであることを確言する。何ぴとも彼らがかかる破廉恥の業をなすものであると信じぬよう、勧める」。〈de quibus vulgaris fama inolevit quoniam eos sugillando sufocant, ut martires vel confessores efficiantur, quod per experientiam falsum esse didicimus et ne aliquid illos tantum flagitium perpetrare credat suademus〉. C. Thouzellier, Rituel Cathare. app. 12, p. 274.

(20) C. Molinier, L'endura. Coutume religieuse des derniers sectaires albigeois. AFLB. III, 1881. pp. 294-296.

(21) A. Borst, op. cit., S. 197; D. Roché, Le Catharisme. Arques, 1947. pp. 41, 42, 87; F. Niel, Albigeois et cathares. p. 52 sqq.; DUV. R. p. 164 sqq.

(22) J.-L. Riol, Dernières connaissances sur des questions cathares. Albi, 1961. p. 17 sqq., p. 36. 彼はモリニエの限定した時期よりも古いものを含めて、具体例四七件を数えるとしている。これに対してデュヴェルノワの検証があり、中には耐忍の実質を備えないものがあると指摘している。J. Duvernoy, La liturgie et l'église cathares. CEC. XXXIII, p. 9 sqq. リオルが新たに指摘した事例はほとんどドア文書に基いているので、俄かに全部を史料について再追跡することはできないが、明示的に耐忍の語を用いているか否か、その状況はどちらであるか、いずれ再点検する必要がある。彼の指摘する散発的な事件がどれも耐忍であるとしても、十四世紀初頭への集中傾向は依然動かない。なお、この時期の事例は、デュヴェルノワによれば約二〇件である。

(23) 『ジャック・フルニエ審問録』はもっぱらペトルスが再建した教団を対象としているが、主としてこれをもとにヴィダル、次いでデュヴェルノワが抽出した彼の軌跡の要点は次のごとくである。同人はピレネー北麓の小邑アクスの公証人で、同名の父も異端であった形跡がある。一二九六年ないし九七年、発心してロンバルディアにおもむき、一二九八年ないし九九年、異端となって帰来した。少くとも一三〇〇年にはすでに積極的な活動を展開している。弟ギリエルムス、子ヤコブスも有力な異端である。

一三〇五年トゥールーズで異端集会を指導した際ヤコブスが捕縛される。以後、カルカッソンヌ地方では審問官ジョフロワ・ダブリの、トゥールーズ地方では審問官ベルナール・ギイの監視が強化され、特に一三〇八年秋の大探索を機として活動はいちじるしく制約された。翌一三〇九年八月ペトルスが捕縛され、一三一一年四月トゥールーズで処刑された。ピレネーの南斜面に逃れたベリバストが敗残教団を維持するが、これも一三二一年に処刑され、ペトルスが再建した教団は完全に潰滅する。J. M. Vidal, Les derniers ministres de l'albigéisme en Languedoc. Leurs doctrines. RQH. LXXIX, 1906. p. 62 sqq.; J. Duvernoy, Pierre Autier. CEC. XLVII, 1970. pp. 9-49.

(24)　〈ipse adduxit dictum hereticum ad dictam infirmam, set tunc non fuit hereticata quia non fuit visum heretico quia dicta infirma adhuc erat fortis〉. LIMB. p. 148.

(25)　例えば、ギリエルムス・ファルケティなる者の母ライムンダは、「多くの上記人物らとともにロンバルディアはコームムなる異端のもとにおもむいたが、その地で会うことができなかった」。〈ivit in Lombardiam ad hereticos apud Comum cum multis aliis personis quas nominat〉. LIMB. p. 12. ギリエルムス・ファルケティ自身は、イタリアに旅すること四度であった。「他の者どもとともにロンバルディアにおもむき、コームムにて異端を尋ねて会い、教えを聞いた。その地より、故国の異端のための書信と挨拶を持帰った。二度目は、ロンバルディアにおもむき、コームムの異端らのもとに他の異端らの挨拶と動静と信仰を報じた。三度目は、異端らによってロンバルディアに派遣されて、コームムおよびケルクムに在りし異端のもとに書信を伝え、返書と相互の挨拶を持帰った。四度目は、異端らによって派遣され、ロンバルディア、次いでシチリアにおもむいた。異端二名すなわちポンキウス・バヴィリ・デ・アクスならびにポンキウス・デ・ナ・リカ・デ・アヴィニオーネをシチリアに在る大異端のもとにともない、その地にて別れた。そこで彼は異端、帰依者、ならびに異端のゆえに国を逃れた者たちと会った」。〈Item cum quibusdam aliis personis ivit in Lombardiam apud Comum ad querendum hereticos, et invenit et vidit et audivit predicationem eorum, inde reportavit literam pro aliis hereticis istius patrie, et salutationes hereticorum. Item secunda vice rediit in Lombardiam apud Comum ad hereticos et portavit eis salutationes et rumores aliorum hereticorum et credencium ipsorum. Item tertia vice ivit missus per hereticos in Lombardiam apud Comum et Quercum ad hereticos, et portavit eis literas hereticorum, et reportavit inde literas responsales, et salutationes mutuas. Item quarta vice ivit in Lombardiam et usque in Ciciliam missus per hereticos, et duxit illuc duos hereticos, scilicet Poncium Bavili de Axs, et Poncium de na Rica de Avinione ad majorem hereticum qui erat in Cicilia ubi dimisit dictos hereticos, et ubi vidit hereticos et credentes hereticorum et fugitivos pro heresi〉. ibidem, pp. 13, 14.

(26) 「教会の差配を委ねられたキリスト教徒のもとに、病気の帰依者の報知が届いた場合、彼はそこにおもむかねばならぬ」〈Si crestias als quals le menester de la gleisa es comandatz si an message de crezentz malaute, anar i devo〉として、その手続きがかなり詳しく記されている。あらためて戒律と慣習を説明し、病者の意志を確認した上、「汝に精進を命ずる。汝、これを神と我らと教会より受けて、生ある限り守らんがためである。他の掟ともどもよくこれを保たば、汝の霊魂、生命を得る望みあり」〈Aquesta abestenesia vos cargam que la recepiatz de Deu, e de nos e de la gleisa, e que la guardetz aitant cant viuretz, que si be la gardatz ab las autras que avetz a far, avem esperanza que la vostra arma n'aia vida〉と宣言する。祈りの伝授と按手は、通常の救慰礼に異るところがない。「生ある限り」の精進とあるのは、一見耐忍を思わせるのであるが、その前段に精進を説明した箇所があって、そこで述べられているのは誓約の禁止や財貨の放棄などカタリ派の戒律一般にすぎず、死に至る絶食ではない。さらに後段、祈りを授けられた後の注意に「まずこの祈りを唱することなくして、食いあるいは飲むことなかれ」〈e que jamais no manjetz ni no bevatz lunai causa que aquesta oracio no digatz primerament〉とあり、また「病者生きのびる場合には、キリスト教徒はこれを宗門に示し、能うかぎり速かに再授礼を求めるべきである」〈Empero s'il malaute viu, li crestiani lo devo presentar a l'orde e pregar ques reconsole al pustost que pusca〉とあって、飲食を認めるのはもちろん、治療の可能性をも考えている。CL. pp. xxii-xxvi.

(27) 〈non est praetermittendum de oratione eorum, quam ipsi putant necessario dicendam, et maxime quando sumunt cibum vel potum. Siquidem multi ex eis in suis infirmitatibus dixerunt aliquando eis qui ministrabant eis, quod ipsi non ponerent aliquid cibi vel potus in os eroum, si illi infirmi non possent dicere Pater noster ad minus, unde verisimile est quod multi ex eis occiderunt seipsos hoc modo〉. TNA. V, c. 1765.

(28) 〈audivit dictum hereticum dicentem dicto patri suo infirmo quod non debebat comedere nisi posset dicere Pater noster〉. LIMB. p. 111.

(29) F. Niel, Albigeois et cathares. pp. 53, 54.

(30) P. Alphandéry, Les idées morales. pp. 51, 52 ; GC. I, pp. lxii, lxiii ; GI. I, p. 80.

2　宣教と司牧

否定と排除で貫かれたカタリ派の倫理にただ一つ積極的な命題があったとすれば、それは伝道、救済の機縁の宣布であろう。山野を跋渉、都邑に出没、苦難と危険を顧みず教えを説いた彼らの情熱には定評があった。オスマ司教に随行して南フランスを旅する途上その実情を目撃したことが聖ドメニコに深刻な危機感を抱かせ、伝道の熱意と形態においてカタリ派とあい通ずる説教僧団設立を決意させた経緯は人の知るところである。(1)

十字軍がラングドックの主要部分を制圧し、探索の網が拡げられた後になっても彼らの活動は衰えを見せていない。彼らの伝道活動の実態は、むしろこの段階に至って、法廷関係史料を通じて詳しく知ることができる。追及が厳しく定住できなくなったためもあるであろうが、彼らの地方巡回は極めて精力的であった。供述書に現れた限りでも、例えばトゥールーズ教団司教ギラベール・ド・カストルは一二一七年頃から一二四〇年頃までに五〇地点以上、その後継者ベルナール・ド・ラモートは一二二三年から二五年までの限られた期間内で約二五地点、さらにその後継者ベルトラン・マルティは一二二五年から一二四四年までに一〇〇以上の地点で目撃されている。(2)これらは教団の首長だったので特に行動半径が大きいが、より下位の特定地域を担当する副司教diaconusも、さらに末端の異端に至るまで、供述では常に来訪者、巡回者として出現している。修道の団体生活をした女異端は別として、旅にあるのが彼らの常態であった。審問関係の史料で知りうる段階では、もはや公然活動は不可能で、密かに支持者との連絡を維持し、彼らを通じて関心のある者を引入れるにとどまっている。支持者が異端の保護に細心の注意を払った様子は、供述の至る所に見出すことができる。「この時ギレルムス・デ・マウリアノは次の通り返答した。

証人自身の自宅には家族と多くの子供がいたので、異端たちはそこにとどまって食事をすることはなく、証人と同郷の者の家におもむいて食事をするよう手配した。そこには人に知られない部屋があり、子供の声もしなかったからである。証人はこの同郷人がライムンドゥス・アウゲリであることを認めた(3)」。

一二五四年の審問記録断簡に出現するギレルムス・カリエラは帰正した異端で、その供述からは共感者の側の対応と異端の側からの接触の様子が、二つながら窺われる。彼はもとベルナルドゥス・マウリニなる者の畠で働く農夫であったが、主人に伴われて秘密集会に列席する。以下、記録に証人とあるのはギレルムス・カリエラである。「ある夜、ベルナルドゥス・マウリニは異端と会うため、証人をベルナルドゥスとその兄弟の持物たる菜園に連れて行った。そこで本証人は、ベルナルドゥス・サバテリとその随行者ギレルムス・デ・ライサッコを見た。ともに異端である。その場にいたのは、証人と上述ベルナルドゥス・マウリニである。ベルナルドゥス・マウリニと異端らの教えるままに、証人は異端らを拝した」。「ベルナルドゥス・マウリニも、証人の見るところで同じように異端らを礼拝し、両人とも異端らの訓えを聞いた。しかる後、証人とベルナルドゥス・マウリニは自室に帰り、異端たちは旅を続けた(4)」。

同人は以後数回にわたって類似の小集会に出席した。場所は「胡桃林の下の小屋」、「森の中」、「ある小屋」、「ペトルス・デ・パイテスの畠」、仲間の「ギレルムス・デ・ゴメルヴィラの居宅」等さまざまであるし(5)、姿を現す異端の名も常に同じとは限らない。「ペトルス・デ・プラトとその随行異端ギレルムス・デ・ライサッコを見た」。女異端のこともある。「ともに異端なるイシバルダと随行者を見た」。「そこでは上記異端のほかにライムンドゥス・デ・ロカヴィラタ、ペトルス・ポンキウス、ベルナルドゥス・デ・ロカヴィラタを見た」。「異端ペトルス・デ・プラトとその随行者ヴィタールが証人を伴った」。「その場でギレルムス・モータとその随行者を見出した」。「異端すなわちポンキウス・デ・ゴメルヴィラおよび名不詳の随行者がその場にいた」。「同夜、異端ギレルムス・リカルディと随行者ラムンドゥス・ギレルミが来て証人を連れ去った[6]」。列席者の数も変動しているが、数名を越えることはない。集会の度に異端を礼拝している。「到着と退出の時に異端たちを拝した[7]」。食事をする場合もあった。「異端たちと同じ食卓につき、異端の祝福したパンや料理を食べた。着座する時、新しく料理が出る度ごと、また飲物に初めて口をつける度ごとに、《善きものを》と言った」。「そして異端は、《汝らに神の祝福あらんことを》と答えた[8]」。彼自身が新しい参加者を誘ったこともある。「本証人は異端と会うため、モンテ・ガラルドのステファヌス・ドナーティをヴィレラという森へ連れて行った[9]」。密かに同調者を募る様子が窺われる。

やがてギレルムス・カリエラは、みずから異端の列に加わることを望むに至る。異端ギレルムス・リカルディおよび随行異端ラムンドゥス・ギレルミに伴われ、泊りを重ねながらモンセギュールへ向う。「ガジャンのペトルス・ラウレンティの家に来た。この者が異端らと本証人を迎えたのである。ここに一日とどまり、食事をした。本証人もこれを望んだ。ただし、同家の費用より出でたるか、異端らの費用より出でたるか、証人は知らない[10]」。ここにも信者や異端が来会した。「キランなるアルナルドゥス・レスクーラの家に至り、一昼夜ここにとどまった。同家の費用にて食すべくここに来たのである[11]」。モンセギュールでは司教ベルトラン・マルティのもとで訓育を受け、また同人の手によって異端となった。次の場面のギレルムス・カリエラは、異端として病人に授礼している。「すでに述べたる仕方と手続きによって病女を異端とした。同女の異端入信に際しては、周りに上述の女たちのほか、その後ロンバルディアの異端のもとに退転したベルナドゥス・ベルネリウス、アルナルドゥス・リビエイレ、ラムンドゥス・フォルゲリが立会った。後者は同証人とその随行異端をその場に案内して来たペトルス・フォルゲリの兄弟である。入信が終って全員が証人と随伴者を拝した」。「上述病女は証人にも随行異端にも、何も遺贈しなかった。しかる後、証人と異端らはそこを退去した。ラムンドゥス・フォルゲリが案内し、ベルナルダ・フォルゲリアとその夫ポンキウス・フォルゲリの家に至るまで附添った[12]」。

その後は、旅と潜伏の繰返しである。若干の例のみ抽出する。「現在逃亡中のベルナルドゥス・ガイラウディが、本証人とその随行異端ラムンドゥス・デ・マンソーをペトルス・オリバの畠へ案内した。本証人と随行異端に会うべくベルナルドゥス・オリバならびにペトルス・オリバの両兄弟、ヴェルダンよりこの場に来り、ここにて両名とも本証人ならびに随行異端を礼拝し、説教を聞き、ほとんどその夜中、ここにとどまった。しかる後、ここを退去し、上述の畠より遠からぬ森に入った。翌朝、ペトルス・オリバとベルナルドゥス・オリバの両兄弟が両人のためにパンとぶどう酒を持来った」。「ここよりラムンドゥス・バリエイラならびにベルナルドゥス・ガイラウディが、両人を案内してベセダムの彼方まで附添い、そこにてともに両人を拝し、別れて自宅に帰った[13]」。

「証人ならびに随行異端ペトルス・ステファニがレイテルの森にとどまっていた間、両人に会うためポンキウス・エスタンパスならびにトマス・アンドレが来た。到着と退去に際し、彼らは両人を拝し、説教を聞き、食事をし、異端の慣習に従って《善きものを》と言った」。「彼らは両人を導いて上述の地よりペトラ・アルバなる地まで附添い、ここにてともに両人を拝して別れた[14]」。「証人とその随行異端ユリアヌスが上述レイテルの森にいた頃のある日、一頭の犬が両人に吠えかかり、吠声とともにヴェルダンのペトルス・アイカルドが現れた。両人が何者なのか知りたがったので、証人は、立去れ、ここにいるのは追われた者たちだと答えた。同人はただちに退去し、道を続けた。訊問に対し、ここで同人が両人を拝しなかったのはもちろん何事もなさなかったと答え、家畜の番をしていた者であると附加えた[15]」。

ギレルムス・カリエラの場合について、異端と支持者との接触の仕方を見るに、ごく小規模の集会の主宰と授礼が目的となっている。省略されることが多いにしても、完全な形での小集会の構成要素は異端の礼拝、共同食事、説教の三つであり、授礼は病人に対するそれである。これは他の史料にも規則的に出現する。

礼拝は慣習として定着していたらしく、ベルナール・ギイも「異端を礼拝したか否か。他の者が異端の流儀で礼拝しあるいは敬意を表するのを見たか否か。また礼拝の様態は如何であったか」の確認を主要訊問項目の一つに挙げている。(16) これについては後に再び触れる。共同食事は、追及側の術語にいうパンの祝福 benedictio panis ないしパンの分割 fractio panis にほかならない。一供述はその情景を伝えている。「異端と証人のためポンキウスが練粉菓子一つ、ぶどう酒の盃、および胡桃を用意するのを見た。その後、異端ライムンドゥス・デル・ボックが儀典通りにパンを祝福し配分した。ライムンドゥスを含めて証人と異端たちは、立ったまま食いかつ飲んだ」。(17) もちろん審問官にとって「異端の祝福したパンを食したか否か、祝福の方法はどうであったか」も、重要な訊問項目の一つであった。その方法は、審問官の集約した形では、こうなっている。「キリストの肉の聖餐における聖別されたパンの代りに、祝福のパンあるいは聖なる祈りのパンと呼ぶところのパンを用いる。食事の冒頭、独特の儀典に従ってパンを両手に捧げもち、聖別し、分割して列席者と帰依者に頒つ」。「異端が帰依者の間、または相互の間にある時は、食事の初めにパン、あるいはパンの一片を祝福する。すなわち手巾または頸に掛けた白布をもってパンを手にとり、主の祈りを唱し、細片に分割する。かかるパンを彼らは聖なる祈りのパン、あるいは分割のパンと呼び、帰依者は祝福のパンあるいは徴《しるし》のパンと呼ぶ。食事に先立って、彼らは聖体拝領の代りにこれを食し、帰依者に頒ち与える」。(18) ベルナール・ギイはこれをカタリ派における聖餐の秘蹟と示唆しているが、異端側の文献にもその他の反駁書にも明示的な言及はない。先述の通り、カタリ派異端には食事に先立って主の祈りを唱える義務があったが、それが拡大して異端相互間あるいは帰依者の連帯を確認する儀式となったものと思われる。ギローは、原始キリスト教団の食事慣習ないし儀礼との酷似を指摘している。[19]

当然のことながら、異端は小集会で説教をしている。ギレルムス・カリエラの供述は、その内容を語っていなかった。一体に、説教内容の記述は、供述者ごとに疎密の差がはなはだしい。一つには供述者の韜晦が考えられるが、基本的には訊問者および記録作製者の関心の在り方によるであろう。トゥールーズ手稿本六〇九号についてドゥエーが指摘したところによれば、最も頻繁に繰返されるほとんど定型化した説教内容は、「①可視の存在について、これは神の造ったものではない。②聖体はキリストの肉ではない。③④洗礼と婚姻のうちに救いはない。⑤肉の復活はない」の五項目であり、このほか断片的に、しかし規則的に繰返し出現する命題は、⑥「十字架につけられたのは神の子でなく、その姿をしたある盗賊であった」、⑦「人間の霊魂は救いに至るまでどこであれあらゆる人の肉体を遍歴する」の二項である。[20] 記述が定型化していること自体、訊問者ないし記録者が整理を加えたこと、おそらくは五項目を異端教義の本質と見たことを思わせる。確かに、この五ないし七項目だけでもカタリ派教義の基幹部分を蔽っている。前段に引用した通り、他の供述、例えば手稿本六〇九号と同じ審問官による異端ペトルス・ガルシアスをめぐる証人訊問にははるかに多くの項目が現れるし、『ジャック・フルニエ審問録』に至っては到底整理に耐えぬほどの内容を盛っている。手稿本六〇九号についても定型化されていない部分には、同一命題についてもさまざまの表現が記録されている。[21] 要するに異端は、基本的な世界観からその演繹応用の末節に至るまで教義の全般にわたって、自由かつ率直に語ったのである。その間には、当然、個々の異端の性格を露出する。[22] これはまた単なる情動的な共感だけで異端となったのでなく、教義教理について学習を重ねた者たちであったことを意味する。

ある集会でのこと、「これら異端の一人が、ある種の書物の一部を朗読した」。「別の異端は手に書物を一つ持っていて、そこで読んだ」。「あまたの善き言葉を誌した、正しき信仰を知ることのできる書物を、近いうちに送ろうと、退去の時私に言った」[23]。カタリ派は書物を携帯し、説教や典礼の際に朗読した。書物からの引用をまじえながら説教することも、あったらしい。「異端たちはある本の一部を読んで、その語る意味を説きあかした」[24]。帰依者はともかく、少なくともカタリ派異端は識字階層であった。問題はこれらの本が何であったかである。彼らの間に行われた独自の教義書や偽典については先にも触れたが、帰依者の前で何らかの儀式的色彩を帯びて用いられたのはおそらく聖書、それも日常語訳によるそれであった。「彼らはローマ教会の定むるところに反し、ほしいままに引用解釈しつつ、俗語による福音書や書簡の一部を読む」[25]。異端が大層美しい書物を見せてくれたが、「それはロマン語訳の福音書と聖パオロの書簡だということであった。異端は福音書の一部をゆっくりと読んだ」。「彼は家にロマン語の受難録をもっていた」[26]。今日に伝わっている、プロヴァンサル語のいわゆる『リヨン新約聖書』が、彼らの用いた日常語訳新約の中の一冊であることにまず疑いはない[27]。ただし、カタリ派が用いたのは新約の範囲にとどまらなかったらしい。彼らの書庫を見たという供述があって、そこには旧約諸書の名も挙がっているからである。「異端グリマルドゥス・ドナデイは、証人をある岩山に連れて行った。大きな崖の洞窟に異端らの書物があることを、グリマルドゥスは知っていたのである。証人はその書物を見、手に取ったが、それらは聖書二冊、書物三冊、預言書と呼ばれるもの一冊であった。これらの本は今もそこにあると思う。その場所とは、ロット河の岸、ヴェル村のはずれである[28]」。

ギレルムス・カリエラは、異端となるやただちに臨終の病人に授礼していた。いうまでもないことながら、入信を獲得するのが伝道の目標である以上、異端はもっぱら病床から受礼の請願の出る日に備えて、危険を冒しながら帰依者と接触を保っていたのである。病床授礼の実例は、審問関係史料の至るところに見られる。例えば、『アルビ審問録』には入信に関する証言二十数件が記録されているが、そのすべてが臨終の入信である。一例のみ引用しておく。アルビの自宅で病歿した法官ヤコブス・ドゥルバンの場合である。「ヤコブス師のもとより使いが来て、すぐ行って、遺言に立会うようにと証人に伝えた。病人のもとへ行って見ると、病臥している者の傍らに異端ライムンドゥス・デル・ボックならびにライムンドゥス・デシデリ、さらにこれに附従ってB・デ・ポリャノルとエントラルがいた。この時、異端らは病人の願いと求めに応じてこれを異端とし、合掌した病人の手を自分の手で包み、頭上で聖ヨハネ福音書を朗唱して宗門に入れた。そのほかにも言葉を述べたが、証人には理解できなかった[29]」。

カタリ派の集会の様子は右の通りである。救慰礼が執行される場合を別にすれば、そこには異端礼拝、共同食事、説教、および聖書朗読以外の要素は見出されない。その中でも何らかの儀式的性格を帯びているのは最初の二つだけである。

ここでニールがモンセギュール遺構の調査から推論した「光明の崇拝」、「陽光の礼拝」なるものについて一言しておく。モンセギュールはカルカッソンヌから南西へおよそ五〇キロ、オードとガロンヌ両水系のそれぞれの小さな支流の分水山地の一角にある。モンセギュールの丘そのものが巨大な石灰岩の岩塊で、山頂の狭い台地に砦の石壁が残っている。十字軍が進出して後はカタリ派のもっとも重要な避難所、連絡所、指導部となる。一二四四年三月、ほぼ一年におよぶ包囲戦の末に陥落した。南フランス・カタリ派最後の牙城、文字通り堅き砦《モンス・セクルス》であった。遺構プランは全体が不規則な五角形、より正確にいえば長方形の比較的小さい独立した建造物に大きな不正五角形の外郭を接合した形をしている。ニールは、夏至、冬至、春秋分の日出没時、矢狭間からさし込む光線が壁面の中点や隈など特定部位に落ちることを発見した。そしてこの種の規則性は明らかに意図的な設計に起因するとの判断から、ここが光明崇拝のための神殿であったと推測するのである。いうまでもなく彼の場合、カタリ派異端を古代マニ教の連続とする把握が大前提となっている[30]。彼の作製した精密きわまるモンセギュール計測結果は貴重な資料であっても、その結論は即座には首肯しがたい。その推論の第一段階を確証するためだけでも、他の多くの中世建造物との比較が必要であろう。モンセギュールの構造物の特異なプランは、むしろ狭隘な山頂台地の形状に規定されているとも考えられる。それに審問の記録には、古代イラン宗教の痕跡を示唆するたぐいの片言隻句も見出せず、集会の形式内容ともに完全にキリスト教的だからである。

ギレルムス・カリエラがただの共鳴者として集会に出た時には異端は常に随行異端と二人で現れたし、自身異端となった時には常に随行者を伴っていた。他の史料に、随行者ないし随行異端という称呼を見るのは稀だが、そのつもりで注意すればほとんど常時異端は二人、時にはそれ以上の数で現れていて、単独行は極めて稀である。『アルビ審問録』にはライムンドゥス・デル・ボックとライムンドゥス・デシデリの組合せが頻出するほか、「異端は二人で、その一人はライムンドゥス・ゴダイルと言った」、「その家の小部屋には見慣れぬ客人が二人いた」等の供述がある。カルカッソンヌの審問記録でも、「ある晩カヴァナックの町の広場にいると、ギレルムス・デ・ヴィランドリスが寄って来て、自分の家に二人連れの男がいてお前と話したがっていると言った」という供述がある(31)。この種の例は枚挙に遑ない。二人の異端がいる場合、明らかにその中の一人が指導的地位に立っていて、他の一人は字義通りの随行者、助手 socius である。異端礼拝に際して請願を受けて代禱しかつ祝福を与えるのは常に一人であり、他の一人は一般参会者とともに祝福を乞う側に廻っている。ただし、二人同行の規則に関する言及はどこにも発見できないし、ギレルムス・カリエラの場合にも随行者は絶えず変っていたから、教団内で制度として確立していたかどうかは疑問である。おそらくは新参異端の教育のために、おのずから形成された慣習の域を出ないものと推測される。

異端が積極的に、むしろ執拗に活動を持続できたのは、いうまでもなく根強い支持層があり、その中でも特に援助者がいたからである。ギレルムス・カリエラの場合を見ても常に安全な道を探って同行し、宿泊させ、時には隠れ家に食糧を補給する者たちがいた。彼らを探索するのは審問の重要な狙いの一つであって、『審問官提要』も「誰が異端をその場へ連れて来たか、どれくらい逗留したか、誰が訪ねて来たか、誰が伴い去ったか、どこへ立去ったか」を聞き洩らすなと指示している。[32] 事実、その様態は詳しく記録されていて、使者あるいは案内者と呼ばれている。「兄弟R・グロスは異端の信仰に入って死ぬので床屋のアンドレアスを使者としてライムンドゥスのもとに行かせてくれと、上述Pが語るのを聞いた」[33]。これは臨終受礼のために異端を迎えようとする場面で、もちろん使者は異端の居所を知悉しているのである。別の供述では「使者のいうところを聞くや、その日のうちに上述の場所の彼らのもとに来た」[34]とある。「次いで証人は異端らを宿らしむべく、ギレルムス・フェナッサの塀で囲まれた家に案内した。その夜異端らはそこに眠り、証人は自宅に帰った」[35]。これは最も多い型の証言の一つで、一案内者が次の案内者に異端を引継いでいる例である。時には雨後の氾濫で危険となった河を渡渉して、騾馬で異端を渡した例もある。[36] 女性でこの役を果す者もあった。「リュズナックのギレルムス・ベルナルディの情婦ポリャレーサなる者は、使者となって」諸方に奔走した。使者ないし案内者は支持者の中でも格段に信念の固い、審問官側から言えば悪質な者たちである。「これにあきたりず、あまつさえ異端の使者となってさまざまの人物のもとに遣わされ、その返答を持帰った」[37]。判決の中にも書き洩らされることはなかった。「昼夜をわかたず一地点から他地点へと異端らを導き、同行することしばしばであった」。「上述異端ペトルス・サンキのために使者の役を果した」[38]。

ところで、なぜ人々はかくも熱心に異端を庇護したのであろう。一部特定の使者、案内者の背後には広汎な支持層、特に中小領主や有力市民がいたのである。あのような非情苛酷な教えが、人々のどのような欲求に訴えたのであろうか。それどころか、そもそもなぜ社会そのものに適合しえたかを問うべきであるかも知れない。繰返していうが、カタリ派教義は現世の特定の在り方を断罪したのではなく、社会と人生を全体として否定しているからである。ただ、この問題に接近するに先立って、南フランスにおける同派の展開について確認しておくべきことがある。

（1）ドメニコ会の創設とカタリ派とのかかわりについては、M.-H. Vicaire, Histoire de saint Dominique. Paris, 1957. I. p. 119 sqq.; CF. I. Saint Dominique en Languedoc. 1966

（2）J. Duvernoy, Guilhabert de Castres. CEC. XXXIV, 1967. pp. 32–42; id., Bertrand Marty. CEC. XXXIX, 1968. pp. 19–35; GI. I, p. 203. 以上はいずれも供述の証言からこれら高名の異端の軌跡を復原しようとしている。過去の経験を供述するに当って供述者は紀元による絶対年代を用いず、極めて曖昧な何年前頃という言い方をするのが常であるため、軌跡の再構成に正確さを期待することは不可能だが、活動の規模を推測するには十分である。またギローは、ここに挙げた三名が同時にトゥールーズ教団の首長であったとし、カルカッソンヌについても複数司教並立を考えている。司教在世中にあらかじめ第一継承予定者たる大子に司教叙任を行う手続があるので、理論上司教並立はあり得るが、ギローの場合は後年の供述に出る肩書を溯及させたもので単純な誤解である。――下位の異端の軌跡を再構成しようとした試みは、Y. Dossat, Le catharisme en Quercy et Albigeois vers le milieu du XIIIe siècle. CF. III, 1968. p. 280 sqq. に見出すことができる。ロット、アヴェイロン、タルン三河の上流部山岳地帯において、巡回の範囲は長径一〇〇キロに達している。

（3）〈Tunc dictus Guillermus de Mauriano respondit quod quia ipse testis habebat familiam et multos pueros in domo sua non remanerent ibi ad cenam, set irent et cenarent in domo compatris dicti Guillermi de Mauriano ubi haberent secretam cameram sine ploratu puerorum. Quem compatrem ipse testis intellexit esse Raymundum Augerii〉. ALB. p. 160.

（4）〈dictus B. Maurini adduxit ipsum testem quadam nocte ad videndum haereticos ad quemdam ortum dicti B. Maurini et fratrum suorum, et vidit ibi ipse Bernardum Sabaterii et Guillelmum de Raissaco, socium ejus hereticos. Et erant ibi ipse testis et predictus B. Maurini et ibi ipse doctus a prefatis B. Maurini, et ab ipsis hereticis adoravit ipsos hereticos〉〈idem B. Maurini adoravit ibidem predictos hereticos sicut dictum est ipse teste vidente et ambo audiverunt ibi monitiones eorum. Quo facto ipse et dictus B. Maurini redierunt ad propria et heretici tenuerunt viam suam〉. J. B. Belhomme, op. cit., MSAM. VI, p. 133.

この供述書断片は、裁断転用された形であい次いで発見された史料である。オート・ガロンヌ県立文書館 ms. 124, 204. ベロンムの刊行した部分のほか H. Blaquière et Y. Dossat, Les cathares au jour le jour. Confessions inédites de cathares quercynois.

CF. III, 1968. pp. 262-276に印刷されており、両者あわせて残存部分のほとんどすべてを知ることができる。

(5) ⟨in quodam casali subtus avellantenum⟩ ; ⟨in nemore⟩ ; ⟨in quadam cabana⟩ ; ⟨in quodam campo Petri de Paites⟩ ; ⟨in domum Guillelmi de Gomervila⟩. Belhomme, op. cit., MSAM. VI, pp. 133, 134.

(6) ⟨se vidisse Petrum de Prato et Guillelmum de Raissaco socium ejus hereticum⟩ ; ⟨se vidisse Isibardam et sociam ejus hereticas⟩ ; ⟨vidit ibi cum predictis hereticis Raimundum de Rocavilata, Petrum Poncium et Bernardum de Rocavilata⟩ ; ⟨Petrus de Prato et Vital socius ejus heretici duxerunt ipsum⟩ ; ⟨invenerunt ibi Guillelmum Mota et socium ejus⟩ ; ⟨erant ibi Poncius de Gomervila et socius ejus cujus nomen nescit heretici⟩ ; ⟨Guillelmus Ricardi et Ramundus Guillelmi socius ejus heretici qui venerunt ibi ipsa nocte duxerunt ipsum⟩. ibidem, pp. 133-135.

(7) ⟨adoraverunt predictos hereticos in adventu et in recessu⟩. ibidem, p. 133.

(8) ⟨comedit ibi cum predictis hereticis ad eandem mensam de pane benedicto ab ispsis hereticis et alimentis, mense appositis et in quolibet genere cibi noviter sumpti et in primo potu dicebat ipsa bonum⟩. ⟨et heretici respondebant Deus vos benedicat⟩. ibidem, p. 134.

(9) ⟨ipse testis adduxit Stephanum Donati de Monte Gallardo ad videndum hereticos in nemore quod dicitur de Vilella⟩. ibidem, p. 134.

(10) ⟨venerunt apud Gajanum in domum Petri Laurentii qui recepit predictos hereticos et ipsium testem ibi et steterunt ibi per unum diem comedentes ibi ipsa volens. Testis nescit an de bonis ipsius domus an de bonis hereticorum⟩. ibidem, p. 135.

(11) ⟨venerunt apud Cuelha in domo Arnaldi de Lescura et steterunt ibi per unam diem et unam noctem qua venerunt ibi comedentes de bonis predicte domus⟩. ibidem, p. 136.

(12) ⟨Hereticavit predictam infirmam modo et forma superius expressa cui hereticationi interfuerunt ambe mulieres predicte et Bernadus Bernerius qui de novo recessit in Lombardiam ad hereticos et Arnaldus Ribieira et Ramundus Folguerii, frater Petri Folguerii qui adduxit ibi ipsum testem et socium ejus hereticum et facta hereticatione omnes predicti adoraverunt ipsum testem et socium ejus hereticum⟩. ⟨predicta infirma nichil legavit ipsi testi nec socio ejus heretico. Quo facto ipse testis et predicti heretici exiverunt inde et predictus Ramundus Folguerii duxit et associavit eos usque ad domum supradicte Bernarde Folguerie et Poncii Folguerii viri ejus⟩. ibidem, pp. 136, 137.

(13) ⟨Bernardus Gairaudi qui aufugit duxit ipsum testem et socium ejus hereticum videlicet Ramundum de Manso ad aream

Petri Oliba et venerunt ibi ad videndum ipsum testem et socium ejus hereticum Bernardus Oliba et Petrus Oliba fratres de Verduno et ibi ambo adoraverunt ipsum testem et socium ejus hereticum et audiverunt predicationes eorum et steterunt ibi per magnum spatium noctis et recesserunt inde et intraverunt quoddam nemus prope dictam aream et in crastinum Petrus Oliba et Bernardus Oliba fratres aportaverunt eidem testi et socio ejus heretico panem et vinum〉. 〈et inde dictus Ramundus Barrieira et Bernardus Gairaudi duxerunt et associaverunt ipsum testem usque ultra Becedam et ibi ambo predicti adoraverunt ipsum testem et socium ejus hereticum et dimiserunt eos ibi et reversi sunt ad propria〉. ibidem, p. 138.

(14) 〈dum ipse et Petrus Stephani socius ejus hereticus stabant in nemore de Reitel venerunt ibi ad videndum ipsum testem et socium ejus hereticum Poncius Estampas et Thomas Andree et ibi in adventu et recessu adoraverunt ipsum testem et socium ejus hereticum et audiverunt predicationes eorum et comederunt ibi ambo predicti et dixerunt bonum secundum morem hereticorum〉. 〈predicti duxerunt et associaverunt a predicto loco ipsum et socium ejus hereticos usque ad locum qui dicitur Petra Alba et ibi ambo predicti adoraverunt ipsum testem et socium ejus hereticum et dimiserunt eos ibi〉. ibidem, p. 138.

(15) 〈quadam die cum ipse et Julianus socius hereticus essent in predicto nemore de Reitel quidam canis incepit latrare ipsis et ad latratum predicti canis venerunt 〈*sic*〉 ad ipsum et socium ejus Petrus Aycard de Verduno et petiit ab ipso teste cujusmodi homines essent ipse testis et socius ejus et ipse testis respondit ei recedatis inde quia faiditi sunt hic et incontinenti predictus Aycard recessit inde et tenuit viam suam. Interrogatus dixit quod predictus Petrus non adoravit eos ibi nec aliquid aliud fecit ibi adjecit quod predictus Petrus Aycard erat ibi custodiens bestiarum suum〉. ibidem, pp. 138, 139.

(16) 〈si adoravit eos vel vidit ab aliis adorari aut eis reverentiam exhiberi modo hereticali et de modo adorandi〉. GUI. I, p. 28.

(17) 〈vidit ipse testis quod dictus Poncius ministravit ipsis hereticis et ipsi testi unam placentam et bocellum vini et nuces. Et tunc dictus Raymundus del Boc hereticus benedixit panem secundum ritum suum et distribuit eis, et tunc dicti heretici, ipse Poncius et idem testis comederunt et biberunt ibi stantes pedes〉. ALB. p. 127.

(18) 〈si comedit de pane benedicto ipsorum et de modo benedictionis dicti panis〉. GUI. I, p. 28 ; 〈Loco vero consecrati panis eucharistie corporis Christi, confingunt quemdam panem quem appellant panem benedictum seu panem sancte orationis,

quem in principio mense sue, tenendo in manibus secundum ritum suum, benidicunt et frangunt et distribuunt assistentibus et credentibus suis〉. p. 12 ; 〈in principio mense, quando sint inter credentes vel inter se, benedicunt unum panem vel unam petiam panis, tenendo panem in manibus cum manutergio seu aliquo panno albo dependente a collo, dicendo orationem 《Pater noster》 et frangendo in parvas petias. Et talem panem vocant panem sancte orationis et panem fractionis, et credentes eorum vocant panem benedictum seu panem signatum, et de illo pro communione comedunt in principio mense et dant et distribuunt credentibus suis〉. pp. 18, 20.

(19) GI. I, pp. 178-180.

(20) C. Douais, Les hérétiques du comté de Toulouse. BICT. n. s. III, 1907. pp. 164-167. 五項目定型およびこれに次ぐ二項目は次の通りである。〈de visibilibus, quod Deus non fecerat ea, quod hostia sacrata non est corpus Christi, quod in baptismo et matrimonio non erat salus, et quod carnis resurrectio non erit〉. 〈quod filius Dei non fuit crucifixus, sed quidam latro in figura sua〉. 〈quod qualibet anima hominis circuibat tot corpora hominum quousque posset salvari〉.

(21) 例えば項目①だけについて見ても、「悪魔が目に見える物を造った」、「神は天地を造らなかった」、「神は移り行く現世を造らなかった」、「人体は悪魔の業である」、「神は花を咲かせも稔らせもしない。それは大地が自然に行うに過ぎない」、「神の国には肉も血もない」等々の表現がある。〈quod diabolus fecerat visibilia〉, 〈quod Deus non fecit celum et terram〉, 〈quod Deus non fecit ista transitoria〉, 〈quod corpus hominis erat opus diaboli〉, 〈quod Deus non faciebat florere, nec granare, sed terre hoc faciebant per se〉, 〈quod caro et sanguis regnum Dei possidebunt〉. ibidem.

(22) ペトルス・アウテリの説教は皮肉を交えてローマ教会を揶揄するに長じ、ヤコブス・アウテリのそれは論理的に明快、アンドレアスの語るところは前代未聞の混乱ぶりであったらしい。これはヴィダルが『ジャック・フルニエ審問録』記事について得た印象である。ギレルムス・ベリバスタは幻想的な説教をしたが、他の異端に比べれば著しく聞き劣りがしたという。J. M. Vidal, Doctrine et morale des derniers ministres albigeois, RQH. LXXXV, 1909. pp. 39, 40.

(23) 〈unus illorum hereticorum legabat in quodam libro〉. BT. ms. 609 cit. in GI. II, p. 152 ; 〈alter hereticorum tenebat unum librum in manu, et legit ibi〉. BN. ms. lat. 4269 cit. in C. Molinier, Un traité inédit. AFLB. V, 1883. p. 233 ; 〈dixit mihi in recessu quod mitteret mihi in brevi quendam librum, in quo erant plurima bona verba, et ibi cognoscerem rectam fidem〉. ibidem.

(24) 〈legebant in quodam libro et dicti heretici exponebant illud quod ipsi dicebant〉. Doat XXII cit. in DD. II, p. 98.

(25) 〈legunt de evangeliis et de epistola in vulgari, applicando et exponendo pro se et contra statum Romane ecclesie〉. GUI. I, p. 26.

(26) 〈erant Evangelia in romancio, et Epistole beati Pauli, ut sibi dixerunt, et legit de Evangelio per magnam pausam〉. BN. ms. lat. 4269 cit. in C. Molinier, Un traité inédit. AFLB. V, p. 234 ; 〈habebat Passionem in domo sua in romano〉. Depositions contre P. Garcias. 1247. DD. II, p. 97.

(27) 原本がリヨン市立パレ・サン・ピエール図書館手稿本三六号であるところから、この名で呼ばれる。クレダによる写真版の刊行〔CL〕があるが、それ以前から言語学者や文献学者によってよく研究されており、成立は十三世紀半ばとされる。異説にも十三世紀の枠を越えるものはない。カタリ派との関係が推論されるのは、第一に四福音書、行伝、黙示録、若干書簡のほかに純然たるカタリ文書『プロヴァンサル典礼書』が末尾に附せられていること、第二に言語特徴がタルン、オード、アリエージュ、およびガロンヌ上流の諸地方、つまりカタリ派展開範囲の方言のそれを示すこと、を根拠としている。前述のようにトゥーゼリエはより狭い地理範囲を考え、デュラン・ド・ユエスカとの関連を示唆した。とすれば『リヨン新約聖書』はワルドー派の聖書ということになる。言語地理学上の推論は別として、それではカタリ派の典礼書を含んでいることの説明がつかず、いまだ通説を覆すには足りないと考えられる。

(28) 〈dictus Grimaldus Donadei hereticus duxit ipsum testem in quandam rocam ubi erat maxima balma caverna ubi Grimaldus ille sciebat libros hereticorum, quos libros vidit ibi ipse testis et tenuit, et erant duo testamenta, tres libri et unus vocatus liber prophetarum, et credit quod libri illi adhuc sint in loco illo, et locus ille est in ripa fluminis d'Out super villam de Verrus〉. Y. Dossat et H. Blaquière, op. cit., CF. III, p. 263.

(29) 〈quidam nuncius venit pro ipso teste ex parte magistri Jacobi predicti quod statim veniret ad eum pro perhibendo testimonio. Et dum ipse testis venisset ad dictum infirmum invenit coram ipso decumbente Raymundum del Boc et Raymundum Desiderii hereticos, et cum eis B. de Polhanol et Entoral. Tunc dicti heretici predictum infirmum volentem et petentem hereticaverunt et in sectam suam receperunt altero hereticorum tenente manus dicti infirmi iunctas inter manus suas, dicendo evangelium Beati Johannis super caput eius et quedam alia verba que ipse testis non intellexit〉. ALB. pp. 139. 140.

(30) F. Niel, Monségur. La montagne inspirée. Paris, 1954 ; id., Albigeois et cathares. Paris, 1955. p. 108 sqq. ; id., Montségur. Temple et forteresse des cathares d'Occitanie. Grenoble, 1967. 彼の場合、モンセギュールの光明神殿説は年を追って計測が精

密化するにともない，強固となっている。遺構の構造については，第三作がもっとも詳しい。

(31) 〈invenit coram ipso decumbente Raymundum del Boc et Raymundum Desiderii hereticos〉. ALB. p. 175 et passim; 〈duos hereticos, quorum unus vocabatur Raymundus Godayl〉. ibidem, p. 201; 〈in illa domo in quadam camera erant duo hospites extranei〉. ibidem, p. 230; 〈cum ipse esset quadam nocte in platea apud Cavanachum, Guillelmus de Villandriz, de Cavanacho, venit ad dictum testem; et dixit ei quod duo homines erant in domo sua et volebant loqui cum dicto teste〉. Registre du notaire ou greffier de l'inquisition de Carcassonne 1250-1267. DD. II, 259.

極末期，ベリバストの敗残教団のごときは，ただ一人の異端とこれにつき従う帰依者たちが一団となってピレネー山中を彷徨したので，当然状況が異る。しかし，その前身に当るペトルス・アウテリの教団でも安全の許すかぎりペトルスは他の異端，多くの場合実子のヤコブスを伴って帰依者の家に現れている。

(32) 〈quis adduxit eos illuc et quantum steterunt ibi et qui visitaverunt eos ibi et quis inde eduxit eos et quo iverunt〉. GUI. I, p. 28.

(33) 〈audivit dictum P. dicentem quod frater R. Gros obiit in fide hereticorum, et quod miserat Andream Barbitonsorem nuncium ad Raimundum Petrum〉. Déposition contre Pierre Garcias. 1247. DD. II, p. 105.

(34) 〈audito nuncio venit ad eos ad dictum locum eadem die〉. ALB. p. 125.

(35) 〈Deinde conduxit dictos hereticos ipse testis usque ad hostium domus Guillermi Fenessa claudi ubi jacuerunt dicti heretici illa nocte, et ipse testis rediit ad domum suam〉. ibidem, p. 171.

(36) ibidem, p. 131.

(37) 〈quedam vocata Polharesa de Luzenaco concubina Guillelmi Bernardi de Luzenaco erat nuncia et ibant apud Lordatum, Ax, Taraschonem et Limosum〉. JF. II, p. 202; 〈quodque hiis non contentis nuncius fuisset dicti heretici, ad diversas personas missus per dictum hereticum et diversarum personarum responsa dicto heretico detulisset〉. ibidem, p. 170.

(38) 〈Item, frequenter duxisti et associasti hereticos de loco ad locum de nocte ac de die〉. LIMB. p. 35; 〈Item, fecit nunciationes aliquas pro dicto Petro Sancii heretico〉. ibidem, p. 159.

第一一章　南フランス教団の出現

1　異端気運の醸成

「戦士と平民あまた群がり住むヴェルフェイユの町《カストゥルム》へと急いだ。この町を冒した異端の病毒を一掃できれば、他の地の敵も容易に制圧できようと考えたからである。会堂にて、この地に重きをなす者どもを前にして説こうとしたところ、一同席を払って退去し、民もまたこれに従った。聖なる人は追うて広場に出で、神の言葉を伝えようとした。者どもあたりの家に入り、下々の民のみ少なからず囲りに集った。者ども大音を発し、扉を打鳴らし、説く声を聞かせず、神の言葉を妨げた。かの人、足をもって土埃を掻立て、彼らが塵たること、塵に帰る身たることを示す証しとした[1]」。

これはギヨーム・ド・ピュイローランス『年代記』の一節、「聖なる人」とはシトー会の、というより十二世紀聖界の大立物、クレールヴォー院長聖《サン》ベルナールである。ヴェルフェイユはトゥールーズの東およそ五〇キロ、南フランスの小邑。一一四五年の聖ベルナール南フランス伝道旅行の、それも旅程の終りに近い頃の出来事であった[2]。これに先立ち、彼は多くの町を訪れているが、トゥールーズでは市民が異端との対決討論を要求する始末であった。アルビではほとんど全市民が敵意もあらわに迎えながら、わずか二日後には感泣して服従を誓った[3]。彼をシトー会の父なる僧院からラングドック跋渉の旅に引出したのは、この地における異端アンリ派の蔓延である。ピサ教会会議ののち、アンリはトゥールーズ周辺地方に説教を再開し、一挙に教線を拡げた。「他国に立去る許しを得た後、新しき分派、新しき巡歴によって新しき非違の道をたどり始めた」。[4] 聖ベルナールが伝道行に出るに先立ってサン・ジル伯アルフォンスに送った書簡では、「会堂は民とともになく、民は牧者とともになく、牧者はふさわしき敬意とともになく、ついにキリスト教徒はキリストとともになし」。「かくのごとく神に逆いて行いかつ語るこの者(アンリ)、神より来れるにあらず。ああ、傷ましきかな。しかもこの者、衆人の耳を惑わし民に奉ぜらる」と信仰の荒廃を痛憤している。[5]

この時期のアンリ派は、もちろんピエール・ド・ブリュイとの邂逅によって尖鋭化した後の段階にある。同じ頃、南フランスの別の一角にもポンヌ(あるいはポンス)なる者を主唱者とする一群の異端の横行が伝えられた。現地の修道僧ヘリベルトゥスがこれを報じている。「さればペリゴールの地にあまたの異端がおこり、使徒的生活をなすと称し、三日に一度ごく少量のものを別として、肉を食わず酒を飲まず、日に百度跪拝し、金銭を受けず」。「何物も所有されてはならぬがゆえに、寄進はなすとも効なく、ミサは何物にも値いせず、聖餐は受くべからずという」。「十字あるいは主の聖像を拝せず、また拝する者たちを難ずる」。「すでにかかる邪説に、貴人らが財貨を打捨てて走ったのみならず、聖職の者、長老、僧尼らがあまた参じた」。「首魁の名はポンヌ」。[6] この一派もアンリ派の一分枝、少くともその影響下に発生した一派である可能性がある。

聖ベルナールに随行したジョフロワ・ド・クレールヴォーは、この時期の南フランス異端を「アリウス派」と呼んでいる。「この町(トゥールーズ)にはかの異端(アンリ)に心を寄せる者たち若干がいた。織布工《テクストーレス》の中にはアリウス派と呼ばれる者たちが少くなかった。この邪説に随う者は、この町の権勢ある者どもの中に多くいた」。[7] 織布工《テクストーレス》ないしこれと類縁の語もまた、しばしば異端、特に初発カタリ派と同義に用いられた、注意を要する語である。[8] トゥールーズの「織布工」も異端の意であるか単純平明に繊維職人を指しているか、俄かには判断できない。聖ベルナール自身も、南フランス伝道行とほぼ同年代の作『雅歌による説教』の中で、解説を加えて、「マニ派はマニが、サベリウス派はサベリウスが、アリウス派はアリウスが、エウノミウス派はエウノミウスが、ネストリウス派はネストリウスが、それぞれ始祖首魁であった」と述べている[9]。現地でこの段階の異端にアリウス派という呼称があったこと、教会の一部にこれを真正アリウス派とする認識があったことは確かである。実はアリウス派の呼称の用例はかなり広い。シャロン・シュル・マルヌ司教ロジェ（一〇四二—四八年）のリエージュ司教ワゾンあて書簡に「アリウス派の邪説」を報じた箇所があるのを最古例として[10]、十三世紀半ばに至るまでフランス全域にわたり、十数件の用例が知られている[11]。教義内容の必ずしも分明でない初期異端は別として、十二世紀後半になれば聖ベルナールの理解を離れて、「アリウス派」は完全にカタリ派の同義語となっている。アラス関係一一八三年の史料に、「これら異端には首長がない。彼らはマニ派とも、カタフリガエ派とも、若干の人たちによっては実にアリウス派とも呼ばれる。また、法王アレクサンデルはパタリニ派と呼んだ」とあるのはその一例である[12]。フランス南部でもギョーム・ド・ピュイローランスが、「私がまだ幼なかった頃、聖堂にいたその人のことをいう時、人々がアリウス派のベルナール・レモンと呼ぶのを聞いたことがある」と述べているが[13]、これはもとラヴォールのカタリ派で、一一七〇年に帰正してトゥールーズのサン・テティエンヌ聖堂参事会員となった人物のことである。

これによって見れば、聖ベルナール伝道時の、アンリの影響下にあった異端の教説はほとんどカタリ派であったと解してよいであろう。少くとも、およそ半世紀のちの現地では、カタリ派がその頃から連続していると認識していたのである[14]。

ただし、グリフは、トゥールーズの状況に触れる前引ジョフロワ書簡にさらに立入った解釈を加えた。アンリ派と織布工《テクストーレス》すなわちアリウス派とを別種の異端と解し、アンリがトゥールーズに到着した時、すでにこの町には後者が確たる地歩を築いていたと見るのである。もちろん、後のカタリ派は、後者の延長であって、前者のそれではなくなる。[15] 鋭い読み方ではあるが、俄かには左袒しがたい。ほかにこれを支持する材料がない上に、同書簡の後段は異端アンリを「アリウス派」の中に包括しているようにも読めるからである。すなわち、トゥールーズで聖ベルナールの説教の成功を次のように語っている。「されば、この者はアンリと呼ばれ、この者どもはアリウス派と呼ばれる。彼らが公衆の前に弁明に現れようとも、爾今何びとも彼らを受容れぬであろうと、人々は約した。アンリの逃亡やアリウス派の潜伏について語れば、余りにも長くなるであろう。彼らのうち市中にいた者は異象や奇蹟の現れるのを聞いて逃げ、幇助者は彼らを捨てた。この町より異端汚染は完全に掃われたものと信ずる」[16]。「アリウス派」とアンリ派の異同の問題はどうであれ、十二世紀四〇年代におけるアンリの活動が決定的に南フランスの土壌を異端のために耕したことに変りはない。

聖ベルナールの巡回は、しかしながら、その最後の日程において完全に失敗した。ギョームの『年代記』は、続けていう。「その場を離れ町を見返りつつ、呪咀を投じて言った。ヴェルフェイユよ。神、汝を荒野と化したまわんことを」。「さて古き文書に誌すごとく、その頃この町《カストゥルム》には、旌旗帯びたる軍馬と武具を有する騎士百家が存した」[17]。随行のジョフロアがクレールヴォーなる故郷の僧院に書送った文面には、次の句が見られる。「この邪説、主に撃たれて遠からず終熄せんは必定と信ずる。さりながら、かくも謬妄の説に惑わされた国には長期にわたる伝道が必要であろう」。そして次の認識は注目に値する。「実に我らは、頑迷の騎士あまたを見出す。我らの見るところでは、これは信仰の過誤によるよりもむしろ貪婪と邪欲に根ざす。けだし、この者どもが聖職者を憎んでアンリの徒を歓び迎えるは、悪業の機会と口実をいずこに求むべきかを教えるがゆえである」[18]。

ヴェルフェイユは小邑である。いわば、やや大きい目の農業集落にすぎない。しかも丘陵地に位置を占め防備を施し、都市風の景観を呈し、ラングドックの居住様式の一典型をなしている。ラヴォール、ミネルヴ、ファンジョー、サン・フェリクス、ロンベルス等、しばしば異端との関連で問題となる、城《カストゥルム》と呼ばれるこの種の集落には中小ないし零細領主が群居している。彼らの異端傾斜がラングドックに特徴的な現象だったし、またこれこそ異端問題の重大化を招いた原因だった。ヴェルフェイユの「百騎士」はその典型である。聖ベルナール伝道行の十二世紀四〇年代、すでに後年の構図は完全に姿を現しているということができる。しかも、「頑迷の騎士」に着目したジョフロワは、その動機を解析して、信仰問題もさることながら、むしろ世俗的要求と異端との適合を指摘している。あの禁欲と拒否に貫かれたカタリ派教義が果して彼らの欲求を解放し得たか、解放し得たとすればその理由はどこにあるかの問題は改めて考えねばならないが、後年異端運動が全面化した段階でも彼らの多くは異端の同調者、幇助者であって、異端そのものではない。ジョフロワの観察はまことに犀利であった。こうして南フランスにおける異端拡大の条件は完全に成熟しているが、異端の教団組織がどの程度確立していたかはいまだ疑問である。聖ベルナールを迎えて、例えばトゥールーズやアルビが示した極端な敵意から熱烈な服従への急転回、その独特の浮動性は、いまだ教説流布の段階で教団確立に至っていないことを思わせる。カタリ派が救済の機縁を秘蹟に求める、したがって教団組織を不可欠とする異端であったことから見れば、これは南フランス・カタリ派史の前夜であったと言えるであろう。

聖ベルナールの介入は、教会側の異端問題の認識にとっても劃期的な意義を有した。彼のもとにはすでに諸方から異端に関する報告が寄せられていたが、彼の鋭い危機意識と聖界における地位はよくこれを集約して最高次元の教会政策に反映させることができたからである。(19) また、少くとも南フランスの異端対策に関するかぎり、法王代理の現地派遣ないし現地駐在からアルビジョア十字軍の領導に至るまで、彼の属するシトー会の指導権が確立する。それはドメニコ会の登場と彼らによる異端審問の開始まで続く。

一一六三年法王アレクサンデル三世がトゥールに開催した会議の決議第四条は、特にトゥールーズ地方の異端問題を取上げた。一一六五年にはロンベルスに現地教会会議が召集される。トゥール会議の決議に則って具体策を講ぜんとするものであったが、殺到した住民は異端オリヴィエとの公開対論を要求し、結果的に異端をして気勢を挙げさせるに終った。この時、オリヴィエ以下はみずから善信者《ボヌス・ホモ》と称した。[20] そして一一六七年にはサン・フェリクスにニクィンタを迎えて、異端側の宗教会議が開催される。七〇年代に入れば、教会側の動きも俄かに慌だしい。一一七八年法王代理ピエール・ド・パヴィが派遣され、[21] 七九年には第三次ラテラノ教会会議は、決議第二七条に南フランス異端対策を織込んだ。翌八〇年アンリ・ド・マルシが法王代理として派遣された。[22] 八四年ルキウス三世のヴェロナ勅令『滅ぼすべきは』Ad abolendum は、「受礼者《コンソラーティ》たると、帰依者《クレデンテス》たると、完徳者《ペルフェクティ》たるとを問わず」およそ異端に手を貸すあらゆる者に呪咀を投じた。[23] 後の十字軍宣布は、この原則の延長線上にある。大法王インノケンティウス三世が登極するや、対策は俄かに強化された。一一九八年からピエール・ド・カステルノーが法王代理として駐在し、重ねてアルノー・アマルリックが追派された。やがて前者の殺害事件は十字軍の直接の契機となるし、後者は教会から附された代表として十字軍に号令することとなる。[24]

教会側の現地介入が濃やかになるに伴って、異端に関する史料も密度も次第に高くなる。汚染地域として、ラテラノ決議以下法王庁の文書は常套的にガスコーニュ、トゥールーザン、アルビジョアを挙げるが、これはむしろ聖ベルナール以来の伝統であろう。[25] 具体的に事件が続発する地点として、六〇年代にはアルビの南に位置する大小の町《カストゥルム》が目立つが、八〇年代以後になるとさらに南、トゥールーズからカルカッソンヌを経てナルボンヌに至る街道の周辺、中でもローラックを中心とする地域、いわゆるローラゲェのそれが顕著となる[26]。十三世紀に入って知られる問題地点は遥かに広い範囲にわたるが、その段階でもこの街道の周辺が最高密度の異端地域であることに変りはない。おそらく十二世紀末から十三世紀初頭にかけてが、南フランス・カタリ派の急速な展開を見た時期である。審問法廷で異端の横行を目撃したとする供述の年代は、ほぼこの時期に集中する。もっとも詳細な供述書の作製は十三世紀四〇年代以後のことに属し、供述人の記憶の溯りうる上限はまずこの辺りであろうから、より早期から異端化の徹底は始まっていた可能性も皆無ではない。ともあれこの時期、異端は何の警戒も用いず白昼公然と活動しているし、拠点のため、あるいは共同生活のための家屋を所有し、さらには専用の墓地すら設けている。一二四五年の審問で、ギョーム・ド・ラグラスは四〇年以前の体験を陳述している。すなわち、「モンモールにても、ミルポアにても、ローラックにても、その他の地にても、異端らが他の(一般の)者と同じく公然と居住し説教するを目撃した。同地のほとんどすべての者たちは参集して彼らに耳を傾け、かつ礼拝したのである」。類似の陳述は枚挙に遑もない。「モンテスキューにて、公然と異端の居住する家一〇軒以上を見た。またトゥールーズ貨三〇〇ソリディにて異端らに家一軒を売った。これは三五年前のことである」。「ラガルドにて、ギョーム・デル・ソリエとその随行者が広場で町の住民を前に説くのを見た」。「カンビアックのすべての成年男女については、異端に従うを望まぬデル・グリル三兄弟ならびにアルナルドゥス・アウゲリの妻女トーサを除き、ことごとく帰依者であったと信ずる」。「カラマン、ランタあるいはヴェルフェイユにては、異端に冒されずに終った者は僅少である[27]」。「また、ミルポアにて、六〇〇名に達する異端らの大いなる会合を見た。彼らは異端内部に生じたある種の問題を解決すべく参集したのである。およそ四〇年以前のことである」。これは一二〇六年のことと推定されている。十字軍が接近した時、ロックフォールに周辺の異端が集結した。「トゥールーズ司教区ロックフォールにて三〇〇あるいはそれ以上の異端を見た。彼らはモンフォール伯の軍のゆえにこの町に退いたのである。当時、本証人は同町の城壁内に住み、幾度も異端が説くのを聞いた」[28]。大都市の場合は、さすがに零細町《カストゥルム》のように全住民が異端に傾斜することはないにしても、それでも異端が自由に通行できたことに変りはない。附言すれば、ワルドー派異端がラングドック地方に進出して来るのも、このカタリ派最盛期である。一二〇四年頃のこととして、「エーグヴィーヴの教会に全住民を集めてワルドー派の者たちが公然と説くのを見た」という証言もある[29]。両派が指導者次元で対立したのは周知の事実だが、一般民衆の対応は果してどうであったろうか、実態を知りえない。

ところで、カタリ派が真正カタリ派として南フランスに定立した時期は、単なる教説の弘通でなく、教団が組織され司教が置かれた時点に求められねばならない。この点で南フランスに四教団を設定したサン・フェリクス異端会議の一一六七年は、重要な劃期である。十二世紀末以降になれば異端司教たちの行動が知られるから、教団の定着そのものに疑いはない[30]。しかし、サン・フェリクス会議を伝える唯一の史料『宗会要録』には贋作の疑惑がつきまとう。確実かつ明示的な史料によって教団設立を知りうるのは、十三世紀のラゼスおよびアジャン両教団だけである[31]。

実は、手稿本史料ならいざ知らず、片々たる刊本史料でありながら、『宗会要録』ほど、真純性をめぐって激烈な攻撃と強力な擁護を受け、片言隻句に至るまで徹底的な検討を受けた例はほかに少い。論争の過程で新たに発掘された事実や問題点も、決して少くなかった。南フランス・カタリ派に接近しようとする場合、一度は逢着せざるを得ない史料であるだけでなく、どこまでが我々の確実な知識でどこからがそうでないかを確認するためにも、次に『宗会要録』問題を再追跡して整理を加えて置きたい。

（1） ⟨Et ad castrum Viridisfolii, quod eo tempore vernabat militari multitudine et vulgari, duxit accutius accedendum, intendens ut, si forte posset ibi extinguere hereticam pravitatem, que locum ipsum multum infecerat, facilius contra eam in locis aliis prevaleret. Cumque cepisset in ecclesia sermonem proponere contra eos qui majores erant ibi, ecclesiam exierunt, quos et populus est sequtus. Quos vir beatus sequens, in platea cepit proponere verbum Dei. Illi autem per domos undique latuerunt, eo tamen plebecule circumstanti nichilominus predicante. Sed eis perstrepentibus et fores percutientibus, ut nec plebs posset percipere vocem ejus, et alligantibus verbum Dei, excusso pedum pulvere in testimonium illis ut eos esse pulverem et reversuros in pulverem declaret〉. J. Duvernoy (éd.), Chronica magistri Guillelmi de Podio Laurentii. Paris, 1976. p. 26.

ギヨーム・ド・ピュイローランス『年代記』の記事は一一四五年から一二七二年に及ぶ。刊本は数種類あるが、J. Beyssier (éd.), Guillaume de Puylaurens et sa chronique. IIIe Mélanges d'histoire du moyen âge sous la direction d'A. Luchaire. BFLP. XVIII, 1904. pp. 116-175 および現代語訳を併収した上引 J. Duvernoy 版がもっとも信頼できる。

作者ギヨームについては、一二四五年のトゥールーズ伯レモン七世文書に副署人として「伯礼拝堂付司祭ギヨーム・ド・ピュイローランス」〈magister Guillermus de Podiolaurentio capellanus domini comitis〉. LTC. II, p. 604 の名があり、他方一二五三年から七四年にかけての審問記録に書記として同じ名が散見されるところから、ピュイローランスの出身、同地教会の司祭とレモン七世の礼拝堂付司祭を兼務ないし歴任し審問事務にも関与した人物と解されて来た。これに対しドッサは、作品内容がもっぱらトゥールーズ司教に密着してかならずしも伯の立場に即しないこと、トゥールーズの事件に詳しくピュイローランスに冷淡なことを理由に、同名人物二名の存在を想定し、伯礼拝堂付司祭は年代記者とは別人と主張した。そして、ベルナール・ギイ『ドメニコ会諸僧院設立史』に「ピュイローランス主任司祭にしてトゥールーズ市民出身なるギヨームがその年代記に述べ」云々とある箇所を指摘して論拠とした。〈Guillermus, rector ecclesiae de Podio Laurencii, origine tamen civis Tholosanus, in suis chronicis prosequitur〉. P. A. Amargier (éd.), De fundatione et prioribus conventuum provinciarum Tolosanae et provinciae Ordinis Praedicatorum. MOFPH. XXIV, 1961. p. 143. ドッサの再構成するところによれば、年代記者ギヨームの経歴は次の通りである。一二〇一年ないしその翌年トゥールーズに生れ、長じてフルク・ド・マルセイユおよび次代司教レモン・デュ・ファルガの側近となり、おそらく書記の役を務めた。一二三七年までに聖職に入りピュイローランス主任司祭の地位を得たが、その後もほとんど常にトゥールーズに在住、審問にも参加し、司教側近の立場から諸事件にかかわった。歿年は不明ながら、一二七四年にはなお健在であった。Y. Dossat, Le chroniqueur Guillaume de Puylaurens était-il chapelain de Raymond VII ou notaire de l'Inquisition toulousaine? AM. LXV, 1953. pp. 343-353; id., A propos du chroniqueur Guillaume de

Puylaurens. FLPG. XXII, 1967. pp. 47-52.

『年代記』の立場は、ドッサの表現に従えば、トゥールーズ司教に密着しており、異端という罪過の惹起した一連の結果を追跡することに主たる関心があった。この点の理解では、ベイシエはやや違っている。彼はカトリック的なピエール・ド・ヴォーセルネイ『アルビジョア史』、南部現地の感情を反映した『十字軍の歌』に対してギヨームを「国王的」と規定している。十字軍の行動を積極的に評価している点に着目した結果である。この点ドッサの判断がより自然と思われる。J. Beyssier, op. cit., p. 108 および id., Note additionnelle à l'étude sur Guillaume de Puylaurens. IVᵉ Mélanges. BFLP. XX, pp. 233, 234 参照。

（2） 聖ベルナールの伝道旅行は一一四七年とするのが定説だが、一一四五年とするのがおそらく正しい。GR. I, pp. 21, 32.

（3） HGL. III, pp. 742, 745.

（4） 『ル・マン司教事績録』〈Cui postquam permissio concessa est abeundi ad aliam provinciam, nova secta, novo cursu, novum iter assumpsit delinquendi〉. Ex Gestis Pontificum Cenomannensium. RHGF. XII, p. 554.

（5） 〈Basilicae sine plebibus, plebes sine sacerdotibus, sacerdotes sine debita reverentia sunt, et sine Christo denique Christiani〉. 〈Non est hic homo a Deo, qui sic contrario Deo et facit et loquitur. Proh dolor ! Auditur tamen a pluribus ; et populum qui sibi credat habet〉. S. Bernardi epistola ad Hildefonsum comitem S. Aegidii. MPL. CLXXXII, c. 434.

（6） 〈Surrexerunt enim in Petragoriensi regione quamplures haeretici, qui se dicunt apostolicam vitam ducere, carnes non comedunt, vinum non bibunt, nisi permodicum tertia die ; centies in die flectunt genua, pecuniam non recipiunt〉. 〈Eleemosynam nihil esse ; quia unde fieri possit, nihil debere possideri. Missam pro nihilo ducunt, neque communionem percipi debere dicunt〉. 〈Crucem, seu vultum Domini non adorant, sed adorantes prohibent〉. 〈In hac seductione quamplures jam non solum nobiles, propria relinquentes, sed et clerici, presbyteri, monachi et monachae pervenerunt〉. 〈Princeps eorum Ponnus vocatur〉. Epistola Heriberti monachi. TNA. I, c. 453.

（7） 〈Paucos quidem habebat civitas illa qui haeretico faverunt, de textoribus quos Arianos ipsi nominant nonnullos. Ex his vero qui favebant haeresi illi plurimi erant, et maximi civitatis illius〉. Epistola Gaufredi monachi Clara-Vallensis. MPL. CLXXXV, c. 411.

（8） 一例を挙げれば、既述エクベルト『説教』に「織布の慣行を有するによりテクセラントと呼ぶ」とあった。MPL. CXCV, c. 13.

（9） 〈Manichaei Manem habuere principem et praeceptorem, Sabelini Sabelium, Ariani Arium, Eunomiani Eunomium,

Nestoriani Nestorium...〉. Sermones in Cantica. MPL. CLXXXIII, c. 1094.

(10) 〈Arianae haereseos〉. Gesta pontificum Trajectensium et Leodiensim. VAC. IV, c. 900. 同書は少し前で同じ異端をマニ派と呼んでいる。なお，この書の一部を抽出したものが，いわゆる『ワゾン伝』Vita Vasonis. MPL. CXLII, cc. 725-764 である。

(11) Y. Congar, "Arriana Haeresis" comme désignation du néo-manichéisme au XIIe siècle. RSPT. XLIII, pp. 449, 450.

(12) 〈Isti haeretici nullius heresiarche muniuntur praesidio ; quidam dicunt Manicheos, alii Catafrigas, nonnulli vero Arrianos, Alexander autem papa vocat eos Paterinos〉. Sigeberti Continuatio Aquicinctina. MGH. VI, S. 421 cit. in Y. Congar, op. cit., p. 454.

(13) 〈Meminique quod cum essem infans, illum qui fuerat in ecclesia cathedrali audiebam Bernardum Ramundi arrianum, quando de ipso fiebat mentio appellari〉. J. Duvernoy (éd.), Chronica Guillelmi de Podio Laurentii. p. 28.

(14) 事実関係としてカタリ派に対して古代アリウス派から直接の影響があったとは，まず考えられない。ただ，このはなはだ特徴的な呼称の適用の理由については，諸説がある。例えば，南フランスがかつてアリウス派蛮族王国西ゴートの領域であったことから，長くその記憶が残ったとする説もある。これにはカステルノーダリ Castrum Novum Arii の地名解釈も援用される。しかし，この呼称はまず北方で始まっているので，この説は当らない。また，カタリ派がアリウス派と同じく三位一体説を否定するところから類同視されたとする説もある。しかし究極のところ新たな脅威に直面した時，古代の代表的な異端たるアリウス派の名が想起されたので，当初はいわば大異端という程度のごく一般的な内容しかもたなかったとするコンガールの指摘が，平凡ながらもっとも自然かと思われる。

(15) GR. I, p. 34, sqq.

(16) 〈Vocatus est ergo Henricus, vocati sunt Ariani ; et pollicitus est populus, quod nemo eos deinceps susciperet de caetero, nisi venirent et palam loquerentur. Fugas Henrici, et Arianorum latibula longum est enarrare. Fugerunt siquidem qui in civitate erant Ariani, audientes signa et mirabilia quae fiebant. Fautores eorum abnegaverunt eos, et credimus omnino perfecte liberatam civititatem ab omni haereticae contagio pravitatis〉. Epistola Gaufredi. PL. CLXXXV, c. 412.

(17) 〈exivit ab eis, et ipsum castrum respiciens, maledixit dicens ; Viridefolium, desiccet te Deus〉. 〈Nam eo tempore, sicut antiqua tenet relatio, erant in eodem castro centum hospitia militum, equos cum intersignibus et arma habentium〉. J. Duvernoy (éd.), Chronica Guillelmi. p. 26.

(18) 〈Credimus annuente Domino malitia ejus finiendam brevi. Terra tam multiplicibus errorum doctrinis seducta, opus haberet longa praedicatione〉. 〈Milites quidem nonnullos invenimus obstinatos, sed non tam errore, ut nobis videtur, quam cupiditate et voluntate mala. Oderunt enim clericos ; et gaudent facetiis Henrici, et quia id loquitur eis unde occasionem habeant et excusationem malitiae suae〉. Epistola Gaufredi. MPL. CLXXXV, c. 412.

(19) J. Leclercq, L'hérésie d'après les écrits de S. Bernard de Clairvaux. Lourdaux et Verhelst (éd.), The concept of heresy in the middle ages. International Conference. Louvain, 1976. p. 12 sqq.

(20) 〈quidam qui faciebant se appellari Boni-homines〉. Acta Concilii Lombariensis. C. Douais, Les Albigeois. Pièces justificatives, no. 8. p. xiv.——開催地が Lombers (Albigeois) であって Lombez (Toulousain) でないことの考証については HGL. VII, note originale 1. pp. 1-4.

(21) H. Delehaye, Pierre de Pavie, légat du pape Alexandre III en France. RQH. XLIX, 1891. p. 5 sqq.; M. Pacaut, Les légats d'Alexandre III. RHE. L, 1955. p. 821 sqq.; Petri S. Chrysogoni epistolae. MPL. CIC, cc. 1119-1124.

(22) Epistola Henrici Albanensis episcopi ad omnes Christi fideles. MPL. CCIV, cc. 235-240.

(23) E. Peters, Heresy and authority in medieval Europe. London, 1980. p. 171.

(24) A. Luchaire, Innocent III. La Croisade des Albigeois. Paris, 1906. p. 69 sqq.; GR. II, p. 6 sqq.; C. Douais, Les Albigeois. p. 496 sqq.

(25) トゥール会議決議第四条には〈In partibus Tolosae damnanda haeresis dudum emersit quae paulatim modo cancri ad vicina loca se diffundens per Guasconiam et alias provincias quamplurimos jam infecit〉とあり，ラテラノ会議決議第二七章には〈in Gasconia, Albigesio et partibus Tolosanis et aliis locis〉とある。cit. in GR. I, p. 58, n. 7 et p. 116, n. 7.

(26) GR. I, p. 155 sqq., p. 193 に基づいて問題の町《カストゥルム》の一覧を作ることも可能である。グリフはこの種の町《カストゥルム》の小領主層と異端との関係について重要な指摘をしている。

(27) 〈Apud Montemmaurum et Mirapiscem et apud Lauracum et multis aliis locis terrae, vidit hereticos publice stantes sicut ceteri homines et predicantes et fere omnes de terra conveniebant audire predicationem eorum et adorare eos〉. BT. ms. 609 cit. in GI. I, p. 262, n. 2 ; 〈apud Monteschivum vidit plus quam X mansiones hereticorum publice existentium et vendidit hereticis quandam domum pro CCC sol. tol., et sunt XXXV anni〉. BT. ms. 609 cit. ibidem, p. 264, n. 3 ; 〈vidit apud Guardam W. del Solier et socium ejus hereticos predicantes in platea, presente populo ejusdem castri〉. BT. ms. 609 cit.

ibidem, p. 264, n. 5; ⟨credit de omnibus hominibus qui aetatem habent de Cambiaco, praeterquam dels Grils qui sunt tres fratres, qui noluerunt dari hereticis, et preter Thosam, uxorem Arnaldi Augerii, sunt credentes⟩. BT. ms. 609 cit. ibidem, p. 265, n. 2; ⟨pauci homines moriebantur apud Caramanhum vel Lantarium vel Viridefolium quin hereticarentur⟩. BT. ms. 609 cit. ibidem, p. 265.

(28) ⟨vidit apud Mirapiscem magnam congregationem hereticorum usque ad sexcentos hereticos, qui venerant ibi pro quadam questione determinanda quam faciebant heretici inter se et sunt LX anni vel circa⟩. Doat, XXIV cit. ibidem, p. 269, n. 5; ⟨Apud Rocafortam, diocesis Tholosanae, vidit bene CCC hereticos et amplius qui se receperunt in eodem castro propter guerram comitis Montisfortis, et tunc ipse testis stabat in munitione ipsius castri et audivit multoties haereticos praedicantes⟩. Doat. XXIV, cit. ibidem, p. 263, n. 6.

(29) ⟨dicit se vidisse pluries quod valdenses predicabant publice in ecclesia de Aquaviva, convocato toto populo⟩. Doat, XXIII cit. ibidem, p. 271, n. 3.

(30) 南フランス教団と司教の一覧は A. Borst, op. cit., SS. 231-235. 史料所出状況は Gl. I, p. 201 sqq.

(31) ラゼス教団設立のためのピウス Pieusse 会議は、レモン・ジャン・アビアなる者の一二三八年の供述に詳しい。事件は一二二五年である。ドア文書には、ほかにもこの事件に触れる供述がある模様だが、次には右証人の供述を再引用しておく。

「前述の異端ら、本証人自身をも含めて、ピウスに集り、異端の家に入った。参集せる異端ら一〇〇名の多きに達し、中にはギラベール・ド・カストル、ポンス・ベルナール、ブノワ・ド・テルム、ベルトラン・マルタン・ド・タラヴェロ、レモン・アグレリ、ボンフィス・ド・カッセルその他がいた。これらは本証人の面識を有せざる者たちである。この時、この地にて、異端らは総会を催し、この会議にてラゼスの異端らがおのれらにも司教の与えられんことを求めた。その述べるところは次のごとくであった。我らにとって、緊要の際にトゥールーズあるいはカルカッソンヌの異端のもとにおもむくは不便極まる。なぜなら、いずれに属しいずれに服すべきか定かではないため、ある者はトゥールーズの異端に走り、ある者はカルカッソンヌの異端におもむくがゆえである。かくて、ラゼスの異端らに司教が認めらるべきこと、およびその者はカルカッソンヌの異端のうちより選ばれ、トゥールーズ司教の救慰礼と按手によって叙任さるべきこと、と決せられた。その通り取行われ上述ラゼスの者どもに対し司教としてブノワ・ド・テルムが与えられ、トゥールーズ司教ギラベール・ド・カストルが救慰礼と按手によって叙任を行った。しかる後、レモン・アグレリを大子、ピエール・ベルナールを小子となした」。⟨inde venerunt praefati haeretici et ipse testis cum eis apud Piussanum, et intraverunt domum haereticorum et invenerunt ibi plures haereticos congregatos usque ad centum ; inter quos erat Guilabertus de Castris, et Poncius Bernardi, et Benezet de Termino, et Bertrandus Martini de Travello, et Raymundus Agulerii, et Bonusfilius de Casser et alii, quos ipse testis non cognovit. Et ibi tunc haeretici fecerunt concilium generale, in quo concilio haeretici de Redesio petierunt et postularunt episcopum sibi dari, dicentes, quod non erat expediens eis quod pro necessitatibus suis adirent vel vacarent haeretici vel de Tholosano vel Carcassensi, quia nesciebant cui debebant esse submissi vel obedientes, et aliqui eorum ibant ad haereticos de Tholosano alii ad haereticos de Carcasseo. Et ita fuit deffinitum, quod episcopus concederetur eisdem haereticis de Redesio et quod persona assumeretur de haereticis Carcassensibus, et illi personae praestarent consolamentum et manus impositionem seu ordinationem episcopi haereticorum Tholosanorum. Quo facto, concesserunt praefatis de Redesio Benedictum de Termino in episcopum, cui Guilabertus de Castris, haereticorum Tholosanorum episcopus, praestitit consolamentum et manus impositionem seu ordinationem. Hoc facto fecerunt Raymundum Agulerium filium maiorem et Petrum Bernardi filum minorem〉. Doat, XXIII cit. in A. Dondaine, Les actes du concile albigeois de Saint-Félix-de-Caraman. ST. CXV, 1945. pp. 348, 349.

アジャン教団設立については、一二四五年の供述に一五年以上の昔とあるので、逆算して一二三〇年以前となる。「異端の司教ギラーベール・ド・カストルがモンセギュールにおいていくつかの叙任をなし、アジャンの異端の司教としてテントーを、アジャンの大子としてヴィグルー・ド・バコーナを、トゥールーズの大子としてジャン・カンビエールを、それぞれ叙任するを目撃した」。〈se vidisse quod Guilabertus de Castris, episcopus haereticorum, fecit ordinationes apud Montem securum et ordinavit Tento episcopum haereticorum in Agennensi et Vigoros de la Bacona filium maiorem haereticum in Agennensi, et Johannem Cambiaire filium maiorem haereticum in Tholosano〉. Doat, XXII cit. ibidem, p. 330, n. 9.

2 サン・フェリクス異端会議

『宗会要録』(1) 最古のテキストは、一六六〇年、ギヨーム・ベスが『ナルボンヌ君侯史』の末尾に附して発表して、初めて世に知られた(2)。以来多くの書物や史料集に転載を繰返すうちに、一六六〇年刊本とは若干の相違のある流布テキストが生じた(3)。末尾記載の年代が一二三二年(ベス版)から一二二二年に動いたのはおそらく誤植の継承であろうが、ベス版テキストが不明快なラテン語で、しかも略綴や略号を頻用しているため解釈を加えた流布テキストの成立する余地が、最初からあったのである。次に掲げるのは、ベスが附した前書きを含むベス版テキストの全訳である(4)。

「アルビジョア派異端の反法王ニクィンタの文書。同人によりラングドックで行われた同派司教の叙任を述べたもの。トゥールーズ、サン・テティエンヌ聖堂参事会付僧侶、故カーズヌーヴ師から、一六五二年著者に伝達された。

「主の降誕の一一六七年五月、これらの日々、トゥールーズ教会は、法王ニクィンタをサン・フェリクスの町《カストゥルム》に招致した。トゥールーズ教会ならびに近隣諸教会の男女の大衆、法王ニクィンタ猊下の授け始めた救慰礼を接受すべく、この地に来会した。次いで、実にフランス人らの司教ロベール・デペルノン随行者とともに来り、ロンバルディアのマルクスも同じく随行者とともに来り、アルビ教会司教シカール・セレリエ随行者とともに来り、カルカッソンヌのベルナール・カタラ随行者とともに来り、さらにアラン教会の一行も同所にいた。

「かかる無数の者どもことごとく参集するや、トゥールーズ教会の者ども司教を有せんと欲してベルナール・レモンを選出した。同じく、ベルナール・カタラならびにカルカッソンヌ教会の随行者は、トゥールーズ教会の勧告と請求、シカール・セレリエ猊下の助言と要望と裁断に基づき、ジェロー・メルシエを選出した。アランの者どもはレモン・ド・カザルスを選出した。しかる後、実に、ロベール・デペルノン、フランス教会司教たるべく法王ニクィンタ猊下より救慰礼と叙任を受けた。同じくシカール・セレリエ、アルビ教会司教たるべく救慰礼と叙任を受けた。同じく、実にマルクス、ロンバルディア教会司教たるべく救慰礼と叙任を受けた。実にベルナール・レモン、トゥールーズ教会司教たるべく救慰礼と叙任を受けた。同じく、ジェロー・メルシエもまた、カルカッソンヌ教会司教たるべく救慰礼と叙任を受けた。同じく、レモン・ド・カザルス、アラン教会司教たるべく救慰礼と叙任を受けた。

「しかる後、法王ニクィンタ、トゥールーズ教会に対して語った。汝ら予に向い、原初諸教会の慣習の軽かりしや重かりしやを告げよと求める。されば、汝らに告げる。アジアの七教会は相互に区分され劃定されて、いかなる教会も他に対して紛議に至るがごとき何事もなさなかった。ロマーナ、ドロゴメティア、メレンギア、ブルガリア、ダルマティアの諸教会は区分され劃定されていて、一は他に対し紛議に至るがごとき何事をもなさず、かくて相互に平和を保つ。されば汝らも同じくなすがよい。

「実にトゥールーズ教会は分割役として、ベルナール・レモン、ギエム・ガルシア、エルマンゴー・ド・フォレ、レモン・ド・ベミアック、ギラベール・ド・ボンヴィラール、ベルナール・ギエム・コントル、ベルナール・ギエム・ボンヌヴィル、ベルトラン・ダヴィニョネを選んだ。実にカルカッソンヌ教会は、分割役として、ジェロー・メルシエ、ベルナール・カタラ、グレゴワール・ド・ショードマン、ピエール・ド・ショードマン、レモン・ポンス、ベルトラン・ド・ムーラン、マルタン・ド・イプサ・サラ、レモン・ギベールを選んだ。この者ども相会して討議を重ね、トゥールーズ、カルカッソンヌ両教会はそれぞれの司教区に区分されるべきであると述べた。すなわちトゥールーズ司教区は、ナルボンヌ大司教管区とは二箇所において分たれ、またカルカッソンヌ司教区とはカバレの町《カストゥルム》とオープールの町《カストゥルム》の間の山に向う線に沿って、まずサン・ポンスから、次いでセサックの町《カストゥルム》とヴェルダンの町《カストゥルム》の境界、さらにモンレアルとファンジョーの間へと達するように分たれる。両司教区はラゼスの一端よりレリダに至るまで区分され、かくてトゥールーズの側にある全部はトゥールーズがその権威と統轄のもとに保持し、同じくかくのごとく区分劃定されたカルカッソンヌ教会はその権威と統轄のもとにカルカッソンヌ司教区とナルボンヌ大司教管区の全部、ならびにレリダに至るまでの劃定された海の側の地を保持するものとする。かくて教会は、上記のごとく区分され、相互に平和と協調を保ち、他に対して紛議に至るがごとき何事をもなさぬものとする。

「右の件の立会人かつ保証者は、ベルナール・レモン、ギエム・ガルシア、エルマンゴー・ド・フォレ、レモン・ド・ベミアック、ギラベール・ド・ボンヴィラール、ベルナール・ギエム・コントル、ベルナール・ギエム・ボンヌヴィル、ベルトラン・ダヴィニョネ、ならびにカルカッソンヌ教会のジェロー・メルシエ、ベルナール・カタラ、グレゴワール・ド・ショードマン、ピエール・ド・ショードマン、レモン・ポンス、ベルトラン・ド・ムーラン、マルタン・ド・イプサ・サラ、レモン・ギベール。これらすべての者は、エルマンゴー・ド・フォレに命じてトゥールーズ教会の者のための文書を、ピエール・ベルナールに命じてカルカッソンヌ教会のための文書を、それぞれ作成せしめ、事実その通りになされた。

「右の者どもの権限において作成された教会区分の古き文書に基づき、ピエール・イザルン猊下、この写本を作成せしめた。八月一四日、月曜日。主の降誕の第一二三二年。ピエール・ポーリャ、求められ命ぜられて、これらすべてを転写した(5)」。

文中、教会ないし司教とあるのはいずれも異端側のそれである。司教区も大半は同様であるが、地理的位置表示の基準として用いられている場合は公教側のそれである。年暦表示における「主の降誕(化肉)」の語は、神経質に言えばカタリ派教義に適合しないが、一般慣用に従ったものであろう。異端領袖に尊称が附されている点、教団を教会と呼んでいる点、異端内部文書として首尾一貫している。パパ・ニクィンタは、法王ニクィンタと仮訳したが、パパがただの尊称であるにすぎぬことは、既述の通りである。サン・フェリクスの地名は南フランスに数箇所見出されるが、伝統的に附加されている限定詞ド・カラマンによって考えれば、現在のサン・フェリクス・ド・ローラゲェに同定できる。トゥールーズとカルカッソンヌのほぼ中間、当時異端化のもっとも濃密であった地帯に位置する。現在、戸数およそ二五〇、時間から取残されたような小邑である。教団名の大半については、説明を要しない。そのうち、アランは、ピレネー中央部北斜面、ガロンヌ水源部の小地域名で、通常ヴァルダランと呼ばれている。

教団境界に関する部分は特に構文不鮮明で意味を捉えるのに苦しむが、大筋においてカトリック教会行政区分のトゥールーズ司教区の東境とその南への延長線をトゥールーズ、カルカッソンヌ両教団統轄範囲の境界に定めるとの意に解される。当時の公教側教会行政区分では、トゥールーズ司教区もカルカッソンヌ司教区もともにナルボンヌ大司教管区に包摂されていた(これに対し、アルビはブールジュに下属)から、文中にいうナルボンヌ大司教管区は厳密な意味での管区《プロヴィンキア》ではなく、大司教直轄のナルボンヌ司教区でなければならない。一二九五年の再編成以前のトゥールーズ司教区は広大で、南端はセルダーニュへの入口、ピュイモラン峠にまで達していたから、その東境は長大な線を形成した。標示されている地名をつなぐと、ほぼこれに沿った線が得られるので、この読み方で大きな誤りはないであろう。したがって、この線以東はカルカッソンヌ司教区内とナルボンヌ司教区内とを問わず全異端がカルカッソンヌ教団に属し、以西のものはトゥールーズ教団に属するとしたのである。後述のように、彼らがカトリックの区分を利用したのを奇怪とする見解がないわけではないけれど、中世、教会管区はもっとも安定した地理標定基準であったし、またある程度地形区分に即しているから、かならずしも不自然とは言えないであろう。南の方で分割線上にかかるラゼスは、リムーを主邑とし、かつて一伯領を形成した地域だが、十一世紀以降カルカッソンヌ伯領に併合されている。カバレとオープールの間の山とあるのは、明らかにモンターニュ・ノワールである。最高地点で一二〇〇メートルの山塊で、周辺に比し格段に降雨量が多いため植生が豊かで、ためにこの名があり、標識としてはなはだ特徴的な存在となっている。

『宗会要録』論争史を点検するに先立って、確認しておきたいことが二つある。第一は、この史料の性格である。内容は教団設立の会議を記述した前段と、トゥールーズおよびカルカッソンヌ両教団の境界調整の後段とに分たれる。重点は明らかに後段にあり、前段は後段の決定諸事項に権威を与えるための導入部にすぎない。普通この史料は、標題のままに議事録として遇されるが、実質は二教団間の証文である。第二は史料の来歴である。一一六七年、会議、境界決定、したがって原本成立。一二三二年、写本成立。一六五二年、カーズヌーヴよりベスに対し写本ないし再写本提供。一六六〇年以前における提供者の死亡。一六六〇年、ベスによる印刷公表。そして原本ないし写本の散逸。

ベスによる公表以来、この史料の重要さは異端史の専門家によって常に認識され、無条件に利用される時期が続いた。シュミット、リー、ドゥエー、アルファンデリ、ギロー等いずれもその例外ではない。この間にあって、いち早く疑念を表明したのは、十八世紀サン・モール会派の学問的記念の一つたる『ラングドック全史』編者の一人、ヴェセートである。彼は一一六七年の事件に触れて、「古伝のものと主張される一記録を根拠にこれを確言する論者がある」と態度を留保し、別の所では「秘密集会記録の真純性に対しては若干の疑問を投ずることができる」と明言した。理由とするところは、写本作成の断り書き日付、一二三二年八月一四日がその言うごとくには月曜日に該当せぬ点にあった。[6] ただし、彼が用いたのは流布テキストの誤った年代で、今日から見れば無意味な論点というほかないが、全体に漠然たる疑念を感じるところがあったのであろう。『ラングドック全史』プリヴァ版編者の一人、オーギュスト・モリニエもこれを受けて、「少くとも現行形態におけるこの記録は十分に疑念の対象たりうる」とした。[7] ただし、彼はそれ以上立入った検討を加えることはなかった。

贋作説の組織的な論証は、ルイ・ド・ラクジェによって初めて試みられる。[8] 彼はまず六項目にわけてその根拠を述べ、さらに補足的な疑問二点を追加している。要約すれば次のごとくである。①ベス以前にその存在が知られていないこと。②類例のない特異な性格の記録であること。③転写年月日と曜日が整合しないこと。④ロンバルディア教団なるものは基準史料たるレイネリウス『報告』にも見られないこと。⑤ヴァルダランは当時人口八〇〇〇前後の僻地で、教会行政上はサン・ベルトラン・ド・コマンジュ司教区に属した。いずれも司教座都市の名を冠して教団名としているのに、これは均衡を失していること。⑥救慰礼を安易に大衆に授け、完徳者の階梯を経ずに一挙に司教に叙任し、またすでに司教である者に救慰礼を授けるなど、救慰礼の概念がいちじるしく不明確であること。補足疑問とは、⑦名からしてギリシア・スラヴ系のニクィンタは事前にイタリアを通過したはずなのに、マルクスがロンバルディアからはるばる南フランスまで会いに来るのが奇異であること、⑧授礼と境界劃定のためだけにニクィンタを遠方から招致するのが不自然なこと、である。

ド・ラクジェは『宗会要録』所出の異端のうち、レモン・ド・ベミアックとベルナール・レモンがロージャー・オヴ・ホヴデン『年代記』に、シカール・セレリエはギヨーム・ド・ピュイローランス『年代記』に出現することを指摘した。[9] そして、一二二三年の法王特使コンラッドの言に、かつてトゥールーズ伯領で異端の法王使節が「諸司教を樹て、邪教の諸教会を定めんとした」とあることに、注意を促した。[10]

ド・ラクジェの推測する偽作過程はこうである。偽作者はロンベルス伝道集会事件(一一六五年)と、上引コンラッド所言に着想を得、上記二年代記より異端三人の名を抽出して偽文書を構成した。手法は初歩的で単純、偽作の成立年代は十六、十七世紀、動機は当時のトゥールーズ学芸社会に流行した戯作趣味であるとし、その類例をいくつか挙げている。嫌疑が暗にベスの上に落ちていることは、いうまでもない。

ド・ラクジェの論点のうち、もっとも重要なのは、⑥救慰礼の性格解釈である。その受礼のために執拗な意志確認と厳格な試煉を必要としたことは、ド・ラクジェとほぼ同じ頃ギローが完璧に論証したところで[11]、この段階では一般的な学問水準に立った正当な疑問と言ってよい。現在では、反復授礼その他の便法のあったことが知られているし、後に紹介するように彼の論旨に反証が提出されている。しかし、この種の、いわば易行道の実例は比較的後期の史料に現れ、初期のそれがより多く苦行道、厳格授礼を示す傾きのあることも事実である。これ以外の論点は、大体において贋作説の決定的な論証とはなり得ないと考えられる。いうまでもないが、異端の名が他史料に見られるという事実は、それのみでは捏造の証明とはならない。かえって真純性を補強する材料ともなり得る。ただ、論法は未熟とはいえ、ド・ラクジェがこの史料に内在する漠然たる違和、不自然さを感知し、これを論理化しようと努めたことに間違いはない。その時、違和感の根元はおそらく①②、つまり史料の出現状況であった。だから、後により精密な論証のもとに粧いを変えて繰返される諸問題、例えばこの来歴問題をはじめ、年代問題、ヴァルダン教団問題、文体問題、人名問題などはいずれもここに内包されていたのであった。

アントワーヌ・ドンデーヌは、ド・ラクジェに反論すると同時に、この史料を徹底的に分析した[12]。まずド・ラクジェの論点を逐一反駁した。すなわち、①②出現状況の特異さは、史料に貴重さを加えるのみである。③年代問題では、数字の違っている流布テキストによる立論は、そもそも無意味である。しかしベス版テキストによっても、一二三二年八月一四日は土曜日に該当するので、月曜日とあるのは依然奇怪である。句読点を打変え、月日と曜日を前に接合して「八月一四日月曜日作成されたる古き文書」と読み、年数を後に続けて「一二三二年ピエール・ポーリャが転写」とするならば、前段は境界劃定作業の行われた一一六七年八月一四日となってまさしく月曜日に該当する。④イタリア史料との適合関係では、一二五〇年の史料(レイネリウス)をもって一一六七年の状況(サン・フェリクス)を律するのは無意味である。[13] ⑤ヴァルダラン教団の命名が不規則であるとするのは論をなさず、同種の命名法はラゼス教団(一二二五年)やアジャン教団(一二三〇年以前)の場合にも見出される。⑥救慰礼問題については、悔悛やカタリ派内転宗など審査試煉の省略される反復授礼の存在することを指摘し、また集団受礼の例を示した。[14] 以上によってド・ラクジェ説は問題となり得ぬと断言した上、積極的な擁護論を展開する。主な論拠は四つで史料出現状況、文体綴字法、異端人名(出典)、東方教団にわたる。

出現状況について、ベスが入手径路を明示していることを強調し、提供者カーズヌーヴが実在の人物で、史料提供と同年(一六五二年)一〇月三一日死亡していることを確認した。そして、公刊当時なお読者の一部に記憶の残っていたはずの人物に偽作を仮託するとは考えられないというのである。溯って一二三二年の写本作成時における贋作の可能性についても、それ以前に背教したレモン・ド・ベミアックに重要な役割をもたせた文書が創出されるはずがないとして、これを否定した。

文体綴字問題では、粗雑な誤謬の充満するこの「半ば野蛮」な文章こそ、全体として貧困で無教育な者たちの宗教であったカタリ派に適合するとした。これは同派の性格や荷担層の理解にかかわる問題だが、一方において当時の南フランスの文化水準と関連させて神学的、哲学的な宗派と考える見解があるのに対し、彼は南フランスの学芸社会が異端を保護する場合はあったにしても本質的に両者は無縁であったとの立場をとった。ただし、ドンデーヌも、現行テキストが作成当時のまま、あるいは転写時のままと主張するのではない。ベスによる、あるいはそれ以前の改筆、つまりテキストとしての劣悪化を経て破損した資料であることを想定している。

東方教団のうち、「ドロゴメティア」教団の西欧史料における異綴は多いが、この綴りが原音ドラゴヴィツァにもっとも近いこと、メレンギア教団は他史料にまったく出ないこと、これらも史料の本源性を示すとする。

人名関係の検証は、ドンデーヌがもっとも力を注いだところと言ってよい。すでにド・ラクジェによって同定された異端に加えて、新たに四名を他史料について確認した。シカール・セレリエがギヨーム・ド・ピュイローランス『年代記』に見えることは先に指摘されたが、ほかに『マニ派反論』前文に列挙されたカタリ派指導者群の中にも登場することを示した(15)。それよりも重要なのは、ニクィンタおよびマルクスの名を載せる文献の発見である。すなわち、ニコラ・ヴィニエ『教会史集成』の一〇二三年の項に、作者出所ともに未詳として掲げられた一断片に、次の記事があった。「カタリ派異端のロンバルディアに増加し始めたる最初の時、マルクスなる者を司教として有し、その指導下にロンバルディアの者ども、トスカナの者ども、マルキアの者どもことごとく服した。マルクス、この階位をブルガリアより得たのである。しかるに、パパ・ニケタなる者コンスタンティノープルよりロンバルディアに来り、マルクスの有するブルガリアの階位を難じ始めた。よって司教マルクス疑念を抱き、ブルガリアの階位を離れて一党の者どもとともにニケタよりドゥルグリアの階位を受け、永くこれを保持した(16)」。ニケタはニクィンタの、ドゥルグリアはドロゴメティアの異綴である。一、二の語の出入と若干の異綴を除けば、これが既述の『ロンバルディア・カタリ異端論』冒頭の一節そのものということは、今では一読ただちに気付かれる。後にその分析がドンデーヌの研究経歴の頂点となったことを思えば、この段階でまだ彼が『異端論』手稿本全文に遭遇していなかったことが知られて興味深い。

『宗会要録』末尾のピエール・イザルンとピエール・ポーリャが審問供述に見えることも、彼によって指摘された。前者はカルカッソンヌ教団の司教として説教(一二二三年頃)、あるいは食卓の首座について(一二二六年頃)いる。[17] カルカッソンヌ教団主宰者たる同人には、境界問題に関する証文の副本を作らせる理由があり、ラゼス教団設立の事情からも境界に疑問があったに相違ないというのが彼の解釈である。また、ピエール・ポーリャについては、一二三〇年から四二年にわたって目撃者があり、ピエール・イザルン、ギヨーム・アビットに次いで一二四〇年からカルカッソンヌ教団司教となっている。[18] とすれば一二三二年当時はピエール・イザルンの小子で、書記の労をとるのは極めて自然であるというのである。しかし、ドンデーヌは難点を附言することも忘れなかった。その一は、ピエール・イザルンの一二二六年処刑を語る史料があることであり、その二はラゼス教団設立(一二二五年)つまり境界再区分のかなり後(一二三二年)になって曾ての境界設定記録(一一六七年)の写本を作る意図が理解できぬことである。ドンデーヌは、年代に誤差があり得るとして、これら難点に対する最終的な解明を留保した。

以上の諸点を提示した上で、彼は『宗会要録』がカタリ派史の全体状況に余りにもよく適合することを強調する。十二世紀半ばまでの同派は組織教義ともにいまだ放漫であるのに対し、十三世紀に入っての史料はよく組織された姿を示している。組織化の開始は当然、十二世紀中葉から末より少し前までの間に想定されねばならぬが、まさしく『宗会要録』こそその決定的な年代と様態を教えるものだというのである。ベスがロージャー・オヴ・ホヴデンやギヨーム・ド・ピュイローランス、ひいてはニコラ・ヴィニエを参照することは年代的に可能であったが、この史料ではヴィニエの整理にある一〇二三年でなく、歴史的により適合的な一一六七年の日付をもっている。またドア文書集成とリンボルクの判決集公刊以前だから、ピエール・イザルンとピエール・ポーリャの名を知ることは至難であって、仮りに原本を繙読したとしても、同一文書に載っていない七件の人名を探り出して整合的に組合せる労苦を敢えてするとは考えられない。ましてカタリ派とワルドー派を初めて識別したのがボシュエ(一六八八年)であって見れば、ベスの段階では全体状況そのものが知られていない。こうして、贋作説は断じて成立しないと結論したのである。

以上がドンデーヌの論証の概略である。史料の真純性問題を離れても、彼がこの史料とヴィニエ所収断簡との照合から引出した推論は重大であった。すなわち、均しくカタリ派の名で呼ばれはしても、まずブルガリア派が拡大した後に、これとは系統を異にする一派がニクィンタによって導入され、組織統一が実現した。イタリアでは統一は間もなく破綻するが、南フランスでは十三世紀に入っても統一は持続されたとする、すでに我々のよく知っている、西欧カタリ派展開史の透視である。その後ドンデーヌは、ヴィニエ所載断簡の原本に当る『ロンバルディア・カタリ異端論』全文を発見し、同じく彼の発見にかかる『異端要録』とともに公表し、右の説を確立した。ところで、ドンデーヌは、これら二つのイタリア史料との関連で問題の『宗会要録』は強化され、その史料的価値は不動のものとなったというのだが、翻って考えれば『宗会要録』は大きな説を引出す機縁となったにすぎない。南フランス史の細部を別にするならば、これを全く考慮に入れなくとも、彼の構想は十分に成立するのである。むしろ二史料はイタリアでの事件を指示しているので、明示的にも暗示的にもサン・フェリクスを示してはいない。ドンデーヌの基本的理解とは別に、真純性論議の再燃する余地がここにある。

ドンデーヌはその後の論文で年代に関する自説を修正した(19)。会議は一一六七年でなく、一一七二年であった可能性もあるというのである。破損史料たることを前提として、一一七二年八月一四日もまた月曜日に当ること、およびローマ数字のVとXは転写に際して誤記されやすいことを、理由としている。修正の着想は、イタリア史料の語る全体像との整合を意図するところにあったと察せられる、もともと技巧的であった年代解釈をさらに技巧的に修正するのは、しかしながら率直に言って、自説をみずから崩すに似ている。

ともあれ、ここまでを論争の第一段階と言ってよいであろう。史料細部に不可解な点のあることが確認されるとともに、しかも全体としてサン・フェリクスの異端会議は「認知」されたのである。会議の年代については、一一七二年をより好ましいとするコンガール、おそらく一一六七年とするボルスト、一一六七年または一一七二年としたり両年の間とするトゥーゼリエ、グルントマン、ウェイクフィールド等、若干の出入があって当然年代の信頼度は不安定化したが、史料の真純性と事件の事実性はほとんどの諸家の認めるところとなった[20]。ボルストに至っては、細部に立入ってさらに進んだ解釈をすら加えている。すなわち、ニクィンタの旅程については、まずロンバルディアにマルクスを訪ね、しかる後あい携えて南フランスに赴いたものと明快に断じ、次にヴァルダラン問題に関しては、ニクィンタを含めて司教七名という数を「アジア七教会」の数に一致させるため、敢えて信者僅少のヴァルダラン教団を設けたと解したのである[21]。

(1) Notitia conciliabuli apud S. Felicem sub papa haereticorum Niquinta celebrati.

(2) G. Besse, Histoire des ducs, marquis et comtes de Narbonne. Paris, 1660. pp. 483-486.

(3) ベス版テキストは A. Dondaine, Les actes du concile albigeois de Saint-Félix de Caraman. ST. CXV, 1945. pp. 326, 327 および GR. I, pp. 81-83 に再録。流布テキストは、例えば C. Douais, Les Albigeois. pp. xxix-xxxi に見出される。権威ある史料集 RHGF. XIV, pp. 448-450 に収められているのも、すでに流布テキストである。

(4) 人名略綴の復原や地名の比定、さらに段落改行は、流布テキストおよびヴォルフによる現代語訳を参照した。P. Wolff, Document de l'histoire du Languedoc. Toulouse, 1969. pp. 99-105.

(5) 《Charte de Niqvinta, Antipape des Heretiques Albigeois, contenant les Ordinations des Euesques de sa secte, par luy faites en Languedoc, à moy communiquée par feu M. Caseneuue, Prebendier au Chapitre de l'Eglise de Sainct Estienne de Tolose, en l'an 1652.

Anno M. C. LXVII. Incarnationis Dominice, in mense madii, in diebus illis Ecclesia Tolosana adduxit Papa Niquinta in Castro Sancti Felicii et magna multitudo hominum et mulierum Eccl. Tolosanae, aliarumque Ecclesiarum vicine congregaverunt se ibi, ut acciperent consolamentum quod Dominus Papa Niquinta coepit consolare. Postea vero Robertus de Spernone Ep. Eccl. Francigenarum venit cum consilio suo ; q. Marchus Lombardie venit cum consilio suo similiter, et Sicardus Cellarerius Eccl. Albiens. Ep. venit cum consilio suo, et B. Catalani venit cum consilio Eccl. Carcassensis, et Consilium Eccl. Aranensis fuit ibi. Quod omnes sic innumerabiliter congregati, homines Tolos. Eccl. voluerunt habere Episcopum et elegerunt Bernard. Raimundum : similiter vero et Bernardus Catalanus et Consilium Eccl. Carcassensis rogatus ac mandatus ab Eccl. Tolosana et cum consilio et voluntate et solucione Domini S. Cellarerii elegerunt Guiraldum Mercerium ; et homines Aranensis elegerunt Raimundum de Casalis. Postea vero Robertus d'Espernone accepit consolamentum et ordinem Episcopi a Domino Papa Niquinta ut esset Ep. Eccl. Francigenarum ; similiter et S. Cellarerius accep. consolamentum et ordinem Episcopi ut esset Ep. Eccl. Albiensis : Similiter vero Marchus consolamentum et ordinem Episcopi ut esset Ep. E. Lombardiae : similiter vero Bernardus Raimundus accepit consolamentum et ordinem Episcopi ut esset Ep. Eccl. Tolosanae : similiter et Guiraldus Mercerius accepit consolamentum et ordinem Episcopi ut esset Ep. Eccl. Carcassensis : similiter et Raimundus de Casalis accep. consolamentum et ordinem Ep. ut esset ep. Aranensis. Post hec vero Papa Niquinta dix. Eccl. Tolosanae. Vos dixistis mihi, ut ego dicam vobis, consuetudines primitivar. Ecclesiarum sint leues aut graues, et Ego dicam vobis septem Eccl. Asiae fuerunt divisas et terminatas inter illas, et nulla illarum faciebat ad aliam aliquam rem ad suam contradicionem. Et Eccl. Romanae, et Drogometiae et Melenguiae, et Bulgariae, et Dalmatiae sunt divisas et termin. et una ad altera non facit aliq. rem ad suam contradictionem et ita pacem habent inter se. Similiter et vos facite Eccl. vero Tolosana eligit Bernardum Raimundum, et Guillermum Garsias, et Ermengaudum de Forest, et Raimund. de Beruniaco et Guilabertum de Bono Vilario, et Bernardum Guillermum Contor, et Bernard. Guillermum Bone ville, et Bertrand. de Auinone, ut essent diuisores Eccl. vero Carcasensis elegit Guiraldum Mercelium, et Bernard. Catalanum, et Gregor, et Petrum Calidas manus, et Raimundum Pontium, et Bertrandum de Molino, et Martinum de Ipsa sala, et Raimundum Guibertum, ut essent divisores Eccl. q. isti congregati et bene consiliati dixerunt, quod Eccl. Tolosanae, et Eccl. Carcasensis sint divisas propter Episcopatos, quod sic. Episcopatum Tolosae dividitur cum Archiepiscopato Narbon. in duobus locis, et cum Episcopato Carcasensis à Sancto-Poncio, sicut montana pergit inter Castrum Cabarecii et

Cast. Altipulh, et usq. ad divisionem Castri Saxiati et Cartri Verduni et pergit inter Montem-regalem et Fanumjouem; Quod sicut alii Episcopati diuiduntur ab exitu Redensis usque ad Leridam sicut pergit apud Tolosam, ita Eccl. Tolos. hab. in sua potestate et in suo gubernamento; similiter et Eccl. Carcasensis sicut dividitur et terminatur habeat in sua potestate et in suo gubernamento omnem Episcopatum Carcasensis et Archiepiscop. Narbonens. et aliam terram sic. divisum est, et dictum usque ad Leridam sicut vergit apud mare. Quod ita Eccl. sunt divisas sic. dictum est, ut habeant pacem et concordiam adinuicem et iura ad altera non faciat, aliquid ad suam contradicionem. Huius S. Testes rei et defensores, Bernard. Raimund. et Guill. Garsias, et Ermengaudus de Forest, et Raimundus de Bauniaco, et Guilabertus de Bone Vilario, et B. Guillermi Contor, et B. Guill. Bone Ville, et Bertrand de Auinone et Eccl. Carcasensis Guiraldus Mercerii, et B. Catalani, et Gregor. et Petrus Calidas manus, et Raim. Poncii, et Bertrand. de Molino et Martinus de Ipsa sala, et Raimund. Guiberti; quod omnes isti mandauerunt et dixer. Ermengaudo de Forest ut faceret dictatum et Cartam Tolosanae Eccl. similiter et Petro Bernardo mandauerunt et dixerunt ut faceret dictarum et Cartam Eccl. Carcasensis, et ita fuit factum et impletum.

Hoc translatum fecit translatare Dominus Petrus Isarn. de Antiqua Carta in potestate supra dictorum facta. q. Eccl., sic. superius scriptum est, diviserunt Feria II, in mense Augusti, XIV die, in introitu mensis. Anno M. CC. XXXII ab incarnatione Domini, Petrus Pollanus translatavit haec omnia rogatus ac mandatus〉.

（6） HGL. VI, p. 6; VII, p. 4

（7） ibidem, VII, p. 4, n. 3.

（8） L. de Lacger, L'Albigeois pendant la crise de l'albigéisme. L'épiscopat de Guilhem Peire, 1185-1227. RHE. XXIX, 1933. p. 314 sqq.

（9） 後の行論と関係があるので、ド・ラクジェの論旨とは別にこれら三名の異端に触れておく。

ロージャー・オヴ・ホヴデン『年代記』は、英王ヘンリー二世と仏王ルイ七世の協賛を得て法王アレクサンデル三世が南フランスに派遣した伝道団を一一七八年の条に記述し、あわせて団長たる法王代理ピエール・ド・パヴィの全キリスト教徒あて公開状を採録している。H. T. Riley (transl.), The Annales of Roger de Hoveden comprising the history of England and of other countries. London, 1853. I, p. 471 sqq., p. 476 sqq.

この伝道団は、その実質的な立案者であったクレールヴォー院長アンリ・ド・マルシ(後の枢機卿アンリ・ダルバノ)、バース司教、ポアティエ司教等の随行する大がかりなものであった。トゥールーズで彼らの前に出頭させられ公開審理の末に異端と宣告された者たちの中にレモン・ド・ベミアックとベルナール・レモンの名が見える。ロージャー本文の資料が法王代理ピエール・ド・パヴィ公開状であることに間違いはないので、公開状の一部を引用しておく。「その頃、若干の偽会士、レモン・ド・ベミアックおよびベルナール・レモンなる者、ならびにその他異端の首魁ども、その実は悪魔の眷属なるに光明の天使を装い、キリストと使徒の信仰に逆らって説き、あまたの魂を有毒の説教で欺いた」。〈diebus istis qui falsi fratres, Raymundus videlicet de Baimiaco, Bernardus Raymundi, et quidem alii haeresiarchae transfigurantes se in angelos lucis, cum sint Satanae, prius Chritianae et apostolicae fidei contraria praedicantes, multorum animas venenata praedicatione deceperunt〉. Petri S. Chrysogoni epistola ad universos fideles. MPL. CXCIX, c. 1120.

審理経過の叙述中に両人の教養水準に触れる言及がある。「所言を検せしに疑いありと判断され、十分の弁明なき限り先に説くを常とせる邪説をなお抱懐する惧れありと考えられたため、我らはラテン語にて陳述し弁明せよと求めた。同人らの言語は我らのよく解するところでない上に、同人らが好んで唯一の論拠とした福音書と書簡は、ラテン語で誌されているがゆえである。同人らは敢えてこれを試みず、一人はラテン語を話そうとして二語を結合できず、ついに失敗したことで明らかな通り、同人らはまったくラテン語に無知であった」。〈In qua cum verba quaedam deprehendissemus, quae et suspecta videbantur existere, et nisi plenius exponerentur, haeresim quam praedicaverant, possent velare; quaesivimus, ut latinis verbis respondentes, suam fidem defenderent; tum quia lingua eorum non erat nobis satis nota; tum quia Evangelia et Epistolae, quibus tantumodo fidem suam confirmare volebant, latino eloquio noscuntur esse scripta. Cumque id facere non auderent, utpote qui linguam latinam penitus ignorabant, sicut in verbis unius illorum apparuit, qui cum latine vellet loqui, vix duo verba jungere potuit, et omnino defecit〉. ibidem, c. 1121.

この段階で、彼らが二元論を奉じていたことは確実である。「一は善にして他は悪なる、二つの神が存し、善なる神は不可視にして変質腐朽せざる諸物を創り、悪なる神は天、地、人、その他可視の諸物を整えたと、彼らの中のある者から聞いたむね申出る者があった」。〈Quidam enim constanter proposuerunt, se a quibusdam illorum audisse, quod duo dii existerent, alter bonus, et alter malus ; bonus, qui invisibilia tantum, et ea quae mutari, aut corrumpi non possunt, fecisset ; malus, qui coelum, terram, hominem et alia visibilia condidisset〉. ibidem, cc. 1122, 1123.

両名はその後も活動を続けた模様で、一一八一年法王代理アンリ・ダルバノによって追及されたことが、ジョフロア・ドーセールの報告に見える。J. Leclercq, Le témoignage de Geoffroy d'Auxerre sur la vie cistercienne. SA. XXXI, 1953. p. 195. この時はじめて両名は帰正し、いずれも聖職者となった。ギョーム・ド・ピュイローランスは次のように伝えている。「ローマ法王によって遣わされたある枢機卿が、この地の異端を屈伏させた。彼らのうち首魁たりし両名の者は正統信仰に帰ったが、その一人ベルナール・レモンなる者はトゥールーズのサン・テティエンヌ聖堂に、今一人はサン・セルナン僧院に、それぞれ参事会員たるべく定められた」。〈cardinalis quidam missus a Romano Pontifice obsedit et coegit sibi reddere hereticos qui ibi erant. E quibus duo qui erant precipui ad fidem catholicam sunt conversi ; quorum unum qui vocabatur Bernardus Ramundi in ecclesia cathedrali sancti Stephani Tholose, alterum in monasterio sancti Saturnini, ut essent canonici, collocavit〉. J. Duvernoy (éd.), Chronica Guillelmi de Podio Laurentii. p. 28.

シカール・セレリエについては、アルビ司教との問答を同じ年代記が伝えている。「聞くところによれば、引続き司教はロンベルスに公然と滞在する異端の巨魁シカール・セレリエに対し、同人の異端入信の問題につき比喩を用いて論じた」。〈De cujus viri hereticatione, ut eum narrantem audivi, idem pontifex processu temporis assumpsit parabolam instantie adversus heresiarcham magnum Sicardum, dictum Cellariarum apud Lomberium publice residentem〉. ibidem, p. 34.

(10) ド・ラクジェは出典を挙げなかったが、問題の報告はルーアン大司教テオバルド書簡中に繰返された法王代理コンラッド・ド・ポルト回状(一二二三年)に見出される。カルカッソンヌ出身の異端指導者バルテルミーの活動に対する警戒を呼びかけて、次のように言っている。「言うだに忌わしく聞くだに恐ろしきことながら、この者は司教らを創設し、邪信の教会を制定せんと努めた」。〈ipse etiam, quod est detestandum dictu et horrendum auditu, creat episcopos et ecclesias perfidiae ordinare contendit〉. Litterae Theobaldi archiepiscopi Rotomagensis. TNA. I, c. 902.

(11) J. Guiraud, Le consolamentum cathare. RQH. XXXI, 1904. pp. 74-112.

(12) A. Dondaine, Les actes du concile albigeois. ST. CXV, pp. 324-355.

(13) これはドンデーヌが正しい。およそ八〇年の年代差とは別に、先に述べた通りイタリアにロンバルディア教団のみが存立した時期があったからである。

(14) ドンデーヌの挙げる例は、前述の一二〇六年ミルポワに異端六〇〇名が来会した事件である。一二四六年ピエール・ギョーム・ダルヴィニャの供述内容だが、厳密に言えば討議のための集会であって一括受礼のためのそれではない。

(15) 『マニ派反論』Liber contra Manichaeos. BN. ms. lat. 689 について、別にドンデーヌは Nouvelles sources. RSPT. XXVIII, pp. 465-488 で解説を加えた。問題の部分は次の通りである。カタリの邪説は「シカール・セレリエ、ゴースラン、ベルナール・ド・シモルナ、ヴィグルー・ド・バコーナの言説によって高揚し」云々。〈exhalans per ora Sichardi Cellararii, Gaucelmi,

Bernardi de Simorna et Vigorosi de Bachona〉. F. Stegmüller, op. cit., p. 570.

(16) Nicolas Vignier, Recueil de l'histoire de l'Eglise. Leyden, 1601. p. 268 cit. in A. Dondaine, op. cit., p. 340.

(17) 一二四三年レモン・エフルの供述。「カルカッソンヌ司教区なるカバレにて、異端司教ピエール・イザルンとその一行が、彼らの家に居留するのを目撃した」。「カバレにて、異端司教ピエール・イザルンならびにその一行の異端らと、同じ食卓にて食事をした」。〈se vidisse apud Cabaretum diocesis Carcassonensis Petrum Isarni episcopum haereticorum et socios eius haereticos in domo ipsorum〉. 〈se comedisse apud Cabaretum cum Petro Isarni epicopo haereticorum et sociis suis haereticis ad unam mensam〉. Doat, XXIII cit. in A. Dondaine, op. cit., p. 347, n. 46.

(18) A. Dondaine, op. cit., p. 350, n. 51.

(19) id., La hiérarchie. II. AFP. XX, 1950. p. 268.

(20) Y. Congar, Henri de Marcy. SA. XLIII, 1958. p. 9, n. 2 ; A. Borst, op. cit., trad. fr., pp. 84, 86 ; C. Thouzellier, Catharisme et valdéisme en Languedoc. p. 13 ; 今野国雄訳、H. Grundmann『中世異端史』創文社、四九頁 ; HHMA. p. 35 ; W. L. Wakefeld, Heresy, Crusades and Inquisition in southern France. London, 1974. pp. 31, 39.

(21) 「アジアの七教会」が同時代のバルカン教団を指さぬことは、動詞時制の相違からも明らかである。それは、おそらく黙示録の七教会、少くとも彼らの間に語り継がれた原始教会であろう。ただ、より確実な史料にも教団の数にこだわった例は見出されない。もしボルスト流の推定が許されるなら、むしろ小パオロ派の七教会と結合して、絶対派の小パオロ派起源説を考えたい。

3　『宗会要録』論争の現状

論争に新局面を開いたのは、イーヴ・ドッサである。ド・ラクジェの論点を強化して偽作を主張し、仮りに偽作でないとしても当時ヴァルダラン教団は存在せずアジャン教団の誤りでなければならぬとしたのである(1)。

論旨は、当然、ドンデーヌに対する反駁の形で展開されている。①イタリア二史料は、マルクス改宗をイタリアでのこととして記述している。なかんずく『ロンバルディア・カタリ異端論』の作者はフランスの事情にも詳しいが、それすらサン・フェリクスに言及しない。②『異端要覧』はマルクスの活動開始を一一七四年と明記しているが[2]、ニケタ(ニクィンタ)との接触はそれ以後のことに属するから、一一六七年あるいは七二年とあるのは時代錯誤を来す。③サン・フェリクスに参集した指導者たちは諮問会議を帯同しているが、カタリ教団にかかる機関のあったことは知られていない[3]。④境界区分に当って正統教会の管区に準拠するのは、異常である。⑤サン・フェリクスで厳重に境界を設定しながら、一二二五年頃ラゼスの異端が両教団間の去就に迷うのは不可解である。ドンデーヌも触れた通り、ラゼス教団設立による境界修正の後に写本が作成されること、および作成指示者ピエール・イザルン歿年の問題もゆるがせにしがたい。⑥公証人出身の異端も多い中で、小子の高位にあるピエール・ポーリャが書記の労をとるとは考えられない[4]。⑦本文に違和が検出される。まず、境界分割の月、日、曜日が写本の書式中に挿入されるのは異例である。また、「上記の者たちの権限において」および「転写した」の慣用ラテン語は十二世紀のもので、十三世紀のそれではない[5]。⑧本文所出の材料は、ヴィニエ以下ほとんどベスが読知ることのできたところで、審問関係の未刊記録といえども閲読しなかったという保証はない。現に彼はカタリ派とワルドー派を区別するだけの学識を具えていた[6]。⑨特にベスを疑うに足る理由がある。何よりも、史料を見たと称する空前絶後、唯一の人間である。もし史料が実在したなら、審問官の探索、ドア指揮下の文書家の検索、他史料の言及を免れるとは考えられない。さらに、史料紹介者としての彼には、誠実性に疑点がある。同じ『ナルボンヌ君侯史』所収の八二九年ピピン一世のリュク僧院あて特許状は、同期文書が真偽を問わず網羅的に記録されているにもかかわらず、ここに特出するもので、ベスがサン・ティレール僧院特許状を模して偽作した疑いなしとしない。

以上、ドッサの偽作説部分を、仮りに九項目にまとめて要約した。その大半は、先のド・ラクジェの素朴な疑問を精密化したもの、あるいは同一材料についてドンデーヌと解釈の角度を転換したものであって、新事実の指摘はさして多くはない。その中で、イタリア史料との年代錯誤については、後に見るように『異端要覧』そのものの構成が問題となるであろう。偽作者に擬せられたベスの学識水準については、少くともドンデーヌの規定よりは上であることが発見された。ただ、これをもって十分な偽作能力と見るにはややへだたりがあり、いわんやそのゆえに偽作を実行したと断定するのは飛躍である。諸文献を閲読する機会があったということも、現にそれを繙読し、ひいては利用したことの直接の証拠とはならない。ベスの誠実性に関する指摘も、要するに他に例を見ない史料提出が彼において今一つあるというにとどまるので、『宗会要録』が特出例なるがゆえに疑わしいとするドッサの観点より見れば、これが疑われるのもまた当然である。以上は、換言すれば疑念の並列であって、不動の論証とは言いがたい。語法の問題は、南フランス中世文書に通暁しこの分野の活動に長い経歴をもつドッサの指摘だけに、さすがに軽視できぬ重要性をもっている。その当否の論断は本稿の能力を越えるが、この史料が伝来と印刷の過程で劣悪化していることはドンデーヌのみならずドッサも認めるところで、この種の違和がどこで生じたか推定できぬこと、またドッサの炯眼をもってしてもこの違和は三件しか発見できぬこと、さらに異例の語法も他の十三世紀史料に一件でも見出されれば異例ではなくなる性質のものであること、これら三点に注意しておかねばなるまい。こうして、ドッサは真純性に関する疑惑を、あらためて拡大したにとどまり、完全には結論に到達し得ていないというべきであろう。

これに対し、彼のヴァルダラン問題の考察ははるかに精密である。第一に、史料中のこの場所に同教団が不適合であることを、その表記綴字が他に類例を見ぬこと、その地とそれを包摂するコマンジュ伯領に異端の痕跡がないことの二点に基づいて主張した(7)。イグネの研究に依拠した上で(8)、法王書簡、反駁書、教会会議決議、審問記録に言及がないばかりか、インノケンティウス三世の書簡に伯領内異端不在を明言したものがあることを指摘した。(9) 記録の散逸はあり得ぬことではないが、社会問題化した異端審問が一度行われてしかも何の痕跡をも残さぬことはあり得ないというのである。第二に、問題の時期に完全に条件を満たし、しかもサン・フェリクスに登場しない教団としてアジャンを提示する。すでにギローが検出した同教団司教継承表、(10) レモン七世がここで異端八〇名を処刑した事実、(11) 同地で審問がひきおこした重大な結果、(12) などを指摘した上で、異端存在を示す最古の史料としてロベール・ド・トリニ『年代記』から一一七八年の条を引いている。(13)

この二点からドッサは、仮りに『宗会要録』が真正史料だとしても、少くともアランの教団 Ecclesia Aranensis はアジャンのそれ Ecclesia Agenensis でなければならぬと結論するのである。アジャンが異端拠点の一つであり、教団が存在したことはすでに周知の事実である。ドッサの依拠する史料の大半が問題の時期よりかなり後のものではあるにしても、展開と定着の濃密さにおいて到底ヴァルダランの比ではない。ドッサの推理は、はなはだ自然である。無論、彼はこれを同時に偽作説の理由の一つともするのであるが、r と g の誤写ないし誤植を想定する以上この説は真純性を認めても十分成立つ。むしろ、皮肉なことに、真純性を前提にした方がより鮮明な効力を発揮する。論議の発展する理由は、ここにもあったと言えるであろう。

ピレネー山脈の中部東部両斜面、特にカタロニア地方における異端状況の解明は、ようやく着手されたばかりの現状である。ベントゥーラ・スビラッツは十二世紀後半の浸透を考えるが、その場合ドッサの所論とは無関係にサン・フェリクスのヴァルダラン教団を受容れている。(14) まずドッサに反論したのはリオルであった。(15) ドッサの論点をヴァルダランの異端欠如すなわちコマンジュ伯領の異端欠如と限定した上で、反証を挙げるが、その第一は、一二一三年法王書簡は同年のうちに現地ラヴォール教会の上申に基づいて法王自身が取消していることの指摘である。(16)

第二に、コマンジュ伯領内で異端の活動した事実があるとして、一二〇九年ロックフォールに異端約三〇〇名が避難して来て説教活動を周辺に拡げた例に言及している[17]。避難拠点はひとりロックフォールのみならず、ヴァルダランを含むコマンジュ伯領の奥地にいくつか設けられていたと考えて、サン・フェリクスにおけるヴァルダラン教団の登場を極めて自然と結論するので、さらに同伯領に隣接するフォア伯領、セルダーニュ子領、アラゴンの十三世紀の異端を例示して傍証とした。法王書簡問題を別にして、彼の挙げる異端存在の実例も問題の時期より後代であるし、推論も間接的である。

次にトゥーゼリエの態度は極めて慎重だが、史料の真純性を認めながらヴァルダランについてのみドッサに左袒するものである[18]。一方で、この問題の解決は一一六七年から七二年までの間にカタロニアに異端が浸透していたか否かの検証にかかるとして、これまでに検出された例はいずれもこの時期より後であるという。法王代理一行がピレネー北麓を巡行したのはカタロニアの汚染を推測させるが、これも問題の時期より後であると指摘する[19]。他方で、コマンジュ伯のヴァルダラン領有は恒常的でないため、一二一三年法王書簡が伯の異端保護を非難しても、必然的にヴァルダランに及ぶものではないと考えたのである。

グリフも、同様の立場に立ち、アジャン説を主張した[20]。論点は二つあった。その一は、サン・フェリクスでの境界線によってヴァルダランはトゥールーズ教団に属したはずだということ、その二は、アジャンのカタリ派が早くから絶対派に属することを語る史料があること、である[21]。

こうして、ヴァルダランに関するドッサの提唱は、比較的好意的に迎えられていると言ってよい。ただし極論すれば、議論は瑣末に拘泥しているものの要するに状況との適合が強調されているにすぎない。グリフの論拠にも異論を立てる余地は、皆無ではない[22]。『宗会要録』に登場するアラン司教レモン・ド・カザルスに同定できる人物が、他史料、能うべくんばアジャン関係史料から発見されでもせぬ限り、最終的な決着はつかぬであろう。

ところで、ドッサが再度提出した『宗会要録』そのものの真偽問題は、ヴァルダラン問題とはまた別の展開を辿った。デュヴェルノワが、先にドンデーヌも触れることのあった東方教団名を取上げて、真純性を擁護したのが最初である。(23) 東方教団の一つに冠せられたメレンギアなる名はモレア(ペロポネソス半島)内の一地名だが、これは十九世紀にはじめて刊行された作者未詳『モレア年代記』によってのみ知られるので、十七世紀の偽作者が到底着想しうるところでないというのがその理由である。(24)

これに対して、ドッサは直ちに反応した。(25) 彼はまず、ペロポネソス半島の事情に触れる最大の史料は皇帝コンスタンティヌス・ポルフィロゲネトスが述作させた『帝国統治論』で、一六一一年にラテン語訳が刊行されているから、ベスはこれに材をとることが可能であったというのである。(26) 加えて、半島南部山岳地帯のメレンギ族がキリスト教化されたのは十世紀以後のことで、僻遠のため異端の影響も及ばず常に正統教会に忠実であったと断定した。もちろん、そこに異端教団があるとするのは、偽作の証拠だというのである。ドッサはここで先の偽作論を繰返した上、ベスの誠実性を疑う材料として、同人の著『カルカッソンヌ伯史』所収のシモン・ド・モンフォール墓碑銘も偽作の疑惑を免れないと附加えた。全体の論調は一段と強硬で、この「破産した史料」に何物をも期待すべきでないとまで言っている。

デュヴェルノワは再度、ドッサに反論した。(27) ニクィンタがイタリア史料に痕跡を残していないこと、およびマルクスが南フランスまで出向いていることを奇とする考え(ドッサ①)に対しては、『異端要覧』が異端伝播の径路を北フランス、南フランス、ロンバルディアの順に置いていることをもって、ニクィンタはマルクスをサン・フェリクスで叙階した上ロンバルディア教団の首長に据えたと解した。会議と活動開始の年代矛盾(ドッサ②)については、問題の記事は『異端要覧』本文中になく十分な正確さを期待できないというのである。[28]

ラゼス教団新設問題(ドッサ⑤)については、サン・フェリクス当時、カルカッソンヌ教団管掌範囲のうちナルボンヌ司教区内の異端が少数だったのが急増して教団運営上の負担となった末のラゼス分離で、決して不自然ではないとした。また、ピエール・イザルン処刑(一二二六年)と転写(一二三二年)の年代錯誤は、転写年代の誤記であると考えた。ピエール・イザルンの一二三四年の生存を語る史料があることを指摘しながらも、これを誤報として採らず、転写過程においてしばしば生ずるローマ数字ⅩとⅠとの誤写を想定して一二二三年を考えるのである。[29] その理由は、同年八月一四日が月曜に該当することである。いうまでもなく、これはドンデーヌの仮定をもとにもどし、転写書式の部分をそれ自体完結したものと見ているわけで、ドンデーヌの修正年代(一一七二年)も当然無意味となり、会議はあくまでも頭書の通り一一六七年でなければならぬことを意味する。語法の問題(ドッサ⑦)については、ドッサが十三世紀には用いられなかったとする語形のうち少くとも一つは同地方一二八四年の文書にあることを指摘したほか、綴字法に関する新しい指摘を二件行った。その一つは東方教団名ドロゴメティアが、ベスの出典に擬せられることのあったヴィニエ所収断片の綴字よりもさらに原音に近い形になっていることである。[30] 今一つは、文中二度登場する人名レモン・ド・ベミアックがその都度異綴になっている上、ドッサの言う通りであればアジャンが誤綴されていることである。したがって、仮りにベスの偽作とするならば、彼はヴィニエから材を借りるに当って理解できなかったはずの語を原音に近く修正し、他方習熟していたはずの人名地名を乱雑に綴ったことになる。およそ考え難い事態であるがゆえに、偽作説そのものを誤りと結論するのである。最後に、今次の論争の発端となったメレンギア問題については、その地における異端の影響の有無は全く未研究で、なかったというのはドッサの独断にすぎないとしている。

グリフは、先に見た通りヴァルダラン問題に関するかぎりドッサ支持の材料を提出しながらも、史料の真純性については別の理由でこれを擁護する見解を表明している。(31) 究極的には、トゥールーズおよびカルカッソンヌ両教団の幹部の名が時代と地域に適合していて、偽作としては巧妙にすぎるというのであるが、特に力説した点が三つある。第一に、用字法に属する問題で、本文中接続詞 et に代えて略綴 q を用いること三度に及ぶのは中世の書記の慣用を理解できぬままベスが転写したもので、これこそ彼の誠実さを示すにほかならないと解釈した。第二に、他種類史料、なかんずくカトリック側の報告や反駁書において明確な二神論の徴標が出現するのは、年代上サン・フェリクス会議以後のことで、トゥール教会会議（一一六三年）、ロンベルス集会（一一六五年）の記録では教説内容にまだその徴標が見られないことを指摘した。いうまでもなく、二神論徴標の出現を、ニクィンタによる絶対派への転回の結果と見るのである。第三に、ベスの全著作の傾向を検証して、その誠実性を確認しようとした。法律家で、かたわら熱心な郷土史家であったベスには、問題の本のほかに前出『カルカッソンヌ伯史』および『シャルル六世史料集』の著作がある。(32) グリフによれば、『カルカッソンヌ伯史』の記述に合理的批判の手続きが欠けていることは明白で、荒唐きわまる口碑をそのまま採用しているが、これはかえって所与の材料を受容れる忠実な紹介者の資質を示す。所収のサン・ティレール僧院特許状が偽作であることは明白だが、ドア文書中にも同じものが筆録されているので少くとも偽作の原本がかつて存在したことは確かである。これに比べて『シャルル六世史料集』はやや学問的水準が高く、古文書を転載するに当って欠損文字や難読語句はそのまま空白とし、いささかの改変も加えていない。ところで、『宗会要録』は、『ナルボンヌ君侯史』末尾の雑多な史料類の中に同書の主題と無関係に置かれていて、同書は単に紹介公表の機会に利用されているにすぎない。しかも本文中には「この擬似教会会議にて反法王ニクィンタを選び」云々と、偽作者であれば犯すはずのない齟齬が見出される、とドッサの見解を反転した。

グリフの第二点は、ムーアによってさらに詳細化された。[33] 諸史料に現れる二神論異端非難、つまり絶対派の標識の上限が、一一七七年(レモン五世書簡)および一一七八年(法王特使ピエール・ド・パヴィ公開状)であることを指摘した。[34] つまりサン・フェリクスより、約一〇年の後である。会議の後、絶対派教説が南フランスの異端の間に浸透するのに数年を要したのではないかというのが彼の推察である。そして、トゥールーズ執政府における一一七五年、七六年の新興市民層進出と絶対派との関連を示唆している。後段の示唆は独自に検討する必要があり、また十分それに値する。前段の指摘と推定は重要である。レモン五世の求めに応じて派遣された法王庁介入の結果がピエール公開状なので、両年の史料は明らかに関連している。また公開状が絶対派教義を説いたとする若干の異端のうちにレモン・ド・ベミアックとベルナール・レモンの名があるが、両名はいうまでもなく『宗会要録』の登場人物である。

(1) Y. Dossat, Remarques sur un prétendu évêque cathare du Val d'Aran en 1167. BPH. 1955-1956. pp. 339-347.

(2) 問題の語句は次の通りである。「この者ども、すなわちマルクス、ヨハネス・ユデウス、ヨセフ、アルドリクス、一一七四年に当る頃、ナポリよりロンバルディアに異端をもたらした」。〈Isti portaverunt heresim in Lombardiam a Napoli: Marchus, Iohannes Iudeus, Ioseph et Aldricus circa tempus quo currebat Mclxxiiij〉. AFP. XX, p. 319.

(3) 〈cum consilio suo〉. 本書では、先に「随行とともに」と訳した句である。

(4) その例としてドッサは、BT. 609より公証人出身者を五名抽出している。op. cit., p. 344, n. 2.――ただし、五例とも同調者であって異端そのものではない。

(5) 〈in potestate supradictorum〉、〈translatavit〉とあるのは、〈in iussu supradictorum〉ないし〈in auctoritate supradictorum〉、〈transtulit〉でなければならぬというのである。

(6) 『ナルボンヌ君侯史』の中に、「私は、今まで混同されて来たワルドー派と善信者が全く別であることを論証する論説を書いた」とあるという。ただし、その論説は今日発見されていない。Y. Dossat, op. cit., p. 345.

(7) 『宗会要録』では Aranensis.――これに対し通則的な表語は Vallis Aranni, De Aranno, De Aran であるという。

(8) C. Higounet, Le comté de Comminges. De ses origines à son annexion à la couronne. Paris-Toulouse, 1949. I, p. 90. そこには十二世紀末の状況に触れて，「いかなる地域史料にもカタリ派の伯領内浸透を示すものはない」とある。

(9) 一二一三年一月一八日付。シモン・ド・モンフォールが異端討伐を口実に不必要な地域にまで侵攻したことを難詰したもので，「フォア伯ならびにコマンジュ伯の所領，およびガストン・ド・ベアルンの領地」を挙げている。HGL. VI, p. 400.

(10) ドッサは GI. I, p. 201 を指示しているが，そこの記述は必ずしも明確ではなく一二三〇年頃壊滅したと述べているにすぎない。これとは別にボルストは，一二二九年から三七年までの司教二代を確実としている。A. Borst, op. cit., trad. fr., p. 200 実は一二二九年が教団創設か再建かに問題があり，ドッサの断言するほどにはアジャン教団の歴史経過は明確ではない。ただ，レイネリウスによって見ても，絶対派に属する教団が存在していたこと，一二五〇年以前に消失したことだけは，確実である。

(11) これはギヨーム・ド・ピュイローランスの報ずる一二四九年の記事である。「同じ頃，アジャンにおける伯親臨の審理に際し，異端を告白した，あるいは異端と断ぜられた，帰依者およそ八〇名をベウレーグなる地にて火に投ぜしめた」。〈Eisdemque diebus circiter LXXX credentes hereticorum in judicio coram se confessos de heresi aut convictos apud Agennum in loco qui dicitur Berlaigas fecit incendio concremari〉. J. Duvernoy(éd.), Chronica Guillelmi, p. 185.

(12) Y. Dossat, L'Inquisiteur Bernard de Caux et l'Agenais. AM. LXIII, 1951. pp. 75-79. これも一二四三年から四五年にかけての事件である。

(13) 「アジャンの者と呼ばれる異端ら，ならびにその他多くの者ども，祭壇の秘蹟，婚姻，その他の秘蹟について悪しき見解を有し，トゥールーズの周辺に蝟集した」。〈Haeretici quos Agenenses vocant, et alii multi, convenerunt circa Tolosam, male sentientes de sacramento altaris et de conjugio et de aliis sacramentis〉. L. Délisle(éd.), Chronique de Robert de Torigni. Rouen, 1873 cit. in Dossat, Remarques. p. 346.

(14) J. Ventura Subirats, El catarismo en Cataluña. BRAB. XXXV, 1956-60. p. 78.——近年の研究に A. Cazenave, Les cathares en Catalogne et Sabarthès. BPH. année 1969 および G. A. Esteve, Cátaros y Occitanos en el Reino de Mallorca. Palma, 1978 があるが，やや後代を扱っていて当面の主題には関係しない。

(15) J. L. Riol, Dernières connaissances sur des questions cathares, Albi, 1963. pp. 73-75.

(16) 同年五月二一日付，アラゴン王あて。ピエール・ド・ヴォーセルネイ『アルビジョア史』に収録されている。「卿が使者をして事実を隠蔽し虚言を弄せしめ，コマンジュ伯，フォア伯ならびにガストン・ド・ベアルンらのため，所領安堵の聖庁命令を獲得したることにつき，我らは驚愕と憤激を禁じ得ない。彼らは，彼らに責めありとされるその他多くの重き不都合は問わぬとしても、現に公然と異端を保護支持するがゆえに破門された。かかる実情のもとでは先の勅命は無効であり、我らは不適法のものとしてそれを撤回する」。〈Miramur insuper et movemur quod tu, pro terra nobilium virorum Convenarum et Fuxensis comitum ac G. de Bearno restituenda sibi, apostolicum per nuntios tuos supressa veritate mendacium exprimentes surripi fecisti mandatum, cum, preter multa et magna eorum flagitia, ob hereticorum favorem, quos manifeste defendunt, excommunicationis sint vinculo innodati: unde, cum mandatum pro talibus sic obtentum non teneat, illud tamquam subreptum penitus revocamus〉. PVC. II, p. 103. なお HGL. VI, pp. 417, 418 にも収録。

(17) 前述。

(18) C. Thouzellier, Catharisme et valdéisme. p. 14, n. 7.

(19) 一一八一年アンリ・ド・マルシの巡遊を指す。史料として採られているのは随員エティエンヌ・ド・トゥルネーの書簡で、そこには「トゥールーズの彼方、イスパニア人らの近く」とある。これはむしろ旅の辛苦を強調しているので、行程を知る材料としては薄弱かも知れない。〈ultra Tolosam prope Hispanos〉. MPL. CCXI, c. 372.

(20) GR. I, pp. 67-83.

(21) 指示されている史料は、ラウール・アルダン説教集中のアジャン地方異端に触れた部分である。原典に当ってみれば次の通りだが、その中の悪魔礼拝がカタリ派の特徴でないことはいうまでもない。北方人であったラウールの情報不足、でなければ説教者としての解釈ないし歪曲であろう。年代は不明だが、当人は十二世紀末歿と推定されている。「さらに重大なことであるが、彼らは事物の二つの創造者を説く。すなわち、不可視のものの創造者たる神と可視のものの創造者たる悪魔を信ずる。されば彼らは、おのれの身の造り主と信じてひそかに悪魔を礼拝する。実に、祭壇の秘蹟は単なるパンにすぎずと言い、洗礼を拒み、おのれらの手によらざれば何ぴとも救われずと説き、肉の復活を否定する」。〈Et quod gravius est, duos praedicant rerum auctores, Deum invisibilium, diabolum visibilium auctorem credentes. Unde et occulte adorant diabolum, quem sui corporis credunt creatorem. Sacramentum vero altaris purum panem esse dicunt. Baptismum negant, neminem posse salvari, nisi per suas manus praedicant. Resurrectionem etiam corporum negant〉. Radulphi Ardentis Homeliae. MPL. CLV, c. 2011.

(22) アジャンに教団が存在していたことは確実だが、今までに見たところ史料の年代はサン・フェリクスよりかなり遅れるか、でなければ不明である。また十二世紀末から十三世紀初にかけてトゥールーズ教団とカルカッソンヌ教団が強力に介入した形跡があり、これが教団創立に関連している可能性もある。A. Borst, op. cit., trad. fr., pp. 199, 200.

(23) JF. I, p. 28, n. 17.

(24) Buchon (éd.), Chronique anonyme de Morée. Paris, 1860.
(25) Y. Dossat, A propos du concile cathare de Saint-Félix : les Milingues. CF. III, 1968. pp. 201-214.
(26) Meursius (éd.), De administrando imperio. Leyden, 1611.
(27) J. Duvernoy, Les Actes de Saint-Félix sont-ils des faux ? CEC. XL, 1968-69. pp. 16-20.
(28) 『異端要覧』が一種の編集物であって、複雑な構成をもつことについては前述した。ドンデーヌが刊行した形では、全一九節に区分されている。注(2)に引いた問題の箇所は第一三節中に見出される。同節はレイネリウス『報告』を再録した部分(第一一節)と断片(第一二節)に続いて、『ヨハネ問答録』から抜書とその写本注記の転写を収めた節で、明らかに作者の乱雑な覚書であり、『異端要録』の本体ではない。デュヴェルノワのいうようにそこに記された年代が取るに足りないか否かは別にして、本体の記述と同一次元にないことだけは確かである。
(29) 彼が指示するのは BT. 609, f. 236.
(30) ヴィニエでは Druguria.
(31) GR. I, p. 67 sqq.
(32) Histoire des antiquités et comtes de Carcassonne. 1645 ; Recueil des diverses pièces servant à l'histoire du roy Charles VI. 1660.
(33) R. I. Moore, Nicétas, émissaire de Dragovitch, a-t-il traversé les Alpes ? AM. LXXXV, 1973. pp. 85-90.
(34) レモン五世『書簡』。「言うも不吉なことながら、実に二つの原理が導入された」。〈quod dici nefas est, duo etiam principia introducutur〉. Gervais de Cantorbéry, Chronica. I, London, 1879. p. 270 cit. in Moore, op. cit., p. 88 et in A. Dondaine, Les actes. p. 354, n. 52. ―― 『ピエール・ド・パヴィ公開状』は既述。

4　南フランス諸教団の確立

論争の現状はおおよそ右の通りで、論義は微細、むしろ末梢の諸点にまで立入っている。この間、派生的に多くの知識が抽出され確定された。肝心の真偽問題の論拠については究極のところ、一方は史料内容と全体状況との適合のゆえに真純とし、他方は適合しすぎるがゆえに贋作としている。また偽作論者の発想の出発点が史料出現状況の特異さにあることも、ヴェセート、ド・ラクジェ、ドッサを通じて変っていない。双方の次元が食違っている以上、まず望めぬことながらベスが親しく目にしたと称する原本が発見されでもせぬかぎり、論争は今後何度でも再燃するであろう。(1) 審問の供述記録にはまだ刊本となっていないものもあり、また刊行されたものも主として教義や法手続の史料として利用され、歴史事実のそれとして用いられたことは比較的少いので、『宗会要録』登場人物に同定できる人名がそこから発見される可能性も絶無ではないからであり、またその結果問題が精密化するに応じて矛盾齟齬も当然発見されやすくなるからである。

ところで、我々自身は、問題は残されているものの、これを真とする側に立ちたい。原本が失われ、写本によってのみ伝わる史料は多い。むしろ、それが伝来の常態である。刊本によってのみ伝わることも、それだけでは疑惑の理由とするに足りないであろう。偽作論者がもっとも力を注いだ立証点は、素材を載せた文書や書物がベスに閲読可能であったということである。いうまでもないが、可能ということは実行することとも、実行の必然的動機があるということとも、おのずから別である。事前に利用可能な材があるか否か不明のまま、バルカン事情をも含めて有用の数句に行当るためには、それまでの文献のほとんど網羅的な繙読が必要である。審問記録の博捜にしても同様である。この程度の小品を捏造するために、かかる労苦を払うと考えるのは不自然である。また、どの角度から見ても動機が発見しがたい。利益や名誉が問題になっていないのは無論で、現にそのような使われ方をしていないのである。ド・ラクジェが推測したような学芸社会の遊戯趣味が働かないとは断言できないが、その場合には既存の定説や常識に逆行する方向に作為されるのが通例であろう。しかるに、問題はむしろ余りにも全体状況と適合する点にある。全体としての真純性を想定するのを、より自然と考える理由である。

ドッサの指摘した通り、写本の断り書きの中に、しかも写本作成年に続く場所に、原本作成の月日と曜日が位置を占めるとするドンデーヌの理解は、余りにも不自然で技巧的でありすぎる。ドンデーヌの見解が成立つためには、写本の書記が原本成立の年月日を、それが本文中に転記されていない以上別の文書か口伝で知っていることが不可欠となる。いずれの場合も普通あり得ぬことと言ってよく、したがってここでは、ドンデーヌの読み方もその修正一一七二年説もともに採らない。デュヴェルノワに従って年、月日、曜日を一連のものとして読むが、しかしその転写年代修正には必ずしも拘泥しない。公表に至る前の破損や劣悪化を想定する以上、過度に技巧的な推理はさして意味がないからであり、また本文内容から真純性が判定できるかぎり転写年代は第一級の重要性をもたないからである。要するに、本文がみずから語る通り、事件の年代を一一六七年と受取っておく。絶対派教義の標識が初めて史料に出現するまでの一〇年間が問題となるであろうし、それについては別に検討する必要がある。ここではただ、教義出現が会議より遅れることだけを確認すれば足る。それに、先にイタリア教団の分裂を見た時に指摘した通り、授礼の正統継受が第一義的な重要性をもち教義内容の完全な理解が必ずしもこれに伴わない段階のあった形跡がある。とすれば、この一〇年の空白は、かえって全体の状況に整合するのである。

ヴァルダラン問題については、ドッサの提言に従ってこれをアジャンと考えるのが自然であろうが、なお若干の疑念を留保せざるを得ない。何故なら、アジャン教団の強力な活動の印象は十二世紀極末から十三世紀前葉にかけての史料に由来するもので、それ以前のものが少く、ドッサの強調するロベール・ド・トリニ『年代記』一一七八年の条に見られる異端にしても、その教義項目には絶対派はおろかカタリ派でなければならぬ特徴は示されていないからである。

『宗会要録』の重要性は、学界の現況から言えばすでに過去のものと化した、とドッサはいう。確かにこれに依拠せずとも、西欧カタリ派の穏和派から絶対派への一時的転回に関する大きな構図が動揺することはない。しかし、絶対派導入の年代は、『異端要覧』の間接的な、おそらく不正確な言及を除けば、この史料によってのみ知られるのである。さらに、西欧規模の大局的な異端史の考察ならいざ知らず、南フランスでの展開過程を追跡するためには依然第一級の重要史料たるを失わない。カタリ派は情動的ないし拡散的な展開の仕方を見せたのでもないし、異端数増加がそのまま教団の組織に移行したのでもない。同派の救済観が秘蹟の授受を軸心に据えている以上、教団を組織することは単に勢力としての強大化を示すのみでなく、救済を保証するという本質的な意義を有したのである。秘蹟授与の機能はキリストの使徒委任に淵源をもつ継承の連鎖に繋がると信じられて初めて効果を発揮したのであるから、教団創建に当っては一地域の異端が独自に司教を創出することはあり得ず、内部で人選された候補に先行教団の司教による叙階、つまり権能の伝達が加えられねばならなかった。この意味で、カタリ派教団は常に発足年次と伝達者を、したがって既存教団との系譜関係をもっているのである。南フランスの場合、十二世紀末から十三世紀にかけて断片的に穏和派の特徴がまったく散見されないわけではないにしても、絶対派教説が主流を占め、それに何よりも教団としては東方絶対派の系譜下に位置した。レイネリウス『報告』でも南フランス諸教団ことごとくドゥグンティア派の中に整序されている。こうして、南フランス特有の異端状況の前提としてサン・フェリクスの事件を、もしそれが事実でないとすればそれに代る事件を考えないわけにはいかないのである。少くとも、これを基準として、完全な意味でのカタリ派の時代とその前史とを識別することが可能となる。

この一片の記録の示唆するところは一、二にとどまらない。境界線の地理的指標に挙げられているいくつかの零細都市ないし防備村落、いわゆるカストゥルムが、おそらくカタリ派拠点であったと考えられることも、その一つである。[2] 今はただ、今後南フランス異端を考える上で前提になると思われる事実だけを確認しておきたい。史料本文によって見れば、一一六七年当時すでにトゥールーズ、アルビ、カルカッソンヌ、ヴァルダラン（またはアジャン）に、そして所在地は未詳ながら北フランスとロンバルディアに、何らかの形態における集団の存在していたことが知られる。ただし、この段階で、諸集団の間には実勢力とは別に制度的な教団組織の確立度にかなりの差等があったように見受けられる。現地到着、司教候補選出、救慰礼と叙階の三段階にわたって検討すると、候補選出の記載のあるのはトゥールーズ、カルカッソンヌ、ヴァルダラン（またはアジャン）の三件のみである。しかも到着時において、トゥールーズとヴァルダラン（またはアジャン）には司教もこれに代る指導者の挙名もなく、カルカッソンヌにはベルナール・カタラの名はあっても司教の資格はない。この点で、第一段と第二段の記述は完全に整合する。これらについてのみ司教候補選出の手続が誌されているのに対し、フランス、ロンバルディア、アルビについては、到着時の司教またはこれに代る強力な指導者がそのまま再叙階されているので選出の記事がないのである。この中でマルクスのみが到着時無資格だが、イタリア史料によればすでに司教だったはずである。この点、第一段から第三段まで記事内容に矛盾が見られないので、フランスとアルビの教団が他に比して、高い威信をもっていたものと察せられる。この記録の前半から推測される通り、トゥールーズが集会の提唱者、地元担当者であったこと、また記録後半のトゥールーズ、カルカッソンヌ境界区分の厳重な手続が推察させるように両者間に紛議があったことから、両者の勢力強大は疑えない。しかし、司教を戴く教団組織の確立度から見れば、フランス、アルビ、およびこれに準ずるロンバルディアの先行三教団と、未熟なままのトゥールーズ、カルカッソンヌ、ヴァルダラン（またはアジャン）の三教団の間には大きな開きがあったのである。繰返して南フランスについてのみ言えば、一一六七年以前には北フランスを介してブルガリアの系統に属するアルビだけが厳密な意味での教団を組織していた。一一六七年、これが絶対派に転回するとともに、トゥールーズ、カルカッソンヌ、ヴァルダラン(またはアジャン)が初めて教団として発足したのである。こうして、一一六七年をもって、南フランス・カタリ派の本質的な確立の劃期と見たい。(3)

(1)　昨今、やや異なる角度から真純性を支持するハミルトンの論文を目にした。一二二三年にカルカッソンヌ教団司教ピエール・イザルンのためにトゥールーズ教団の保存する記録から抜粋して作成された覚書だというのである。原本は①ラングドック絶対派諸教団の起源に関する記録、②トゥールーズ教団に対するニケタの説教の筆録、③トゥールーズ、カルカッソンヌ両教団の境界に関する合意書など、それぞれ性格を異にする記録三件で、原本①②の成立は一一七四年から一一七七年の間、多分一一七六年だが、原本③の成立は①②より遅れると見ている。①の伝える事件はあくまで南フランス教団設立で、ロンバルディア教団とフランス教団はこれに立会ったにすぎないというのである。『宗会要録』を合成本と考えるのは彼が最初である。B. Hamilton, The Cathar Council of Saint-Félix reconsidered. AFP. XLVIII, 1978. pp. 23-53.

(2)　GR. I, p. 74.

(3)　もとよりこれは、いわゆる「沈黙からの推論」である。ただ、授礼関係の記事が完全に規則的、劃一的に繰返されているので、与件の網羅性が満たされ、したがって到着と選出の記事欠落はそのまま事実不在と考えて誤りないものと考える。

第一二章　展開と受容の範囲

1　濃密地帯と地理的限界

「異端の制する地はアルビジョア全土、カルカッセおよびローラゲェの大半に及んだ。実にベジエよりボルドーに達するまでの至る所で、住民の多くが、むしろほとんどすべてが信者またはその一味であった」(『アルビジョア十字軍の歌』)。つまり地中海岸から大西洋岸まで西南フランス全体が異端化したというので明らかに誇張されているが、これは『歌』に限らず同時代の年代記叙述の常套である。異端が個別的、散発的に発見された地点、あるいは出没が見聞された地域を含めれば、カタリ派地図はかなり広大なものとなるが、それでも『歌』の言うように西南フランス全土を蔽うわけではない。そこで「邪説の母、迷妄の頭と呼ばれたる」トゥールーズを中心に、その周辺地帯を一瞥する。(1)

まず東では、ローヌ河以西の地中海岸地方、いわゆる低《バ》ラングドックはローマ以来の都市が櫛比する重要な地帯だが、ここにはアルビジョア十字軍緒戦において最初に軍事抵抗を表明し、その結果住民の大虐殺を招いたベジエがある。反十字軍姿勢が常に宗教上の理由に由来するとは限らないにしても、この町が決定的に異端に傾斜していたことは疑問を入れる余地がない。低《バ》ラングドックと高《オー》ラングドックのほぼ境界点に位置するカルカッソンヌも強く異端化した町で、数週間の攻囲に抵抗した。ところで、ベジエとカルカッソンヌの中間には、異端が皆無ではなかったにしても、まず重大な問題を惹起するまでに至らなかったナルボンヌがあり、[2] ベジエの東では重要都市モンペリエには十二、十三世紀を通じていかなる異端の痕跡もなく、一貫して正統教会の砦であった。[3] さらにその東、ニームの場合には、一二〇九年現在かつてのワルドー派異端から帰正したデュラン・ド・ユエスカのカトリック貧者団が同市内にいくつか拠点を有して反カタリ派活動に当っている。一二二六年ルイ九世の勅令が市民および同市民に対して異端根絶を命じているから、異端の存在そのものは十分想定できるが、重大な問題と化するに至っていない。[4] タラスコンには一二〇六年、異端二名が来て宣教したという記録があるが、それ以上のものは見出されない。[5] 要するに、低《バ》ラングドックが異端の影響にさらされたのは事実としても、概してその定着密度は低く、しかも局地的にいちじるしく不均等であったと言ってよいであろう。ローヌ以東、プロヴァンスは先にピエール・ド・ブリュイ宣教の地であったし、十字軍に制圧された十四世紀初頭に至るまでラングドック異端がイタリア教団と連絡するため頻繁に往復通過した土地である。この地の教会幹部はしばしば異端問題に関心を払っているし、プロヴァンス担当の異端審問官も配置されている。[6] しかし、ここでも異端は散発するにとどまって、その濃度は決して高くはない。

高《オー》ラングドックの西北から西南にかけて隣接する地帯を見るに、まずケルシイに異端が拡大していたことは確実である。アジャン教団については、先に見た。十字軍を率いるシモン・ド・モンフォールは司教ギヨーム・ド・カルダイヤックの請いを容れてカオールに遠征し、ロカマドゥールまで進出したし、その後もモアサック、モントーバンの向背に苦慮し続けた。一二四一年から翌年にかけては、審問官ピエール・セランがケルシイを巡回して、少くとも七二四件の判決を言渡している。ただし、等しくケルシイではあっても、地域差は蔽えない。司教による十字軍招致にも政治的要因が卓越しているし、異端審問の巡回開設地点を辿っても、カオール周辺、いわゆる高地部における異端の感触は稀薄である。これに対し、ガロンヌとその支流タルンに沿う低地部の異端濃度が高い。そして、そこでもアジャンが、まず異端地帯の西限であったと見ることができる。[7] ラングドックの南西方向に当る地帯では、コマンジュ伯領がシモン・ド・モンフォールの作戦範囲であったものの、これはトゥールーズ伯牽制のため、もっぱら政治的理由に基づくもので、異端問題とはほとんど関係がない。その西、タルブならびにルルド両司教区に至れば、一人の異端すら発見されていないことが確認されている。ラングドックの南西に当る広大な無異端地帯にあって問題を残すのはただ一地点、ヴァルダランのみである。[8]

高《オー》ラングドックの南、および南東となれば問題はやや複雑である。南方、アリエージュ渓谷を蔽うフォア伯領は当初から伯一族の支持を得て異端が展開した地域であったが、十三世紀末その上流山地にペトルス・アウテリによる教団再建が成功し、カタリ派異端史の末期における異常に高密度の異端化地区を現出した。十四世紀初頭、追及の手がのびて壊滅した後にも、敗残教団の一部はピレネー分水嶺の南側を流亡している。アリエージュ上流から東方オード上流に出るピレネー北麓の丘陵地帯にはモンセギュールが位置するし、この線をさらに東に、地中海岸ルション内に延長した線上には最後の掃蕩戦の対象となったケリュビスの砦がある。ルション、セルダーニュ、さらに南のアラゴン王国内にも異端の存在は確認されているが、しかしそれらは散発例にとどまって高密度であったとは見受けられない。[9]

このように、カタリ派の展開範囲は同時代の年代記類のいうほどには広大でなく、またそれも西方において比較的判然とした境界が見られるのに対し、東方および東南方では疎密たがいに混交しながら次第に稀薄になって行くので、範囲を限定しがたい。しかし、この間にあって、格段に濃密な異端地帯が高《オー》ラングドックの一角を中心に拡がっていた。ヴォルフやウェイクフィールドの箇にして要を得た表現を借りるなら、いわゆるアルビ・カルカッソンヌ・トゥールーズ三角、ないしこれにフォアを加えてできる四辺形である。しかも、その中でもトゥールーズ・カルカッソンヌ軸、あるいはグリフのいうトゥールーズを要として東に開いた扇形が決定的であった。(10)

この中核地帯に関する定説はこれまで種々の方法で検証されて来たので、まず動かぬところと見てよい。十字軍が到達した一二〇九年、法王特使が作製した『覚書』は最も悪質な異端拠点二五地点を、いわば作戦目標として列挙しているが、そのほとんどがこの地帯の中に見出される。(11) 異端拡大範囲確定の手掛りとしてまず考えられるのは、教会会議決議等から知られる教会側の認識を別にすれば、審問の活動範囲であろう。ところが、異端審問は本来一種の巡回裁判であって、その管区なるものはしばしば広大かつ曖昧で必ずしも異端範囲と一致しない上に、記録の残存状況が不完全なため、個々の審問官の軌跡を復原するのは容易でない。(12) それより、同じく供述以外には材料がないから同種の不完全さは免れないものの、教団の展開を見る方がまだしも信頼度が高いであろう。この点については、ギローの基礎的な作業がある。十三世紀に入ってはアルビ司教一名、トゥールーズ司教四名、カルカッソンヌ司教三名、および一二二五年に新設されたラゼス教団司教二名を彼は検出した。それぞれの軌跡は交錯するし、同一教団の司教と呼ばれる複数の人物が同時に見出されるが、彼は地理的な混乱は十字軍襲撃による避難等特殊事情の際に限られるとし、また複数司教は継承予定者の事前叙任に基づくものでその間に序列があったと解した。要するに、一二四六年を最後として南フランスから司教の肩書を有する異端が消失するまでは、十字軍制圧下にも教団組織が維持されたことを立証したのである。(13) ただし供述に現れる限り、十三世紀初頭以降アランはもとよりアジャン司教が積極的に活動した痕跡もないし、アルビの司教の証跡も多くない。他方ラゼス教団が新設されるなど、次第に異端領域の重心がトゥールーズ・カルカッソンヌ軸の南に移って行く傾向が看取される。この間にあってもっとも証跡の豊富なのは、つまりおそらくもっとも精力的に活動したのはトゥールーズ教団の三司教で、彼らの広範囲な軌跡はやがてモンセギュールに収斂して行く。[14]

異端領域の推定という観点からは、司教よりも中堅幹部たる助祭 diaconus に関するギローの検証の方が興味深い。レイネリウスが「主としてカタリ派の者どもの在住する町ごとに、一人ずつ助祭を有する」と指摘したように、[15]これはもともと地域密着度の高い役職で、その所在は異端展開を直接反映すると考えられるからである。南フランスの場合、ギローの抽出した史料では問題の異端にただ助祭の肩書の附せられてある場合と地名の添えられてある場合の両様があって、全部について相当地区を特定できるとは限らない。[16]それに十字軍侵攻後、彼らが特定町村に常駐できたはずもない。しかし、彼らの所見報告のある地点は、それぞれに比較的小さな範囲内に収まるので、依然地区信者群に密着していたと考えられる。ギローが十三世紀初から四〇年代までに検出し得た助祭は約四〇名である。[17]その中には当然継承関係が含まれているから、地区ごとに整理するとおおよそ半分の約二〇地区に助祭が活動していたことになり、それは前記の三角、四角ないし扇形と大体重なる。ギローがいう通り、供述の対象とならなかった助祭、さらに散逸した供述があり得るので、助祭の数と活動範囲はこれを越えていた可能性が強いが、いずれにしてもこれが最濃密地帯を指示していることに変りはない。ギロー以後、この地帯の実情はさらに精査されているが、地理的範囲の推定に変更を加えねばならない事情は生じていない。[18]

要するに、カタリ派の定着範囲は比較的限定されている。普通に言われるところに比べて意外に狭く、全南フランスどころか、極言すればラングドックの一隅にすぎなかったのである。これに留意する必要があるというのは、南フランス固有の文化的特性ないし伝統とカタリ派教説との内在的な関連を探ろうとする、一部文化史あるいは郷土研究の立場からする考察に果して実際的基礎があるかという疑念を誘うからである。[19]それよりも、右に見た最も濃密な異端地区の、特に彼らの拠点となった都市ないし村落の構造や特殊事情の検証に、問題と可能性が残っていると考えられる。いうまでもなく、この地域は特徴的な領主群をもつカストゥルムの展開地域でもある。

（1） E. Martin-Chabot (éd. et trad.), La Chanson de la Croisade Albigeoise. Paris, 1931. I, p. 9.
法王特使アンリ・ド・マルシ書簡。一一七八年。〈dicebatur mater haeresis et caput erroris〉. MPL. CCIV, c. 236.

（2） R. W. Emery, Heresy and Inquisition in Narbonne. New York, 1941. p. 55 sqq.

（3） A. R. Lewis, The development of town government in 12th century Montpellier. SP. XXII, 1947. p. 51, n. 5.

（4） L. Ménard, Histoire civile, ecclésiastique et littéraire de la ville de Nîmes. Paris, 1750-1758. I, p. 265 ; ORF. I, p. 50 cit. in R. Michel, L'administration royale dans la sénéchaussée de Beaucaire. Paris, 1940. p. 309, n. 3.——十字軍侵攻の翌年に当る一二一〇年という危険な時期に、ニーム市内に武装蜂起が生じ、その合言葉が「トゥールーズ」であった。一見、反十字軍、親異端の性格を連想させるが、首謀者たちの訊問調書を見るかぎり、宗教的動機の混入は見出すことができない。L. Ménard, op. cit., I, Preuve XXXIX, pp. 48-52.

（5） R. Michel, op. cit., p. 308.

（6） V. L. Bourrilly et R. Busquet, La Provence au moyen âge. Histoire politique. L'Eglise. Les institutions. 1112-1481. Paris, 1924. p. 181 sqq., p. 188 sqq.

（7） PVC. I, pp. 245, 246, etc. ; E. Sol, La vie en Quercy au moyen âge. Paris, 1944. p. 615 sqq. ; G. Lacoste, Histoire générale de la province de Quercy. Cahors, 1883. II, pp. 83, 148 sqq., p. 160 sqq. ; L. Tanon, Histoire des tribunaux de l'Inquisition en France. Paris, 1893. p. 63, n. 2 ; J. Dupré, Le catharisme et la croisade en Périgord. CEC. XXXII, 1966-1967. p. 27 sqq. ; C. Higounet (éd.), Histoire de l'Aquitaine. Toulouse, 1971. p. 128 ; J. Duvernoy, Albigeois et vaudois en Quercy d'après le registre des pénitences de Pierre Sellan. FLPG. XIX, 1963. pp. 110-121.
デュヴェルノワの検証によって見ても、この時の審問で取調べを受けた者は多数に上るが、その中に真正の異端も重大な加担者も見出されない。処罰も最重刑の者で十字徽標の佩用、強制巡礼にすぎず、投獄 ad murum の判決を受けた者は一名もない。

（8） C. Higounet, Le comté de Comminges. De ses origines à son annexion à la couronne. Paris-Toulouse, 1949. I, pp. 89, 90 ; id., Hist. de l'Aquitaine. p. 182 ; J. B. Laffon, La diocèse de Tarbes et Lourdes. Paris, 1971. p. 41.

（9） 一二二五年ピウス異端会議に「カタロニアの助祭ペトルス・デ・コロナ」なる者が出席している。GI. I, p. 226. この際のカタロニアがどの範囲を指すかは不明だが、セルダーニュ、ルションをも含めて最広義のカタロニアにカタリ派がいたこと、およびそれが散発例にすぎなかったことは確実である。D. M. J. Henry, Histoire de Roussillon comprenant l'histoire du Royaume de Majorque. Paris, 1835. I, p. 85 ; J. Ventura Subiratz, op. cit., BRAB. XXX, 1959-1960. p. 275 sqq. ; id., Hérétiques du Roussillon et de Cerdagne au temps de Jaime I. CEC. XXV, 1965. pp. 3-10 ; A. Cazenave, Les cathares en Catalogne et Sabarthès. BPH. année 1969. pp. 387-436 ; G. A. Esteve, Cátaros y Occitanos en el Reino de Mallorca. Palma, 1978 ; DUV. H. p. 150 sqq. ; M. Delcor, Les cathares en Cerdagne : une famille d'hérétiques, les Bretos de Berga. FLPG, LI. 1980. p. 77 sq.

(10) P. Wolff. Histoire du Languedoc. Toulouse, 1964. p. 173 ; W. L. Wakefield, Heresy, Crusade and Inquisition p. 71. 前者は三角を「すぐれて異端的な地帯」としてこれに西および南の突出部を附加し、後者は四辺形の「故国《ハートランド》」の周辺にいくつかの「ポケット」を附加する形で整理している。

GR. II, p. 77 sqq. より厳密に言えば、アルビジョア南部、トゥールーザン東部(この中に、特段の異端地区たるローラゲェを含む)、カルカッセである。彼はここを異端定着の濃密な点で均質の団塊 un bloc homogène と評している。

(11) 『覚書』Memoradum は J. Rouquette et A. Villemagne, Cartulaire de Maguelonne, 1913. II, pp. 59, 60 に収録されているが、接見の機を得ない。W. L. Wakefield, Heresy, Crusade and Inquisition. p. 81, n. 5 および GR. II, p. 63, n. 4 参照。

(12) 異端審問は当初、トゥールーズとカルカッソンヌに設置されたので、この両都市とその近隣での活動はほぼ恒常的だが、周辺諸地方への進出は間歇的、むしろ一過的であった。いちじるしく活動範囲が拡大するのは十四世紀ヨハネス二十二世の時期である。南フランスの管掌範囲は大体トゥールーズ司教区にケルシイ、アジュネ両地方を加えた部分がトゥールーズに、ナルボンヌ大司教管区からトゥールーズ、マンド、ル・ピュイ各司教区を除いた部分がカルカッソンヌに属した。ただしアルビ司教区が両方に属するなど、境界は常に明確であったとは限らない。L. Tanon, Histoire des tribunaux de l'Inquisition en France. Paris, 1893. p. 181 sqq. ; DD. I, p. cxvi. ; Y. Dossat, Les crises de l'Inquisition toulousaine. pp. 29, 152. なお歴代審問官とその主たる管掌範囲の一覧表は DD. I, p. cxxix sqq.

(13) GI. I, pp. 201-211. 十三世紀四〇年代末、司教たちはイタリアに退避したと考え、一二七一年のヴェロナ伯領セルミオーネに見出される「フランスの異端司教ベルナール・オリバ」Bernard Oliba episcopus hereticorum de Francia なる者が実はトゥールーズ司教であることをもって傍証とした。そして同年以後現地の管掌は一段下級の幹部たる助祭たちに委ねられたと見ている。ただし、彼自身の検出したところによっても、四〇年代に入って証跡をとどめる助祭は寥々たるものであり、しかも一三四五年を最後に消失するので、モンセギュール失陥(一二四四年)を機に南フランス教団の根幹全体が潰滅したと考える方が自然である。

(14) Bernard de la Mothe, Bertrand Marty, Guilabert de Castres——後二者については、さらに詳細な軌跡の復原作業がデュヴェルノワによって試みられている。前引 CEC. XXXII et XXXIX 収載論文。

(15) 〈habent in singulis civitatibus, maxime in quibus morantur Cathari, singulos diacones〉. TNA. V, c. 1766.

(16) 例えば、「ランタの助祭ベルナルドゥス・デ・ラモータ」という書式がある一方、「異端どもの助祭ライムンドゥス・フォルトゥス」のごとき書式が併在している。〈Bernardus de Lamota diachonus de Lantares〉. 〈Raimundi Fortis diaconi hereticorum〉. Doat, XXVII et XXIII cit. in GI. I, pp. 216, 217.

(17) GI. I, pp. 211-226; GC. I, pp. cxliii-cliiii.

(18) GR. II, pp. 61-187; M. Roquebert, L'épopée cathare, 1198-1212. L'invasion. Toulouse, 1970. pp. 525-537; W. L. Wakefield, Heresy, Crusade and Inquisition. p. 69.——グリフの調査は、ギローの研究を修正増補して、現段階ではもっとも精密なものと言ってよい。特に各異端化集落の領有関係を摘記してあるのが有益である。ロックベールは同じく十字軍直前について、異端化した地点地区八九件とその要点を、アルファベット順に一覧表化した。ウェイクフィールドの地図は、特に早くから異端化した集落、つまり異端地帯の中で拡大の源泉となった集落を強調していて、示唆するところが多い。総じて、近年の研究では十字軍前夜つまり最大限度に拡大した段階において、最濃密地帯の西限がトゥールーズを通る経線であること、トゥールーズそのものにおいて異端は大問題ではあっても決して住民の多数を制してはいないことが検証される傾向にある。

(19) 例えばD. de Rougemont, L'Amour et l'Occident. Paris, 1956. 邦訳『愛について』(岩波書店)の「宮廷風恋愛」と題する章などは文芸上の現象たるトゥルーバドゥールの輩出とカタリ派を一体として扱っている。それ自体極めて魅力的な行論ではあるものの、両者は性格も展開範囲も、それに何より荷担階層を異にする現象である。

2　実勢力推計の試み

異端の実勢力はどの程度であったか。年代記類のほかにも、十二世紀半ばの教会側文書がしばしば無数の異端を報告するのは、局地現象からの印象でなければおそらく危機感の反映であって、実態からは遠いと思われる。総数に触れた史料としては、レイネリウス『報告』(一二五〇年)が唯一のもので、そこには「読者は確実に次のように言ってよい。全世界にわたりカタリ派は、男女合算して四〇〇〇の数には達しない。この計算は彼らの間でしばしば行われたところである」と見える。レイネリウスの経歴と、異端内部での計算の正確さだけが頼りの数字である。いうまでもなく、この場合のカタリ派は完徳者つまり受礼した真正の異端、全世界とは東欧ボゴミリ派を含めての意である。そして、南フランス教団については、「トゥールーズ、アルビ、カルカッソンヌの諸教会は今は滅びたるアジャンの教会に属せし者を合せ約二〇〇」とある。このほかに、網羅性はないものの、比較的多数の南フランス異端に触れる見聞供述は前引の通り三点ある。一つは一二〇六年頃「ミルポアにて、六〇〇名に達する異端の大会議を目撃した。彼らは異端内部に生じたる諸問題を決定すべく、この地に参集したのである」。今一つは、十字軍劈頭の一二〇九年、「トゥールーズ司教区なるロックフォールにて、モンフォール伯の戦のためこの町に退きたる異端、優に三〇〇、あるいはそれ以上を見た」というものである。第三は、一二二五年ピウスの異端会議でラゼス教団が設立された時、「この地にあまたの異端参会して一〇〇に達した」という証言である。

何分にも潜行しがちな異端だけに、帰依者はもちろん完徳者についても、その実数の統計的把握はまず不可能だが、それでも推算の試みは今までに幾度も繰返された。まず大づかみな考察としては、シャルル・モリニエの南フランス異端帰依者二百万とする推計がある。これは完徳者を聖職者、帰依者を平信徒と措定した上で、カトリック教区における聖職者一人当りの信徒管掌能力の係数をレイネリウスの示す完徳者数に乗じた結果である。そしてさらに、カタリ派は典礼が簡素な上に伝道熱心であったから、実際はこの数字を大きく上廻る可能性があると附加えた。いうまでもなく係数設定の正当性には何の保証もない上に、さきに見た通り南フランスにおける展開範囲、特に濃密地帯が比較的局限されていて、その中にはカルカッソンヌ以外に相当規模の都市がないことから言っても、これは過大、むしろ不可能な数字である。他方、オーギュスト・モリニエは、異端の支持者《パルティザン》を「極度に少数」と考えた。彼は同時代の教会側文書が危機感から、あるいは捕捉された異端の発言のままに、しばしば無数の異端について語るのに対して抑制を加えたのだが、これにも格段の根拠はない。ともあれ、両モリニエは説の両極端をなすものと言ってよい(1)。

いうまでもなく、支持者数よりは完徳者数の方がまだしも想定しやすい。ブレックスは十字軍直前の最盛期に南フランス完徳者七〇〇ないし八〇〇、一世紀後にもなお四〇ないし六〇が残存していたと考え、デリンガーもほぼ同規模の数を想定した。ボルストはこれをやや過大としたが、基本的には同調しているから、今世紀半ばまでの諸家の間では要するに数百とする見解がほぼ定着していたと言える(2)。近年の理解では一方において、十三世紀初頭完徳者二〇〇〇と見たヴィケール、特に異端化した地域だけで同じく二〇〇〇とするグリフ、ラングドックのみで一〇〇〇ないし一五〇〇とするウェイクフィールド、十字軍直前のベジエとトゥールーズ間に少くとも一〇〇〇というロックベール、それに十三世紀四〇年代初において確実に一二一五名以上、おそらくはその二倍ないし三倍と見るデュヴェルノワなど、大きく考える者がある(3)。他方には、ドッサやベカメル等によって、概数の明示とは無関係に、予想外に少数だったことを示唆する諸事実の指摘が行われている(4)。双方とも基本的には個別の事件経過からの類推や印象によっているので、例えばヴィケールはミルポア会議のほか、レ・カッセで六〇名、ミネルヴで一四〇名、ラヴォールで三〇〇名が火刑に処されたことから推測したのであるし、デュヴェルノワはモンセギュール陥落直後の一二四五年の大探索の記録から名と出身地の挙示されている異端一〇一五名という数字を抽出し、これにモンセギュールで焼かれた約二〇〇と探索を免れたはずの者を加えて大きな数を想定したのである。少数を考えるドッサにしても、住民のほぼ全員に当る四二〇名が喚問され、従来徹底的な異端浸透の例証とされて来たマス・サント・ピュエルの場合、供述内容から確認できる入信受礼者は三五年間にわたって七名にすぎないことを基礎にしている。ベカメルも、アルビジョア地方の供述を精査した結果、一時に一〇名以上の活動を発見できないことから推論したのである。

史料状況、地域差、年代差の問題が絶えず附纏うので、このような推測は浮動性を免れないし、将来とも確実な結論の得られる見込みはないけれど、比較的少数を示唆する諸指摘により多くの注意を払う必要があるように思われる。ヴィケールが依拠したレ・カッセその他における大量処刑は年代記類、特にピエール・ド・ヴォーセルネイの『アルビジョア史』によって知られるところだが、いずれも十字軍の包囲攻撃による陥落直後の事件で、個別の審理を経ていない。戦闘行為の延長線上の、あるいはその一環としての虐殺という性格が強く、犠牲者数がそのまま異端数であるとは考え難いのである。デュヴェルノワが別の所で復原した、一一九三年から一二四〇年に至るギラベール・ド・カストルおよび一二二五年から四四年に至るベルトラン・マルティの精力的な活動の軌跡を見ても、新完徳者を創出した事例は四〇件に満たない。(5) ミルポア会議の六〇〇あるいはロックフォール待避の三〇〇にしても、ことごとく完徳者であったという保証はなく、しかも証言に傍証はない。つまり史料が完徳者と帰依者の区別をどの程度明瞭に認識しているかという問題が常にある。要するに、比較的少数の完徳者とその大きな影響力、すなわち少数の完徳者と多数の帰依者、さらに多数の周辺群衆。それが全体の構図であったと思われるのである。

確固たる同調者、いわゆる帰依者の実勢把握はさらに難しい。概数としては、余りにも過大なシャルル・モリニエのほかにはボルストの見積りがあるだけである。彼は十三世紀初頭およそ十万、そしてほぼこの勢力が同世紀五〇年頃まで維持されたと見た。しかし数は別として、他の諸家もその期間における多数の帰依者を考える点では一致している。[6] 反対に住民中の多数を占めたとは考えられないとするのはグリフで、最汚染地区でも住民の大多数は異端の説教を聴き、死の前の入信を望む段階にいたにすぎないというのであるが、このような段階にいる者こそ帰依者にほかならないのである。

(1) C. Molinier, L'église et société cathare. RH. XCIV-XCV, 1907. p. 49 sqq.; A. Molinier, HGL. VI, Préface. p. xii.
(2) E. Broeckx, op. cit., p. 109, n. 3; DÖLL. I, S. 104; A. Borst, op. cit., S. 208, Anm. 20.
(3) M.-H. Vicaire, Histoire de S. Dominique. I, p. 159, n. 65; GR. II, pp. 188, 190; W. L. Wakefield, op. cit., p. 70; M. Roquebert, op. cit., p. 101; J. Duvernoy, La liturgie et l'église cathares. CEC. XXXV, 1967. p. 25 sqq.
(4) Y. Dossat, Cathares et vaudois à la veille de la croisade albigeoise. RHLL. III, 1946. p. 79; M. Bécamel, Le catharisme dans le diocèse d'Albi. CF. III, 1968. p. 251.
(5) J. Duvernoy, Guilhabert de Castres. CEC. XXXIV, p. 32 sqq.; id., Bertrand Marty. ibidem, XXXIX, p. 19 sqq.
(6) A. Borst, op. cit., S. 205; E. Broeckx, op. cit., p. 109; GI. I, pp. 216, 217. ギローは十三世紀四〇年代においてなおラングドックの特定地方ではほとんど全住民が帰依者であったと考えた。デュヴェルノワは異端濃密地帯について、供述記録(六〇九号)から人口の三〇ないし四〇パーセントと推定した。J. Duvernoy, La liturgie. p. 26.

3　階層分布

異端がどのような階層ないし社会集団に分布するか、そもそも彼らが集中的に位置する社会的な場所があったのか否か。この問題は我々にとって一層重要である。前引シャルル・モリニエが帰依者を構成する諸階層の推移を透視しようとした箇所は、実数の推計よりもはるかに注目に値する。[1] 彼は三時期を区分した。第一期(一二五〇年頃以前)には大小領主から商人、職人、農民に至る全社会階層から帰依者が供給されていたのに対し、第二期(十三世紀後半)になると領主層がほとんど消滅、有力商人は漸減傾向を示し、主力は農村の零細所有者や都市および農村の労働者から構成される。第三期(十四世紀初頭から一三二五年まで)には下層階級のみが残存すると要約した。そして、十三世紀中葉における異端審問の勝利と王権の登場によって、領主層があるいは掃討され、あるいは転回して新政治体制と公的信仰に望みを託するに至り、大挙してカタリ派から脱落したことを特筆すべき現象とした。これは年代記、何よりも異端審問記録における容疑者出現状況から得られた推論で、大筋においては今日なお有効であろう。同時に、異端がもっぱら「愚昧」、「文盲」の下層民大衆から成ると説きがちな、公教側反駁書を無批判に受容れることをいちはやく警告したシュミットの提言に、初めてある程度具体的な内容を盛ったものでもある。(2)

より局地的かつ局年代的な把握の試みは、ほかにもいくつかある。また、その限りにおいて信頼度も高い。ドゥエーは十三世紀末アルビの審問記録を点検して、第一に容疑者の大部分がこの町と周辺のある程度富裕な「商業ないし農業町民《ブルジョワ》」から構成されていることを指摘し、第二に前代との比較から有力貴族の脱落と、騎士諸家系《ミリテス》、法律家、公証人などの「中間階級」の残存という推移を透視した。(3)

右の場合、影響力のある知名士を狙い打ちしたということも考えられないではないから、これがただちに全体的な階層分布の指標になるという保証はない。しかし、被検束者の絶対数が大きくなるにつれて実態に近づくのは自然の理である。十三世紀末から十四世紀初頭にかけてのペトルス・アウテリの再建教団については、ヴィダルの点検がある。この場合、完徳者は寥々たるものだが、何らかの形で法廷に関係した帰依者の数は約六五〇、名のみ記録されている者が約三〇〇余、合計約一〇〇〇名が教団に関係している。その九割が牧童、農業労働者、職人でいわば下層に属し、僅か一割が農村の零細貴族、公証人、聖職者、富裕な農民ないし町民で構成されているにすぎない[4]。

一二四五年の大探索に関する前引デュヴェルノワの調査では、抽出できた異端一〇一五名のうち貴族に属する者一八一名、さらにそのうち婦人一二四名に達する。このことから彼は、カタリ派の性格を「民衆的というよりもむしろ貴族的ないし市民的、農村的というよりもむしろ都市的」と規定した。南フランスで都市的あるいは農村的というに際しては若干の留保が必要であろうが、この段階においてなお貴族出身者が高率（ほぼ一八パーセント）に達するという指摘は、やはり記憶にとどめるに足るであろう[5]。

さらに微細な観点からする都市的異端事情の解明も、もちろん貴重である。マンディはトゥールーズについて、異端同調者が一方で下層市民、特に織布工に多いこと、他方で市政に発言権をもつ最上層市民に顕著であることを指摘した。彼の主たるテーマは執政府《コンシュラ》権力の構造であって、十二世紀八〇年代に始まる新興上層市民の急速な都市権力への進出、十三世紀一〇年代末における彼らの市政制圧、二〇年代における伝統的上層市民による反動の進行など都市支配階級内部の交替を跡づけたのだが、その過程で異端の嫌疑を受けたマウランディ、ロアクシオ以下有力家門の多くが伝統的支配階級、旧型の都市貴族に属し、新興有力市民には極めて稀であることを指摘し、またギヨーム・ペリッソン『年代記』に記録されているドメニコ会士追放事件（一二三五年）も旧型支配層の反動が成功した執政府の仕業であることに言及している[6]。この関係が条件の異る他の都市についても規則的に見出される可能性は少いが、南フランス異端の動向に最も大きな影響を及ぼしたトゥールーズについての、概括的に市民あるいは上層市民というに留まらない一歩立入った分析として貴重である。その後マンディは、一一七八年から一二四八年までのマウランディ一門の動向を精査する過程で、物故異端関係者二九〇名を記載した一二七九年の記録を発見し、その約四分の一が他の史料から同定できる騎士ないし上層市民中の知名士であることを指摘し、あわせて職人層の主流が異端でなく托鉢僧団に強く傾斜したことを示した。(7) 彼の研究は史料の新しい利用法を示したものとして注目に値すると同時に、少くとも局地的には異端支持層の社会構成について今後研究を進める余地の残っていることを示唆している。(8)

十字軍劈頭、惨劇の舞台となったベジエでも、抗戦に加わった住民全員が異端であったわけではない。この町については、十字軍直前おそらく司教レジナルド・ド・モンペイルーによって作成されたと推定される『異端名簿』があり、ヴィダルがこれに解析を加えた。(9) そこには同市の一〇街区《フール》にわたって計二二二名が登載されていて、地理的には司教および子《ヴィコント》の直領たる街区で汚染度が低い。職業や地位の判明している者については、大工《ファベル》、床屋《トンソル》、織工《テクストル》から始まって零細な雑業に至るおよそ十数職種にわたり約三〇名の職人、無籍者《アヴエントウレリウス》一名、外来者《エクストラネウス》一名、ユダヤ人一名、フランス人一名、職業は不明ながら名より推してスペイン系の者一二名、アラブ系の者一三名が検出された。より上層に属する者では両替商一名、医師四名、貴族一名が見られる。女性は六名、いずれも子の名が併載されているので、相当の年輩と察せられる。ヴィダルは、「桁外れに悪質《エクストラヴアガンテス》」とされた若干名を含めて二二二名を完徳者でなく帰依者であったと推定し、さらに一二〇九年前後の史料を点検した上でベジエ全市が異端化したとする「伝説」を否定し、実態において異端の少数であったことを強調している。

異端化地帯のまっただ中に位置するリムーは、帰依者のみならず一般住民まで異端を保護したという理由で、十字軍の攻撃を受けた経験をもつ町だが、この町に関しては珍しい史料がある。一二四五年、同町で先に異端に関係した者たちは審問官の介入を怖れ、直接ローマに改悛と恭順の使者を送った。この時町の長老が携行した『改悛状』に署名した一五六名の名が知られているのである。一〇六名がリムーとその隣接郊外集落の住民、五〇名が周辺村落の住民である。少くとも二六名について職業を知ることができる。すなわち織布工五、鍛冶屋五、皮鞣工五、仕立屋二、毛織物仕上げ工二、そして革財布師、靴屋、鬘《かつら》師、革細工師、肉屋、篩《ふるい》作り、商人各一である。大部分は身分職業を知り得ないが、町の役職の者たるギロー・アヴリルとピエール・ファルコンが使者に立っている以上、この田舎町の上流階級《プロビ・ホミネス》が含まれていたことは確実である。異端関係の及ぶところの広範囲であったことが察せられる。(10)

右のような範囲を限っての調査はおそらく今後も可能であろう。しかし、全体として特定階層を発見するにはまだ必ずしも十分とは言いがたい。異端審問、ないしそれをほとんど専管したドメニコ僧団に対する反抗事件の中に、異端化階層を探る端緒が得られぬかとは誰しも考えるところである。目ぼしい蜂起事件だけを拾って見ても、一二三四年アルビに近いコルドに出向して異端引渡しを説いたドメニコ会士三名は、蜂起状態と化した住民によって井戸に投ぜられたし、アルビでは同年から翌年にかけて三度にわたる暴動が生じている。一二三五年には、ドメニコ会士ではないが、レ・カッセ城内に匿われていた異端七名を告発したアルノー・ドミニキなる者が襲撃された。同年、トゥールーズでは審問官ギョーム・アルノーの召喚に応ずる市民がなかった。伯の同意のもとに市政府は群衆の先頭に立って審問官を市門に強制連行し、追放した。そして一二四二年には、アヴィニョネ城砦に宿泊していたギョーム・アルノー以下審問官一行が一団の武士たちに急襲され惨殺された。時代が下ってはカルカッソンヌを中心に、フランチェスコ会士ベルナール・デリシウの煽動によって生じた審問官攻撃の大衆運動がある。これは一三二〇年の同人の死に至るまで、数年間にわたってよく人心を捉えることができた。(11)

しかし、多くの報告は暴動参加者を概括するに過ぎない。例えば、これら事件の間で危険にさらされた審問官側の心情をもっともよく伝えるギョーム・ペリッソン『年代記』にしても、「この地の有力者、権勢ある騎士と町民以下その他の者どもは異端を護り匿うのみならず、告発者を打ち、傷つけ、殺した」程度の記述しかしていない。(12)また、アヴィニョネ事件はトゥールーズ伯代官レモン・ダルファル以下一団の襲撃者たちの周到な謀議の上に成立ったので、通常の反異端審問暴動とは性格を異にする。ベルナール・デリシウ事件はかなりの一般大衆を動員したように見受けられるが、フランチェスコ、ドメニコ両僧団の確執が異端審問に対する一般的な反感に投じたもので、異端的要因はほとんど働いていない。実は、異端審問が新しい法制度であった上、その追及に恣意や逸脱があったために、信仰上の理由以外にも大きな摩擦を誘出したので、例えば異端が皆無に近かったナルボンヌでも、一二三四年および三五年、ドメニコ会士の活動を契機に二度にわたる騒乱が生じている。(13) こうして、史料の限界だけでなく、異端審問に対する反応の中から異端階層を識別することは極度に困難というほかない。

カタリ派に関係した者たちの間に、特に顕著な階層や職業を発見することは難しい。むしろ、今までに見た諸研究を通じて得られる強い印象は社会のあらゆる部分に異端が浸透したということである。前に引いた通り一一四五年、聖ベルナールに随行したジョフロワが、トゥールーズの異端織布工を指摘したくだりは、それより少し後にエクベルトが織布を意味する語をカタリ派の同義語として挙げたことと思い合せて、いささか興味を刺戟せずにはいない。織布工、それも諸都市を遍歴する織布工が異端信仰伝播の媒体となった、あるいはもっとも敏感に反応したかも知れないということは、史料的には実証できないにしても、極初期については十分考えられるからである。しかし、少くとも十二世紀末以後、彼らを特に取出して考える余地はまったくない。(14) いわば全体の中に埋没している。この点、カタリ派をもって「中産階級的宗教」と規定したボルストや、「市民的異端」としたコッホよりも、分布範囲は計測不可能としてあらゆる水準の混在を率直に容認したウェイクフィールドの方が事実に近いと思われる。(15)

（1） C. Molinier, op. cit., RH. 1907. pp. 60-62.

（2） C. Schmidt, op. cit., II, p. 158.

（3）C. Douais, Les manuscrits du château de Merville. AM. 1890. pp. 185, 186. 問題の史料は前にも引用したが、一二九九年から翌年にかけてアルビ市中を震撼させた審問の記録である。この時、「もっとも富裕、もっとも地位の高い市民」が拘束されたとするのが定説であった。H. C. Lea, op. cit., II, p. 71 ; M. Dmitrevsky, Notes sur le catharisme et l'Inquisition dans le Midi de la France. AM. XXXVI, 1925. p. 147 sqq.

正確に言えば、この記録に見える供述人は三五名。うち二五名がアルビ町民で、他はレアルモン、レスキュル、ロートレック、コルド等近隣小邑の住民である。デイヴィスは、ここには登場しないがドア文書から知られる同年の別の容疑者をも加えて社会的地位を点検し、ほとんど貴族と言ってよい者二、法律を業とする者ないしその子弟五、都市行政に関与した家系に属する者一三、商人六を検出した。残りは不明だが前記の者たちに比べれば下層に属し、少くともその一人には他に傭われた経験があるとした。ALB. pp. 18, 22, 23.

ドゥエーの規定のうち「商業ないし農業町民」とは一見奇妙な表現だが、都市において農業の比重が高い一方で、実質的には純然たる農村に異ならない小集落にも都市的な居住景観と機構を備えることの多い南フランス社会の特質を前提としている。

一般論として、都市的異端と農村的異端を峻別する方法が、そのままでは南フランスについて有効でないことについてはP. Wolff, Villes et campagnes dans l'hérésie cathare. HS. p. 203 sqq.

（4）J.-M. Vidal, Les derniers ministres. RQH. LXXIX, p. 79 sqq. 算出の根拠は『ジャック・フルニエ審問録』のほか、ベルナール・ギイの作品、『ジョフロワ・ダブリ審問録』である。同教団に触れる『トゥールーズ判決集』は参看されていない。

『ジョフロワ・ダブリ審問録』に関する部分のみについて見れば、一三〇八、〇九年アリエージュ地方から引致尋問された者一七名(女三名を含む)のうち領主層の末端に属する者二名、公証人二名、伯法廷に属する代言人一名のほかは農民ないし職人である。C. Molinier, L'Inquisition dans le Midi de la France. pp. 109-117.

（5）J. Duvernoy, La liturgie et l'église cathare. CEC. XXXV, pp. 25-30.

（6）J. H. Mundy, Liberty and political power in Toulouse, 1050-1230. New York, 1954. pp. 76-80. 市内有力諸家門について、特に p. 288.

（7）id., Noblesse et hérésie. Une famille cathare : Les Maurand. AESC. XXIX, 1974. pp. 1211-1223. マウランディ家は騎士の称を帯びて文書に出現することはないが、騎乗して出陣することの多い半領主半商人の豪族、南フランス都市貴族の一典型で、トゥールーズ市内および郊外に塔のある、つまり防備工事を施した居館を有した。マンディがここで初めて解析したトゥールーズ市文書館所蔵史料は、国王役人と物故異端の子孫の間に交された和解文書の写本(原本一二七九年)である。アラゴンに対抗して南欧経営の地歩を固めようとするフランス王権が、かつて異端として何らかの形で処置された者たちの子孫に対して世襲財産相続権を保証(没収権放棄)したのが、和解の内容である。二九〇名中同定できない四分の三が中下層市民ということになるが、その約七パーセントに職業名が附記されているものの、当時父姓が一般化していなかったのでこれのみでは階層分布を推定できぬとしている。この論文におけるマンディの異端と階層の関係設定は、前著ほどには図式的ではない。市内に結成された異端排撃の団体、白の兄弟団《コンフレリ・ブランシュ》の指導者が同じく旧型都市貴族から出ていることや職人層が大量に公教側の新運動に流れたことを勘案して、激動の時期に危機的な立場に置かれた階層が両極端に走ったと考えている。なお最近の論文では金融利息、いわば新興経済個人主義に対する諸階層の対応に宗教面から接近しようとしている。id., Urban society and culture. Toulouse and its region. Benson and Constable (ed.), Renaissance and renewal in the XIIth century. Oxford, 1982. pp. 240-243.

(8) 南フランスの多くの重要都市の例に洩れず、トゥールーズもブールとシテの複合都市であるが、ブールの方が相対的に異端色が濃かったことはよく知られている。他方、問題の時期とは合致しないこともあって異端問題の結論をただちに引出せるわけではないが、十四世紀末の同市住民の財産や職業の街区別分布についてはヴォルフの精密な研究があり、特にその作製にかかる四枚の模式図は貴重である。分布は錯雑していてブールとシテの決定的な相違を読取ることは不可能だが、商業手工業の活発さの点では予想に反して旧市内たるシテの方が卓越している。P. Wolff (éd.), Toulouse. Histoire des diocèses de France. Paris, 1983. p. 64 ; id., Toulouse vers 1400. Répartition topographique des fortunes et des professions. FLPG. XXI, 1966. pp. 161-170.

(9) H. Vidal, Episcopatus et pouvoir épiscopal à Béziers à la veille de la croisade des Albigeois, 1152-1209. Montpellier, 1951. pp. 82-86. 『異端名簿』の全文は次に収められていると聞くが未見。L. Domairon, Rôle des hérétiques de la ville de Béziers à l'époque du désastre de 1209. CH. IX, 1836. pp. 95-103.

包囲下のベジエに対して十字軍側から、「異端を知悉せるのみか書留めさえした、かの敬うべき司教の名指すままに異端どもを」引渡せと要求し云々の記事が、ピエール・ド・ヴォーセルネイ『アルビジョア史』に見える。その覚書がこの『異端名簿』であろうと推定されている。〈hereticos, quos idem venerabilis episcopus, qui eos plene noverat et etiam in scriptum redegerat, nominaret〉. PVC. I, p. 90.

(10) A. Sabarthès, Un épisode de l'albigéisme à Limoux. BPH. 1932-33, pp. 193-200 cit. in GI. II, p. 335 sqq.

(11) L. Tanon, op. cit., p. 55 sqq. ; B. Hauréau, Bernard Délicieux et l'Inquisition Albigeoise. Paris, 1877 ; Y. Dossat, Les crises de l'Inquisition toulousaine. p. 145 sqq. ; id., Le massacre d'Avignonet. CF. VI, 1971. p. 343 sqq. ; GR. IV, p. 76 sqq.

(12) J. Duvernoy (trad.), Chronique de Guillaume Pelhisson. p. 23.

(13) ナルボンヌ騒擾は、審問官排撃に信仰以外の動機が卓越した例として典型的である。一二三四年、大司教および子《ヴイコント》の後援下に審問官が下町《ブール》の一市民の捕縛と家宅没収を強行しようとした時に実力による反抗が生じた。この時中心となったのはAmistanceと呼ばれた誓約住民団体だが、これは「我らに加えられたる不正を排除」し、「教会と領主の正当な権利を尊重」することを当初から宣言していて、信仰上の理由にはまったく触れていない。同年、下町《ブール》が大司教と和解した時にも正当なる審問の活動を妨げぬことを約している。R. W. Emery, op. cit., pp. 74, 75, 78-79.

紛争は同年末から再燃して翌年に及ぶが、この時下町《ブール》の執政《コンシュル》はニームの執政に書簡を送って理解を求め、ドメニコ会士三名が「法の手続に従わず、教会と世俗、二つの法の尊重を捨去って、何ぴとにも疑いが存せず、審問官に対する非違を働くがごときことはなかったにもかかわらず、身柄を拘束し財貨を差押えて分配せんため」強硬手段に訴えたと述べた。さらに審問官が無知で単純な俗人に神学上の質問を発し陥穽を設けてみだりに人を誣いる非を鳴らし、その具体例をいくつか挙げている。〈juris ordine non servato, et omissa juris observancia tam canonica quam civili, ad capcionem hominum et occupassionem rerum et distribucionem, licet nulla de ipsis suspicio haberetur, nec contra eos laboraret infamia, procedunt...〉; 〈Item ut homines simplices et illiteratos caperent in sermone, eis questiones hujusmodi faciebant...〉. L. Ménard, Histoire civile, ecclésiastique et littéraire de la ville de Nîmes. I, Preuve LIII, p. 74.

これに対し大司教は国王あての書簡で陳弁した。異端を捕えんとしたところ、住民はことごとに妨害して我らの身に暴力を加えることも辞さず、かくて「実に、ごく僅かの者を除いて全体が完全に正統信仰を棄て去った」。〈imo tota ipsorum universitas, paucis exceptis, ...fidem catholicam penitus abjecerunt〉. LTC. II, no. 2456, p. 322.

もちろん双方とも自分の立場を擁護しているのだが、大司教側は反抗することを異端である証拠と見ている。同市に異端がほとんどいなかったという全体状況、それにこの町での審問による最初の没収(一二三四年)の対象となったのがドメニコ会僧院の隣地で、それがただちに僧院拡張に利用されているのを見ても、審問側の恣意が住民の憤激を買った可能性が強い。

(14) 織布工の異端化という説は、実態よりもむしろ十二世紀の教会の一部に見られた固定観念ではなかったかと考える解釈も、再考に値する。例えば、W. L. Wakefield, Heresy, Crusade and Inquisition. p. 76.

(15) A. Borst, op. cit., S. 125; G. Koch, op. cit., S. 181; W. L. Wakefield, op. cit., pp. 75, 76.——ヴォルフも同様に全階層への拡散を前提としながら、その重心を下層民と見ている。P. Wolff, Histoire du Languedoc. Toulouse, 1967. p. 173.

特殊な職業出身の異端としては、少数ながら医師ないし治療師がいる。W. L. Wakefield, Heretics as physicians in the 13th century. SP. LVII, 1982. p. 328 sqq.『ジャック・フルニエ審問録』で大きな存在となっているモンタイユー司祭ピエール・クレルグは別格としても、カトリック聖職者中のカタリ派同調者は他にも散見される。

4　中小領主の異端傾斜

影響力の多寡は、自明のことながら、統計的な勢力の大小に必ずしも依存しない。カタリ派が全社会階層を席捲した、換言すればあらゆる立場の如何を問わず宗教感情に訴える可能性をもっていたという事実を確認した上で、ここでは特に、これまたしばしば指摘されて来た貴族ないし領主層に着目したい。地域や年代によって、史料に出現する彼らの数的規模はもちろん一様ではない。しかし、彼らはほとんどあらゆる場面に姿を見せるのである。(1) 市中が異端化しなかったナルボンヌの場合でも、郊外近隣の小領主たちにはカタリ派支持者が多かった。前引一二三六年の大司教書簡にも、「隠れもなき掠取者、信仰の敵、王国の不法なる攪乱者オリヴィエ・ド・テルムやギロー・ド・ニオール」等と交際のあることをもって、市民たちの異端の罪の証明としている。(2) これらは同市周辺で特別に執拗な異端小領主家門であった。十三世紀を通じて異端ないし叛逆の廉で小領主に対する財産没収の措置がとられたのは、ナルボンヌ近郊で三二地点に達し、一時は国王に対する軍役の確保が危ぶまれるほどであった。(3) 十二、十三世紀フランスの多くの地点では、貴族は総体として異端鎮圧の側にいたので、これはかなり特異な現象と言ってよい。

ラングドック最高の封主たるトゥールーズ伯レモン六世の行動軌跡は非常に複雑である。間歇的に異端狩りや大量処刑を指揮する一方で、異端に具体的な便宜を供与しているのも事実である。しかし、彼自身が信仰の観点から異端に共感を抱いていた、まして異端であったと考える余地はまずない。これに比べれば、トゥールーズ伯家に次ぐ大領主フォア伯家の傾斜度ははるかに鮮明である。一二〇六年、伯レモン・ロジェの妻フィリッパは完徳者となり、ダンにおいて貴族身分出身異端のための尼院を指導したが、伯は終生その強力な保護者であった。同年ファンジョーでの、伯の妹エスクラルモンドの入信は稀代の盛儀で、あまたの騎士とともに伯自身も列席した。カタリ派の最後の牙城モンセギュールにも、間接に同家の支援が及んでいる。トランカヴェル家は、トゥールーズ伯の家臣でありながらベジエ、カルカッソンヌ等の諸子領《ヴィコンテ》を連結し、伯のもっとも恐るべき敵となった。同家のロジェ二世は一一七三年においてすでに公然たる異端の保護者で領地ラゼスは特に汚染度の高い地区となったし、その遺命により異端の悪名の高かったベルナール・ド・セサックの後見下に成長したレモン・ロジェ・ド・トランカヴェルに至っては十字軍の正面の敵であった(4)。

十二世紀末から十三世紀初にかけて、カタリ派展開に決定的な支持を与えたのは、これら高級貴族よりもむしろ群小の中小領主であったと思われる。先に見た十字軍前夜の最異端化地帯の領主たちの動向については、ギローが先鞭をつけ、グリフが再整理し精密化した研究がある(5)。この地帯は北方の丘陵と南のピレネー山地に挟まれた相対的な平坦部に該当し、零細都市ないし防備村落、いわゆるカストゥルム castrum の散在する、ラングドックでも特徴的な地区である。問題の下級貴族なるものは、これらカストゥルムの領主にほかならないが、一族で一カストゥルムを掌握する例はほとんどなく、多数の家門が共同で領主権を行使すると同時に一家門が若干のカストゥルムのそれぞれにわたって領主権の細片をもっているのが一般であった。もちろん、一カストゥルム領主団の中に比較的卓越した家門を発見できる場合もないではないが、領主権の細分と錯綜は蔽いがたい特徴と言ってよい。グリフが検証したこの種カストゥルムおよそ六〇余地点のうち、ほとんどの所に異端に好意的な領主群、いわゆる騎士 milites を見出すのである。(6)

例えば、ミルポワには一二〇七年現在三五名の騎士が領主権を共有しているが、筆頭の騎士たるピエール・ロジェ・ド・ミルポワは熱烈な異端保護者で、その妻フルネリアも娘アラダイスも受礼入信したし、自身も死期を迎えて異端となった。次代アルノー・ロジェも帰依者だったことが知られている。十字軍接近の頃、ピエール・ロジェのもとに同地ならびに近在の領主たちが参集し、団結を約して異端を礼拝し、全員臨終には入信することをたがいに確認した。同じミルポワの騎士マルヤック一族も異端支持者で、当主のジョルダンおよびベルトラン兄弟の母も祖母も受礼していた。彼らの保護下に一時ミルポワには、五〇を超える「異端の家」があったという。前述の通り、一二〇六年にはここで異端の会議が開催された。(7) カステルノーダリでは、異端アルノー・アリュファを出した領主アリュファ一門が異端の保護者をもって自任していた。当主レモンは妻ベルナルドが異端を迎接するのを奨励したし、知られているその子五名のうち四名までが死に先立って入信した。ただ、同家はカタリ派に限らずワルドー派に対しても好意を見せている。(8) この地方での中心都市カルカッソンヌは、悪名高きトランカヴェル家の本拠である。十二世紀末以降、異端に対して完全に開放され、一二〇四年この町の名目上の最高領主たるアラゴン王の宣言にもかかわらず、何らの異端対策も講ぜられていない。市壁に林立する城塔はいずれも近隣に小領地をもつ騎士たちの居宅で、トランカヴェル家から知行として保持していた。この種市内騎士の町民との提携あるいは疎隔は町の権益の消長に大きく影響したが、実質的に市内を異端の安全地帯たらしめたのも彼らであった。(9)

この種の例は枚挙に遑がない。一般的に見て、カストゥルム共同領主群の中の卓越する家門がまず異端に傾斜して、一地区異端拡大の条件を作り出しているという印象を受ける。全体的な規模において、カルカッソンヌ周辺地方の中小領主層が強く異端に傾斜したことは、十三世紀半ばに国王が実施した巡回審理《アンケート》の記録が何よりもよく示している。もちろん十三世紀半ばはすでに異端最盛期を過ぎた後に当るが、そこでは一世代前の行動が審理の事由として記録されているからである。(10)

領主層とのかかわりは、アルビ地方でも変らない。異端地帯としては縁辺部に当るケルシイでも、むろん規模は格段に小さくなるものの、小領主の異端化が問題であった。(11)

重ねていう。カタリ派受容階層の問題は統計的処理の点では余りにも不鮮明というほかないにしても、およそ二つの特徴を見通すことはできると思われる。すなわち、第一は受容がほとんど全階層にわたっていること、第二はその中に常に貴族ないし中小領主が見出されること、がそれである。このうち、特に第二点に留意したい。もちろん貴族は異端受容者全体の中では少数を占めるに過ぎないが、影響力の点では決定的である。異端の発現ないし伝播はイギリスを除けばこの時期の西欧において、ごく一般的な現象であった。それが南フランス以外では定着するに至らなかったのは、多くの地方において領主が「世俗の腕《ブラ・セキュリエ》」として異端鎮圧側に立ったからにほかならない。して見れば南フランスにおける貴族ないし領主の動向ははなはだ特異であって、カタリ派成功の外部的要因の大部分はおそらくこの辺りにあるであろう。それならば、カタリ派の何が彼らの共鳴を呼んだか。そもそも、貴族に限らず、あのように苛烈な教説が一部の求道者ならいざ知らず、広く一般に適合できたか、を考えるのが次の順序となる。

(1)　ギローは、異端パジェスが一二六九年から八四年までに巡回授礼した際の列席者名を、Doat, XXVI の供述にもとづいて一覧表化した。Gl. II, pp. 295-302.
これを点検すると、授礼件数二一。いずれも臨終の授礼である。諸史料所出の列席者数は延べ三一八名。列席者の構成は実に雑多で、例えばピエール・ド・プロリオが入信した際に立会った一六名の中には、騎士一、商人二、大工一、公証人一、書記一、地域の役人とおぼしき者二、が見出されるし、ベルナール・プレ受礼時の一七名中には聖職者、商人、公証人、肉屋、靴工、毛織物工がいる。挙名だけあって説明のない者は、農民である可能性が高い。夫婦、親子、兄弟姉妹で出席している場合がかなり目につく。

全二一件を通じて出現する職業を便宜上分類すれば、①城主、騎士、従士。②商工業関係では単に商人としたもののほか、両替商、塩商人、肉屋、大工、細工師、織布工、織布仕上げ工、皮革工、靴工、羊皮紙工。③カトリック教会関係者には、単に聖職者としたもののほか、司祭、礼拝堂付僧侶、修道士、助祭。④法律関係では法学教師、代言人、公証人、書記のほか単に法律家としたもの。⑤地方属吏。この中には国王の異端摘発人がいる。⑥医師。⑦従僕。

このように多岐にわたるが、領主身分の者が出席ないし受礼している集会は、全二一件中約半数の一〇件に達する。つまり、彼らは少数であるが、多くの場合に姿を見せるのである。

(2) 〈Olivarium de Terminis et Guiraudum de Aniorto, famosos raptores, impugnatores fidei et regni vestri improbos turbatores cum multis〉. LTC. II, no. 2456, p. 323.

(3) R. W. Emery, op. cit., pp. 69, 170, 171.

(4) これら高級貴族の行動は年代記や文書に表れることが多いので、アルビジョア十字軍の事件を扱う諸書でよく追跡されている。彼らのいずれも自身異端に入信した証拠はないが、正統信仰を冒瀆するのに抵抗を感じなかったらしいのも明らかで、例えばフォア伯レモン・ロジェについて「まず知るべきことは、この者が領内に異端ならびにその帮助者を歓迎し、ために異端の蔓延にすこぶる寄与した一事である」。彼とその家臣たちはパミエのサン・タントナン僧院の役僧たちに暴行を加えるに当って、聖堂の内外を問わなかった。伯の意を体した騎士シカール・ド・デュルフォールは、「勤行の司式を務めている最中の役僧を、パミエに近き聖堂の祭壇上で凶暴極まりなき屠殺者のごとく切り刻んだ。今なお同寺の祭壇には殺された者の血痕が残っている」。伯自身も僧院に乗込み、僧院の鍵を要求した。院長が拒んで聖遺物匣《こう》の中に鍵をかくすと、「この暴戻なる瀆神者は聖者の遺骸を一顧だにせず、殉教者の死骸の上から鍵を摑み取った」。あまつさえ「ことさらに信仰を侮蔑するため、参事会員用の病室で遊女らとともに臥した」。聖マリア僧院を徹底的に掠奪した際、側近の騎士がうそぶいたという。「我らはすでに聖アントナンならびに聖マリアの二僧院を滅した。あとは神を滅すのみ」(『アルビジョア史』)。〈Primo sciendum quod hereticos et hereticorum fautores in terra sua tenuit, fovit, quantum potuit, et promovit〉. 〈unum de canonicis, qui erat sacerdos, divina celebrantem, super altare cujusdam ecclesie prope Apamias carnifex crudelissimus membratim divisit. Et usque in hodiernum diem

manet ipsum altare illius occisi sanguine rubricatum〉. 〈sanctorum reliquias non attendens, de super corpus sanctissimi martiris sacrorum inpudentissimus violator claves rapuit prenotatas〉. 〈in ipso infirmitorio canonicorum in contemptum religionis cum suis meretricibus dormiebat〉. 〈destriximus sanctum Antoninum et sanctam Mariam. Nichil amplius nobis restat nisi ut destruamus Deum〉. PVC. I, pp. 199-205.

フォア伯一族の異端との関係については M.-H. Vicaire, op. cit., I, p. 208 sqq., 269 sqq. ; J. Duvernoy, La noblesse du comté de Foix au début du XIVe siècle. Auch, 1961. p. 6 sqq.

（5） GC. I, pp. ccxxxvi-cclxxx ; GI. I, pp. 282-299 ; GR. II, pp. 61-192. このほかたいていの研究が異端領主に触れているが，精密さの点で右の二つが決定的である。局地的な研究や特定家門の研究としては，J. Duvernoy, La noblesse du comté de Foix au début du XIVe siècle. Auch, 1961 ; W. L. Wakefield, The family of Niort in the Albigensian Crusade and before the Inquisition. NA. XVIII, 1970. pp. 97-116, 286-303.

（6） P. Dognon, Les institutions politiques et administratives du pays de Languedoc du XIIIe siècle aux Guerres de Religion. Toulouse, 1895. p. 16 sqq.

（7） GR. II, pp. 144-149.

（8） ibidem, pp. 122-124.

（9） ibidem, pp. 157-160.

（10） ルイ九世は，国王地方官の非違ないし越権が南部現地の権利を不当に侵害することを憂え，監察使《アンケトゥール》を派遣して陳情を受付けさせた。時あたかも，国王の第七回十字軍の準備と出陣の時期に該当していて，これが多年にわたる南部騒乱の戦後処理，南部把握の安定を意図したものであることは明らかである。監察使の一二四七年から六二年に至るカルカッソンヌおよびボーケール両奉行管区 sénéchaussées 内での活動は，膨大な記録を残した。L. Delisle (éd.), Les enquêtes administratives du règne de saint Louis. RHGF. XXIV, pp. 296-750 および A. Molinier (éd.), Enquêteurs royaux. HGL. VII, partie 2, cc. 1-430.

この記録からは，すでにギローが異端ないし加担者であった領主ないし領主家門を七二件抽出しているが，今少し再追跡してみたい。GI. I, pp. 279-281, II, p. 231 sqq.

一連の記録中，特に興味深いのは，一二五八年頃のものと推定されている権利回復請願人の申立てに関する証言の一部を集めた部分 RHGF. XXIV, pp. 541-617 で，一二六二年の判決(カルカッソンヌ奉行管区で一二六名が復権。ibidem, pp. 618-695)に至る過程で判断材料に用いられたと考えられる。地理的にはもっとも異端化の烈しかった地帯に対応している。申立ての各事案に対応して、証言は九四〇件。同一事案に対して複数の証言がなされているのが普通なので重複を整理すると、完全な同定の不可能な場合はあるものの、一応五五九件の申立て事由が得られる。申立ては個人によるものがほとんどだが、稀に連名や団体がある。証言内容はいずれも申立て人つまり相続権の主張者の両親その他先行世代つまりすでに物故した被相続人の行動に関するもので、ただ一件、第一九八項 p. 558 を除きことごとく反証 contra となっている。言及された先行世代の人数は五三六名に達する。反証のうちには純然たる刑事事件に、それも申立て人本人が関与したとする特殊な例が一件(第九一八項 p. 612)あるが、他はいずれも先行世代が異端、加担者 faiditus あるいはその両方であったとする証言である。例えば「ベルナール・ギヨームは……異端のゆえをもって会士フェラリウスに捕縛され投獄されたが、破獄して逃亡した」(第二一四項)、「ベルナールはモンフォール伯の時、国王陛下の時、ならびに子《ヴィコント》の戦いの時に加担者たりしことを実見したるむね述べた」(第二一項)、「ミルポアのピエール・ロジェはモンフォール伯の時、国王陛下の時、子《ヴィコント》の戦いの時、常に加担者であり、しかもモンセギュールにおいて異端らの公然たる幇助者、庇護者であった」(第一七一項)のごとくである。〈Bernardus Guillemi...fuit captus et immuratus pro haeresi per fratrem Ferrarium, et fracto carcere aufugit〉. 〈dixit se vidisse dictum Bernardum faiditum tempore comitis Montis Fortis et domini regis et in guerra vicecomitis〉. 〈Petrus Rogerius, de Mirapice, fuit semper faiditus tempore comitis Montis Fortis et domini regis et in guerra vicecomitis, et fuit fautor et deffensor haereticorum manifeste apud Montem Securum〉. RHGF. XXIV, pp. 546, 556, 557, 560.

「モンフォール伯の時」あるいは単に「伯の時」とあるのは十字軍侵入(一二〇九年)から伯の戦死(一二一八年)まで、「国王陛下の時」とはルイ八世のラングドック親征(一二二六年)、「子《ヴィコント》の戦い」とはレモン・トランカヴェルの叛乱(一二四〇年)の意である。「モンセギュールにおいて」が王軍による同城砦の攻囲と占領(一二四三—四四年)を意味することはいうまでもない。被相続人が異端であったと明言されている申立ては六一件、残余のうち前述の特殊例以外は十字軍ないし王軍に対する戦闘への加担である。審査する側が、異端も武力抵抗も復権の阻害理由として同列に取扱ったことは明らかである。この二つは厳密に言えば、必ずしも同義ではないが、重複する場合が多く密接に関係している。

五五九件の申立てのうち一四件については、商人、両替商、聖職者、住民団体等、申立て人が明示されている。騎士 miles と明示されている者、明示はないものの尊称や縁戚関係から明らかに騎士家門に属すると考えられる者からの申立ては四八件にすぎない。しかし、同一の申立て人ないしその被相続人についても、ある証人は騎士の肩書をつけ、他の証人は何の肩書もつけていない場合があるから、明示されていなくても騎士である場合が十分あり得る。ほとんどの被相続人の行動で問題となっているのが軍事活動への参加の有無であるし、申立ての内容は不動産、領地の相続権回復であるところを見れば、先の特定一四件は別として、全体が小領主であることを自明の前提としていると見ることもできる。ギローはこれ以外の史料から明らかに貴族と判るものを抽出して異端関係七二家門としたのだが、実際はこれよりも遥かに広い範囲、おそらく申立て人の圧倒的大部分が小領主、そして異端関係者なのである。もちろん、没収された者の相続人だけが復権を申立てたのだし、復権認可に問題となる証言だけが記録されたのだから、この史料から彼らの全領主層の中での比率を推量することはできない。しかし、これだけでも小領主たちの異端関与の濃度の高さを見ることは可能である。

(11)　M. Bécamel, Le catharisme dans le diocèse d'Albi. CF. III, 1968. pp. 242, 244 ; E. Sol, op. cit., pp. 206, 210, 615–620.

第一三章　教団の構造

1　社会的適合の問題

宗教的希求に根ざした異端運動と諸階層の社会的ないし政治的な志向とは本質的には別物だから、一般的に言って、異端運動を社会現象との関連の中で理解することは、必ずしも容易ではない(1)。カタリ派の場合、徹底的な拒否と禁止の戒律を奉じながら、しかも他の異端諸派とは比較にならぬ展開をとげた事情の解明は一層困難である。

ヴィオランテのように、カタリ派が利息取得を容認したために商人階層の利益に適合したとする推理もないではない(2)。カタリ派に関する観察報告の中に、時折この種の項目が見られるのは事実である。しかしこれはカトリック教会が命ずる倫理命題をことごとく排除する中に出て来る一項目にすぎなかったり、あるいはカタリ派入信以前の罪過を問わない態度の例として出て来るので、利息に積極的な意味を認めたものではない(3)。利息(不労所得)問題をもって同派を新興有産階層に繋ぐ環と見るには、やはり無理がある。ル・ロワ・ラデュリは、ピレネーの農牧民において審問に対する嫌悪と十分の一税に対する不満が一体化していることを指摘した(4)。十三世紀末からこの地方に中央権力が浸透しいちじるしく収奪が強化された段階において、これは事実である。しかし、このことと、反十分の一税感情を異端拡大の理由と一般化することとの間には若干の齟齬がなければなるまい。また、コッホは南フランスの貴族層に属する婦人たちが同派に強く傾斜したことから、同派をめぐる諸局面の一つには婦人解放運動の中世的形態があるとした。(5) 一時期、貴族、特に中小貴族の婦人が異端拡大に主導的な役割を果した事実の確認は貴重だし、カタリ派が教義的に男女を差別しなかったのも事実である。しかし、あの苛酷な戒律の中への解放というのは、やはり簡単に首肯できる説ではない。

繰返し述べたように、カタリ派は現実社会を大前提的に否定したのであって、その特定の在り方を拒否したのではない。彼らの教説の中に、特定の階層や集団の利益や要求と合致する部分を検出することによって問題を解明しようとする試みは、おそらく成功しないであろう。むしろ出発点として、彼らの教説が社会のいかなる場所にも適合しないことを確認しておいた方がよいと思われる。ここでは角度を変えて、教団の構造を検討したい。

(1) いちはやく、異端運動を都市住民の経済的成長と知的水準の向上、そして新しいモラルの欲求に対応する現象と見たのはアルファンデリである。P. Alphandéry, Les idées morales. pp. xiii, xiv. この種の概括的な規定はひとり彼に限ったことではなく、むしろ一般的な理解と言えるかも知れない。しかし、異端諸派にほとんど共通して顕著に現れる清貧の理想、つまりは所有と労働の否定が、なにゆえ都市住民、特に富強化しつつある商人たちの宗教感情に応えるのか、説明はかなり困難であろう。少くとも直線的な対応関係は考えがたいというのが率直なところである。もちろん、例えばワルドー派の中に俗人の釈義権や説教権の要求のあったことに着目すれば、彼らの知的要求の向上や宗教感情の成熟との関連で、ある程度の脈絡を見出すことが可能かも知れない。また偽使徒派 Pseudo-Apostolici 異端も無一物と一所不住を説いたが、その実践は極めて恣意的な形で個々の信者の自由に委ねていた。この点で広汎な階層の漠然たる新規範模索を吸収できた、と辛うじて考え得るかも知れない。ともあれ、異端と社会的要因との接合関係の理解は概して容易ではないのである。

(2) C. Violante, Hérêsies urbaines et hérêsies rurales en Italie du 11e au 12e siècles. HS. p. 185.

(3) 例えば前引の通り、『駁謬簡要』に「利息は禁じられていない」とある。これは葬儀、裁判、剃髪、告解などカトリック教会の説く一連の項目を非難するくだりに出る一項目である。レイネリウス『報告』には「邪信を表明する前に犯した罪過について、彼らは心を痛めない。このゆえに彼らは何ぴとに対しても暴利、窃盗、掠取を償うことがない」とある。〈non dolent de peccatis suis quae ante professionem haeresis suae commiserunt, pro eo quod nulli homini restituunt usuram, furtum, aut rapinam〉. TNA. V, c. 1764.

アルビジョア十字軍の前夜およびその初期、教会側の攻撃非難には「異端」と「暴利」が並列されていて、あたかも両者が連結されていたかのごとき印象を与えることがある。しかしトゥールーズの場合、自分自身負債に喘いでいた高利貸ペトルス・ソバクスが異端に同調した例はあっても、折しも新興市民層の先頭に躍り出た大高利貸ポンキウス・デ・カピテデナリオやポンキウス・ダヴィド等は終始教会に忠実であった。特にカピテデナリオ一門の場合には、農村に騎士としてとどまった支族が強く異端に傾斜したのと対照的に、都市で高利貸として成功したポンキウス・デ・カピテデナリオは、初期ドメニコ会の熱心な支持者、つまり単に公教側であったというにとどまらず積極的に異端敵視の立場をとったのである。事例としては余りにも少いが、暴利、不労所得に関する異端の態度が異端受容者と必然的な関係を持たないことは、ある程度察せられる。J. H. Mundy, Liberty and political power. pp. 79, 289, 290.

（4） E. Le Roy Ladurie, Montaillou, village occitan de 1294 à 1324. Paris, 1975. p. 50.

（5） G. Koch, op. cit., SS. 110, 111. 女子人口過剰で独身婦人が多く、また夫権優位の状況の中で、禁欲および平等の教説が女性に訴えたというのが、その説の核心である。

強度の禁欲主義は女性を肉欲の源泉視し、女性嫌悪に走りがちであるにもかかわらず、カタリ派の場合、教義上男女間の価値差等を設けなかったことはコッホのいう通りである。本来天上の霊魂、天使には男も女もない。生殖、肉体、性別はことごとく地上の現象にすぎないとの考えに基づく。モネタ『カタリ・ワルドー派詳論』に、「夫の肉体も妻の肉体も、恥ずべき部分の相違も、悪魔の造れるところと信ずるがゆえに、あらゆる肉の結合は罪なりという」とある。〈quia credunt corpus maris et foeminae a diabolo fuisse factum, et membrorum pudendorum distinctionem, unde omnem carnalem concubitum damnabilem dicunt〉. Moneta Cremonensis. p. 315. 曾て悪神が女を天界に連込んで霊を惑わせ、ために神が女の天界に入るを許さぬと宣言したとすれば、女は死後救われるためには一度男に生れ変らねばならぬのかと、審問官がカタリ派の創世神話を引いて問うたのに対して、『ジャック・フルニエ審問録』の一供述は次のように答えている。「男女の霊魂は同じであって何の相違もない。男女の区別は悪魔の造ったその肉体に存するにすぎない。されば男といわず女といわず霊魂が肉を離れる時、何の区別もない」。〈anime hominum et mulierum erat eedem et nullam differenciam inter se habebant, set tota differencia inter hominem et mulierem erat in eorum carne quam Sathanas fecit. Et sic, quando anime hominum et mulierum carnem deposuerant, nullam differenciam inter se habebant〉. JF. III, p. 223.

聖母については、極めて抽象的に解したり、また明らかに実在の人物と見たり、不統一であった。「処女マリアとは宗門すなわちまことの悔悛の謂である」(『審問官提要』)。〈sectam suam et ordinem suum dicunt esse Mariam Virginem, id est veram penitenciam〉. GUI. I, p. 14.「聖処女マリア、使徒ならびにすべての聖者らの霊魂は……」(『報告』)。〈anima B. Mariae Virginis et apostolorum omniumque sanctorum...〉. TNA. V, c. 1774. そのほか特別の天使と見る場合がある。その時天使に性別なしとの教義に拘泥して、殊更にマリアを marius と呼び変える者もいたらしい。ペトルス・マルティルスの『パタレニ派反駁』に、「女人たりしことを否み、したがって神の母たることを認めず、みだりに冒瀆の言辞を弄してマリヌスなる名の天使なりという」とある。〈negantes feminam fuisse et per consequentiam matrem esse dei minime recognoscunt, delirant namque blasphemantes ipsam esse angelum nomine Marinum〉. AFP. XVII, p. 323.

女性異端にも教義上は授礼の権能を認めていたらしい。レイネリウス『報告』に「緊急の時には女カタリによっても」とある。〈et in necessitate a Catharabus〉 TNA. V, c. 1762. ただ、平等はむしろ理論上の問題だったらしく、実際の活動で女性異端が授礼している例は見出されていないし、教団の役職についたり潜行して宣教する女性異端の具体例も知られていない。女性異端の活動の典型は、共同生活と子女教育である。

カタリ集団内の女性については、コッホに先立ってドゥミトリエフスキーの指摘がある。彼は十三世紀末の審問記録から、比較的低い階層の女たちが異端を庇護し迎接するに当って献身的に働き、隣人や一族を勧誘するに際して極めて熱心であった姿を抽出している。異端の側でも、特に女たちの意を迎える接近の仕方をした形跡がある。ただし、彼もカタリ派とその女性問題との適合関係を推論するわけではない。女性「特有」の好奇心から異端に接近する例も指摘してはいるけれど、大部分の例証は家族の異端的伝統の継受において女たちが最も忠実であったことを示しているにすぎない。M. Dmitrevsky, op. cit., AM. XXXVI, pp. 294-311, XXXVII, pp. 190-213.

「好奇心」の例として彼が指摘したのは、『ジョフロワ・ダブリ審問録』の一供述である。復活祭のミサが終って会堂を出る時、ともに既婚の姉妹マテルディスとアラマンダが立話をする。「マテルディスが証人(私)に、たいそう美男の男たちが来ているが見に行かないかと尋ねましたので、是非ともと申しましたところ、マテルディスはその場から私を家へ連れて参り、二人連れの男に会わせてくれたのであります」。これがアラマンダにとって異端と交渉をもつ機縁となる。別にこれが信者獲得の型であったというわけではないが、山村の一情景ではある。〈dicta Mateldis dixit sibi, si volebat videre pulcras gentes valde. Cui ipsa testis respondit quod libenter ; et statim dicta Matheldis duxit ipsam testem ad domum suam, et ibi ostendit sibi duos homines〉. cit. in C. Molinier, L'Inquisition dans le Midi. p. 118, n. 1.

2 救慰礼の構造

既述の通りカタリ派は教団を組織していたし、また組織原則をもっていた。それは信者ないし共感者の漫然たる集合体でもなければ、いわんや熱狂的、浮動的な群衆などではない。この教団が自然発生的に形成されたものか、あるいは救済観の中に教団形成を不可欠とする要素をもっていたのか、の識別は重要である。一般に十二、三世紀の異端に固有な状況の一つは、カトリック教会が制度として確立され、手続の中に救済の保証が求められるに至った後の現象であることである。新約の特定章句への執着やその恣意的な解釈など特定命題の体系を無視した肥大化と並んで、心情的な福音との直接の合体に救済の保証を求める傾向、少くとも制度を軽視する傾向が異端諸派の客観的な特徴となった理由もここにある。カタリ派は、もちろん多くの点で当時の諸異端と共通の性格をもちながらも、教団の制度化と秘蹟に固執した点で独特の個性をもっている。

カタリ派教団は ecclesia 教会、diocesus, episcopatus 司教区、ordo 宗門、secta, divisio 分派等、史料によりさまざまの語で表現されている。カタリ派自身が教会と呼んだことに間違いはない。レイネリウスは、「これらを教会と呼んだことについて読者は私でなく彼らを咎めるべきである。彼らによってそう呼ばれるからである」と弁解している。この教会とはキリストの教会にほかならない。「汝が神の教会の前に在る時、汝は父と子と聖霊の前に出でたることを知れ。けだし、教会とは集会の意にして、まことのキリスト教徒のある所に父と子と聖霊の在《い》ますことを聖書の証するがゆえである。すなわちキリストはマタイの福音書にて、二、三人わが名によりて集うところ、我もまたその中に在るなりと述べたもうた」(『プロヴァンサル典礼書』[1])。

「いかなる場合にも、人は信仰のみによっては救われるあたわず」（『駁謬簡要』）、「按手によって罪も罰も全面的に宥され」、「按手なくして大罪の宥されることなく、聖霊の加えられることはない」（『報告』）のであるから、教団への加盟は彼らにとって救済のための大前提であった。(2) 救済の要件を独占すると信ずる点で、彼らの正統意識は完璧と言ってよい。彼らはこの正統性の保証を、単なる福音に合致した行動だけでなく、使徒からの相伝に求めた。他の異端諸派と異って、福音書の誡命への共鳴だけを媒介とする短絡的な使徒との一体化でなく、教団加盟の秘蹟の授受を通ずる歴史的な連続を主張したのである。十三世紀初頭の南フランスで同じく異端であるワルドー派と論争するに当って、カタリ派が「汝らの信仰は新しく、昨今生じたにすぎないがゆえに疑わしい。しかるに我らは、若き教説でなく、あまたの先行者によって伝達された極めて古き教説を代表する」と、古伝を正統性の正当化の根拠にしたのも、この種の構造的な相違に根ざしている。(3) この考え方は初発カタリ派においてすでに確立していたらしく、エヴェルヴィンの『書簡』に報ぜられた異端たちも、「おのれらのみがキリストの衣鉢を継承し」、「この教えは殉教者の時代より今に至るまで蔽いかくされたるままギリシアその他の地にとどまった」と主張していた。典礼書の段階ではこの主張は一層明瞭になる。「聖霊を授くるこの聖なるバプテスマは、使徒の時代より今日に至るまで神の教会が保持し来ったところである、それは善信者より善信者へと今に伝えられ、世の末に至るまで続くであろう」（『プロヴァンサル典礼書』）。「使徒は主よりバプテスマを施して罪を解く権能を受けた。まことのキリスト教徒が今行うのも、まさしくそれである。彼らは使徒の継承者にして、現に按手によってバプテスマを授け罪を解く権能を、神の教会より階を追うて受けたのである」（『ラテン典礼書』）。(4) 司教叙任手続に関する神経質な改変も、この連続継承の中断を避けようとの配慮にほかならなかった。

教団加入の秘蹟は救慰礼 consolamentum と呼ばれた。儀式の本質的部分をなす要式行為から按手 impositio manusとも、正信徒の身分を授与するところから叙任ordinatioとも称した。審問側が異端化hereticatioと記したのも同じ秘蹟である。救慰礼の構造については、カタリ派内部から出た典礼書をはじめ史料に恵まれているため、かなり詳細なことが知られている(5)。諸史料の指す所が基本部分において一致するから、救慰礼の手続、ひいてはその意味理解も長期にわたって安定していたと見てよい。

カトリック側の史料のうち、『審問官提要』が異端入信の手続として述べているのは病床での授礼である。「異端は加入せしむべき人物に対し、同人が言語を発しうる場合、善きキリスト教徒となって洗礼を受けようと望むかを尋ねる。肯んじて祝福をと言うならば、異端は同人の頭上に手を加える。ただし女であれば触れることはない。そして書物を捧持して、はじめに言葉ありきから言葉は肉体となりて我らのうちに宿りたまえりまで、福音を朗誦する。しかる後、病者にできれば、主の祈りを誦する。しからざる場合には参会者の一人が代誦する。しかる後、その力があれば、病者は頭を垂れ合掌して三度祝福をと言い、全参会者は前記の仕方で異端を礼拝する(6)」。『異端入信次第』の述べるのは臨終ではなく、通常の授礼である。「彼らのうち長老たる者、異端たらんと欲する帰依者に問う。兄弟よ、我らの信仰に身を捧げんと欲するか。帰依者は、しかりと答える」。受礼者は三度跪拝して祝福を乞う。「しかる後、異端は次の言葉で尋ねる。神と福音に身を捧げるか。帰依者は膝を屈し手を地に置き、しかりと答える。また、水と樹より成れるものを除いて獣肉、鶏卵、乳酪その他すべての食物を口にせざることを約するか。ここにいう水とは魚、樹とはオリーヴの意である。また、偽らず誓わず、蛇といえども何物をも殺めず、肉の望みを遂げず、伴侶ある限り独りにて行かず、独りにて食わず、肌着を脱して臥せず、水火をはじめいかなる死の恐怖を前にしても退かざるや。約束のなされる間、参会者すべて膝を屈し手を地に着く。長老たる者、ヨハネによる福音を誦せる書物と手を帰依者の頭上に置き、福音書本文を朗誦する。はじめに言葉ありき云々。しかる後、長老たる者は彼と二度交互に口づけし、この者は他の者たちと同じくし、すべての者が平安を受ける」[7]。

右の二史料に見えるいくつかの動作のうち異端に対して帰依者が祝福を乞う行為および平安は、異端と相会する度に行われるいわば儀典化した挨拶で救慰礼にのみ固有ではないから、救慰礼の本質的部分は、『審問官提要』にあっては意志確認、按手と福音読誦、主禱文朗誦の三段、『異端入信次第』にあっては二度の意志確認、戒律保持の約束、按手と福音読誦の四段となる。後者には主禱文朗誦が欠けている。

エルマンゴーの『異端論難』には順序こそ違うものの、主禱文朗誦が明示されている。「かくて頭上に書物を置き、主の祈りを七度誦する。しかる後、すべての者の聞くうちに、ヨハネ伝福音を、初めにから恩恵と真理とはイエス・キリストによりてなされたりとある所まで読誦する。かくて救慰礼は終る」[8]。二つの典礼書でも按手中または直後に主禱文朗誦があるばかりか、それとは別に主禱文伝授の儀典がいちじるしく肥大化した形式で記録されているし、緊急時の最小限度不可欠の要素に圧縮されているはずの形を語る『審問官提要』がこれを含んでいるとすれば、主禱文朗誦はやはり本質的な構成要素であったと見てよい[9]。按手の行為が核心部分たることは誰の目にも明らかだが、それよりもそのときの主禱文に重きを置く見解すらあったのである。「手は後述のごとく悪魔の造るところゆえ、その時に当って手は何の役をもなさず、ただ按手する者の誦する主の祈りのみが効を果すと、アルバネンセスはいう。しかし残余のカタリたちは双方、すなわち按手ならびに主の祈りがともに必要不可欠という」(『報告』[10])。さらに『アルビジョア史』は、「滑稽な話を聞いた」として次のように伝えている。「ある帰依者が臨終の間際に導師の按手による救慰礼を受けたが、主の祈りを誦し切らぬうちに絶息した。授礼者自身、判断がつかなかった。按手を受けたことによって救われたとも考えられ、主の祈りを誦えなかったために罪に堕ちたとも考えられたからである[11]」。したがって『異端入信次第』の観察には欠陥があると見てよい。要するに意志確認、按手と福音、主禱文朗誦の三段が救慰礼を構成する本質的な要素である。

典礼書の指示する手続は煩雑を極める。卓子、白布の用意や洗手など事前の準備はもちろんだが、受礼者はすでに長期にわたって潔斎していることが前提されている。一般未信者や多数の異端の列席も想定されていて、一異端が受礼志願者を司式の異端に紹介する手続もある。執拗に反復される意志確認と受入れの宣言、長大な訓戒と説教、そして至る所に挿入される祝福請願と定型化した祈禱。[12] しかし、本質的には、右に見た三段の行為におびただしい装飾がついているに過ぎず、核心部分を複雑化し、また順序は先に見たところとやや異なるが、本質において変りはない。「導師、書物をとって当人の頭上に置き、他の善信者それぞれ右手を頭上に載せる。パルキアス parcias を一回、アドレムス adoremus を三回唱える。そして、聖なる父よ、汝の僕《しもべ》を正義のうちに迎え恩寵と聖霊を送れ、という。主の祈りをもって神に祈り、導師はセゼナ sezena を唱える。次いで高声にアドレムスを三度、主の祈りを一度、さらに福音を唱える」(『プロヴァンサル典礼書』)。「導師この時福音書を帰依者の頭上に置く。その場に在る限りの既受礼者にしてキリスト教徒たる者、右手をこの者に加える。導師いう。父と子と聖霊の名において。傍らに侍立する者いう。アーメン」。次に司式者の唱句が記述されているが、それは実質的にパルキアスとアドレムスと主の祈りの反復朗誦で、ただその中に「正義にして真理、愛憐深き聖なる父よ。汝の僕を解き放って汝の正義のうちに受けよ」の言句が挿入されている。「しかる後、初めに言葉ありき云々を読誦する」(『ラテン典礼書』[13])。

ところで両典礼書は、救慰礼式次第の前に独立の儀典として祈りの伝授を置いている。荘重さにおいて救慰礼と何ら選ぶところはない。祈りの伝授のあとに「この者ただちに救慰礼を受ける場合には」(『プロヴァンサル典礼書』)、「帰依者この時に受礼すべきでないならば」(『ラテン典礼書』)とあるから、実際の執行において伝授は救慰礼に先行している。[14] いささか杓子定規めくが、救慰礼において新入信者も主の祈りを唱するとすれば、事前にそれを伝授されていなければならないから、論理的にもそうなる。事実、カタリ派には実にしばしば祈ることが義務づけられている反面、帰依者に主の祈りを唱する資格を認めていない。「複唱を保持し祈りを唱える使命は、世俗の者に委ねてはならぬ」。伝授の儀典において、救慰礼同様意志確認と訓戒の上で口授され、「汝に聖なる祈りを授くるは、汝これを神と我らと教会より受けて汝の生のあらゆる時に唱する権能を有せんがためである」(『プロヴァンサル典礼書』)、あるいは「神と我らと教会、ならびにその聖なる宗門と戒律と弟子たちより、この祈りを唱うる権能を受くべし」(『ラテン典礼書』)と宣言される。[15] 祈りが明白に特定範囲内の特権とされているにほかならない。

両典礼書は、先に見た通り伝授と救慰礼の間に時間的余裕のあり得ることを想定している。さらに、「祈りを授けられたる帰依者がキリスト教徒の女たちとともにある時は、離れた場所におもむいて独り祈るべきである」(『プロヴァンサル典礼書』)とあって、祈りの特権だけ得ながらしかもいまだ教団の一員となるに至らない、帰依者のうちの特殊な地位の者の存在を示唆している。[16] この点、典礼書の記述は内部整合している。しかし、ただちに念頭に浮ぶのは、按手を受けながら祈る暇もなく死んだ病人の救済について判断に苦しんだ例を見たように、総じて救済とその手続に神経質であったカタリ派が、この中間過程での死をどう解決したかという疑問である。疑問と言えば、独立典礼としての祈りの伝授が両典礼書のみに見えて、カトリック側の史料、曾て異端幹部であったレイネリウスもそうだが、供述書もこれに触れていない。例えば一二〇四年頃、フォア伯レモン・ロジェの姉妹エスクラルモンド以下貴族婦人若干名が入信した時は、貴顕あまた列席し稀代の盛儀であった。司式者はトゥールーズ教団の大幹部ギラベール・ド・カストルで、式次第に一点の省略もなかったはずである。しかもこの事件の供述には、祈りの伝授に関する言及はない。もちろん、供述や記録に省略はあり得る。しかし、もっとも詳細な供述にも、やはり事前の儀式としての祈りの伝授は登場しない。[17]

祈りの伝授は、どう見ても、救慰礼に接合して、むしろ救慰礼の一環として行われて入信と同時に祈りを誦する資格と義務を得るのが自然であろう。両典礼書が述べるような、意志確認、戒律の盟約、数次にわたる跪拝、説教、そして事後の諸礼拝、換言すれば救慰礼そのものと寸分違わぬ威儀を備えた独立儀典としての祈りの伝授は、不自然感を免れない。ドンデーヌは立入って追究しなかったものの、救慰礼に際して按手とともに書物を渡す行為が祈りの伝授を象徴したのではないかと示唆した[18]。しかし、それよりも按手時の主の祈り朗誦、あるいはいくつかの供述に見られる按手直前の朗誦、受礼者に「異端の作法に則って祈りを誦せしめる」行為に、伝授の機能を見たい。「異端の作法に則って」とは、両典礼書に出る授礼者による朗誦と受礼者による復唱を圧縮したものと推察されるからである。換言すれば、この簡潔な手続を取出して肥大化し理想化したものが、両典礼書の祈りの伝授ではないであろうか。総じて両典礼書の指示するところは繁文縟礼、按手前後の要式行為と定型唱句だけでも到底日常の実行に耐えたとは考えがたいのである。そこで行われる説教範文も格調高く、聖書章句の引用の仕方にしてもかなり高水準のものである。要するに、両典礼書は儀礼の理想型を語る一種の宗教文学、カタリ神学書の域に一歩踏込んだものではないかと思われる。断片をも含めれば三種類もの典礼書が残っているところを見ても、これが広く読まれたことに間違いはないが、実際の救慰礼は祈りの伝授をも組込んで、供述に見られるように比較的簡素な形式で執行されたのであろう。

（1） ‹vos devetz entendre que can esz denant la gleisa de Deu, que vos esz denant le paire el fil el Sant esperit. Quar la gleisa es dita ajustament, et aqui on so li ver crestia, aqui es le paire, el fil, el Sant esperit, aissi co las devinas escriupturas o demostran. Quar Christ dix, en l'avangeli de Sanh Matheu: En qual que loc seran doi o trei ajustat el meu nom, eu so aqui e meg de lor›. CL. p. xii.

（2） ‹Dicunt etiam quod sola fide non potest homo salvari, in aliquo casu›. C. Douais, La somme. p. 126; ‹impositione manus culpa et poena a Deo totaliter relaxatur〉. 〈sine qua secundum eos nec peccatum mortale remittitur, nec Spiritus Sanctus alicui datur〉. TNA. V, cc. 1762, 1763.

（3） Liber antihaeresis cit. in K.-V. Selge, Discussion sur l'apostolicité entre Vaudois, Catholiques et Cathares. CF. II, 1967. p. 149.

（4） 〈Aquest Sanh babtisme per loqual Sant esperit es datz a tengut la gleisa de Deu dels apostols en sa, et es vengutz de bos homes en bos homes entro aici, e o fara entro la fi del segle〉. CL. p. xvii; 〈ab eo receperunt potestatem baptizandi et dimittendi peccata, sicut hodie faciunt veri christiani, qui tanquam discipulorum heredes gradatim potestatem ab ecclesia dei receperunt istud baptismum impositionis manuum visibiliter faciendi et dimittendi peccata〉. A. Dondaine, Un traité néo-manichéen. p. 159.

この確信はカタリ派一般に浸透していたらしく，供述にも繰返し出現する。例えば，「主が天宮よりもたらして使徒の上に置き，使徒が善信者に，善信者がさらに善信者へと順次この時まで伝えたる，かの聖なる叙任」〈illam sanctam ordinationem quam portavit Dominus de curia celesti et posuit super apostolos et apostoli dimiserunt bonis hominibus et boni homines bonis hominibus successive usque tunc〉. Doat, XXVI cit. in J. Guiraud, Le consolamentum cathare. RQH. XXXI. 1904. p. 105, n. 2.

（5） 異端内部から出た史料には『プロヴァンサル典礼書』，『ラテン典礼書』，および『ダブリン断片』の三件がある。前二者は救慰礼の式次第，およびその間になさるべき説教の模範を記したもので，最後者は，プロヴァンサル語による説教部分だけの断簡である。この種の断簡の伝わっているところを見れば，もとは何種類か行われたものであろう。『プロヴァンサル典礼書』は『リヨン新約聖書』と一連の写本に収められていたもので，クレダによって現代フランス語訳を附して印刷に附された。CL. pp. ix-xxvi. これはそのままP. Cassé, Mes ancêtres, les Cathares. Paris, 1968. pp. 225-255に再刻されている。フランス語訳のみはD. Roché, L'église romaine et les cathares albigeois. Arques, 1957. pp. 175-202およびR. Nelli, Ecritures cathares. Paris, 1959. pp. 211-227に見出される。『ラテン典礼書』はドンデーヌによって『両原理論』と同一写本中から発見され，刊行された。A. Dondaine, Un traité néo-manichéen. pp. 37-43, 151-165. 近くは浩瀚な研究とフランス語訳および関連史料を附したトゥーゼリエの刊本がある。C. Thouzellier, Rituel Cathare. Paris, 1977. これにもネリのフランス語訳がある。R. Nelli, op. cit., pp. 228-252.『ダブリン断片』はT. Venckeleer, Un recueil cathare : le manuscrit A. 6. 10. de la «Collection Vandoise» de Dublin. RBPH. XXXVIII, 1960. pp. 815-834. XXXIX, 1961. pp. 759-793に本文と研究がある。なお，D. Roché, Un recueil cathare. Le manuscrit A. 6. 10. de la «Collection Vaudoise» de Dublin. CEC. XLVI, 1970. p. 3 sqq.

二つの典礼書の内容は、大筋においてカトリック側の観察と矛盾を来さない。カトリック側史料としては、個別具体例の目撃供述を別にすれば、『審問官提要』中の解説、および短文ながら『異端入信次第』Forma qualiter heretici hereticant hereticos suos. TNA. V, c. 1776 が注目される。『異端入信次第』はレイネリウス『報告』の最終章を構成しているが、近年の諸家はレイネリウスとは無関係な断片と見ている。C. Molinier, L'endura. AFLB. III, 1881. p. 287, n. 1; C. Thouzellier, Rituel Cathare. p. 285.

『ラテン典礼書』の概要はほぼ次の通りである。「祈りの伝授」と「救慰礼接受」の二部分に分れるが、第一部には「説教」、「祈りの接受」、「教会の職務」等の項目が含まれ、第二部には「書物の接受」、「説教」、「霊のバプテスマの接受」、「救慰礼の意義」等の項目に分れる。この間至る所に拝礼と受礼者の意志確認と訓戒が繰返し挿入されている。仮想受礼者の名はヨハネス。祈りの伝授とは主禱文を一句ごとに口授して復唱させ、その意味を説く。『プロヴァンサル典礼書』にもこの二つの部分は見出されるが内容はやや簡略で、その代りに前に「勤行」、末尾に「祈りおよび特殊状況に処する規則」が附加えられていて、いわば四部構成になっている。ここでは仮想受礼者の名はペール。第一部「勤行」とある部分は、かなり長い痛悔の祈禱文だけで成立っている。救慰礼とは一応別の、悔悛の集会での祈禱のいちじるしく発達した範文であろう。範文というのは一読して、定型化した祈禱文からは程遠く、むしろ心情の吐露、宗教文学に近い印象を受けるからである。第四部は、主の祈りの朗誦に関する注意事項と病床授礼の手続を述べる。両書に出る「祈りの伝授」は、救慰礼そのものでなく、一応独立した附帯儀典として書かれている。

両書とも作者不詳。『プロヴァンサル典礼書』成立年代について、クレダは一二五〇年頃ないしそれより少し前を想定した。両書の相関についてドンデーヌ、ボルスト、トゥーゼリエ等いずれも『ラテン典礼書』がやや先行すると考える点で共通している。ただし、ドンデーヌは『ラテン典礼書』の縮約化されたものが『プロヴァンサル典礼書』と見たのに対し、ボルストは両書共通原典の存在を想定して、成立年代の前後にもかかわらず『プロヴァンサル典礼書』がより古型に近く、また両方とも一二五〇年から八〇年までに成立したと考えた。トゥーゼリエは両書ともカトリックに対する敵意を欠いているところから、成立年代を繰上げ、迫害の熾烈化する以前、十三世紀初、むしろ十二世紀末と見た。逆に『プロヴァンサル典礼書』の発達した形を『ラテン典礼書』とする少数意見を取る者に、アヌドゥシュがいる。CL. p. iv; A. Dondaine, op. cit., p. 35 sqq.; A. Borst, op. cit., S. 280 sqq.; C. Thouzellier, op. cit., pp. 20-26; S. Hannedouche, Le rituel cathare. CEC. XXXV, 1967. p. 31.

内容と構成の平行状況から見て両典礼書に相関関係があるのは確かだが、一つ留意すべき点がある。『プロヴァンサル典礼書』

は霊魂を指す語としてesperitzとarmaを混用している上、「我ら裁きの日に断罪さることなからんため」〈ni condampnat al dia del judici〉CL. p. xiと最終審判を想定しているから、明らかに穏和派の間に行われたものである。これに対し『ラテン典礼書』の用語はanimaに統一されている。これだけで断定するには足りないが、絶対派から出た可能性が極めて高い。

(6) 〈hereticus petit a persona que debet recipi, si potest loqui, si vult fieri bonus christianus vel bona christiana, vel recipere sanctum baptismum. Quo respondente quod sic et dicendo: "Benedicite", hereticus tenendo manum super caput infirmi, non tamen tangendo si sit mulier, et tenendo librum, dicit evangelium "In principio erat verbum", usque ibi: "Verbum caro factum est et habitavit in nobis". Quo lecto, infirmus dicit orationem "Pater noster", si potest, sin autem aliquis de astantibus sive assistentibus dicit pro eo. Quo facto, infirmus, si potest, dicit tribus vicibus: "Benedicite", inclinando caput et jungendo manus, et omnes alii assistentes adorant hereticum modo adorandi supra scripto〉. GUI. I, p. 22.

(7) 〈Ille qui major est inter eos dicet ita credenti qui vult haereticari: Frater vis te reddere fidei nostrae? Et credens dicet: Sic〉. 〈Post haec interrogabit eum haereticus in his verbis: Tu reddis te Deo et Evangelio? Et credens respondet: Sic, stando genibus flexis et manibus in terra. Item: Promittis quod de cetero non comedas carnes, nec ova, nec caseum, nec aliquam victuram, nisi de aqua et ligno? Et pro aqua intelligunt pisces, et pro ligno oleum. Item, quod non mentieris, nec jurabis, nec occides quicquam ex reptilibus, nec exercebis aliquam libidinem de corpore tuo, nec ibis solus dum possis socium habere, nec solus comedes, nec jacebis sine camisia et bracis, nec relinques fidem timore ignis vel aquae, vel alterius generis mortis? Et his promissis omnes circumstantes flectunt genua sua, et manus in terra, et major eorum ponit librum ubi sit Evangelium S. Johannis et manus supra credentem illum, et legit totum Evangelium: In principio erat Verbum. Post haec ille major osculatur eum bis in ore ex transverso, et ipse alium, et sic omnes assumunt pacem〉. TNA. V, c. 1776.

(8) 〈Et sic super capita eorum libro posito, Orationem Dominicam septies dicunt; et deinde beati Johannis Evangelium, ab In principio incipientes usque ad hunc locum Evangelii quod dicit, Gratia et veritas per Jesum Christum facta est, omnibus audientibus, dicit. Et sic finitur illud consolamentum〉. MPL. CIV, c. 1262.

(9) 『プロヴァンサル典礼書』第四部の大半は病床授礼に関する記事だが、手続はさして簡略化されていないので、圧縮化の中に本質的要素を探る材料としては適しない。

(10) 〈Albanenses enim dicunt quod manus ibi nihil operatur, cum a diabolo sit ipsa creata secundum eos, ut infra dicetur,

sed sola Dominica oratio, quam ipsi tunc dicunt qui manus imponunt. Ceteri vero Cathari dicunt quod utrumque est ibi necessarium et requiritur, scilicet manus impositio et Dominica oratio〉. TNA. V, c. 1762.

(11) 〈Quidam credens hereticorum in suppremo mortis articulo per manuum impositionem a magistro suo consolamentum accepit, set Pater noster dicere non potuit, et sic expiravit ; consolator ejus, quid de ipso diceret, nesciebat : salvatus videbatur per receptam manuum impositionem ; dampnatus, quia non dixerat Dominicam orationem〉. PVC. I, p. 16.

(12) 彼らがただ祈りという時には主の祈りを指しているが、このほかに定型化した祈禱文ないし唱句をいくつかもっていたらしい。典礼書の中に同じ文型が繰返し出現することからも明らかだが、時には略称で呼ばれている。例えばパルキアス、アドレムス等がそれで、「我らを祝福し赦せ」Benedicite, parcite nobis および「父と子と聖霊を崇む」Adoremus patrem et filium et spiritum sanctum を指している。さらに主の祈りを何回連続して誦えるかによって、それぞれ固有の呼方をしている。八連禱を単誦、その二倍を複誦と呼んだらしい。「祈りのさ中に人と会って話さざるを得ぬ場合、すでに八度誦していれば単誦、十六度であれば複誦と見なしてよい」(『プロヴァンサル典礼書』)。〈E si atroba home ab cui les covenga parlar mentre pregan Deu, e si an VIII oracios poden esser pres per sembla. E si n'an XVI oracios poden esser pres per dobla〉. CL. p. xxi.

(13) 〈l'ancia prenga lo libre e meta lei sus lo cap, e li autri boni homi cascu la ma destra, e digan las parcias e tres adoremus, e puis Pater sancte suciper servum tuum in tua justicia et mite gratiam tuam e spiritum sanctum super eum. E pregon Deu ab la oracio, et aquel que guisa lo menester deu ecelar a la sezena, e can la sezena sera dita deu dire tres adoremus e la oracio una vetz en auzida, e puis l'avangeli〉. CL. pp. xx, xxi ; 〈ordinatus tunc imponat librum super caput eius, et omnes alii ordines et christiani, qui ibi fuerint, manus suas dextras imponant super eum. Et ordinatus dicat : In nomine patris et filii et spiritus sancti. Et ille qui est apud ordinatum dicat : Amen〉. 〈Pater sancte, iustus et verax et misericors, dimitte servo tuo, recipe eum in tua iustitia〉. 〈Et postea In principio erat verbum et cetera〉. A. Dondaine, Un traité néo-manichéen. pp. 42, 43.

(14) 〈E si deu esser cossolatz ades〉. CL. p. xv ; 〈Tunc si credens non debet consolari〉. A. Dondaine, op. cit., p. 39.

(15) 〈Mesagaria de tenir dobla ni de dire la oracio no deu esser portada per home seglal〉. CL. p. xxi ; 〈Aquesta santa oracio vos liuram, que la recepiatz de Deu, e de nos e de la gleisa, e que aiatz pozestat de dir ela totz les temps de la vostra vida〉. ibidem, p. xv ; 〈A deo et nobis et ab ecclesia et suo sancto ordine et a suis sanctis preceptis et discipulis habeatis potestatem istius orationis dicendi〉. A. Dondaine, op. cit., p. 39.

(16)　〈E si cressentz a qui fos lilrada la oracio era ab crestianas, an s'en az autra part e fassa per si meteiss〉. CL. p. xxii.

(17)　エスクラルモンド等の入信の模様のうち、儀式の部分は次のように供述されている。「女たち、異端の問いに応じて、神と福音に身を捧げ、爾今オリーヴと魚を除き肉も卵も乳酪も食らわず、誓わず欺かず、終生いかなる時も欲望を遂げず、火、水その他、死をもって脅かさるとも宗門を捨てずと約した。これらすべての約定の後、異端の作法に則って祈り、すなわち主の祈りを誦した。次いで異端は女どもの頭に手と書を置き、読み、そして平安を与えた」。〈mulieres ad postulationem hereticorum reddiderunt se Deo et evangelio, et promiserunt quod ulterius non comederent carnes nec ova nec caseum nec aliquam nurituram, nisi de oleo et piscibus, et quod non jurarent nec mentirentur nec aliquam libidinem exercerent toto tempore vite sue, nec dimitterent sectam hereticorum metu mortis, ignis vel aque vel alterius generis mortis. Et his omnibus premissis, dixerunt orationem, scilicet Pater noster, secundum modum hereticorum, etc. Deinde heretici imposuerunt manus et librum super capita earum et legerunt et dederunt eis pacem〉 HGL. VIII, cc. 1150-1151. 供述のうち詳しいものの一例として、ギョーム・カリエールのそれは、時代は少し下るがモンセギュールにおいてベルトラン・マルティ以下錚々たる異端列座のもとでの受礼の模様を述べている。意志の表明、戒律遵守の約束は右の例とほとんど変りがない。そして、「最後に証人(受礼者)をして異端の作法に則って祈りを誦せしめ、しかる後証人の頭上に手と書物を置き、聖ヨハネ伝福音、初めに云々を読んだ」。〈postremo fecerunt dicere eidem testi orationem secundum modum hereticorum, deinde posuerunt manus et librum super caput ipsius testis et legerunt evangelium S. Johannis In principio〉. Belhomme, Documents. MSAM. VIII, p. 136.

(18)　A. Dondaine, Nouvelles sources. RSPT. 1939. p. 475.

3　救慰礼の性格

カタリ派は入信者の意志確認にはなはだしくこだわった。主体的な意志決定と表明の能力を入信の条件としているのである。幼児洗礼を排撃したのもこの点に関係している。彼らの幼児洗礼排撃に関する報告は多いが、エクベルトの観察した異端はその理由を明示している。「みずから洗礼を乞う能わず、信仰を表明する能わざるゆえに、幼児に授洗するも無効(1)」。すでに発語機能を失った傷病者にも入信の資格がない。供述にそのような例を見出すことができる。臨終授礼の場でブリュニサンドなる者はもはや返答できなかったので、司式のために来た異端は、「この者を迎えることはできないと語った(2)」。例外的にモンセギュール籠城時には、重傷を負って口が利けなくなっても受礼しうるという特権を事前に保証した例がある。

カタリ派自身にとって、救慰礼の意味は何であったか。「汝は知るべきである。汝ここにて神の教会の前に在るは、善きキリスト教徒の祈りに基づき按手をもって罪の宥しを受けんがためである。これぞ、イエス・キリストの霊のバプテスマ、また聖霊のバプテスマと呼ばれるところ」。「すなわち、主みずから霊的なる意味において、かつ善き業において汝らを洗い浄めたまわんとするのである」。「されば、知るべきである。キリストは肉の汚れを洗わんために来りたもうたのでなく、悪しき諸霊と触れて汚れたる神の諸霊魂を浄めんために来りたもうたのである」。「原初の教会このかた、心あるまことのキリスト教徒は明らかに按手の秘蹟を行い来った。これなくして、何びとも救わるる能わず」(『ラテン典礼書(3)』)。「汝まことに霊のバプテスマを受けんと欲するか。ここに、聖なる祈りと善信者の按手により、神の教会の聖霊が授けられる」(『プロヴァンサル典礼書(4)』)。つまり救慰礼は、聖霊との合体という以外の意味をもたない。典拠は常に洗者ヨハネとイエスとの間の間隙(マタイ伝三章)であって、前者の「水の洗礼」と後者の「聖霊と火の洗礼」の対比を重大視する。これはカタリ派一般に浸透していた模様で、供述書によく出現する。「ローマ教会の洗礼は腐敗せる水にてなさるるがゆえ、何の価値もない。その者どもは聖霊を授けることもできない。しかるに、我らはまことの洗礼をなし、聖霊を授ける」(『トゥールーズ判決集(5)』)。ただし、一口に聖霊と言っても、絶対派と穏和派ではその意味理解が異ることは、先に指摘した通りである。つまり、前者にあっては個々の入信者が天界に残して来た霊であるのに対し、後者の場合はカトリック教会が考える聖霊と大きな相違を考えていない。ともあれ、この時聖霊の効果によってそれまでの罪はことごとく解除される(6)。

カタリ派がもっぱら新約の諸章句を典拠とし、そこに根拠をもたぬという理由でカトリック教会の諸制度を攻撃したことは、先にも述べた。「福音、主の祈り、書簡のみを別として、いかなる書物も霊魂の救いに益がない」。「福音と神の祈りを差しおいて、教会のいうところは無効である」(『ジャック・フルニエ審問録』(7))。「新約は善き神によりて作られ与えられ、旧約は善き神でなく悪しき神によりて作られたという」(『駁謬簡要』)。厳密に言えば、彼らも部分的には旧約を認めたので、その範囲は時期と分派によって微妙に違っているが、根本において新約の精神に帰ろうとしたことに変りはない。典礼書において、新約への傾倒はもっとも鮮明に現れている。特に、その説教部分は新約から引用された章句で埋っていると言ってよい。前述のように、水の洗礼を排するのも洗者ヨハネの預言とイエスの言葉(マタイ伝三章、使徒行伝一章)によるのであるし、その形式が按手でなければならないのも、イエスが「手を着けなば」と言い、ペテロとパオロが「彼らの上に手を按《お》きたればみな聖霊を受け」、パオロも手を按かれた時「目より鱗のごときもの落ちた」からである(マルコ伝一六章、行伝八、九章(8))。「世をも世にある物をも愛すな。人もし世を愛せば、御父を愛する愛そのうちになし。およそ世にあるもの、すなわち肉の欲、眼の欲、所有の誇などは、御父より出づるにあらず、世より出づるなり」(ヨハネ第一書二章)、「世は我を憎む。我は世の業の悪しきを証すればなり」(ヨハネ伝六章)、「この濡れたる衣を厭え。そは肉にほかならず」(ユダ書)等々の章句を引いて、結論し命ずるのである。「されば、これらを拠りどころに、汝は神の命を守り、この世を厭うがよい」。「この世とその業、ならびにそこに在るものを憎め」(『プロヴァンサル典礼書』(9))。

二元論およびそれに由来する禁欲の戒律の枠を設定してはじめて十分に理解できる諸命題、例えば「天にまします父とあるは、悪魔の父、すなわち虚偽にして諸悪の父なるものと区別するためである」、「み心の地にもとあるは、自然という大地に捕えられたる神の民にもの意である」(『ラテン典礼書』)と述べた主の祈りの解説や、「我らは同胞を傷つけ、おのれの霊魂を損うを顧みず、世の民とともに行き、とどまり、食らい、あまたの罪をおかす」、「我らは日に背き時を怠る。聖なる祈りのうちにある時も、我らの思念は肉の望み、世の煩いへとおもむく」、「主よ。肉の罪を裁き罰せよ。堕落より生ぜし肉を憐れまず、獄舎のうちなる霊魂を憐れめ」(『プロヴァンサル典礼書』)等々、痛悔の祈りの範文も、ことごとく新約の誡命の延長線上にいとも自然に出現している。(10)「キリストの掟と心と訓えの誌されし書を汝の両手に受けたるがごとく霊においてもキリストの法を汝の霊魂の業《わざ》のうちに迎え、汝の生のあらゆる時、書かれたるままにこれを守れ」(『ラテン典礼書』)。「神の教会のならわしにより貞潔、真実、その他神の望みたまうすべての徳をもって」祈れ(『プロヴァンサル典礼書』(11))。

ただ一点、ことさらに象徴主義的な解釈を施して、強弁に似るかと思われるのは、主の祈りの中の「日用のパンを与えたまえ」に関して、物質でなく「キリストの掟と解すべきである」(『ラテン典礼書』)とした箇所である。しかし、この解説の典拠も「我は命のパンなり。我に来るものは餓えず、我を信ずるものは渇かず」(ヨハネ伝六章)以下新約からの長大な引用であることに変りはない。(12)

これらを通読して来て、別の宗教を聖書引用でもって偽装したとはまず考えられない。もちろん、引用の仕方が聖書全体の文脈との調和を無視する傾向はある。また別の宗教からの影響ないし示唆が、聖書解釈に独特の傾斜を与えたということもあり得る。しかし引用された限りにおいて、それは正確に聖書の字句通りであり推論も決して不可能なそれではない。色濃く終末観に彩られた原始キリスト教が何らかの程度において現世厭離の志向を含んでいたことは事実で、ことさらにその面を取出して二元論に到達したと見るのが、おそらく自然であろう。少くとも、主観的にはカタリ派が熱烈なキリスト教徒であったことに間違いはない。「キリスト教徒のうちにありて、我は罪人たり」(『プロヴァンサル典礼書』)。[13]

典礼書の思想内容は別として、典礼の形式そのものを吟味したギローは、その中に異教的要素はまったく含まれていないと判断した。原始キリスト教団の慣行や儀式と比較して、選抜、意志表明、訓育、潔斎、試煉、按手、祈りの伝授、未入信者による信者「拝礼」、さらに死期直前まで受礼を延期する風習に至るまで、カタリ派の儀典と酷似していて、カタリ派に欠けている対応要素は授洗直前の祓魔だけだがこれは史料の欠損によるものと推測し、要するにカタリ派は原始教団の慣行のいわば化石を保持していたと結論した。ただしギローは、この古型の慣行がどの径路で伝来したか、あるいは復興されたか、については立入らなかった。[14] ギローの段階から見れば原始キリスト教団の解明も進展したはずで、彼が拘泥した一つ一つの儀典諸要素の対応関係がそのまま今日でも立証され得るかどうか疑問なしとしないが、大筋において、カタリ派が古式の儀典を行っていたとする説は承認されているし、またそれが正当であろう。ドンデーヌも、二元論適合のため水と香油を取除いたほかは古代キリスト教起源を明白と判断し、伝来径路は立証不能としながらも特にアウグスティヌス時代のアフリカ教会の典礼との酷似を指摘した。トゥーゼリエも、儀典の古式性を前提とした上で習俗や心性全般にわたってボゴミリ派と比較し、東欧と西欧を通じて顕著な類似平行関係が看取されるものの、東方で多少見られた粉飾傾向は西欧では消失していると判断した。いうまでもなく、この面からの検証は、カタリ派の本質規定に通ずる。基本教義が二元論たることはキリスト教徒としての自覚を妨げない。使徒的生活に浸り、聖書で心を養い、原初教会の泉から汲み、キリストの教会の純粋さを追求した者たちであったというのがトゥーゼリエの結論である。デュヴェルノワは東欧スラヴォン教会における僧院入りの誓願の儀式との酷似を指摘し、カタリ派をもって聖書に立脚する救済宗教、つまりはキリスト教であると想定している。(15) 典礼書の祈りの解説にこそマニ教の本質が最大限に出現しているという理解が完全に跡を絶ったわけではないが、(16) 二つの典礼書に接する限り、彼らが独自の形ではあっても、キリスト教を把握していると見るのが自然である。彼らを異教でなくあくまでも異端と見るのが正しいであろう。

(1) 〈Baptismum nihil prodesse dicunt parvulis qui baptizantur, quia per se ipsos baptismum petere non possunt, quia nullam fidem possunt profiteri〉. MPL. CXCV, c. 15.

(2) J. Guiraud, Le consolamentum cathare. RQH. XXXI, p. 103, nn. 2, 3.

(3) 〈debetis intelligere, quod estis hic coram dei ecclesia causa recipiendi perdonum vestrorum peccatorum propter deprecationem bonorum christianorum cum impositione manuum. Et hoc dicitur spirituale baptismum Ihesu Christi et baptismum spiritus sancti〉. 〈id est ipse vos lavabit et mundabit in spirituali intellectu et in operibus bonis〉. 〈Unde intelligendum est, quod Christus non venit causa lavandi sordes carnis, sed causa abluendi sordes animarum dei, que contagio malignorum spirituum sorditate erant〉. 〈Unde veri christiani docti ab ecclesia primitiva hoc ministerium impositionis manuum visibiliter faciunt sine quo nullus salvare potest〉. A. Dondaine, Un traité néo-manichéen. pp. 157, 158. 162.

(4) 〈voletz recebre lo babtisme esperital, per lo qual es datz Sant esperit en la gleisa de Deu, ab la santa oracio, ab l'empausament de las mas dels bos homes〉. CL. p. xvi.

(5) 〈baptismum ecclesiae Romane nichil valebat, quia fit in aqua corrupta, nec illi de ecclesia Romana poterant dare spiritum sanctum, set ipsi heretici faciebant verum baptismum et dabant spiritum sanctum〉. LIMB. p. 85.

(6) 典礼書は言及していないが、『異端入信次第』は受礼の最後に、「かくて異端となった者に、麻あるいは毛織のある種の細紐が授けられる。これを下着の上に帯びる。これより後、この者は着衣の異端と呼ばれる」むね附記している。〈Et datur illi haereticato quoddam filum subtile lineum vel laneum pro habitu quem portat supra camisiam: et sic ille postmodum dicitur haereticus indutus〉 TNA. V, c. 1776. ギローは、自由な活動ができた時期に僧服まがいの黒衣を着用したものが、迫害を受けるに及んで上着の下に象徴的な帯ないし紐を着けるようになったと解し、その例をいくつか指摘した。一二一一年頃、エルメンガルダはラヴラネにおもむいて、「この地にて異端となり、彼らの衣を着けた」。一二七三年の供述では、「ベゼルダなる女は乳房の下のあたり肌に直接紐を巻いていた」。騎士ペトルス・ヴァサリが病死して、「人々が死者の下着を脱がせようとした時、死者の体の腰のあたり、肌に細い紐の捲付いているのを見た。これこそ異端のしるし、故人は病中にこれを受けたのだ、と私は悟った」。J. Guiraud, Le consolamentum cathare. RQH. XXXI. p. 101 ; GC. I, p. cv ; GI. I, p. 145.――〈ibi hereticavit se et assumpsit habitum hereticorum〉. Doat, XXIII cit. in GC. I, p. cv, n. 1 ; 〈Bezerza portat cordulam cinctam ad carnem nudam subtus mamillas〉. Doat, XXV cit. ibidem, n. 2 ; 〈Et dum vellent commutare camisiam qua erat indutus dictus mortuus vidit ipse testis quod corpus dicti mortui erat cinctum ad carnem sub ancellis quodam cingulo subtili, et presumit ipse testis quod erat signum dictorum hereticorum ipsi mortuo dum infirmaretur impositum〉. ALB. p. 214.

現に入信時において受礼者に紐を授けるのを目撃したという証言もある。「上述異端らは、ある種の細紐を病人に捲付けながら、私には聞取れなかったが何か文句を彼の上で唱えた」。〈dicti heretici quedam verba super dictum infirmum que ipse testis non intellexit ut dicit, cingentes dictum infirmum quadam corda subtili〉. ibidem, p. 199.

デュヴェルノワは、異端ないし同調者が黒衣を愛用したのは事実としても、秘密の細紐は十三世紀末アルビ地方だけの孤立例にすぎず、これを全カタリの習俗視したのは魔術師をめぐる流言から派生した浮説だと主張した。史料出現状況は明らかに彼の指摘範囲を越えているが、いずれにせよ、着衣が救慰礼に随伴する儀典となっていたり、規則的に義務化されていた形跡はない。単なる風習であったと思われる。J. Duvernoy, La liturgie. p. 5.

(7) 〈nulla scriptura est bona ad salutem anime nisi solum Evangelia, Pater Noster et Epistola〉. 〈illa que dicuntur in ecclesia nichil valebant, exceptis Evangelio et Pater noster〉. JF. II, p. 517, III, p. 235 ; 〈Dicunt novum Testamentum a bono Deo esse iuditum et esse factum ; et dicunt quod vetus non est a bono Deo, sed a malo〉. SOM. p. 127.

(8) CL. pp. xvi, xvii ; A. Dondaine, Un traité néo-manichéen, pp. 157, 158.

(9) 〈E per aquestz testimonis e per moutz d'autres vos cove a tenir li comandament de Deu, et azira aquest mon〉. 〈Et eissament vos cove que aziretz aquest mon e las suas obras, e las causas que de lui so〉. CL. pp. xviii, xix.

(10) 〈dixit forsan Pater noster qui es in caelis ad differenciam patris diaboli, qui mendax est et pater malorum〉. 〈Fiat voluntas tua, sicut in celo et in terra ; quasi dicat : sic tua voluntas perficiatur in populo isto, qui terrene nature adhesit, sicut perficitur in superno regno〉. A. Dondaine, Un traité néo-manichéen. p. 152 ; 〈Cum la gent mondana andam, cum lor essems estam, e palam, e manjam, e de moutas causas ofendem, si qu'als nostres fraires et als nostres esperitz nozem〉. 〈nostres dias traspassem, nostras oras prevericam ; nos estant en la santa oracio nostre sen se desvia els desirers carnals, en las curas seglars〉. 〈O Senhor juja e condapna los vises de la carn, no aias merce de la carn nada de corruptio, mais aias

merce del esperit pausat en carcer〉. CL. pp. x, xi.

(11) 〈sicut recipistis librum in manibus vestris ubi precepta Christi scripta sunt et concilia et mine, sic, spiritualiter debetis recipiere legem Christi in operationibus anime vestre, ad observandum illam toto tempore vite vestre sicut scriptum est〉 A. Dondaine, Un traité néo-manichéen. p. 162 ; 〈segon la costuma de la gleisa de Deu, ab castetat, et ab veritat, et ab totas bonas autras vertutz las quals Deus volra donar a vos〉. CL. p. xiv.

(12) 〈Per panem supersubstancialem intelligitur lex Christi〉. A. Dondaine, Un traité néo-manichéen. p. 152.

(13) 〈entrels crestias estam pecadors〉. CL. p. x.

(14) J. Guiraud, Le consolamentum cathare. pp. 78-89 ; GC. I, pp. clxxiii-clxviii ; GI. I, pp. 141, 142. ギローが比較の対極とした原始教団の慣行は、主としてDuchesne, Origines du culte chrétien. s. d. に拠っている。カタリ派研究史の上でこの指摘は、ギローの業績の中でも重要なものの一つだが、古型慣行の伝来ないし復興の問題については、古キリスト教形式が「マニ教の中に保存されたと考えたい気持にも誘われる」と、はなはだ曖昧な感想を述べたにとどまる。RQH. XXXI. p. 87.

(15) A. Dondaine, Un traité néo-manichéen. pp. 45, 46 ; C. Thouzellier, Rituel Cathare. pp. 38, 135, 136, 184 ; J. Duvernoy, Albigéisme ou catharisme? CS. LIII, 1966. p. 205 ; id., La liturgie. CEC. XXXIII, p. 3.

(16) 例えばS. Hannedouche, op. cit., pp. 37-39.

4 教団の均質性と参進礼

授礼者の資質を疑う噂が流れただけで、十分教団分裂の原因たり得たことは前に見た。「曾て彼らの中にしばしば見出されたように、上長、特に司教が密かなる大罪を犯していた場合、その加手せるすべての者から言葉の恩寵は失われ、そのまま死ねばすなわち滅びに至るがゆえに、彼らはこの上なき疑惑と魂の不安の中に痛苦する。かかる危険を避けるため、一、二を除いてすべてのカタリ教会は、第二第三の救慰礼を受ける」(『報告』[1])。予防授礼にほかならない。レイネリウスは反復を当然のことのように書いているが、反復授礼は果して可能だったのだろうか。「按手を受けた後に肉の罪、あるいは彼らの見解によって重大とされる何らかの罪に落ちた場合、その者は他の罪でなく、まさにその罪だけを告白せねばならぬ。そして密かに上長、少くとも同行者によって再度按手を受けねばならない」[2](『報告』)。すでに我々の知悉している教団の厳格な選良主義、入信に先行する苛酷な試煉、さらに病床受礼者に対して破戒を懼れるあまり死を早めることを予測しつつ絶食を課す例があったのは、当然、受礼後の大罪を消去する方途がないとの観念、いわば不可逆性を前提としたはずである。そこには教団の緊張と凝集力の源泉があったはずだから、反復授礼、まして安易な予防授礼は奇異というほかない。南フランスの審問関係史料に、反復授礼の供述を見ない。レイネリウスが曾てカタリ派幹部であったことを考えれば、察するに、十三世紀、救慰礼の効果の強調、肥大が進むに平行して一部の教団上層部に独自の秘蹟論の体系化と便宜主義化が進行したのであろう。レイネリウスが「密かに」と述べているのは無意味ではないと思われる。

　レイネリウスは、「人の真似を試みる猿にも似て、カタリ派は四つの秘蹟を有する。もちろん、欺瞞、無効、不法、瀆聖の秘蹟である。すなわち、按手、パンの祝別、悔悛、品級」と述べている[3]。

　パンの祝別は『審問官提要』等他史料に見るところとほぼ一致する。「聖体に捧げられるパンに代えて、ある種のパンを作る」とあるところを見れば、ベルナール・ギイもこれを彼らの秘蹟と考えたのであろう。しかし、これは食事の度ごとに行われ、異端者以外の者も自由に参加している。「昼食たると夕食たるとを問わず日ごとにこれを行う」。「一個あるいは多数のパンを割いてすべての会食者、カタリ派のみならず、その帰依者、盗賊、密通者、殺人者にも配分する」。さらに特定教団は積極的にその意味を限定している。「パンは、その物として祝福されることはない。また祝福を受けることもできない。パンは悪魔の所産であるから」(『報告』)[4]。既述のごとく、これは原始キリスト教団の共産生活(使徒行伝二章)に倣った、食事の作法ないし慣行であって、本質において秘蹟の段階にまで結晶していたとは言いがたい[5]。

教団が罪の告白に関する何らかの儀礼をもっていたことは、確かである。レイネリウスは悔悛 poenitentia と呼んだが、他史料では告白 confessio あるいは勤行 servitium そしてもっともしばしば、かつカタリ派独特の語としては参進礼 apparellamentum の名で現れる。これらが同一儀礼を指すこと、および月一回定例化していたことに疑いはない。「その地にて上記異端らは勤行と呼ばれる参進礼をなし、私、証人もこの参進礼に列席した」。「彼らが勤行と呼ぶ告白を」云々。「月ごとに彼らが行い、参進礼と呼ぶ勤行に」云々。「神に対してでなく、悪魔に対して年に十二度の勤行を行う」等々の語句を諸所に見るからである[6]。史料にかなりの頻度をもって出現するところからも定着した慣行であったことが察せられるが、その具体的内容ははなはだ曖昧である[7]。『報告』に、教団上級者の職務として、「月に一度行われる罪の宥しの告白を下級者から聴聞すること、および三日の断食あるいは百回の跪拝を命じて彼らに宥しを与えること」を挙げ、これは「勤行と呼ばれる」と説明している。別の所では、「この告白はその場に参集したすべての者の前で公然となされる。しばしば参集者は百人を越える男女のカタリ派であり、またその帰依者である」としている。参進礼の構成要素の第一は、異端が他の異端の前で行う罪の公開告白であった、これに、聴聞役の異端の宥恕の動作が対応する。「たいていの場合、上長が福音書または新約を胸に当てて捧持する前で行う。この者は宥恕がなされると、その者の頭上に書物を載せる」[8]。

この時告白される罪が、個々の特定具体的なそれであるか、罪一般、すなわち罪人としての自覚自認であるか、検討を要する。前引のように、レイネリウスは異端が授礼後の罪だけを告白して再受礼することを報じていた。しかし、「密かに」再受礼するのだから、これは帰依者も加えて公開を原則とする参進礼について語っているのではない。また、異端が特定の罪過について我と我が身に苦行を課すこともあったらしく、『ジャック・フルニエ審問録』にその例を見る。「実に、女人の方へ手を伸べ、あるいは触れることでもあれば、それだけで三日三晩飲食を断つであろう」。「偶然、人を欺くことになっても、三日は潔斎せねばならぬ。偶然、女人に触れても、九日間続けて潔斎せねばならぬ[9]」。しかし、これは参進礼とは別である。大体、『ジャック・フルニエ審問録』に登場するのが末期教団であって、参進礼に関する言及を見ない。むしろ、『報告』が告白の様式を示していることに注目すべきであろう。「彼らの告白はこのようになされる。私が神と汝らの前に出でたるは、告白をなし、今に至るもわがうちに在るすべての罪の責めのうちに我が身を置き、すべてについて神と汝らの宥しを得んためである」。「書物を胸に捧持する上長の前にて、地に跪く全員に代って、一人高声にいう。我らが神と汝らの前に出でたるは、我らの罪を告白せんためである。我ら、言葉、業、見るところ、思うところ等々においてかくもあまたの罪を犯したがゆえである[10]」。また、「我らが神と汝らと聖なる教会の前に出でたるは、我らのすべての罪について勤行と宥しと悔悛を受けんためである」に始まる、『プロヴァンサル典礼書』の冒頭に置かれた一文は、紛れもなく告白、痛悔の祈りの範文である[11]。『報告』の述べる二例に比べて遥かに長文で、内容も洗練されているが基調は似通って居り、罪の告白でありながら具体的な罪に触れない点も同一である。『報告』は第一例文のあとに、「またこの告白は按手を受ける時に、各人のなすところである」と附加えている[12]。して見れば、参進礼と救慰礼において告白は共通で、したがってそれはほぼ定型に則った抽象的な罪の自認であったはずである。入信によって既往の罪過は一括して解除され、個々の罪は問題でなかったからである。これはまた、罪に大小の差等を認めようとしない異端の心的傾向からも自然であろう。要するに、参進礼では、ギローやブレックスのいうように一括抽象的な告白がなされたので、デュヴェルノワの考えるような個々の罪の告白とそれに対応する個別的な贖罪と宥恕が行われたわけではない。[13] 無論、参進礼は儀礼として定着していても、秘蹟と観念されていたか否かは、未だ疑念を入れる余地がある。

参進礼には帰依者が列席し得た。参進礼に関する言及は、ほとんどが彼らの供述である。[14] しかし、これは列席を妨げないのであって、参進礼にあずかり告白するのは異端のみであったと思われる。シュミットは救慰礼接受の際に帰依者を含めたものたちの儀礼として以来、これを踏襲する見解が多いが、シュミットが異端と帰依者の行う告白と異端のそれを混同している。[15] 後述する致善礼 melioramentum が本質的に帰依者の儀礼であったのに対し、参進礼は既入信者のための儀礼で、そこで異端は定期的に信仰を確認したのである。この場合、定式化された告白は、罪過の告白というより信仰の表明というに近い。彼らにおいて実質的に悔悛の秘蹟としての効果をもったのは、救慰礼そのものであった。「悔悛の秘蹟の代りに、おのれらの宗門を保持することこそ真の悔悛であるという」。「何らかの贖罪をなさずとも、また宥恕なくしても、あらゆる罪より赦されている」(『審問官提要』[16])。

ともあれ、救慰礼を受けた者がキリスト教徒あるいは善信者で、教団は彼らによって構成された。教団には職階が設けられて、統率に当った。レイネリウスによれば、「カタリ派の品級は四ある。第一かつ最大の品級に任ぜられた者は司教と呼ばれ、第二は大子、第三は小子、第四かつ最後のそれは助祭と呼ばれる。彼らの中にあって品級を有せざる者はキリスト教徒と呼ばれる」と説明している。既述のごとく、司教は秘蹟伝授の連鎖の結節点となるため、その人選、さらに誰によって叙任されるかがしばしば問題を惹起したが、レイネリウスの段階では司教継承手続の規則化された姿を見出すことができる。「司教叙任は曾て次のように行われた。司教死するや小子が大子を司教に叙任し、しかるのち後者が小子を大子に叙任する。その上で、参集せるすべての上長下僚によって小子が選出され、この選出が行われるや司教により小子に叙任される」。「しかるに司教について今述べたところは、海のこなたの全カタリによって変更された。かかる叙任によっては子が父を定めることとなって不都合であるというのが、その言い分である。されば次のように別の手続が行われる。すなわち、司教は生前に大子を司教に叙任し、その中の一人が死ぬと小子は大子とされ、また即日司教とされる。かくてほとんどすべてのカタリ教会は司教を二人有している」[17]。南フランスの場合、一一六七年サン・フェリクス宗会の段階ではまだ司教が問題になっているにすぎないが、ラゼス教団を設立したピウス会議の段階では、大子、小子の継承手続はすでに一般的規則として確立されている[18]。

「司教の職務は、彼らのなす一切のことにおいて常に首位を占めるにある」(『報告』)。大子小子は司教の職務を代行するが、そのため教団内を不断に巡回せねばならない。「大子小子は司教に属するすべてのカタリ派を訪ねるべく、あい携えて、あるいは個々に巡回する。すべての者はこの両名に従う義務がある」。これに対して、助祭はそれぞれ地域を担当する。「司教ならびに大子小子は、カタリ派の居住するかぎり、町ごとに各一名の助祭を配置する」[19]。いわば助祭は直接信徒を把握する、第一線の幹部である。その地域管掌の実情は、イタリアよりもむしろ南フランスについて、ある程度知られている[20]。

彼ら幹部の発揮した影響力、指導力は非常に大きいが、その地位はあくまでも教団運営上の役職である。レイネリウスは職階を秘蹟としたが、カトリック側の観念に従って整理したのではないかと思われる。他にこれを補強する史料を見ないので、カタリ派において秘蹟としての品級の観念がどこまで形成されていたか、大いに疑わしい。役付きでない一般のカタリ派、いわゆる善信者が積極的な伝導活動を展開し救慰礼を司式しているので、教理上および実際上、職階と一般異端との径庭は、異端全体と未入信者とのそれに比して、決して本質的なものではない。「彼らの宗門と品級を保つものであれば、ペテロ、パオロ、その他主イエス・キリストの使徒にまったく等しき権能を有すと確言する」(『審問官提要』)[21]。「異端らはその教会において職階ないし品級の区別を有し霊的権能に差等あるむね、異端より聞きたることありや、またはそのように思うやと訊ねしに、同人、異端ギレルムス・ベリバスタより聞きたるは次のごとくであると答えた。すなわち、病めると健かなるとを問わず人々を信仰と宗門に迎えて異端とする霊的権能においても、あらゆる罪を宥すにおいても、その教会に有用なる何事をなすにおいても、宗門の者はすべて同等にして兄弟である」(『ジャック・フルニエ審問録』)[22]。いくつかの供述は、異端たる立場を品級、入信を叙階の語で表記しているが、この方がより本質に近いのである。

同様に、カタリ派の秘蹟として終油が挙げられる場合には、臨終での救慰礼を指している。こうして、カタリ派においては救慰礼が唯一絶対の効果を有するので、カトリックの洗礼、品級、悔悛、終油等の機能はことごとく救慰礼に収斂している。彼らの場合、救慰礼の重大さに比べれば、その他の儀典ないし儀典類似のものは二次的な意味しか持っていない。当然、すでにこれを受けた者と、未だ受けない者との宗教的立場の差は決定的であった。

こうして、教団は強固な組織をもち、内部は閉鎖的でさえあって、それ自体は社会的な拡がりをもっていたようには見えない。ともあれ、このような教団がカタリ派をめぐる諸現象の核心であった。それが周辺社会に支持されて、何らかの効果を発揮したとするならばそれを可能にするような構造がどこかになかったであろうか。次に、異端の周辺を見る。

(1) ‹omnes Cathari laborant in maximo dubio et periculo animae. Verbi gratia, si praelatus eorum et maxime episcopus occulte commiserit aliquod mortale peccatum, quales etiam olim multi reperti sunt inter eos, omnes illi quibus ille manum suam imposuit sunt decepti et pereunt, si in eo statu decedunt. Et causa hujus periculi evitandi omnes ecclesiae Catharorum, una excepta solummodo vel duabus, receperunt secundo et aliquae tertio consolamentum›. TNA. V, c. 1767.

(2) ‹Quando autem quis eorum cadit in peccatum carnis, vel in aliud quod sit secundum opiniones eorum mortale, post

receptam manus impositionem, oportet eum confiteri illud peccatum tantum, et non alia, et recipere iterum manus impositionem secreto a praelato suo, et ab uno alio ad minus cum eo〉. ibidem, c. 1764.

(3) 〈Cathari namque ad instar simiarum, quae hominis actus imitari conantur, quatuor habent sacramenta, falsa tamen et inania, illicita et sacrilega, quae sunt Impositio manus, Panis benedictio, Poenitentia, et Ordo〉. ibidem, c. 1762.

(4) 〈quam ipsi quotidie faciunt, tam in prandio quam in coena〉. 〈Frangit panem sive panes, et distribuit omnibus discumbentibus, non solum Catharis, sed etiam credentibus suis, latronibus, adulteris et homicidis〉. 〈panis ille non benedicitur corporaliter, nec potest accipere aliquam benedictionem, cum ipse panis sit creatura diaboli〉. ibidem, c. 1763.

(5) パンの祝別には会食者全員が参加できたので，しばしば審問官は単なる支持者にも列席経験の有無を訊問している。ただし祝別の行為は異端に限られる。配分されたパンは起立して食したらしい。C. Douais, Les manuscrits du château de Merville. AM. 1890. p. 182 et n. 1. ギローは聖餐の原初形態と見，マンセリはパンに神の言葉という意味が托されていたのではないかと考えた。両者ともこれを秘蹟と見る方に傾いているが，未入信者の秘蹟参与は奇妙である。異端に義務づけられていた食前の祈りと組合せて，本文のように考えたい。GC. I, p. clxxxvii ; R. Manselli, Eglise et théologies cathares. CF. III, 1968. p. 164.

(6) 〈ibi prefati heretici fecerunt apparellamentum quod vocatur servitium et interfuerunt illi apparellamento ipse tetis〉. Doat, XXIII cit. in Y. Dossat, Les cathares au jour le jour. CF. III, p. 295 ; 〈confessionem, quam appellant servicium〉. DÖLL. II, SS. 37-38 ; 〈servicio haereticorum quod dicunt apparelhamentum, quod etiam faciunt de mense in mensem〉. Doat, XXIII cit. in GC. I, p. cxxiii, n. 7 ; 〈suum servitium duodecies in anno non Deo, sed Diabolo faciunt〉. Moneta Cremonensis. p. 455 その他の用例についてはC. Thouzellier, Rituel. pp. 34, 35.

　apparelhamentum ないし appareillamentum の原義は，おそらく調整，準備，用意である。救済実現，所願成就の近接の確認とそのための備えを意味したと考えられる。ここでは参進礼と仮訳した。動詞形でも用いられる。「ある日，ギラウドゥス・アビットならびに随行者この地に来り，同所にて上述女異端ら，すなわちリナルスの上述家屋に居りたる者すべてに参進礼を施した」。〈venit ibi quadam die Guiraudus Abit, et socius eius haeretici qui apparellavit ibi dictas haereticas scilicet omnes illas quae erant in dicta domo de Linars〉. Doat, XXIII cit. in Koch, op. cit., S. 189.

(7) 供述に見る次のような表現は，本人が異端として完全な行動をしたことを示すもので，参進礼が異端活動の不可欠な一環であったことを知り得る。「同証人は，異端らとともに祈り，断食し，参進礼を行い，パンを祝別し，その他異端がなすを常としたあらゆることをなして，二年間異端にとどまった」。〈ipse testis tenuit dictam sectam per duos annos, orando cum haereticis,

jejunando, apparellando, panem benedicendo et omnia alia faciendo quae haeretici vel haereticae facere consueverunt〉. Doat, XXIII cit. in GC. I, p. cxciii, n. 5.

(8) 〈officium diaconorum est audire confessionem peccatorum venialium a subditis suis, quae fit semel in mense, de qua supra dictum est, et facere eis absolutionem injungendo eis tribus diebus jejunium, sive centum inclinationes flexis genibus : et appellatur istud servitium〉. TNA. V, c. 1766 ; 〈Fit etiam ista confessio coram omnibus et publice qui sunt ibi congregati, ubi multotiens sunt centum vel plures viri et mulieres Cathari et credentes eorum〉. 〈facit prinicipaliter praelato eorum tenenti codicem evangeliorum et totius novi testamenti ante pectus suum : qui facta absolutione, ponit librum super caput ejus〉. ibidem, c. 1764.

(9) 前引，JF. II, p. 31 ; 〈Si contingeret eum mentiri, opporteret eum abstinere tribus diebus ; et si contingeret ipsum tangere aliquam mulierem, opporteret eum abstinere novem diebus continuis〉. ibidem, III, p. 111.

(10) 〈Confessio eorum fit hoc modo. Ego sum hic coram Deo et vobis ad faciendam confessionem et ad ponendum me in culpam de omnibus peccatis meis quae sunt in me usque modo, et ad recipiendum de omnibus veniam a Deo et a vobis〉. 〈Unus pro omnibus loquens, alte voce, omnibus inclinatis in terra coram praelato tenente librum ante pectus suum dicit : Nos venimus coram Deo et vobis ad confitendum peccata nostra, quia multum peccavimus in verbo, opere, in visione et cogitatione, etc. hujusmodi〉. TNA. V, c. 1764.

(11) 〈Nos em vengut denant Deu, e denant vos, e denant l'azordenament de santa gleisa, per recebre servisi, e perdo, e penedensia, de tuit li nostri pecat〉. CL. p. ix.

(12) 〈et dictam confessionem facit unusquisque eorum quando recipit supradictam manus impositionem〉. TNA. V, c. 1764.

(13) E. Broeckx, op. cit., pp. 159-168 ; GI. I, p. 188 sqq. ; J. Duvernoy, La liturgie. CEC. XXXV, p. 20 ; DUV. R. p. 206.——なお以下を参照。Belhomme, op. cit., MSAM. VI, pp. 118, 119 ; Y. Dossat, Le catharisme en Quercy. CF. III, p. 286 ; id., Les Cathares d'après Inquisition. ibidem, p. 87.

(14) 「引続き，異端たちは参進礼をなした」。〈et consequenter ipsi heretici fecerunt apparellamentum〉. Procédure des Inquisitions. 1237. HGL. VIII, c. 1017. Preuve 320 ; 「ウィレルムス・ダラスはしばしば異端に会い，拝礼し，説教を聞き，先導し，宿泊せしめた。彼らとともに食い，しかも彼らによって祝福されたパンを食し，彼らの参進礼に列席した」。〈Willelmus Daras vidit et adoravit multotiens hereticos et audivit predicationem eorum, duxit et recepit hereticos, comedit cum eis

et de pane benedicto ab eis; apparellamento hereticorum interfuit〉. Doat, XXI cit. in DD. I, p. cli. いずれも帰依者の供述である。

(15) C. Schmidt, op. cit., II, pp. 135, 136.

(16) 〈Loco vero sacramenti penitencie, dicunt esse veram penitenciam suscipere et tenere sectam〉. 〈esse absolutos ab omnibus peccatis suis sine quacumque alia satisfactione et absque etiam restitutione〉. GUI. I, p. 12.

(17) 〈Ordines Catharorum sunt quatuor. Ille qui est in primo et maximo Ordine constitutus, vocatur Episcopus. Ille qui in secundo, filius major. Ille qui in tertio, filius minor. Et qui in quarto et ultimo, dicitur diaconus. Ceteri qui inter eos sine ordinibus, vocantur Christiani et Christianae〉. 〈Ordinatio autem episcopi consueverat fieri in hunc modum: Mortuo episcopo, filius minor ordinabat filium majorem in episcopum, qui postea ordinabat filium minorem in majorem filium. Postea eligitur filius minor ab omnibus praelatis et subditis qui sunt congregati, ubi fit dicta electio, et ab episcopo in minorem filium ordinatur〉. 〈Illa vero quae supra dicitur de episcopo mutata est ab omnibus Catharis morantibus citra mare, dicentibus quod per talem ordinationem videtur quod filius instituat patrem, quod satis apparet incongruum: unde fit modo aliter in hac forma, scilicet quod episcopus ante mortem suam ordinat filium majorem in episcopum; altero istorum mortuo, filius minor efficitur filius major, et episcopus eadem die. Et ita fere quaelibet ecclesia Catharorum habet duos episcopos〉. TNA. V, cc. 1766, 1767.

(18) J. Duvernoy, La liturgie et l'église cathare. CEC. XXXIII, p. 23.

(19) 〈Officium episcopi est tenere semper prioratum in omnibus quae faciunt〉. 〈duo filii simul vel separatim discurrunt visitando Catharos et Catharas omnes qui sunt sub episcopo, et omnes tenentur obedire eis〉. 〈episcopus et filii habent in singulis civitatibus, maxime in quibus morantur Cathari, singulos diacones〉. TNA. V, c. 1766.

(20) 審問関係の記録に助祭の肩書を伴って出現する異端の名は，すでにギローによって精査されている。GC. I, pp. cxli-cliii; GI. I, pp. 196-226.

(21) 〈dummodo servent sectam et ordinem illum, asserentes se super hiis habere potestatem eadem et tantam quantam habuerunt Petrus et Paulus et alii apostoli Domini Jhesu Christi〉. GUI. I, p. 12.

(22) 〈Item interrogatus si audivit a dictis hereticis vel credidit quod dicti heretici haberent distinctos gradus et ordines in Ecclesia eorum, habentes diversas potestates spirituales, respondit quod audivit a dicto Guillelmo Belibasta quod omnes

de secta eorum essent equales et fratres, quantum ad potestatem spiritualem recipiendi et hereticandi homines ad fidem et sectam eorum, sive sanos, sive infirmos, et quantum ad indulgendum omnia peccata, et ad faciendum omnia que pertinebant ad eorum Ecclesiam〉. JF. III, p. 238. 同趣旨の発言は他にも記録されている。「自分たちは聖福の使徒ペテロとパオロの有せしに等しき権能を有する。これは右の使徒たちに由来して我が宗門の各人に至ったものである」。〈ipsi habebant potestatem eandem quam habuerunt beati Petrus et Paulus apostoli, que potestas fuit dirivata a dictis apostolis ad aliquos inmediatos de secta eorum〉. ibidem, II, p. 404.

第一四章　カタリ派と社会の接線

1　帰依者の儀礼——致善礼と結縁礼

カタリ派異端の二つの範疇は、すでに同時代において識別されていた。『アルビジョア史』は十字軍前夜の異端を描いて、「異端のうち、ある者どもは完徳者 perfecti ないし善信者 boni homines と呼ばれ、他の者どもは異端の帰依者 credentes と呼ばれる。前者は黒衣を着して貞潔を保つと称し、獣肉、鶏卵、乳酪を食しない。なかんずく、神について常に偽りを語るにもかかわらず、虚言者と見られるを欲せず、いかなる理由あるも誓を立ててはならぬと説いた。これに対し帰依者とは、俗世に生きて完徳者の生活に倣おうとせず、しかも異端の信仰によって救われんと望む者どもの謂である。両者は生き方において分たれ、信仰、正しく言えば邪信において一つであった。異端の帰依者なる者は暴利、盗掠、殺害、不倫、偽誓その他あらゆる非道に身を委ねた」、と語っている。(1)

完徳者ないし善信者が救慰礼を受けた教団の正式構成員の称であることは、言うまでもない。キリスト教徒、善きキリスト教徒という場合も、同じ範疇を指している。(2) 審問関係史料が異端あるいはカタリと呼ぶのは、厳密にこの種の者のみである。これに対し、帰依者は未だ救慰礼を受けていない者たちである。審問史料はこれを帮助者と呼ぶ場合もある。教団内部の役職は別として、カタリ派にはこの二種類の集団しかいなかったし、またこの二範疇はひどく性格を異にしている。十二世紀中葉の初発カタリ派に関する観察報告には若干の混乱が見られるものの、(3)

カトリック側の認識精度が高まった十三世紀史料では、この点に関する記述は安定している。帰依者にはほとんど常に所有格の名詞ないし代名詞が附せられて、「異端らの帰依者」、「彼らの帰依者」という形で出現する。また、「カタリのみならずその帰依者にも」(『報告』)、あるいは「帰依者が潔斎のうちにありキリスト教徒が同意するならば」前者に入信を勧める(『プロヴァンサル典礼書』)等の表現もあって、両範疇が重複交錯、ないし混同されているおそれはない。(4)

それなら、帰依者とはカタリ派において宗教上いかなる立場に在るのか。完徳者に対してどのような関係を保つのか。『審問官提要』に完徳者は「帰依者に対し、彼らが致善礼 melioramentum と呼び我らが拝礼 adoratio と呼ぶ、敬意の表明をなすよう教える」とあるのを手掛りに、致善礼の点検から始めるのが適当であろう。これも供述に頻出する事項で、法廷側にとっては帰依者たることを確認するための標識であった。その形式は『審問官提要』に詳しい。「帰依者は異端の前で膝を屈し、合掌して三度、座台または地面に届くほど深く身をかがめる。身を起す度ごとに、祝福を、という。最後には附加えて、善信者よ、我らに神と汝らの祝福を与えよ、主が我らを悪しき死より護り、善き最期すなわち善信者の手中へ導きたまうよう、我らに代って主に祈れ、という。異端は答えて、神と我らの祝福を受けよ、神、汝らを祝福して汝らの霊魂に悪しき死を免れしめ、善き最期に導きたまわんことを、という」。さらにベルナール・ギイは「善き最期、ならびに善信者の手とは、彼らの典礼によって臨終に宗派宗門に加入することを意味する」と解説している。(5)

供述書等に出るところも、若干語句の出入があるのみでこれと合致する。簡単ながら形式としてよく安定していたのである。例えば、「彼らの前で三度深く身を傾け、三度祝福をと言い」云々。また、「彼らの前にて三度膝を屈して異端らを拝した。膝を曲げる度に善き事をと言い、最後に善き事をと言った後に、我らを善き最期と善信者の手中に導きたまうよう神は願われてあれ、と附加えた。異端らはその都度、善き事を、と答えた」。また、「彼らが異端であると直ちに判ったので、引き続き、祝福をと言いつつ三度膝を曲げて彼らを拝した」。(6)

異端を論難する文書に、「人間は礼拝さるべきでない」という命題を見ることがある。『審問官提要』も「彼らは、自分たちでなく、自分たちの中にあると称する聖霊に封して礼拝するのだという」と述べている。(7) いずれも跪拝の所作に着目した理解にほかならない。致善礼は救慰礼の儀式の過程の中にも組込まれている。『プロヴァンサル典礼書』では集会の冒頭に一回、按手の直前に連続二回、行われている。『ラテン典礼書』では致善礼の呼称は見られないが、儀礼進行の節目ごとに数回、「彼ら司式者の前には三度敬礼 reverentia をなし、当該帰依者の祝福について懇請せねばならぬ」等々、事実上の致善礼が挿入されている。両典礼書での唱句には祝福の請願もさることながら、文面上では罪の宥しの請願が卓越しているが動作に変りはない。(8) 右を要するに、致善礼とは単独でも他と組合せても実行できる定式動作の一単元にすぎない。先に異端の行動様式で見た通り、日常普段、いわば一種の挨拶としてもこれを繰返しているので、秘蹟のような重大な意味をもったとは考えがたい。典礼書では完徳者も帰依者も行っているが、審問関係史料では圧倒的に帰依者の完徳者に対する儀礼として現れる。また救慰礼に際して行われる場合と一般の場合とでは意味に若干の差があり得るであろうが、その本質が祝福の請願とこれに対する応答にあり、跪拝三礼はその外形にすぎないと見てよいであろう。(9)

一般帰依者の致善礼における祝福の内容は、先の唱句に見る通り、他日、死に至るまでのある時期に受礼入信する希望ないし意志の表明と、これに対する保証ないし鼓舞にほかならない。これによって見れば、帰依者の本質は入信予約者たることにあったと言うことができる。しかも彼らは、頻繁に繰返される致善礼によって、この予約を絶えず確認していたのである。

病床臨終での救慰礼授受の例は、すでに度々見た。カタリ派の酷烈な戒律は常人一般のよく耐えるところではなかった。戒を保って救済を全うするためには、入信をできる限り延期して死期に近づければよい。病床授礼はこのために考え出された便法で、そのために受礼者に回復の見込みのないことが入念に確認されたのである。耐忍en-duraの奇習も同じ発想に根ざしている。もちろん、予測に反して快癒する悲劇もないわけではない。一二二九年頃、レモン・ダルヴィナなる者は、みずから死期迫ると信じて枕頭に異端ギラベール・ド・カストルとベルトラン・マルティを招き、財貨を喜捨して入信した。しかるに、はからずも病癒え、しかも完徳者の掟を守る能わず、ついに棄教した。現世の財と魂の救済をともに失った例である。(10)

『プロヴァンサル典礼書』は、「教会の役職を委ねられたキリスト教徒は、病床の帰依者より通知を受ければ、直ちにそのもとへおもむかねばならない」として、その折の処置を詳しく解説している。(11) 実際上は終油の秘蹟に等しい機能をもつこの種の臨終授礼は、理論上はあくまでも変則的、例外的で、『プロヴァンサル典礼書』も長大な説教部分その他の装飾部分を欠いた簡単な儀式を示している。しかし実例としてはこれがむしろ支配的な在り方で、十字軍制圧下の南フランスで山野といわず都邑といわず完徳者たちが危険を冒して巡回していたのも、臨終秘蹟の希求に応ずるためであった。ベルナール・ギイは、救慰礼そのものを、もっぱら病床で行われるものとして描出している。臨終秘蹟は、いわば稀代の苦行道を易行道に転ずる鍵であった。

しかし、死期迫った者が希望すれば、誰でも受礼できたわけではない。あらかじめ教義戒律を理解し、深く共感していること、すなわち教団と接触を保っていることが不可欠の条件である。「その者が信仰を受けて以来、教会に対していかなる振舞をなし来ったか、また教会に対し何にてもあれ負目を有せざるかを、親しく点検せねばならぬ」(『プロヴァンサル典礼書』)。(12) この日常の接触を確保する儀礼こそ、致善礼にほかならない。「その言によれば、致善礼をなそうと望まぬ限り、異端は帰依者を信用せぬであろう。またその言によれば、すべての帰依者は異端に会うやまず致善礼をなすよう求められる」。「この拝礼をなさぬならば、重病に陥って言語を失っても、異端はこの者を迎えるためには手をさし伸べぬであろう」(『ジャック・フルニエ審問録』)[13]。こうして、致善礼は普段に帰依者を教団に結合する環であり、また換言すれば帰依者とは致善礼を行う者の謂にほかならない。

それなら、帰依者となるための何らかの階梯ないし関門があったであろうか。審問関係史料に、「異端に対し結縁礼 conventio をなしたるか、と訊問したるところ同人は」云々の形で頻出する儀礼が、おそらくそれである[14]。その意味は判決に明らかである。「最悪の慣習に従い、臨終に際して宗門に迎えられるという、彼らが結縁礼 convenensa と呼ぶところの契約 pactum をなした」。「臨終において宗門に迎えられることを望むという、契約すなわち結縁礼 conveniencia をなした」。「同人を受容れて霊魂を救わんがため、病の時に異端を迎える約定 promissio を異端に対して行った[15]」。

『審問官提要』には、「彼らは帰依者に対し結縁礼と呼ばれる契約を結ぶよう教える」とある[16]。その教育の実例を、『ジャック・フルニエ審問録』の一供述に見出すことができる。「その時、異端は供述人に命じた。同人の前に立っている異端に向って膝を曲げよ。膝を曲げつつ、善信者よ、神と汝らの祝福を、と言え。かく言いて、両手を地に置け。三度これをなせ。同供述人はこの通りになし、善信者よ、神と汝らの祝福を、と言う度に、異端は神と我らの祝福を、と答えた」。「異端は同人に三度接吻してその都度、神、汝を祝福し、汝を善き最期に導き、汝を善信者となしたまわんことを、と言った。かくなし、かつ言った後、同供述人が異端に対し、何故かくなすやと尋ねたところ、異端はこれをなしたるによって同供述人は帰依者となったのだと答えた[17]」。これによって見れば、結縁礼の形式は致善礼のそれとまったく同じである。最初の致善礼を結縁礼と呼んだにすぎない。

(1) ⟨quidam inter hereticos dicebantur perfecti sive boni homines, alii credentes hereticorum. Qui dicebantur perfecti nigrum habitum preferebant, castitatem se tenere mentiebantur, esum carnium, ovorum, casei omnino detestabantur ; non mentientes videri volebant, cum ipsi maxime de Deo quasi continue mentirentur ; dicebant etiam quod nulla unquam ratione debebant jurare. Credentes autem hereticorum dicebantur illi qui, seculariter viventes, licet ad vitam perfectorum imitandam non pertingerent, in fide tamen illorum se salvari sperabant : divisi siquidem erant in vivendi modo, set in fide immo infidelitate unum erant ; qui dicebantur credentes hereticorum dediti erant usuris, rapinis, homicidiis et carnis illecebris, perjuriis et perversitatibus universis⟩. PVC. I, pp. 14, 15.

(2) 善信者の日常語転訛形が史料に出ることもある。例えばギョーム・ド・ピュイローランス『年代記』に、「ボノミないしボノシ、すなわち異端のもとへ」とある。⟨ad bonomios sive bonosios hoc est hereticos⟩. J. Duvernoy (éd.), Chronica Guillelmi. p. 32.

また稀に正信者 probi homines という言換えも見られる。「かの正信者らは肉を食わず、いかなる悪事もなさない、とラムンダが答えた。そこで私は、ラムンダが異端のことを正信者と呼んでいることに気づいた」(『ジャック・フルニエ審問録』)。⟨Ramunda respondit quod illi probi homines non comedunt carnes nec faciunt malum alicui rei, et propter predicta verba ipsa intellexit quod dicta Ramunda vocaret probos homines hereticos⟩. JF. II, p. 225. ボニ・ホミネス、プロビ・ホミネスとも、南フランス都市の指導的市民を指す場合がある。もちろん、ここでの意味はまったく別である。

(3) 例えば先に、『リエージュ教会書簡』に、「過誤に参ぜんとする聴聞者 auditores を有し、すでに惑わされたる帰依者 credentes を有する。我らのごとくそのキリスト教徒 christiani を有し、その聖職者 sacerdotes を有し、その上長 prelati を有する」とあるのを見た。記述は簡潔に過ぎて文意を確定し難いが、五序列があると述べているのではないであろう。後段でもって前段を補足したものと見てよいとするならば、帰依者と信徒は同一範疇となる。いずれにせよ、この場合の帰依者は今我々が問題にしている帰依者と同じではない。

エヴェルヴィン『書簡』は、「彼らのうち洗礼されたる者を選良 electus と呼ぶ。この者は相当と思料される他の者に洗礼を授くる権能を有し、また食卓にてキリストの血と肉を聖別する権能を有する。按手によって初めて聴聞者 auditores なる者たちの中より、帰依者 credentes の中に迎えられ、かくて祈りに加わるを許され、選良たる資格ありとされる」とある。この場合の帰依者ないし選良は、むしろ今問題としている段階の完徳者そのものである。エクベルト『説教』にも選良への言及があるが、そこでは明瞭に役職者を意味している。「導師 magister によって叙任される司教七二名と、司教により叙任される長老ならびに助祭、これらは彼らの中の選良と呼ばれる」。〈Et quemlibet sic inter eos baptizatum dicunt electum, et habere potestatem alios qui digni fuerint baptizandi, et in mensa sua corpus Christi et sanguinem consecrandi. Prius enim per manus impositionem de numero eorum, quos auditores vocant, recipiunt eum inter credentes ; et sic licebit eum interesse orationibus eorum, usquedum satis probatum eum faciant electum〉. MPL. CLXXXII, c. 678 ; 〈episcopos autem septuaginta duos qui ordinantur a magistris, et presbyteros et diaconos qui ab episcopis ordinantur, et hi electi inter eos vocantur〉. MPL. CXCV, c. 17.

比較的年代が下って後にもアラン・ド・リール『正統信仰論』は、完徳者と救慰礼接受者とを異端内部の別の序列と見た。「また彼らは救慰されたる者と完徳者を区別する。救慰されたる者とは、新たに邪説のもとに来り投じて、未だ確認されざる者である。もっとも、彼らは救慰されたる者というより、望を捨てた者というに相応しい。完徳者とは邪説において確認された者をいう」。〈Hi etiam distinguunt inter consolatos et perfectos. Consolatos vocant eos qui nuper ad eorum haeresim venerunt, et nondum in ea sunt confirmati ; sed hi potius dicendi sunt desolati quam consolati. Perfectos vero dicunt eos, qui in haeresi sunt confirmati〉. MPL. CCX, c. 351. 明らかに、アラン・ド・リールは実態を観察していない。

（4）　〈non solum Catharis, sed etiam credentibus suis〉. TNA. V, c. 1763 ; 〈Si crezent esta en l'astenencia, e li crestia so acordant〉. CL. p. xi.

また、例えば『アルビジョア十字軍の歌』にも、「異端どもの帰依者たち」とある。〈Li crezen dels eretges〉. E. Martin-Chabot (éd. et trad.), La Chanson. I, p. 112.

（5）　〈docent credentibus suis quod exibeant eis reverentiam, quam vocant melioramentum, nos autem vocamus adorationem, videlicet flectando genua et inclinando se profunde coram ipsis super aliquam banquam vel usque ad terram, junctis manibus, tribus vicibus inclinando et surgendo et dicendo qualibet vicet : Benedicite ; et in fine concluendo : Boni christiani, benedictionem Dei et vestram ; orate Dominum pro nobis quod Deus custodiat a mala morte et perducat nos ad bonum finem, vel ad manus fidelium christianorum. Et hereticus respondet : A Deo et a nobis habeatis eam scilicet benedictionem ; et Deus vos benedicat et a mala morte eripiat animam vestram et ad bonum finem vos perducat〉. 〈per bonum autem finem et per manus fidelium christianorum dant intelligere quod recipiantur in fine suo ad sectam et ordinem ipsorum〉. GUI. I, p. 20.

（6）　〈inclinando se profunde coram eis ter et dicendo ter benedicite〉. LIMB. p. 12 ; 〈adoravit ipsos hereticos ter flexis genibus ante ipsos dicendo in qualibet genu flexione bonum et addebant post ultimum bonum, Deus sic rogatus quod perducat nos ad bonum finem et in manus fidelium Xhristianorum et heretici respondebant inquolibet bonum〉. Belhomme, op. cit., MSAM. VI, p. 133 ; 〈quos statim cognovit et scivit hereticos esse, et in continenti adoravit eos ter flexis genibus dicendo benedicite〉. ALB. p. 123.

（7） 〈Quod homo non sit adorandus〉. C. Molinier, Un traité inédit du XIIIe siècle. AFLB. V, p. 239 ; 〈Predictam autem reverentiam dicunt fieri non ipsis, set Spiritui Sancto, quem dicunt esse in se ipsis〉. GUI. I, p. 20.

（8） 「致善礼をなす」。〈fasa so miloirer〉CL. p. xv ; 「しかる後、善信者の一人、長老の前に進み帰依者とともに致善礼をなしていう。我らに慈悲を。善信者よ。神の愛により、汝が神より得たる祝福をここに在る友に頒てと乞う。次に帰依者、致善礼をなしていう。我らに慈悲を。我らがなし、言い、思い、為すことあり得べかりしすべての罪に関し、神と教会と汝らの赦しを乞う」。〈E puis la us dels bos homes fasa so miloirer ab le crezentz a l'ancia, e diga : Parcite nobis. Bo crestia, nos vos pregam per amor de Deu que donetz d'aquel be que Deus vos a dat ad aquest nostre amic. E puis le crezent fasa so miloirer, e diga : Parcite nobis. De totz les pecatz qu'eu anc fi, ni parlei, ni cossirei, ni obrei, venc a perdo a Deu, et a la gleisa et a totz vos〉. ibidem, p. xx ; 〈debent facere tres reverentias coram ordinato et rogare de bono illius credentis〉. A. Dondaine, Un traité. p. 40.

唱句の明示してある例では、「帰依者、司式者に向い敬礼とともにいう。我らに祝福を、慈悲を、アーメン。主よ、み言葉のままになされんことを。司式の者いう。父と子と聖霊、汝の一切の罪を除かれんことを」。〈credens cum reverentia dicat coram ordinato : Benedicite, parcite nobis, amen. Fiat nobis, domine, secundum verbum tuum. Et ordinatus dicat : Pater et filius et spiritus sanctus dimittat vobis omnia peccata vestra〉. ibidem, p. 39.

これとは別に、『ラテン典礼書』には「三度崇敬 adoremus をなす」等の表現が出る。これは定型唱句「我ら父と子と聖霊を崇む adoremus」を三唱するの意であって、致善礼ないし敬礼 reverentia ではない。

（9） アルファンデリが致善礼を完徳者の悔悛、贖罪、再受礼に関係すると理解したのは、明らかに誤りである。P. Alphandéry, op. cit., p. 68. なお、A. Borst, op. cit., S. 198, Anm. 25 参照。

（10） GC. I, p. clxxxiii ; GI. I, p. 139. 史料出所は Doat, XXII.

（11） 〈Si crestias als quals le menester de la gleisa es comandatz si an message de crezentz malaute, anar i devo〉. CL. p. xxii.

(12)　〈e devo li demandar en cosselh co s'es menatz vais la gleisa depuis que receup la fe, ni si es de re endeutatz vas la gleisa〉. ibidem.

(13)　〈Nec heretici confiderent, ut dixit, in credentibus nisi vellent eis facere melioramentum. Et, ut dixit, omnes credentes in principio quando vident hereticos requiruntur per dictos quod faciant melioramentum〉. JF. III, p. 203 ; 〈qui si dictam adorationem non fecisset, si gravi infirmitate esset detentus et perdidisset loquelam, ipse hereticus non extendisset manum suam ad recipiendum eum〉. ibidem, p. 125. 引用中、言語喪失しても受礼可能と読めるが、これは特例であろう。『プロヴァンサル典礼書』も、『審問官提要』も、決定的時点での意志確認に触れている。

(14)　〈Interrogatus si fecit haereticis conventionem...〉. DÖLL. II, S. 18.

conventio, convenensa, convenientia, promissio, pactum 等、さまざまの形で史料に出現する。十二世紀の史料にはまだ見られず、十三世紀、それも後期になるに伴って頻出することも、ドッサが検証した。そして、これが十字軍以後の混乱、特にモンセギュール攻防以後に確立した慣行で、重傷を負って言語を失った帰依者にも授礼を特約するものではなかったかと示唆した。すでに『審問官提要』がこの種の解釈を示しているが、史料所出例で見る限り全部の結縁礼がこの種の特権的契約であったとは考えられない。本文で見るように、結縁礼固有の形式があったわけではなく、実質において最初の致善礼にすぎないので、固有の名称の発生が遅れたと考える方が自然である。Y. Dossat, L'évolution des rituels cathares. RS. LXIV, 1948. pp. 28, 29.

ドゥエーは、結縁礼を末期の救慰礼そのものと解し、同じものをイタリアで救慰礼 consolamentum と呼び南フランスで結縁礼 convenensa と称したと考えたが、明らかに誤りである。C. Douais, Les Albigeois. p. 186.

(15)　〈fecit eis pactum quod vocant la convenensa quod reciperetur ab eis in fine secundum pessimam consuetudinem〉. LIMB. p. 23 ; 〈fecit pactum seu convenienciam hereticis, quod volebat recipi in fine suo ad sectam et ordinem eorundem〉. ibidem, p. 50 ; 〈fecit promissionem hereticis, quod in infirmitate haberet eos, ut reciperent eam et salvarent animam ejus〉. ibidem, p. 55. なお類例は pp. 25, 44, 55, etc.

(16)　〈docent credentibus suis quod faciant eis pactum quod vocant la convenensa〉. GUI. I, p. 20.

(17)　〈Et tunc dictus hereticus dixit ei quod flectaret genua coram eo, qui stabat ante ipsum pedes, et quod flexis genibus diceret ei : Bone christiane, benedictionem Dei et vestram, et hoc dicto quod poneret ambas manus in terra, et sic faceret ter. Et ipse loquens predicta fecit, et qualibet vice dum ipse loquens dicebat : Bone christiane, benedictionem Dei et vestram, dictus hereticus respondebat : Benedictionem et nostram〉. 〈dictus hereticus osculatus fuit eum ter, dicendo qualibet vice : Deus vos benedicat, Deus vos ducat ad bonum finem, et Deus faciat vos bonum christianum : quibus factis et dictis ipse loquens interrogavit dictum hereticum cur predicta fiebant. Et dictus hereticus respondit ei quod, propter predicta per ipsum loquentem facta, ipse loquens factus erat credens〉. JF. III, p. 125.

2　禁欲と乱倫

再確認しておくならば、帰依者とは絶えず入信の意志を表明しながらしかもいまだ入信しない者たちのことである。彼らの行動様式が完徳者とひどく異なることは、すでに『アルビジョア史』が指摘していた。彼らはカタリ派の厳しい戒律とはまったく無関係に生き、また完徳者たちの方でもこれを意に介した形跡がない。帰依者は一般職業によって生活する者たちで、当然その中にはカタリ派教義とあい容れない職業もあれば貧富の差もあったが、特定職業のゆえに、あるいは所有財のゆえに帰依者が非難された例を見ないのである。彼らは、致善礼はもとより、参進礼や救慰礼のための集会に、自由に列席している。

殺生と肉食は戒律の厳に禁ずるところであったが、帰依者の中には屠殺業者も見出される。完徳者が帰依者宅に迎接される時、供された食物に禁忌のものがあれば当然これを避けたが、供したことを難じた例はない。一二三一年頃、アヴィニョン附近の帰依者ら多数は、たまたま通りかかった完徳者を拝礼するため参集しともに食卓についたが、この時一同は異端が与えた兎を食した。[1] この種の例は枚挙に遑がない。肉欲についても同断で、絶えず婚姻して救われる能わずという説教を聞きながら、帰依者は一般に妻帯ないし有夫である。「彼らのうち選ばれた者には妻（をもつこと）が禁ぜられるが、聴聞者には認められる」（エティエンヌ・ド・ブルボン）[2]。のみならず、普通には醜聞とされるような男女関係を矯正しようともせず、日常的に接触している。「証人ヴィレルマ・カンパーニャは自宅にて女異端リクセンダおよびステファナと会ったが本証人の内縁の夫アルナルドゥス・メストレも一緒にいた。女異端らをそこに案内して来たのはこの者である」。「同人の情婦たるナ・バローナ宅にて、ベルトラン・マルティ（異端司教）に会った」。「ヴィレルムス・サイスの情婦ヴァレンティア、ならびに本証人の情婦ヴィレルマ・トルネリアの手を経て、アストルガ（女異端）のもとへ麻一〇ポンドを届けた」。「ローラックの癩者らの家にベルナルダなる女がいた。ライムンドゥス・バルテスの情婦であったが、当時病んでいた。ライムンドゥスは異端帮助者で、ともに癩者らの家に滞留していた」。一二四〇年頃、モンセギュールでの説教集会に参会した者たちの中には amasia 愛人、amasia uxor 内縁の妻を同伴したものが多数見出された[3]。

『ジャック・フルニエ審問録』には帰依者の日常倫理に関する異端の態度を示す供述がある。「多くの帰依者がそうしようとも、異端自身がそうせよと帰依者に説いたことはなかった。彼らが最後には異端に迎えられてあらゆる罪から解放され、救われると信じて、いかなる醜行をなそうと意に介しなかったからである[4]」。完全な放任である。

大多数の帰依者は普通の生活をしていたはずだが、中には放埒乱倫の域に踏込んだ帰依者の例も知られている[5]。「おのれの妻を識るのは他の女を識るよりも罪が深いむねギレルムスより聞いたので、彼は妻の実の姉妹に当る、ベルナルドゥス・ガウフレディの妻ガラルダに近づき、肉においてこれを識った。これにより、上記シモン・バラは異端帰依者であるがゆえに、二姉妹とともに寝てしかも罪を犯すとは考えないのだと思った」（『ジャック・フルニエ審問録』）。「彼らは次のごとく述べた。神は婚姻を定めたのではない。肉において夫が妻とともに臥す時は、他の女と罪を犯すよりも、さらに大きな罪を犯すことになる。妻とであれば公然、かつ羞恥を伴わぬが、他の女たちとは密かに罪を犯すからである」(『カルカッソンヌ審問録』)。類似の言説は、特に末期カタリ派について、かなり頻出する。(6)

ことは犯罪に及ぶ場合もある。異端ギレルムス・ベリバストとその帰依者の一団が審問に追われて逃避行を続けていた時、一行のうちメルセンディスなる者の娘ヨハンナに密告の気配が見え、一行の中にこれを殺害しようとの謀議が生じた。これを知った異端の言葉はこうである。「異端ならびにペトルス・マウリヌスは答えた。異端自身は真《まこと》の道にいるがゆえに、血を有するいかなるものをも殺してはならない。しかし、ペトルス・マウリヌスや本証人は殺してもよい。今なお罪の中にいるからである」。一般論として同趣旨の言説は他にも見出される。「人はいかなる動物をも、たとえ蛇や狼であっても殺してはならぬ。しかし我らを迫害するカトリック教徒は帰依者の手で殺されてよい。さりながら、完徳者自身は誰であれ殺してはならない」(『ジャック・フルニエ審問録』)。(7)

総じて、異端の倫理的実態を明らかにすることは、必ずしも容易ではない。第一に、ややもすれば史料に風評流言が混入して正確さを損なっている場合があるばかりでなく、第二に、カタリ派も含めて二元論には倫理的無原則に至る可能性が内包されているからであり、第三に、異端において強烈な罪悪意識がかえって罪の軽重序列を失わせ、結果的に倫理の空洞化を招く場合があるからである。カタリ派についても、同派全体が徹底して禁欲的であった、あるいは逆に全体が放漫であった、ひいては禁欲と乱倫の奇怪な混交そのものが同派の特質である等々、論議が繰返されて来た。(8)

第一点について言えば、カタリ派が婚姻を排撃したことに関連するが、夜間秘密裡に淫靡な集会を催すという風説が同派の歴史に執拗に纏いついている。自然法をたてに彼らが妻を共有するとした、アラン・ド・リール『正統信仰論』の記事は前にも引いた。彼は続けていう。「聞くところによれば、彼らは集会においてこの上なく汚らわしい振舞をする」(9)。どの程度カタリ派に関連するか必ずしも明確ではないが、十二世紀初頭やはりマニ派とされたクレメンティウスの徒については、ギベール・ド・ノジャンが絵画的と言ってよいようなオルギーを描出している。「伝えるところによれば、彼らは穴蔵や小屋に男女を問わずあい会する。衆人環視のもとで女たちは臀部を露出して四つ這いとなり、火を点じた蠟燭が後から供えられる。やがて灯が消えると一せいに混沌《カオス》と喚いて、全員が手当り次第に交合する。ここで身ごもった女が分娩すると、再び同所に連れて来られる。大いなる火が燃され、嬰児は息絶えるまで囲りの者たちの手から手へと火をくぐって投げ渡される。嬰児は灰にされ、灰はパンに混ぜられ、その破片は各人に頒たれる。一度これを味わうや再び異端から離れることは難しい」(10)。

　これらが根拠のない風聞に基づいていること、およびその種の風聞が執拗に流れ続けたことの二つをもっともよく示すのは、審問官ヤコブス・デ・カペリスの記事であろう。「彼らは精神において姦淫し神の言葉を冒瀆する者であるとはいえ、肉体においては極めて貞潔である。同派の誓願と教理を奉ずる男女は、決して放埒な腐敗に流れることはない」。「実に、彼らの間で行われると言われる淫行の風説は、虚報の最たるものである。毎月幾度も、日中あるいは夜間、人々の噂を避けるべく夜間、男女が参集するのは事実である。これはある種の人々が虚報するようにたがいに姦淫するためではなく、説教を聞き上長に告白をなし、またその祈りによって罪の宥しを得るためである。実に、あまたの誣告が俗間に偽りの浮説によって流布され、彼らは幾多の醜行悪業を犯すと言われているが、彼らはそれからは無実である」(11)。前引ギベールの所報をはじめ「誣告」はいずれも伝聞であって実見の例はないし、また所報には常に類似した型がある。ギベールの記事が『オルレアン教会会議記録』(一〇二二年)を踏襲したものであることはよく知られているし(12)、さらにバルカンのボゴミリ派についてもプセロス『悪霊の業に関する対話』中の「忌むべき饗宴あるいは供犠」に類例を見出すのである。(13) こうして、カタリ派関係の史料からは、個人的な逸脱はともかく、まずオルギーの習俗は除外して考えるのが至当である。

第二点については、先にも見た通り霊肉の峻烈な対立を措定する二元論からは、必然的に禁欲主義だけが導出されるとは限らないので、倫理規範は霊の領域に固有でもともと罪の中に埋没している肉の領域とは関係しないという結論が出ても、論理的には不思議ではない。「腰帯より下にて罪を犯すことはあり得ない」と号した一カタリ教団の指導者の例は前に引いた。同人は追放されて積極的放埒はカタリ派主流から排除されたが、同趣旨の逸脱が諸種の次元で発生する可能性を常に秘めていたことは否定できない。

第三点に関する倫理的価値体系の溶解は、今までに見た帰依者の行動や完徳者の言説に示唆されている例があった。小罪の極端な重大視から来る倫理規範の空洞化は、典型的には次のような異端の言葉に現れる。「すべて受洗せる幼児は、盗賊や殺人者よりも軽からず罰せられる」。「肉の婚姻は常に大罪であった。将来も、何ぴとも不義または乱倫のゆえをもって適法の婚姻によるよりも重く罪ありとされるべきではない」(レイネリウス『報告』)。「肉においておのれの妻を識ると情婦を識るとではまったく均しく、罪として同じである」(『ジャック・フルニエ審問録』)。(14) その真意は大小を問わぬ罪の強調にある。これが大罪と微罪の区別を失わせるのはいうまでもないが、その上に救慰礼の宥しの効果が配合されると、一転して放埒に道を開きかねないのである。例えば、リメンガルディスなる者の供述は、「いかなる女と相識ろうとも救われる」と異端が説くのを聞いたと述べている。(15)

要するに、カタリ派内部に淫蕩な習俗が固着していた形跡はまったくないが、周辺にいる帰依者の場合には必ずしもそうでなく、往々にして逸脱が見られたのである。カタリ派の場合、禁欲と放漫は無原則に混在しているのではなく、それぞれの場所が截然と区別されて、いわば並存していた。実に完徳者は、「罪に汚れた者たちに取囲まれた清浄者」であった。[16] 彼らの行動規範は完徳者と帰依者とで、換言すれば救慰礼接受を境に完全に分裂していると言える。救慰礼の効果の絶対視に原因があったことはいうまでもない。「異端信仰の告白に先立って犯した罪について、心を痛めることがない」。「今や、異端信仰の告白以前の罪について、償いの業をなすかどうか、言わねばならない。私は否と答える」。はては「この特筆すべき邪説に染まった者ども(完徳者)の多くは、いまだカタリ派の異端を告白せざりし頃、より頻繁におのれの欲を満たしておかなかったことを顧みてしばしば歎く。このゆえに、男女を問わず帰依者の中には、おのれの妻や夫に近づくよりもむしろ好んで兄弟や姉妹、息子や娘、甥や姪、近親知人に迫るのを躊わぬ者が多い。無論、恐れや人としての羞じらいから、踏みとどまる者もある」(『報告』[17])。

(1)　GC. I, p. cxvii.
(2)　〈uxores electis eorum prohibentur, auditoribus conceduntur〉. Lecoy de la Marche (éd.), Anecdotes. p. 302.
(3)　〈Willelma Campanha testis vidit, in domo sua, Rixendam et Stephanam hereticas et cum eis Arnaldum Maestre, concubinarium ipsius testis, qui duxit ibi dictas hereticas〉. 〈Vidit in domo de Na Barona, et erat concubina ipsius, Bertrandum Martini〉. 〈misit Astorge predicte per Valentiam concubinam W. Sais, et per Willelmam Torneriam concubinam ipsius testis, X libras lini〉. 〈apud Laurac, in domo leprosorum, erat ibi quedam mulier, nomine Bernarda, concubina Raimundi Barthes, qui tunc infirmabatur ; et R. Barthes erat faiditus et manebat in dicta leprosia〉. BT. ms. 609 cit. in GI. I, pp. 96, 97.
(4)　〈ipsi heretici, ut dixit, non docebant hoc facere credentibus, licet multi credentes hoc facerent, quia non timebant facere quamcumque turpitudinem, quia confidebant quod in fine per hereticos reciperentur, et sic absoluti ab omnibus peccatis salvarentur〉. JF. III, p. 241.
(5)　『ジャック・フルニエ審問録』に登場する、山村の司祭で帰依者だった稀代の好色漢ピエール・クレルグの言動のごとき、その典型である。多分に末期的な堕落形態であるとはいえ、大筋においてカタリ派の教義と教団構成の原理からはずれてはいない。E. Le Roy Ladurie, Montaillou に取上げられている。なお、拙稿「ベアトリス・ド・プラニッソル。信仰の嵐のかげで」木村尚三郎編『世界の女性史』第四巻。評論社、一九七六年、参照。

(6) ⟨quia audiverat a dicto Guillelmo quod majus peccatum erat cognoscere propriam uxorem quam aliam quamcumque, idcirco ipse accessit et carnaliter cognovit Galhardam uxorem Bernardi Gaufredi cognatam germanam uxoris sue, et ex hoc eciam ipse credit quod quia Simon Barra predictus erat credens hereticorum, propter hoc iacebat cum duabus sororibus, et non credebat peccare⟩. JF. I, p. 283; ⟨quod Deus non instituit matrimonium et quod majus peccatum est, quando maritus jacet cum uxore sua carnaliter, quam si peccaret cum alia muliere, quia publice et sine verecundia peccat cum uxore et occulte facit peccatum suum cum aliis mulieribus⟩. DÖLL. II, S. 25.

(7) ⟨dictus hereticus et Petrus Maurinus responderunt quod quia ipse hereticus erat in veritate, non debebat occidere aliquam rem que sanguinem haberet, sed ipse Petrus Maurini et ipse loquens hoc facere poterant, quia adhuc erant in peccato⟩. JF. II, p. 56; ⟨non debet homo occidere quemcumque animal, eciam serpentes vel lupum, sed tamen bene poterant occidi per credentes eorum catholici qui eos persequuntur, sed tamen ipsi perfecti non debent occidere quemcumque⟩. ibidem, I, p. 284.

(8) その検討は，早くもシュミットに始まっていて，カタリ派研究史とともに古い問題となっている。殊に通俗次元で，異教説，東洋思想説と絡んで放漫説，混交説が根強い。C. Schmidt, op. cit., II, p. 150 sqq.; G. Koch, op. cit., S. 114 sqq.

(9) ⟨ut fertur, in conciliabulis suis immundissima agunt⟩. MPL. CCX, c. 366.——その他の類例については G. Koch, op. cit., S. 114 sqq.

(10) ⟨Conventicula faciunt in ypogeis aut penetralibus abditis, sexus simul indifferens, qui, candelis accensis, cuidam mulierculae sub obtutu omnium, retectis ut dicitur natibus, procumbenti eas a tergo offerunt. hisque mox extinctis, chaos undecunque conclamant, et cum ea quae ad manum venerit persona quisque coit. Quod si inibi foemina gravidetur, partu demum fuso in idipsum reditur, ignis multus accenditur, a circumsedentibus puer de manu in manum per flammas jacitur donec extinguitur; deinde in cineres redigitur, ex cinere panis conficitur; cuique pars pro eucharistia tribuitur, qua assumpta nunquam pene ab haeresi ipsa resipiscitur⟩. E.-R. Labande (éd. et trad.), Guibert de Nogent, Autobiographie. Paris, 1981. p. 430.

(11) ⟨Quamvis autem spiritualiter fornicentur verbum Dei adulterent, tamen quidem castissimi sunt corpore. Viri enim et mulieres illius secte votum et propositum observantes, nullo modo corruptione luxurie fedantur⟩. ⟨Profecto fama fornicationis que inter eos esse dicitur falsissima est. Nam verum est quod semel in mense aut in die aut in nocte, propter

rumorem populi vitandum, viri et mulieres conveniunt, non ut fornicentur ad invicem, ut quidam mentiuntur, sed ut predicationem audiant et confessionem prelato suo faciant, tanquam per eius orationes veniam de peccatis suis consecuturi. Multis quidem blasphemiarum calumpniis a vulgari fama falso dilacerantur, dicentibus illos multa turpia et orrenda facta committere a quibus sunt innocentes〉. Jacobus de Capellis, cit. in A. Dondaine, Nouvelles sources. RSPT. XXVIII, p. 479.

(12) Gesta synodi Aurelianensis. RHGF. X, p. 538.

(13) 「夕刻、人々が蠟燭をともして主イエスの受難を想う頃、彼らは彼らの教義で訓育した娘たちをある家に集める。燈火が淫行の証人となるのを嫌ってであろうか、蠟燭を消して誰彼かまわず手当り次第に娘たちを犯す。おのれの姉妹であれ、娘であれ、およそ意に介しない。けだし、近親相姦を禁ずる神の掟を蹂躙することによって、悪魔の意に添うと考えるからにほかならない」。「九箇月の後、この厭わしい播種から受胎した児の分娩の時を見計って、彼らは再度同じ家に集る。産れて四日目、母親の手から嬰児を奪い、鋭利な刃で胸を切裂く。滴り落ちる血潮を皿に受け、まだ喘いでいる嬰児を火中に投じて焼尽す。先に取りのけておいた血で灰を溶き、捏ねあわせて言いようもなく忌わしい薬を作り、それで肉や食物を瀆す」。「しかる後、全員がこの悪魔の饗宴に列するが、彼らも他の者もひとしく魔術の擒《とりこ》となって、秘められた毒に気づかない」。E. Renauld, op. cit., REG. XXXIII. 1920. pp. 67–69.

(14) 〈omnes parvuli etiam baptizati non lenius aeternaliter punientur, quam latrones et homicidiae〉. TNA. V, c. 1762 ; 〈quod matrimonium carnale fuit semper mortale peccatum, et quod non punietur quis gravius in futuro propter adulterium vel incestum, quam propter legitimum conjugium, nec etiam inter eos propter hoc aliquis gravius puniretur〉. ibidem, c. 1761 ; 〈tantum valebat et equale peccatum erat cognoscere carnaliter propriam uxorem, sicut et concubinam〉. JF. III, p. 241.

(15) BT. ms. 609 cit. in C. Douais, Les hérétiques du comté de Toulouse. BICT. III, p. 169.

(16) GI. II, p. 96.

(17) 〈non dolent de peccatis suis quae ante professionem haeresis suae commiserunt〉. 〈Nunc dicendum est si Cathari faciunt opera sua pro satisfactione peccatorum, quae priusquam profiterentur haeresim commiserunt. Ad quod dico quod non〉. 〈multi ex eis qui infecti sunt erroribus memoratis, saepe dolent cum recolunt quod non impleverunt saepius libidinem suam tempore quo nondum professi fuerunt haeresim Catharorum. Et haec est causa quare multi credentes tam viri quam

mulieres non timent magis accedere ad sororem suam vel fratrem, filiam seu filium, nepotem, consanguineum, vel cognatum, quam ad uxorem et virum proprium. Tamen aliqui hujusmodi ex horribilitate ac humana verecundia fortasse, ab hujusmodi retrahuntur〉. TNA. V, cc. 1763-1766.

3 帰依者の本質

完徳者と帰依者の関係を聖職者と平信徒のそれとして把握する理解は、同時代の史料にも少くない。前引『アルビジョア史』もそうであった。『駁謬簡要』が「神の教会なりと自称する彼らの教会は、司教、大子、小子、助祭または長老、補祭、キリスト教徒、そして帰依者、すなわち七つの教会序列を有する」というのも、帰依者を教団内に位置づけた構造を考えた結果である。また、明確な術語として帰依者の語を用いているか否か疑問の余地はあるものの、「人々が帰依者に改宗できるように、最終審判は遅れるはずである」(同上)ともある。[1] 審問関係の記録にしばしば、救慰礼接授を ordinare 叙階する、完徳者を ordinatus 職階の者と記しているのも、彼らを聖職者と把握したればこそであろう。事実、完徳者は日常的に帰依者に対して説教し、致善礼を受けて祝福を与え、食卓の儀礼を主宰し、そして何よりも決定的な時には救慰礼を授けるのだから、その振舞から聖職者と解されるのも一応は自然なのである。近代の諸家にも、今世紀前半には両者の関係を聖職者・平信徒と措定するものが圧倒的であったし、近年でも暗黙裡にそれを前提とする者は多い。[2]

戒律の適用が聖職者に厳で平信徒に寛なのは、多くの宗教に普通に見られる現象でそのこと自体は怪しむに足りない。当時のカトリックにおいてもそうであった。しかし、カタリ派の場合、完徳者と帰依者の生活様式の径庭はあまりにも大きい。帰依者の世俗的行動は、容認ないし黙許されているといえる性質のものではなく、完全に放任あるいは放置されているとしか見えないのである。カタリ派における帰依者の宗教上の位置を、改めて点検確認しておく必要がここにある。

救慰礼に連接して、あるいはその一環に組込んで、祈りの伝授の儀典が行われ、その時初めて祈りを誦する権能を授けられることは先に見た。とすれば、いまだ救慰礼を受けない帰依者は祈りを口にすることもできないはずである。現に、積極的に祈りを禁じている記録がある。「真《まこと》の道にいる師たち(完徳者)のほかには、何ぴとも我らの父《パテル・ノステル》を唱えてはならない。我々(帰依者)ごときが我らの父を唱える時には、大罪となるであろう。我らは肉を食い女とともに臥して、真の道にいないからである」。「着衣の異端でない限り、異端が聖なる祈りと呼ぶ我らの父を誦してはならない。この祈りを唱える者は、偽りがあってはならず、いかなる罪も悪もなしてはならぬからである」。「ただ異端のみが、我が父なる神よと言うことができる。神は善信者すなわち異端完徳者の父であって、帰依者やその他何者の父でもないからである」(『ジャック・フルニエ審問録[3]』)。

これはもちろん、カタリ派の唯一公式の祈りたる「主の祈り」の場合である。その他の祈り、ないし神への懇願についてはどうであろうか。帰依者と異端の次のような対話が供述の中に記録されている。「彼は語った。今に至るも真と義の道に入っていないのだから、他ならぬお前たち帰依者は神に願うに相応しくない。そこで私、供述人は彼に言った。神に願えないとすれば、どうすればよいのか。私たちはずっと、獣同然のままなのか。異端は答えた。真と義のうちにあって、神に願うに相応しいこの私が帰依者に代って願うのである[4]」。これによって見れば、帰依者には神に直接訴える資格はない。致善礼の定型唱句「我らのために(我らに代って)神に祈れ」というのも、明らかに完徳者に仲介を求めているのである。[5] この点、首尾一貫している。帰依者 credentes はその字義から「信者」と解され勝ちだが、先述の通り、史料での現れ方はほとんどの場合名詞または代名詞の所有格を伴って、「異端らの帰依者」、「彼らの帰依者」、「誰某の帰依者」となっている。これは信仰を奉ずる者の意でなく、信者(完徳者)を信頼あるいは尊信する者の意味でなければなるまい。つまり、信仰する資格をまだもっていない者たちである。彼らは教団の事実上の存立基盤をなし、入信予約者であるにもかかわらず、原理的には罪悪の世界に打棄てられたままの無縁の衆生、彷徨する霊魂にすぎない。生活や行動の自由というのも、許されているのではない。救済に対応する倫理的責任能力なしとされているのである。

この点、ボルストが「完徳者らは、教団の外にいるこの広汎な一団(帰依者)をサタンの民、濁世の軛《くびき》に繋がれたままの民と見なしていた」と言ったのは、正鵠を射ている。[6] 同時代では、おそらく『星の彼方の書』が最も正確な観察をしている。「宗門の外側に置かれた者たち、すなわちいまだ按手を受けるに至らない宗門の帰依者たち」。「神の教会の外に在る者には宣誓も偽証も、ひいては殺人ですら禁じられていない。けだし、それによって彼らが、神の前で善しとされることも悪しとされることもないからである[7]」。

このような帰依者の立場は、大いに我々の注意を引くのである。一方で彼らはカトリック教会の管掌する倫理規範や秩序意識に訣別しながら、他方ではいまだカタリ派の戒律に拘束されていない。倫理的にまったくの無拘束状態、空白状態の中にいることになる。そもそも、人間が法意識とまで言わないにしても、何らの規範とも無関係に生きられるものであろうか。特に宗教の規定力が強かった中世において、これが可能であったろうか。この問題は、致善礼で繰返される救済の予約によって解決されている。とすれば、不羈奔放に振舞ってしかも安心立命の得られる奇妙な状況が、カタリ派教団の周辺にできた環状地帯の中に成立していたのである。これこそ苛烈無比の禁欲主義、あくまでも彼岸的、いわば反社会的な教説を現世的に反転機能させる槓杆であった。格別に宗教的資質に恵まれた者は別として、カタリ派が広く一般人に適合できた理由は臨終授礼の便法にあったが、臨終授礼の作出す帰依者の地位はさらに進んで積極的な社会的機能を発揮したということができるであろう。教団を取まく環の中に入って来るかぎり、個人次元の衝動であれ、社会的な利害や力関係であれ、あらゆるものが解放されて本来の姿を露出発現する可能性がある。もとより、何が触発され引出されるかは社会そのものの条件に規定されるのであって、教団や教説とは直接関係がない。同派が南フランスでは主として領主層との関係で問題化し、イタリアでは都市的現象としての面が卓越したのも、おそらくそれぞれの社会に内包されていた条件によったのである。『アルビジョア史』にいう。「かくまで安んじて悪業を恣《ほしいまま》にするのは、獲たる物の償い、告白、痛悔を求められることなく、死に臨んで主の祈りを誦し役職の者より按手を受けるのみにて救われると信じたからである(8)」。

それより先、南フランスに異端問題がようやく表面化しようとした頃、早くもジョフロワ・ド・クレールヴォーがヴェルフェイユの百騎士について、萌芽のうちに本質を洞察していたことが想起される。異端が歓迎されるのは信仰だけの問題ではない。「むしろ貪婪と邪欲」に根ざしている。「悪業の機会と口実をいずこに求むべきかを教えるがゆえである」。

一二二四年トゥールーズ伯レモン七世が教会と和解するに当り掠取を認めて返還した所領は、六司教区、八僧院領内に広く散在している。これは伯家自身の横領だが、教会財や僧院領の侵害蚕食は末端の小領主に至るまで一般化していた。一二〇九年六月、十字軍発進を眼前にして伯レモン六世が恭順の意を表した時の条件には、信仰問題のみならず教会財侵害の抑止が入っている。一二一二年一二月、シモン・ド・モンフォールが十字軍による南フランス統治の基準として公布したパミエ条令でも、教会領の保全が強調されていて、教会側が異端問題の解決と同時

に、所領蚕食の危機をも一挙に解決しようとした姿勢が見てとれる。(9)

教会から凶悪な簒奪者と呼ばれたこれら異端領主たちは、もちろん異端に理解を示し異端を保護したことに変りはないにしても、自身熱烈なカタリ教義の信奉者ばかりであったようには見えない。十字軍最悪の敵とされたトランカヴェル家にしても、その行動は信仰問題に根ざしているというよりむしろ一種の異端放任に近いし、騎士たちの中には熱心に異端を保護し十字軍に抵抗する一方では進んでイベリア半島の聖戦に参加する者も少くなかった。ピレネー東部の小豪族ニオール一門は三世代にわたって執拗に異端を保護し続けたが、同家の女性から完徳者が出ている反面、各世代の男たちは帰依者あるいは単なる保護者であったにすぎない。(10) ニオール一門のごときは、おそらく中小異端貴族の代表的な例で、彼らの大部分は帰依者にすぎなかったのである。(11)

(1) 〈in ecclesia sua, quam dicunt ecclesiam Dei, esse episcopum, filium maiorem, filium minorem, diaconum sive presbiterum et filiolum, christianos et credentes, VII ordines ecclesie〉. 〈tardanda est iustitia propter hoc quod possunt converti in credentes〉. SOM. pp. 121, 129.

(2) 例えば、C. Schmidt, op. cit., II, p. 139; C. Douais, Les hérétiques du comté de Toulouse. BICT. III, p. 171; J. Guiraud, Le consolamentum cathare. RQH. p. 100; C. Molinier, L'Eglise et la société cathares. RH. p. 2; J. M. Vidal, Les derniers ministres. RQH. p. 59.

(3) 〈nullus debet dicere Pater Noster nisi domini qui sunt in via veritatis, sed nos et alii quando dicimus Pater Noster, mortaliter peccamus, quia non sumus in via veritatis cum comedamus carnes et iacemus cum mulieribus〉. 〈nullus debebat dicere Pater Noster, quem dictus hereticus vocabat sanctam orationem, nisi esset hereticus vestitus, quia, ut dicebat, ille qui dixerit dictam orationem non debebat mentiri nec facere aliquod peccatum vel malum〉. 〈solummodo ipsi heretici poterant dicere Deus Pater meus, quia Deus solum est Pater bonorum hominum, id est hereticorum perfectorum, set non erat Deus Pater credencium vel etiam aliorum〉. JF. II, pp. 37, 502, III, p. 217.

(4) 〈Vos alii credentes, quia adhuc non estis in via veritatis et justicie, non estis digni rogare Deum. Et tunc ipse loquens

dixit ei : Et si nos non rogemus Deum, quid nos faciemus? Erimus sicut bestie. Et dictus hereticus respondit ei quod ipse, qui erat in veritate et justicia, et erat dignus rogare Deum, rogabat pro credentibus〉. ibidem, III, p. 126.

(5)　諸種の史料に出る致善礼唱句には，ほとんど例外なく「我らに代って」の語が入っている。例外は，典礼書で受礼直前の当該帰依者の致善礼で，直接神に呼びかけている。

(6)　A. Borst, op. cit., S. 203.

(7)　〈illis qui sunt extra ecclesiam, scilicet credentibus suis qui adhuc non receperunt manuum impositionem〉. 〈illis qui sunt extra Ecclesia Dei non est prohibitum iurare nec periurare nec homicidium facere, quia propter hoc non fiunt meliores nec deteriores aput Deum〉. Ilarino da Milano (éd.), Supra Stella. AEV. XIX, pp. 311, 338.

(8)　〈isti quidem ideo securius et effrenatius peccabant, quia credebant sine restitutione ablatorum, sine confessione et penitentia, se esse salvandos, dummodo in suppremo mortis articulo Pater noster dicere et manuum impositionem a magistris suis recipere potuissent〉. PVC. I, p. 15.

(9)　HGL. VIII, cc. 804-807. Preuve 239 ; Processus negotii Raymundi comitis Tolosani. MPL. CCXVI, c. 89 sqq. ; Statuts de Pamiers. P. Timbal. op. cit., p. 177 sqq.

ヴォルフは，上級市民にも同調者のあることに注意を喚起し，領主層の教会領掠取の欲望に適合したがゆえにカタリ派が展開したとする説に疑問を投じたが，これは本稿の観点からすれば，なかばは当らない。まず，上述のごとき教団構造はあらゆる階層の世俗的意欲を開発することができたので，領主層にのみ適合したのではない。むろん，これとは別に純粋に信仰上の動機での同調者がありうる。第二に，異端に接近した諸階層の中で領主は統計的にはむろん少数である。ただ彼らの影響力は圧倒的で，これが異端の勢力扶植の槓杆となったのである。P. Wolff, Histoire du Languedoc. Toulouse, 1967. p. 173.

(10)　H. Vidal, op. cit., p. 81 ;　W. L. Wakefield, Heresy, Crusade and Inquisition. p. 74 ;　id., The family of Niort in the Albigensian Crusade and before the Inquisition. NA. XVIII, 1970. pp. 97-116, 286-303.

(11)　G. Koch, op. cit., S. 28 sqq. 多くの個別例については GR. II, p. 61 sqq.

教団の発揮する効果は右の通りとして、それならば領主層側の条件はどうであったか。彼らの異端接近は南フランスに特徴的な現象で、それはまた異端大展開のための槓杆であった。往々にしてこの現象は、トゥルーバドゥールの文芸の基盤となった大小宮廷社会の形成との関連から、宗教の拘束から解放された南フランス特有の「寛容の気風」、あるいは独自の「反教会感情」anticléricalisme等、何らかの意味で気質的なもの、ないし地方文明の性格に理由を帰される。(1) それも無論、考えられないことではない。しかし、オクシタン文芸の黄金時代と異端展開は時期を同じくするとはいえ、両者は質的に異る現象であったし、また教会と領主の間には常に依存と緊張があったので、「反教会感情」いわゆる坊主嫌いは、南フランスに限らず程度の差こそあれどこにでも見られたはずである。問題は南フランスの場合に、「反教会感情」が大規摸に露出したのは何故かというに帰着する。南フランスの領主たちには、気質や性格を超えた具体的な理由があったのではないか。

4 ラングドック的諸条件

この時期、ラングドック領主社会の様相はロワール以北のそれとはいちじるしく異なっている。領主の相互関係を規定して中世的秩序を現出する主従制、知行制、いわゆる封建制度は、この地では自生的に結晶したというよりむしろ北方からの波及という形で登場する。名目的にこの地方最高の支配者たる歴代トゥールーズ伯の政策に、封建制度の導入と整備、あわせて長子相続制の採用による所領分散の阻止、代官組織の整備の努力がなかったわけではないが、アルビジョア十字軍開始時にもその効果的支配はトゥールーズ周辺およびローヌ渓谷の分散地点にのみ、しかも都市の執政府に強く依存した形で実現したにすぎない。大体、この地にはバルセロナ伯(アラゴン王)の所領が交錯していて、領邦としての枠組もシモン・ド・モンフォールの十字軍がアラゴン軍を破砕したミュレの合戦(一二一三年)の後に初めて整うのである。封建制度の規定力の弱さは、第一にそれが領主たちの基幹部分を蔽い切っていない点に現れる。すなわち主従関係の網の外側の自主地 alleux が、十二世紀においてなおコマンジュ伯領全体が誰からの知行地でもなかったと推測されているほど大規模に、農民的規模のものを含むほど広範囲に残存していた。第二にようやく導入された封建制度も、家臣に対する拘束が不安定であった。一般に軍役義務が軽微で、中には出兵義務をまったく欠く場合もある。このような状況は、ブートリュッシュによる「不完全封建制」féodalité imparfaite の古典的な規定がおそらく的を射ているであろう。(2)

これは一言でいえば、封建制度の基盤たるべき実体が形成されていないことを意味する。封建ピラミッドの中核を構成すべき中小領主の権力は、前述のようにこの地方特有の都市的居住様式とあいまって、いちじるしく集中性を欠いている。これは一つにはいまだ彼らの水準において均分相続制が執拗に維持された結果である。カドルースが十二世紀後半から何度か相続を繰返しただけで二四の零細所領に分裂したごときは、その代表的な例である。対抗策は十二世紀中葉モンレアル、ロンベルス、ミルポアの零細都市とその附属領がそれぞれ三六名、五〇名、三六名からなる領主団によって領有されている例に見られるような共同領有の普及であった。聖ベルナールに呪咀されたヴェルフェイユの「百騎士」も、もちろんこのような領主たちである。このような細分化への傾斜は権力集中の努力に対し絶えず還元的に作用し、領主の末端と農民ないし都市住民の上層との境界の不明確化、双方を含む中間階層いわゆる probi homines 形成の一因ともなる。

彼らの支配を受ける農民の負担は、少くとも十二世紀末までの段階では、北方に比べて一般に軽微であったと見られる。それよりも注意を引くのは、農民次元で自主地とされるものがあること、農民保有地でありながら知行

fief と呼ばれる場合があること、あるいは不自由身分の臣従儀礼 hommage servile 等、同時代の北方では考えがたい現象の存在である。総じて権力や身分の境界が不分明な南フランス社会は、特に文化史の領域で、一括して「相対的均質」、「自由な社会関係」などと曖昧な表現で要約されることが多い。(3) そして長く国王支配の圏外に立ち続けた「自由」、「独立」と関連づけて、南部別天地観となりがちである。(4) ラングドック社会の基底に南欧的な特質が横たわっていることは確かだが、これを単に南欧世界の中に溶解し去るのでなく、それはそれとしてこれをフランス史の中にどう位置づければよいであろうか。

フランス中世史を整理する基準として、シャテルニー châtellenie 説は今なお有効であると考えられる。(5) 周知の通り、これはデュビイがマコン地方の実証分析を基礎として理論化したのに始まる学説で、やや乱暴な形で要約すれば、十世紀末から十一世紀初頭にかけて、小城塞を拠点として騎馬で半日行程を半径とする程度の小規模所領が形成される。その範囲が城主支配圏《シャテルニー》であるし、その権力が城主支配権《シャテルニー》にほかならない。その本質的な特徴は、いかに狭隘であろうとも一箇所に集中した領域を一円的に支配する点にある。かつての荘園領主と違い城主は所有権に立脚して支配するのではない。多くの場合、彼自身最大の土地所有者ではあっても、その支配は非所有地をも含めた全域に及ぶ。これは伯権力、ひいてはカロリング国制解体過程の最終段階に当るので、実質的にはかつての国家権力に相当するものが行使されているからである。むろんシャテルニーの形成には大きな努力が必要であった。叛逆、切取り、制圧、果敢な武力行使の成果なので、彼ら、特に城主第一世代は教会の作る記録にはしばしば凶悪無残な人物として登場する。いうまでもない。教会財が最も犠牲になりやすかったからである。このような小土豪は極めて孤独な支配者である。シャテルニーの簇生、乱立、抗争の次に、主従制、知行制ないしその擬制の導入による相互間の均衡、ひいては編成の段階が来、シャテルニーは終局的に封建制度による秩序形成の基盤となる。

個別研究が累積された結果、今ではシャテルニー説もデュビイの記念碑的業績当時のままではない。地域によって年代や構造に個性があることも既知の事実となりつつあるし、シャテルニーが早期的に伯権力支配下に集中されて行ったフランドル、シャテルニー展開が抑止されてついに公《デュク》権力の細分化を見なかったノルマンディ等、独自の展開路線も認識されるに至った。しかしこれは、学説の限界でなくかえって、多様な地方的個性を浮彫りにしつつしかも統一的に理解するための基準として、シャテルニー説は抜群の効果を発揮して来たことを意味する。

この観点から十二世紀後半のラングドックを見るならば、権力があのように分散、交錯、連続する世界が到底シャテルニーの概念で律し切れるわけはない。事実、多くの個別研究の中にも、南部のシャテルニーを論じたものを見ない。要するに、ここは十二世紀においていまだシャテルニーとは無縁の段階であった。ただ、中世を通じて秩序の不安定であったラングドック史の中でも、小規模な私戦の熾烈な十二世紀後半には、何か北方における十世紀、シャテルニー出現前夜の様相を連想させるものがある。推測ではあるが、遅れたシャテルニー形成の胎動あるいは萌芽がここにあったのではないかと思われる。ついに発達のサイクルを完了することなく終ったのだから、厳密にいうならば萌芽と断定できる限りではないのだが、領主の間の新しい力関係の模索が俄かに活発化したように見受けられる。その徴候の一つは防備村落バスティード bastide 建設の開始である。これは終局的に南フランスの新村建設の代表的な型となって行くが、主導権が俗人領主の手中にあり軍事的関心が卓越している点に特色がある。この時、その前に展開していた宗教機関による古型の開発、保証領 sauveté の多くはバスティード建設者の露骨な侵略に遭遇して崩壊した。十二世紀初頭にはトゥールーズ在住の小領主 miles にすぎなかったアラマン家の一支脈は、伯代官の職を利用しつつ急速に領地を集積し、アルビジョア騒乱の間隙を巧みに縫って頭角をあらわし、十三世紀半ばまでには dominus から nobilis へと称号を躍進させた。その基礎は相続バスティード一、建設バスティード四にあった。十字軍の正面の敵であったトランカヴェル家にしても、実質的にはいくつかのバスティードと小城塞の支配者であった(6)。

防備村落たる点で、バスティードはカストゥルムの延長である。ただ、設計に軍事的意図が一層顕著だし、これとて多くの共同領主がいることに変りはないものの、その中の卓越した武人の明らかな支配下にある点、さらにその対極に住民の共同体が形成される点、旧来のカストゥルムと違っている。また領主の抗争の中には、旧来のカストゥルム把握強化を目指すもの、つまりカストゥルム支配構造の転換を意図する動きも看取されないではない。もとより、バスティードはシャテルニーそのものではない。しかし少くとも、右のような徴候から、いちじるしく遅れて発現したシャテルニー形成の萌芽がここではバスティードに表現形式を見出そうとしたと言ってよいのではないかと思われる。新しい領主秩序の模索、これが南部「反教会感情」の基礎であり、またそのエネルギーが、異端教団に触発され、引出されて、教会領蚕食に動員されたのではないかと思われる。

この点で『アルビジョア史』の伝えるレモン・ロジェ・ド・フォアの振舞は印象的である。「この暴君は時をおかず、サン・タントナン会堂をあらかた破却した。我らが後に実見して確認したのであるが、役僧らの寝室も食堂も取壊し、その用材をもってパミエにある砦に防備を施させた(7)」。

（1） 例えば、A. Luchaire, Innocent III. La Croisade des Albigeois. Paris, 1906； P. Belperron, La Croisade contre les Albigeois et l'union du Languedoc à la France. Paris, 1948； Z. Oldenbourg, Le bûcher de Montségur. Paris, 1958； J. R. Strayer, The Albigensian Crusades. New York, 1971； R. Nelli, La vie quotidienne des Cathares du Languedoc au XIIIe siècle； M. Roquebert, L'épopée Cathare. 3 vols. Toulouse, 1970-1986.

（2） R. Boutruche, Rapport dans IXe Congrès international des sciences historiques. Paris, le 28 août-le 3 sept. 1950. Moyen Age. p. 430.

南部社会の特徴に触れるものとして次を参照。P. Dognon, Institutions politiques et administratives du pays de Languedoc du XIIIe aux Guerres de Religion. Paris-Toulouse, 1895；A. Molinier, Etude sur l'administration féodale dans le Languedoc. HGL. VII, p. 133；Y. Dossat, Le comté de Toulouse et la féodalité languedocienne à la veille de la Croisade Albigeoise. RT. n. s. IX, 1943. p. 76 sqq.；J. Dhondt, Etudes sur la naissance des principautés territoriales en France. Bruges, 1948. p. 171 sqq.；F. L. Ganshof, Feudalism. London, 1952. pp. 60, 61；A. Fliche, Etat Toulousain. HIF. I, 1957. p. 71 sqq.；E. Magnou-Nortier, Fidélité et féodalité méridionales d'après les serments de fidélité. AM. LXXX, 1968. p. 457 sqq.

（3）例えばC. Bru, Eléments pour une interprétation sociologique du catharisme occitan. SH. 1953. p. 39；P. Gachon, Histoire de Languedoc. Paris, 1926. p. 51 sqq.；A. Luchaire, Les premiers Capétiens. Paris, 1901. p. 42.

（4）ラングドックの社会構造について詳しく立入る余裕がない。個別研究は枚挙に遑ないが，全体的な展望を試みたものとしてA. R. Lewis, The development of southern French and Catalan society. Austin, 1965. いささか旧稿に失するが，小稿「中世南フランス史研究の覚書」（史学雑誌六六編三，四号。一九五七）。「南欧の封建社会。南フランス，特にラングドックの場合」（歴史教育九巻六号。一九六一）。

（5）G. Duby, La société aux XIe et XIIe siècles dans la région mâconnaise. Paris, 1953.

ややや異なる視角から「バン領主権」seigneurie banale と呼ぶこともあるが，実体は同じである。木村尚三郎「フランス封建制の成立」（法制史研究八号，一九五七）によって積極的に導入されて以来，最近の井上泰男「西ヨーロッパ封建社会論。シャテルニーの再検討」（中世史講座五巻，学生社，一九八五）に至るまで，本邦学界でも多くの論考が公表されている。井上論文参照。

（6）C. Higounet, Les Alaman. Seigneurs bastidors et péagers du XIIIe siècle. AM. LXVIII, 1956. p. 227 sqq.；F. Cheyette, The castles of the Trencavels : a preliminary aerial survey. STRAYER. 1976. p. 255 sqq.

（7）〈tirannus statim ecclesiam ipsam Beati Antonini ex magna parte diruit ; dormitorium etiam et refectorium canonicorum, sicut postea visu probavimus, destruxit et inde municionem in castro Apamiarum fieri fecit〉. PVC. I, p. 202.

5 展望

ミュレの合戦(一二一三年)、シモン・ド・モンフォールの戦死(一二一七年)、ルイ八世親征(一二二六年)、モーないしパリの協約(一二二九年)、異端審問の開設(一二三三年)、モンセギュール攻略(一二四四年)等々、紆余曲折を経ながらも南部の騒乱は終熄に向う。十字軍の俗人統領シモン・ド・モンフォールが切取った領地は王に献呈され、残余のトゥールーズ伯領は王家より授封された知行であることが確認される。しかも伯レモン七世の相続人ジャンヌが王弟アルフォンス・ド・ポアティエに嫁せしめられたために伯領は親王領となり(一二四九年)、さらにその死後(一二七一年)後継者を得なかったために王領に編入された。異端問題に端を発したアルビジョア十字軍は、結局、当初十字軍発進そのものに異を唱えた王権の南部進出事業として完結したのである。

王権浸透の尖兵となって活躍したのは、奉行 sénéchal や代官 viguier 以下、国王地方官たちである。王は南フランスをいくつかの奉行管区 sénéchaussée に区分し、奉行に南部経営の全権を委ねた。奉行は単に国王直轄領の管理に当ったのみではない。管区は直轄領の外に拡がり、そこで奉行は王権を代行し、王が高級封主の地位を継承している場合には家臣の統轄に当る。在地領主に対する権利侵害、王領への書入れは急速に進行する。もちろん、この段階で官僚機構ははなはだ未熟で、基幹部分は請負制である。しかし、この機構の不完全さがかえって王権進出の発条となっていたようにも見える。王の権益の伸展の中に、おのれの利益を汲出す余地があったからである。蚕食は共同領有権の一端が王の手に落ちた場合、特にはなはだしい。その地は実質的に国王役人の支配に帰し、爾余の群小共同領主たちはただ若干の分前にあずかるのみとなる。

異端展開の槓杆となったシャテルニー形成の胎動は、所詮自己を貫徹できぬままに終った。十字軍、次いで国王奉行の政策によって、城砦や都市ないし村落の防備施設は組織的に破却され、所領集中の努力も絶えざる侵害を受けたからである。巧みに政局の間隙を縫って成長したアラマン家のごときは例外であって、多くは成長の過程で挫折する。アレに所領を集積しつつあったプレ家は、奉行によって城郭は破却、所領は分断され、王の共同領主の一人として辛うじて命脈を保った。熱心な異端庇護者で十字軍の強敵であったロックフォール家は、トランカヴェル家の家臣としてモンターニュ・ノワールの西端ソルの谷を望む地に城を築き、麓の平地部に所領を集積しつつ成長して来た家門だが、十字軍と抗争して完全に没落した。同家旧居城の廃墟は今なお残っている。(1) バスティード建設事業は中世末まで延々と続くが、これには王侯の軍事政策に基づく要塞建造の面が次第に卓越して来て、初期のそれとは性格が異る。

こうして基本的には、前代の領主権の分散、交錯、連続という状況は止揚されることなく存続したのだが、強大な国王権力が導入された以上それなりの安定を見る。言ってみれば、南フランスの場合、シャテルニーは必ず通過せねばならない一つの段階ではなくなったのである。国王の派遣した監察使 enquêteurs は、国王役人の非違による権利侵害の苦情を受付けた。その膨大な記録の中には、役人が不当に奪った土地の一部を、まさしく一部のみを返還する事例が見られる。実質上の損害が残ることはいうまでもないが、反面、返還された部分だけについて見れば旧主の権利は従来とは比較を絶して確固不動となる。国王によって保証されたに等しいからである。王権の進出の効果にはこのような両面があったと思われる。それかあらぬか、中世後半ラングドックは王家にとって最も安定した地盤の一つとなる。

異端庇護に強力な腕を差伸べた中小領主は、あるいは破砕されあるいは帰服した。異端そのものは異端審問によって狩立てられ、やがて影を没する。それにしても、異端を産出した一つの時代の要請、あるいは風潮はどこへ行ったのであろう。完徳者となったのはごく少数の格別に宗教的資質に恵まれた者たちだったにしても、また帰依者の中には教団によって世俗的関心を触発された者たちが多かったにしても、その基底にはカタリ派に限らずさまざまの異端を輩出した宗教感情の横溢があったはずである。もとより明確な答は求むべくもないのだが、おそらく異端と混乱のさなかに成立する新しい二大僧団が時代の希求を吸収したのである。

フランチェスコ会士はドメニコ会士とともに異端審問にも参加しているのだが、奇妙なことに末期カタリ派の中にはその小さな兄弟たちに何がしかの親愛感を寄せる者がいたという。逆に、フランチェスコ会創設期の伝道行を伝える会士ヨルダーヌスの『年代記』は、諸国で異端と間違えられた受難の物語を伝えている。「我らの兄弟はしばしば、異端にあらざるか、かのロンバルディアの者どもと同じくそのゆえにドイツへ来たれるにあらざるか、と詰問される」。果ては、「ある兄弟は打たれて獄に繋がれ、ある兄弟は衣服を剝がれて絞台にかけられる」有様であった。フランスでも事情はまったく同じで、「アルビの者かと問われしに、兄弟たちアルビ派の何たるかを知らず、またしてその異端なるを知らず、さなりと答う。かくて我ら、この国にかかる者として知られるに至る」。いずれも一二一九年の記事である。(2) 情報不足だけが原因ではないであろう。彼らの新しい宗教実践は、異端に似ていたのである。新僧団も異端諸派も、少くとも清貧の希求という基底においては、共通するものがあったのだ。

ドメニコ会はまさしくカタリ派との対抗の中に成立し、前代のシトー会に代って異端対策の尖兵となった。南部における教学と審問は、ほぼ独占的に彼らの管掌するところであった。しかし、説教僧団の別名が示す通り、山野を跋渉し陋巷に身を投じ、説き続けて倦まなかったし、危険を顧みず異端の追及に奔走した。その強烈な信念と行動には、奉ずるところこそ違え完徳者たちの姿を彷彿させるものがある。ほとんどカタリ派の影響を受けずに終ったナルボンヌは、南フランス諸都市の中での例外だが、ここでは二つの新僧団の勢力扶植がいちはやく成功している。しかも、ここのフランチェスコ会には、絶えず異端の影響が交錯した急進派が卓越していた。(3) これは対抗や鎮圧の成功だけでなく、彼らがある程度異端に代位して時代の宗教的希求を吸収し得たことを示唆している。要するに、新しい二つの大僧団は、かつて異端に表現を見出した大きな動きを吸収し、正統教会の中に定着すべき位置を与え、その内容を豊かならしめる役割を果したと言えるであろう。こう考えて、新僧団の画期的な意義も、その認可に踏切った教会の英断も理解できるように思われるのである。

(1)　R. Michel, op. cit., pp. 119 sqq., 141 ; GR. II, p. 102 sqq.

(2)　M.-T. Laureilh (trad. et comm.), Sur les routes d'Europe au XIIIe siècle. Chroniques de Jourdain de Giano, Thomas d'Eccleston et de Salimbène d'Adam. Paris, 1959. p. 28.

(3)　R. W. Emery, op. cit., pp. 119 sqq., 129, 130.

あとがき

アルビジョア派という異端の名を初めて知ったのは、故山中謙二先生の演習だった。どういう脈絡でこの名が出たのかは憶出すこともできないが、余談だったのは確かである。先生はアルビゲンゼスとドイツ語風に発音され、遠くゾロアスター教(これもツァラツストラと発音された)の流れを汲む二神論と説明された。談は、第二次大戦前、欧州留学の途次、アルビに杖を曳いて煉瓦造りの巨大な大聖堂サント・セシールを仰いだ時の印象にまで及んだ。普段、教場で個人的な体験や感想を口にされる先生ではなかっただけに、この時珍しく「まるで城のようで」と、それも一段と速口に話されたのを、図書館階上演習室、窓外の新緑とともによく覚えている。

これを機にカタリ派研究に志した、などというつもりはない。その後、南フランスの中世史に関心をもつようになった。当時意識していたわけではないものの、今から考えると、そこにはライン・ロワール間の「標準的」な封建社会のイメージに合致しない特徴が多いこと、ひいては一口に西欧封建社会といったところで実際は複雑多様、豊かな内容をもっているらしいことが、幼稚な好奇心に訴えたのであろう。ラングドック地方の歴史を読み進むうち、幾度も異端に逢着することになる。アルビジョア十字軍は南部の社会構造を根柢から覆しはしなかったにしても、少なくとも一つの文明の終末と巨大な権力下への編入を劃したことに間違いはないので、発端となった異端問題を避けては通れないように思えたのである。だから、本稿は純粋な宗教的関心に発したのでなく、素朴な歴史上の興味に出たものである。

本稿第一部ではイタリア・カタリを軸として扱った。南フランス史への接近を意図しながらイタリアから始めるのは錯誤に似るが、これはもっぱら史料状況による。諸時期にわたってカタリ派教義と組織の断面を観察した、それも精度の高い報告が残っているという恵まれた状況は、南フランスには到底望めない。しかも、文献学的な作業を槓杆として進んで来たカタリ研究史の上でも、今世紀おそらくもっとも重要なドンデーヌの業績がこれに関連している。彼の作業の再追跡、彼が発見した史料の再検討から始めることで、カタリ派の骨格に関する概念、いわば考察の基準を得ようと試みたのである。西欧における穏和・絶対両分派の交錯と展開の順序、さらに再分派の形成は、信仰の受容の様態、ひいてはカタリ信仰の基本的な性格を暗示しているように思われる。

手もとに届いたばかりの異端問題専門誌 Heresis 第一〇号で、アントワーヌ・ドンデーヌ(一八九八―一九八七年)の追悼記事を見た。今のようには文献やコピーの入手が容易でなかった頃、彼の著作を散々探した末、トゥールーズ市立図書館で初めて手にしたことなど思返して、多少の感慨なきを得ない。

第二部で南フランスを考えた。この苛烈で悲観的な教説があれほど濃密な展開を見せたのには、もちろん第一部で考えた外来信仰継受に際しての西欧側の宗教的関心が土台ではあっても、それにとどまらない何か南フランス固有の事情があって、それに教団側の条件が対応したはずである。南フランスの場合、上限年代に制約はあるにしても審問関係の記録が豊富で、異端の具体的な言動を見ることができる。本稿では再引用で利用するほかなかった審問官ジョフロワ・ダブリの記録も、昨今公刊を見た。A. Pales-Gobilliard (éd.), L'Inquisiteur Geoffroy d'Ablis et Cathares du comté de Foix, 1308-1309. Paris, 1984.

今までに発表した二、三の論文の使用できる部分は、手直しした上本稿の中に取入れた。序論、第一、二、三、八、一一章に、そのような部分が比較的多い。用語について附言する。異端者と異端説を区別せず、いずれも単に異端とした。文脈によって区別できると考えたからである。史料作品名は、原題に酷似したものが多く混乱の生ずるのを惧れて和訳したが、訳題そのものに類似が続出する結果に終った。初出の際に原題を注記したが、訳題は原題に忠実なものばかりとは限らない。人名表記もラテン音と現代音を両用し統一を欠くが、同一人物を両音で呼ぶことは極力避けたつもりである。引用史料には正書法が不確かで異綴や誤綴の混用の多いものがある。はなはだしきに至っては、同一断片の中で固有名詞の綴りが違っていて、例えば**Bulgaria**だったり**Burgalia**だったりする。繁雑さに耐えないので、引用に当っては一々*sic*等の注記をしなかった。

カタリ関係の特殊な術語、**perfectus, perfecti**(完徳者)、**bonus homo, boni homines**(善信者)、**credens, credentes**(帰依者)、**consolamentum**(救慰礼)、**aparelamentum**(参進礼)、**melioramentum**(致善礼)、**convenensa**(結縁礼)、**endura**(耐忍)などは仮訳である。邦語として熟さぬことおびただしいが、致し方ない。**credentes**は字義通りなら「信者」とするところだが、実は彼らは「異端者に帰依」する者にすぎず、未だ信者の資格をもっていないので、特に「帰依者」とした。この点、本文で強調した通りである。

岩波書店の合庭惇氏から、カタリ派について纏めてはと勧められたのは、かれこれ二〇年近い昔になる。当時、カタリ派の名は、今ほどにも知られていなかった。フランスでも似たようなもので、ル・モンド紙(一九六九年九月三日付)学芸欄でイヴ・コンガルがカタリ研究の新動向を紹介した記事の見出しには、「知られざる歴史」とあった。その切抜きは、エクス・アン・プロヴァンス留学中の木村尚三郎氏が送ってくれて、今でも手もとにもっている。それから二、三年してカタリ派が俄かにクローズアップされ、学俗とりまぜて多くの本が出た。観光ポスターにモンセギュールの写真を見たこともある。丁度その頃トゥールーズで会ったデュヴェルノワ氏は、古来呼び慣れたアルビジョアという名があるのに、カタールと言替えた途端に騒ぎ出すのだから、と顔を顰めたものだ。店頭に溢れるカタリ関係の読物について聞くと、言下に「碌でもない」Mauvais！という返事だった。当時流行のオカルティズムの一環として捉える風潮が不満だったのである。大体そういう時期だったから、南フランスの異端たちをきちんと紹介できる機会を得たのを喜んで、合庭氏の申出を承諾した。以来、かならずしも勤勉だったとは言いがたい著者に対し、氏は常に寛大であった。教示を惜しまれなかった先学同学、文献閲覧の便宜を供与された内外の諸機関、謝すべき学恩は量り知れないし、近くは岩波書店の十時由紀子氏に編輯の労を煩わせたのだが、昔の異端たちのためにも、今はまず何を措いても合庭氏に感謝しなければと思っている。

一九八八年一一月

RHR.	Revue de l'Histoire des Religions.
RIS.	L. A. Muratori (éd.), Rerum Italicarum Scriptores.
RN.	Revue du Nord.
ROM.	Romania.
RQH.	Revue des Questions Historiques.
RR.	Richerche Religiosi.
RS.	Revue de Synthèse.
RSCI.	Rivista di Storia della Chiesa in Italia.
RSPT.	Revue de Sciences Philosophiques et Théologiques.
RT.	Revue de Tarn.
SA.	Studia Anselmiana.
SH.	R. Nelli (éd.), Spiritualité de l'hérésie : le catharisme. Paris, 1953.
SOM.	C. Douais, La somme des autorités à l'usage des prédicateurs méridionaux au XIIIe siècle. Paris, 1896.
SP.	Speculum.
ST.	Studi e Testi.
STRAYER.	Order and innovation in the middle ages : Essays in honour of J. R. Strayer. Princeton, 1976.
TNA.	Martène et Durand (éd.), Thesaurus Novus Anecdotorum.
TM.	Travaux et Mémoires. Centre de recherche d'histoire et civilisation byzantines.
VAC.	Martène et Durand (éd.), Veterum scriptorum et monumentorum, historicorum, dogmaticorum, moralium Amplissima Collectio.

HS.	Hérésies et sociétés dans l'Europe pré-industrielle 11e-18e siècles. Colloque de Royaumont, mai 1962. Paris-La Haye, 1968.
JF.	J. Duvernoy (éd.), Le Registre d'Inquisition de Jacques Fournier (1318-1325). 3 vols. Toulouse, 1965.
LIMB.	P. a Limborch (éd.), Liber Sententiarum Tholosanae. Amsterdam, 1692.
LOUV.	The concept of heresy in the middle ages. Proceedings of the international conference. Louvain, 1973. Louvain, 1976.
LTC.	A. Teulet (éd.), Layettes du Trésor des Chartes.
MA.	Le Moyen Age.
MASIBT.	Mémoires de l'Académie des sciences, inscriptions et belles-lettres de Toulouse.
MBVP.	Maxima Bibliotheca veterum patrum et antiquorum scriptorum ecclesiasticorum.
MGH.	Monumenta Germaniae Historica. Scriptores.
MOFPH.	Monumenta Ordinis Fratrum Praedicatorum Historica.
MPG.	Migne (éd.), Patrologia Graeca.
MPL.	Migne (éd.), Patrologia Latina.
MS.	Mediaeval Studies.
MSAM.	Mémoires de Société Archéologique du Midi de la France.
MSCC.	Mansi (éd.), Sacrorum Conciliorum nova et amplissima Collectio.
NA.	Names.
NRHD.	Nouvelle Revue Historique de droit français et étranger.
ORF.	Ordonnances des Roys de la France de la troisième race.
PERROY.	Economies et sociétés. Mélanges E. Perroy. Paris, 1973.
PVC.	P. Guébin et E. Lyon (éd.), Petri Vallium Sarnaii monachi Hystoria Albigensis. 3 vols. Paris, 1926-1939.
RAMF.	Revue Archéologique du Midi de la France.
RB.	Revue Bénédictine.
RBMS.	Rerum Britannicarum medii aevi Scriptores.
RBPH.	Revue Belge de philologie et d'histoire.
REG.	Revue des Etudes Grecques.
REJ.	Revue des Etudes Juives.
RES.	Revue des Etudes Slaves.
RH.	Revue Historique.
RHE.	Revue d'Histoire Ecclésiastique.
RHGF.	Recueil des Historiens des Gaules et de la France.
RHLL.	Revue Historique et Littéraire de Languedoc.
RHPR.	Revue d'Histoire et de Philosophie Religieuse.

CL.	L. Clédat (éd.), Le Nouveau Testament traduit au XIIIe siècle en langue provençale suivi d'un Rituel Cathare. Paris, 1887.
CLUN.	Pierre Abélard. Pierre le Vénérable. Les courants philosophiques, littéraires et artistiques en Occident au milieu du XIIe siècle. Colloques Internationaux de C. N. R. S. à Cluny, juillet 1972. Paris, 1975.
CS.	Cahiers du Sud.
DD.	C. Douais, Documents pour servir à l'histoire de l'Inquisition dans le Languedoc. 2 vols. Paris, 1900.
DÖIL.	I. von Döllinger, Beiträge zur Sektengeschichte des Mittelalters. 2 Bde. München, 1890.
DUV. H.	J. Duvernoy, Le Catharisme. L'histoire des Cathares. Toulouse, 1979.
DUV. R.	J. Duvernoy, Le Catharisme. La religion des Cathares. Toulouse, 1976.
ECR.	Eastern Church Review.
EPHE.	Problèmes et méthodes d'histoire des religions. Mélanges publiés par l'Ecole Pratique des Hautes Etudes. Paris, 1968.
FLPG.	Fédération des sociétés académiques et savantes de Languedoc-Pyrénées-Gascogne. Actes de congrès d'études régionales.
FS.	Franciscan Studies.
GC.	J. Guiraud, Cartulaire de Notre-Dame de Prouille. 2 vols. Paris, 1907.
GI.	J. Guiraud, Histoire de l'Inquisition au moyen âge. 2 vols. Paris, 1935-1938.
GR. I.	E. Griffe, Les débuts de l'aventure cathare en Languedoc (1140-1190). Paris, 1969.
GR. II.	E. Griffe, Le Languedoc cathare de 1190 à 1210. Paris, 1971.
GR. III.	E. Griffe, Le Languedoc cathare au temps de la Croisade (1209-1229). Paris, 1973.
GR. IV.	E. Griffe, Le Languedoc cathare et l'Inquisition (1229-1329). Paris, 1980.
GUI.	G. Mollat (éd.), Manuel de l'Inquisiteur de Bernard Gui. 2 vols. Paris, 1964.
HGL.	Histoire Générale de Languedoc. Edition Privat.
HHMA.	W. L. Wakefield and A. P. Evans, Heresies of the high middle ages. New York-London, 1969.
HIF.	F. Lot et R. Fawtier (éd.), Histoire des institutions françaises au moyen âge.

略 語 表

ABS. EH.	Académie Bulgare des Sciences. Etudes historiques.
AESC.	Annales. Economie, société, civilisation.
AEV.	Aevum.
AFLB.	Annales de la Faculté des Lettres de Bordeaux.
AFP.	Archivum Fratrum Praedicatorum.
AHDL.	Archives d'histoire doctrinale et littéraire du moyen âge.
AHR.	American Historical Review.
AIBL. CR.	Académie des Inscriptions et Belles-Lettres. Comptes rendus des séances.
AIM.	Antiquitates Italicae Medii Aevii (Muratori).
AJT.	American Journal of Theology.
ALB.	G. W. Davis, The Inquisition at Albi, 1299-1300. New York, 1948.
AM.	Annales du Midi.
AMSL.	Archives des missions scientifiques et littéraires.
ANL.	Academia nazionale dei Lincei. Atti.
BCL. ARB.	Bulletin de la Classe des Lettres et des Sciences Morales et Politiques. Académie Royale de Belgique.
BEC.	Bibliothèque de l'Ecole des Chartes.
BFLP.	Bibliothèque de la Faculté des Lettres de Paris.
BICT.	Bulletin théologique, scientifique et littéraire de l'Institut Catholique de Toulouse.
BISI.	Bollettino dell'Istituto Storico Italiano per il medio evo.
BN.	Bibliothèque Nationale de Paris.
BPH.	Bulletin philologique et historique (jusqu'à 1610) du Comité des travaux historiques et scientifiques.
BRAB.	Boletin de la Real Academia de Buenas Letras de Barcelona.
BSDL.	Bulletin de la Société d'Art et d'Histoire du diocèse de Liège.
BT.	Bibliothèque municipale de Toulouse.
BYZ.	Byzantion.
BYZB.	Byzantinobulgaria.
CCR.	Cahiers du Cercle Ernest Renan.
CEC.	Cahiers d'Etudes Cathare. Revue de la Société du souvenir et des études cathares.
CF.	Cahiers de Fanjeaux.
CH.	Cabinet Historique.
CHS.	Church History.

専管．1237 フランチェスコ会参加）
1233　トゥールーズ大学開設
1234　ナルボンヌ騒擾．コルドで審問官襲撃
1235　トゥールーズよりドメニコ会士追放
1240　レモン・トランカヴェル叛乱
1242　アヴィニョネで審問官襲撃
1244　モンセギュール陥落
1245　異端大探索
1247　国王巡察使南フランス派遣（1262 まで）
1249　王弟アルフォンス・ド・ポワティエ，トゥールーズ伯領を相続
1255　ケリビュス陥落
1271　アルフォンス・ド・ポワティエ歿．旧トゥールーズ伯領，王領に編入
1283　カルカッソンヌで騒擾，審問官文書庫を襲撃
1295　カルカッソンヌでドメニコ会僧院襲撃
1298(99)　ペトルス・アウテリ活動開始（1309 捕縛）
1303　審問官ジョフロワ・ダブリ（1316 歿）
1307　審問官ベルナール・ギイ（1324 離任．**『審問官提要』**1322 以後）
1317　パミエ司教ジャック・フルニエ（1327 離任）

1250　**レイネリウス『報告』**

1167　サン・フェリクス異端会議(**『宗会要録』**)

1178　法王代理ピエール・ド・パヴィ派遣

1180　法王代理アンリ・ド・マルシ派遣

1205　聖ドメニコ南フランスで説教開始(1216 ドメニコ会公認)

1206　エスクラルモンド・ド・フォア異端入信

1207　パミエ論争(**デュラン・ド・ユエスカ**帰正)

1208　法王代理ピエール・ド・カステルノー殺害

1209　**アルビジョア十字軍開始.** ベジエの虐殺(7月). カルカッソンヌ開城(8月). シモン・ド・モンフォール, アルビジョア十字軍総帥に推挙

1212　シモン・ド・モンフォール, パミエ条令を布告

1213　ミュレの合戦. 太子ルイ, アルビジョア十字軍参加

1218　シモン・ド・モンフォール戦死

1219　太子ルイ, アルビジョア十字軍参加(第二次)

1225　ピウス異端会議

1226　ルイ八世南フランス親征

1229　パリ(モー)の和約. トゥールーズ教会会議

1232　**異端審問設立決定**(ドメニコ会

1179　第三回ラテラノ公会議

1184　ヴェロナ勅令『滅ぼすべきは』

1198　インノケンティウス三世登位(—1216)

1210　フランチェスコ会成立(1223公認)

1214　ブーヴィーヌの合戦

1215　第四回ラテラノ公会議

略年表

西ヨーロッパの異端事項	主要関連事項
	743 小パオロ派の一部トラキアへ強制移住
	869 ペトルス・シクールス，テフリケへ派遣(**『マニ教史』**)
	936—956 ブルガリアでボゴミリ派発見
1022 オルレアンで異端火刑	
	1081 ビザンツ皇帝アレクシウス一世(—1118)
	1096 第一回十字軍発進
1115 タンケルム殺害	
1116 ル・マンでアンリ・ド・ローザンヌ説教	
1139頃 ピエール・ド・ブリュイ処刑	
1143頃 ケルン附近で異端発見(**エヴェルヴィン『書簡』**)	
1144 **『リエージュ教会書簡』**	
1145 聖ベルナール，南フランス伝道	
	1147 第二回十字軍発進
1148 星のユード審理．アンリ・ド・ローザンヌ捕縛	
1160頃 ワルドー派の形成(1179異端と断定)	
1163 ケルン附近に異端発見(**エクベルト『説教』**)	
1165 ロンベルス会議	

■岩波オンデマンドブックス■

異端カタリ派の研究――中世南フランスの歴史と信仰

1989年 5月25日　第1刷発行
2008年 5月20日　第3刷発行
2015年12月10日　オンデマンド版発行

著　者　渡邊《わたなべ》昌美《まさみ》

発行者　岡本　厚

発行所　株式会社　岩波書店
〒101-8002 東京都千代田区一ツ橋 2-5-5
電話案内 03-5210-4000
http://www.iwanami.co.jp/

印刷／製本・法令印刷

ISBN 978-4-00-730324-1　　Printed in Japan